L'HISTOIRE DU MONDE

LE MOYEN ÂGE

AFRIQUE - AMÉRIQUES - OCCIDENT
MONDE MUSULMAN - EXTRÊME-ORIENT

L'HISTOIRE DU MONDE

LE MOYEN ÂGE

AFRIQUE - AMÉRIQUES - OCCIDENT
MONDE MUSULMAN - EXTRÊME-ORIENT

direction scientifique et préface de Georges Duby
de l'Académie française

LAROUSSE

21 RUE DU MONTPARNASSE 75283 PARIS CEDEX 06

CONCEPT

Jacques Marseille

**DIRECTION DE COLLECTION
ET CONTRÔLE SCIENTIFIQUE**

Anne-Marie Lelorrain

ÉDITION

Catherine Ritchie
assistée de Christelle Javary

CONCEPTION GRAPHIQUE

Frédérique Longuépée

DIRECTION ARTISTIQUE

Jean-Pierre Fressinet

MISE EN PAGES

Jehanne-Marie Husson
Catherine Boutron
Christine Godefroy

COUVERTURE

Gérard Fritsch
Simone Matuszek

CORRECTION-RÉVISION

Service de lecture-
correction de Larousse

ICONOGRAPHIE

Nicole Laguigné
Nathalie Lasserre
Monique Trémeau / Immédiate 2

CARTOGRAPHIE

Calliscope

FABRICATION

Jeanne Grimbert

SERVICE DE PRESSE

Fabienne Jacob

IV .

ONT COLLABORÉ À LA RÉDACTION DE CET OUVRAGE :

Martine AZOULAI,
chargée de recherche au CNRS ;

Paul BALTA,
directeur du centre d'études de l'Orient contemporain
à l'université de Paris-III ;

Denise BASDEVANT,
historienne ;

Flora BLANCHON,
professeur à l'université de Paris-IV ;

Jean-Philippe GENÊT,
maître de conférences à l'université de Paris-I ;

Francine HÉRAIL,
professeur à l'université de Paris-IV ;

Michel KAPLAN,
professeur à l'université de Paris-I ;

André KNEIB,
historien ;

Sophie LE CALLENNEC,
chargée de recherche en sciences sociales et africaniste ;

Sabine MELCHIOR-BONNET,
ingénieur d'études au Collège de France ;

Marianne PICARD,
professeur agrégé d'histoire ;

Delphine ROGER,
professeur d'histoire ;

Catherine SALLES,
maître de conférences à l'université de Paris-X ;

Michel ZIMMERMANN,
maître de conférences à l'université de Paris-I.

. V

PRÉFACE

PAR GEORGES DUBY, DE L'ACADÉMIE FRANÇAISE

Depuis la fin XVIe siècle, les Européens se sont peu à peu accoutumés à nommer Moyen Âge la très longue période de leur histoire comprise entre le début du Ve et la fin du XVe siècle. Pourquoi ? « Moyen », dans cette expression, veut dire « médian », « intermédiaire ». Ce mot signifie aussi « médiocre », « négligeable ». Pour les hommes d'étude qui, les premiers, parlèrent de Moyen Âge, la haute culture, la culture classique, avait fait naufrage avec l'effondrement de l'Empire romain, et c'est la Renaissance, au XVIe siècle, qui l'avait revivifiée. Dans l'entre-deux, la barbarie, pensaient-ils, avait régné pendant onze siècles, qui, pour cette raison, ne méritaient à leurs yeux aucune attention. Aussi cette partie de l'histoire européenne fut-elle négligée, et elle l'est encore : les œuvres de penseurs aussi considérables qu'un Abélard ou un Thomas d'Aquin n'occupent pratiquement aucune place dans nos histoires de la philosophie. Le Moyen Âge demeure dans notre esprit l'époque oubliée, mystérieuse, et c'est peut-être bien la raison principale de l'engouement dont il est aujourd'hui l'objet.

Forgée en fonction de l'évolution de notre culture, la notion de Moyen Âge ne s'applique évidemment qu'à l'Europe. Il n'y a pas de Moyen Âge indien, persan, soudanais, il n'y a pas non plus de Moyen Âge chinois ou encore japonais ou, s'il y en a un, il n'a pas lieu au même moment que le nôtre. L'un des mérites essentiels de *l'Histoire du monde* est de mettre en évidence ces disparités et ces discordances, de montrer la nécessité, spécialement pour la période que nous continuons d'appeler Moyen Âge, de reconsidérer la place de la civilisation européenne par rapport aux autres civilisations du monde. Car, durant très longtemps, l'Europe occidentale fut l'une des régions les plus démunies de la planète. Elle fut certes emportée, au XIe, au XIIe, au XIIIe siècle, par un puissant

élan de croissance qui lui permit de rattraper son retard. Pourtant, à la fin de cette phase de bouleversants progrès, Marco Polo était émerveillé par les raffinements qu'il découvrait alors en Chine.

À l'échelle du monde, l'histoire, tout au long de ces onze siècles, reste dominée par l'opposition et le conflit permanents entre nomades et sédentaires, entre les peuples errant dans la steppe ou la forêt et ceux qui sont enracinés dans une campagne. Pour les premiers, aguerris par le danger constant et par la difficile recherche de la subsistance, les seconds sont des proies faciles. Les nomades convoitent les richesses produites par le travail agricole et qui s'accumulent dans les cités. De temps en temps, on les voit se jeter sur les villes, piller, parfois s'établir durablement en conquérants, dominer alors, exploiter des populations dont il arrive que la part la plus misérable accueille favorablement les envahisseurs, car ceux-ci sont porteurs d'une religion plus simple, sans clergé, moins exigeante et donc séduisante. De la forêt sont ainsi sorties les tribus « barbares » qui s'infiltrèrent dans les provinces occidentales de l'Empire romain et les soumirent au Ve siècle au pouvoir de leurs rois ; puis, aux VIIIe-IXe siècle, les Scandinaves, qui fondèrent un peu plus tard, en Angleterre, en Normandie, en Russie, en Italie du Sud, des États vigoureux et agressifs ; au XVe siècle, enfin, les Incas, qui subjuguèrent les peuplades des hauts plateaux andins. Des déserts et des steppes, on vit surgir successivement les Arabes au VIIe siècle, les Hongrois au Xe, les Turcs Seldjoukides au XIe, les Aztèques au XIIe, les Mongols de Gengis Khan au XIIIe. Certaines de ces migrations violentes et ravageuses aboutirent à la création d'empires démesurés. Mais toutes finirent par buter contre les môles que formaient les pays de forte paysannerie. Ainsi furent épargnées la Chine du Sud et l'Inde du Sud. Ce fut la chance de l'Europe occidentale de l'être aussi, à partir de l'an mille. Elle est la seule région du monde qui pendant tout le dernier millénaire n'ait jamais subi le joug d'envahisseurs étrangers. Ce privilège insigne explique le développement continu qui lui permit d'étendre son pouvoir. Elle doit cette expansion principalement à un prodigieux essor de l'agriculture, assez puissant dès le XIIIe siècle pour arrêter sur les lisières orientales de la Pologne et de la Hongrie le flot des Mongols.

À l'étonnante aventure de Gengis Khan, fondateur d'empire, succéda au XIVe siècle celle de Tamerlan. Une centaine d'années auparavant, les Turcs, venus des steppes de l'Asie centrale, étaient apparus en Asie Mineure. Il y avait alors quelques générations que, par l'effet de leur réussite agricole, et grâce aux ferments de hardiesse vagabonde que les pirates vikings y avaient introduits, l'Europe était devenue à son tour conquérante. Les agents de son expansion furent de jeunes guerriers, des missionnaires ardents et des marchands qui, dans ce monde entièrement ruralisé, étaient les plus mobiles. Ce petit groupe, très marginal par rapport à l'ensemble de la population, grossit et se renforça dans la poursuite du développement général. Le jeu de la fiscalité seigneuriale, les donations pieuses, le courtage, le prêt à usure transféraient entre les mains de ces aventuriers la plus grande part des profits de la croissance rurale. Ils bénéficiaient en outre d'un progrès continu qui affectait principalement les techniques du combat, de la marine, du commerce et de la communication écrite et orale. Ces hommes de guerre, ces prêtres, ces trafiquants s'élancèrent par prédilection vers les pays extérieurs les plus riches, la péninsule Ibérique islamisée, l'Italie méridionale et la Sicile, enfin l'Orient méditerranéen. Ils repoussèrent vers la Méditerranée les frontières de la chrétienté latine, et leurs entreprises contribuèrent de manière décisive à l'essor de la civilisation européenne. Ceux qui revinrent de ces expéditions lointaines rapportèrent avec eux de beaux objets, certes, mais surtout une masse de connaissances nouvelles, un immense trésor que les hommes d'Église découvrirent et traduisirent de l'arabe dans les bibliothèques de Tolède ou de Palerme, les œuvres des philosophes et des savants de la Grèce antique et celles de leurs successeurs sarrasins.

Le rêve des croisés de se fixer en Terre sainte s'effondra à la fin du XIIIe siècle. Mais, à cette époque, le Levant constituait un vaste et fructueux marché pour les négociants italiens, dont certains commençaient de se risquer par les routes de la soie vers les provinces fortunées de l'Inde et de la Chine.

Les Ottomans étaient alors en marche. Ils s'avançaient irrésistiblement. Cette dernière vague d'invasion fut arrêtée, difficilement, dans les Balkans et les Carpates. La menace cependant devait subsister de longs siècles et, dès lors, l'énorme et pesante domination établie sur le monde grec et musulman ferma l'accès du Proche- et de l'Extrême-Orient aux Européens. Les plus aventureux d'entre eux durent se tourner vers l'Ouest et regardèrent vers l'Océan. Les perfectionnements de la cosmologie, de la cartographie, de l'architecture navale et des techniques de navigation permettaient de tenter l'aventure. Les Portugais se lancèrent les premiers au XVe siècle. En 1487, les caravelles portugaises doublèrent le cap de Bonne-Espérance et pénétrèrent dans l'océan Indien. Quelques mois plus tard, persuadé que la Terre était ronde, Colomb allait cingler droit vers le couchant. Il tomba par hasard sur un nouveau monde, ouvrant ainsi la voie à une invasion conquérante, plus brutale et beaucoup plus destructrice que celle dont l'Europe avait failli être l'objet de la part des Mongols et des Turcs.

Georges DUBY

SOMMAIRE

GÉOGRAPHIQUE

HAUT MOYEN ÂGE

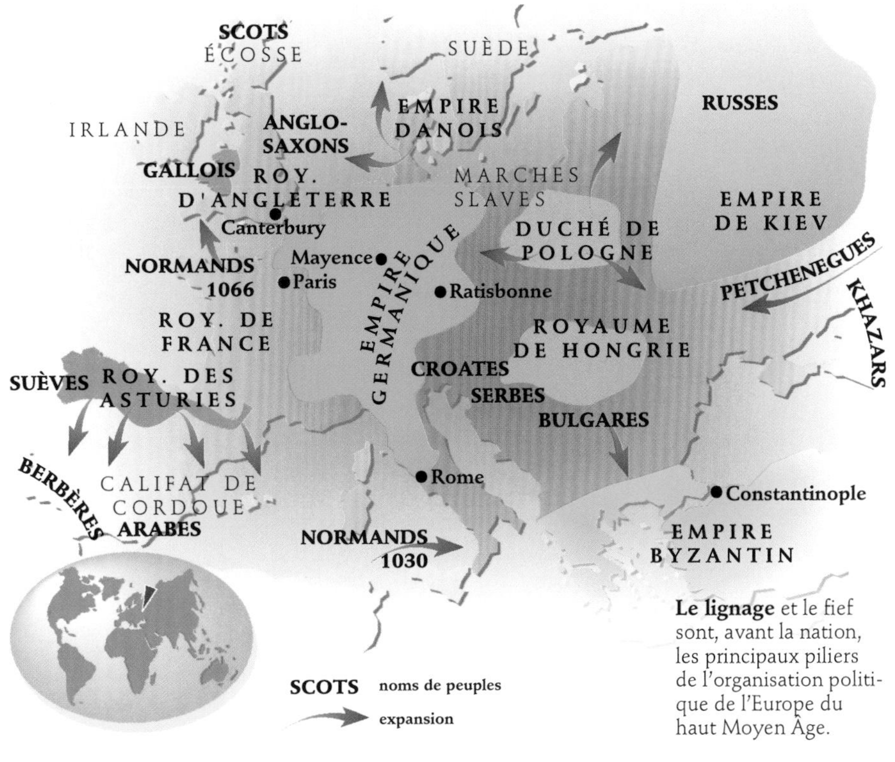

SCOTS
ÉCOSSE
SUÈDE
IRLANDE
ANGLO-SAXONS
EMPIRE DANOIS
RUSSES
GALLOIS
ROY. D'ANGLETERRE
MARCHES SLAVES
EMPIRE DE KIEV
Canterbury
DUCHÉ DE POLOGNE
NORMANDS 1066
Mayence
Paris
EMPIRE GERMANIQUE
Ratisbonne
PETCHENEGUES
KHAZARS
ROY. DE FRANCE
ROYAUME DE HONGRIE
SUÈVES
ROY. DES ASTURIES
CROATES
SERBES
BULGARES
BERBÈRES
CALIFAT DE CORDOUE
ARABES
Rome
Constantinople
NORMANDS 1030
EMPIRE BYZANTIN
SCOTS noms de peuples
expansion

Le lignage et le fief sont, avant la nation, les principaux piliers de l'organisation politique de l'Europe du haut Moyen Âge.

BYZANCE

Ariadne, impératrice d'Orient morte en 515. *Musée du Bargello, Florence.*

Basilique Sainte-Sophie, Istanbul.

X .

Dernier vestige de l'Empire romain et foyer d'une civilisation prestigieuse, Byzance résiste à la pression ottomane jusqu'en 1453.

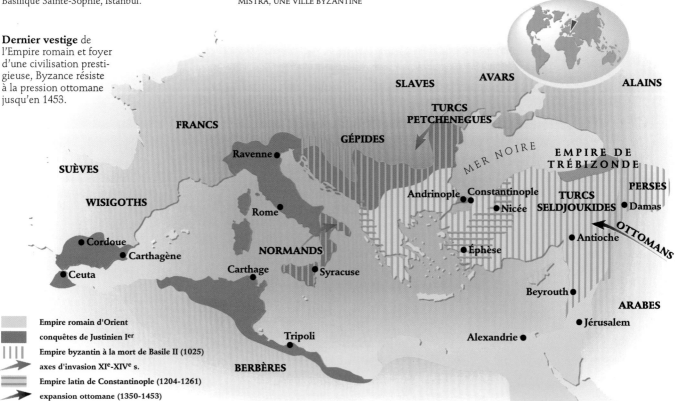

SLAVES

AVARS

ALAINS

TURCS PETCHENEGUES

FRANCS

GÉPIDES

Ravenne

MER NOIRE

EMPIRE DE TRÉBIZONDE

SUÈVES

PERSES

WISIGOTHS

Andrinople   Constantinople

TURCS SELDJOUKIDES   Damas

Rome

Nicée

OTTOMANS

Cordoue

NORMANDS

Antioche

Carthagène

Éphèse

Ceuta

Carthage

Syracuse

Beyrouth

ARABES

Tripoli

Jérusalem

BERBÈRES

Alexandrie

Empire romain d'Orient

conquêtes de Justinien Iᵉʳ

| | | Empire byzantin à la mort de Basile II (1025)

→ axes d'invasion XIᵉ-XIVᵉ s.

Empire latin de Constantinople (1204-1261)

➤ expansion ottomane (1350-1453)

Empire byzantin en 1450

GÉOGRAPHIQUE

MONDE MUSULMAN

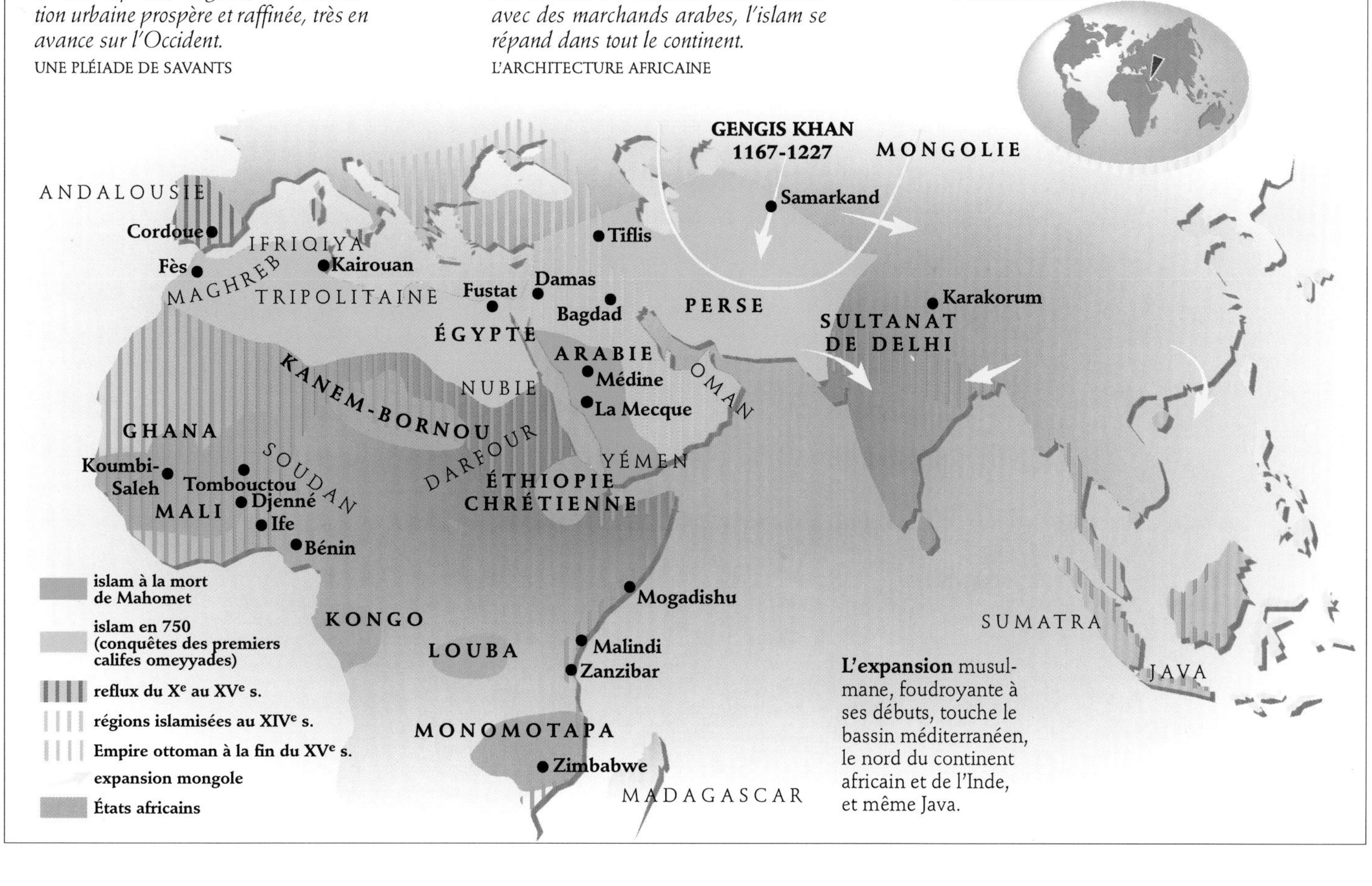
GENGIS KHAN
1167-1227
MONGOLIE
ANDALOUSIE
Cordoue
Fès
IFRIQIYA
Kairouan
MAGHREB
TRIPOLITAINE
Tiflis
Samarkand
Fustat
Damas
Bagdad
PERSE
Karakorum
SULTANAT DE DELHI
ÉGYPTE
ARABIE
Médine
OMAN
NUBIE
La Mecque
KANEM-BORNOU
GHANA
SOUDAN
DARFOUR
YÉMEN
Koumbi-Saleh
Tombouctou
Djenné
MALI
Ife
Bénin
ÉTHIOPIE CHRÉTIENNE
Mogadishu
KONGO
LOUBA
Malindi
Zanzibar
MONOMOTAPA
Zimbabwe
MADAGASCAR
SUMATRA
JAVA
islam à la mort de Mahomet
islam en 750 (conquêtes des premiers califes omeyyades)
reflux du Xe au XVe s.
régions islamisées au XIVe s.
Empire ottoman à la fin du XVe s.
expansion mongole
États africains
L'expansion musulmane, foudroyante à ses débuts, touche le bassin méditerranéen, le nord du continent africain et de l'Inde, et même Java.

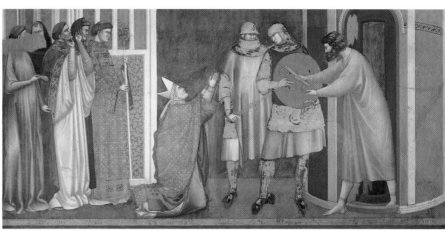

Une scène de la *Vie de saint François*. 1295-1300. Giotto. Basilique Saint-François, Assise.

XII .

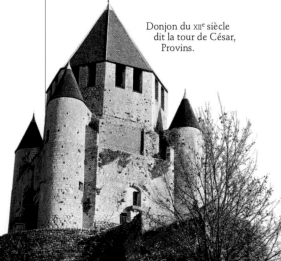

Donjon du XIIe siècle dit la tour de César, Provins.

Les Très Riches Heures du duc de Berry,
le mois d'avril. 1413-1416. Paul de Limbourg.
Musée Condé, Chantilly.

PRINCIPAUTÉ
DE MOSCOU

MONGOLS

TURCS TARTARES

EMPIRE
CHINOIS

ROYAUMES
INDIENS

EMPIRE
AZTÈQUE

ROY. DE
TOMBOUCTOU

SIERRA
LEONE

EMPIRE
INCA

MADAGASCAR

monde connu des Européens

monde dont les Européens connaissent l'existence

civilisations encore inconnues des Européens

explorations européennes

côtes découvertes par les Portugais

explorations chinoises

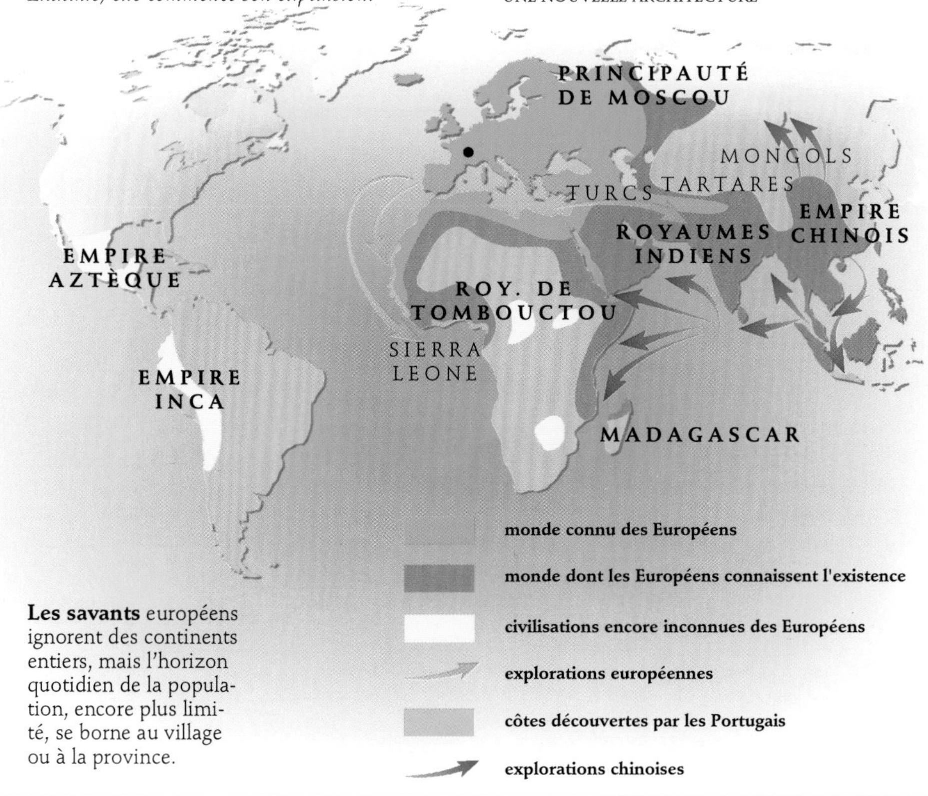

Les savants européens
ignorent des continents
entiers, mais l'horizon
quotidien de la popula-
tion, encore plus limi-
té, se borne au village
ou à la province.

Plat à fond blanc en céramique vernissée. *Époque Tang. Musée Guimet, Paris.*

XIV .

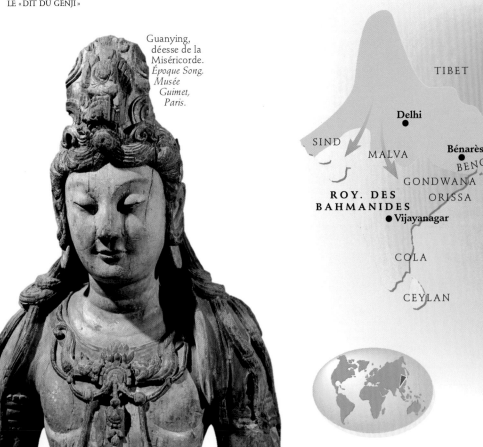

Guanying, déesse de la Miséricorde. *Époque Song. Musée Guimet, Paris.*

Kaboul ●

TIBET

Delhi ●

SIND

MALVA   Bénarès ●

BENGALE

GONDWANA

ROY. DES BAHMANIDES   ORISSA

● Vijayanâgar

COLA

CEYLAN

Temple d'Angkor Vat, Cambodge.

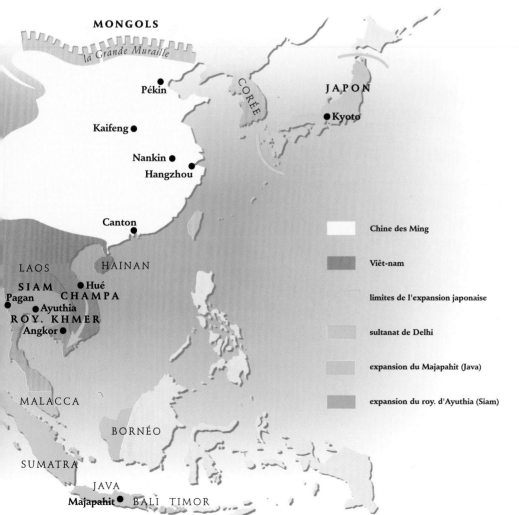

MONGOLS

la Grande Muraille

Pékin

CORÉE

JAPON

Kyoto

Kaifeng

Nankin

Hangzhou

Canton

HAINAN

LAOS

SIAM   Hué

Pagan   CHAMPA

Ayuthia

ROY. KHMER

Angkor

MALACCA

BORNÉO

SUMATRA

JAVA

Majapahit   BALI   TIMOR

- Chine des Ming
- Viêt-nam
- limites de l'expansion japonaise
- sultanat de Delhi
- expansion du Majapahit (Java)
- expansion du roy. d'Ayuthia (Siam)

Chine, Inde et Thaïlande sont les grands pôles de civilisation d'Asie et leur influence religieuse ou artistique est forte, mais l'unité de ces puissances, menacées par les invasions, reste fragile.

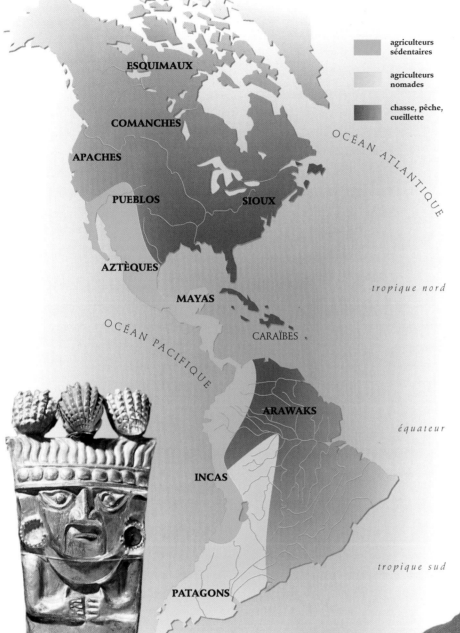

agriculteurs
sédentaires

agriculteurs
nomades

chasse, pêche,
cueillette

ESQUIMAUX

COMANCHES

APACHES

PUEBLOS

SIOUX

AZTÈQUES

MAYAS

OCÉAN ATLANTIQUE

OCÉAN PACIFIQUE

CARAÏBES

ARAWAKS

INCAS

PATAGONS

tropique nord

équateur

tropique sud

XVI.

Lieu de passage des migrations favorable aux brassages des peuples et des cultures, l'Amérique centrale est le berceau où se succèdent et s'épanouissent plusieurs civilisations précolombiennes.

Couteau
de cérémonie.
Culture chimú.
Musée de l'Or
du Pérou, Lima.

Vue du Machu Picchu, Pérou.

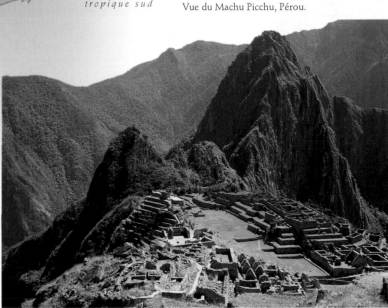

Vers 400 après J.-C., les forces qui se pressaient aux portes des empires, que ce soit l'Empire romain, l'Empire perse ou l'Empire chinois, font partout irruption. Poussées par les Huns, originaires d'Asie, des hordes barbares cherchent alors refuge dans les Empires d'Orient ou d'Occident. En quelques décennies, Wisigoths et Vandales, Francs et Alamans, Ostrogoths et Burgondes, Suèves et Alains désintègrent ainsi, morceau par morceau, les empires constitués depuis des siècles. En réalité ce sont ces empires qui vont transmettre leur culture, leurs institutions et leur religion. À tel point que les peuples des steppes qui ont franchi la Grande Muraille abandonnant leurs mœurs rudes, adoptent le costume chinois et deviennent les plus fervents défenseurs du bouddhisme. Tandis que dans l'Empire romain, après la tourmente des invasions, Romains et Barbares se retrouvent sur le forum, dans les thermes et applaudissent, comme naguère, les jeux du cirque.

Rhyton (vase à boire). Art de Sogdiane. Museum of Art, Cleveland.

LES CONQUÊTES BARBARES

Au Vᵉ siècle, l'Europe de l'Ouest est terrifiée
par de nouveaux envahisseurs : les Huns.
Leur irruption entraîne une nouvelle vague
d'invasions, prélude à la fin de l'Empire
d'Occident, que se partagent les Barbares.

SI, PENDANT DES DÉCENNIES, les Barbares se sont installés dans l'Empire de façon assez pacifique et se sont petit à petit intégrés au monde romain, c'est dans le plus grand désordre que, au début du vᵉ siècle, ils se ruent en masse au-delà du Rhin et du Danube. Ce n'est pas pour piller et détruire qu'ils occupent l'Empire, mais pour fuir une nouvelle menace, et y trouver un refuge.

DANS LA CRAINTE DU «FLÉAU DE DIEU»

Alors que les Wisigoths, après avoir obtenu de Théodose Iᵉʳ l'autorisation de s'installer en Mésie (sud du Danube), se précipitent en Italie et, sous la conduite de leur roi Alaric, s'emparent de Rome, qu'ils ravagent en 410, les frontières du Rhin cèdent le 31 décembre 406 sous la pression de milliers de Germains, Vandales, Suèves et Alains. Ces derniers, avec leurs troupeaux, leurs familles et leurs biens entassés sur des chariots, fuient, affolés par l'irruption des Huns.

Les Huns sont des nomades originaires d'Asie. Pour certains historiens, ils descendraient des Xiongnu, contre lesquels les princes chinois de la dynastie Han ont construit la célèbre Grande Muraille. Cette thèse est à l'heure actuelle

Barbare à cheval. △
Une des rares représentations de guerrier hun ou germanique qui date réellement de cette époque, peu propice aux artistes.
Vᵉ siècle. Badisches Landesmuseum, Karlsruhe.

Poignée de ▷
scramasaxe (épée) et bijoux francs. Au moment de l'invasion des Huns, les Francs sont installés depuis des siècles au nord-ouest de l'Empire.
Vᵉ siècle. Musée des Beaux-Arts, Troyes.

rejetée, et on s'accorde plutôt à faire remonter l'origine des Huns à des peuplades établies dès le VIIe siècle av. J.-C. dans les steppes s'étendant entre Ienisseï et le lac Baïkal. C'est dans le courant du IIIe siècle de notre ère que les Huns commencent à se répandre en Europe orientale, où ils sèment la terreur par leur sauvagerie et leur cruauté.

À la fin du IVe siècle, l'écrivain latin Ammien Marcellin décrit la panique suscitée dans les contrées envahies par ces petits hommes noirauds, vêtus de peaux de rats et «cloués» en quelque sorte sur leurs chevaux, car ils mangent, boivent et dorment sur leurs montures. Incapables de se fixer quelque part, ils se déplacent en permanence, traînant derrière eux leurs familles, installés avec tout leur attirail dans des chariots.

À partir de 434, le khan – ou roi – des Huns, Attila, après s'être débarrassé par le meurtre de son frère Bleda, gouverne sans conteste sur l'ensemble des hordes hunniques. La réputation de férocité d'Attila lui vaut le surnom de «Fléau de Dieu», et il se flatte que «l'herbe ne repousse pas là où son cheval a passé». Cependant, il semble que la légende ait accentué la barbarie de ce chef effrayant. En effet, un historien grec, Priscos, qui a eu l'occasion de rencontrer personnellement le khan lors d'une ambassade, en a laissé un portrait plus circonstancié, qui met en valeur la simplicité et le sens politique de l'homme.

Au Ve siècle, les Huns, abandonnant leurs traditions de nomadisme, se sont installés dans les territoires balkaniques situés au sud du Danube. Leur

ville est composée de simples huttes de bois, mais, dans le palais d'Attila, Priscos se voit invité à un banquet fort luxueux, où les hôtes, étendus sur des lits couverts d'étoffes précieuses, sont servis dans de la vaisselle d'or et d'argent.

Le mode de vie des Huns, tel que l'a décrit Ammien Marcellin cinquante ans auparavant, a par conséquent notablement évolué au contact de peuples plus civilisés. Il serait faux aussi de croire que le monde «civilisé» et celui des Huns sont complètement étrangers l'un à l'autre. Le futur vainqueur d'Attila, Aetius, a été élevé, en tant qu'otage, à la cour du roi. Ce dernier a pour secrétaire un Romain de Pannonie, Oreste, dont le fils Romulus Augustule sera le dernier empereur de Rome. Quant à Honoria, fille de l'im-

▽ **Attila.** Le graveur insiste sur l'aspect diabolique du «Fléau de Dieu», qu'il a même doté de cornes de bouc.

XVe siècle. Musée du Louvre, Paris.

Une bergère courageuse entre dans la légende de Paris.

SAINTE GENEVIÈVE

La statue moderne de sainte Geneviève, qui, du haut du pont de la Tournelle à Paris, semble guetter l'arrivée d'éventuels envahisseurs venus de l'est, témoigne de la vénération que la petite bergère de Nanterre a suscitée au cours des siècles dans la capitale. Lorsque les hordes des Huns s'approchent de la ville, Geneviève, par sa détermination, pousse ses concitoyens à la résistance et organise le ravitaillement en vue d'un siège. L'Église fait très tôt de la jeune paysanne une des grandes figures du christianisme. Ses reliques conservées dans l'église Saint-Pierre-et-Saint-Paul (à l'emplacement de l'actuel Panthéon) sont l'objet de grands pèlerinages jusqu'à la Révolution, où elles sont brûlées.

Sainte Geneviève ravitaille les Parisiens assiégés.
Puvis de Chavannes (1824-1898). Panthéon, Paris.

. 3

pératrice Galla Placidia, pour se venger de son frère Valentinien III, qui l'a bannie pour adultère, elle envoie à Attila une lettre, lui promettant de l'épouser en échange de son assistance.

ATTILA À L'ASSAUT DE LA GAULE

Après son avènement, le roi des Huns dirige d'abord ses ambitions vers l'Orient. En 443, ses soldats arrivent jusqu'à Constantinople et, en 448, ils s'enfoncent en Grèce jusqu'aux Thermopyles. L'empereur Théodose II, pour apaiser ces redoutables envahisseurs, est contraint de leur verser un tribut annuel.

Cependant, sans que la raison en soit vraiment connue, Attila abandonne l'Orient pour se tourner vers l'Occident. En 451, il traverse le Rhin, détruit Metz, Reims, Troyes, terrorisant les Gaulois par ses raids meurtriers. Paris semble menacé et ses habitants s'apprêtent à s'enfuir, mais une toute jeune fille, Geneviève, les

appelle à la résistance. En fait, Attila contourne Paris et assiège Orléans, dont la prise doit lui permettre d'avancer dans le royaume des Wisigoths. Mais il est arrêté dans sa marche par l'initiative d'Aetius, qui connaît bien les coutumes et les tactiques des Huns. Avec l'aide de Théodoric Ier, roi wisigoth d'Aquitaine, Aetius rassemble une armée composée de Romains, de Francs, d'Alains et de Burgondes. Cette coalition permet de reprendre Orléans et de faire reculer Attila. À l'ouest de Troyes, au lieu dit Campus Mauriacus (appelé aussi « champs Catalauniques »), en juin 451, le Romain Aetius et le Wisigoth Théodoric, au terme d'une bataille particulièrement atroce, obligent les Huns à se retirer précipitamment vers le Rhin. La Gaule est sauvée.

Le roi des Wisigoths, ▽ vainqueur des Suèves. Au Ve siècle, les Wisigoths fondent un royaume en Aquitaine.
XIe siècle. Musée archéologique, Madrid.

Attila, l'année suivante, se dirige vers l'Italie. Il s'empare de la ville commerçante d'Aquilée après un siège de plusieurs mois, dévaste Milan, Padoue, Pavie, en mettant en fuite les populations, contraintes de se replier dans les Apennins ou dans les lagunes de l'Adriatique. L'empereur Valentinien III lui-même abandonne Ravenne pour se réfugier à Rome. Attila serait peut-être emparé de cette ville si l'évêque de Rome, Léon le Grand, n'avait entamé avec lui des négociations à Mantoue. En échange d'un tribut considérable, le roi des Huns se laisse persuader de quitter l'Italie. À peine a-t-il regagné son royaume qu'il meurt, la nuit de ses noces, sans doute d'apoplexie. Son empire ne survit pas à sa disparition, et les Huns se replient vers la mer Noire. Ils laissent derrière

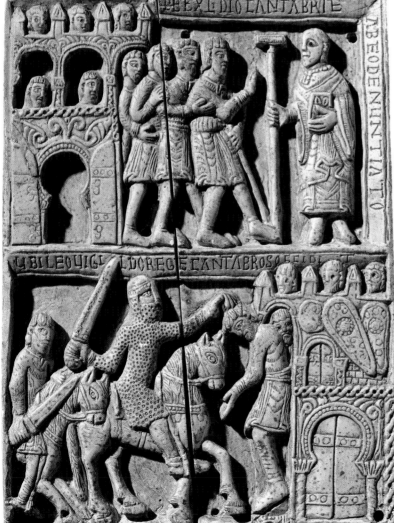

Quand les événements historiques donnent naissance à la légende.

DES ROIS BURGONDES AU *NIBELUNGENLIED*

En 436, les Huns s'emparent du royaume burgonde établi sur la rive gauche du Rhin. Le roi Gondicaire et la plupart de ses guerriers sont massacrés de façon atroce. Cet épisode historique a probablement donné naissance à des poèmes héroïques consacrés au trépas spectaculaire des rois burgondes, œuvres dont il ne reste rien, mais dont on peut trouver des réminiscences dans l'*Edda* nordique. Cet épisode de la mort des rois burgondes, combi-

né à la légende d'un héros mythique, Siegfried, vainqueur d'un dragon gardien d'un trésor, a donné naissance, au XIIIe siècle, au *Nibelungenlied,* ou « Chanson des Nibelungen ». Une histoire d'amour, de multiples meurtres inspirés par la vengeance ou la convoitise et l'omniprésence du Rhin : tels sont les éléments de ce chef-d'œuvre de la littérature allemande, dont Richard Wagner fera, au XIXe siècle, un cycle de quatre opéras, *l'Anneau du Nibelung.*

La mort de Siegfried. *Miniature du XVe siècle. Staatsbibliothek, Berlin.*

eux une réputation durable de terreur, et pourtant ils ont été les premiers de tous les Barbares à être arrêtés dans leur marche vers l'ouest : une coalition de Romains et de Germains, réunis pour la première fois en une force commune « européenne », repousse l'envahisseur asiatique.

LES NOUVEAUX MAÎTRES DE L'OCCIDENT

Tandis que les Romains voient leur puissance décliner en Occident, les peuples germaniques se sont installés en vainqueurs dans les provinces impériales, où ils fondent de nouveaux royaumes. Même si les Barbares ont considérablement évolué depuis le IIe siècle, en assimilant dans bien des domaines les coutumes romaines, ils ont gardé un certain nombre de leurs caractéristiques propres, qui, plus ou moins harmonieusement, s'intègrent aux habitudes des peuples de la Gaule.

Ils ont certes dans l'ensemble adopté la langue latine, mais celle-ci s'enrichit de nombreux termes germaniques. De même, les institutions municipales romaines subsistent, mais le mode de vie des rois et de leurs guerriers prolonge les traditions ancestrales. Le droit barbare, fondé sur la notion de compensation pécuniaire des délits, se juxtapose au code romain. Dans tous les aspects de la vie privée et publique, on constate ces associations, souvent boiteuses, entre les deux civilisations. Mais il semble que les Gaulois aient accepté sans trop de résistance ces nouveautés. C'est dans le domaine religieux que l'harmonie a été le plus difficile à atteindre. Certains peuples germaniques, comme les Francs, restent longtemps fidèles au paganisme ; d'autres, comme les Wisigoths et les Vandales, deviennent chrétiens, mais choisissent l'arianisme, ce qui provoquera à long terme leur expulsion.

.5

△ **Un Vandale** quittant sa villa. Les fortifications rappellent la menace barbare, mais les Vandales, passés en Afrique en 429, ont désormais adopté le mode de vie romain. Ve siècle. British Museum, Londres.

△ **Soldat wisigoth** armé de la lance ibérique et de l'épée germanique. Sa tunique évoque l'uniforme des légionnaires romains. Début du XIIe siècle. British Library, Londres.

Face aux conquérants wisigoths, l'évêque de Clermont-Ferrand se pose en champion de la latinité.

SIDOINE APOLLINAIRE

Aristocrate né à Lyon vers 430 et gendre d'Avitus, éphémère empereur d'Occident, Sidoine Apollinaire, après avoir occupé de multiples fonctions honorifiques en Italie, se retire en Auvergne. Élu en 471 évêque de Clermont-Ferrand, au moment où la région passe sous le contrôle des Wisigoths, il se découvre une vocation, celle de « défenseur de la culture latine ». Par de nombreux écrits, lettres ou poèmes, Sidoine Apollinaire s'est attaché à préserver l'identité culturelle de sa province et son héritage romain.

WISIGOTHS, BURGONDES ET VANDALES

Après s'être emparés de Rome en 410, les Wisigoths se dirigent vers la Gaule, et leur roi Athaulf installe son centre de commandement à Bordeaux. À la demande de l'empereur Honorius, les Wisigoths nettoient l'Espagne des Vandales, des Suèves et des Alains. En compensation, ils obtiennent des Romains le droit de s'installer dans le sud-ouest de la Gaule.

Avec le statut officiel de « fédérés », ils sont en fait maîtres de toute l'ancienne Aquitaine, qui constitue le premier royaume germanique installé en Occident.

Théodoric Ier est le premier souverain de cet État, dont la capitale est Toulouse. Après la mort de Théodoric en 451 dans la bataille des champs Catalauniques, ses fils Théodoric II et Euric agrandissent leurs possessions et, vers 476, le royaume wisigoth s'étend de l'Atlantique aux Alpes du Sud, et de la Loire à Gibraltar.

Venus des côtes de la Baltique, les Burgondes ont commencé par s'installer sur la rive gauche du Rhin, autour de la ville de Worms. En 436, ils sont battus par des mercenaires à la solde d'Aetius ; celui-ci force les Burgondes à s'établir en 443 dans la Savoie, entre Grenoble et Genève. Ayant rompu leur traité avec Rome, ils étendent à partir de 461 leur domination sur les vallées du Rhône et de la Durance. À la fin du Ve siècle, le royaume burgonde couvre la région allant de la Bourgogne actuelle à la basse vallée du Rhône et des Cévennes à la Suisse occidentale.

Ayant pris la tête des Suèves et des Alains lors de la grande invasion de 406, les Vandales se livrent pendant deux années à un pillage systématique de la Gaule. Étant ensuite passés en Es-pagne, les uns s'établissent en Galice, les autres en Andalousie, province dont le nom perpétue leur souvenir. Bien que leur ayant donné, à eux aussi, le titre de « fédérés », l'empereur Honorius charge les Wisigoths de les expulser d'Espagne. Les Vandales ont alors comme roi Genséric, une des grandes figures du monde germain, qui va leur donner une nouvelle vocation, celle de pirates de la Méditerranée. En 429, ils passent en Afrique, que, selon leur habitude, ils ravagent. Hippone, Cirta et Carthage tombent entre leurs mains après une longue résistance, et ils s'emparent ensuite des Baléares, de la Corse, de la Sardaigne et de la Sicile ; en 455, ils poussent même jusqu'à Rome. Vers 470, l'empire méditerranéen des Vandales comprend l'Afrique du Nord et les îles méditerranéennes.

Cavalier. L'armement ▽ est proche de celui des armées romaines, mais les cheveux et la barbe de l'homme sont ceux d'un Barbare. La crinière du cheval est soigneusement tressée, mais il n'y a pas encore d'étrier.
VIIe siècle. Landesmuseum für Vorgeschichte, Halle.

Les peuples germaniques ont toujours eu la réputation d'être d'excellents guerriers. Au Ier siècle déjà, Tacite décrit leur habileté dans la Germanie.

LES ARMES DES BARBARES

Parmi les peuples germaniques, les Francs disposent d'armes tout à fait originales : la framée, petite lance en fer étroite et courte, utilisée aussi bien de près que de loin ; la francisque, hache de guerre à un seul tranchant, redoutable arme de jet ; le scramasaxe, petit glaive étroit d'une cinquantaine de centimètres, servant d'arme d'estoc. Seul un bouclier de grande dimension les protège des traits ennemis. Nombre de ces armes ont été retrouvées dans les sépultures, en particulier la francisque, qui, disposée en travers des jambes du mort, permet à celui-ci de se défendre contre les ennemis de l'au-delà.

Couvercle de bourse, △ orné de grenats et d'émaux. Il fait partie du trésor de Sutton Hoo découvert en 1939 dans le plus grand tumulus d'un ensemble de onze tombes saxonnes.
British Museum, Londres.

FRANCS ET ANGLO-SAXONS

Les Francs, descendant sans doute d'anciennes tribus germaniques, sont installés en Rhénanie, en Belgique et en Artois. Ils ont le titre de « fédérés », et un de leurs rois, Childéric Ier, est l'allié des Romains contre les Wisigoths. Mais c'est avec le successeur de Childéric, Clovis, que le royaume franc sera unifié. Enfin les Jutes, les Saxons et les Angles, peuplades germaniques désignées sous le nom générique d'Anglo-Saxons, traversent la Manche pour envahir l'île de la Bretagne (la Grande-Bretagne actuelle). À la différence des Gaulois, les Bretons opposent une farouche résistance à l'envahisseur, mais ils sont refoulés vers l'ouest de l'île. Les Anglo-Saxons vont organiser le pays en petits royaumes indépendants qui seront vite rivaux.

L'Empire d'Occident se désintègre au profit des peuples barbares. La résistance commune de ces derniers à l'invasion des Huns leur a permis de prendre conscience de leur force. À la fin du Ve siècle, l'hégémonie des Wisigoths sur la Gaule et l'Espagne est évidente, mais elle est déjà menacée par la puissance montante des Francs.

LE DERNIER EMPEREUR

Depuis la mort de Théodose, l'Empire est définitivement divisé en deux et, après la prise de Rome par Alaric en 410, le pouvoir impérial en Occident se réduit à une ombre. Empereurs fantoches et usurpateurs, qui se succèdent, font pâle figure comparés aux grands chefs germaniques, tels le Wisigoth Théodoric Ier ou le Vandale Genséric. C'est d'ailleurs un Germain Suève, Ricimer, qui succède à Aetius comme patrice, et devient le véritable maître de l'Empire. De 456 à 472, il nomme ou renvoie à son gré les empereurs. En 475, Oreste, un Pannonien autrefois au service d'Attila, fait nommer empereur son fils de douze ans. Le jeune Romulus Augustule ne règne que quelques mois. En effet, Odoacre, chef des mercenaires installés en Italie, prend en 476 la tête d'une révolte, tue Oreste et dépose Romulus Augustule, qu'il relègue en Campanie.

L'Empire d'Occident est mort. En fait, la puissance romaine n'est plus depuis longtemps qu'un souvenir à l'ouest de l'Europe, et la déposition de Romulus Augustule n'a qu'une valeur symbolique. Avec l'installation des Ostrogoths en Italie à partir de 481, les Germains sont maîtres de l'Occident, et l'unité du monde romain est définitivement rompue. □

◁ **Casque saxon.**
Il devait sans doute appartenir à un chef important, car il a été trouvé dans le bateau enfoui au plus profond de la tombe principale de Sutton Hoo, près de Rendlesham, capitale de l'East Anglia.
British Museum, Londres.

▽ **Garniture** de bouclier de Sutton Hoo. On ne sait pas en fait à qui il appartenait, car, même si on a retrouvé des restes de sacrifices humains dans le bateau, la chambre funéraire elle-même était vide.
British Museum, Londres.

. 7

LA LÉGENDE D'ATTILA

« **F**léau de Dieu » selon ses propres dires, Attila est, dans les manuels d'histoire de France, le prototype de l'ennemi. Jules César avait conquis le cœur des Celtes, mais le roi des Huns reste à jamais hostile. Il est invincible, sauf s'il doit lutter contre l'ardent « patriotisme » d'Aetius défendant la latinité ou s'opposer à la volonté divine incarnée par une jeune vierge, sainte Geneviève de Paris. Si, en France, tenants des valeurs laïques ou zélateurs de l'école religieuse rivalisent pour chanter les louanges de l'un ou de l'autre, tous s'accordent pour exagérer la brutalité d'Attila, méconnaissant ses qualités de stratège et son haut niveau de culture. En Europe centrale, Attila est au contraire un héros national, dont le prénom est donné à des nouveau-nés hongrois et dont la statue orne une place à Budapest. En Allemagne, il est Etzel, un des personnages de la légende du *Nibelung*. En Italie, Verdi lui a consacré un opéra, *Attila*.

8 .

Saint Léon et Attila. ▷ Docteur de l'Église, auteur de nombreux traités, le pape Léon Ier est célèbre pour avoir « convaincu » Attila d'épargner Rome, peut-être en achetant son départ, mais il ne put empêcher le Vandale Genséric de piller la ville.

XVIIe siècle. Palais des Papes, Avignon.

Attila, chef des Huns, ▽ lors de l'invasion de l'Italie. Les «pompiers», peintres officiels du XIXe siècle finissant, amateurs de «grands sujets» historiques, ont inspiré de très nombreuses gravures populaires.

Arrivant de l'est ▷ de la France, Attila et son armée marchent sur Paris. Le peintre a donné un visage turco-mongol au chef des Huns, accompagné de guerriers féroces.

(1828-1891). Élie Delaunay. Panthéon, Paris.

La défaite des ▽
champs Catalauniques,
vue par W. von Kaul-
bach en 1837. Pour
les Allemands du
XIXe siècle, les Huns
sont presque des héros
nationaux, dignes du
paradis des guerriers.

W. von Kaulbach (1837).
Staatsgalerie, Stuttgart.

◁
Mort d'Attila lors de
sa nuit de noces. Âgé
de 58 ans, il fut sans
doute victime d'une
apoplexie, après une
journée passée
à festoyer.

J. Villeclère (XIXe siècle).
Musée des Beaux-Arts, Nice.

LES PREMIÈRES DIVISIONS DU CHRISTIANISME

La foi chrétienne a triomphé dans l'Empire. Les influences chrétiennes s'étendent dans le monde connu, mais les communautés d'Orient et d'Occident sont souvent divisées.

APRÈS LE TEMPS des épreuves et des persécutions, l'Église chrétienne est reconnue dans toutes les régions, mais les divisions internes des communautés amènent des conflits qui vont façonner les divers visages du christianisme d'Orient et de celui d'Occident. Si tous ont les mêmes croyances, les Églises locales ont des pratiques différentes les unes des autres. Ainsi les peuples païens gagnés au christianisme seront-ils liés à des rites distincts.

DEUX MONDES DIFFÉRENTS

Les liturgies, le déroulement des cérémonies, tout en reposant sur le même message théologique, se distinguent

▽ **Les orthodoxes,** c'est-à-dire « ceux dont les croyances sont correctes », fuient les persécutions des ariens. La querelle arienne, qui opposa les chrétiens sur la nature divine du Christ, causa une grave crise religieuse.
IXᵉ siècle. Bibliothèque nationale, Paris.

10.

par un pluralisme fondé sur des différences culturelles. Dès le Vᵉ siècle, deux grands groupes s'opposent : celui des Églises d'Orient, de rites byzantin, alexandrin, arménien, antiochien, etc., et celui des Églises d'Occident, de rites romain, hispano-wisigothique, gallicano-gothique, celtique, etc.

Pour tous les chrétiens, cependant, le baptême et le repas eucharistique, reproduisant la Cène, sont le fondement de la vie spirituelle. La liturgie du baptême, qui est donné aux adultes après une formation doctrinale, est bien établie. Un autre grand sacrement est celui de la pénitence : le pécheur, pour pouvoir être réintégré dans le sein de l'Église, doit se soumettre en public à de pénibles épreuves, avant de recevoir la réconciliation lors d'une cérémonie solennelle.

En Orient, comme en Occident, la vie monastique, dont les origines remontent au IIIᵉ siècle, est organisée sur les bases jetées par saint Basile : vie communautaire, obéissance du moine à son supérieur. D'un bout à l'autre de l'Empire, la dévotion populaire pour les martyrs jette sur les routes des milliers de fidèles qui accomplissent des pèlerinages vers les sanctuaires où sont conservées les reliques, malgré les réticences des Pères de l'Église envers ces pratiques plus proches de la superstition et de l'idolâtrie que de la « vraie foi ».

Les grandes villes du monde romain se disputent la primauté des Églises chrétiennes. À partir du règne de Justinien, cinq patriarcats se répartissent les zones d'influence : Rome, pour l'Occident, et, pour l'Orient, Cons-

tantinople, Antioche, Jérusalem et Alexandrie. En faisant adopter le latin comme langue liturgique à la place du grec, le pape Damase (366-384) a accentué l'originalité de l'Église romaine face aux Églises orientales, mais, si l'évêque de Rome a un rôle honorifique important, les autres patriarches entendent bien garder leur autorité.

Les mêmes oppositions se retrouvent dans le calendrier liturgique : partout, le pivot de l'année ecclésiastique est la fête de Pâques, au printemps ; mais, en ce qui concerne l'hiver, les Églises d'Orient font de l'Épiphanie la manifestation de Dieu sur la Terre, célébrée le 6 janvier, alors que Rome privilégie la célébration de la naissance du Christ, fixée au 25 décembre, date de l'ancienne fête païenne de *Sol invictus*.

LA CONVERSION DU MONDE CONNU

L'Église a un devoir d'évangélisation, et son action missionnaire est importante à l'égard des peuples encore

◁ **Un ange** porte l'effigie du consul Basilius. Les anges, messagers de Dieu selon la Bible, ont remplacé les allégories romaines à la gloire des grands personnages.
Vᵉ siècle. Château Sforza, Milan.

▽ **Saint Jérôme** travaillant à traduire la Bible. Il a quitté Rome pour Jérusalem, symbolisée ici par une haute tour.
Bible de Charles le Chauve. IXᵉ siècle. Bibliothèque nationale, Paris.

. 11

◁ **Croix** wisigothique. Les Wisigoths ariens n'ont jamais été adoptés par les populations ibériques, orthodoxes.
Musée archéologique, Barcelone.

Grâce à l'œuvre de saint Jérôme, l'Église chrétienne dispose d'une version latine de la Bible.

LA VULGATE

La transmission des textes saints (Ancien et Nouveau Testaments) dans l'Église des premiers siècles se fait soit dans la version grecque, soit dans des traductions latines (les « vieilles latines ») souvent très défectueuses. À la demande du pape Damase, saint Jérôme entreprend une révision du texte latin de la Bible. Très vite, il se décide à établir une nouvelle traduction de l'Ancien Testament à partir des textes originaux en hébreu. Pendant quinze ans (de 391 à 406), dans un monastère de Bethléem, il travaille à cette version latine de la Bible, qui, sous le nom de « Vulgate », devient le texte officiel de l'Église d'Occident, à partir duquel se feront les traductions en langues vulgaires.

païens. Les campagnes sont restées majoritairement attachées à des cultes indigènes, qui, sous le masque gréco-romain, recouvrent des croyances archaïques. Parmi ces missionnaires qui convertissent les paysans, le plus célèbre est saint Martin, évêque de Tours, grâce à qui les villages gaulois sont christianisés entre 370 et 397. À l'autre bout de l'Empire, la Perse, sous le règne du Sassanide Chahpuhr II (309-379), s'oppose farouchement par des persécutions aux communautés chrétiennes, et ce n'est qu'en 410 que l'Église peut se reconstituer au concile de Séleucie et poursuivre son activité missionnaire en direction de l'Asie centrale. L'Arménie, convertie au christianisme depuis le IIIᵉ siècle, est pourvue au début du Vᵉ siècle d'un alphabet particulier dû à l'érudit Mes-

rop, ce qui lui donne une liturgie propre. C'est une femme esclave, sainte Nino, qui évangélise vers 330 les peuples de Géorgie ; en Germanie, l'évêque Ulfila répand l'arianisme parmi les Goths ; deux jeunes gens, Frumence et Aidesios, convertissent le souverain d'Éthiopie et son peuple. À l'autre bout du monde, en Irlande, pays évangélisé d'abord par saint Patrick puis, au siècle suivant, par saint Colomban et

les deux Brendan, se développent un monachisme original et une liturgie particulière.

LA DOCTRINE PAR-DELÀ LES DIVISIONS

Tout ce qui concerne l'administration de l'Église est géré par les conciles, dont le rôle principal est de trancher dans les querelles doctrinales. Après le

Vierge copte (égyptienne). Marqués par les traditions antiques, tissages et broderies perpétueront en Égypte un art populaire chrétien bien après la conquête musulmane.
VIᵉ siècle. Musée copte, Le Caire.

◁ **Église** troglodytique de Gori, en Géorgie. En dépit des conquêtes de l'Empire sassanide, la Géorgie resta fidèle à la foi chrétienne, à laquelle elle s'était convertie dès le IVᵉ siècle.

Le 17 mars, l'Irlande fête solennellement celui qui l'a convertie au christianisme.

SAINT PATRICK

Longtemps isolée par son insularité, l'Irlande se convertit au christianisme au moment où l'Empire d'Occident disparaît. Patrick, un Romano-Breton enlevé à l'âge de seize ans par des pirates irlandais, reste six ans en esclavage chez ses ravisseurs. Redevenu libre, il circule sur le continent puis revient en Irlande pour évangéliser le pays, mais sans succès. Ce n'est qu'en 432, après avoir été consacré évêque en Gaule, qu'il revient dans l'île et, cette fois-ci, accomplit parfaitement sa mission. En 445, il établit son siège épiscopal à

Armagh, au nord de l'Irlande, et meurt entouré de vénération. En réalité, il est plutôt probable que la tradition ait confondu deux Patrick différents, et il est difficile de cerner la véritable personnalité de l'apôtre de l'Irlande.

Reliquaire de la cloche de fer de saint Patrick. *National Museum of Ireland, Dublin.*

12 .

problème de l'arianisme, réglé par les conciles de Nicée (325) et de Constantinople (381), les évêques du Vᵉ siècle se trouvent confrontés à une nouvelle problématique, celle de la nature de Jésus, à la fois Dieu et homme. Le patriarche de Constantinople, Nestorius, désapprouve l'appellation populaire de Marie « théotokos » (Mère de Dieu), car il voit en elle la « mère de l'homme Jésus ». La querelle s'envenime avec le patriarche d'Alexandrie Cyrille, qui obtient en 431 la condamnation de Nestorius par le concile d'Éphèse.

Cependant, le problème rebondit lorsqu'un moine de Constantinople, Eutychès, affirme que la divinité du Christ a absorbé son humanité (c'est la doctrine du monophysisme). Eutychès est excommunié par Flavien, évêque de Constantinople, puis par Léon, évêque de Rome. Mais l'empereur Théodose II, ami d'Eutychès, convoque un concile à Éphèse en 449. Connu sous le nom de « brigandage d'Éphèse », ce concile est composé en majorité de partisans d'Eutychès, dont l'un, Dioscore, fait attaquer l'église où se tient la réunion. Flavien est blessé à mort et plusieurs évêques sont déposés.

Le successeur de Théodose II convoque, en 451, un nouveau concile à Chalcédoine, présidé par l'évêque Léon. Dioscore est exilé, le monophysisme est condamné. Les conséquences de ce concile sont importantes, puisque certaines Églises chrétiennes se séparent du tronc commun, les unes choisissant le monophysisme (les coptes d'Égypte, les chrétiens syriaques, arméniens et éthiopiens), les autres, le nestorianisme (les chrétiens de Perse). □

◁ **Vierge** copte de l'Annonciation. La rudesse de la facture est caractéristique de l'art copte : le sujet prime sur les proportions et le modelé.
Vᵉ-VIᵉ siècle. Musée du Louvre, Paris.

Loin de les rapprocher des Romains, la conversion des Goths les rend inassimilables.

ULFILA, ÉVÊQUE DES GOTHS

Né vers 311 en Cappadoce, Ulfila (ou Wulfila, « Petit Loup ») est un chrétien modérément partisan de l'hérésie d'Arius, qui nie la divinité du Christ. Vers 350, il se rend en Germanie pour y convertir les Barbares. Pour leur rendre accessible la doctrine judéo-chrétienne, il lui faut donner aux Goths, qui ne disposaient jusque-là que de l'écriture runique des Germains, une version intelligible de la Bible. Ulfila utilise pour cela l'alphabet latin, mais invente de nouveaux caractères pour traduire les sons spécifiques de la langue gothique.

Une foi différente de celle de la majorité des chrétiens, une écriture spécifique : même christianisés, les Goths et les autres Germains restent très différents des Romains.

Codex argenteus. *Bible d'Ulfila.*
Uppsala Universitetsbibliotek.

. 13

LE BOUDDHISME EN CHINE

Selon la tradition, le bouddhisme pénètre
en Chine en 65 après J.-C. Mais la nouvelle
religion ne connaît sa véritable expansion dans
le pays qu'au cours des Vᵉ et VIᵉ siècles, grâce
à l'appui de la dynastie des Wei.

IL EXISTE UNE HYPOTHÈSE selon laquelle le bouddhisme serait entré en Chine, au sud, par la mer, dès 217 avant J.-C. et, au nord, par la Route de la soie, au IIᵉ siècle avant notre ère. Né vers 560 av. J.-C. au nord de Bénarès, en Inde, son fondateur, Siddharta Gautama, devenu Bouddha, « l'Illuminé », après avoir reçu l'« éveil » *(bodhi),* prêche une doctrine basée sur le renoncement et l'oubli de soi : la voie du salut réside pour chacun dans la réalisation du nirvana parfait, que seule permet l'extinction totale des désirs.

LE BOUDDHISME APRÈS BOUDDHA

Après la mort de Siddharta Gautama, Açoka, célèbre souverain de la dynastie Maurya, impose le bouddhisme dans le sud de l'Inde pendant son règne (274-236 av. J.-C.). Puis, au début de notre ère, la dynastie Kusana, fondatrice d'un empire situé en Afghanistan et en Inde du Nord, va, à son tour,

Vairocana, le Bouddha ▷
cosmique. C'est une
spiritualisation de Gau-
tama, le Bouddha his-
torique. Pour certaines
sectes du *Mahayana*
(le Grand Véhicule),
Vairocana, dieu solaire,
est la divinité suprême.
La statue a les formes
souples et arrondies
de la fin de
l'époque Sui.
Fin du VIᵉ siècle.
Musée Guimet, Paris.

◁ **Détails** du *Lotus de* ▽
la Vraie Doctrine, texte
fondamental du Ma-
hayana. Le Mahayana
a été propagé par le
moine indien Kumara-
jiva à la fin du IVᵉ siè-
cle. La version qu'il en
a donnée a été reco-
piée sur ce rouleau chi-
nois, trouvé dans une
grotte de Dunhuang.
VIIIᵉ siècle. Bibliothèque
nationale, Paris.

14 .

contribuer à répandre la religion en Asie centrale ; sous le plus grand de ses empereurs, Kanishka, se tient, au IIe siècle apr. J.-C., un concile sur les deux voies enseignées par Bouddha : le Petit Véhicule *(Hinayana),* encore pratiqué aujourd'hui dans le sud de l'Inde et en Asie du Sud-Est, et le Grand Véhicule *(Mahayana),* qui va se développer en Asie centrale, en Chine, en Corée, puis au Japon.

Le Mahayana admet de nombreux bouddhas en plus du Bouddha historique, et fait apparaître autour d'eux des *bodhisattva* (saints) ; ceux-ci n'ont pas encore atteint le nirvana et ne sont pas encore des Bouddha mais ils aspirent à l'illumination. Le Mahayana accueille également des divinités empruntées à d'autres panthéons.

UNE CHINE DIVISÉE

Après l'effondrement de la dynastie Han, en 220, trois puissants généraux se disputent le pouvoir. Commence alors la période dite «des Trois Royaumes» (220-316) : le général Cao Cao – qui était non seulement homme de guerre mais aussi poète – crée le royaume de Wei dans la région du fleuve Jaune, en Chine du Nord ; en 221, Liu Bei installe sa capitale à Chengdu, dans le bassin du Sichuan, et fonde le royaume de Chou ; enfin, dans le Sud, Sun Quan crée à Jiankong (aujourd'hui Nankin) le royaume de Wu.

Après un bref temps d'unification, réalisée, de 280 à 316, par la dynastie des Xi Jin occidentaux – qui règnent sur le royaume de Wei –, le pays va traverser à nouveau deux longs siècles de division, qui sont la période dite «des dynasties du Nord et du Sud» *(Nan bei chao,* 316-580).

Pendant tout le IVe siècle, les Barbares venus du Nord déferlent sur le pays ; les Chinois se réfugient dans le

Pèlerin bouddhiste. ▷ Chargé de manuscrits, il tient à la main un chasse-mouches et un *khakarra,* insigne des moines. À ses pieds, un serpent, à ses côtés, un tigre. Un bouddha assis sur une feuille de lotus domine la scène.
IXe siècle. Bibliothèque nationale, Paris.

. 15

Le singe-pèlerin d'Occident est le héros d'un célèbre roman du XVe siècle, qui relate le voyage en Inde d'un moine chinois nommé Xuanzang.

LE SINGE-PÈLERIN D'OCCIDENT

En 629, le moine Xuan Zang part en Inde, à la recherche de la loi, *dharma,* et des sutra. Il est accompagné par un singe aux pouvoirs extraordinaires : l'animal vole dans les airs, fait des bonds fantastiques, va au fond des océans, dérobe les pêches de l'immortalité dans le jardin de la déesse Reine-Mère d'Occident, etc. L'aventure dure jusqu'en 647 ; elle est racontée dans les rues, mise en images, et devient, vers 1400, un récit très connu, le *Xi you ji,* « le récit du voyage dans l'Ouest ».

Sud, où les grandes familles aristocratiques fondent six dynasties, qui se succèdent dans la ville de Jiankong : les Wu, les Jin orientaux, les Song, les Qi, les Liang et enfin les Chen règnent ainsi sur la vallée du fleuve Bleu entre 222 et 589. C'est une période de colonisation intense de la partie méridionale de la Chine : environ un million de personnes émigrent vers le Sud au IVe siècle. Les routes maritimes sont ouvertes vers l'Asie du Sud-Est où, de Canton, sont envoyées des ambassades chinoises.

Les Barbares du Nord ont quant à eux fondé seize royaumes, dont le plus important est celui des Wei septentrionaux (386-535). Déjà fortement sinisés, ils veulent assurer leur suprématie sur la Chine du Nord, dans la continuité des grandes dynasties chinoises du passé.

Convertis au bouddhisme dès 450, sûrs de leur implantation, ils déplacent en 494 leur capitale de Datong à Luoyang, au sud du fleuve Jaune et fondent des sanctuaires rupestres. La population est encadrée par une administration qui rappelle celle de la période des « Cinq Hégémons » au VIIe siècle av. J.-C. La langue *xianbei* est interdite dans la nouvelle cour, et les mariages avec des Chinois sont fortement recommandés. Mais sur la frontière nord sont restées des armées qui commencent à se révolter vers 525 ; elles provoquent la chute des Wei au profit d'un chef militaire, Yang Jian. Ce dernier va réaliser l'unité de la Chine et fonder à la fin du VIe siècle la dynastie Sui, qui gardera l'empreinte profonde de la culture des Wei septentrionaux et des institutions qu'ils avaient mises en place.

L'ÉPANOUISSEMENT DE LA RELIGION BOUDDHISTE

La fin des Han est marquée par une crise intellectuelle qui divise les penseurs chinois de la période. Ces tendances vont du reste évoluer vers un rejet systématique des contraintes et des conventions. C'est l'époque des « causeries pures » *(qingtan)*, de la re-

◁ **Le plus ancien** rouleau de peinture chinois. Gu Kaizhi a illustré les *Conseils de la monitrice aux dames de la cour,* traité du bon comportement des concubines impériales.
IVe-Ve siècle. British Museum, Londres.

16.

Forme féminisée du *bodhisattva* Avalokitesvara, la déesse Guanyin fait en Chine l'objet d'un véritable culte.

LA DÉESSE GUANYIN

En Inde et en Asie centrale, le *bodhisattva* Avalokitesvara – qui est représenté avec deux à seize bras et jusqu'à onze têtes –, est invoqué par les fidèles afin qu'il intercède auprès du bouddha Amitabha. Son intervention assure la renaissance dans le paradis de l'Ouest. Il est vénéré en Chine, sous l'apparence de la déesse Guanyin, et plus tard au Japon sous la forme de Kanon. Cette déesse peut être en bronze, en bois ou encore en stuc. Elle est revêtue d'un ample manteau bleu et blanc, tenant un attribut (fiole d'élixir, branche de saule, etc.) dans chacun de ses bras, et intervient pour sauver des flammes, retenir d'une chute, donner des enfants, etc.

cherche de la beauté pour elle-même. Des lettrés se réfugient dans la nature pour boire, composer des poèmes et jouer de la musique dans un total esprit d'indépendance et de liberté. Le bouddhisme, qui connaît, au Nord comme au Sud, une forte expansion, ouvre pour eux la possibilité d'une réflexion métaphysique et développe la notion de salut individuel, qui fait défaut au confucianisme. Sur le plan politique, il reçoit l'appui des souverains des dynasties du Nord, notamment des Wei septentrionaux (386-535), et de celles du Sud.

Les premiers moines bouddhistes arrivent en Chine aux Iᵉʳ et IIᵉ siècles de notre ère. À la fin du IVᵉ siècle, l'un des plus célèbres, Kumarajiva, installe à Luoyang une école de traduction des textes indiens bouddhiques (sutra), qui, pour transcrire les notions bouddhiques, emprunte à la terminologie taoïste.

Des pèlerins chinois commencent à leur tour à entreprendre des voyages vers les monastères de l'Inde : le plus connu d'entre eux, Fa Xian, part à la recherche des textes sacrés en 399, par la route nord des oasis, et revient en 413 par Ceylan et Sumatra.

Parmi les sectes bouddhistes qui se développent en Chine pendant la période des Six Dynasties, celle de *chan* (du sanskrit *dhyana*, «méditer», et, en japonais, *zen*) souligne l'importance de la méditation. Il n'y a pas d'ascèse, seuls comptent la vie intérieure et l'éveil individuel. Cette pratique, proche de celle des taoïstes, attire les intellectuels et les artistes chinois. Elle est fondée par le moine indien Bodhidharma, qui en devient le premier patriarche et est accueilli en Chine.

À partir de là, le bouddhisme pénètre en Corée, dans le royaume de Paekche, dès la fin du IVᵉ siècle. Au VIIᵉ siècle, le royaume de Silla, situé dans l'est de la Corée, envahit le royaume de Paekche, et le bouddhisme commence alors à s'y développer ; de là, il gagnera rapidement le Japon. □

◁ **Figure funéraire** de musicien. En dépit du succès du bouddhisme, les Chinois restent fidèles à leurs traditions funéraires, continuant de placer des *ming-k'i* dans les tombes.
VIᵉ siècle. Musée Guimet, Paris.

Guerrier. Depuis ▷ la dynastie Han, les sépultures ressemblent aux maisons des vivants, avec leurs pièces d'apparat et leurs dépendances. S'y affaire tout un peuple de statues d'argile, servantes, cuisiniers, gardes du corps. Cette tradition s'est perpétuée bien après la dynastie Han.
VIᵉ-VIIᵉ siècle. Musée Guimet, Paris.

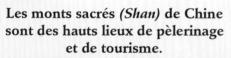

Les monts sacrés *(Shan)* de Chine sont des hauts lieux de pèlerinage et de tourisme.

LES CINQ MONTAGNES SACRÉES DU BOUDDHISME

Wutaishan au Shanxi, Putuoshan au Zhejiang, non loin de Shanghai, qui vient d'être restauré et ouvert au public, Jiuhuashan ou encore Tiantaifeng dans l'Anhui et Emeishan au Sichuan, qui abritent temples et monastères, sont des sites remarquables, des endroits propices à la méditation, où il fait bon vivre. Lors des pèlerinages, les Chinois aiment à poser à cinq pour une photo, assis sur l'ongle du gros orteil du grand Bouddha sculpté dans la pierre, sur le mont Emei.

Grand Bouddha taillé dans le rocher à Leshan. *Sichuan.*

LES SANCTUAIRES DU BOUDDHA

Les sculpteurs indiens réalisent les premiers modèles du Bouddha pendant la dynastie Kusana (début de notre ère). Au Gandhara, ils s'inspirent de l'art hellénistique et de l'esthétique de l'Apollon grec. À Mathura, ils se conforment aux idéaux indiens. De nombreux sanctuaires jalonnent la route du nord de l'Inde jusqu'en Chine, par l'Afghanistan et le Turkestan, et apportent le goût du colossal dans l'architecture et la sculpture de ce pays. En témoignent les grands sanctuaires de Yungang, près de Datong (Shanxi), et de Longmen, à côté de Luoyang (Henan), dont les grandes statues de Bouddha mesurent plus de dix mètres de haut. Yungang est un des plus grands ensembles. Ouvert au tourisme en 1970, il comprend une cinquantaine de grottes qui recèlent plus de cinquante mille statues. Certaines sont colossales et aujourd'hui à l'air libre, comme le grand Bouddha assis de la grotte 20 (près de 14 mètres de haut) ; d'autres sont plus modestes, comme celui de la grotte 5 au célèbre « sourire Wei ». Le sanctuaire de Longmen compte également plus de 1 000 temples de l'époque des Wei (386-534). Sur la Route de la soie, Dunhuang, au Gansu, offre quelque 500 grottes avec des sculptures et de très belles peintures murales. Enfin, dans la région de Nankin ont été édifiés de nombreux monastères (environ 2 000), des temples et des pagodes (ou stupas).

18 .

Les grottes de Majishan, complexe de sanctuaires situé au début du corridor du Gansu. C'est un exemple de la volonté politique des Sui d'utiliser le bouddhisme, en protégeant les moines rescapés de la cour des Chen.
▽

Le grand Bouddha ▷ de la grotte 20 à Yungang. Il mesure plus de 14 mètres de haut. La sérénité et le drapé de son vêtement correspondent à l'art indo-grec du Gandhara, mais la stylisation est bien de tradition chinoise.

◁ **Bouddha** provenant de la grotte 26 de Yungang. Dès le Vᵉ siècle, les Wei ont fait construire les sanctuaires rupestres de Yungang, près de leur première capitale, au nord du Shanxi. Les sculpteurs, esclaves de père en fils, appartenaient à l'État ou aux moines.
Vᵉ siècle.
Musée Guimet, Paris.

▽ La *Légende du Roi-cerf,* fresque provenant de Dunhuang, oasis au débouché de la Route de la soie. Les centaines de grottes mises en chantier à partir de la fin du IVᵉ siècle sont décorées de peintures de style «provincial». Celle-ci représente un épisode d'une vie antérieure du Bouddha.

. 19

Moine disciple de △ Bouddha. Dans plus de 200 grottes, lieux de pèlerinage millénaire, les influences chinoises triomphent. De petites gens y ont fait sculpter stèles et reliefs, d'un art populaire stylisé.
Musée Guimet, Paris.

EMPIRE ROMAIN

À propos de la médecine

■ En 387, Oribase, médecin de Julien l'Apostat, qu'il a suivi dans toutes ses campagnes, met à profit sa retraite pour communiquer son expérience à la postérité. Il rédige un traité, *Sur les paralysies et les saignées,* dans lequel il témoigne d'une excellente connaissance des symptômes, mais d'une grande ignorance des mécanismes de la circulation du sang.   □

Saint Jean Chrysostome.
Manuscrit grec du XIe siècle.
Bibliothèque nationale, Paris.

CONSTANTINOPLE

Saint Jean « Bouche d'or »

■ Né vers 344 à Antioche, ascète intransigeant, il est aussi un très brillant orateur, et c'est son éloquence qui lui vaut son surnom de « Bouche d'or », ou Chrysostome. Nommé patriarche de Constantinople en 398, il condamne sévèrement le luxe effréné des prêtres et, surtout, les mœurs de l'impératrice Eudoxie, dont l'adultère est connu de tous. Il est alors déposé, mais une émeute populaire lui rend son trône épiscopal. Chassé une nouvelle fois, il se rend à pied dans le Caucase et meurt au cours de l'année 407, sur la route de l'exil.   □

ORIENT ROMAIN

Martyre d'une païenne

■ En 415, un groupe de moines fanatiques a lynché une femme, Hypatie, dont la philosophie néoplatonicienne et le polythéisme patent semblaient une offense à la vraie foi. Hypatie, née en 370, fille du philosophe Théon, avait fait ses études à Athènes, avant d'ouvrir une école à Alexandrie. Célèbre pour sa beauté, sa science et sa rigueur tant morale qu'intellectuelle, elle est une des nombreuses victimes de l'intolérance des chrétiens. La foule d'Alexandrie, peut-être excitée par son patriarche, Cyrille, approuve ce meurtre, en dépit de l'évêque Synésius, ancien élève d'Hypatie, qui pleure, dans ses lettres, celle qu'il appelle « sa mère, sa sœur, son professeur et sa bienfaitrice ».   □

INDE

Équations du premier degré

■ En 475, Aryabhata écrit en sanskrit un livre en vers, mais il ne s'agit pas de poésie. C'est un énorme traité de mathématiques, divisé en quatre parties, traitant des harmonies célestes, des sphères, et des éléments de calcul. Il est l'un des premiers à résoudre des équations indéterminées du premier degré en utilisant des fractions continues. □

AFRIQUE

Villes africaines

■ Vers 400, Djenné est probablement une des premières villes à avoir existé dans la zone subsaharienne, à l'ouest, sur le Niger. La fondation de la cité est vraisemblablement un effet de la sécheresse qui sévit au Sahara : les populations refluent vers des zones plus clémentes, où elles apportent leurs techniques agricoles, qui permettent de vivre à des groupes humains nombreux et différenciés. Dans la zone équatoriale, et surtout dans la forêt dense, la chasse et la cueillette restent cependant les principaux moyens d'existence de tribus encore peu nombreuses.   □

AMÉRIQUE DU SUD

Les Indiens d'Amazonie

■ Au début du Ve siècle, la « culture Marajoara » se développe dans l'île de Marajó, à l'embouchure de l'Amazone. Une des premières principautés de la région y a eu pour siège le village de Teso dos Bichos, où les fouilles ont mis au jour une agglomération ovale, entourée d'un talus de terre, composée d'une vingtaine de maisons regroupées autour d'une place centrale. Les femmes devaient y faire la cuisine en commun, en utilisant des fours d'argile, tandis que les hommes vivaient à l'écart de la communauté des femmes et des enfants, dans une maison commune à l'ouest du village. On a retrouvé également des urnes funéraires peintes, parfois anthropomorphes, renfermant quelques offrandes.   □

INDE

Théâtre en Inde

■ Vers la fin du IVe siècle, Kalidasa écrit *Sakuntala,* pièce savante, qui relate avec beaucoup de sensibilité et de nuances les amours de Sakuntala avec le roi Dusyanta. Statique, comme d'ailleurs tout le théâtre indien de l'époque, elle connaît cependant un grand succès populaire, car ses images touchent la sensibilité des spectateurs.   □

CONSTANTINOPLE

Femmes de pouvoir

■ Après la mort de la première Eudoxie, à qui s'opposa Jean Chrysostome, d'autres femmes, intelligentes et autoritaires, détiennent le pouvoir à Constantinople. De 414 à 416, c'est Pulchérie, qui exerce la régence au nom de son frère cadet Théodose II et a une très grande influence sur la cour. En 421, elle favorise le mariage de son frère avec la deuxième Eudoxie, fille d'un philosophe athénien, convertie au christianisme. Très vite, la nouvelle impératrice joue un rôle de premier plan, mais elle est victime d'une fausse accusation d'adultère et se retire loin du monde pour vivre dans l'ascèse et la méditation. C'est ainsi que Pulchérie recouvre son immense pouvoir, presque jusqu'à sa mort, en 453.   □

ASIE

À l'est, les Huns

■ En 453, les Huns Blancs Hephtalites unifiés se taillent un empire en Ouzbékistan, d'où ils menacent la Chine et le nord de l'Inde. Candragupta, qui arrive au pouvoir en 453, les bat à plusieurs reprises, mais, dès 475, la disparition de la dynastie Gupta ouvre aux envahisseurs le nord du pays. Les Huns y fondent un empire centré sur l'Indus et le Pendjab.   □

Wang Si-Tche, calligraphe chinois.
Peinture du XVIIe siècle. Bibliothèque nationale, Paris.

20.

476 - 570

En 550, quand Justinien multiplie ses efforts pour reconstituer l'unité de l'Empire, la papauté semble bien avoir choisi un autre glaive pour soutenir son activité missionnaire. Car la légende selon laquelle une colombe apporta du ciel la « sainte ampoule » qui servit à l'évêque Remi pour oindre Clovis traduit bien le choix qui va faire de la France, pendant près de 1 300 ans, la fille aînée de l'Église et de l'Île-de-France la région qui en deviendra le cœur.
C'est là en effet, entre Loire et Escaut, que se fondent les aristocraties franque et gallo-romaine, que s'édifient à Tours, à Saint-Denis et à Poitiers les premières basiliques et que des âmes d'élite préfèrent, comme ailleurs en Europe, la perfection de la vie monastique à la médiocrité du temps. Une médiocrité que tente de conjurer l'Empire byzantin, où brille alors de mille feux les grandes métropoles d'Antioche et d'Alexandrie, où prolifèrent écoles et bibliothèques, et où les grands penseurs païens rivalisent avec les tenants du christianisme.

L'empereur Justinien, détail d'une mosaïque (VIᵉ siècle) de l'église Saint-Vital, Ravenne.

JUSTINIEN ET THÉODORA

En quelques décennies, un couple hors du commun donne à l'Empire romain d'Orient de nouvelles bases territoriales et juridiques, par-delà les divisions sociales et religieuses.

ÉCHIRÉ PAR LES GUERRES civiles et les luttes intestines, submergé par les invasions barbares, l'Empire romain d'Occident disparaît en 476 avec la déposition du dernier empereur, Romulus Augustule. L'événement passe presque inaperçu en Orient, dans la partie grecque de l'Empire.

L'EMPIRE ROMAIN D'ORIENT

En 330, Constantin avait fondé sur les rives du Bosphore une nouvelle capitale, qui portait son nom. Il se rapprochait ainsi de la partie la plus prospère de l'Empire et des théâtres d'opérations les plus chauds du moment : sur le Danube, face aux Goths, et sur l'Eu-

phrate, face aux Perses. Tout au long du Vᵉ siècle, l'Empire d'Orient parvient à contenir la poussée des peuples wisigoths, huns et ostrogoths, en détournant le flot des envahisseurs vers l'Occident. Ces invasions ont certes ravagé les campagnes des Balkans et étouffé les cités d'Illyrie et de Thrace, mais l'Orient byzantin connaît une grande prospérité.

Les provinces les plus riches sont la Syrie, la Palestine et l'Égypte. Les fellahs, qui cultivent les grands domaines de la vallée du Nil, assurent le ravitaillement de Constantinople grâce au réseau officiel de « l'Heureux Transport ». Les villages de Syrie développent une polyculture prospère jusque dans les zones de montagne. En Égypte, comme en Syrie, existe un réseau dense de cités et de bourgades. La région semi-désertique du Néguev elle-même est exploitée méthodiquement, grâce à un système sophistiqué d'irrigation.

Les métropoles, Antioche et Alexandrie, brillent d'un vif éclat. Commerçants et artisans y travaillent à satisfaire les besoins d'une aristocratie à fort pouvoir d'achat, issue des sénateurs.

Tout ce qui compte en matière de réflexion intellectuelle, philosophique et religieuse se retrouve et se côtoie dans ces capitales fameuses où prolifèrent écoles et bibliothèques. Les derniers grands penseurs païens le disputent ardemment aux tenants du christianisme. Même si les décisions sont prises à Constantinople, c'est en Orient qu'est définie l'orthodoxie chrétienne, tandis que les premiers ermitages et monastères y sont fondés, dans les déserts.

Un lourd héritage

L'Empire d'Orient est gouverné par de très grandes figures. Quand, en 518, disparaît le brillant empereur Anastase, le sénat choisit pour lui succéder le chef de la garde, originaire d'Illyricum, parlant latin et non grec, Justin. Celui-ci adopte rapidement le plus doué de ses neveux, Petrus Sabbatius, qui prend le nom de Justinianus. À la mort de son oncle, le 1ᵉʳ août 527, Justinien, âgé de 46 ans, devient empereur. Ainsi commence le règne le plus illustre de l'histoire byzantine.

Justinien hérite d'une situation difficile : la société rurale est désorganisée par le système du patronage, qui ruine l'autorité des grands propriétaires, lesquels formaient aussi l'ossature de l'aristocratie urbaine ; désormais, ceux qui ont quelque pouvoir, et surtout les potentats militaires locaux, proposent aux paysans de les protéger contre les exigences jugées excessives du fisc impérial et des propriétaires fonciers,

▽ **Justinien,** suivi de dignitaires, apporte son offrande à l'Église. La frise-procession est héritée de la Grèce et de la Mésopotamie, mais les visages sont de vrais portraits. Celui de l'empereur est, selon la tradition byzantine, cerné d'une auréole.
Mosaïque du chœur de Saint-Vital, Ravenne.

. 23

L'essentiel des terres de l'Empire byzantin, même celles qui appartiennent à de grands propriétaires, est cultivé par de petites cellules familiales.

LA FAMILLE PAYSANNE

Ces petites cellules correspondent à une famille conjugale : les parents et les enfants, exceptionnellement les grands-parents, avec comme instrument essentiel l'araire tiré par une paire de bœufs. Au centre des exploitations, la maison et son jardin ; les paysans les plus pauvres n'ont pratiquement que cela et louent leurs bras sur les terres des plus fortunés. La tenure de base s'étend, selon la qualité du sol, sur 5 à 10 hectares. Sur les terres de plein champ, on cultive avant tout céréales et légumineuses, mais le jardin joue un rôle important dans l'alimentation du paysan, notamment grâce aux apports du vignoble.

Paysan portant un panier d'œufs au marché.
Musée d'Istanbul.

moyennant paiement d'une légère redevance et reconnaissance de leur nouvelle autorité.

Dans les grandes villes, l'agitation est endémique. À Constantinople, le peuple est organisé au sein de factions, ou dèmes, les bleus et les verts, du nom de supporters d'équipages de l'Hippodrome. Cette population turbulente est prompte à l'émeute ; généralement, les affrontements opposent une faction à l'autre, mais que les mécontentements viennent à se conjuguer et c'est le trône qui est menacé.

Ainsi, en janvier 532, bleus et verts, s'unissant au cri de *Nika* («victoire»), exigent la libération de leurs partisans emprisonnés, et assiègent la demeure du préfet de la ville. Une partie de l'aristocratie les soutient et fait proclamer empereur Hypatios, un neveu

d'Anastase. Bélisaire, général en chef, parvient à enfermer les insurgés dans l'Hippodrome, où il les massacre, mais Justinien, peu confiant dans les forces armées qui lui restaient, avait bien failli s'enfuir. C'est l'impératrice Théodora qui l'en avait empêché, lui déclarant : «La pourpre est un beau linceul !». Si, en 532, Justinien conserve son trône, il le doit à celle que son entourage lui avait déconseillé d'épouser, Théodora.

Une femme exceptionnelle

L'impératrice est une femme de basse extraction, sans doute fille d'un montreur d'ours de l'Hippodrome. Elle a été actrice, et peut-être prostituée, selon l'historien Procope de Césarée. Sa

beauté autant que son intelligence séduisent Justinien. Montée sur le trône à vingt-sept ans, elle se coule à la perfection dans le moule du cérémonial impérial. Son influence est sensible dans toutes les sphères du pouvoir. Dans le domaine religieux, elle protège les monophysites, dont elle partage les convictions ; farouchement opposée à leur adversaire, Jean de Cappadoce, elle en obtient le renvoi en 541, et il ne

24 .

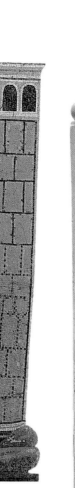

L'historien byzantin le plus célèbre du VIᵉ siècle reste mal connu : né vers 500, il devient dès 527 le collaborateur de Bélisaire.

PROCOPE DE CÉSARÉE

Procope est pour nous un témoin privilégié de son temps. Dans son *Livre des guerres* (contre les Vandales, les Goths et les Perses), il décrit ce qu'il a vécu aux côtés de Bélisaire. Il complète ensuite ce panégyrique de Justinien par son *Traité des*

édifices, description apologétique des ouvrages construits par l'empereur. Son *Histoire secrète,* où il décrit par le menu les turpitudes de Justinien, de Théodora et des dignitaires du régime, ne sera publiée qu'après 565.

Le port antique △ de Ravenne au VIᵉ siècle, défendu par une muraille et deux tours. Dans la basilique de Saint-Apollinaire, qu'il avait fondée, le roi goth Théodoric (VIᵉ siècle) s'était fait représenter avec une procession qui allait du port de Classis au palais.

reviendra aux affaires qu'après la mort de l'impératrice en 548.

LA PUISSANCE ET LA GLOIRE

Affermi sur son trône, Justinien signe à prix d'or (11 000 livres) une « paix éternelle » avec le roi de Perse, avant de tenter de réaliser son grand dessein, la reconquête de l'Occident. C'est une nécessité idéologique plus que stratégique. Pour Justinien, en effet, l'Empire byzantin, qui est l'image terrestre du royaume de Dieu, continuateur de l'Empire romain, se doit de reconquérir les territoires qui ont été autrefois romains.

Reconquérir l'Afrique du Nord, dominée depuis plus d'un siècle par les Vandales, est, somme toute, assez facile. À la tête de 20 000 hommes, Bélisaire en vient à bout en moins d'une année. En 535, avec 10 000 hommes, il peut entamer la conquête de l'Italie. Il reprend Naples, et entre à Rome sans coup férir. Dès 537, les Byzantins repoussent les Ostrogoths au nord du Pô, puis, en 540, s'emparent de Ravenne. En 534, les armées impériales se sont emparées du sud de l'Espagne, avec Carthagène, Málaga et Cordoue.

Mais, en moins de dix ans, les Goths, désormais conduits par Totila, reprennent le terrain perdu et s'emparent même de la Sicile. En 550, Justinien envoie une puissante armée, conduite par le grand chambellan Narsès, qui, en quatre ans d'une guerre sans pitié, chasse les Goths, les Francs et les Alamans et rétablit l'autorité impériale dans une péninsule saccagée. La Méditerranée est de nouveau un lac romain.

Avant même de lancer ses troupes sur les royaumes barbares, Justinien a entrepris la refonte de l'appareil juridique. L'empereur Théodose (408-450) avait déjà réorganisé la législation, au sein du Code théodosien, mais son œuvre avait été rapidement dépassée par la multiplication des lois nouvelles, et, surtout, la jurisprudence n'avait jamais été codifiée.

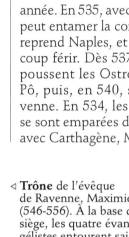

◁ **Trône** de l'évêque de Ravenne, Maximien (546-556). À la base du siège, les quatre évangélistes entourent saint Jean-Baptiste qui porte l'Agneau pascal. C'est le plus grand objet d'ivoire connu, d'inspiration orientale.
Musée de l'archevêché, Ravenne.

▽ **Alexandrie,** comme Constantinople ou Antioche, est une des villes les plus brillantes de l'Empire d'Orient.
Musée archéologique de Jerash, Jordanie.

L'Hippodrome de Constantinople constitue un lieu essentiel de la vie sociale et politique de la cité.

LES FACTIONS DE L'HIPPODROME

L'Hippodrome communique avec le Palais impérial. C'est là que le nouvel empereur reçoit l'acclamation populaire. De même, la tradition des courses accompagnées de distributions de vivres se poursuit. Les courses passionnent la population jeune et turbulente de la capitale, qui s'organise en clubs de supporters, les factions, ou dèmes, représentés par la couleur qu'arborent les cochers. D'abord quatre, ces factions se réduisent ensuite à deux : les bleus et les verts ; autour de la piste, elles sont séparées par la tribune impériale. À son avènement, l'empereur choisit une couleur. Les factions financent une partie des courses ; elles sont dotées d'une milice, les démotes, et leurs chefs sont des personnages officiels.

. 25

Le 13 février 528, Justinien confie à Tribunien la direction d'une commission chargée de réunir en un seul code toutes les lois encore en vigueur. Dès le 7 avril 529, les juristes peuvent appliquer le Code justinien. Celui-ci sera refondu par la suite et définitivement promulgué en 534. En 533, une nouvelle commission a remis en ordre la jurisprudence et publié un manuel à l'usage des étudiants en droit.

Le Code justinien est l'œuvre majeure du règne, mais elle n'est pas exempte de défauts. La rédaction en a été hâtive et n'a pas toujours évité les contradictions ; la séparation entre les lois et la jurisprudence est malcommode, des décrets devenus obsolètes ont été conservés, d'autres ont été dépassés par les lois de Justinien, rassemblées en recueils de *Novelles*.

LES FAUX-SEMBLANTS

Dans les provinces, l'empire de Justinien est livré à l'anarchie. Les chefs de milices privées défient l'autorité publique, dépouillent les paysans, pillent les églises et les propriétés impériales, corrompent les autorités locales. En 535-536, l'empereur tente une réforme provinciale : la plupart des gouvernements provinciaux sont alors réorganisés au profit de fonctionnaires « justiniens », qui détiennent les pouvoirs civils, militaires et fiscaux. Mais cette réforme, qui vient trop tôt, doit être abandonnée dès 548, et ne sera reprise qu'au siècle suivant.

Malgré tout, les conquêtes fournissent à Justinien des ressources considérables qui lui permettent de pratiquer, dans la seconde partie de son

La victoire ▽
de Justinien est aussi celle du Christ, représenté ici en tenue de légionnaire romain. Sur le livre, l'inscription proclame : « Je suis le chemin, la vérité et la vie. »
Musée de l'archevêché, Ravenne.

Poursuivant les habitudes de la tradition romaine, l'aristocrate byzantin aime vivre dans son palais familial.

LA VIE D'UN ARISTOCRATE

La position sociale des aristocrates se mesure moins à la richesse qu'à la faveur impériale et aux hautes fonctions publiques, civiles et militaires, qu'elle permet d'occuper, ce qui nécessite de fréquenter la cour. Les immenses possessions de cette aristocratie, en province, lui servent de lieu de refuge en cas d'exil et lui fournissent un complément de ressources en sus des salaires qu'offrent dignités et fonctions. Ces revenus élevés lui permettent de vivre dans le luxe des vêtements de soie et des objets d'or et de participer au mouvement culturel de la vie byzantine, sans s'adonner au commerce, qui est considéré comme une activité peu digne d'intérêt.

26 .

EGO VERI
SVM ITAS ET
VIA EVITA

règne, la remise systématique des arrérages d'impôts et une prestigieuse politique de construction d'édifices publics, de l'Asie Mineure à l'Italie.

Cette grandiose politique s'est opérée au détriment des besoins les plus criants. La région des Balkans n'a jamais participé à la prospérité générale ; dépeuplée, elle attire les envahisseurs slaves. En 540, puis en 558, les Bulgares, d'origine turco-mongole, se présentent sous les murs de Constantinople et dévastent la Grèce. Une fois le Danube passé, rien n'arrête l'envahisseur, qui pille la campagne, fait des prisonniers, et repart à l'approche de l'hiver. De plus, en 541, la peste ravage l'Empire et reparaît ensuite de façon récurrente.

Mais, plus que tout, ce sont les querelles religieuses qui atteignent le cœur de l'Empire et contribuent à l'affaiblir. En 451, le concile de Chalcédoine avait condamné le monophysisme, cher à Théodora ; celui d'Éphèse, en 431, avait, lui, condamné le nestorianisme, qui séparait la nature divine du Christ de sa nature humaine. Aucun des deux n'a réglé la question, et, alors que les nestoriens ont dû s'enfuir en Perse, les monophysites, majoritaires en Syrie et en Égypte, cristallisent à la fois le refus de l'autorité centrale, du fisc impérial et les particularismes régionaux. L'orthodoxie est le fait de marchands et de fonctionnaires en relation avec la capitale ; le monophysisme devient l'expression de la renaissance copte et syriaque. Six siècles après les conquêtes d'Alexandre, le vernis de la civilisation gréco-romaine s'écaille, les langues locales l'emportent sur le grec. Soixante-dix ans après la mort de Justinien, ces populations ne résisteront pas à l'invasion arabe.

Le règne de Justinien marque la fin de l'Antiquité en Orient. La cité, base même du monde romain, est frappée par la crise des aristocraties municipales ; hors d'état de percevoir l'impôt, elles cessent de renforcer le pouvoir impérial tandis que se répand, à travers l'Orient romain, le monde médiéval des villages et des forteresses, celui de l'Empire byzantin. □

Soldats byzantins ▽ en campagne. Leur tenue a des points communs avec celle des légionnaires romains, mais ils portent, à l'orientale, barbe et cheveux longs. Parmi eux, l'empereur, reconnaissable à son auréole.

Manuscrit grec, d'après un dessin du VIᵉ siècle. Bibliothèque nationale, Paris.

L'empereur, défenseur ▷ de la foi, triomphe des Barbares. Une victoire ailée veille sur lui ; un guerrier scythe tient sa lance ; une allégorie de la Terre tient le pied de son cheval, témoignant que son pouvoir s'étend à la terre entière.

« Ivoire Barberini ». Musée du Louvre, Paris.

En janvier 532, les insurgés de la sédition Nika incendient la cathédrale de Constantinople, la basilique Sainte-Sophie. Justinien décide de la reconstruire à l'échelle de ses immenses ambitions. Il opte pour des dimensions inconnues jusque-là et surtout décide d'adapter au plan basilical traditionnel la coupole, symbole de la sphère céleste de façon à pouvoir occuper dans la grande Église la place de lieutenant de Dieu qui lui revient.

L'édifice sera donc gigantesque avec sa coupole qui culmine à 61 mètres. Il confie la maîtrise de l'ouvrage non à un architecte, mais à deux géomètres et physiciens, Anthémios de Tralles et Isidore de Milet. L'église est consacrée le 27 décembre 537. Endommagée par un tremblement de terre, la coupole sera reconstruite et l'église inaugurée à nouveau le 26 décembre 562.

Sainte-Sophie occupe une place centrale dans la vie byzantine ; elle est l'église du patriarche ; elle est aussi celle du couronnement. C'est là que se déroule le dialogue entre l'empereur et le clergé, symbole du dialogue entre Dieu et l'empereur, que celui-ci entretient au nom de son peuple.

Jusqu'à la construction de Saint-Pierre de Rome, au XVIᵉ siècle, Sainte-Sophie reste la plus grande église de la chrétienté.

28.

SAINTE-SOPHIE

▽ **Sainte-Sophie,** une des plus grandes églises de la chrétienté, dédiée à la Sagesse, fut construite en cinq ans, sur le plan «en croix grecque» des églises du siècle précédent. Du temps de Justinien, plus de 1 000 personnes étaient attachées à la cathédrale, dont 100 castrats, 300 musiciens et 200 enfants de chœur.

Vierge à l'Enfant, △ entourée de Justinien, à gauche, offrant l'église Sainte-Sophie, et de Constantin. C'est à l'emplacement d'une première église datant de 360 que Justinien décida la construction de l'édifice actuel.

Mosaïque du Xᵉ siècle. Sainte-Sophie.

La grande coupole ▷ de Sainte-Sophie, vue de l'intérieur. Les colonnes viennent de temples hellénistiques. Après la prise de Constantinople par les Turcs, en 1453, l'église devint une mosquée ; au fond, la loge des sultans occupe l'emplacement de la chaire impériale.

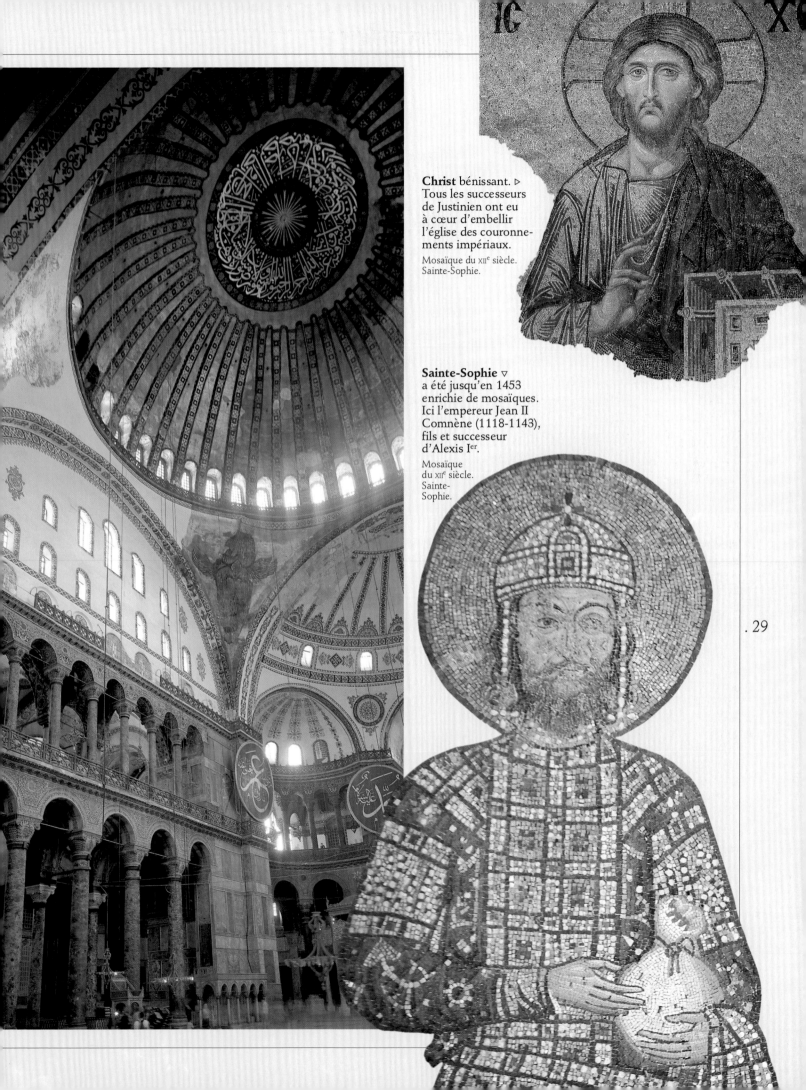

Christ bénissant. ▷
Tous les successeurs
de Justinien ont eu
à cœur d'embellir
l'église des couronne-
ments impériaux.
Mosaïque du XIIe siècle.
Sainte-Sophie.

Sainte-Sophie ▽
a été jusqu'en 1453
enrichie de mosaïques.
Ici l'empereur Jean II
Comnène (1118-1143),
fils et successeur
d'Alexis Ier.
Mosaïque
du XIIe siècle.
Sainte-
Sophie.

. 29

LE MONACHISME

Au début du VIᵉ siècle, en Italie, en Irlande,
en Gaule, la vie monastique connaît un essor
considérable. Pour sa petite communauté,
Benoît de Nursie rédige un règlement, où
le temps s'organise entre prière et travail.

INSTAURER « une école de service
du Seigneur » : tel est le but de
Benoît de Nursie, lorsqu'en 534
il rédige un règlement de vie
pour son monastère du mont
Cassin. Cette règle – « une toute
petite règle, écrite pour des débutants »
– connaîtra, à partir du VIIᵉ siècle, une
très grande diffusion. En 816, elle deviendra l'unique règle des abbayes
d'Occident.

UNE VIE VOUÉE AU TRAVAIL
ET À LA PAROLE DIVINE

De la vie de saint Benoît, « patriarche
des moines d'Occident », il n'existe
qu'un récit : le livre II des *Dialogues* du
pape Grégoire le Grand. Benoît naît
vers 480, à Nursie, en Italie centrale.

**Les premiers ▽
moines :** Saint Éphrem,
théologien censé,
comme Siméon, avoir
vécu en haut d'une
colonne, est entouré de
grottes où travaillent,
prient et étudient
d'autres ermites.

E. Zanfurnari. XVᵉ siècle.
Pinacothèque vaticane,
Rome.

30 .

Destiné à la carrière administrative, il part étudier à Rome. Il n'a pas vingt ans lorsqu'il abandonne ses études et rejoint une communauté d'ermites. Il se retire ensuite, pendant trois ans, dans une grotte près du lac de Subiaco.

Appelé à diriger une abbaye, il se heurte à l'incompréhension des moines, qu'il rebute par la dureté de ses exigences, et revient à Subiaco. De nombreux disciples le rejoignent, qu'il répartit en groupes de douze. En 529, accompagné de quelques fidèles, il gagne le sommet du mont Cassin, dominant la plaine de Campanie, et y fonde un monastère. Benoît a quarante-neuf ans. Convaincu de l'importance de la communauté pour la vie monastique, il édicte une règle qui est l'aboutissement de longues années d'expérience et de réflexion.

Le moine est un solitaire. Il fuit le monde et les tentations terrestres pour rencontrer Dieu et prier pour le salut des hommes. Benoît veut qu'il vive sa solitude dans la communauté et la soumission à une règle. En entrant au monastère, le moine abandonne tous ses biens, et doit complète obéissance au père abbé. Il doit prier – la prière collective rythme sa vie quotidienne –, travailler – pour combattre l'oisiveté et assurer la subsistance de la communauté – et se nourrir de la parole divine.

Des pères du désert aux communautés

Le monachisme est apparu au moment des persécutions, pour se développer avec l'édit de Constantin (312) qui autorisait la religion chrétienne. En Égypte, à la suite de saint Antoine (251-356), de nombreux ermites (ou anachorètes) ont gagné le désert de Thébaïde, s'imposant la plus grande austérité pour soustraire leur corps aux tentations. L'âge d'or de l'érémitisme égyptien a duré de 330 à 430.

En Syrie, le mouvement a pris les formes les plus excessives : certains ermites ont passé une partie de leur vie enchaînés à des rochers, ou perchés au sommet d'une colonne comme Siméon Stylite qui y est ainsi resté plus de trente ans, près d'Antioche.

Beaucoup de chrétiens préféraient déjà se grouper en communautés soumises à l'autorité d'une règle. Vers 320, Pacôme (286-346) a construit le premier monastère, à Tabenissi, sur le Nil. Et, en 357, saint Basile a fondé une abbaye à Césarée de Cappadoce (l'actuelle Kayseri, en Turquie).

D'Orient, le monachisme a gagné l'Italie, puis la Gaule. Peu après 360, saint Martin a entrepris d'évangéliser les campagnes gauloises. Devenu évê-

Monastère fortifié de △ Sainte-Catherine dans la péninsule du Sinaï. Depuis le VIe siècle, une communauté de moines y commémore le souvenir de Moïse, en dépit des guerres et des invasions.

Saint Siméon Stylite. ▷ Poursuivi par la vénération des fidèles, il finit par se réfugier en haut d'une colonne, où il vécut plus de 30 ans, ravitaillé par un panier attaché à une corde.
Musée du Louvre, Paris.

SAINT COLOMBA
Armagh
IRLANDE

SAINT COLOMBAN
Canterbury
SAINT AUGUSTIN
ARMORIQUE
Tours
Luxeuil
Bobbio
Marseille
Rome
Mont Cassin

régions évangélisées en 395
moines anglo-saxons
moines celtes
archevêchés
abbayes

.31

que de Tours, il s'est établi à Marmoutier, au milieu d'une communauté monastique. Césaire d'Arles a installé deux abbayes dans sa ville. Et, vers 415, Jean Cassien a fondé Saint-Victor de Marseille... Les fondations n'ont pas cessé de se multiplier. Nées d'initiatives privées, elles sont restées indépendantes les unes des autres. Chaque monastère a élaboré sa propre règle.

LE DÉFI DES ASCÈTES IRLANDAIS

L'Irlande constitue un autre foyer de vie monastique. Les moines irlandais pratiquent une foi très exigeante, fondée sur une ascèse sévère, l'apostolat permanent et la quête du martyre. À la recherche de terres à évangéliser, ils parcourent les mers sur de simples bar-

ques – certains parviennent jusqu'en Islande. Saint Brendan erre ainsi sept ans entre Écosse et Irlande.

Mais l'aventure la plus spectaculaire reste celle de Colomban (540-615). Vers 575, il part en pèlerinage. Débarqué en Armorique, il découvre un pays « où la vertu est à peu près inexistante ». Après un long périple, il atteint les Vosges, où il fonde les abbayes d'Annegray et Luxeuil, en 590.

Poursuivi par l'hostilité des évêques, persécuté par les rois dont il dénonce l'immoralité, il réembarque pour l'Irlande, mais son bateau est rejeté à la côte. Il parcourt la Gaule d'ouest en est, de Neustrie en Austrasie, et installe une série d'abbayes.

Puis il gagne l'Italie, où il fonde la communauté de Bobbio, en 613. Il y mourra deux ans plus tard. Il laisse deux règles très rigoureuses. Dans cha-

---

Parce que Benoît dénonce l'oisiveté comme « ennemie de l'âme », la règle bénédictine divise la journée du moine en trois parties, consacrées à la prière, au travail et au repos.

LA JOURNÉE DU MOINE BÉNÉDICTIN

« **N**e rien préférer à l'œuvre de Dieu » : la vie du moine est rythmée par les offices, au cours desquels la communauté récite les textes des Écritures saintes, chante prières et psaumes. L'office est célébré sept fois par jour (laudes, prime, tierce, sexte, none, vêpres et complies) et une fois pendant la nuit (vigiles).

Selon la règle bénédictine, le travail est remède aux tentations, pénitence et moyen d'assurer la subsistance de la communauté. Le travail agricole, nécessaire à l'origine, cède peu à peu la place aux tâches domestiques (cuisine, fabrication des outils ou des vêtements). Le travail intellectuel répond aux besoins de la lecture divine : le moine doit aussi se nourrir de la parole de Dieu, lire et méditer l'Écriture sainte ou les ouvrages de spiritualité.

Novice bénédictin étudiant la musique. Manuscrit du XIVe siècle. Bibliothèque Laurentienne, Florence.

Évangile de saint Luc. △ L'influence des moines irlandais se manifeste dans les manuscrits du VIe siècle par les entrelacs hérités de l'art celte.

VIe siècle. Bibliothèque de Saint-Gall, Suisse.

La tonsure. Alors que ▷ les Mérovingiens sont « les rois aux cheveux longs », les moines et les prêtres sont tondus, en témoignage de leur renonciation au monde.

Lettrine du *Sacramentaire de Gellone*. VIIIe siècle. Bibliothèque nationale, Paris.

que monastère, la « règle de Colomban » doit être complétée par un règlement de vie quotidienne.

GRÉGOIRE LE GRAND, OU LE TRIOMPHE DE LA RÈGLE BÉNÉDICTINE

Saint Benoît, lui, est mort vers 547 (en 672, un moine de Fleury-sur-Loire ramènera ses reliques, abandonnées depuis le pillage du mont Cassin par les Lombards, en 577). Mais sa règle s'est imposée par sa brièveté, sa modération, sa facilité d'adaptation. Elle achève de triompher des règlements mixtes au cours du VIIe siècle. La première mention explicite de la règle bénédictine date de 620, à Hauterive. Et, en 680, le monachisme colombanien a complètement disparu.

Ce triomphe de la règle bénédictine est, d'abord, le résultat de l'action du pape Grégoire le Grand (590-604). Né à Rome, dans une vieille famille sénatoriale, depuis longtemps chrétienne, Grégoire reçoit une éducation classique, qui le destine à la carrière administrative. Lorsqu'en 573 il choisit d'embrasser la vie monastique, il est préfet de Rome. Il transforme sa maison du mont Cœlius en monastère soumis à la règle de saint Benoît, et fonde six autres abbayes dans ses domaines de Sicile.

Élu pape en 590, il reste un moine plus soucieux de pastorale et de chant liturgique que d'enseignement dogmatique. Il privilégie l'ascèse comme voie de salut, et manifeste maintes fois le regret de ne pouvoir se consacrer à la contemplation.

Au printemps de 596, Grégoire confie au moine bénédictin Augustin (ou Austin), et à quarante moines de l'abbaye du mont Cœlius, l'évangélisation du royaume de Kent, dont le souverain, Æthelbert, se convertit au christianisme et épouse une princesse franque chrétienne. Peu après, en 610, Augustin devient archevêque de Canterbury et se charge d'organiser l'Église d'Angleterre.

L'évangélisation des royaumes anglo-saxons se poursuit à partir du Kent, où Grégoire ne cesse d'envoyer missionnaires et instructions de conversion. Dès la fin du VIIe siècle, des missionnaires anglo-saxons gagnent le continent et entreprennent la conversion de la Frise. La règle de saint Benoît allait achever de s'imposer à tout l'Occident. ☐

Notre-Dame de ▵ Jouarre, monastère fondé en 630 par l'abbesse Théodechilde. La crypte nord était le mausolée de la grande famille barbare de l'abbesse ; trois étages de tombes y ont été mises au jour.

Seine-et-Marne.

◁ **Croix** de Muiredagh, abbé du monastère irlandais de Monasterboice. Les premières croix celtiques sculptées datent du VIIe siècle ; les moines se recueillaient devant elles au cours de processions.

Xe siècle. Région de Drogheda.

Depuis la découverte de la Règle du maître, les historiens s'interrogent : quel texte Benoît a-t-il vraiment écrit ?

L'AUTEUR DE LA RÈGLE BÉNÉDICTINE

La règle « bénédictine » est conservée dans une trentaine de manuscrits, dont les plus anciens datent du VIIIe siècle. Benoît de Nursie en est-il l'auteur ? La question a rebondi avec la découverte d'une « Règle du maître », dans des manuscrits de la fin du VIe-début du VIIe siècle. Les deux règles ont des articles identiques. La Règle du maître est plus longue (94 articles contre 73) et a été écrite plus tôt (vers 500-530). Les historiens s'interrogent : s'agit-il de la véritable œuvre de saint Benoît, l'autre étant une compilation tardive ? Benoît a-t-il rédigé sa règle en plagiant et en résumant un texte plus ancien ? A-t-il écrit les deux versions ?

LE ROYAUME FRANC

En 482, l'avènement de Clovis marque
une étape décisive de l'histoire occidentale.
Devenu chrétien, le nouveau roi unifie
la quasi-totalité de la Gaule. De la vallée
du Rhin aux Pyrénées, le pays
devient le royaume des Francs.

LORSQUE CLOVIS vient au monde, vers 466, l'Empire romain d'Occident vit ses dernières années. Pour maintenir leur pouvoir aux confins de l'Empire, les autorités romaines s'appuient sur la force militaire des Barbares francs. Elles ont ainsi installé, dans la région de Tournai, un rameau du peuple franc dont le chef est le père de Clovis, Childéric. Childéric était général romain, comme l'attestent les insignes retrouvés dans sa tombe, mise au jour en 1653.

DES BARBARES AU SERVICE DE ROME

« Nous avons tué des milliers de Francs ! » C'est au milieu du IIIe siècle, dans un chant de guerre de l'armée ro-

Le Christ, équipé ▷
comme un guerrier
franc, triomphe du
Mal, symbolisé par
un serpent.

Art populaire auvergnat
du Ve siècle. Grezin,
Puy-de-Dôme.

Le chasseur et le lion. ▽
Éléments d'une garni-
ture de bouclier, ils ont
été produits par un ate-
lier lombard d'époque
mérovingienne, et re-
trouvés avec d'autres
œuvres des mêmes ar-
tistes, dans un cime-
tière du Tessin.

Musée historique, Berne.

34 .

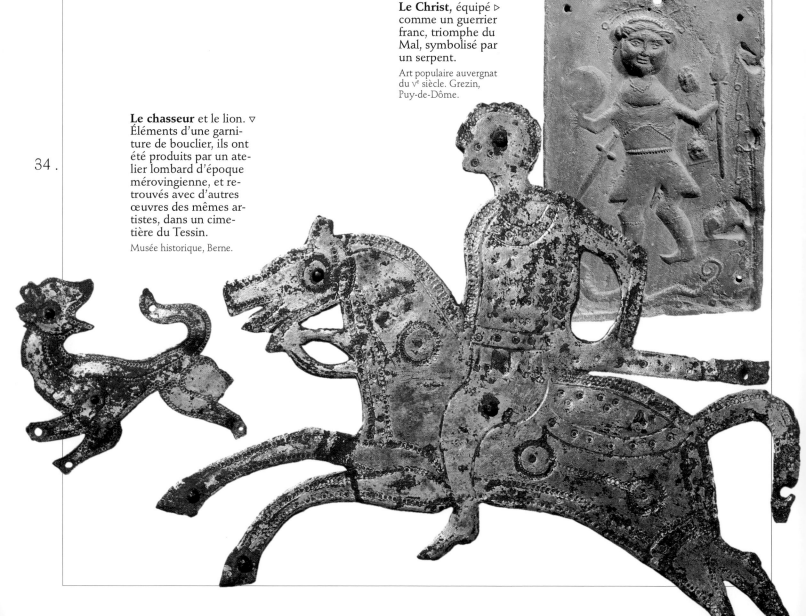

maine, que le nom des Francs apparaît dans l'histoire. Les tribus franques appartiennent au groupe des Germains occidentaux, installés au début de l'ère chrétienne entre Rhin et Weser. «Franc» vient de *frekkr,* «hardi», «courageux». À la faveur des troubles de la fin du IIIe et du IVe siècle, les Francs mènent des raids sur le sol romain. Ils s'installent sur la frontière de l'Empire, qu'ils s'engagent à défendre en échange de terres à cultiver. Au IVe siècle, certains chefs occupent des charges importantes dans l'administration et l'armée romaines.

À partir de 407, les Francs profitent de l'affaiblissement des défenses de l'Empire pour progresser vers l'ouest. Sans conquérir le territoire, ils s'y installent, à la faveur du vide créé par la désorganisation de l'autorité romaine.

Vers 450, ils se répartissent en deux grands groupes : les Francs du Rhin, installés sur le Rhin moyen, entre Trèves et Cologne, d'où ils gagnent la vallée de la Moselle ; et les Francs Saliens, entre Rhin et Escaut, qui progressent vers la vallée de la Somme. Ils sont divisés en multiples royaumes, rarement regroupés en confédérations. En 457 apparaît le royaume de Tournai : celui de Childéric, le père de Clovis.

Coup d'état à Soissons

Comme son père, Clovis est un soldat, un chef de guerre. Mais, si Childéric défendait les Romains, Clovis va les combattre. À son avènement, en 482, il n'y a plus d'Empire d'Occident. Seul subsiste, autour de Soissons, un dernier foyer d'autorité romaine, dirigé par Syagrius. En 486, Clovis attaque Syagrius, et s'installe à Soissons. Son intervention tient plus du coup d'État que de la conquête : un puissant chef militaire s'empare du pouvoir civil dans une partie de l'ancien Empire.

Saint Remi, archevêque de Reims, lui adresse une lettre de félicitations. De son côté, Clovis ménage les autorités ecclésiastiques, seule structure administrative encore en place. Après

◁ **Un Barbare,** peut-être franc. Le vêtement collant, à manches longues, est radicalement différent de la toge romaine. Il est lacé sur le devant et surchargé de broderies.
Ve siècle. Musée de Dumbarton Oaks, Washington.

Même là où ils cohabitent avec les Romains, les Barbares gardent leur propre loi. Une loi qui recense les différents délits et fixe le «prix du sang».

LE DROIT BARBARE

Dans les tribus barbares, la *faida* (vengeance) est un devoir imprescriptible, et la loi a pour but de faire cesser cette succession de vengeances. Pour chaque délit, elle fixe une valeur de rachat, dont le versement apaise la *faida* de la victime ou de sa famille. Par conséquent, les lois barbares sont des catalogues de délits et du *Wergeld* (prix du sang) correspondant. Celui-ci varie selon la nature de la faute et la qualité de la victime. Tout délit étant une atteinte à l'ordre et à l'autorité publics, le roi perçoit un tiers du *Wergeld*. La loi des Francs Saliens, appelée encore loi salique, est l'exemple le plus ancien de législation barbare.

. 35

Tête de Christ. ▷
Sur cette fibule d'or, trouvée à Limons dans le Puy-de-Dôme, monde barbare et chrétienté se rejoignent : les griffons et les entrelacs sont germaniques, les symboles sont chrétiens, l'alpha, l'oméga et le chrisme représentant le Christ.
VIIe siècle. Bibliothèque nationale, Paris.

la prise de Soissons, il veut ainsi soustraire un magnifique vase d'église au butin que ses guerriers s'apprêtent à se partager. Furieux de cette entorse aux usages de la guerre, un des soldats préfère briser le vase plutôt que d'accepter de le restituer.

En fait, à une époque où les autres rois barbares sont convertis à l'hérésie arienne, la chance de Clovis est d'être resté païen : il demeure ainsi ouvert à la prédication de l'Évangile et à une conversion possible au christianisme, qui lui vaudra l'appui de l'Église...

UNE CONVERSION OPPORTUNE

Pendant dix ans, Clovis s'empare des dernières propriétés impériales, et s'efforce de redonner vie aux derniers vestiges des institutions romaines qui avaient prouvé leur efficacité. Il poursuit son expansion territoriale : il atteint la Loire, lance des raids en Aquitaine, entre en contact avec les Bretons d'Armorique. Soucieux d'imposer sa suprématie aux autres peuples germaniques, c'est vers l'est qu'il porte son plus gros effort : en 491, il attaque les Thuringiens et, en 496, affronte les Alamans. C'est le moment où il épouse la nièce du roi burgonde Gondebaud, la catholique Clotilde, qui, malgré tous ses efforts, ne parvient pas à l'amener à la foi chrétienne.

Au cours de la bataille de Tolbiac (aujourd'hui Zülpich, près de Cologne), livrée aux Alamans (en 496 ou en 506), Clovis fait le vœu de se convertir au christianisme si « Jésus-Christ, que Clotilde proclame fils du Dieu vivant », lui accorde la victoire.

À la monarchie héréditaire des Francs, les historiens opposent la monarchie élective des Wisigoths.

MONARCHIE ÉLECTIVE ET « MALADIE GOTHIQUE »

Jusqu'en 507, les rois wisigoths étaient choisis au sein d'une même famillle. Une fois les Wisigoths en Espagne, l'aristocratie se dispute l'accès au pouvoir. L'élection se réduit à l'acclamation du prétendant. L'assassinat du roi est si fréquent que Grégoire de Tours l'appelle « maladie gothique ». En 633, le concile de Tolède établit la nécessité de l'élection. Jusqu'à la chute du royaume, seules deux élections sont attestées ; les autres rois arrivent au pouvoir par la force ou succèdent à leur père. Aucune dynastie ne dépasse trois générations. C'est sans doute pour remédier à cette instabilité qu'est institué le sacre royal, qui a lieu pour la première fois en 672.

Les rois goths.
Manuscrit espagnol du Xᵉ siècle.
Monastère de l'Escorial, Madrid.

Baptême de Clovis ▽ par l'évêque de Reims, saint Remi, en présence de la reine Clotilde, fervente chrétienne.
Vie de saint Remi.
IXᵉ-Xᵉ siècle.

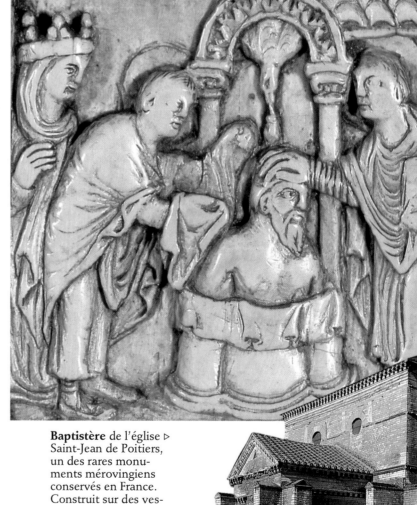

Baptistère de l'église ▷ Saint-Jean de Poitiers, un des rares monuments mérovingiens conservés en France. Construit sur des vestiges gallo-romains, il reproduit, de façon alourdie, les techniques et le style de construction du Bas-Empire romain.

36 .

Ayant été exaucé, Clovis accepte de suivre l'enseignement de saint Remi. Son baptême est solennellement célébré à Reims à Noël 498 (?). L'archevêque Remi lance au nouveau chrétien un appel qui traduit l'importance de l'événement : « Dépose humblement tes colliers, ô Sicambre, adore ce que tu as brûlé, brûle ce que tu as adoré. »

Ce baptême, qui fait du roi franc le champion de l'orthodoxie chrétienne, lui assure l'appui de l'Église dans son royaume et dans les autres royaumes soumis à des souverains ariens. L'évêque Avit, de Vienne, sujet du royaume burgonde, lui écrit ainsi : « Votre foi est notre victoire. » La conversion du peuple franc favorise la fusion entre Gallo-Romains et Barbares. Dès le milieu du VIe siècle, le terme « Franc » désigne tous les sujets du roi.

À LA CONQUÊTE DE LA GAULE

En 500, Clovis, momentanément allié au roi burgonde Godegisèle, enfermé dans Avignon par son frère Gondebaud, répond à son appel et se porte à son secours. Toutefois, il ne réussit pas à le libérer, et doit se retirer. En 505, il refoule les Alamans au-delà du Rhin.

En 506, il réunit une coalition contre le roi wisigoth Alaric II, maître du quart sud-ouest de la Gaule. Et, en 507, il écrase Alaric et son armée à Vouillé, près de Poitiers.

Voilà Clovis maître de l'Aquitaine. L'intervention de Théodoric, roi des Ostrogoths, lui interdit l'accès à la Méditerranée. Le Languedoc continue d'appartenir au royaume wisigoth, replié en Espagne.

Clovis passe les dernières années de son règne à éliminer les autres rois francs saliens, ses parents, et impose la reconnaissance de son autorité aux Francs du Rhin.

En 511, maître d'un royaume s'étendant de la vallée du Rhin aux Pyrénées, il s'installe à Paris, dont il fait le « siège du royaume ». La même année, il réunit à Orléans le premier concile national des Gaules, qui rassemble trente-deux évêques. Il meurt le 27 novembre 511 et est enterré dans la basilique des Saints-Apôtres, qu'il a fait construire sur le tombeau de sainte Geneviève.

Chef de guerre, conquérant barbare, Clovis a construit son autorité sur la préservation des structures romaines et la collaboration avec l'Église. Considérant le royaume qu'il dirige comme son bien propre, il en dispose en faveur de ses quatre fils. Ceux-ci se partageront l'héritage, mais en respecteront les anciennes limites politiques et montreront, par la proximité de leurs capitales, leur volonté de préserver l'unité du « royaume des Francs ». □

La vie dans un domaine mérovingien. Pour représenter la création du monde, l'artiste a placé Dieu le Père dans une villa, héritée du monde gallo-romain, et semblable à celles où vivaient souverains et aristocrates.
Bibliothèque nationale, Paris.

L'ART BARBARE

Souvent considérée comme une période de décadence artistique, l'époque barbare est marquée par une activité de construction intense : en Gaule, entre la fin du Vᵉ et la fin du VIᵉ siècle, le nombre de monastères passe de 40 à 250. Les cités se dotent d'un vaste quartier épiscopal et s'entourent de basiliques. Mais l'architecture civile en pierre disparaît. Les peuples barbares s'illustrent dans les arts « mineurs », où s'expriment leur goût pour la parure et la couleur, et leur maîtrise du travail du métal. La production artistique concerne surtout les bijoux (broches, bagues, boucles d'oreille, fibules ou épingles, colliers), plaques et boucles de ceinturon. Elle livre aussi quelques objets de culte : reliquaires, croix, couronnes. Les techniques sont très raffinées. La damasquinure consiste à incruster, par martelage, un fil d'or, d'argent ou de cuivre dans une surface de cuivre ou d'argent. L'orfèvrerie cloisonnée consiste à dessiner, sur une plaque de métal, un réseau d'alvéoles séparées par des cloisons métalliques, soudées à la plaque. À l'intérieur des cloisons sont inclus des grenats, de la verroterie ou des émaux. De l'Espagne wisigothique nous sont parvenues des couronnes votives de la seconde moitié du VIIᵉ siècle : elles sont faites de feuilles d'or serties de perles, et se prolongent par des chaînettes d'or auxquelles sont suspendues des lettres d'argent formant le nom du roi qui les a offertes.

38 .

◁ **Épingle d'or** de la reine Arégonde. La reine Arégonde fut l'épouse du fils de Clovis, le terrible Clotaire Iᵉʳ, dont les quatre fils, Chilpéric, Caribert, Sigebert et Gontran furent toujours en guerre. Elle fut enterrée à Saint-Denis en 570, avec tous ses bijoux.
Direction des Antiquités historiques de la Région parisienne.

◁
Couronne votive gravée du nom de Receswinthe, roi des Wisigoths entre 649 et 671. Elle n'était pas destinée à être portée, mais à être déposée dans une église. Elle a été retrouvée à Fuente de Guarrazar près de Tolède, avec une douzaine d'autres couronnes.
Musée archéologique, Madrid.

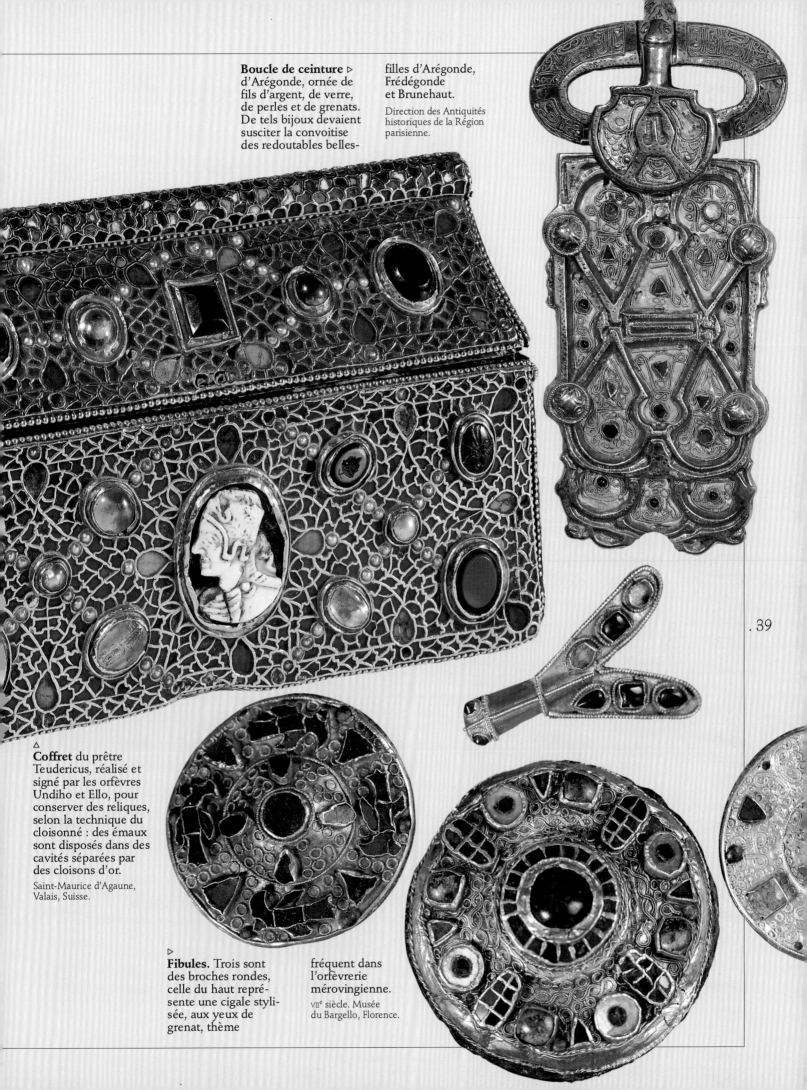

Boucle de ceinture ▷
d'Arégonde, ornée de
fils d'argent, de verre,
de perles et de grenats.
De tels bijoux devaient
susciter la convoitise
des redoutables belles-
filles d'Arégonde,
Frédégonde
et Brunehaut.

Direction des Antiquités
historiques de la Région
parisienne.

.39

△
Coffret du prêtre
Teudericus, réalisé et
signé par les orfèvres
Undiho et Ello, pour
conserver des reliques,
selon la technique du
cloisonné : des émaux
sont disposés dans des
cavités séparées par
des cloisons d'or.

Saint-Maurice d'Agaune,
Valais, Suisse.

▷
Fibules. Trois sont
des broches rondes,
celle du haut repré-
sente une cigale styli-
sée, aux yeux de
grenat, thème
fréquent dans
l'orfèvrerie
mérovingienne.

VIIe siècle. Musée
du Bargello, Florence.

Tête de jeune femme. VIᵉ siècle. Musée de la civilisation romaine, Rome.

EUROPE

La reine des Ostrogoths

■ Amalswinthe, fille du grand Théodoric, est régente en 526 au nom de son fils Athalaric, âgé de dix ans. À la mort de celui-ci, en 534, elle continue à exercer le pouvoir sur l'Italie du Sud en se mariant à son cousin Théodat, qui est, en principe, le roi. Celui-ci trouve très vite insupportable l'autorité de son épouse, qu'il fait assassiner lâchement, en 535. Ce crime est le prétexte à une intervention militaire byzantine et à la reconquête par Justinien de l'Italie du Sud, malgré l'ultime résistance de Totila, qui meurt en 552. □

BRETAGNE

Gildas, écrivain breton

■ Le moine qui s'éteint dans un simple monastère de l'île de Houat, en 570, est un grand historien. Né à Dumbarton, en Écosse, à la fin du Vᵉ siècle, il devient disciple de saint Illtud, qui l'envoie prêcher le christianisme au nord de l'Angleterre. Il réforme ensuite l'Église d'Irlande, avant de se retirer à Houat, en 538, pour y rédiger son *Sommaire de l'histoire de l'Angleterre depuis la conquête romaine.* Chantre des exploits des Bretons, il ne mentionne pas le roi Arthur, mais célèbre la victoire du mont Badon, attestant ainsi, partiellement, la véracité des exploits des chevaliers de la Table ronde contés dans les romans. Il est également le fondateur du monastère de Rhuys. □

BRETAGNE

Victoire du roi Arthur

■ C'est vers 500 que, selon la légende, une coalition de tribus celtes de Bretagne vainc les Saxons au mont Badon. Les historiens s'interrogent sur la localisation exacte de cette victoire, qui témoigne de la résistance des Bretons chrétiens aux envahisseurs. Le héros de cette entreprise n'est autre que le roi Arthur, dont les aventures seront à l'origine du célèbre *cycle de la Table ronde.* □

EUROPE

La fin des Vandales

■ En dépit des exploits légendaires de Genséric, les Vandales ne sont pas vraiment maîtres de l'Afrique du Nord. Ils en tiennent les principales villes, mais sont à la merci, dans le plat pays, des coups de main des Berbères et des nomades montés sur de rapides chameaux. Pour affermir son pouvoir, le roi Hildéric (523 à 530) tente un rapprochement avec Byzance et favorise le catholicisme, ce qui lui vaut l'hostilité de son peuple, partisan de l'hérésie d'Arius. Son cousin Gélimer en profite pour le détrôner, mais cela fournit à Bélisaire un prétexte pour attaquer. Divisé, affaibli, le royaume vandale disparaît en 533 devant la puissance de l'Empire byzantin. □

ROUMANIE

Migrations en Transylvanie

■ Peuple germanique établi sur le cours moyen du Danube depuis le IIᵉ siècle, les Lombards détruisent en 505 le royaume des Hérules, qui s'étaient repliés sur leurs terres de Pannonie, aux limites de la Roumanie et de la Hongrie actuelles, après avoir ravagé l'Italie. La Dacie, aux mains des Gépides, complétera, vers 560, les possessions des Lombards, qui ne tarderont pas à se jeter sur l'Italie du Nord. □

YÉMEN

La conquête d'un pays

■ Vers 525, les Abyssins (Éthiopiens) entreprennent la conquête du Yémen, appelé aussi « l'Arabie Heureuse », qu'ils convoitent depuis des siècles, et qui est gouverné, dès le Iᵉʳ siècle avant J.-C., par la dynastie Himyarite. Mais les nouveaux venus ne viendront jamais à bout de la résistance yéménite. En 575, ne pouvant se rendre maîtres d'un pays ravagé par la guerre et les catastrophes, les Abyssins font appel aux Sassanides, qui réduisent le pays en simple province perse, gouvernée par un satrape. □

GERMANIE

Aux origines de la Bavière

■ Au début du VIᵉ siècle, les mouvements qui affectent les peuples germaniques parviennent jusqu'en Bohême. Des Marcomans, des Quades et des Boïens – qui ont donné son nom à la Bohême – quittent peu à peu les plaines d'Europe centrale pour s'installer en Norique, entre Autriche, Danube et Inn. Certains d'entre eux pousseront jusqu'à Aquilée, sur l'Adriatique, mais la plupart de ces nouveaux venus passeront sous domination franque et, sous le nom de *Bajuvares,* seront les fondateurs de la Bavière. □

ASIE CENTRALE

L'obscur passé des Turcs

■ En 552, le « Turc » Bumin se constitue un empire en Asie centrale mineure. Il est le premier à porter le nom, d'origine mongole, de *kagan,* « souverain ». On a longtemps pensé que le mot « türk » signifiait « fort », « vigoureux » ; il semble aujourd'hui qu'il ne s'agisse que du nom d'un peuple, dont les Arabes ont tiré un adjectif qui signifie « rustique », « mal dégrossi ». En fait, les Turcs descendent probablement des nomades de haute Asie, dont sont issus les Xiongnu, qui terrorisèrent la Chine, et les Huns. □

INDE

Une nouvelle dynastie

■ Le fondateur de la dynastie Calukya (Chalukya), Pulakecin Iᵉʳ, se donne une prestigieuse capitale, en Inde occidentale, dans l'actuelle région de Bombay, entre Ghats et Deccan, au confluent de l'Inde du Sud et de l'Inde du Nord. Fondée au milieu du VIᵉ siècle, la ville de Badami occupe un vallon cerné de collines de grès rose. C'est dans ce site que se trouvent les célèbres temples-cavernes, qui survivront à toutes les invasions et même à la destruction de Badami par des rivaux des Calukya, en 642. □

Visnu. Grotte de Badami, Inde.

Au VIIᵉ siècle de notre ère, une poussière de tribus, qui vivaient du commerce et d'une maigre agriculture de subsistance, se taillent un empire qui s'étend de l'Afghanistan à l'Espagne. Cette expansion de l'islam est bien un phénomène unique dans l'histoire.

En 632, quand meurt Mahomet, sept ans avant Dagobert, l'influence de la nouvelle religion se limite à l'Arabie, une terre revêche, isolée, presque entièrement vouée au désert. Trente années plus tard à peine, les grandes chevauchées des rudes Bédouins déferlent sur la Syrie, l'Égypte, la Mésopotamie... Mahomet n'a-t-il pas promis aussi que tout combattant mort à la bataille est assuré d'entrer au paradis ? L'Empire perse est détruit, l'Empire byzantin est menacé. Et les hommes du désert se sont transformés avec aisance en militaires de génie, en cavaliers émérites, en hardis navigateurs et en habiles administrateurs. Comment expliquer autrement le fait que l'islam a pu alors si facilement assimiler toutes ses conquêtes ?

Mahomet et son épouse Khadidja. Miniature de l'*Histoire des prophètes* d'Ishak de Nichapur. XVIᵉ siècle. Bibliothèque nationale, Paris.

MAHOMET

Au début du VIIᵉ siècle de notre ère,
le prophète arabe Mahomet fonde l'islam,
religion qui va connaître une diffusion
mondiale et qui compte aujourd'hui
800 millions d'adeptes environ.

ENSERRÉE ENTRE LA MER Rouge, l'océan Indien et le golfe Persique, la péninsule arabique comprenait l'« Arabie Heureuse » (l'actuel Yémen), riche et fertile, et l'Arabie des déserts sillonnés par les Bédouins, avec leurs troupeaux de chèvres et leurs caravanes de dromadaires. L'existence des Bédouins était très rude ; aussi, dans les périodes de disette, pratiquaient-ils la « razzia » (du mot arabe *rhazya*) contre les différentes tribus ennemies.

Les Arabes – nomades ou citadins – étaient en contact avec deux grands empires en déclin : au nord, celui des Byzantins, où vivaient des juifs, des chrétiens et des païens, et, à l'est, celui des Perses, qui pratiquaient le zoroastrisme (religion dualiste fondée par Za-

L'hégire, début de ▷
l'ère musulmane (622).
Mahomet fuit à
Médine, accompagné
de 75 compagnons.
Miniature persane,
Bibliothèque nationale, Paris.

◁ **Halima** allaite Mahomet, dont la tête est surmontée d'une flamme. Le Coran interdisant de reproduire la figure humaine, c'est tardivement, et hors du monde arabe, que furent réalisées les premières représentations du Prophète.
Musée de Topkapi, Istanbul.

rathushtra, prophète et réformateur iranien). Les Arabes étaient polythéistes ; superstitieux, ils redoutaient les « djinns », esprits diaboliques, et adoraient les idoles. Pour assurer sa survie, chaque individu, inscrit dans une lignée d'ancêtres, appartenait alors à une tribu qui comprenait une dizaine de clans ; leurs membres devaient protéger les familles qui les composaient et venger ceux qui avaient été tués ou dont l'honneur avait été bafoué.

LE PROPHÈTE

À la fin du VIe et au début du VIIe siècle, La Mecque était à la fois un centre caravanier prospère et un lieu de pèlerinage. En commerçants avisés, ses habitants avaient réuni plus de 360 divinités (les leurs et celles que vénéraient les étrangers) dans le sanctuaire de la Kaaba, gigantesque cube de pierre grise renfermant une météorite de basalte, la Pierre noire. Les pèlerins venaient de toute l'Arabie et des pays voisins pour honorer leurs dieux. Ils se rendaient également à la source Zem-Zem, toute proche, afin de se purifier et de se fortifier en buvant son eau.

C'est dans ce contexte que naît Mahomet (Mohammed), vers 570. Appartenant à la puissante tribu des Quraychites (« requins », en arabe), qui a conquis La Mecque au Ve siècle, il est le petit-fils d'Abd al-Mutallib, chef du clan des Hachim, ou Hachémites, et le fils d'Abd Allah (nom qui signifie « Serviteur de Dieu »), mort avant sa naissance. Il n'a que six ans lorsqu'il perd sa mère, la belle Amina, et est recueilli par son oncle, Abu Talib, qui l'élève avec son fils Ali.

Jeune homme, il gagne sa vie en conduisant les caravanes d'une riche veuve, Khadidja, alors âgée de 40 ans. Impressionnée par son intelligence et séduite par sa beauté, celle-ci lui propose de l'épouser, bien qu'il soit de quinze ans plus jeune qu'elle. Le mariage est célébré en 595, et Mahomet demeure monogame pendant près d'un quart de siècle, jusqu'à la mort de Khadidja, qui survient en 619, deux jours avant celle d'Abu Talib.

Mahomet a pris l'habitude de se retirer dans une caverne du mont Hira, près de La Mecque, où il pratique la méditation. Une nuit de l'an 611, l'ange Gabriel (*Jibril*, en arabe) lui apparaît et lui annonce qu'il est « l'Envoyé de Dieu », « le Prophète d'Allah ». Puis il lui ordonne d'apprendre et de réciter les messages qui lui sont transmis. Les révélations se multiplient. Soutenu et encouragé par Khadidja, il entame alors sa prédication ; c'est ainsi que la

Tout bon musulman s'efforce d'imiter Mahomet en observant les leçons de la *sunna*, recueil qui rapporte les faits et gestes du Prophète.

LE SAVOIR-VIVRE

Ces leçons sont considérées comme des obligations ou des recommandations ; ainsi, le port du voile n'était pas impératif, mais était simplement recommandé aux épouses de Mahomet. Les bijoux précieux sont défendus aux hommes, mais pas les parfums, dont le Prophète était grand amateur.

La maison idéale est tournée vers l'intérieur et s'ouvre sur un jardin ou un patio agrémenté d'un jet d'eau ; toute représentation figurée, tout objet évoquant une croix doivent en être bannis. La politesse exige que le plus jeune salue le plus âgé. Toutes les actions nobles (manger, écrire, etc.) sont réservées à la main droite, les autres à la gauche. Assister aux banquets de noces ou de circoncision, visiter les malades, offrir des cadeaux sont des actes dignes de louanges.

Miniature turque. XVIIIe siècle.
Musée de Topkapi, Istanbul.

troisième religion monothéiste révélée, l'islam, qui signifie « soumission à la volonté de Dieu », commence à se répandre. Le prophète convertit d'abord ses proches, sa femme, son cousin Ali, puis Abu Bakr, un marchand aisé, mais également des pauvres, des porteurs d'eau, des déshérités comme Bilal, un esclave noir qu'il affranchit et qui devient le premier muezzin (religieux musulman attaché à une mosquée, chargé d'appeler les fidèles à la prière).

Proclamant avec force l'unicité de Dieu, il finit par inquiéter les Mecquois : ceux-ci, craignant d'être ruinés par la condamnation des idoles et la disparition des pèlerins, se mettent à le persécuter. Abu Lahab, le nouveau chef du clan des Hachémites, lui retire sa protection, de sorte qu'on peut dès lors l'assassiner impunément.

LES PREMIERS MUSULMANS

En 622, suivi de 75 compagnons, qui se qualifient eux-mêmes de « musulmans » (de l'arabe *muslimun*, « celui qui remet son âme à Allah »), il se réfugie dans l'oasis de Yathrib (à 350 kilomètres de La Mecque), qui prend alors le nom de *Madinat al-Nabi*, la « Ville du Prophète », ou Médine. La *hijra*, « l'émigration », marque ainsi l'an I de l'ère musulmane (ou hégire).

Les circonstances vont ensuite faire de ce chef religieux un homme d'État et un général : il signe avec les autres groupes un pacte appelé « Constitution de Médine », que certains considèrent comme un traité international exemplaire pour l'époque. Afin de consolider son pouvoir et le jeune État musulman, Mahomet attaque à plusieurs reprises des tribus juives. Parallèlement, entre 619 et 629, il contracte onze mariages et prend deux concubines, la juive Raihana Bint Zaid, et Maria, une copte (chrétienne)

44 .

◁ **Mahomet,** toujours représenté par une flamme, et les premiers califes, ses successeurs directs. Sous l'autorité de ces derniers, la nouvelle religion connaît une expansion fulgurante.
Miniature persane.
Bibliothèque nationale, Paris.

d'Égypte. Dans la plupart des cas, mis à part l'exception notable d'Aïcha, «la Bien-aimée», fille d'Abu Bakr, Mahomet conclut, grâce à ses épouses, des alliances politiques.

Il reste cependant en butte à l'hostilité persistante des Mecquois, qui l'obligent à livrer plusieurs combats : il gagne celui de Badr (624), mais subit une cuisante défaite à Ohoud (625) ; il prend sa revanche à la «bataille du fossé» (627) – fossé qui a été creusé pour protéger Médine –, et, le 11 janvier 630, il entre victorieux à La Mecque. Il se rend aussitôt à la Kaaba, fait détruire les idoles et donne un sens nouveau aux anciens symboles. La Kaaba devient la «maison de Dieu», et les rites du pèlerinage musulman remplacent ceux des païens. À la loi tribale et à la notion de race, il substitue la «nouvelle alliance», celle de la *umma,* ou communauté des musulmans, qui se doivent aide et protection, quelle que soit leur origine sociale ou ethnique. Le *jihad,* dont le sens premier est «combat contre soi-même pour devenir meil-

leur selon la volonté de Dieu», se transforme en guerre sainte contre les infidèles et abolit la razzia.

LA NOUVELLE RELIGION

L'influence du Prophète grandit dans la péninsule arabique durant les années 630-631. À cette date, Mahomet revient à La Mecque pour y effectuer le pèlerinage «de l'adieu». De retour à Médine, il est pris de fièvre et meurt le 8 juin 632. Depuis sa mort, le pèlerinage se déroule du 7 au 13 du mois *dhu al-hijra,* le dernier de l'année hégirienne, chaque musulman répétant

pieusement les gestes du Prophète : drapé de deux pièces d'étoffe blanche sans couture, symbolisant la pureté et l'égalité des croyants devant Dieu, le pèlerin procède à la déambulation en tournant sept fois autour de la Kaaba. Puis il effectue sept courses entre les collines de Safa et Marwa, en souvenir d'Agar, qui chercha affolée une source pour désaltérer son fils Ismaël, engendré par Abraham. La station au mont Arafa, où le fidèle prie Dieu de midi au coucher du soleil, est un moment d'intense concentration. La lapidation du grand *Chaytan* (Satan) a lieu à l'aube du quatrième jour. Enfin, l'Aïd-el-Kébir, la «grande fête», couronne les cérémo-

Mahomet ▽
et les prophètes qui, selon le Coran, sont des hommes désignés par Dieu pour transmettre son message. Les miniaturistes persans et turcs oseront représenter Mahomet à visage découvert.

Manuscrit persan. Bibliothèque nationale, Paris.

Tout musulman est astreint à cinq obligations, également appelées «piliers» ou *arkan.*

LES CINQ « PILIERS » DE L'ISLAM

Ces cinq obligations sont les suivantes :
– la profession de foi (*chahada,* ou témoignage) s'exprime ainsi : «Il n'y a de Dieu que Dieu et Mahomet est l'Envoyé de Dieu.» Prononcée trois fois de suite, elle constitue l'acte de conversion à l'islam ;
– la prière (*salat*) doit être récitée cinq fois par jour ;
– le jeûne (*sawm*) est obligatoire pour tout musulman pubère pendant le mois de ramadan ;
– l'aumône (*zakat,* ou *sadaqa*) est un impôt religieux payés par les riches ;
– le pèlerinage (*hajj*) : le musulman doit se rendre à La Mecque au moins une fois dans sa vie.

. 45

nies avec le sacrifice des moutons ; ce rituel rappelle que Dieu avait éprouvé Abraham en lui demandant de lui donner en offrande son fils Isaac, avant de remplacer celui-ci par un bélier au moment du sacrifice.

La religion musulmane ne comporte ni sacrement ni clergé. Les dogmes, peu nombreux, disent au fidèle ce qu'il faut croire, tandis que la *charia* (voie à suivre), ou loi islamique, lui prescrit ce qu'il doit faire pour être un bon musulman. La *charia* est fondée sur le Coran, sur la *sunna* (tradition), recueil des « faits et dits » *(hadith)* du Prophète, et sur le *fiqh*, droit musulman qui est en fait la science religieuse élaborée par des juristes-théologiens.

LA DOCTRINE

Le musulman doit croire aux anges, aux prophètes, aux livres révélés et au jugement dernier. Mais le dogme de base, premier article de foi, est l'unicité de Dieu *(tawhid)*, présente tout au long du Coran, et que rappelle avec sobriété la sourate (chapitre) 112 :

1. « Dis : Dieu est un. »
2. « C'est le Dieu éternel. »
3. « Il n'a point enfanté et n'a point été enfanté. »
4. « Il n'a point d'égal. »

Les anges, selon la *sunna*, sont faits de lumière et n'ont pas de sexe. Les plus connus sont Gabriel *(Jibril)*, porteur des ordres de Dieu, Michel *(Mikhaïl)*, qui surveille le monde, *Israfil,* qui sonnera de la trompette lors du jugement dernier, et *Azrail,* l'archange de la mort. Satan *(Chaytan)* est un ange qui a été déchu pour avoir refusé de se soumettre à Dieu.

Les prophètes, supérieurs aux anges, sont des hommes envoyés par Dieu pour révéler ou rappeler la religion. Certains, comme Moïse avec la Torah et Jésus avec l'Évangile, sont porteurs de livres révélés ; c'est pourquoi juifs et chrétiens sont appelés « gens du Livre » dans le Coran. On y retrouve les prophètes de la Bible, notamment Noé, Abraham *(Ibrahim),* Moïse *(Moussa),* David *(Daoud),* Salomon *(Soliman),* Joseph *(Yousef),* Jonas *(Younès),* Élie *(Elias).*

Jésus *(Issa,* ou *Aïssa)* est tenu pour un très grand prophète parce qu'il a accompli des miracles ; il occupe une place privilégiée dans le Coran, de même que sa mère, la pure Vierge Marie *(Maryam),* mais, pour l'islam, il n'est pas le fils de Dieu et il n'est pas mort sur la croix. Chrétiens et juifs ont dénaturé leur révélation, et Mahomet, envoyé pour la corriger, est considéré par les musulmans comme le « sceau des prophètes », le dernier de la lignée.

◁ **Clé de la Kaaba.**
Un des nombreux objets porte-bonheur liés au pèlerinage à La Mecque.

xve siècle. Musée du Louvre, Paris.

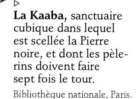

▷
La Kaaba, sanctuaire cubique dans lequel est scellée la Pierre noire, et dont les pèlerins doivent faire sept fois le tour.

Bibliothèque nationale, Paris.

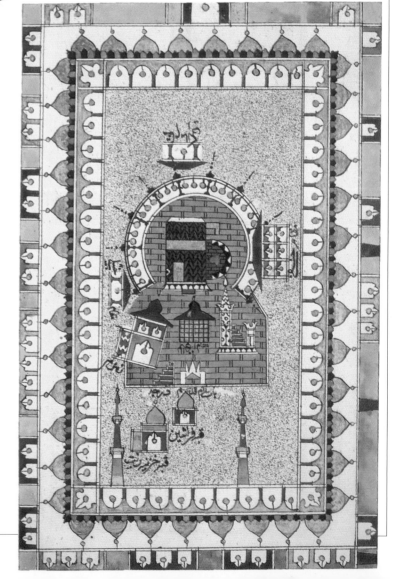

Mahomet a aimé et a été aimé. Mais les querelles entre les femmes de sa vie ont pesé lourd dans l'avenir de l'islam.

LES FEMMES DU PROPHÈTE

La figure féminine la plus importante est peut-être celle de Khadidja, riche commerçante. Orphelin très tôt, Mahomet trouve en elle une sécurité matérielle et morale inconnue jusqu'alors. Il lui reste fidèle 23 années durant, bravant ainsi les moqueries, voire le mépris des Arabes, polygames. À la mort de Khadidja, en 619, Mahomet prend une nouvelle « épouse-mère », Sawda, puis une dizaine d'autres épouses. Sa préférée est Aïcha, qui n'a qu'une dizaine d'années quand Mahomet l'épouse. C'est sur le sein d'Aïcha qu'il repose sa tête au moment de sa mort. Une aussi nombreuse maisonnée est sans cesse agitée par des querelles. Le clan formé par Fatima, une des filles du prophète, Ali, son mari, et leurs fils Hassan et Hussein s'opposera toujours à celui d'Aïcha et de Hafsa, filles de conseillers de Mahomet, qui seront les deux premiers califes.

Il a longuement abordé la question du jugement dernier. Les créatures seront nues, debout devant Dieu, brûlées par le soleil : chacune présentera le livre du compte de ses actions, lesquelles seront pesées sur une balance. Mahomet intercédera en faveur des pécheurs mais ne pourra pas tous les sauver. Les bons iront au paradis, la *Janna* (le Jardin), les autres seront condamnés au feu éternel, *Nar,* qui désigne l'enfer. Les élus du paradis disposeront de *houris,* jeunes filles vierges, ainsi que de mets et de boissons délicieux.

La loi islamique

La *charia,* ou loi islamique, classe les activités humaines en cinq catégories : celles qui sont autorisées, celles qui sont recommandées, celles qui sont obligatoires, celles qui sont détestables et celles qui sont interdites.

Elle fait également la distinction entre les obligations du culte *(ibadat),* constituées par les «cinq piliers» de l'islam, et celles concernant les relations en société *(mu'amalat).*

Ainsi, le mariage est un devoir. Le Coran tolère que l'homme ait quatre épouses ; il peut les répudier, mais la femme conserve alors la dot *(mahr)* qu'elle avait apportée au mari. De même, le Coran prévoit des sanctions légales fixes *(hubud)* pour certaines actions comme l'adultère *(zina)* : le châtiment réservé aux deux coupables est de 100 coups de fouet.

Celui qui aura fait une fausse accusation sans produire les quatre témoins prévus par le Livre doit être puni de 80 coups de fouet. Toutefois, nombre de sociétés ont conservé l'ancienne coutume de la lapidation.

En cas de vol, le Coran ordonne de trancher la main du coupable. Mais, de nos jours, nombreux sont les pays musulmans qui n'appliquent plus cette sanction, conformément aux textes internationaux sur les droits de l'homme interdisant les mutilations corporelles.

Le musulman est également soumis à des interdictions d'ordre alimentaire : il ne doit pas manger de porc, ni de viande provenant d'une bête déjà morte ou de tout animal qui n'aura pas été égorgé pour être vidé de son sang. Quant à l'interdiction concernant le vin et les boissons fermentées, elle n'a pas toujours été respectée. Le Coran ne mentionne pas de peine légale à ce sujet. En revanche, les interdictions de la *sunna* sont plus catégoriques, et les juristes-théologiens ont prévu 80 coups de fouet pour le buveur de vin ou d'alcool ; cette peine est néanmoins rarement appliquée. □

Le premier sanctuaire musulman, appelé *masjid,* «lieu où l'on se prosterne», a été construit à Médine, en 622.

LA MOSQUÉE

Le Prophète y recevait des délégations, prononçait des sermons du haut d'une chaire *(imbar)* et dirigeait la prière. À la différence de l'église catholique, la mosquée n'est pas la «maison de Dieu» mais, comme la synagogue, le lieu de réunion des fidèles ; c'est pourquoi la grande mosquée, ou «mosquée-cathédrale», est également appelée en arabe *jami'* (de *jama'a,* «assemblée»). Le *mihrab* est une niche creusée dans le mur du fond pour indiquer la direction *(qibla)* de La Mecque. Où qu'ils soient, c'est vers elle que doivent se tourner les musulmans pour réciter leurs cinq prières quotidiennes. Prier en commun est toujours recommandé et prescrit le vendredi, jour du Seigneur, à la mosquée. Celle-ci comprend généralement un minaret (sorte de tour), d'où le muezzin lance l'appel à la prière.

Avant la prière, ▽ les musulmans se livrent à des ablutions rituelles pour se purifier.

XVᵉ siècle. Bibliothèque nationale, Le Caire.

◁ **Appel à la prière.** Cinq fois par jour, le muezzin monte en haut du minaret de la mosquée pour convier les fidèles à la prière : à l'aurore, à midi, au milieu de l'après-midi, au crépuscule et une fois la nuit tombée.

XVIᵉ siècle. Musée national, Delhi.

. 47

LE CORAN

Coran, qui signifie, en arabe, « Récitation », représente pour tous les musulmans le texte sacré par excellence : il est en effet la parole de Dieu devenue Livre. Les compagnons du Prophète apprenaient par cœur les révélations au fur et à mesure que ce dernier les leur transmettait ; ils les transcrivaient également sur des pierres plates, des omoplates de chameau et des morceaux de cuir. En 652, le calife Uthman, troisième successeur du Prophète, donna l'ordre de réunir tous les textes. Cette version, considérée comme définitive, est toujours en vigueur dans le monde musulman. Le Coran est composé de 114 sourates (chapitres), elles-mêmes divisées en 6 243 versets, ou *ayats*. Excepté la *Fatiha,* l'Ouverture, qui compte seulement sept versets, les sourates ont été classées en commençant par les plus longues (la seconde, *la Vache,* comporte 286 versets) et en terminant par les plus courtes. Ce classement est contraire, pour l'essentiel, à l'ordre chronologique. Les chapitres les plus courts, et souvent les plus poétiques, correspondent en effet aux révélations de La Mecque, entre 612 et 622, et ont reçu le nom de « sourates mecquoises ». En revanche, les « sourates médinoises », transmises entre 622 et 632, ont un ton et un contenu plus juridiques, qui tiennent à la fois à l'édification de la cité musulmane, à la définition du dogme et à la mise en œuvre des pratiques de la nouvelle religion.

48 .

Coffre à Coran. △
Comme toute religion, l'islam génère un art particulier. Sa plus belle expression est la décoration à motifs géométriques.
Musée des Arts turcs et de l'Islam, Istanbul.

△ **Le Coran**, texte sacré pour tous les musulmans, est la parole de Dieu transmise à Mahomet. Il se compose de 114 sourates et de 6 243 versets.
Manuscrit. Coll. part.

Religion de l'écrit ▷
par excellence, l'islam
apporte un soin parti-
culier aux manuscrits.
La figuration d'Allah et
de Mahomet étant in-
terdite, le calligraphe
concentre tout son art
sur les lettres et
les couleurs.

Coran miniature. Coll. part.

Bibliothèque dans ▽
une mosquée. Illustra-
tion d'un des *Maqa-
mat,* ou «séances», de
al-Hariri, un genre littéraire poétique où les
anecdotes comiques
imitent des versets
du Coran.

XIIIe siècle. Bibliothèque
nationale, Paris.

Coran. L'extraordi-▽
naire ornementation
qui accompagne les
textes n'est pas sans
rappeler l'art des tapis.
La lettre elle-même

devient un motif déco-
ratif qui se mêle aux
arabesques et entre-
lacs. L'alphabet s'écrit
de droite à gauche et
ne comporte que des

consonnes et des
demi-consonnes.

XVIe siècle. Bibliothèque
de l'Arsenal, Paris.

LE ROI DAGOBERT

Héritant d'un pays réunifié en 613 par son père Clotaire II, Dagobert Ier (608-639) devient roi des Francs en 629 : il est le dernier Mérovingien à conserver sous son autorité l'intégrité du royaume.

AU COURS DU VIe SIÈCLE, la conquête franque se poursuit sous la conduite des rois mérovingiens et, vers 535, le royaume prend pour près de deux siècles une physionomie durable : principale puissance d'Europe occidentale et centrale, allié privilégié de l'Empire byzantin contre les Ostrogoths, puis contre les Lombards, il reste cependant déchiré par les querelles des fils de Clovis. Réunifié en 558 au profit de Clotaire Ier, il est à nouveau divisé en 561 entre les quatre fils de ce dernier ; à partir de 570, une lutte inexpiable oppose Sigebert Ier à Chilpéric Ier et surtout leurs femmes, Brune- haut et Frédégonde. Clotaire II, fils de Chilpéric Ier, après avoir réunifié le royaume franc en 613, réunit un concile l'année suivante à Paris.

50 .

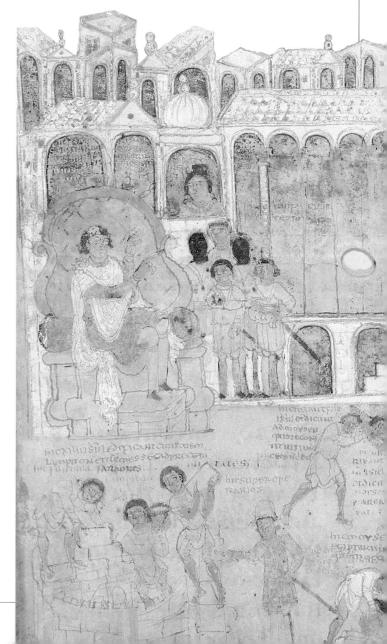

Dagobert et saint △ Omer. Le roi restaure l'évêché de Thérouanne et l'attribue à Audomar, futur saint Omer.

XIe siècle. Bibliothèque municipale, Saint-Omer.

Construction d'un ▷ palais. Pour illustrer la Bible, l'artiste a utilisé l'architecture de son temps.

Pentateuque de Tours. VIIe siècle. Bibliothèque nationale, Paris.

Dagobert Iᵉʳ, roi des Francs

Les longues années de conflit ont accentué le particularisme des diverses parties du royaume, Neustrie (Gaule du Nord-Ouest), Bourgogne, Austrasie (France de l'Est), et Aquitaine.

En 623, Clotaire II nomme son fils Dagobert roi d'Austrasie ; celui-ci s'installe à Metz, sous la tutelle de l'évêque Arnoul et du maire du palais (intendant du palais qui détient un important pouvoir) Pépin de Landen.

À la mort de son père, Dagobert s'empare de la Bourgogne et de la Neustrie ; son demi-frère Caribert, auquel il a donné l'Aquitaine, disparaît en 632. Dagobert redevient alors seul maître de l'empire franc. Il doit cependant recréer en 634 un royaume d'Aus-

trasie en faveur de son fils Sigebert III. Dagobert s'établit en Neustrie, berceau de la puissance franque, et parvient, à partir de là, à imposer la reconnaissance de l'autorité royale. Il écarte la menace basque au sud et, en 637, soumet le « roi des Bretons », Judicaël. Dans la basse vallée du Rhin, une ligne de défense est établie contre les Frisons (peuple germanique parent des Saxons), dont la conversion est entreprise à partir de l'évêché d'Utrecht. Il intervient directement à l'est du Rhin, et la Germanie, jusqu'à l'Elbe, est intégrée au royaume.

Soucieux de l'unité et de l'administration du royaume, Dagobert réunit autour de lui les fils de l'aristocratie des diverses régions. Ces derniers s'initient au gouvernement et assument

des responsabilités palatines avant de retourner dans leur province, pourvus d'une charge épiscopale. Éloi, Didier et Ouen exercent ainsi les fonctions de monétaire, trésorier et référendaire (officier de chancellerie), avant de devenir évêques de Noyon, Cahors et Rouen. Enfin, Dagobert fait construire, sur l'emplacement du martyre de saint Denis, une abbaye dans laquelle il se fera enterrer.

▽ **Le trône** de Dagobert. Fabriqué selon la légende par saint Éloi, qui prouva ainsi son habileté et sa fidélité, il date en réalité de 800.

IXᵉ siècle. Bibliothèque nationale, Paris.

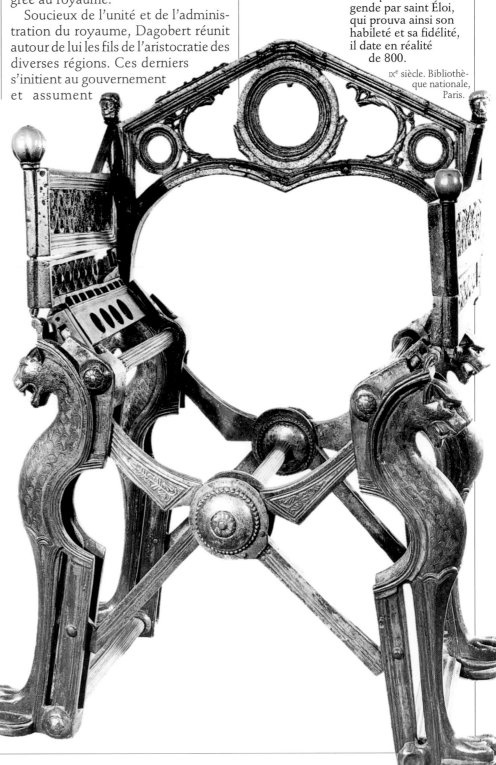

Un royaume fragile

La royauté franque est héréditaire et patrimoniale. Bien que conscients de leurs devoirs de chrétiens et sensibles à l'unité du royaume, les rois mérovingiens continuent à estimer que celui-ci leur appartient par droit de conquête, à la manière d'un bien privé.

Leur respect pour Rome incite les souverains à maintenir en état de fonctionnement les institutions romaines, même lorsqu'elles sont dégradées ; ils continuent de lever l'impôt direct, dont ils tentent, le plus souvent sans succès, de modifier l'assiette ; ils s'entourent d'un personnel gouvernemental compétent – formé à la Cour –, presque exclusivement laïque. Au niveau local, les structures administratives sont très précaires ; le comte, placé à la tête de chaque cité, est surtout un chef de guerre.

La réalité du pouvoir dans la ville est détenue par l'Église, à travers la personne de l'évêque : celui-ci apparaît comme le responsable de l'autorité et le représentant du roi, même si, de temps à autre, il prend la tête de la résistance locale opposée aux exigences fiscales du pouvoir central.

La société mérovingienne est marquée par une violence endémique ; le devoir de vengeance *(faïda),* qui s'étend à toute la famille de la victime, entraîne d'interminables représailles. Pour y mettre un terme, la loi salique, promulguée par Clovis peu avant sa mort, prévoit le rachat de la faute par une compensation pécuniaire.

Malgré cette sage mesure, les luttes entre seigneurs sont permanentes, et

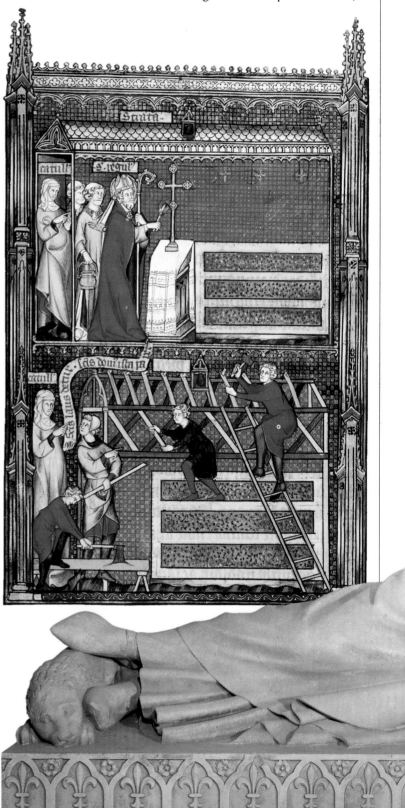

Saint Éloi (vers 588-660) fut le principal conseiller de Dagobert ; c'est à ce titre qu'il est entré dans la légende et la chanson.

SAINT ÉLOI, ÉVÊQUE DE NOYON-TOURNAI

Orfèvre d'origine limousine, Éloi entre au service du trésorier royal de Clotaire II et réalise de magnifiques ouvrages d'orfèvrerie (calice de Chelles, croix de Saint-Denis). Nommé maître de la monnaie en 625, il s'efforce de restaurer l'autorité royale sur la frappe, et est probablement à l'origine de la création du denier d'argent. Devenu l'homme de confiance de Dagobert, Éloi, soucieux de ses devoirs de chrétien, fonde l'abbaye de Solignac et, en 640, est élu évêque de Noyon-Tournai. Dès le lendemain de sa mort, un culte lui est rendu dans la France du Nord et en Belgique.

Vitrail de saint Éloi. *XVIe siècle. Église de Montfort-l'Amaury.*

l'insécurité qui en résulte entraîne un besoin généralisé de protection. Cette situation favorise, à tous les niveaux de la société, le développement des liens de dépendance privée, à l'origine de la vassalité. Les rois s'entourent d'une garde privée et entretiennent dans leur royaume un réseau de fidèles, ou leudes, rémunérés par des concessions de biens fonciers.

Les leudes devenant de plus en plus exigeants, les souverains sont amenés à dilapider leur patrimoine et de ce fait s'appauvrissent. D'immenses transferts de fortune s'opèrent au profit de l'aristocratie, en échange de la fidélité de celle-ci.

LE DÉCLIN DE LA DYNASTIE MÉROVINGIENNE

Après la naissance d'un second fils, Dagobert doit consentir à la perspective d'un partage successoral. Quand il meurt, en 639, Sigebert III conserve l'Austrasie, tandis que Clovis II reçoit la Neustrie et la Bourgogne. Les règnes suivants sont marqués par un éloignement croissant entre les différents royaumes. Des rois-enfants qui ne gouvernent que quelques années assistent, impuissants, aux conflits divisant leurs aristocraties, sous la direction des maires du palais. Deux politiques s'affrontent : celle, unitaire et centralisatrice, des maires neustriens, et celle des maires austrasiens et bourguignons, porte-parole des noblesses locales. Le point culminant de cet antagonisme est atteint par la lutte impitoyable qui oppose Ebroïn, maire neustrien, à l'évêque Léger d'Autun, chef de la noblesse bourguignonne, de 663 à 678.

Les derniers rois mérovingiens ne sont plus que les « rois fainéants » dont l'historiographie a popularisé l'image, imposée par leurs successeurs : rois-enfants biologiquement dégénérés, sans pouvoir et sans fortune, condamnés à circuler entre les dernières parcelles de leurs domaines pour y trouver de quoi subvenir à leurs besoins.

Avant cette agonie, le règne de Dagobert apparaît comme un âge d'or ; cette ultime réussite de la dynastie issue de Clovis explique la légende du « bon roi » qui entoure la mémoire de ce souverain, enracinée dans la fidélité des moines de Saint-Denis à leur roi. □

◁ **Construction** d'une basilique au-dessus de la tombe des martyrs montmartrois. Miniature illustrant une *Vie de saint Denis.* La fondation de l'abbaye de Saint-Denis par Dagobert fit beaucoup pour sa réputation posthume.

XIVᵉ siècle. Bibliothèque nationale, Paris.

△ **Tombeau** de saint Denis, premier évêque de Paris, qui fut décapité.

XVᵉ siècle. Bibliothèque nationale, Paris.

▽ **Tombeau** de Dagobert à Saint-Denis. La première basilique commandée par le roi en 630 fut reconstruite et agrandie au cours du XIIᵉ siècle.

XIIIᵉ siècle. Basilique de Saint-Denis.

. 53

Les rois mérovingiens possèdent généralement plusieurs épouses ; à l'une d'elles est réservé le titre de reine.

REINES ET SAINTES DANS LA GAULE MÉROVINGIENNE

En Gaule et dans les autres royaumes barbares, les reines jouent parfois un rôle politique important. Elles sont souvent à l'origine de la conversion des rois au catholicisme. Certaines sont régentes et interviennent dans la succession royale.

D'autres renoncent au pouvoir et parviennent à la sainteté. L'exemple de Radegonde, troisième épouse de Clotaire Iᵉʳ, fils de Clovis, est le plus illustre. Le roi ayant fait exécuter l'un de ses frères (555), elle quitte la cour et prend le voile à Noyon ; puis elle fonde à Poitiers l'abbaye de Sainte-Croix (vers 560), où elle mène jusqu'à sa mort (587) une existence digne d'une sainte.

Radegonde à la table du roi Clotaire.
Manuscrit, Xᵉ-XIᵉ siècle. Bibliothèque municipale, Poitiers.

L'EXPANSION MUSULMANE

À la mort de Mahomet, en 632, ses proches
compagnons désignent un calife,
c'est-à-dire un remplaçant
du Prophète sur terre.

L EUR CHOIX se porte sur Abu
Bakr, père de la belle Aïcha,
la « Bien-aimée » de Mahomet. Déjà âgé, celui-ci
s'éteint après deux ans de
règne. Ses trois successeurs
connaîtront, en revanche, une fin tragique. Ces quatre premiers califes sont
particulièrement vénérés et leurs noms
figurent dans la plupart des mosquées,
à côté de celui du Prophète.

Omar Ibn el-Khattab, père de Hafsa,
autre épouse de Mahomet, est aussitôt
élu, en 634, comme second calife. Il
s'attribue le titre de Commandeur des
Croyants *(Amir el-Mou'minine)*. C'est
sous son règne que commence réellement l'épopée de l'islam, avec les premières grandes conquêtes et la rapide
conversion de peuples entiers à la nouvelle religion.

◁ **Les Arabes,**
animés par leur foi,
se lancent dans le
jihad ou guerre sainte.
Leur but : convertir les
peuples et agrandir
leur territoire.
XIIIe siècle.
Bibliothèque
nationale,
Paris.

54.

UNE CONQUÊTE RAPIDE

Dès 636, la bataille du fleuve Yarmouk, en Syrie, ouvre aux musulmans la voie vers l'ouest : Omar conquiert l'Égypte en 639 et Tripoli (dans l'actuelle Libye) est prise en 643. La seconde bataille décisive, celle de Qadissiya, est livrée peu après, à l'est, contre les Perses : les musulmans l'emportent contre les zoroastriens. Les routes de l'Asie centrale et de l'Inde sont désormais à leur portée.

Possédant l'expérience des razzias, les Arabes ont l'art des attaques surprises. La mobilité de ces cavaliers émérites, dotés d'armes légères, déconcerte l'ennemi, paralysé, lui, par un équipement lourd. De plus, animés d'une foi solide, les Arabes proposent aux peuples conquis un projet de société qui, généralement, les séduit.

Homme politique d'envergure, Omar se montre tolérant et avisé, notamment en ce qui concerne les pratiques religieuses. Il permet aux juifs et aux chrétiens de pratiquer leur religion, à condition qu'ils acquittent deux impôts, la *djizya* et le *kharaj* : ceux-ci les dispensent de servir dans l'armée et alimentent les caisses du jeune État islamique. Toutes ces raisons expliquent la percée fulgurante de l'islam qui, en un siècle (632-732), va constituer le plus vaste empire depuis celui d'Alexandre le Grand.

En 644, Uthman succède à Omar, poignardé par un esclave chrétien. Lui-même sera assassiné en 656, pour avoir trop bien servi les intérêts de sa famille sans se soucier exagérément de ceux de la *umma*. Il appartient au clan aristocratique mecquois de Banu Umayya (à l'origine de la dynastie omeyyade, dynastie de califes arabes). C'est lui qui ordonne cependant les premières incursions en Afrique byzantine, région dirigée par le patrice (noble) Grégoire, dont les 20 000 hommes sont vaincus à Sbeïtla (dans l'actuelle Tunisie). Se méfiant des autochtones berbères, réputés pour leur esprit de résistance, les troupes arabes ne poussent pas plus loin leur avantage, conformément aux directives données par le calife.

ALI, CALIFE CONTESTÉ

La mort d'Uthman, en 656, ouvre une période de troubles. Ali, cousin du Prophète, et qui est également devenu son

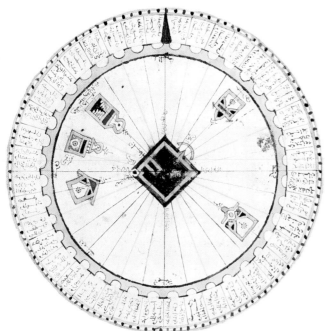

Le monde musulman △ vu par un cartographe du XVIe siècle : au centre, La Mecque, autour, les pays conquis par l'islam.
Bibliothèque nationale, Paris.

Médine et La Mecque, ▷ figurées ici près de la mer Rouge, sont les deux villes saintes d'où est partie la conquête musulmane. Celle-ci ira jusqu'en Inde.
Bibliothèque nationale, Le Caire.

MAGHREB
IFRIQIYA
Kairouan
Tripoli
EMPIRE BYZANTIN
KHORASAN
PERSE
Damas
Kerbala
Kufa
Bassora
GOLFE PERSIQUE
ÉGYPTE
Médine
ARABIE
La Mecque
MER ROUGE

■ conquêtes à la mort de Mahomet
□ conquêtes de 632 à 656

Le kharijisme, mouvement né en Islam lors de la grande querelle du califat, se caractérise par son intransigeance et son rigorisme.

LES KHARIJITES, « PURITAINS DE L'ISLAM »

En 657, les kharijites refusent de reconnaître le calife Ali, mais également le gouverneur de Syrie, Moawiya ; ils récusent aussi leurs partisans, les chiites et les sunnites, ces derniers, fidèles à la *sunna,* étant les plus modérés. Hostiles aux dynasties héréditaires, ils n'admettent qu'un califat électif : ce dernier peut échoir à tout musulman juste, intègre et pieux. Aujourd'hui, il reste quelques adeptes du kharijisme en Afrique du Nord, en Libye, et dans le sultanat d'Oman.

gendre en épousant sa fille Fatima, est porté au pouvoir à Médine par ses partisans. Ces derniers estimaient, depuis la disparition du Prophète, que le califat devait revenir de droit à un membre direct de sa famille. Aussitôt, Ali se heurte à l'hostilité de deux clans.

Le premier est celui de l'ambitieuse Aïcha ; celle-ci voue une haine féroce à Ali depuis le jour où ce dernier a soupçonné sa vertu parce que, ayant perdu la caravane du Prophète, elle a été ramenée, le lendemain, par un jeune berger. Le second est celui de Moawiya, gouverneur de Syrie, chef du clan des Omeyyades, qui aspire lui-même au califat et veut venger l'assassinat de son parent Uthman, dont il rend les Hachémites responsables.

Durant l'année 36 de l'hégire (656 de notre ère), les musulmans s'affrontent donc pour la première fois. Cette guerre civile se déroule près de Bassora (dans l'Iraq actuel). Elle est appelée la « bataille du chameau » car, pendant son déroulement, Aïcha, installée sur le palanquin d'un dromadaire, encourage ses troupes qui sont néanmoins défaites. Magnanime, Ali la renvoie à Médine et s'installe à Kufa, en Mésopotamie (sud de l'Iraq). Il essaie ensuite, mais en vain, de soumettre Moawiya et, l'année suivante, ce dernier passe à l'attaque à Siffin, sur la rive droite de l'Euphrate. Sur le point d'être vaincus, ses soldats ont recours à une ruse : ils placent des fragments du Coran au bout de leurs lances, signifiant ainsi qu'ils en appellent au Livre sacré pour trancher le différend. Ali accepte alors l'arbitrage qui tourne à sa défaveur, et provoque aussitôt les deux premiers schismes de l'islam.

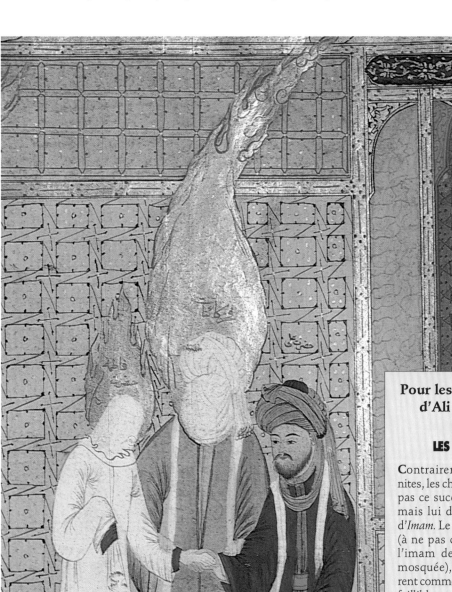

◁ **Mahomet,** sa fille Fatima et son gendre Ali. La succession du Prophète est une source de conflits à l'intérieur même de sa famille : opposé au parti de sa belle-mère Aïcha, Ali mourra assassiné.

XVIIIe siècle. Musée des arts turc et islamique, Istanbul.

56 .

Pour les chiites, seul un Alide – descendant d'Ali et de Fatima, fille du Prophète – peut succéder à Mahomet.

LES CHIITES, « LÉGITIMISTES DE L'ISLAM »

Contrairement aux sunnites, les chiites n'appellent pas ce successeur « calife » mais lui donnent le nom d'*Imam*. Le culte des Imams (à ne pas confondre avec l'imam desservant de la mosquée), qu'ils considèrent comme des guides « infaillibles et impeccables » et des chefs uniques, prévaut à leurs yeux. Les chiites se divisent en deux branches principales : celle des duodécimains, ou imanites, qui reconnaissent douze Imams, et celle des septimaniens, ou ismaéliens, qui n'en admettent que sept. Ils représentent actuellement environ 10 % de la communauté musulmane dans le monde.

Calligraphie chiite.
Musée de Karachi, Pakistan.

LES DEUX PREMIERS SCHISMES

Certains des partisans d'Ali lui reprochent sa faiblesse et l'abandonnent pour former ensemble la secte des kharijites, nom qui signifie « ceux qui sont sortis », du verbe *kharaja,* « sortir ». Particulièrement rigoristes, ils sont considérés comme les « puritains de l'islam ».

Ceux qui lui restent fidèles sont appelés les *chi'at Ali,* la secte ou le parti d'Ali, ou chiites. Ils sont regardés comme les « légitimistes de l'islam » car, pour eux, seul Ali, cousin et gendre de Mahomet, incarne la légitimité de la maison du prophète.

En 661, sortant de la mosquée de Koufa, Ali est assassiné par un kharijite. Il est enterré en secret dans la ville proche de Nejef (Iraq actuel). Proclamé calife, Moawiya fait transférer le siège de l'empire de Médine à Damas (capitale actuelle de la Syrie). La lutte se poursuit entre les deux familles appartenant respectivement aux deux clans omeyyade et hachémite. Les fils d'Ali revendiqueront, en vain, le califat.

L'aîné, Hassan, est empoisonné au début de 680. Le second, Hussein, refuse, la même année, de reconnaître comme calife Yazid, qui succède à son père Moawiya. L'armée du nouveau maître de Damas le pourchasse et l'encercle avec ses compagnons à Kerbela. Alors qu'il tente avec eux de s'approcher d'un puits pour se désaltérer, l'armée les capture, leur tranche les poignets et les massacre. Depuis ce sanglant épisode, Ali et Hussein représentent, pour les chiites, le tragique symbole du faible persécuté par le fort. Les « légitimistes » ont adopté le drapeau noir et ont fait de Nejef et Kerbela les deux villes saintes du chiisme. Aujourd'hui, ils continuent de glorifier le *chahid,* témoin-martyr qui obtient le paradis en mourant pour sa foi. □

Ali, le gendre du Prophète, est à l'origine de la secte chiite. Celle-ci reste modérée par rapport à celle des kharijites, plus puritains.

XVIe siècle. Bibliothèque nationale, Paris.

La mort de l'Imam ▷ Hassan. Fils d'Ali et de Fatima, Hassan meurt empoisonné, victime de la lutte que se livrent deux clans rivaux : les Omeyyades et les Hachémites.

XVIe siècle. Bibliothèque nationale, Paris.

LE DÔME
DU ROCHER

Aïcha, la jeune épouse de Mahomet, a raconté qu'une nuit où il partageait sa couche, le Prophète fit un voyage en esprit à Jérusalem (troisième ville sainte après La Mecque et Médine), d'où il monta au ciel. Il y fut transporté par Buraq, jument à tête de femme, que guidait l'archange Gabriel. Ce récit a frappé si fort les imaginations que la scène en a été souvent reproduite et que la première mosquée monumentale a été édifiée à Jérusalem, sur le rocher à partir duquel Mahomet effectua son « voyage nocturne », selon l'expression consacrée.

La construction de ce superbe sanctuaire au sommet du mont Moriah est l'œuvre du calife omeyyade Abdel Malik (685-705). L'édifice, en forme d'octogone lambrissé de marbre, est surmonté d'une étonnante coupole recouverte de feuilles d'or, qui est à l'origine de son nom de « Dôme du Rocher ». Il a été achevé, selon l'inscription, en 692. Comme dans d'autres secteurs des arts et de la culture, les artistes attachés à sa construction se sont inspirés des sanctuaires locaux, notamment gréco-romains, chrétiens et sassanides (perses). Pourtant, l'ensemble est original et la tonalité islamique est déjà présente. Elle est illustrée par une inscription de versets coraniques adressés aux « gens du Livre » et soulignant que l'islam n'est pas une rupture avec le judaïsme et le christianisme, mais leur couronnement.

58 .

L'inscription qui se ▷ noie dans la mosaïque et court tout autour du bâtiment rappelle l'histoire de sa fondation. La technique de la mosaïque, parfaitement aboutie au VIIe siècle, est une constante de l'art arabe.

Cette miniature ▽ du Dôme du Rocher, due à un artiste du XIXe siècle, montre le site de la mosquée, construite au sommet du mont Moriah.
Coll. part.

◁ **Le Dôme du Rocher** à Jérusalem. Recouvert de feuilles d'or, il surmonte la mosquée al-Aqsa, construite en 692, pour commémorer le voyage que Mahomet fit, en songe, jusqu'au tombeau d'Abraham à Jérusalem.

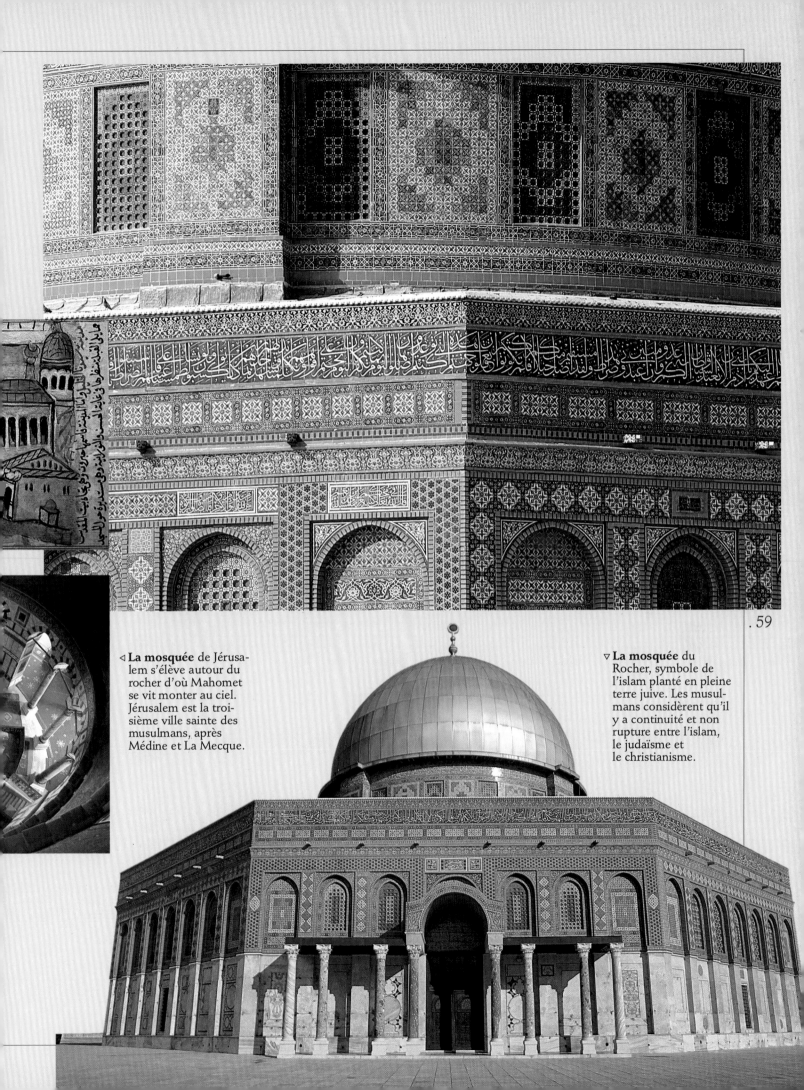

. 59

◁ **La mosquée** de Jérusalem s'élève autour du rocher d'où Mahomet se vit monter au ciel. Jérusalem est la troisième ville sainte des musulmans, après Médine et La Mecque.

▽ **La mosquée** du Rocher, symbole de l'islam planté en pleine terre juive. Les musulmans considèrent qu'il y a continuité et non rupture entre l'islam, le judaïsme et le christianisme.

ANGLETERRE

Lutte pour les Midlands

■ Au nord de l'Angleterre, dans ce qui est aujourd'hui les Midlands, existent au VIIe siècle plusieurs petits royaumes, aux mains des Angles du centre. C'est le roi païen Penda qui unifie, entre 632 et 654, la Mercie, « royaume des gens du marais », à qui il donne comme capitale Liccifeld, la future Lichfield. Dans sa lutte contre les princes voisins, il obtient l'aide de Caddwallon, roi de Gwynedd, et tue Edwin, puis Oswald, rois chrétiens de Northumbrie, dont la capitale est York. Mais Penda est à son tour battu par Oswy, frère d'Oswald, qui le tue en 654. Avec la victoire d'Oswy, la liturgie romaine triomphe dans toute la région.   □

ANGLETERRE

Le royaume de Kent

■ Aucun historien ne sait quand est né Æthelberht, qui parvient à obtenir en 593 le titre saxon de « bretwalda » avant de se faire reconnaître roi de Kent, au sud de la Grande-Bretagne. Sa renommée est si grande qu'elle gagne le continent et que le Mérovingien Caribert, roi de Paris, accepte de lui accorder la main de sa fille Berthe. C'est peut-être grâce à l'influence de celle-ci qu'Æthelberht se convertit au catholicisme, mais il faut plutôt voir ici l'œuvre d'Augustin de Canterbury, qui baptise le roi et rattache définitivement l'Église « anglaise » à Rome. Avant sa mort en 616, Æthelberht a fait rédiger le premier code de lois anglo-saxon.   □

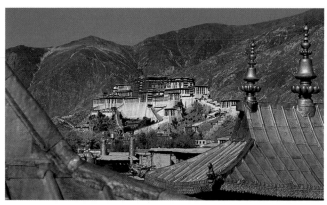

Le Potala, palais du dalaï-lama à Lhassa, au Tibet.

CHINE

Les nestoriens en Chine

■ On se souvient que, en 431, le concile d'Éphèse avait condamné la doctrine du patriarche Nestorius, qui affirmait la double nature, divine et humaine, du Christ, et assurait que la Vierge ne pouvait être appelée « Mère de Dieu ». En dépit de leur exclusion, ses partisans font école dans les siècles qui suivent et se répandent en Orient. On les trouve aux Ve et VIe siècles en Iran, en Inde et en Asie centrale. Ils atteignent Nankin en 638, et y fondent une nouvelle Église. Au XIIe siècle, ils seront plusieurs millions. Toutefois, il n'en restera que 80 000 au XXe siècle.   □

ASIE

La fondation de Lhassa

■ Après les sept dynasties mythiques qui sont censées avoir régné sur le Tibet, le roi Nam-ri était parvenu à fédérer les dix-sept fiefs tibétains, avant de mourir empoisonné. Le prince Srong-btsan Sgam-po, qui lui succède en 641, épouse deux princesses, l'une chinoise, l'autre népalaise, qui sont toutes deux bouddhistes. Il fonde la capitale du Tibet, Lhassa, où il entreprend la construction d'une gigantesque forteresse, le Potala. Sous son règne, les rapports du Tibet avec l'Inde et la Chine se font plus étroits, les Tibétains apprennent à fabriquer la bière et l'eau-de-vie.   □

Le roi Agilulf.
Bandeau de diadème.
VIIe siècle. Musée du Bargello, Florence.

ITALIE

Conversion chez les Lombards

■ Les bandes lombardes fixées en Italie mettent le pays à sac depuis plusieurs générations quand arrive au pouvoir un nouveau duc, Authari, élu en 584. Celui-ci parvient à discipliner quelque peu ses guerriers, mais c'est son fils Agilulf qui fonde véritablement l'État lombard. Il accède au trône en 584, et épouse la princesse bavaroise Théodelinde. Celle-ci, catholique, obtient en 607 la conversion de son époux, ce qui le réconcilie avec les populations de son royaume et lui vaut l'appui du clergé. De son palais de Monza, Agilulf gouverne désormais un État bien organisé, reconnu par l'empereur byzantin Phocas.   □

AFRIQUE

Les débuts du royaume du Ghana

■ Le premier État d'Afrique occidentale est probablement le Ghana, fondé vers le début du VIIe siècle sur les terres fertiles du delta du Niger. Sa richesse est fondée sur les gisements aurifères de son sous-sol qui ont été largement exploités et commercialisés au cours des siècles. Elle repose également sur son agriculture, productrice de céréales, qui sont vendues à Tombouctou. Ses voisins d'Afrique du Nord lui achètent aussi du poisson séché, de l'ivoire, de l'ébène. Avec la conquête musulmane, l'importance du Ghana comme plaque tournante du commerce africain ne fera que croître.   □

ESPAGNE

Le triomphe de l'orthodoxie

■ Le roi des Wisigoths Léovigild (567-586) a fait preuve toute sa vie d'un arianisme particulièrement intransigeant, luttant contre l'Église et persécutant les catholiques. Son propre fils, Herménégild, converti au catholicisme par son épouse franque, s'étant révolté, Léovigild le fait mettre à mort à Tarragone. En dépit de ces crimes, il est victorieux, puisque c'est lui qui parvint à conquérir le royaume des Suèves, établis en Galice depuis le Ve siècle. Sous l'influence de saint Léandre, son fils Reccared Ier se convertit à la « vraie foi », qui sera l'instrument de l'unification de l'Espagne wisigothique, pratiquement achevée à sa mort, en 601.

ESPAGNE

Le dernier Père de l'Église

■ Isidore, qui meurt en 636 en son évêché de Séville, est connu pour avoir organisé l'Église d'Espagne. Né en 560 à Carthagène, il a su s'imposer par sa foi et sa sagesse et a placé le pouvoir religieux au-dessus de la monarchie wisigothique. Mais il a été également un véritable encyclopédiste, qui a tenté de réunir en vingt volumes tout le savoir, religieux et profane, accessible aux hommes de son temps. D'ailleurs, il fut considéré par ses contemporains comme « l'image même du savoir antique ». Ses ouvrages Étymologie et Origines témoignent de l'état des connaissances en Europe avant les invasions musulmanes.   □

À la fin du VIIᵉ siècle, en Chine, au Proche-Orient ou en Amérique centrale s'épanouissent des civilisations brillantes. Pendant les années 660-670, alors qu'agonise la Gaule mérovingienne, l'Empire chinois des Tang atteint son apogée et impose sa culture et ses institutions en Corée, au Japon, en Mandchourie. À Damas et à Jérusalem, les califes omeyyades édifient des mosquées monumentales, mettent en place une administration d'État, en nommant des gouverneurs et en collectant des impôts et se lancent à la conquête du monde, édifiant un empire qui s'étend des Pyrénées aux rives de l'Indus, du Sahara à la mer d'Aral. Dans la péninsule du Yucatán, les mystérieux astronomes mayas construisent des observatoires pour scruter le ciel, étudier les éclipses et établir le calendrier. Teotihuacán, la capitale, qui s'étend sur 20 km² et compte plus de 120 000 habitants, est probablement, avec la capitale des empereurs Tang, la ville la plus peuplée du monde.

Masque en mosaïque de jade provenant de Tikal. Période classique. Musée archéologique, Guatemala Ciudad.

LA CHINE DES TANG

De 618 au milieu du VIIIe siècle, la Chine
connaît une prospérité exceptionnelle.
Les «Fils du Ciel» de la dynastie Tang règnent
sur un empire florissant, accueillant pour
les étrangers, où l'art et la poésie tiennent
une place de choix.

H AN, SUI, TANG : des siècles durant, l'histoire de la Chine se confond avec celle des dynasties d'aristocrates qui se succèdent au pouvoir. Les premières années du VIIe siècle ont vu la chute du second empereur Sui : la dynastie Sui aura duré à peine plus de trente ans (581-617), mais elle aura posé les fondements de la longue et puissante dynastie des Tang, au pouvoir pour près de trois siècles (618-907).

En 605, le second empereur Sui lance des expéditions militaires qui amènent le sud du Viêt-nam, Taïwan et Sumatra à payer un tribut à la Chine. En 609, il écrase les Tibétains du Nord, qui menacent la Route de la soie – c'est-à-dire le contrôle du commerce avec l'Occident. Le Fils du Ciel mène

ensuite trois campagnes désastreuses en Corée. Et, en 615, il est vaincu par les Tujue (transcription chinoise du mot « Turcs ») installés en Chine.

LA RECONQUÊTE DU MONDE CHINOIS

Après cette défaite, des soulèvements se produisent dans tout le pays. Le chef incontesté de ces révoltes est le gouverneur du nord du Shanxi, Li Yuan, soutenu par un de ses fils, Li Shimin. Lorsque Li Yuan marche sur la capitale, l'empereur Sui s'enfuit vers le sud. Il meurt assassiné en 618, et Li Yuan se proclame alors premier empereur de la dynastie Tang, sous le nom de Gaozu.

Dès 624, Li Shimin, le fils de l'empereur, achève la conquête

Un Lokapala, divinité ▷ bouddhique. Les Lokapala, au nombre de 8, sont les gardiens des quatre points cardinaux et des directions intermédiaires.
VIIᵉ-IXᵉ siècle. Musée Guimet, Paris.

◁ **Deux cavaliers** dans un paysage. Les pèlerins qui se rendaient aux grottes de Dunhuang achetaient des peintures sur papier comme celle-ci.
VIIIᵉ siècle. Musée Guimet, Paris.

du monde chinois. Il parvient à contenir l'expansion des Tujue et assure la stabilité des frontières nord.

Vice-roi, commandant en chef des régions de l'Est, ce fin stratège s'empresse d'éliminer les onze prétendants au trône. Puis il se débarrasse de ses deux frères et obtient que son père abdique en sa faveur : à vingt-six ans, le voici Fils du Ciel à Chang'an, la capitale du Shanxi.

L'empereur ▽ **et sa cour.** Sous la dynastie des Tang, l'empereur et la cour, qui jouent le rôle de mécène, sont entourés de lettrés, d'artistes et de poètes.

Le deuxième empereur Tang prend le nom de Taizong. Il règne de 626 à 649. Avec lui, la Chine retrouve les territoires qu'elle possédait plus de trois siècles auparavant.

EMPEREUR GUERRIER, EMPEREUR SAGE

Taizong se lance à la conquête de l'Asie centrale. Il profite de troubles chez les Tujue orientaux pour envahir leur royaume. Il s'installe en Mongolie-Intérieure et devient « Khan céleste » en 630. Puis il engage une série de campagnes dans le Turkestan, qu'il achève de soumettre en 640, après la défaite des Tujue occidentaux.

L'hiver fait échouer l'offensive qu'il a lancée vers la Corée. Mais, de Corée, justement ainsi que du Japon, de Perse,

. 63

La belle concubine de l'empereur Xuanzong a-t-elle favorisé l'irrésistible ascension de An Lushan ? Rien n'est moins sûr. Elle mourra quand même à cause de lui…

YANG ET AN LUSHAN, LE BARBARE

An Lushan est né en 703, d'une mère turque et d'un père sogdien, officier des armées turques du Nord. Il a dix ans quand son père, victime d'une épuration politique, doit s'enfuir en Chine. Enfant, dit-on, An Lushan est un bon à rien. Après une vie aventureuse, il devient lieutenant dans l'armée chinoise et bénéficie de la protection d'un gouverneur militaire, qui l'adopte. An Lushan pèse 120 kilos. À cheval, il lui faut deux selles, dont une pour son ventre ! Quand il vient à Chang'an voir l'empereur et sa concubine Yang (dont il connaît la famille), les dames de la cour s'amusent à le langer comme un bébé. On dit, sans doute à tort, qu'il doit à Yang les faveurs impériales et sa puissance militaire. Quand, en juillet 756, les troupes de An Lushan menacent Chang'an, l'empereur Xuanzong et sa cour s'enfuient au Sichuan. La belle Yang est acculée au suicide par les soldats, qui l'accusent d'avoir favorisé l'ascension de An Lushan.

de Constantinople, les ambassadeurs se pressent à Chang'an auprès du puissant empereur. Et, symbole des liens qui unissent alors la Chine au Tibet, une princesse chinoise est envoyée en mariage à un chef tibétain.

Empereur guerrier, Taizong se montre aussi un empereur sage. Il réforme l'administration et la justice – on lui doit notamment un « code des lois » de 500 articles, resté un modèle du genre. L'empire est divisé en dix provinces. Le gouvernement central est dirigé par l'empereur, assisté d'un conseil privé et d'un secrétariat d'État qui contrôle les six ministères (Fonction publique, Armées, Finances, Justice, Rites, Travaux publics).

LES DÉBUTS DU PAPIER-MONNAIE

Afin de se doter d'une fiscalité plus efficace, l'empereur inaugure, en 624, la répartition égale des terres dans les villages : selon son âge, chaque adulte reçoit une certaine surface de terre à

céréales et une autre de terre à mûriers, dont la proportion varie suivant que l'on se trouve dans des villages très peuplés ou dans des zones nouvellement colonisées, comme le Sud. Relayé par une administration solide, le système fonctionne bien et, jusqu'au milieu du VIIIe siècle, les impôts rentreront régulièrement.

Le commerce, notamment celui du thé, devient florissant. C'est ainsi qu'apparaît le premier papier-monnaie, sous forme de lettres de crédit (feiqian), que les commerçants venus du Sud reçoivent, dans la capitale, en échange de leur marchandise. Ils s'assurent ainsi un retour sans péril vers leur province d'origine, à travers les campagnes agitées du Sud où les actes de brigandage sont très fréquents : l'argent leur est remis dans leur ville en échange de leur feiqian.

Le poète Li Po dans △ le jardin des fleurs de pêcher. Des générations entières de Chinois imitèrent le poète vagabond, aimant la vie et le vin, favori de la cour de Huanzong.
XVIe siècle. Coll. part.

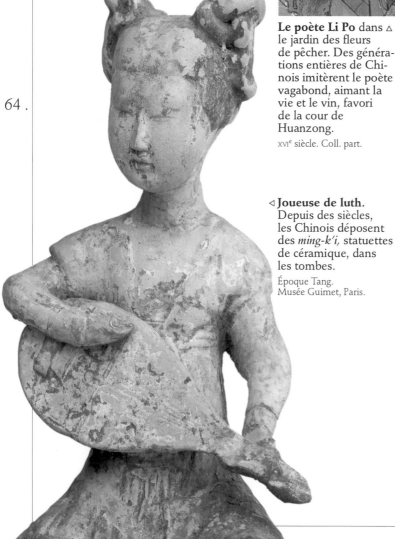

◁ **Joueuse de luth.**
Depuis des siècles, les Chinois déposent des *ming-k'i,* statuettes de céramique, dans les tombes.
Époque Tang.
Musée Guimet, Paris.

En trente ans de règne, les deux empereurs de la dynastie Sui lancent un programme de grands travaux qui servira la prospérité de la Chine des Tang...

LE GRAND CANAL

Les Sui font creuser le Grand Canal, symbole de l'unification du Nord et du Sud, qui part de Chang'an et aboutit à Hangzhou, dans le Zhejiang. Comme pour tous les grands travaux chinois, celui-ci a nécessité une main-d'œuvre impressionnante. Selon un texte, 5 430 000 personnes auraient été employées !

C'est le même ingénieur, Yuwen Kai, qui dirige tous les grands travaux des Sui : construction de la capitale Chang'an, du canal Guang-tong, de la nouvelle capitale orientale, Luoyang ; réfection de la Grande Muraille et creusement du Grand Canal.

Le long des canaux sont répartis des greniers publics, destinés à secourir les victimes des famines et à régulariser le cours des grains. Mais cette fonction initiale se perd sous l'influence des fonctionnaires, et les denrées entreposées dans les greniers sont l'objet de spéculations, qui provoquent des famines.

Pont de la Ceinture précieuse, sur le canal impérial. *Époque Tang.*

64 .

Par ailleurs, en province, les gouverneurs militaires prennent bientôt le pas sur l'administration civile. Ils contrôlent de très grandes régions, ainsi que l'administration financière. Cette prépondérance militaire permet, certes, de mieux protéger les frontières et d'étendre le territoire de l'empire, mais, à terme, elle constitue aussi un risque d'éclatement, car les gouverneurs rassemblent dans leurs garnisons toutes les forces locales...

La seule impératrice de Chine

Li Shimin choisit comme héritier son fils Li Zhi, qui arrive au pouvoir en 650. Prenant le nom de Gaozong, il consacre son règne à achever ce que son père a entrepris. Il combat la flotte japonaise, qui tentait de débarquer en Chine, et réussit à l'anéantir.

Mais, aux marches de l'empire, la situation se dégrade : en 670, les Tujue reprennent leur indépendance, tandis que les Tibétains enlèvent quatre places fortes, les « quatre garnisons » : Khotan, Yarkand, Kachgar et Koutcha.

En 683, Gaozong meurt, empoisonné. Sa veuve, une ancienne concubine de son père, monte sur le trône impérial, sous le nom de Wu Zetian. En 690, elle se fait nommer « empereur » de la nouvelle dynastie des Zhou : elle sera l'unique impératrice en titre de l'histoire chinoise ! Elle installe la cour à Luoyang, après l'avoir purgée de tous les descendants de la famille Li, épargnant, cependant, son propre fils, Li Xian. Celui-ci retrouve le pouvoir à la mort de sa mère, en 705. Cinq ans plus tard, le trône échoit à Li Dan-Ruizong, qui, adepte du « non-agir » des taoïstes, abdique dès 712, en confiant l'empire à son fils Li Longqi.

Le règne de l'«empereur brillant»

Avec Li Longqi, qui prend le nom de Xuanzong, voilà les Tang fermement réinstallés au pouvoir. D'ailleurs, en ce début du VIIIe siècle, ils ont repris les quatre garnisons et contrôlent une route de 5 000 kilomètres, de Chang'an à Kachgar. Des commerçants étrangers s'installent sur tout le territoire, contribuant au développement économique du pays. Dans les villes, ils occupent des quartiers entiers, où ils peuvent pratiquer leur religion et vivre selon leurs coutumes.

Sur le plan culturel, le règne de l'empereur Xuanzong (dit aussi Minghuang, « Empereur brillant ») se divise en deux périodes très célèbres (celle de Kaiyuan, de 713 à 741, et celle de Tianbao, de 741 à 756), qui servent de réfé-

Les arts martiaux. △
Différentes formes de lutte étaient pratiquées à l'époque Tang, par des lutteurs professionnels ou des amateurs, qui fréquentaient des salles spécialisées.

Couple de paysans ▷ et sa charrette. Les céramistes de l'époque Tang travaillent de façon presque industrielle, utilisant de grands fours à céramique. Grâce à eux, toute une société prospère et cosmopolite est représentée et placée dans les tombes.
Dynastie Tang.
Seattle Art Museum.

rences en matière de littérature et d'art. Une société brillante de lettrés, d'artistes et de poètes vit à Chang'an et dans les principales cités de l'empire. Parmi les poètes les plus célèbres : Li Bai, qui serait mort en essayant d'attraper la lune dans le fleuve Bleu ; Du Fu, qui vécut misérable ; Wang Wei, à la fois poète et peintre.

Les fonctionnaires eux-mêmes, recrutés sur leur connaissance de la philosophie de Confucius et des autres classiques de la pensée chinoise, doivent connaître les règles poétiques : une épreuve de poésie figure au programme des concours.

LE NOUVEL AMOUR DE L'EMPEREUR

Une fois encore, aux frontières, l'empire est menacé : les Chinois sont vaincus à la fois par les Tujue et par les Arabes. L'empire doit laisser aux Arabes le contrôle de la Route de la soie, aux Tibétains et aux Birmans celui du Yunnan. Pourtant, les batailles des frontières du Nord-Est n'intéressent guère la cour de Chang'an, qui se passionne pour les beaux-arts, la culture ou les amours de l'empereur.

Ce dernier, en effet, a déjà une soixantaine d'années lorsqu'il tombe amoureux de la concubine d'un prince impérial : la jeune Yang, beauté à la peau blanche et à la figure ronde. Nommée « concubine de rang moyen » *(guifei),* Yang exerce une influence prépondérante à la cour : on l'accuse bientôt d'avoir favorisé l'ascension de An Lushan, officier qui portera un coup fatal à la dynastie. En réalité, il semble que An Lushan ait surtout profité d'une évolution de l'armée chinoise.

LA RÉVOLTE DE AN LUSHAN

À partir de 737, à l'initiative de Li Linfu, Premier ministre de 737 à 752, l'armée tend en effet à devenir une armée de métier à garnisons fixes, sous la responsabilité d'un commissaire, lui-même contrôlé par le pouvoir central. Mais ce contrôle se révèle assez inefficace et les chefs militaires acquièrent une puissance et une indépendance sans contrepoids réel.

Ainsi, An Lushan cumule sous son autorité trois régions militaires, disposant de 200 000 hommes et de 30 000 chevaux. Sa bravoure, son apo-

Grande pagode ▽ des Oies sauvages, dans le temple de la Grande Bienveillance à Xi'an. Édifiée en 652, pour célébrer la fin du pèlerinage en Inde du moine Xuanzang, elle fut détruite sous le règne de l'impératrice Wu Zetian puis reconstruite au VIIIᵉ siècle.

66 .

Conférence de △ **Bouddha** au paradis. Les peintures rupestres de Dunhuang évoquent souvent la Terre Pure, un des thèmes du bouddhisme.

VIIIᵉ siècle. Grottes de Dunhuang.

Face à l'expansion du bouddhisme, l'État chinois prend des mesures contre la puissance économique des monastères.

LA PROSCRIPTION DU BOUDDHISME

À la fin du VIIᵉ siècle, le bouddhisme gagne toute la société chinoise. Ainsi l'impératrice Wu Zetian est-elle une bouddhiste fervente.

Au cours du VIIIᵉ siècle, les monastères s'enrichissent grâce aux dons des grandes familles et à ceux des empereurs Tang. Par ailleurs, ils pratiquent des prêts sur gages qui contribuent à renforcer leurs réserves en or et en pierres précieuses. Ils défrichent de nouvelles terres, exemptées d'impôts, et y attirent de nombreux paysans. Face à cette puissance, la « proscription » de 842 à 845 représente, pour l'État chinois, une mesure d'assainissement. Bon nombre de moines et de nonnes sont laïcisés, les lieux de culte et les terres sont réquisitionnés, les statues en bronze sont fondues pour faire de la monnaie. Ces mesures n'entraînent cependant ni massacres ni destruction ou pillage des monastères.

litisme emportent la sympathie. Loin de voir en lui un rival potentiel, Li Linfu se sert plutôt de lui, à partir de 745, pour contrecarrer l'appétit croissant des parents de la concubine Yang.

An Lushan, qui semble jouir de tous les soutiens nécessaires, accroît sa puissance. Mais, à la mort de Li Linfu, c'est l'un de ses rivaux qui est nommé Premier ministre. Il entreprend alors de marcher sur la capitale, le 16 décembre 755. Sa révolte ébranle si sérieusement l'empire des Tang que celui-ci ne s'en relèvera jamais complètement.

LA FIN DE LA DYNASTIE TANG

L'empereur Xuanzong abdique en faveur de son fils Suzong, qui organise la résistance contre An Lushan en faisant appel aux Ouïgours et aux Tibétains. Finalement, la révolte sera matée en 762, année de la mort de Suzong.

Si An Lushan agit essentiellement par ambition personnelle, les paysans qui se soulèvent sur le passage de son armée voient sans doute dans son action le moyen d'échapper aux pressions fiscale et militaire que leur impose l'administration Tang. À partir de 755, et pendant toute la révolte, les rentrées fiscales subissent un coup d'arrêt total.

Après la défaite de l'officier rebelle, de nouveaux impôts sont mis au point : sel, thé, alcools sont taxés et une taxe foncière est créée, liée à la production supposée des terres. Partiellement prélevées en monnaie, très impopulaires, ces taxes sont alors la cause de nouvelles révoltes paysannes, comme celle de Huang Chao, qui éclate en 874 et dure dix ans.

Malmené à l'intérieur, l'empire a aussi du mal à résister à ses alliés d'hier. Les Ouïgours, notamment, se révèlent des protecteurs encombrants, mais la cour des Tang ne peut rien leur refuser. En 840, les Ouïgours sont cependant vaincus par les Kirghiz, qui s'installent en Mongolie. D'autres Tujue, les Shato, demandent alors la protection de la Chine, qui les établit sur le plateau des Ordos. Leur chef, Li Keyong, essaie de mater la révolte de Huang Chao. Il devient ministre et gouverneur du nord du Shanxi sous le règne de l'empereur Xizong (875-889). Désormais, le pouvoir impérial semble dépendre de la bonne volonté de Li Keyong, qui se proclame roi de Taiyuan en 895.

C'est la fin de la dynastie des Tang : après le suicide de Huang Chao, le meneur paysan, son lieutenant détrône, en 906, le dernier souverain Tang. Il fonde Kaifeng, dans le Henan, capitale des « Cinq dynasties », au pouvoir jusqu'en 960. □

▽ **Moine** du monastère bouddhique de Dunhuang. Prêtres et donateurs se sont fait représenter sur les murs des grottes, parfois avec leur suite ou leur famille. Les peintres ont réalisé à cette occasion une galerie de portraits très réalistes.
Grottes de Dunhuang.

◁ **Bodhisattva** en adoration. Les bodhisattvas sont des êtres qui n'ont pas encore atteint le nirvana et ne sont pas encore des Bouddha. Ils aspirent à l'illumination par la pratique de vœux et le passage à travers de nombreuses étapes.
Grottes de Dunhuang.

. 67

Xuanzong, l'«Empereur brillant», attire à la cour les peintres les plus doués : Wang Wei, qui initie la Chine aux lavis monochromes ; Han Gan, peintre des haras impériaux ; Wu Daozi (720-762), qui compose des œuvres bouddhiques et taoïstes ; Yan Liben (mort en 673), le plus célèbre peintre de personnages, à qui l'on doit le rouleau dit «des Treize Empereurs», aujourd'hui au musée des Beaux-Arts de Boston. Li Zhaodao est un maître brillant de la peinture de paysage *(shanshui),* sans doute la plus grande réussite de la peinture sous les Tang. Ces artistes et leurs disciples ont probablement participé à la décoration des tombes. La sépulture la plus connue est celle de la princesse Yongtai, réalisée en 701. Elle se situe à Juanling, au Shanxi. Vers 1971, les archéologues ont découvert les tombes de deux princes impériaux, Li Xian et Li Zhongrun, elles aussi construites au début du VIIIe siècle, près du mausolée impérial de Gaozong et de Wu Zetian.

LES TOMBES PRINCIÈRES DES TANG

▷ **Statue** de dignitaire en deuil, dans «l'allée de l'Âme» menant à la tombe de l'impératrice Wu Zetian à Juanling.

Dames de la cour ▽ entourant la princesse Yongtai. Fille d'un noble, celle-ci fut unie par un mariage posthume au prince Yi De. Ce dernier fut élevé au rang d'héritier présomptif 4 ans après sa mort, quand son père, l'empereur Li Xian, fut enfin délivré de la tutelle de Wu Zetian.

Peinture de la tombe de la princesse Yongtai.

68 .

◁ **Allée de statues** menant à la tombe de Wu Zetian. À la mort de l'impératrice en 705, le tumulus de Gaozong fut réaménagé pour elle et l'allée allongée sur 2,5 kilomètres. Sa direction est rigoureusement nord-sud car l'entrée de la tombe fait face au sud, comme celle du palais impérial.

Scène de chasse. △
Les chasseurs, à cheval, portent des oriflammes. La fraîcheur des couleurs est étonnante, et l'effet de perspective, dû à un plan de fuite, est très novateur.

Peinture de la tombe du prince Yi De.

. 69

▷
Groupe de dignitaires. Lors des secondes funérailles et de la réhabilitation du prince Yi De, l'empereur fit appel aux peintres de la cour pour décorer le tumulus.

Peinture de la tombe du prince Yi De.

LES MAYAS

Il y a plus de quinze siècles, entre le Mexique
et le Honduras, se développe une civilisation
de bâtisseurs de pyramides et
de prêtres-astronomes adorateurs du temps :
la civilisation maya.

A SON QUATRIÈME VOYAGE, en
1502, alors qu'il explore le
littoral de l'isthme américain, Christophe Colomb
croise un canot dans la baie
du Honduras. Les hommes
de l'embarcation disent venir d'une
province appelée *Maiam*. Dès lors, le
mot *Maya* va désigner les habitants de
la péninsule mexicaine du Yucatán et,
par extension, tous ceux qui appartiennent à la même famille linguistique.

Occupés à conquérir cette région, au
peuplement éclaté en petits royaumes,
les Espagnols passeront à côté de cités
abandonnées à la jungle depuis déjà
500 ans. Il faudra attendre le XIXᵉ siècle
pour que voyageurs et archéologues
découvrent et explorent ces ruines, et
pour qu'ils évaluent plus justement
l'importance de la civilisation maya.

essor des Mayas (de 300 à 900)

70 .

Une femme offre à △
un prêtre un masque
en forme de tête de fé-
lin. Les glyphes gravés
sur ce relief ont permis
de le dater de 719,
période « classique »
de l'art maya.

Linteau 26
de Yaxchilan.
Musée national
d'Anthropologie,
Mexico.

◁ **Temple
des Inscriptions**
à Palenque. À l'in-
térieur, un escalier
conduit à une chambre
funéraire dans laquelle
un corps d'homme,
peut-être un dignitaire,
a été retrouvé.

Art classique maya.

UN TERRITOIRE VASTE ET VARIÉ

Située à la fois sur le Mexique, le Guatemala et le Salvador actuels, l'aire maya occupe un vaste territoire (près de 325 000 km²), d'une très grande diversité géographique : de la brousse du plateau du Yucatán, au nord, aux hautes terres et à la côte de l'océan Pacifique, au sud. Les premiers vestiges archéologiques importants, que les chercheurs datent du IIIᵉ siècle, ont été mis au jour dans la forêt tropicale des basses terres, dans la zone centrale.

La civilisation maya n'a pas surgi soudain de la forêt. Son évolution court sur plusieurs siècles. Comme dans le reste de la Méso-Amérique – cette partie de l'Amérique centrale qui va de l'isthme de Panamá à la vallée de Mexico –, des populations vivant de la collecte et de la chasse se sont peu à peu sédentarisées, autour de la culture du maïs et des tubercules.

Les constructions les plus anciennes, les textiles et les magnifiques ornements de plumes représentés sur les fresques n'ont pas résisté à l'humidité et à la jungle des basses terres, gorgées des eaux de l'Usumacinta, du rio Hondo, des lacs et des lagunes des régions du Chiapas et du Petén guatémaltèque. Ce que nous savons des Mayas nous a surtout été transmis par la pierre et la céramique et par ce qui a échappé aux pilleurs de tombes.

UNE CENTAINE DE GRANDES CITÉS

À partir du IIIᵉ siècle, les Mayas étendent leur influence du Yucatán au Honduras. L'extension se fait par avancées en cercles concentriques de plus en plus vastes, autour du Petén. On recense une centaine de cités qui ont joué un rôle important, bâties sur les mêmes principes architecturaux. Les centres les mieux connus sont Tikal – qui contrôlait d'autres centres cérémoniels – et Uaxactún, au cœur d'un réseau de relations commerciales à

Aile sud-est de « l'arc » △ de Labná, au Yucatán. Porte à voûte allongée, fenêtres aux treillis de pierre, cette structure, aménagée dans un monument séparant deux patios, est typique de l'art « Puuc », comme les monuments d'Uxmal.

◁ **Prêtre.** Dans l'île de Jaina, sur la côte occidentale du Yucatán, on a retrouvé des tombes à inhumation et à crémation, qui renfermaient de nombreuses poteries de ce type.
Musée national d'Anthropologie, Mexico.

. 71

En 1946, au Mexique, les chercheurs ont découvert des fresques bien conservées, qui montrent des scènes assez rares de la vie quotidienne des Mayas.

LES FRESQUES DE BONAMPAK

Dans un temple de Bonampak, des fresques, miraculeusement préservées par une fine couche de calcaire, offrent une peinture de la vie quotidienne maya au VIIIᵉ siècle, époque probable de leur réalisation. Outre des cérémonies à caractère religieux, elles représentent, ce qui est plus rare, des femmes et des enfants, ainsi que des scènes guerrières très réalistes. Une fresque montre un jugement, où des captifs presque nus implorent un chef, vêtu d'une peau de jaguar, la lance à la main.

Cette peinture illustre l'évolution de la société maya : c'est désormais un militaire, et non plus un prêtre, qui détient le pouvoir.

Captifs implorant un chef.
Peinture de Bonampak.

grande échelle ; Bonampak, Palenque, Piedras Negras, dans le bassin de l'Usumacinta ; Uxmal, Labná, Sayil, dans le Yucatán, et, au sud, Copán, ville d'art aux multiples sculptures.

Construites autour de temples édifiés sur de hautes pyramides à degrés, les cités exhumées témoignent d'une société dominée par les prêtres. Installés sur des terrasses moins élevées, des palais côtoient les temples, ou sont parfois bâtis à l'écart. Leur disposition laisse imaginer qu'ils accueillaient l'élite dirigeante.

Les édifices, orientés selon les points cardinaux, témoignent du savoir des prêtres-astronomes. Quant aux habitations, installées autour d'une cour-patio, elles étaient probablement en torchis, comme les maisons mayas d'aujourd'hui.

◁ **Joueur de balle.**
Comme avant eux les Olmèques, les Mayas pratiquent le jeu de pelote. Il se joue avec une balle de gomme sur un terrain situé au centre des cités et limité par deux constructions parallèles à l'est et à l'ouest. Le perdant était tué.
Musée national d'Anthropologie, Mexico.

UNE SOCIÉTÉ DE PRÊTRES ET DE BÂTISSEURS

La classe dirigeante, attachée au contrôle des rituels religieux, devait aussi avoir des activités militaires : en témoignent des représentations de guerriers arborant des objets religieux, symboles de leur pouvoir. En revanche, fresques et sculptures n'apportent guère d'informations sur le reste de la société. Il fallut pourtant des artisans particulièrement expérimentés pour laisser des créations artistiques aussi achevées et il fallut sans doute également des esclaves pour aider à leur réalisation.

Il est difficile de dater avec précision les progrès de l'agriculture. Mais on peut supposer que, dès le VIIe siècle – à

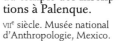

▽ **Masque** en céramique trouvé sur un défunt inhumé dans la crypte du temple des Inscriptions à Palenque.
VIIe siècle. Musée national d'Anthropologie, Mexico.

Les Mayas adorent le temps comme un dieu. Ils le conçoivent comme un phénomène cyclique et d'une durée infinie.

DES CALCULS ASTRONOMIQUES

Comme les peuples méso-américains, les Mayas utilisent le 20 (total des doigts des pieds et des mains) comme base de leur arithmétique. Outre la barre (pour le 5) et le point (pour l'unité), ils emploient aussi le zéro, représenté par une sorte de coquillage allongé. Les Mayas utilisent deux calendriers : l'un, rituel, de 260 jours, divisé en 13 périodes de 20 jours ; l'autre, solaire, de 365 comportant 18 mois de 20 jours plus 5 jours additionnels. Ils ont créé le « compte long », qui fait débuter l'ère maya à la date, probablement mythique, de 3113 av. J.-C. Beaucoup de monuments utilisent ce compte, notamment les stèles, érigées tous les 20 ans : la célébration des fins de période est liée à l'idée que les unités de temps sont des fardeaux que les dieux déposent à l'échéance.

l'époque classique –, les Mayas connaissent le tabac, le cacao et de nombreux arbres fruitiers, en plus du maïs, de l'arbre à pain et d'autres tubercules. Les chiens et les dindons figurent parmi leurs animaux domestiques.

Les Mayas sont de grands bâtisseurs : leurs pyramides en gradins ont traversé les siècles. Leurs palais et leurs temples, entièrement sculptés, sont couverts de voûtes à encorbellement,

dont ils ont inventé la technique : deux murs parallèles se rejoignant vers le haut pour former un V inversé. Cette voûte est parfois surmontée d'une crête faîtière très ajourée, qui allège avec élégance la masse peu élevée des bâtiments.

Mais les Mayas n'ont pas laissé que des œuvres monumentales. Les bijoux de jade (colliers, pectoraux) retrouvés dans des caches, ainsi que les extraordinaires statuettes exhumées sur l'île de Jaina, dans l'État de Campeche, témoignent du talent des artisans.

Un peuple fasciné par le temps

Les hautes stèles de pierre, associées à un vaste autel posé devant elles, sont une autre caractéristique de l'art maya.

Sculptés avec virtuosité, dans les basses terres, ces ensembles permettent aussi de constater la permanence saisissante des types physiques mayas. Édifiées à des dates fixes, comme en témoignent leurs inscriptions, les stèles traduisent également la fascination qu'exerce le temps propre à la société maya.

Les inscriptions cessent au Xe siècle. Leur disparition marque la fin de la civilisation classique. Pourquoi cet étrange déclin ? Les historiens invoquent la disproportion entre les ressources disponibles et une croissance démographique mal maîtrisée, ou encore les préoccupations trop abstraites d'une classe religieuse qui aurait négligé une partie des responsabilités qui lui incombaient à seule fin de se plonger dans des calculs de plus en plus sophistiqués... □

◁ **Guerrier** portant une armure de coton. À l'époque classique récente, les guerriers semblent avoir supplanté les prêtres à la tête de la société maya.
Musée national d'Anthropologie, Mexico.

Femme parée de bijoux. Dans les tombes de Jaina, les corps sont inhumés recouverts d'un tapis, aspergés de cinabre, un grain de jade dans la bouche.
Musée national d'Anthropologie, Mexico. ▷

Le secret de l'écriture maya s'est perdu au XVIe siècle, peu après la conquête de l'Amérique centrale par les Espagnols.

LES HIÉROGLYPHES MAYAS

Apparue à l'époque classique, l'écriture maya est réservée à l'usage religieux et politique. Les Indiens du Yucatán et du Guatemala l'utilisent encore à l'arrivée des Espagnols, dans les premières années du XVIe siècle, mais sa signification se perd peu après la conquête. Au XIXe siècle, on dresse des catalogues de ces « glyphes » – inscriptions ciselées dans la pierre –, aux dessins complexes, qui utilisent des visages humains, des mains, des faces de dieux à têtes ou corps d'animaux, etc. Dans les années 1950, le Soviétique Youri Knorosov souligne les éléments phonétiques de cette écriture. Mais il faut attendre les années 1960 pour que l'on identifie les noms des chefs sur les monuments.

LA CHEVAUCHÉE DES CALIFES OMEYYADES

En 661, le calife Moawiya, fondateur de la dynastie des Omeyyades (ou Umayyades), installe le siège du gouvernement en Syrie, à Damas – *Dimachq,* en arabe. C'est, en araméen, la *Dammesheq* de la Genèse (XIV, 15), prise, tour à tour, par le roi David, les Assyriens, les Babyloniens, les Perses, Parménion, général d'Alexandre le Grand, et Pompée, général romain, et qui fut évangélisée par saint Paul.

À partir de cette ville mythique, en moins d'un siècle, les Omeyyades vont édifier un pouvoir sans précédent jusqu'alors dans l'histoire.

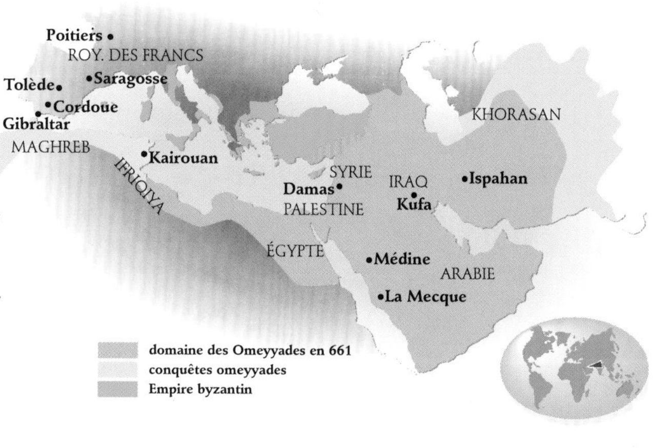

À partir de 660, la dynastie des califes omeyyades, installée en Syrie, domine le monde arabe. Dans Damas embellie, l'art chante la gloire de l'Islam, tandis que, à l'extérieur, les califes étendent leur pouvoir.

La cour de la Grande ▽ Mosquée de Damas, entourée sur trois côtés d'un portique couvert à double arcade. Au centre, le kiosque est décoré de mosaïque de pâte de verre à fond d'or.

74 .

La Grande Mosquée ▽ de Damas. On a prétendu qu'elle avait été élevée sur les soubassements d'une ancienne basilique, mais il est prouvé qu'elle a été édifiée d'un seul jet en 10 ans, entre 705 et 715, par Walid Ier.

Poitiers •
ROY. DES FRANCS
Tolède• •Saragosse
•Cordoue
Gibraltar
MAGHREB
KHORASAN
IFRIQIYA
•Kairouan
SYRIE
Damas• IRAQ •Ispahan
PALESTINE Kufa
ÉGYPTE
•Médine
ARABIE
•La Mecque

domaine des Omeyyades en 661
conquêtes omeyyades
Empire byzantin

Arabes musulmans et Arabes chrétiens

La dynastie omeyyade est purement arabe, et se revendique comme telle. Les non-Arabes convertis à l'islam sont considérés comme des musulmans de « seconde zone » *(mawali)* – contrairement à l'enseignement universaliste du Coran –, et ils doivent se chercher des protecteurs au sein des tribus arabes.

Toutefois, les plus brillants et les plus fidèles d'entre eux bénéficient de délégations de pouvoir : c'est ainsi qu'Iraniens, Égyptiens et, surtout, Berbères contribueront à l'épanouissement de la civilisation arabe.

Dans de nombreux secteurs, en revanche, les Omeyyades n'hésitent pas à recourir aux compétences des Arabes chrétiens. Et, lorsque le fils de Moawiya, Yazid Ier, doit défendre son trône, en 680, il est soutenu par des chrétiens. Ces derniers n'ont pas oublié que sa mère, Maïsoum, était une chrétienne restée fidèle aux coutumes et aux traditions bédouines.

Au VIIIe siècle, Abd al-Malik, cinquième calife omeyyade (685-705), licencie tous les fonctionnaires chrétiens. Mais il doit les rappeler pour éviter la paralysie de l'administration. En dépit des règles interdisant aux non-convertis d'assumer des fonctions officielles, saint Jean Damascène sera ministre des Finances et des *Mouqatils* (« combattants »). De même, ce sont des chrétiens qui contribuent à l'essor des arts et qui traduisent philosophes, médecins et savants grecs – traductions qui se poursuivront sous le règne des Abbassides, entre 750 et 1258.

Qasr al-Hayr al-Charqi, château du dixième calife omeyyade. Au milieu d'une réserve de chasse de 10 km², Abdullah al-Hisham se fit construire une résidence ravitaillée par une source captée à 30 kilomètres.

Le triomphe de la calligraphie et du minaret

Renonçant à la rigoureuse simplicité de l'islam naissant, encore marqué par la vie au désert, les Omeyyades cultivent les valeurs citadines. Le calife s'entoure d'une cour choisie, impose un cérémonial royal et adopte une étiquette raffinée. Maïsoum, la mère de Yazid Ier, critique ces innovations : « M'habiller d'un manteau de poils, et être libre, m'est plus précieux que les étoffes les plus riches », écrit-elle dans un poème qui chante sa préférence pour l'austérité de la tente.

Dans une religion qui réprouve les représentations figurées, la « belle écriture » est devenue un art, presque un acte de foi.

LA CALLIGRAPHIE

Puisque l'islam condamne les représentations figurées, l'écriture s'est trouvée sublimée et la calligraphie tient une place majeure dans l'art musulman. Un dicton populaire affirme que, au Jugement dernier, l'encre utilisée par le calligraphe aura la même valeur que le sang versé par le *chahid,* le martyr mort pour sa foi ! Le style calligraphique le plus ancien est le coufique, du nom de la ville de Kufa. De nombreux autres ont suivi : styles géométrique, andalou, maghrébin... Pour les musulmans, la calligraphie est l'expression plastique du sacré, tout comme la psalmodie du Coran est son expression musicale.

Un vers du poète Ibn Zamrah. *L'Alhambra, Grenade.*

Rajeunie, agrandie, embellie, Damas devient la cité des arts. Le sixième calife, Walid (705-715), y fait édifier une grande mosquée, qui, achevée entre 714 et 715, s'impose comme un des monuments majeurs de l'Islam. Le minaret devient l'un des symboles du culte, inséparable du paysage musulman. La décoration florale, géométrique et calligraphique domine, expression d'une religion qui se méfie des représentations figurées, assimilées à des idoles. Celles-ci ne seront jamais, cependant, totalement bannies. Les fresques des palais du désert des califes omeyyades en sont une preuve, avec leurs scènes de chasse, de danses ou de festins. Plus tardivement, les miniatures persanes, arabes et turques témoignent de la survivance de ces représentations.

▷
Danseuse dévêtue. Sur les murs de leur pavillon de chasse, les califes se sont autorisé des entorses à la rigueur religieuse et artistique des débuts de l'islam.

Peinture des bains de Qusair Amra.

Descendants de l'oncle de Mahomet, les Hachémites n'avaient pas pardonné aux Omeyyades d'avoir pris le pouvoir. En 750, ils prennent leur revanche...

LA CHUTE DE DAMAS

En 749, des troubles éclatent au Khorasan, dans le nord-est de l'Iran. L'Hachémite Abu al-Abbas, surnommé al-Saffah («Celui qui a versé le sang»), en profite pour s'emparer du pouvoir. Après avoir occupé Damas, il donne l'ordre de réunir tous les membres de la famille omeyyade et les fait massacrer. «Puis, raconte le chroniqueur Tabari, il fit étendre sur les corps un tapis de cuir sur lequel on servit un repas [...] pendant que les victimes râlaient et expiraient.» Sur 80 princes, un seul, Abd al-Rahman, réussira à s'enfuir et à gagner l'Andalousie. En 756, il y fondera le brillant émirat de Cordoue.

LA CONQUÊTE PAR LES ARTS, LA MONNAIE ET LA LANGUE

Enfin, une production artisanale incomparable voit le jour à Damas. Ce sont les tissus «damassés», toujours très recherchés, qui jouent avec le mat et le brillant (motifs en satin sur taffetas à l'endroit, en taffetas sur satin à l'envers); ce sont, aussi, les objets «damasquinés» de cuir ou de métal, où des dessins en fils de cuivre, d'or ou d'argent sont incrustés par martelage. Soieries, tapis, parfums, verrerie, objets en bois sculpté témoignent encore de cet esprit de création qui gagne peu à peu tout l'empire.

Les califes omeyyades mettent également en place une administration d'État : ils nomment des gouverneurs, collectent des impôts. Et, dans une société où, à l'exemple du Prophète, le commerçant est tenu en haute estime, la monnaie unique devient l'instrument indispensable à l'intensification des échanges.

Abd al-Malik remplace donc le denier d'or byzantin et la drachme d'argent des Perses Sassanides par le *dinar* et le *dirham,* sur lesquels les inscriptions sont frappées en arabe. Cette lan-

▽ **Qasr al-Kharaneh.** Les forteresses – rendez-vous de chasse en brique – édifiées par les Omeyyades dans le désert de Syrie-Palestine étaient inspirées tout à la fois des techniques de Mésopotamie et de Constantinople. Les tours massives, semi-circulaires, sont surmontées de parapets munis de mâchicoulis.

gue s'impose, d'ailleurs, progressivement dans tout l'empire. Religieux, juristes, lettrés et savants non arabes l'adoptent rapidement.

À L'ASSAUT DU MAGHREB ET DE L'ANDALOUSIE

Poursuivant, avec une vigueur accrue, l'expansion entamée par les premiers califes, Moawiya ordonne, en 665, un raid en *Ifriqiya* (Tunisie et Algérie orientale). Il ouvre ainsi la voie à la vraie conquête du *Maghreb* (« occident », en arabe, par opposition à *Machreq,* « orient »), menée par Uqba ibn Nafi. Ce dernier part de l'oasis de Ghadamès, en Libye. En 670, à la tête de 10 000 cavaliers, il se présente dans le Sud tunisien. Peu après, il fonde Kai-

rouan, considérée depuis comme la première ville sainte du Maghreb. Il suit la ligne des hauts plateaux, atteint l'Atlantique. Mais, sur le chemin du retour, en 683, il est vaincu et tué, près de Beskra, par le chef berbère Kusayla.

Une deuxième tentative se heurte à nouveau à la résistance des montagnards berbères, rassemblés sous l'autorité de la Kahina, reine des Aurès, soutenue par des groupes armés byzantins. Celle-ci est vaincue en 698 et un gouverneur est nommé dans la région. Il agit avec tolérance, convertit de nombreux chefs berbères et leur confie des responsabilités.

L'un d'eux, Tariq ibn Ziyad, est chargé, dès 709, d'organiser l'expédition d'Espagne. Il traverse le détroit en 711, débarque à Gibraltar (déformation de *djebel Tariq,* « la montagne de Tariq »)

et, en octobre, occupe Tolède. En 714, il s'empare de Saragosse. Par la vallée du Guadalquivir, les Arabes gagnent l'Andalousie et presque toute la Péninsule, puis remontent vers la France. Charles Martel arrête leur progression à Poitiers, en 732.

À cette date, l'Empire omeyyade s'étend des Pyrénées aux rives de l'Indus, du Sahara à la mer d'Aral, en Asie centrale. Des révoltes politiques aggravent les dissensions religieuses qui opposent les musulmans chiites aux musulmans sunnites, tandis que les rivalités tribales se poursuivent. Au milieu du VIIIe siècle, le califat omeyyade est fortement miné. Les descendants de l'oncle du Prophète, les Abbassides, branche du clan des Hachémites, vont triompher des Omeyyades. Bagdad va détrôner Damas. □

△
Mosaïque représentant une ville de rêve au bord du fleuve, comme Damas, construite sur le Barada.
Mosquée des omeyyades. VIIIe siècle.

◁ **Vue** de Damas. L'artiste évoque la richesse de la ville, au milieu de son oasis de la Ghuta. Au centre, la mosquée, qui servit de modèle à celles d'Alep, Hama, Cordoue et Diyar Bakr en Turquie.
XVIIIe siècle. Damas.

De forme carrée ou en fuseau, effilé ou en spirale, le minaret est une tour, d'où le muezzin appelle les fidèles à la prière cinq fois par jour.

LE MINARET

Thème architectural de l'Islam, le minaret a donné lieu à de multiples variations, selon les régions et les époques, tant sur le plan de la forme que sur celui de la décoration. Le premier a été conçu à Damas, en 705. Sa forme carrée a été adoptée au Maghreb et en Andalousie : en témoignent, entre autres, la tour Hasan de Rabat ou la Giralda de Séville. À part le minaret en spirale de Samarra, l'Orient a préféré les minarets effilés, minarets-dentelles du Caire, ou minarets-fuseaux, en céramique, d'Ispahan. Les petites mosquées n'ont qu'un minaret. Les grandes peuvent en avoir quatre, six et même sept, comme à La Mecque.

.77

JARDINS ET BASSINS

Chez les Arabes, le jardin est le point de convergence entre le nomade, qui rêve d'oasis dans le désert, et le citadin, en quête de plaisirs raffinés dans sa demeure. Au Maghreb, en Sicile, en Andalousie, les Omeyyades ont apporté avec eux l'amour des vergers, des jets d'eau et des bassins. Parmi les plus illustres réalisations figurent le Generalife de Grenade, le bassin des Arhlabides à Kairouan ou la fontaine d'el Mouassin à Marrakech. Dans tous ces lieux, de charmants jets d'eau agrémentent les patios des plus simples demeures...

Les Arabes ont également transmis une tradition agricole, qui a généralisé l'usage de subtils systèmes d'irrigation et de cultures en terrasses. Ils ont surtout introduit nombre de fleurs, de fruits et de légumes qui se sont parfaitement acclimatés sur les rivages de la Méditerranée, au point de faire oublier que ce n'est qu'à partir du VIIIe siècle que sont apparus l'abricot d'Arménie, la prune de Syrie, la rose blanche de Damas, l'artichaut de Palestine, toutes les cucurbitacées (citrouille, concombre, melon, pastèque), et puis la laitue, le chou-fleur, le persil, la betterave, le fenouil, le céleri... Qui songe, aujourd'hui, en longeant la Costa del Azahar (côte de la Fleur d'oranger), en Espagne, et les huertas (plaines irriguées et cultivées) de Valence ou de Murcie, que l'orange y était inconnue avant l'arrivée des Arabes ?

78 .

▽ **Jardin** du Generalife à Grenade. Proche de l'Alhambra, il est un des seuls jardins d'Andalousie à avoir gardé son ordonnance primitive, son architecture, sa verdure et ses eaux vives.

Jardin de l'Inde musul- ▽ mane, où les femmes se divertissent, le visage dévoilé.
XVIIIe siècle. Free Library, Philadelphie.

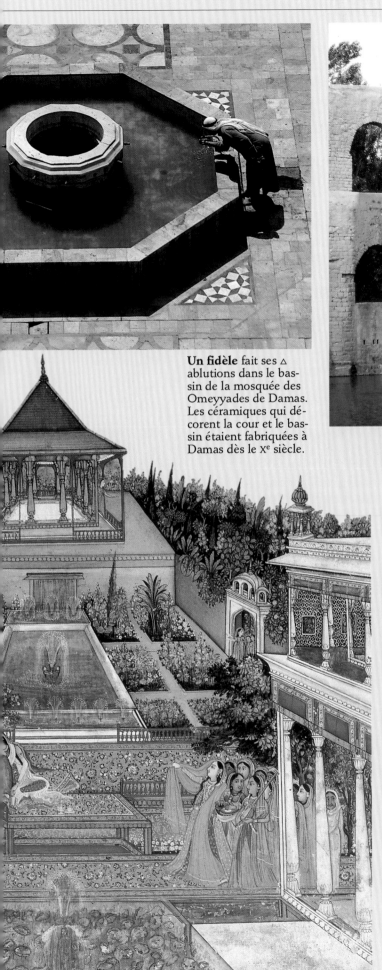

Un fidèle fait ses △
ablutions dans le bas-
sin de la mosquée des
Omeyyades de Damas.
Les céramiques qui dé-
corent la cour et le bas-
sin étaient fabriquées à
Damas dès le Xe siècle.

Jardin de Lindaraya ▽
dans l'Alhambra de
Grenade, palais édifié
par la dynastie nasride
(1238-1492). Fermées
au monde, les de-
meures de l'Islam sont
ordonnées autour de
patios et s'ouvrent sur
des jardins intérieurs.

XIVe siècle.

△ **Une noria** en Syrie.
L'eau est élevée dans
les godets de la roue,
puis elle se déverse
dans l'aqueduc. Ainsi
est alimenté un réseau
très dense de canaux
d'irrigation qui a fait
la richesse de la Syrie
depuis l'Antiquité.

ROYAUME FRANC

Troubles dans le royaume

■ La faiblesse des Mérovingiens est telle qu'ils ne peuvent qu'assister, impuissants, aux luttes de leurs sujets. En 663, Ébroïn, maire du palais de Neustrie et de Bourgogne, assiège dans Autun l'évêque Léger. Pour obtenir la reddition de celui-ci, il lui promet la vie sauve. En fait, il le fait torturer à mort. Le courage dont fait preuve l'évêque Léger lui vaudra d'être considéré plus tard comme un saint martyr. Un temps emprisonné par Childéric Ier, Ébroïn reprend de sa superbe après l'assassinat de celui-ci en 673 et bat l'autre maire du palais, Pépin de Herstal, en 680. □

ROYAUME FRANC

Les foires de Saint-Denis

■ C'est du début du VIIIe siècle, dit la tradition, que datent les foires du Lendit à Saint-Denis. Il n'est pas certain que ces foires soient aussi anciennes, mais il est sûr que les nombreux avantages fiscaux concédés par les derniers Mérovingiens et leurs maires du palais aux moines de Saint-Denis y rendent les transactions commerciales plus avantageuses que partout ailleurs. La foire du Lendit se double d'un aspect religieux, puisqu'elle a lieu chaque été, lors de la fête du saint-martyr. Les reliques de saint Denis sont exposées et la cérémonie religieuse, ou «endit», réunit fidèles, marchands et bateleurs. □

La foire du Lendit à Saint-Denis. *Miniature du XIVe siècle. Musée Goya, Castres.*

AMÉRIQUE

Les Indiens du Nord

■ Dans le sud-ouest de ce qui est aujourd'hui les États-Unis, à la limite des déserts d'Arizona et du Sonora, se développe la culture «indienne» Hohokam. Les hommes édifient des maisons-silos, à demi enterrées, à proximité des fleuves. Pratiquant l'irrigation, ils cultivent des courges, des haricots et du coton. Dans les régions correspondant à l'actuel Nouveau-Mexique, c'est la culture de Mogollon qui émerge au début du VIIIe siècle, tandis qu'au sud-est, dans la moyenne vallée du Mississippi, apparaissent les premières agglomérations d'Amérique du Nord. Les habitants savent y adapter la culture du maïs à des conditions climatiques plus rigoureuses, tout en continuant à chasser à l'arc. □

PACIFIQUE

Migrations dans le Pacifique

■ Au début du VIIIe siècle, les peuples qui étaient partis de Polynésie sur leurs grandes pirogues à balancier, qui pouvaient contenir près de 200 personnes avec de quoi survivre, arrivent au terme de leurs voyages. Toutes les îles du Pacifique sont alors peuplées ; seul l'archipel de Nouvelle-Zélande, à l'écart des principaux courants, reste vide d'hommes et ne sera peuplé qu'au XIVe siècle par les Maoris, d'origine polynésienne. □

OCCIDENT

Misère de l'Occident

■ Les conquêtes musulmanes ont coupé l'Europe du Nord de ses approvisionnements traditionnels. À cause des guerres et de l'insécurité, l'or de l'Afrique et de l'Orient n'arrive plus en Italie, ni dans la Gaule franque. À partir de 700, le monnayage s'en ressent : on cesse de frapper des pièces d'or dans le monde occidental et les objets d'or sont réservés aux trésors des évêques et des souverains. Les dernières monnaies ne sont que de pâles copies des superbes médailles romaines et témoignent simplement de la volonté des princes d'imiter la puissance des empereurs. Objets de prestige, elles n'ont pratiquement plus aucune fonction commerciale. Pour la plupart des échanges, c'est le troc qui domine en Occident. □

ASIE

Tibétains contre Chinois

■ Le petit-fils du grand Srongbtsan Sgam Po, Khri mang Songmang, sait s'entourer de bons conseillers et mène une politique extérieure dynamique. Ses troupes conquièrent le Koukou-Nor, puis, en 670, le Turkestan, avant de lancer des raids vers le Népal. Mais les troupes chinoises se défendent âprement et battent à trois reprises leurs vieux ennemis tibétains. En 714, leur victoire aboutit à un véritable massacre. □

EUROPE

Le premier royaume bulgare

■ Les tribus bulgares, d'origine turco-mongole, qui avaient occupé les provinces romaines de Thrace et de Mésie, au nord de la Grèce, sont bien installées dans les Balkans. Vers 700, elles se fédèrent et reconnaissent un chef unique. Elles ne cesseront plus, dès lors, de menacer l'Empire byzantin, dont un empereur, Basile II, portera le surnom de «Bulgaroctone», «tueur de Bulgares», tant est grande l'importance de la lutte sans fin menée par l'empire contre eux. □

EUROPE

Les débuts de l'expansion scandinave

■ Dès la fin du VIIe siècle, les peuples établis sur les côtes découpées d'Europe du Nord se trouvent au contact du commerce européen. Les paysans vikings, mangeurs de seigle et chasseurs de morses, deviennent alors les plus hardis des navigateurs. Partis de Norvège, ils explorent les côtes de Grande-Bretagne, dépassent l'Écosse vers l'ouest et atteignent les îles Féroé, puis les Orcades. □

ASIE

Le Pays du matin calme

■ En 668, l'État de Silla, ou Sinra, unifie toute la péninsule coréenne au nord de la Chine. Allié à la dynastie chinoise des Tang, le Silla vient à bout des royaumes rivaux de Paikche et de Koguryo. La Chine profite de son regain d'influence pour fonder en Corée de nouveaux protectorats, mais les Coréens ne tardent pas à réagir. En 699, des tribus toungouzes, d'origine coréenne, se taillent un royaume en Mandchourie. □

Guerrier silla en vêtement de cérémonie. *VIe siècle.*

80.

711 - 731

Tardivement entré dans l'histoire du monde, le Japon voit s'éclore, au VIIIᵉ siècle de notre ère, les premières manifestations d'un génie riche de promesses. Pour la première fois peut-être, il prend conscience de ses possibilités. Nara, la majestueuse capitale, découpée en un damier régulier par de vastes avenues, est le cadre grandiose où se déroulent les cérémonies de la religion bouddhiste. C'est le bouddhisme aussi qui, de Sumatra à Java et de la Thaïlande au Cambodge, féconde les riches populations des deltas. Et, tandis qu'à Nara le pieux empereur fait élever une gigantesque statue du Grand Bouddha pour laquelle il engloutit 500 tonnes de cuivre, totalité de la production minière de l'archipel, à Constantinople, Léon III fait disparaître les mosaïques chatoyantes sur les murs des églises en posant comme principe que Dieu n'est pas représentable et que toute image figurant un être divin est une tromperie.

Statue de Shukango-Shi (gardien de la religion). VIIIᵉ siècle. Temple de Todai-ji, Nara.

LE JAPON DE NARA

De 710 à 794, le Japon connaît l'une des ères les plus importantes de son histoire, celle de Nara. Cette ère instaure un mode de vie qui ne s'éteindra qu'au XIXᵉ siècle.

C'EST SEULEMENT au VIᵉ siècle que se dessine une certaine unité japonaise : à cette époque, la plupart des clans rivaux qui se battaient pour le pouvoir ont été absorbés par une seule et unique cour, celle du Yamato, dont la capitale est Nara. Influencés par la Chine, dont le rayonnement culturel s'étend à toute l'Asie, les souverains japonais en adoptent les caractères d'écriture et la religion, le bouddhisme. Un pouvoir à peu près centralisé et une religion forte permettent au Japon de franchir une nouvelle étape en se dotant d'une administration organisée. Là encore, les modèles d'organisation sont importés de Chine, au gré des relations commerciales et diplomatiques qui se sont nouées entre les deux pays.

HOKKAIDO

MER DU JAPON

HONSHU

MTS. CHUGOKU
MTS. HIDA
MTS. MIKUNI
PLAINE DU KANTO
MTS. KANTO
Heian
Nara
OCÉAN PACIFIQUE

SHIKOKU

KYUSHU

82 .

▽ **Temple** de Yukushi-ji à Nara. Moteur de la vie artistique et intellectuelle, le bouddhisme connaît un âge d'or au VIIIᵉ siècle, matérialisé par l'éclosion d'une multitude de temples.

Shukango-Shi. Cette ▷ terrifiante statue, qui a tout du guerrier, est en fait un protecteur du bouddhisme, combattant avec violence tout ennemi de la religion.
Temple de Todai-ji, Nara.

LE CODE DE TAIHO

Après quelques décennies de tâtonnements dans la seconde moitié du VIIᵉ siècle, le code dit «de Taiho» est promulgué en 701. Légèrement révisé en 718, il sera appliqué jusqu'au début du règne de l'empereur Meiji (1867-1912), qui, en l'abolissant, mettra enfin un terme à un système féodal d'organisation de la société peu adapté au monde moderne.

Toutefois, l'efficacité du code de Taiho n'est réelle que pendant les deux ou trois premiers siècles de sa mise en œuvre.

Ce code est divisé en deux parties : l'une, administrative, traite essentiellement des fonctionnaires, de leur rôle dans la gestion de la cour et dans le contrôle de la population ; l'autre, pénale, fort mal conservée, concerne les délits, les crimes et les peines. Le Japon a emprunté aux classiques de la Chine la théorie du gouvernement bienveillant, qui doit faire en sorte que le peuple puisse se nourrir et vivre dans la paix, et cela par le moyen de l'incitation au travail, à l'honnêteté et à la frugalité. Cette fonction de moralisation revient théoriquement à l'empereur, mais, dans la pratique, c'est à une administration de type bureaucratique qu'elle est confiée. Le code administratif consiste donc en une énumération des divers organes et de leurs compétences ; il fixe les règles de recrutement, de nomination, de promotion et de rémunération des fonctionnaires, ainsi que les règles protocolaires auxquelles ils sont soumis.

UNE HIÉRARCHIE BIEN ÉTABLIE

Avant de mettre en place une administration, la cour commence par établir une hiérarchie, qui comprend neuf rangs et trente échelons. Les règles d'avancement sont fondées sur le mérite, et la conduite de chacun est évaluée annuellement. Puis, tous les quatre ans, on calcule le nombre

Le Todai-ji, temple △ élevé par l'empereur Shomu en 743, est l'un des plus beaux sanctuaires du Japon, digne du Bouddha dont il renferme une statue colossale.

Descendant des dieux, l'empereur du Japon règne sur son peuple avec sagesse et bonté.

PORTRAIT DE L'EMPEREUR

Le culte national, le shinto, et la pensée chinoise, taoïste ou confucéenne, ont modelé l'idéologie impériale. L'empereur est le descendant et le représentant des divinités fondatrices. «Divinité visible», il est l'interlocuteur privilégié de toutes les divinités du pays. Il ordonne les prières et les offrandes pour obtenir de bonnes récoltes et officie dans la cérémonie «Gustation des Prémices», célébrée en guise d'action de grâces ; son administration contrôle les sanctuaires. L'empereur est le «tenno», c'est-à-dire qu'il est assimilé à l'étoile Polaire, point fixe autour duquel s'ordonne l'Univers, ou bien au Soleil qui, de façon naturelle, a une influence bénéfique. Mais il est aussi le souverain bienfaisant de la tradition confucéenne qui, par sa vertu, moralise son peuple et gouverne avec sagesse, entouré de bons conseillers.

Prince impérial en ▷ prière. L'empereur a surtout un rôle religieux, le pouvoir réel étant aux mains des nobles et des moines bouddhistes.

VIIIᵉ siècle. Temple de Gango-ji, Nara.

d'échelons que peut gravir un fonctionnaire. Cependant, il existe un fossé assez considérable entre les cinq premiers rangs et les quatre derniers : imitant en cela la Chine, le Japon donne des avantages aux fils des fonctionnaires des cinq premiers rangs. Dispensés de commencer au plus bas, ceux-ci gagnent un nombre appréciable d'échelons, proportionnel à la place occupée par leur père. En dehors de certaines fonctions réclamant des connaissances précises, la spécialisation est fort peu poussée. Les hommes des cinq premiers rangs passent aisément d'un organe à l'autre : le rang compte souvent plus que la fonction.

Ainsi, en dépit d'une structure administrative composée sur le papier avec rigueur et d'une division des tâches apparemment stricte, le Japon est dirigé par un groupe réduit d'hommes appartenant à une aristocratie de naissance, aidés par des fonctionnaires d'origine plus humble.

PORTRAIT DU FONCTIONNAIRE NIPPON

Tout fonctionnaire doit savoir lire et écrire le chinois, qui est la langue de l'Administration. Mais il existe une gradation entre ceux qui peuvent lire les classiques ou s'essayer à composer de la poésie directement en chinois et ceux qui ne sont capables que de mémoriser quelques formules ou de lire un ordre écrit dans un langage simple. Présent dans les quelque 68 provinces du pays, le fonctionnaire doit appliquer auprès du peuple, considéré comme primaire, l'idéologie du gouvernement bienveillant. Pour cela, il lui

◁ **Kachipoten,** personnification de la Beauté. En même temps que leur religion, les Japonais adoptent de la civilisation chinoise le culte de la beauté.

VIIIe siècle. Coll. part.

Le masque de théâtre ▷ se veut toujours réaliste. C'est auprès d'artisans coréens, puis chinois, que les Japonais s'initient au travail du bois.

Musée Guimet, Paris.

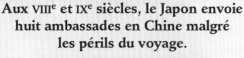

Aux VIIIe et IXe siècles, le Japon envoie huit ambassades en Chine malgré les périls du voyage.

LES RELATIONS SINO-JAPONAISES

Représentants officiels du gouvernement japonais, artisans et étudiants vont ainsi observer puis introduire dans leur propre pays les mœurs et les techniques chinoises. Le voyage est une expédition dangereuse, qui nécessite quatre bateaux – dont, généralement, trois seulement arrivent à destination – et un personnel de 500 à 600 hommes. En échange du tribut apporté, les Japonais reçoivent des produits pour un montant équivalent. Ils sont autorisés à acheter des parfums, des livres, des remèdes, etc. Les troubles qui marquent la fin de la dynastie Tang en Chine mettent un terme aux missions officielles japonaises : ce sont désormais les marchands chinois qui apportent leurs produits au Japon. Cependant les moines japonais continuent, eux, à aller parfois en Chine.

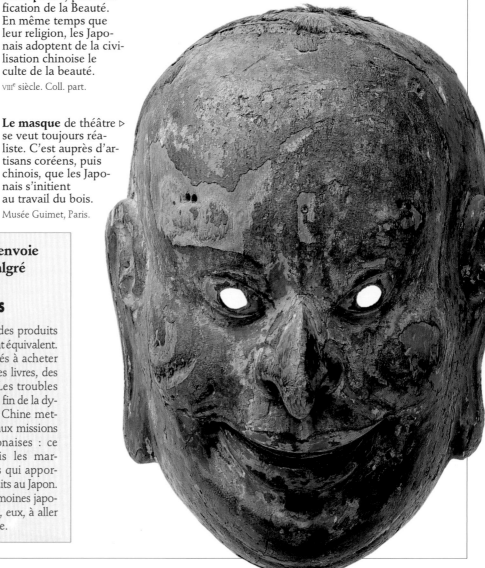

prodigue des conseils portant sur la morale et sur les méthodes de travail. Représentant officiel du gouvernement, il informe régulièrement la capitale de toute nouvelle concernant la vie locale en établissant la liste des morts de l'année, celle des contribuables et des non-contribuables (enfants, vieillards, infirmes), celle des desservants des sanctuaires et des temples, celle des condamnés à des peines diverses.

◁
Détail d'un rouleau.
Autre apport, majeur,
des Chinois au Japon :
l'écriture. Les picto-
grammes se lisent
de bas en haut et
de droite à gauche.
VIIIᵉ siècle. Jobon-Rendai-ji,
Kyoto.

▽ **Ashura**, l'un des huit
gardiens de Bouddha.
La religion, née en
Inde au VIᵉ siècle av. J.-
C., atteint la Chine au
Iᵉʳ siècle apr. J.-C. et
le Japon vers l'an 500.

Temple de Kofudai-ji, Nara.

Il tient aussi le registre de tous les biens se trouvant dans la province. Ce sont des tâches très lourdes, que le fonctionnaire ne peut remplir sans la coopération de notables locaux qui, en échange, espèrent être nommés administrateurs de districts.

La terre et les paysans

La vie des paysans est relativement peu connue, sinon par les textes qui réglementent la fiscalité, et par des fouilles archéologiques récentes. Les registres conservés font état soit de foyers de plus de cent personnes, soit de foyers plus modestes, d'une vingtaine d'individus, mais il s'agit là d'unités administratives. La taille des maisons fouillées prouve que les cellules familiales sont plus petites, de six à huit personnes. Chacun, selon son sexe et son statut, libre ou dépendant, reçoit un lot de rizières en viager qui lui permet d'acquitter les impôts. Même si la périodicité n'est pas bien obser-

vée, ces redistributions de rizières ont lieu pendant près de deux siècles. Mais, pour vivre, les paysans doivent cultiver des champs secs, qui leur appartiennent et ne sont généralement pas soumis à l'impôt. Les rendements des rizières sont assez faibles et le contrôle de l'irrigation est déficient. L'agriculture reste fragile, soumise aux aléas du climat. La grande dévotion bouddhique des empereurs du VIIIᵉ siècle les conduit à consacrer une part importante des ressources publiques au culte, ce qui contribue à déséquilibrer les finances. Face à une épidémie, à une mauvaise récolte, à des demandes d'argent excessives ou à des malversations de fonctionnaires, la population disparaît, tant par mortalité que par fuite.

Le règne du troc

C'est essentiellement cette masse paysanne qui entretient la cour. Elle doit payer une taxe foncière en riz, un tri-

. 85

but, et est soumise à de multiples corvées. Les dépenses de la cour, en effet, sont nombreuses et importantes. L'aménagement de Nara selon un plan en damier emprunté à la Chine et l'entretien des établissements religieux, aussi bien bouddhistes que shintoïstes, drainent vers la capitale la plupart des ressources du pays. Le train de vie raffiné de la famille impériale, qui cultive avec un égal bonheur loisirs et poésie, absorbe lui aussi beaucoup d'argent. Il faut donc recourir à un expédient pour alimenter les caisses des budgets provinciaux, qui servent à payer les divers employés ainsi qu'à entretenir les routes et le système d'irrigation du pays : l'État prête le riz de l'impôt ; et, très vite, l'intérêt de ces prêts devient une part importante des rentrées fiscales.

La cour contrôle très étroitement artisanat et échanges : elle dispose d'ateliers pour le travail de la soie, du bois, du cuir et du métal, avec lesquels elle paie ses fonctionnaires. Elle organise en outre à Nara un grand marché, placé sous la direction de fonctionnaires, qui peuvent ainsi échanger les produits reçus dans les magasins publics.

◁ **Tour** miniature renfermant des extraits du sutra de la grande dharani de la lumière immaculée pure. Il s'agit de la xylographie la plus ancienne du monde

VIIIe siècle.
Bibliothèque nationale, Paris.

Le moine indien ▽ Muchaku, inspirateur de la doctrine Hosso, une des six sectes du bouddhisme japonais.

Temple de Kofuku-ji, Nara.

LES BOUDDHAS DE LAQUE

Outre l'application des codes qui régissent désormais la vie sociale, l'époque de Nara est remarquable par l'éclosion

Dès le VIIe siècle, les Japonais utilisent l'écriture chinoise pour rédiger leurs grands textes fondateurs.

LES GRANDS TEXTES DE L'ÈRE DE NARA

Ils continuent cependant à se servir de caractères de façon phonétique, pour noter des noms propres et surtout pour écrire leurs poésies, recueillies en 756 en une anthologie fameuse, le *Manyo-shu,* ou « Recueil des dix mille feuilles ». Les grandes œuvres japonaises du début du VIIIe siècle sont les codes et les histoires, ces dernières étant toutes compilées sous l'autorité de la cour, à partir d'originaux chinois. Les codes japonais sont en fait un remodelage des codes chinois, dont certaines phrases sont retranscrites sans changement. Les textes historiques établissent la filiation divine de la maison impériale. Les deux premières histoires sont le *Kojiki* (« Récit des choses anciennes »), écrit en 712, et le *Nihon-shoki* (« Chroniques du Japon »), qui date de 720.

artistique qu'elle connaît. L'influence de l'art chinois des Sui et des Tang est alors déterminante. À la base de toute réalisation picturale ou architecturale se trouve le même moteur : le bouddhisme. Six sectes sont alors fondées, la plupart par des moines japonais formés en Chine. Chacune a à cœur de marquer les esprits et se lance dans la construction de temples splendides : ainsi sont érigés le Yakushi-ji, le Toshodai-ji et le Todai-ji.

Formés par des artisans coréens et chinois, les Japonais maîtrisent parfaitement l'art de la sculpture sur bois ou sur laque sec sur armature de bois, grâce auquel ils réalisent une multitude de statues de Bouddha et de moines en méditation. Peintres, calligraphes et sculpteurs s'inspirent de l'art chinois pour la création des masques de théâtre, où les traits du visage se veulent le plus réalistes possible, et pour la décoration des aiguières et des brûle-parfums à motifs végétaux.

De Nara à Heian

Religion impériale depuis le VIe siècle, le bouddhisme ne cesse d'accroître son influence, notamment sur la cour. En 766, le moine Dokyo tente, sans succès, d'usurper le pouvoir. Mais la leçon a porté : pour échapper à l'emprise des moines et des grands seigneurs féodaux, installés autour de Nara et toujours prêts à se révolter contre leur souverain, l'empereur Kammu transfère la capitale à Heian en 794. La civilisation qui naît alors voit s'affirmer un caractère proprement japonais, qui se libère de l'influence chinoise.   □

▷
Ganjin, le moine aveugle. D'origine chinoise, il introduit la discipline bouddhique au Japon. Après plusieurs tentatives infructueuses, Ganjin débarqua en 753 au Japon, où il put, grâce à l'empereur, procéder à l'ordination de religieux. À sa mort, 17 disciples ont pris le soin de poursuivre son œuvre.

Temple de Toshodai-ji, Nara.

Bodhisattva musicien. △ Si Bouddha est «l'Éveillé», le bodhisattva est celui qui est «promis à l'Éveil», grâce à la sagesse dont il fait preuve et à la compassion qu'il éprouve envers la souffrance humaine. Il a vécu plusieurs vies.

Temple de Todai-ji, Nara.

. 87

LES TRÉSORS DU TODAI-JI

Fondé en 743 à Nara par l'empereur Shomu « pour la protection du pays et la prospérité de la nation », le temple de Todai-ji est le plus important de tous les temples provinciaux. Reconstruit au XIIe siècle après un incendie et plusieurs fois restauré, l'édifice reste la plus grande construction en bois au monde. Des multiples bâtiments du vaste complexe monastique, seul le Nandaimon (Grande porte du Sud) garde les dimensions originelles et abrite deux gardiens des sculpteurs Unkei et Kaikei. En 756, peu de temps après la mort de l'empereur Shomu, sa veuve fit don des collections d'objets précieux au Bouddha universel dont la statue colossale ornait le temple. Ces collections, constituées, entre autres, de ceintures, sceptres d'ivoire, arcs et flèches, instruments de musique, furent alors placées dans un édifice – le Shosoin –, « magasin officiel » des trésors impériaux. Les objets ainsi préservés témoignent des diverses influences que connaissait l'art japonais de l'époque (Chine, Perse, Inde, Asie du Sud-Est).

88 .

Jeu de go. On range ▽ les pions sous le damier, dans des tiroirs en forme de tortue. Venu de Chine, le go connaît un immense succès au Japon. Jeu de stratégie par excellence, il fait partie de l'enseignement des jeunes militaires.
Trésor du Shosoin, Nara.

◁ **Luth** à cinq cordes. Cet instrument, importé d'Inde, est décoré d'incrustations de nacre et d'écaille de tortue. Il est peu de domaines que l'influence chinoise n'ait touchés : ainsi, la musique jouée à la cour de Shomu – musique religieuse ou de banquet – est copiée sur celle des empereurs Tang.
Trésor du Shosoin, Nara.

Casaque de danseur. ▷
En soie, elle est ornée
de pampres et de
grappes, motif privilé-
gié des danses
accompagnant la musi-
que de banquet. Celle-
ci, s'inspirant de
mélodies populaires,
plus gaie que la musi-
que de cérémonie, est
très prisée à la cour.
Trésor du Shosoin, Nara.

◁ **Coussinet** de selle en
cuir. Il fait partie de la
collection de l'empe-
reur Shomu, léguée au
temple de Todai-ji. Par-
mi les objets légués,
certains sont de facture
nipponne, d'autres
sont importés de pays
asiatiques, via la Chine.
Trésor du Shosoin, Nara.

Poignards dans leurs ▷
fourreaux. Les nobles
et les hauts dignitaires
japonais sont friands
de ce type d'objets,
qu'ils portent à la cein-
ture. On voit déjà le
goût prononcé du Ja-
pon pour les armes.
À l'époque médiévale,
les samouraïs porte-
ront des armures à
la splendeur inégalée.
Trésor du Shosoin, Nara.

L'ESSOR DE L'ASIE DU SUD-EST

De la Birmanie à Sumatra, l'Asie a assimilé avec profit l'enseignement de la Chine et de l'Inde.

△ **Bas-relief** d'un temple de Barabudur, dans l'île de Java. Enrichis par le commerce maritime, les souverains indonésiens élèvent de magnifiques temples bouddhiques. Les plus impressionnants, par la taille et la richesse du décor, sont ceux de Barabudur.

▽ **Sommet** d'un des temples de Barabudur. Ce sont les Indiens qui ont exporté le bouddhisme en Indonésie, ouvrant les peuples frustes de l'île à une civilisation fortement évoluée tant au niveau spirituel qu'artistique.

LES GRANDS DÉCOUVREURS de l'Asie du Sud-Est sont les Indiens et les Chinois. Leur arrivée aux alentours du Iᵉʳ siècle de notre ère a ouvert les peuples un peu frustes des deltas et des montagnes à deux civilisations particulièrement riches et évoluées. Au VIIIᵉ siècle, chaque pays du Sud-Est asiatique en a adopté les grandes lignes : religion, administration, écriture.

LE VIÊT-NAM SOUS TUTELLE

De la chute des Han (221) à celle des Tang (907), les Chinois renforcent leur hégémonie sur le territoire vietnamien. Sans bouleverser les institutions ni prélever un lourd tribut, ils font de l'actuel Viêt-nam un État monarchique peu à peu sinisé. L'influence chinoise se traduit par l'application du modèle d'administration chinois et par la création d'écoles pour le recrutement des fonctionnaires nécessaires, par l'aménagement du territoire, qui est doté de routes et d'ouvrages hydrauliques, et par la modernisation de l'agriculture, qui emploie désormais des animaux de trait et des araires de fer. L'aristocratie vietnamienne, proche du pouvoir, profite de ce développement. Cependant, elle reste prête à défendre une culture nationale, symbolisée par une langue et des institutions particulières. Elle prend parfois la tête de mouvements de révolte populaires dirigés contre les abus des représentants de l'Empire chinois. En 939, le pays vietnamien obtient finalement son indépendance. Dinh Bo Linh se proclame empereur d'un nouvel État, qu'il nomme Dai Viêt.

L'INFLUENCE INDIENNE

Dès le Vᵉ siècle, l'influence indienne s'est nettement fait sentir dans l'archipel indonésien. Les Indiens ont apporté avec eux deux grandes religions – le bouddhisme et l'hindouisme – et des modèles d'institutions politiques, que les Indonésiens ont adoptés. Le roi du Shrivijaya, l'un des deux royaumes de Sumatra, porte le titre de maharaja. Depuis la capitale, proche de l'actuelle Palembang, il étend sa domination jusqu'au Cambodge, au Siam, à Ceylan, aux Philippines et à Java.

Au VIIIᵉ siècle, cette thalassocratie règne à partir de Sumatra et Java. Deux dynasties se succèdent à sa tête : les Sailendra, de confession bouddhique, puis, à la fin du IXᵉ siècle, les Sanjaya, shivaïtes. Les deux îles sont chargées de tâches bien distinctes : Sumatra

NAN-CHAO CHINE
PYUS
MÔN VIÊT-NAM
CAMBODGE
SUMATRA
JAVA
• Sailendra

.91

Au sud de Java, dans la plaine de Kedu, s'élève un monument à la gloire du Bouddha.

LE SANCTUAIRE DE BARABUDUR

Construit par la dynastie des Sailendra, ce complexe de temples bouddhiques est un exemple brillant des arts indianisés de l'Asie du Sud-Est. C'est un immense mandala – une représentation symbolique du cosmos – de pierre de 123 mètres de côté à la base et haut de 50 mètres. L'accès se fait par quatre escaliers, orientés selon les points cardinaux. Le temple est composé de huit terrasses : la base représente le monde du désir, les cinq premières terrasses symbolisent la vie historique du Bouddha et les trois dernières sont le siège du monde spirituel. Le monument est recouvert de bas-reliefs illustrant la vie du Bouddha. Mais certains panneaux, figurant des scènes villageoises, des bateaux ou des animaux, donnent une idée assez précise de la vie quotidienne à Java au VIIIᵉ siècle.

△ **Bas-relief** à Barabudur. S'inspirant souvent de la vie du Bouddha, les décors du site relatent aussi la vie de tous les jours.

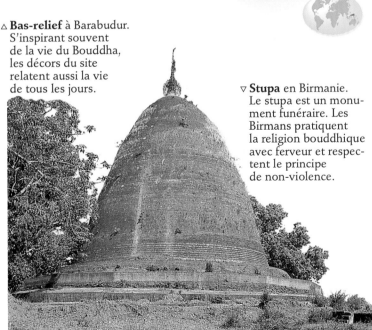

▽ **Stupa** en Birmanie. Le stupa est un monument funéraire. Les Birmans pratiquent la religion bouddhique avec ferveur et respectent le principe de non-violence.

contrôle les voies maritimes vers la Chine et le détroit de la Sonde, tandis que Java fournit du riz pour les îles à épices grâce à son agriculture prospère.

Jusqu'au Xe siècle, cette double puissance maritime connaît une civilisation brillante. Selon le pèlerin chinois I Tsing, Palembang est, à cette époque, un centre d'études bouddhiques de première importance. Les souverains indonésiens mettent leur fortune au service de l'art et de la religion : les sanctuaires de Çiva sur le plateau de Dieng, au centre de Java, et le stupa gigantesque de Barabudur au sommet de la Vallée du Riz en témoignent. Mais, au début du Xe siècle, une catastrophe encore inexpliquée provoque l'abandon du centre de Java, et les foyers de civilisation se déplacent vers l'est et le sud de l'île.

▷ **Angkor :** inspiré lui aussi par le bouddhisme, le site se dresse au cœur du Cambodge. Capitale royale, composée d'un grand nombre de temples, Angkor est un chef-d'œuvre d'art khmer.

LES ROYAUMES TIBÉTO-BIRMANS

L'influence indienne se retrouve jusqu'aux confins du Tibet et de la Birmanie. Chez les Pyus, dont le royaume s'étend à la tête du delta de l'Irrawaddy, on pratique deux sortes de bouddhisme, l'un originaire de Ceylan, l'autre venu du Magadha, une région du nord-est de l'Inde. Selon les textes chinois conservés jusqu'à nos jours, les Pyus ont un haut niveau de civilisation, où la religion tient une place importante. Leur calendrier est fondé sur les connaissances astrologiques des brahmanes. Parallèlement au culte de Visnu, qui est pratiqué avec ferveur, le pays se couvre de stupas et de monastères bouddhiques. Le principe de non-violence règle la vie de tous les jours jusque dans ses moindres dé-

Marquée par les techniques du yoga, la symbolique des gestes du Bouddha se fixe peu à peu au VIIIe siècle.

LES ATTITUDES DU BOUDDHA

Chacune de ses postures doit représenter une étape de sa vie et de son Éveil. La verticalité exprime la souveraineté du dieu. La station assise indique la concentration, sauf si le Bouddha est sur un trône et est donc représenté en tant que souverain. La posture couchée indique que le Bouddha a atteint le parinirvana, ou «totale extinction» de la vie matérielle.

Ses mains posées à l'horizontale l'une sur l'autre sont les signes de la méditation, tandis qu'une main levée, la paume vers le fidèle, signifie l'apaisement. La main ouverte dirigée vers le sol, c'est le don. Quand le Bouddha tend sa main droite vers le sol et pose la gauche sur ses jambes pliées en lotus, c'est qu'il prend la terre à témoin de son triomphe futur.

▷ **Fronton,** de temple. Le Cambodge, après avoir été influencé par diverses civilisations, trouve son unité sous le règne des Khmers.
Xe siècle.
Musée Guimet, Paris.

Geste de la méditation. *Grand Bouddha de Kamakura (Japon).*

tails : c'est ainsi que, afin d'éviter le meurtre des vers à soie, les Pyus portent des vêtements de coton. Les morts sont incinérés et leurs cendres conservées dans des urnes. Enfin, excellents artisans, les Pyus travaillent l'or et l'argent pour en faire des monnaies et de superbes bijoux.

Cette civilisation brillante s'éteint peu à peu : en 832, le suzerain chinois des Pyus fait déporter une partie de la population vers le Nan-Chao, puis, à la fin du IXe siècle, les Pyus émigrent d'eux-mêmes vers un nouveau royaume au bord de l'Irrawaddy, Pagan. Enfin, ils disparaissent tout à fait au Xe siècle, détruits par les Thaïs ou absorbés par une nouvelle vague de Tibéto-Birmans. Deux autres royaumes, môn ceux-là, sont installés sur les bords de l'Irrawaddy : le Ramanna-desa et l'Ussa. Fortement indianisés, ils apportent leur culture à d'autres peuples voisins, notamment les Birmans et les Thaïlandais.

La civilisation de Dvaravati

C'est entre le VIe et le IXe siècle que se développe, au centre et au nord-est de la Thaïlande, cette culture bouddhique importée par les Môn. La civilisation qui en émane, dite « de Dvaravati », naît du commerce international. En effet, la route qui relie le golfe du Siam au Viêt-nam est jalonnée de nombreux sites. On y construit des villes fortifiées, où l'activité religieuse, essentiellement bouddhiste, est importante. À l'origine, cette civilisation se distingue fortement de celle de ses voisins khmers, mais ces derniers l'assimilent peu à peu et finissent par l'intégrer, au IXe siècle, à leur royaume.

Le Cambodge et ses royaumes

Tiraillé entre deux royaumes, celui du Tchen-la de terre au nord et celui du Tchen-la de l'eau au sud, le Cambodge subit diverses dominations : les Malais de Java s'emparent d'une partie de ses territoires au VIIIe siècle ; puis, en 802, ce sont les Khmers qui conquièrent toute la région. Le roi Yaçovarman Ier (899-900), délaisse Hariharalaya, la capitale de ses prédécesseurs, pour fonder Yasodharapura, autrement nommée Angkor (la Grande Ville), devenue de nos jours l'un des sites archéologiques les plus fabuleux du monde. □

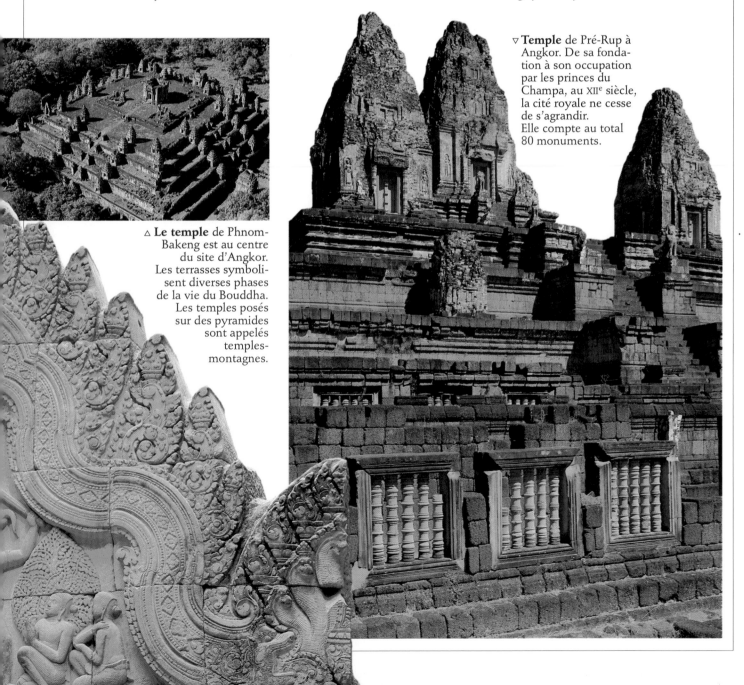

△ **Le temple** de Phnom-Bakeng est au centre du site d'Angkor. Les terrasses symbolisent diverses phases de la vie du Bouddha. Les temples posés sur des pyramides sont appelés temples-montagnes.

▽ **Temple** de Pré-Rup à Angkor. De sa fondation à son occupation par les princes du Champa, au XIIe siècle, la cité royale ne cesse de s'agrandir. Elle compte au total 80 monuments.

. 93

BYZANCE AU TEMPS DE L'ICONOCLASME

La violence engendre la violence :
après les coups fatals que lui portent Arabes,
Slaves et Lombards, l'Empire byzantin connaît
une grave crise religieuse à l'intérieur
de ses frontières.

A LA FIN DU RÈGNE de l'empereur Justinien (565), qui avait multiplié réformes et conquêtes, l'Empire byzantin s'avère toutefois impuissant à contenir les vagues d'envahisseurs qui se pressent à ses frontières et voit son territoire rétrécir inexorablement.

De nouvelles invasions

Tout d'abord, c'est l'Italie, incorporée à l'Empire byzantin depuis 555, qui voit déferler les Lombards : venus des bords du Danube, ceux-ci se rendent

Les Byzantins utilisent le feu grégeois contre les Arabes. La fabrication de cette arme redoutable, mélange de bitume et de salpêtre, resta longtemps secrète.
Bibliothèque nationale, Madrid.

Combat entre ▷ les Byzantins et les Arabes. Animés par leur foi, ces derniers, par deux fois, en 677 puis en 717, arrivent sous les murs de Constantinople. Mais ils ne prendront jamais la ville.
Bibliothèque nationale, Madrid.

◁ **Constantin IV** et l'évêque Reparatus. Le grand empereur (654-685) ayant victorieusement repoussé le danger arabe, Byzance connaît des jours tranquilles. Les hauts faits du monarque éclatent en mosaïques multicolores.
Église Sant'Apollinare in Classe, Ravenne.

94.

maîtres d'une partie du pays et fondent, en 572, un royaume dont la capitale est Pavie. Hormis Ravenne, qui demeure le siège du gouvernement byzantin, le nord de l'Italie échappe désormais à l'Empire. Mais celui-ci possède encore le sud de la péninsule, avec un léger flou toutefois concernant Rome : en effet, s'il se proclame volontiers sujet byzantin, le pape Grégoire le Grand (590-604) se montre très indépendant face au représentant officiel de Byzance, l'exarque de Ravenne. Vers 580, c'est au tour des Balkans de changer de maîtres : les Slaves submergent le territoire, et bientôt l'Empire ne contrôle plus que les îles de la mer Égée et une mince bande côtière s'étendant de Constantinople au cap Malée. Puis les Slaves sont eux-mêmes dominés par de nouveaux venus, les

Avars, une redoutable population turco-mongole. Mais c'est sous le règne d'Héraclius Ier (610-641) que l'Empire est amené à affronter ses pires ennemis : les Perses et les Arabes.

VICTOIRES ET DÉFAITES

Au bout de six ans d'une lutte sans merci, Héraclius reconquiert la Syrie, la Palestine et l'Égypte, que les Perses Sassanides avaient colonisées au début du VIIe siècle. En 630, l'empereur victorieux entre dans Jérusalem, où il rapporte les reliques de la Vraie Croix, subtilisées par les Perses seize ans plus tôt. Mais, dès

638, la Syrie et la Palestine tombent entre les mains des conquérants arabes qui, bientôt, pénètrent en Égypte.

Animée par l'exaltation de la guerre sainte, une poignée de Bédouins repousse jusqu'au Taurus les frontières du plus puissant empire de l'époque. Rapidement, ces Bédouins arment une flotte qui leur permet de provoquer un blocus à Constantinople entre 673 et 677, puis d'assiéger la ville en 717. Ils sont repoussés par l'empereur Léon III, qui prend alors pleinement conscience du danger arabe.

LA QUESTION RELIGIEUSE

La fulgurante conquête des Arabes a été facilitée par l'essoufflement de la religion dans les provinces orientales,

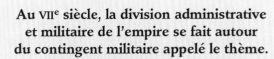

Au VIIe siècle, la division administrative et militaire de l'empire se fait autour du contingent militaire appelé le thème.

LES NOUVEAUX SOLDATS DE L'EMPIRE

À côté d'une armée centrale permanente réduite (les *tagmata*), les thèmes constituent une armée dépendant du seul stratège, qui en assure le recrutement et la mobilisation. Le soldat est le plus souvent un paysan, inscrit héréditairement sur les rôles militaires ; en échange de l'exemption d'une partie des impôts, il s'arme, s'entraîne et s'entretient à ses frais ; il doit répondre à toute réquisition du stratège, qui se constitue ainsi une armée peu coûteuse, disponible instantanément et formée d'hommes qui défendent leur famille et leur terre.

éreintées par les schismes et les controverses successives.

L'empereur comprend qu'il lui faut raviver les énergies et s'imposer non seulement comme chef politique et militaire, mais aussi comme guide spirituel susceptible de rassembler le peuple derrière lui. Or, la croyance au pouvoir divin des icônes est si répandue qu'elle en fait oublier le rôle du médiateur entre Dieu et les hommes que joue théoriquement l'empereur. Dès lors, pour affirmer pleinement son autorité, l'empereur n'hésite pas à condamner le culte des images.

C'est à Léon III qu'est dû le premier édit iconoclaste. Publié en 726, il est confirmé par le concile de Hiéra en 753. L'iconoclasme pose comme principe que, Dieu n'étant pas représentable, toute image figurant un être d'essence divine est une tromperie ; vénérer cette image, c'est faire preuve de superstition. Les mosaïques chatoyantes évoquant le paradis, les processions de saints le long des murs des églises, les « portraits » sur fond d'or de Marie, du Christ ou des évangélistes disparaissent pour céder la place au seul motif chrétien toléré : la croix. S'il appauvrit considérablement l'art byzantin, l'iconoclasme est aussi source de violences envers ceux qui persistent à adorer l'image : les moines.

Ceux-ci sont victimes de confiscations et voient détruites l'icône ou la relique qu'ils conservaient pieusement. Si l'iconoclasme ne respecte pas la fidélité des saints hommes à leur croyance, il les prive aussi souvent des moyens d'existence que leur procurait la foule des pèlerins que l'idolâtrie jetait sur les routes.

◁ **Décor** rappelant la querelle iconoclaste : les êtres divins n'étant pas représentables, tout personnage disparaît du décor au profit de la croix.
Chapelle Sainte-Barbara, Gorème, Turquie.

Les persécutions △ violentes se succèdent pendant la période iconoclaste : les principales victimes sont les moines, restés fidèles au culte des images sacrées.
Bibliothèque nationale, Paris.

◁ **Le peintre** d'icônes n'est pas considéré comme un artiste mais plutôt comme un intermédiaire entre l'humain et le divin : c'est à travers le saint personnage représenté que l'homme s'adresse à Dieu. Très vite, les icônes vont donner naissance à un vrai culte.
Bibliothèque nationale, Paris.

L'IMAGE RETROUVÉE

Condamné en 787 par l'impératrice Irène, l'iconoclasme réapparaît néanmoins en 813, sous le règne de Léon Bardas. À la mort de son fils Théophile, iconoclaste lui aussi, le pouvoir revient à l'impératrice Théodora, qui, comme l'avait fait Irène, rétablit le culte des images, aidée en cela par le moine Méthode. Nommé patriarche de Constantinople en 843, celui-ci déclare le premier dimanche du carême fête des icônes : l'iconoclasme est bien mort. Toutefois, ses objectifs sont atteints. D'abord, le pouvoir impérial a retrouvé sa place de guide du peuple chrétien, ensuite, l'usage rétabli des icônes est débarrassé de l'idolâtrie qui l'accompagnait quelques années auparavant.

L'organisation des paroisses de campagne reste par ailleurs mal définie. Elle repose sur un seul homme qui est prêtre et agriculteur.

Prêtre et agriculteur

L'Église tarde à s'adapter à la vie des campagnes. Si certaines églises rurales sont entretenues par l'évêché et leur desservant nommé par l'évêque, dans la plupart des villages, les curés sont des paysans comme les autres, propriétaires ou locataires de leur terre, et qui se succèdent de père en fils (le mariage des ecclésiastiques étant toléré dans l'Église d'Orient). Mais le niveau spirituel peu élevé de ces hommes, leur mode de vie trop semblable à celui de leurs fidèles font que ces derniers préfèrent écouter les moines. □

Fidèles adorant une ▽ icône dans une église. L'icône – ou image – est une peinture sur panneau de bois, représentant Jésus, Marie ou encore un saint. Elle va remplacer peu à peu les divinités domestiques dans le culte privé.
Bibliothèque nationale, Madrid.

Au VIIIe siècle, la légende raconte que la Vierge Marie prend clairement position dans la querelle des images.

L'IMAGE DE LA VIERGE DES BLACHERNES

Constantinople est particulièrement bien dotée en images et reliques de la Vierge. L'une des plus célèbres orne l'église des Blachernes, quartier situé à l'extrême nord-ouest de la ville. Selon la légende, lorsque Léon III entame sa politique iconoclaste, l'icône rompt ses attaches dans un grand fracas, prend la mer et arrive en vingt-quatre heures à Rome, où elle reste jusqu'à la fin de l'hérésie. Elle prend ensuite le chemin inverse, descend le Tibre et, en vingt-quatre heures aussi, reprend sa place, mais cette fois-ci dans l'église de la Vierge du quartier des Chaudronniers *(Chalcoprateia)*, non loin de Sainte-Sophie.

. 97

LA RENAIS-SANCE BYZANTINE

Á la recherche d'arguments pouvant étayer leurs théories respectives sur le culte des images, opposants et partisans de l'iconoclasme se plongent dans l'étude poussée des Écritures saintes, puis dans les textes des philosophes grecs. C'est à la faveur de ces recherches que les intellectuels byzantins apportent un souffle nouveau à la culture chrétienne. Tout d'abord a lieu une véritable petite révolution dans le domaine de l'écriture, due à un aspect purement pratique : pour étudier les textes anciens ou véhiculer ses propres idées, il faut disposer de manuscrits en nombre suffisant, à un prix restant raisonnable. L'écriture employée jusqu'alors, l'onciale, constituée uniquement de lettres majuscules, cumule tous les inconvénients : elle est difficile à lire, lente à copier et gourmande en place sur les parchemins. D'où la diffusion rapide, autour de l'an 800, de la minuscule cursive et la multiplication des ateliers de copie. Le manuscrit devient un objet familier, sobre pour les utilisateurs quotidiens mais magnifiquement enluminé pour les utilisateurs plus occasionnels tels que les bureaucrates, férus d'art et de culture. Dès cette époque, les plus hauts postes de l'Église et de l'État sont occupés par des hommes cultivés. La fréquentation des écoles secondaires devient indispensable pour faire carrière. En 855, l'université de Constantinople connaît un formidable renouveau.

Illustration d'un ▷ ouvrage de Jean Damascène, ou Jean de Damas. Issu d'une riche famille arabe, Jean Damascène choisit d'entrer dans les ordres. Père de l'Église grecque et ardent défenseur de l'image, il est l'auteur d'ouvrages théologiques et d'hymnes liturgiques.
IXe siècle. Bibliothèque nationale, Paris.

◁ **Moine copiste.** Copier textes sacrés et textes antiques dans de grands livres est un travail accompli essentiellement par des moines. Les monastères possèdent ainsi des bibliothèques très riches.
Bibliothèque Laurentienne, Florence.

▽ **Coffret** en os dont
le décor s'inspire
de *l'Iliade,* d'Homère.
La querelle des images
aboutit à une redécou-
verte de l'Antiquité,
présente dans les
moindres objets.
Xᵉ-XIᵉ siècle.
Musée de Cluny, Paris.

△ **Enluminure** de psau-
tier. Le sujet, montrant
une fille d'Israël
saluant le roi David,
est biblique, mais les
costumes et l'architec-
ture s'inspirent de
la peinture antique.
Xᵉ siècle.
Bibliothèque nationale,
Paris.

. 99

◁ **Un homme** fuit un serpent. Détail du traité
de Nicandre sur les
morsures de serpents
et les médicaments
appropriés. L'illustra-
tion rappelle l'art de
la peinture murale
antique.
Xᵉ siècle. Bibliothèque
nationale, Paris.

ROYAUME FRANC

Raids musulmans

■ Les Berbères musulmans qui occupent l'Espagne ont-ils souhaité s'installer dans le royaume mérovingien ? Ce n'est pas certain, mais il est sûr, en revanche, que leurs incursions désolent le sud du pays. Armés de sabres, montés sur de petits chevaux très rapides, ils mènent des razzias qui jettent la terreur dans les populations désarmées. En 725, une expédition s'empare de Carcassonne et dévaste la vallée du Rhône, puis repart après avoir pillé Autun. En Provence, pour se prémunir contre de telles catastrophes, les villageois abandonnent leurs habitations et choisissent les pitons les plus escarpés pour y bâtir leurs nouvelles demeures et être en meilleure position pour les défendre. □

ROYAUME FRANC

Un saint à Maastricht

■ Hubert, jeune noble de la région de Liège, ne rêvait que de chasse, négligeant pour cela ses devoirs religieux. Mais, alors qu'il poursuivait un cerf dans la forêt des Ardennes, Dieu lui envoya la même vision qu'au Romain Placide : Hubert, bouleversé, vit un crucifix briller entre les bois de l'animal. Il changea aussitôt de vie et se consacra à Dieu. Devenu évêque de Tongres, puis de Maastricht, il fit l'édification des fidèles de ses diocèses, par son ascétisme. On assure qu'il eut le pressentiment de sa mort, qui survint en 727, à Liège, où il avait installé le siège de son évêché pour y convertir les nombreux païens qui y vivaient encore. L'Église en a fait le saint patron des chasseurs. □

ESPAGNE

Le dernier des Wisigoths

■ Au début du VIIIe siècle, le royaume wisigothique d'Espagne est affaibli par l'intolérance de ses souverains. Au siècle précédent, ceux-ci avaient réussi, en se convertissant au catholicisme, à réaliser la fusion des maîtres barbares avec les populations hispano-romaines. Mais, depuis le VIIe siècle, le désordre est endémique, à cause de l'instauration de la monarchie élective, puis de la persécution des juifs. Le royaume est incapable de résister à l'invasion musulmane. En 711, le roi Roderic, ou Rodrigue, est battu par Taraq et meurt durant la bataille de Jerez de la Frontera. L'Espagne devient alors une pièce de la mosaïque musulmane. □

ASIE

L'Arménie

■ Les Arméniens sont très attachés à leur Église nationale, qui leur a permis de cimenter leur identité culturelle. C'est en effet à leurs moines et à leurs évêques que les Arméniens du Moyen Âge doivent leur écriture, leur littérature et leurs plus anciennes chroniques. Ils refusent pour cette raison d'adhérer aux vues de «l'empereur» byzantin Philippikos Bardanès. Celui-ci, d'origine arménienne, usurpe le pouvoir à la fin du règne de Justinien II, qu'il détrône en 711. Il tente d'imposer en Arménie les vues des hérétiques monothélètes, avant d'être renversé par ses troupes en 713, et d'avoir les yeux crevés. Par fidélité à leur foi, de nombreux Arméniens préfèrent s'exiler chez les Arabes. □

Village du pays niçois.

ROYAUME FRANC

Crise de succession

■ À l'est du royaume franc, l'Austrasie est le cœur véritable du pouvoir. Les maires du palais de cette région forment une véritable dynastie. Quand meurt Pépin de Herstal, en 714, nul ne songe à demander l'avis de Dagobert III, et c'est la succession du ministre qui ouvre une période de troubles. La veuve de Pépin, Plectrude, qui prétend assurer la «régence» au nom de son petit-fils Théodoald, entre en lutte contre Charles Martel, fils bâtard de Pépin. C'est de Charles, qui réussit à s'échapper de sa prison d'Aix, que viendra le salut de l'Austrasie. □

ITALIE

L'apogée des Lombards

■ Liutprand devient roi des Lombards en 712 : grâce à lui, le royaume du nord de l'Italie atteint sa plus grande extension. Le nouveau roi conquiert la Pentapole, au sud de Ravenne, lutte contre les principautés de Bénévent et de Spolète, que d'autres Lombards avaient conquises en Italie méridionale. Quoique fidèle à l'Église catholique, Liutprand n'hésite pas à marcher sur Rome en 728, puis en 742. C'est cette lutte des Lombards contre le pape qui suscitera un demi-siècle plus tard l'intervention de Charlemagne et causera la fin de leur État. □

GRANDE-BRETAGNE

Bède le Vénérable

■ Toute la vie de Bède, qu'on appellera «le Vénérable», est consacrée à l'étude, à la prière et à l'écriture. Né à Durham, en Grande-Bretagne, il est instruit par les moines de l'abbaye de Wearmouth, puis à celle de Jarrow, où il passera toute sa vie. On lui doit de très nombreux ouvrages, dont une chronologie universelle, publiée en 721. Dans ce traité, *De ratione temporum,* il est le premier à dater «à partir de la naissance du Christ», en faisant probablement une erreur de quelques années sur la date de celle-ci. □

Bède le Vénérable.
XIIe siècle. British Library, Londres.

MONDE ARABE

Le théologien arabe Malik

■ Né à Médine en 710, Malik Ibn Anas est à l'origine de la plus rigide des quatre écoles juridiques musulmanes. Son traité *Al Muttawa,* «le Chemin aplani», fait la synthèse des pratiques religieuses et des coutumes en usage à Médine de son temps. Ses disciples, les «malikites», y ajouteront la notion de bien public, qui justifie une interprétation personnelle des textes. □

AFRIQUE

L'expansion musulmane

■ Après l'Afrique du Nord, le Cachemire, le Pendjab et la région de l'Inde la plus proche, le Sind, aux bouches de l'Indus, l'expansion arabo-musulmane progresse et touche aussi la côte orientale de l'Afrique, par-delà la mer Rouge. En 730, les musulmans installent un comptoir à Pemba, et ils en fondent deux autres quelques années plus tard, à Kilwa et à Mogadishu. Mais il leur faut compter, dans cette partie du monde, avec la puissance du royaume abyssin, qui s'oppose à l'islam et reste fidèle à une religion chrétienne originelle. □

732 - 774

En octobre 732, près de Poitiers, deux armées sont face à face. Plus encore que deux armées, ce sont deux mondes, deux civilisations qui s'affrontent. D'un côté, les cavaliers arabes renforcés par les Berbères, partis en razzias dévastatrices le long des routes de l'Aquitaine. De l'autre, la masse des Francs casqués, conduite par Charles Martel, roi sans couronne, qui court d'une frontière à l'autre pour rétablir des situations compromises.

Peu habitués à affronter les rangs serrés de guerriers « immobiles comme un mur », les cavaliers arabes refluent et ne se risquent plus guère au-delà des Pyrénées. Si la victoire de Charles Martel est bien décisive pour l'avenir de l'Occident et de la France, elle n'entame pourtant en rien le prestige de la civilisation musulmane qui, de Bagdad à Cordoue, connaît un véritable âge d'or. L'arabe devient alors, comme autrefois le grec, la langue dans laquelle écrivent tous les savants qu'ils soient persans, berbères, juifs ou turcophones.

David, le roi musicien.
Psautier enluminé à l'abbaye de Mondsee (Autriche). Vers 783-795. Musée Atger, Montpellier.

LES ABBASSIDES

Au milieu du VIIIe siècle, une nouvelle querelle dynastique ébranle le monde arabe. Les Abbassides massacrent les Omeyyades et s'emparent du pouvoir. Ils s'y maintiendront cinq siècles.

D<small>EPUIS</small> 632, et la mort de Mahomet, prophète de l'islam, les querelles familiales, tribales ou politiques ne cessent de jalonner l'histoire des sociétés musulmanes. D'Arabie en Syrie, d'Iraq en Iran, du Maghreb à l'Espagne, les clans rivaux invoquent toujours le respect de l'orthodoxie, le retour aux sources de l'islam, la fidélité à l'exemple du Prophète. Et, bien sûr, chaque fois, le vainqueur ne manque pas d'établir un nouveau rapport de forces géopolitique en sa faveur.

Le phénomène se reproduit en 750, lorsque les Abbassides, soucieux de récupérer le pouvoir, accusent les Omeyyades de violer la loi coranique, d'être des « hypocrites », des « corrompus », bref, de mauvais musulmans.

Deux cavaliers. ▷
Les chevaux arabes sont plus petits, mais plus rapides que les lourds chevaux occidentaux, capables de porter les chevaliers en armure.
Livre de l'art vétérinaire arabe. Musée de Topkapi, Istanbul.

Cueillette des plantes ▷ médicinales. Un médecin surveille des paysans qui récoltent les herbes nécessaires à la fabrication des médicaments.
XIIe siècle. Bibliothèque nationale, Paris.

102 .

Victorieux, les Abbassides vont réussir à instaurer un règne durable, qui va permettre et favoriser l'essor des sciences et des belles-lettres.

UN EMPIRE COSMOPOLITE

Pour massacrer leurs prédécesseurs, les Abbassides invoquent donc la rigueur doctrinale. Pourtant eux-mêmes ne tarderont pas à se comporter en despotes orientaux et à instaurer à la cour un faste sans précédent, où l'étiquette impose de porter des vêtements d'apparat.

Sous les Abbassides, l'empire devient cosmopolite : les califes épousent des femmes non arabes et font souvent appel à des vizirs (Premiers ministres) persans.

Proclamé calife dès 749, Abu al-Abbas al-Saffah (« le Sanguinaire ») ne commence vraiment à régner que l'année suivante, après l'élimination des Omeyyades. La dynastie qu'il inaugure ainsi comptera 37 califes et restera au pouvoir pendant cinq siècles (jusqu'en 1258). Mais c'est Dja'far al-Mansur (754-775) qui marque les débuts du califat : en 762, il fonde Bagdad, dont il fait la nouvelle capitale.

Soucieux de proclamer ses intentions, il l'appelle *Madinat as Salam*, « la Ville de la Paix ». Bagdad ne sera donc pas uniquement le siège du califat et la capitale politique et administrative. Elle va devenir, pour des siècles, capitale des poètes, des artistes ; plus encore, et pour la première fois en terre d'Islam, elle sera cité des savants, capitale de la science.

LES NOUVELLES CITÉS DE L'EMPIRE

Al-Mansur conçoit Bagdad comme une ville ronde, divisée en quatre quartiers, auxquels quatre portes donnent accès : les portes de Syrie, du Khorasan, de Kufa et de Bassora. À l'intérieur de l'« anneau urbain » se trouvent les maisons et les marchés, cloisonnés par corporations. Au centre, au cœur d'une esplanade, domine l'ensemble palatial : la porte d'Or donne accès au palais du calife, à la mosquée Al-Mansur et à la coupole verte.

À l'image de Bagdad, de nombreuses villes, éphémères ou durables, surgissent de terre ou s'agrandissent, au sein de l'empire ou sur ses marges. Samarra, Boukhara, Samarkand, Le Caire (*Al Qahira*, « la Victorieuse »), en-

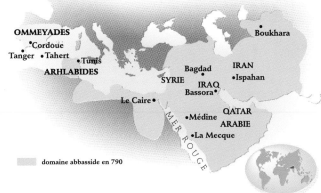

. 103

Boîte d'ivoire, décorée d'une inscription en arabe et d'entrelacs de paons, de gazelles et de feuillage. L'objet, pris aux musulmans, a enrichi le trésor de la cathédrale de Zamora, en Espagne.

Xe siècle. Coll. part.

tre autres... Il est vrai que, sous les Abbassides, le commerce est particulièrement florissant. Il l'est grâce à ce réseau de cités, mais aussi grâce aux ports réaménagés ou créés : d'abord en Méditerranée (Tyr, Acre, Tripoli en Syrie, Alexandrie, Palerme, Tunis, Almería) ; puis en mer Rouge (Aden, Djedda qui dessert La Mecque et Médine) ; enfin, dans le golfe Persique et l'océan Indien, avec, par exemple, le port de Bassora, que les aventures de Sindbad le Marin, héros des *Mille et Une Nuits,* ont rendu célèbre.

Un millier de relais postaux

Bâtisseurs de villes et de palais, les califes abbassides sont aussi de remarquables organisateurs. Ils créent des directions administratives, les divans *(diwan),* dont les plus importantes sont celles de l'Impôt foncier *(kharadj),* du Trésor et de l'Armée. Il y a aussi le divan de la Justice. Comme le calife, le cadi *(qadi),* ou juge, est le gardien de la loi islamique *(charia) ;* un grand cadi a la charge de ce ministère.

Les provinces, dont certaines sont fort éloignées, sont dirigées par une double administration : les troupes relèvent d'un gouverneur *(amir)* et le pouvoir civil et financier, d'un préfet *(amil).* Fortement centralisée, l'administration dépend du vizir qui, pour

104 .

faire exécuter ses ordres dispose d'un instrument rodé par les Byzantins et les Perses et perfectionné par les Abbassides : la Poste *(barid).* Elle compte un millier de relais qui fonctionnent à double sens. Ils acheminent, dans tout l'empire, les ordres donnés par Bagdad et font aussi remonter à la capitale les renseignements transmis au chef de l'Information *(khabar)* sur le comportement des gouverneurs, des préfets, des fonctionnaires, ainsi que sur la situation dans les provinces et aux frontières.

Un droit fondé sur la religion

C'est dans les premières années du règne des califes abbassides, entre 750 et 850, que les quatre « écoles » juridiques et religieuses de l'islam sunnite voient le jour. La première, l'école *hanafite* (du nom de Abu Hanifa, son fondateur), est la plus tolérante. Elle accorde une place capitale au jugement personnel et à la « recherche du mieux ». Elle a la faveur d'une partie des musulmans d'Asie (Turcs, Afghans, Indiens, Chinois). La deuxième, l'école *malékite* (fondée par Malik ibn Anas), rigoriste sur la pratique religieuse, respecte les coutumes locales. Elle est surtout répandue en Afrique (Haute-Égypte, Maghreb, Afrique noire).

L'école *chafiite,* inspirée par l'imam al-Chafii, valorise le consensus de la communauté. Elle domine en Basse-Égypte, en Afrique orientale, en Indonésie, en Malaisie et aux Philippines. La quatrième, enfin, l'école *hanbalite,* se recommande d'Ahmad ibn Hanbal.

Assemblée littéraire △ dans un jardin de Bagdad. Un musicien accompagne les poètes, le bassin est alimenté par une noria qu'actionne un attelage.
XIIIe siècle. Bibliothèque nationale, Paris.

Vaisseau assurant ▷ le commerce entre l'Inde musulmane et le monde arabe. Les matelots africains viennent sans doute de la côte des Zanj, sur l'océan Indien.
XIIIe siècle. Bibliothèque nationale, Paris.

La civilisation arabe a connu son âge d'or entre le VIIIe et le XIIe siècle. À cette époque, les savants de l'Islam ont innové dans tous les domaines.

LE « MIRACLE ARABE »

De même que l'on a parlé du «miracle grec», on peut dire qu'il y a eu un «miracle arabe». Commencé sous les Omeyyades, ce remarquable épanouissement des arts et des sciences s'est poursuivi sous les Abbassides. Entre 750 et 1100, tous les savants sont persans, arabes, turcophones d'Asie centrale, berbères, andalous, musulmans, juifs ou chrétiens. S'ils parlent, chez eux, leur langue maternelle, tous écrivent en arabe. C'est pourquoi on utilise l'expression «civilisation arabe», de préférence à «civilisation musulmane». Dans un premier temps, les savants de l'Islam ont été des intermédiaires, qui ont transmis la science des Grecs, des Persans, des Indiens. Puis, pendant l'âge d'or, entre le VIIIe et le XIIe siècle, ils ont inventé, innové dans tous les domaines du savoir : astronomie, mathématiques, physique, médecine, botanique, géographie, philosophie, histoire...

Ce rite, qui privilégie l'unité de l'islam et les valeurs morales, est le plus intransigeant. Il est pratiqué principalement en Arabie Saoudite et à Qatar.

C'est aussi à la même époque que s'élabore la théologie musulmane. Et, au début du IXe siècle, avant que s'amorce le déclin de la dynastie, l'historien Tabari s'affirme comme un des maîtres de l'exégèse du Coran.

Bagdad, capitale du savoir

Ce qui a le plus contribué à la grandeur des premiers califes abbassides, Al-Mansur, puis Haroun al-Rachid et Ma'mun, est le choix de Bagdad comme capitale du savoir. Son effervescence intellectuelle intense a un effet contagieux sur d'autres cités de l'empire et suscite l'émulation de villes rivales, comme Le Caire et Cordoue.

Une pléiade d'écrivains, dont Djahiz et Ibn Qutayba, s'illustrent dans la prose, tandis que des philologues tels Khalil, Sibawayh et Kisa'i codifient la grammaire. La poésie, dominée par Abu Nuwas, est très prisée. Elle s'épanouit au cours de réunions qui sont entrées dans l'histoire sous le nom de *Maqamat,* les « Séances ».

Mais c'est, sans doute, dans le domaine des sciences et des techniques que l'apport du califat abbasside est le plus considérable. Les Arabes savent fabriquer la soie, originaire de Chine, et la produisent intensivement. Ils améliorent les procédés de fabrication du coton et, surtout, les teintures.

Enfin, ils deviennent les grands diffuseurs d'une autre invention chinoise : le papier. Dès avant la

Une caravane arrive ▷ dans un village. À l'arrière-plan, où se dressent la mosquée et son minaret, les villageois s'adonnent à leurs activités quotidiennes : les lettrés conversent, une femme file sa quenouille, un berger s'occupe du bétail.
Bibliothèque nationale, Paris.

Dix ans avant la prise du pouvoir par les Abbassides, des révoltes éclatent aux frontières, et notamment en Iraq, sonnant le glas de la dynastie omeyyade...

L'IRAQ DES RÉVOLTES

Dès 740, Maisara, un commerçant de Tanger, provoque un soulèvement qui, du Maghreb, se propage en Arabie et en Iraq. Il faut dire que l'Iraq est une terre propice aux rébellions. Les enfants y apprennent à l'école un étonnant discours : « Par Dieu, je n'aperçois que visages levés vers moi, cous tendus, têtes arrivées à maturité et bonnes à trancher [...]. Habitants d'Iraq, hommes de révoltes et de perfidies, sachez que je ne me laisse pas palper comme une figue mûre. Je suis Hajjaj, fils de Yousouf. Si je promets, je tiens. Si je rase, j'écorche. Plus de rassemblements, plus de bavardages inutiles. »

fin du VIIIe siècle, une fabrique est ouverte à Bagdad. La France et l'Italie attendront... six cents ans – la première fabrique de papier y date du XIVe siècle !

LE SCHISME DES KHARIDJITES

Cependant, à l'est comme à l'ouest, des turbulences ne cessent d'agiter l'empire. Les Berbères du Maghreb continuent de résister à la conquête arabe. Vers le début du VIIIe siècle, ils adoptent une nouvelle doctrine religieuse et rigoriste, le « kharidjisme ». Cette doctrine affirme que tout calife qui abandonne la « voie droite » doit être déchu et remplacé par le plus intègre, « fût-il un esclave noir ». Les Berbères refusent aussi d'être considérés comme des « musulmans de seconde zone » *(mawalis)* et, comme tels, astreints à un impôt spécial. À travers le kharidjisme, c'est tout un ensemble de revendications politiques, sociales, voire ethniques, qui s'expriment.

Lorsque les Abbassides arrivent au pouvoir, la cause kharidjite a trouvé un ardent propagandiste en la personne du gouverneur par intérim de Kairouan, Ibn Rustem.

Ce Persan arabisé agit pour le compte de ses protecteurs, la tribu arabe des Tamin – qui donneront à l'*Ifriqiya* (Tunisie et Algérie orientale) la dynastie des Arhlabides (800-909). Il fonde, en 761, l'imamat kharidjite de Tahert, une ville du Maghreb central (l'actuelle Algérie).

Dix ans plus tard, le pouvoir abbasside, consolidé, envoie une expédition mater les Kharidjites et restaurer l'orthodoxie sunnite en même temps que l'autorité du calife de Bagdad.

Il faut 15 ans au chef de l'expédition, Yazid, pour s'assurer le contrôle de l'Ifriqiya. Mais il échoue à reprendre

en main l'ensemble de la région. En 787, Ibn Rustem lui fait des propositions de paix, qui sont acceptées. L'État rustémide de Tahert obtient ainsi, pour lui et le reste du Maghreb, la reconnaissance de son indépendance politique – en tout cas de son autonomie – par rapport au califat abbasside.

Cet État dure jusqu'en 911. Puis un autre mouvement de contestation et d'affirmation identitaire, le chiisme, prend la relève.

Les Kharidjites de Tahert se réfugient alors au Mzab, au cœur du désert algérien, où ils fondent la « Pentapole » : El-Ateuf (« le Tournant »), Bou Noura (« la Lumineuse »), Beni Isguen (« la Ville sainte »), Melika (« la Reine ») et Ghardaïa (« la Falaise »), considérée comme un chef-d'œuvre d'architecture et d'urbanisme.

◁

Beni Isguen dans le Mzab. À deux kilomètres de Ghardaïa, la ville sainte aux demeures aveugles et à la mosquée fortifiée est aujourd'hui au cœur de tous les trafics dominés par les Mozabites.

Prêche dans un marché. Marchands, caravaniers, clients et même chameaux semblent écouter. La religion est mêlée à tous les moments de la vie quotidienne.

XIIIe siècle. Bibliothèque nationale, Paris.

Une nouvelle dynastie omeyyade

Lorsque, en 750, les Abbassides éliminent les Omeyyades, un de ces derniers a réussi à s'échapper : Abd al-Rahman Ier, qui s'est réfugié au Maghreb, avant de débarquer en Espagne à la tête d'une petite troupe.

Il s'empare de Cordoue en 756, y fonde un émirat, et l'Espagne musulmane le reconnaît comme émir (prince). Abd al-Rahman est donc l'initiateur d'une nouvelle dynastie omeyyade, qui connaît stabilité et longévité : seulement neuf souverains en deux siècles.

L'un des derniers, sans doute le plus illustre, Abd al-Rahman III, règne de 912 à 961. Il transforme l'émirat en califat et prend lui-même, en 929, le tri-ple titre de calife, de Prince des croyants *(Almir al Mu'minin)* et de Combattant victorieux pour la religion de Dieu *(Nasir li-dini Allah)*.

Si la dynastie est stable, le royaume l'est moins, car il est composé de peuples divers. Il y a d'abord les autochtones, les Espagnols : chrétiens (les Mozarabes), convertis *(Muwallad)* ou juifs séfarades. Et puis il y a les conquérants, Berbères ou Arabes, qui, moins nombreux, forment l'aristocratie politique et foncière. Enfin, il y a les serfs, Noirs et Slaves.

Cordoue, rivale de Bagdad

En dépit des dissensions religieuses et politiques, Cordoue connaît un intense rayonnement dans toute l'Anda-lousie, et bien au-delà. En terre chrétienne, en menant la guerre sainte *(jihad)*, au nord, contre les rois catholiques ; sur mer, grâce à l'occupation des îles Baléares et à la création du port d'Almería ; sur la rive sud, musulmane, grâce à la prise de Ceuta et de Tanger et la fondation d'Oran, en 903.

Cordoue rivalise de splendeur avec Bagdad, avec peut-être moins de faste, mais sûrement plus de raffinement. Elle développe l'horticulture et les industries de la soie, du cuivre, du plomb et, surtout, de l'argent et devient célèbre pour la fabrication de ses cuirs, maroquineries, les *cordouans,* ou cuirs de Cordoue. L'Andalousie a aussi ses écoles de pensée, ses philosophes et ses savants.

Parallèlement à la réflexion scientifique et à l'invention de techniques nouvelles se développe un véritable art de vivre dans les palais et les jardins. Les troubadours (le mot viendrait de l'arabe andalou *tarab-dor*), s'accompagnant du luth *('oud),* font revivre la poésie de l'ancienne Perse, et célèbrent le plaisir de vivre et la sensualité.

Dans tous les domaines, la tolérance est de règle. On assiste alors à la symbiose exceptionnelle des trois cultures, juive, chrétienne et musulmane qui s'expriment en arabe, et Cordoue mérite bien alors le titre d'« ornement du monde » que lui donnait une moniale saxonne.   □   . 107

La ville et le poète, personnage essentiel du monde musulman médiéval. Il s'agit ici de Saadi, né en Iran, ◁ mais qui vécut au XIIIe siècle à Bagdad. XVe siècle. Bibliothèque nationale, Le Caire.

▽ **Intérieur** de la Grande Mosquée de Cordoue. L'utilisation de colonnes a permis d'agrandir l'édifice quand la population s'est accrue.

Au IVe siècle, les Berbères du Maghreb ont adopté une doctrine égalitariste, le « donatisme », qui préfigure le kharidjisme, apparu deux siècles plus tard.

LES BERBÈRES CONTRE L'ÉVÊQUE DE CARTHAGE

Comme leurs prédécesseurs, les Abbassides doivent compter avec l'esprit d'indépendance des Berbères du Maghreb. Au IVe siècle déjà, ceux-ci étaient à peine convertis au christianisme qu'ils adoptaient la doctrine schismatique de Donat, évêque de Numidie. En réaction contre l'évêque de Carthage, Donat prêche l'égalité des fidèles. Au nom du donatisme, les pauvres cultivateurs berbères se dressent contre les riches colons romains. Le donatisme inspire la révolte des campagnes contre le christianisme de Rome, religion du pouvoir et des villes. Près de trois cents ans plus tard, après la conquête arabe, les Berbères, fermement irrédentistes, adoptent le kharidjisme, véritable miroir musulman du donatisme.

UNE PLÉIADE DE SAVANTS

«J e cherchais la compagnie des savants», déclare Sindbad le Marin dans un des contes dont il est le héros. Il résume ainsi l'esprit de l'époque. Une époque dont Al-Biruni (973-1048), astronome, mathématicien, médecin, est une des figures emblématiques et dont l'astrolabe – instrument de navigation servant à déterminer la hauteur des astres au-dessus de l'horizon – est devenu un symbole.

Impossible de citer tous les savants de l'âge d'or des Abbassides. Al-Kharezmi (780-850) invente l'algèbre et les algorithmes. Al-Battani (858-929) effectue des recherches sur le sinus, la tangente et la circonférence de la Terre. Ibn al-Haytham, appelé aussi Alhazen (965-1039), un des plus grands physiciens de tous les temps, formule les lois de l'optique bien avant Roger Bacon (1220-1292), ainsi que la loi d'inertie, qui deviendra la première loi du mouvement de Newton (1642-1727).

Geber se livre, vers 800, à la distillation, recherche à la frontière entre chimie et médecine, et il définit plusieurs corps, dont l'alcool et l'acide sulfurique. Iranien, comme tous les grands médecins de son temps, al-Razi, ou Rhazès (860-925), développe les hôpitaux et la pharmacie, bien avant l'Europe. Des penseurs comme al-Kindi (mort en 873), surnommé le «philosophe des Arabes», et, surtout, l'illustre Ibn Sina, Avicenne (980-1037), ont fortement influencé la pensée de l'Occident médiéval.

△ **Les propriétés médicales** de la mandragore et de la salamandre. C'est par les Arabes que les acquis scientifiques de l'Antiquité parviennent en Occident. Miniature du XIIIᵉ siècle illustrant une traduction arabe du *De materia medica* de Dioscoride.
Musée de Topkapi, Istanbul.

Les plus anciennes ▷ pinces chirurgicales représentées, par Abu'l Qasim al-Zahrawi, appelé Abulcasis en Occident. Dans son traité, il enseigne aussi la cautérisation, les règles d'utilisation du bistouri, l'obstétrique et la chirurgie oculaire.
Musée de Patna, Inde.

Astrolabe construit ▷ au IXᵉ siècle pour le fils d'un calife abbasside. L'astrolabe permet de calculer la latitude d'un point et, surtout, les mouvements des astres. Les savants arabes les ont construits à partir des indications données par les ouvrages grecs.
Bibliothèque nationale, Paris.

108

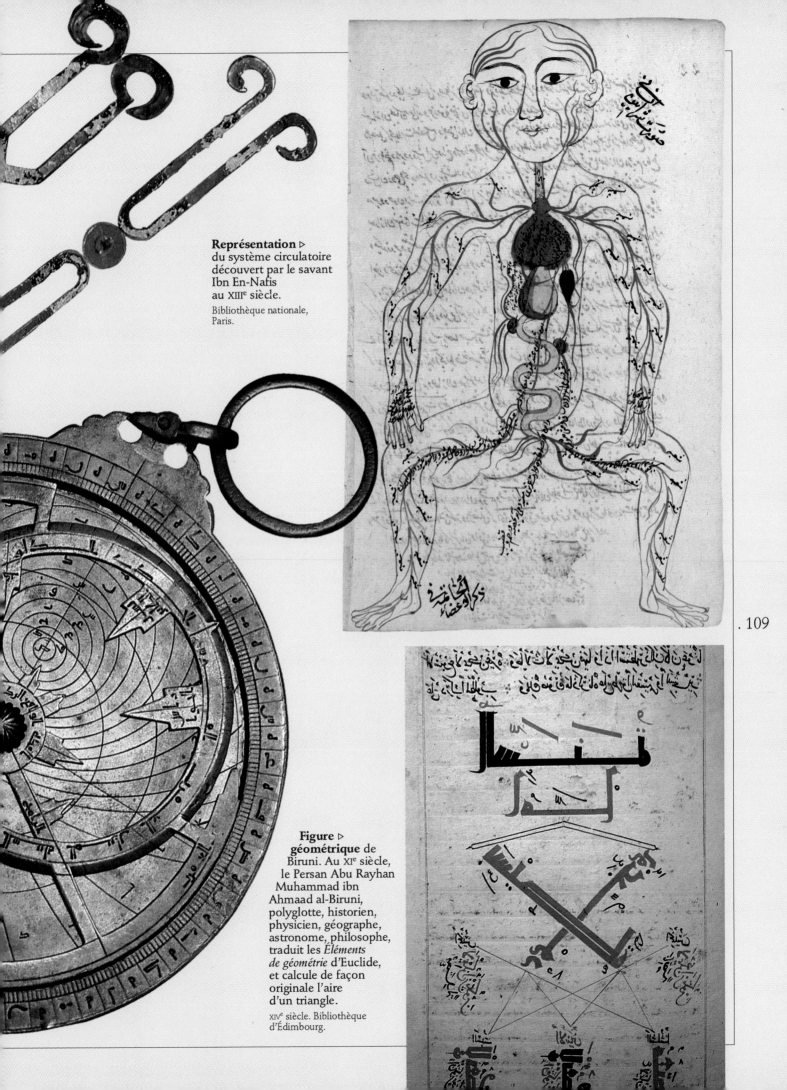

Représentation ▷
du système circulatoire
découvert par le savant
Ibn En-Nafis
au XIIIe siècle.
Bibliothèque nationale,
Paris.

. 109

Figure ▷
géométrique de
Biruni. Au XIe siècle,
le Persan Abu Rayhan
Muhammad ibn
Ahmaad al-Biruni,
polyglotte, historien,
physicien, géographe,
astronome, philosophe,
traduit les *Éléments
de géométrie* d'Euclide,
et calcule de façon
originale l'aire
d'un triangle.

XIVe siècle. Bibliothèque
d'Édimbourg.

L'ÉVEIL DE L'INDE DU SUD

Le VIIIe siècle voit l'éclosion d'une multitude de petites dynasties. Parmi celles-ci, la dynastie Pallava crée en Inde du Sud une civilisation brillante.

AU NORD DU GANGE, le royaume des Maukhari connaît la prospérité, et sa capitale Kanyakubja – l'actuelle Kanauj – devient un centre culturel très important pour l'Inde du Nord. Les Maitraka du Gujerat deviennent eux aussi puissants. Le désir de recréer l'unité politique de l'Inde reste cependant vivace.

L'ÉCHEC D'UNE RESTAURATION IMPÉRIALE

Le roi Harsa, héritier des Maukhari et d'une autre dynastie princière du Nord, tente de rétablir l'empire gupta. Monté sur le trône en 606, il règne 40 ans et parvient à s'imposer sur la plupart des anciens territoires des

▽ *Ratha,* rocher sculpté de Mahabalipuram. La faille est utilisée pour représenter la descente du Gange.

Le Gange naît du déluge arrêté par la chevelure de Çiva. Les génies et toutes les créatures lui rendent hommage.

Gupta. Mais sa mort inaugure une période de désordres et annonce aussi le déplacement du pôle d'équilibre du pouvoir du nord vers le centre et le sud du sous-continent. C'est désormais dans le Deccan et en pays tamoul que la civilisation indienne va connaître son plus vif éclat.

Empire de Harsa au VIIe s.

LES FOYERS DE CIVILISATION DU SUD

Au sud de la péninsule, deux régions se distinguent par leur dynamisme politique et culturel : le Deccan occidental et la côte de Coromandel – au sud de l'actuelle ville de Madras. La première région est un vaste plateau et le point de contact entre le nord et le sud de l'Inde. La seconde est une plaine littorale fertile ouverte vers le reste du Sud-Est asiatique.

L'absence de terres cultivables étendues – fréquentes au nord – limite les ambitions des dynasties locales. En revanche, chacune aspire à maîtriser les ressources en eau. Aussi les rivalités pour le contrôle des rivières Godavari et Krishna sont-elles le point de départ de nombreux conflits.

Du VIIe au IXe siècle, trois royaumes se partagent le territoire et le pouvoir dans l'Inde du Sud : les Calukya de Badami, les Pandya de Madurai et les Pallava de Kanchipuram.

Les Calukya dominent le centre et l'ouest de la péninsule depuis le milieu du VIe siècle. Ils agrandissent leur domaine vers le nord après la victoire du roi Pulakesin II sur l'empereur Harsa au début du VIIe siècle, mais ils se heurtent bientôt aux ambitions des Pallava. Bien qu'ils aient réussi à repousser les Arabes venus du Sind, les Calukya sont finalement détrônés par d'anciens vassaux, les Rastrakuta. Ces derniers vont régner de 753 à 973.

Le royaume des Pandya est l'un des plus anciens de l'Inde du Sud. Il recouvre l'extrême sud de la péninsule. Cette dynastie qui existait déjà avant

Boddhisattva, peinture △ murale de la grotte 10 d'Ajanta. Avec les progrès du Mahayana (Grand Véhicule) en Inde, les représentations des «saints» du bouddhisme sont de plus en plus fréquentes.

Varaha, dieu sanglier. ▷ Troisième «avatar», réincarnation, du dieu Visnu, il a plongé au plus profond des eaux pour sauver la Terre qui s'y enfonçait à cause du poids des démons.

Les Pallava sont les premiers à faire un large usage de la pierre dans les monuments.

LA « NAISSANCE DU GANGE »

La plus belle de leurs réalisations se trouve à Mahabalipuram. Il s'agit de la fresque de la «Descente du Gange» sur terre. C'est un panneau de 27 mètres sur 9 mètres, exécuté sur deux rochers séparés par une fissure. Il représente les animaux, les hommes, les dieux et les demi-dieux offrant leurs prières à Çiva pour le don du fleuve sacré. On y voit, sculptés avec une grande sobriété, des génies à corps de serpent émergeant de la fissure, qui symbolise le Gange, des éléphants, des singes et des daims, symboles de la forêt.

l'ère chrétienne, ne prend de l'importance qu'à la fin du VIᵉ siècle. Alliés parfois aux Calukya, les Pandya essaient de contrecarrer la puissance montante des Pallava.

L'ÉMERGENCE DES PALLAVA

L'origine de la dynastie pallava reste obscure. On lui attribue de nombreuses filiations merveilleuses : ses membres seraient les descendants des Parthes ou d'une tribu de Vengi, ou encore d'une princesse naga, c'est-à-dire l'une de ces divinités au corps de serpent venues des mondes souterrains. Ces créatures sont réputées pour leur beauté et leurs talents poétiques ; il n'est pas rare , dans la légende, qu'elles épousent des humains. Les Pallava eux-mêmes affirment qu'ils descendent du dieu Brahma. Tout indique en tout cas qu'il s'agit d'étrangers, qu'ils soient venus du Nord ou de l'au-delà... La dynastie commence à régner à la fin du IIIᵉ siècle – le fondateur serait un certain Bappadeva, vers 225-250 –, mais elle ne prend réellement de l'importance qu'entre le VIᵉ et le VIIIᵉ siècle. Elle domine alors les régions actuelles de l'Andhra Pradesh, de Madras, d'Arcot, de Thanjavur et de Tiruchirapalli. La capitale de ce royaume est la ville de Kanchipuram.

Le premier grand souverain de la dynastie est Simhavishnu (575-600). Il réalise, semble-t-il, l'union de plusieurs lignées différentes et impose le contrôle des Pallava sur les basses vallées de la Krishna et de la Kaviri.

Son fils, Mahendravarman Iᵉʳ (600-630), renforce le pouvoir en s'imposant contre les Calukya et les Pandya. Il étend le royaume jusqu'à Tiruchirapalli. Dramaturge et poète, il est l'auteur de la pièce *Mattavilasa-prahasana* – « le Jeu de l'ivrogne », pièce satirique qui se moque des bouddhistes et des dévots de Çiva. Il encourage la musique, fait tailler des rochers en forme de mandapa – à Mandakappattu, par exemple – ou des temples dans la pierre – comme à Mahabalipuram.

Narasimhavarman Iᵉʳ aurait battu le grand roi Calukya Pulakesin II, avec l'aide des troupes du roi de Ceylan. Il aurait aussi créé le port de Mahabalipuram afin de développer le commerce avec l'Asie du Sud-Est.

Ses successeurs doivent soutenir des guerres continuelles contre les Calukya et contre les Pandya. Ils continuent à embellir la plage de Mahabalipuram de nombreux édifices religieux. La dynastie doit cependant s'effacer sous la pression des Cola. Le roi Aparajita (vers 870-888) est vaincu par Aditya et les Pallava deviennent vassaux des Cola. La dynastie disparaît peu de temps après.

UNE SYNTHÈSE CULTURELLE

C'est surtout dans le domaine culturel que la dynastie Pallava a marqué la civilisation indienne.

Elle voit l'achèvement d'un processus d'assimilation des cultures du Nord et du Sud. L'influence de la cul-

Le culte de dévotion tamoul est un exemple de la fructueuse rencontre du nord et du sud de l'Inde.

LA BHAKTI

Les brahmanes propagent l'hindouisme à travers une tradition védique difficile d'accès : le peuple ne participe pas à ces rituels compliqués. C'est ce qui explique le succès, aux VIᵉ et VIIᵉ siècles, des cultes de dévotion à Çiva et à Visnu, plus simples. La bhakti établit une relation directe d'amour entre l'homme et le dieu ; elle ignore tout le système des castes et reconnaît les femmes en tant que dévotes et saintes. Elle emprunte au bouddhisme l'idée d'un dieu plein de compassion en face de l'homme pécheur.

▽ **Temple de Kailashanatha**, édifié au VIIIᵉ siècle par Rajasimha à Kanchipuram. La base de la tour comporte de petits temples, qui s'ouvrent sur une cour entourée d'autres petits édifices.

112 .

ture aryenne, celle des Indiens du Nord, est évidente dans le domaine religieux : les brahmanes, qui occupent une place éminente, reçoivent de nombreux dons de terres. Ils prennent en charge l'éducation des enfants et, de ce fait, l'importance des centres culturels jaïns et bouddhistes décline.

En réaction contre cette tendance se développe à cette époque une culture indigène tamoule. Le sanscrit est la langue officielle de l'éducation et de la cour, mais une littérature en langue locale existe par ailleurs. Il en reste cependant peu de témoignages ; en revanche, des œuvres en tamoul ont été conservées jusqu'à nos jours, dont deux poèmes épiques, le *Shilappadigaram* et le *Manimegalai*.

Bien qu'étant hindous, les Pallava vivent en bonne entente avec les bouddhistes et les jaïns. Le pèlerin bouddhiste chinois Xuan Zang note ainsi que, sous le règne de Narasimhavarman Ier, il existe de nombreux monastères bouddhistes à Kanchipuram. Il y a aussi des communautés de jaïns dans la capitale et le roi tolère diverses sectes hindoues. Le général de son armée, Paranjoti, devient même un des « saints » de Çiva. Grâce au profit tiré du développement du commerce maritime avec l'Asie du Sud-Est, Kanchipuram est ornée de temples magnifiques. Du port de Mahabalipuram, qui reçoit de nombreux sanctuaires, s'exporte le modèle culturel tamoul. □

◁ **Çiva**, maître de la danse et des arts, juché sur la tête du *naga,* serpent cosmique qui porte le monde. Çiva incarne plusieurs qualités contradictoires, il est à la fois créateur et destructeur.

Intérieur d'un temple- △ caverne à Badami. Au sud-ouest du Deccan, la tradition artistique de la dynastie Calukya se perpétue depuis le VIe siècle jusqu'au milieu du VIIIe siècle. La salle hypostyle, précédée d'un porche, donne accès à la *cella* qui renferme la statue du dieu.

. 113

En Inde, la danse permet d'atteindre l'union de l'âme et du corps et d'éloigner le mal.
LA QUÊTE DE LA SÉRÉNITÉ

La danse est une sorte de dévotion dont Çiva serait l'initiateur. À ce titre, dès l'époque des Pallava, elle fait partie des rituels. Les temples les plus riches entretiennent des danseuses, les Devadasi. Les chorégraphies mentionnées dans le plus vieux traité, le *Natya-sastra* de Bharata, répertorient 13 attitudes pour la tête, 36 pour les yeux, 37 pour les mains. Les pas et les gestes des mains sont accompagnés de chants. La danseuse porte un costume particulier et de nombreux bijoux ornent ses bras, ses chevilles et son cou.

LA VICTOIRE DES CAROLINGIENS

En 751, le maire du palais d'Austrasie, Pépin le Bref, est élu roi des Francs à Soissons. La déposition de Childéric III, dernier descendant de Clovis, sonne le glas de la dynastie mérovingienne.

A L'ORIGINE, le maire du palais est l'intendant de la maison royale. Chef de la domesticité attachée au service de la cour, il est aussi chargé de la gestion du fisc et des domaines royaux. Mais, peu à peu, il devient le chef de ceux qui dans les royaumes, aident le roi à gouverner.

L'ASCENSION DES MAIRES DU PALAIS

Elle commence à la mort de Dagobert. Durant le règne des « rois fainéants », le maire acquiert un important rôle politique, dirige l'armée royale, lève les impôts et préside le tribunal du palais. Il devient en somme un véritable chef du gouvernement et se fait d'ail-

114 .

◁ **Un palais,** vu par un miniaturiste du VIIe siècle. Le souverain est plusieurs fois représenté dans sa demeure. Grâce au domaine qui l'entoure, il peut y vivre en quasi-autarcie.

Pentateuque de Tours. Bibliothèque nationale, Paris.

leurs appeler prince (premier). Son rôle prend encore plus d'ampleur au moment où se cristallise la division du royaume en trois territoires : la Neustrie, au nord-ouest, la Bourgogne et l'Austrasie, au nord-est. Chacun des maires de ces territoires devient le porte-parole de l'aristocratie et le défenseur des particularismes de son pays. Sous l'autorité intermittente des successeurs de Dagobert, ce sont eux qui mènent la guerre opposant Neustrie et Austrasie. Après l'échec du

Neustrien Ébroïn pour maintenir un royaume unitaire, le maire austrasien Pépin de Herstal remporte une victoire décisive à Tertry. La mairie du palais est réunifiée et le centre de gravité du royaume franc se déplace vers l'est, entre Meuse et Rhin.

LA DYNASTIE PRINCIÈRE DES PIPPINIDES

Ils entrent sur la scène politique dès le règne de Dagobert. Le bon roi a pour principaux conseillers le maire du palais d'Austrasie, Pépin de Landen, possesseur de vastes domaines dans la vallée de la Meuse, et l'évêque Arnoul de Metz. Ansegisel, fils d'Arnoul, épouse Begga, fille de Pépin, et la charge de maire du palais se transmet

à leur fils Pépin de Herstal. Lorsque celui-ci meurt en 714, il ne laisse qu'un fils bâtard, Charles. Très vite, celui-ci affirme son caractère belliqueux : il bat les Neustriens révoltés et s'impose aux deux autres royaumes, qui lui reconnaissent le titre de « prince des Francs ». Mais il reste sous l'autorité nominale du roi en titre, Thierry IV.

Avant la bataille de Poitiers, qui lui vaudra son surnom de « Martel », Charles se bat sur toutes les frontières, dans toutes les provinces, afin d'étendre la domination franque. Thuringiens, Alamans, Bavarois et Frisons sont défaits ; l'Aquitaine est contrainte de reconnaître la supériorité franque. En 732, menacée par les Arabes, elle l'appelle à l'aide : Charles les arrête près de Poitiers. Même si elle n'a pas une grande portée militaire, cette célè-

◁ **Attaque** d'une ville. Abritée par la muraille et ses tours, une faible garnison a déjà fait des victimes parmi les assaillants.
Psautier de Saint-Gall, IXe siècle. Bibliothèque de Saint-Gall, Suisse.

Soldat terrassant ▷ un ennemi. L'attitude et le costume relèvent de la tradition latine.
IXe siècle. Musée du Bargello, Florence.

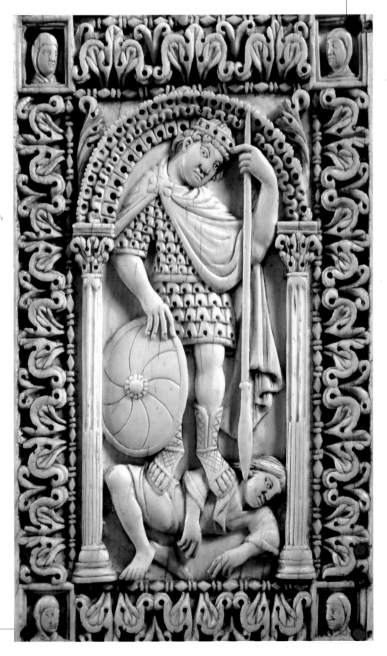

Au lendemain de son élection, Pépin se fait sacrer par les évêques de son entourage, en présence de saint Boniface.

SACRE ET ROYAUTÉ SACERDOTALE

En 754, le pape Étienne II le sacre une seconde fois à Saint-Denis, ainsi que ses deux fils. La cérémonie a pour but de renforcer le pouvoir du nouveau roi et de faire taire la contestation qui gronde.
Le rite est peut-être emprunté à l'Espagne wisigothique, où, de 672 à 711, les rois ont été oints par le métropolitain de Tolède, mais les clercs carolingiens peuvent avoir trouvé le modèle du rituel dans l'Ancien Testament, qui leur est familier. Par l'onction, le roi franc est élevé au rang des anciens rois d'Israël et il peut se comparer lui-même à David. Choisi directement par Dieu (« roi par la grâce de Dieu »), il est responsable devant Dieu seul et doit, dans son gouvernement, se conformer à la volonté divine ; la royauté patrimoniale se transforme en ministère sacerdotal.

bre victoire lui vaut l'admiration de tout l'Occident. Le nom de « Martel », que lui donnent les chroniqueurs du temps, est sans doute une allusion au Judas Maccabée (« petit marteau » en hébreu) de la Bible, qui défendit son peuple avec vaillance. Au cours des années suivantes, il intervient en Provence, d'où il expulse les Arabes, s'empare d'Avignon et pénètre en Septimanie, riche bande de terre qui s'étend entre le Rhône et les Pyrénées.

LE « RÈGNE » DE CHARLES MARTEL

Les progrès de la cavalerie, dus entre autres à la diffusion de l'étrier, rendent l'armée franque invincible, mais l'armement et l'entretien des montures constituent une charge très lourde ; pour financer ses campagnes, Charles n'hésite pas à s'emparer des biens de l'Église, qu'il distribue à ses fidèles en échange du devoir militaire. Cette pratique lui vaut la réputation de spoliateur de l'Église. S'appuyant sur leurs

visions, certains vont même jusqu'à lui prédire l'enfer.

Sous le titre de maire du palais, Charles Martel est le vrai maître du royaume franc ; quand le roi Thierry IV meurt en 737, il ne lui donne pas de successeur. Mais les documents sont datés du « règne » de Charles. Et c'est à la manière d'un roi que, peu avant sa mort, en 741, il partage son héritage entre ses deux fils, Pépin dit le Bref et Carloman. Devant les troubles qui éclatent alors, ceux-ci jugent nécessaire de rétablir sur le trône un roi mérovingien, Childéric III. Avec l'aide de saint Boniface, ils entreprennent ensuite de réorganiser l'Église en réunissant plusieurs conciles (743-744). Carloman se retirant au monastère du mont Cassin en 747, Pépin se retrouve seul maître du royaume.

Mais il souhaite régulariser la situation et, pour cela, consulte le pape Zacharie. Celui-ci l'encourage à prendre le titre de roi.

LE DERNIER MÉROVINGIEN

Pépin le Bref, en accord avec la papauté, dépose donc Childéric III et se fait élire puis sacrer roi à Soissons en 751. C'est un véritable coup d'État. Pour obtenir l'approbation du peuple, et sachant celui-ci très attaché à la famille royale et aux coutumes, Pépin fait les choses en bonne et due forme : en 754, à Saint-Denis, le pape Étienne II renouvelle le sacre en sa faveur ainsi qu'en celle de ses deux fils et interdit de choisir à l'avenir un roi en dehors de la famille élue. Désormais, le souve-

△ **Reliquaire** du saint clou. Le coffret a été réalisé pour conserver une des plus précieuses reliques, un clou qui, en principe, aurait servi pour la Passion du Christ.
Cathédrale de Trèves.

▽ **Visitation** décorant l'autel du duc lombard Ratchis. La Lombardie, que les Francs traver-

saient pour aller à Rome, a fait le lien avec la tradition byzantine.
750. Musée chrétien de Cividale, Frioul.

116.

Menacé par l'avancée des Lombards vers Rome, le pape Étienne II implore Pépin d'intervenir en Italie.

LA NAISSANCE DES ÉTATS DE L'ÉGLISE

Après s'être emparés de la ville de Ravenne, les Lombards semblent vouloir s'en prendre à Rome. Durant l'hiver 754, le pape se rend lui-même au palais royal de Ponthion : il y rencontre Pépin, qui s'engage à lui donner le territoire de Ravenne. Pour convaincre le roi d'intervenir, Étienne II a peut-être évoqué la « fausse donation de Constantin » selon laquelle, au moment de fonder

Constantinople, l'empereur aurait abandonné au pape Sylvestre le gouvernement de l'Occident. En 756, au terme d'une campagne en Italie, le roi lombard Aistolf remet à Pépin les clés de vingt-deux villes d'Italie, dont Ravenne. Le roi franc les fait solennellement déposer sur l'autel de Saint-Pierre, à Rome : ainsi naît l'État pontifical, qui durera jusqu'en 1870.

rain franc est « roi par la grâce de Dieu ». Celui qui avait pu apparaître comme un usurpateur se montre désormais comme l'élu du Dieu des chrétiens. Pour asseoir son autorité sur des bases solides, le nouveau roi des Francs va devoir pourtant encore briser de vives résistances.

LA GAULE SOUMISE

Pépin pacifie son territoire. Il soumet le duc de Bavière, l'Aquitaine et reprend aux Arabes la Septimanie. L'ancienne Gaule romaine est enfin rassemblée sous l'autorité des rois francs.

Pépin poursuit la réforme de l'Église : il impose la dîme à tous les cultivateurs du royaume pour l'entretien du culte et renforce ses liens avec Rome en adoptant la liturgie romaine.

Le roi réforme aussi la monnaie. Pépin s'efforce de rétablir le monopole royal sur la frappe. Ainsi sur les deniers d'argent, qui deviennent pour cinq siècles la monnaie de l'Europe, on constate la disparition des noms des monétaires privés qui battaient monnaie dans un millier de localités différentes.

LA SUCCESSION DE PÉPIN

Maître de l'Occident chrétien, Pépin noue des relations avec le nouveau calife de Bagdad et songe à marier son fils à une princesse grecque. Il meurt à Saint-Denis – où il est inhumé –, après avoir partagé son royaume entre ses deux fils, Charles et Carloman. À la mort de Carloman, en 771, Charles, seul maître du royaume, devient Carolus Magnus, Charlemagne. □

. 117

△ **Le Baptême** du Christ. Les anges sont omniprésents, Dieu apparaît sous la forme d'une main venue du ciel.

IXe siècle. Musée des Antiquités de Seine-Maritime, Rouen.

C'est à la fin du VIIe siècle que débute l'évangélisation de la Germanie. L'initiative en revient aux missionnaires anglo-saxons.

LA FIN DU PAGANISME GERMANIQUE

Bien que soumises au royaume franc, Alémanie, Thuringe et Bavière sont restées païennes. De même, la Frise et la Saxe, indépendantes, restent fidèles à leurs dieux. L'essentiel de la tâche d'évangélisation est accompli par des moines anglo-saxons. Le plus célèbre d'entre eux est saint Boniface, l'« apôtre de la Germanie ». En 719, celui-ci reçoit du pape Grégoire II la mission de « convertir les peuples sauvages de Germanie ». Il réalise son œuvre en étroite union avec la papauté et les maires du palais. Nommé archevêque de Mayence en 745, Boniface se retire peu après à l'abbaye de Fulda. Il repart en mission en 754 et trouve en Frise une mort assimilée à un martyre.

◁
Croix d'or d'Essen. La naïveté des représentations en émail incrustées dans l'or contraste avec la perfection des camées antiques réutilisés par l'artiste carolingien.

Trésor de la cathédrale d'Essen.

LA BATAILLE DE POITIERS

À partir de 711, les Berbères conquièrent la majeure partie de l'Espagne. Franchissant les Pyrénées, ils s'emparent de Narbonne en 719, de Carcassonne et de Nîmes en 725. À partir de là, ils lancent des raids en Aquitaine. Toulouse est sauvée en 721 par l'intervention du duc d'Aquitaine, Eudes. Les Arabes se tournent alors vers l'est. Remontant la vallée du Rhône, ils saccagent Autun en 726, puis réapparaissent en Aquitaine en 732. Ont-ils été appelés par le duc Eudes, comme l'en accusent les chroniqueurs francs ? Parties de Navarre, les bandes musulmanes marchent sur Bordeaux en ravageant le pays. Eudes est contraint de solliciter l'aide de Charles Martel. Le maire du palais accourt à la tête de sa cavalerie lourde et rencontre l'ennemi à 20 kilomètres au nord de Poitiers, alors que celui-ci se dirige vers Saint-Martin de Tours. Après une semaine d'escarmouches, Charles lui inflige une défaite le 25 octobre 732, le long de la voie romaine Poitiers-Tours.

Les historiens considèrent aujourd'hui la bataille de Poitiers comme un fait militaire secondaire. Toutefois, elle met un terme aux raids sarrasins. Parmi les contemporains, l'épisode a un grand retentissement. Célébrée comme un triomphe des peuples chrétiens (les « gens d'Europe », dit le chroniqueur anonyme de Cordoue) sur les infidèles, cette victoire, décisive pour l'Occident, vaut au maire du palais un grand prestige.

118 .

La bataille de Poitiers vue par les *Grandes Chroniques de France,* enluminées pour Charles V en 1375. C'est le premier ouvrage où le sentiment national, né avec la guerre de Cent Ans, ravive le souvenir de héros qui, dans un passé glorieux, ont triomphé des envahisseurs. ▷
Bibliothèque nationale, Paris.

◁ **Charles Martel** à Poitiers, *Grandes Chroniques de France.* L'enluminure comme les armures sont du XVe siècle.
Bibliothèque nationale, Paris.

Eudes d'Aquitaine, battu par Charles Martel, s'allie aux Sarrasins. Cette autre version des *Grandes Chroniques de France* désigne le traître, qui, tel Charles le Mauvais de Navarre, a choisi le parti de l'occupant. ▷ Bibliothèque nationale, Paris.

▽ **Francisque** contre cimeterre sous la croix de l'Occident. Tableau de Charles Steuben, pour Versailles, musée voué par Louis-Philippe « à toutes les gloires de la France ». XIXe siècle. Château de Versailles.

. 119

▽ **Soldats** carolingiens en marche. L'enluminure représente le roi biblique Joab. *Psautier de Saint-Gall.* IXe siècle. Bibliothèque de Saint-Gall.

ASIE

L'empire tibétain

■ Le règne de Khri Sang Idet-San (755-797) voit l'apogée de la monarchie tibétaine, qui profite du déclin de la Chine en Asie centrale, après sa défaite de Talas devant les Arabes et la révolte de An Lushan. Alors qu'en 730 les Tibétains avaient perdu le Pamir, ils en reconquièrent la plus grande partie, se rendant maîtres du bassin du Tarim et allant jusqu'à ravager, en 763, Chang an, capitale des T'ang du Sud. C'est Khri Sang Idet-San qui détermine pour plus d'un millénaire l'identité culturelle du pays : en 779, il proclame le bouddhisme religion d'État puis adopte la tradition religieuse indienne. □

JAPON

Une violente agitation

■ Au milieu du VIIIᵉ siècle, les terres de l'État japonais ont été distribuées à de grandes familles, qui s'arrangent pour ne pas les restituer, se taillant ainsi de véritables principautés. L'autorité de l'empereur diminue et celle des moines croît. En 766, le moine Dokyo, devenu tout-puissant à la cour, tente d'usurper le pouvoir. Il n'y parvient pas, mais c'est une période de violente agitation qui commence alors et favorise les clans aristocratiques. Parmi eux, celui des Fujiwara commence son irrésistible ascension après avoir, en 770, triomphé de ses rivaux Tuchibana. □

Un consul lombard à Naples. *Codex* des lois lombardes. XIᵉ siècle. Archives della Badia, Cava dei Tirreni.

Les Tibétains vus par les Chinois.

OCCIDENT

Le chant grégorien

■ C'est en Suisse, vers 770, que les moines de l'abbaye de Saint-Gall attribuent au pape Grégoire Iᵉʳ la paternité du chant d'église désormais appelé « grégorien ». Il s'agit de mélodies stéréotypées mais modifiables, dépendant de la modalité, et qui s'adaptent au style et au genre des pièces liturgiques. Toutefois sa mélodie doit toujours souligner le sens du texte qu'il magnifie. Le chant grégorien va s'installer en Gaule dans des centres importants comme Corbie (787) ou Metz (784) et la production des œuvres perdurera jusque vers la fin du XIᵉ siècle. □

ITALIE

Pape et antipape

■ Le centre de la péninsule italienne est en proie à des troubles dus au déclin de Byzance et à la montée de la puissance lombarde. L'aristocratie romaine en profite pour faire et défaire les pontifes. En 767, un certain Toto, chef des milices romaines, impose comme pape son frère Constantin II contre le candidat lombard, Philippe. Reprenant le dessus, les Lombards déposent Constantin. Une élection plus régulière porte au pouvoir un Sicilien, Étienne III. Il réunit le concile de Rome, qui condamne l'ingérence des laïcs dans les affaires religieuses. □

ROYAUME FRANC

Des superstitions dans le royaume

■ En 744, le synode de Soissons marque la volonté de Pépin de restaurer l'Église franque. Il condamne en particulier toutes sortes de superstitions que l'Église avait depuis longtemps combattues et dont certaines sont antérieures à la conquête romaine : on jette des grains dans le feu avant de conclure un marché ; on observe les excréments de certains animaux pour prévoir l'avenir ; c'est le jeudi, jour de Jupiter, qui est chômé, et non le dimanche, jour du Seigneur. Depuis longtemps, l'Église tente de remplacer par la dévotion aux saints le culte des idoles. □

INDE

L'arrivée des zoroastriens

■ Chassés de Perse par les musulmans, un petit groupe de zoroastriens, les « Parsis », se réfugient en Inde dans la deuxième moitié du VIIIᵉ siècle. Ils conservent leur religion et leurs traditions. Refusant d'enterrer leurs morts, ils les exposent à l'air libre, édifiant pour cela d'étranges monuments, les « tours du silence ». Les Parsis, qui ne sont pas soumis au régime des castes, sont libres d'exercer des professions interdites par l'hindouisme. □

AFRIQUE

Croisade abyssine

■ Le Seigneur de la Montagne, dont le pouvoir s'étend sur le nord de la Nubie, est assez puissant pour secouer, à l'occasion, le joug de son redoutable voisin arabe. En 745, apprenant que le patriarche grec d'Alexandrie a été emprisonné, le roi Cyriaque est assez fort pour lever une expédition à laquelle se joignent de nombreux Abyssins, afin de faire libérer le dignitaire religieux. La petite armée atteint Le Caire et ne se retire qu'après la libération du patriarche. □

MONDE ARABE

Renouveau du judaïsme

■ À Bagdad, la communauté juive est très dynamique au milieu du VIIIᵉ siècle. L'enseignement du rabbin Anan ben David sera à l'origine du mouvement karaïte. Pour les karaïtes, les croyances et les pratiques accumulées par la tradition juive doivent être abandonnées, et il faut retourner à la Bible. Leur mouvement s'étend à l'Iraq et à la Perse, puis à la Palestine. Les communautés karaïtes se développeront également peu à peu en Europe centrale. □

ANGLETERRE

Les rois saxons

■ Offa, qui succède en 757 à son cousin Æthelbald sur le trône du royaume de Mercie, en Angleterre, est le premier roi saxon à être sacré. Il annexe le Sussex et l'Est-Anglie, et établit son protectorat sur le Wessex et la Northumbrie, réalisant ainsi l'unité de l'Angleterre. Pour protéger ses États, il fait construire la Offa's Dyke, levée de terre entre l'Angleterre et le pays de Galles. Diplomate, il entretient des relations avec le pape Adrien Iᵉʳ et avec l'empereur Charlemagne. □

774 - 814

En l'an 800, lorsque Charlemagne est couronné empereur par le pape Léon III, le temps des troubles qui suivirent l'effondrement de l'Empire romain semble avoir pris fin. En Occident, maître d'un empire qui s'étend sur un million de km², Charlemagne peut partager l'illusion qu'entretient Alcuin, son porte-parole le plus autorisé, qui écrit : « La dignité royale que Notre Seigneur Jésus-Christ vous a réservée pour que vous gouverniez le peuple chrétien l'emporte sur les deux autres dignités (celle de prince des Apôtres et celle de l'empereur de Byzance), les éclipse en sagesse et les surpasse. » Une illusion qu'entretient aussi Haroun al-Rachid, le calife de Bagdad, quand il multiplie les cadeaux et les ambassades pour s'allier avec le nouvel empereur. Une menace que perçoit également l'impératrice de Byzance, Irène, qui envisage même d'épouser Charlemagne. Un nouvel équilibre international semble ainsi être né. L'empire de Charlemagne domine en Europe, l'Empire de Bagdad en Asie, et Byzance tient la charnière entre ces deux continents.

Détail d'une statuette équestre de Charlemagne, bronze et cuivre. IXe-Xe siècle. Musée du Louvre, Paris.

CHARLEMAGNE

En l'an 800, Charles Ier le Grand rend son unité
à l'Empire romain d'Occident, pour la plus
grande gloire de la foi chrétienne.

FILS AÎNÉ de Pépin le Bref, Charlemagne naît en 742. Associé très tôt au pouvoir, il est sacré roi avec son frère Carloman, qui reçoit la Provence, la Septimanie, la Bourgogne, l'Alsace, l'Alémanie et la moitié de l'Aquitaine. À la mort de celui-ci, en 771, Charlemagne devient le seul maître du royaume franc.

U<small>N ROI HAUT EN COULEUR</small>

Le règne de Charlemagne est bien connu grâce aux *Annales,* récit officiel du règne rédigé à la cour, et aux « capitulaires », textes législatifs servant d'aide-mémoire aux envoyés du roi. Mais, surtout, Charlemagne a trouvé en Eginhard un biographe attentif. On

noyau carolingien
limites de l'Empire (partage de Verdun, 843)
royaume en 751
conquêtes de Pépin le Bref
conquêtes de Charlemagne
territoires tributaires de Charlemagne
zones influencées par Charlemagne

GRANDE-BRETAGNE
Boulogne • Gand
Aix-la-Chapelle
MARCHE DANOISE
SAXE
AUSTRASIE
NEUSTRIE
MARCHE DE BRETAGNE
BOURGOGNE
ALAMANIE
Ratisbonne
BOHÊME
BAVIÈRE
AQUITAINE
GASCOGNE
Roncevaux
Pampelune
NAVARRE
Saragosse
Barcelone
SEPTIMANIE
Pavie
LOMBARDIE
PROVENCE
MARCHE D'ESPAGNE
Rome •
AVARS
BÉNÉVENT

possessions byzantines
possessions arabes

◁ **Statue de Charlemagne.** Charles Ier, roi des Francs et empereur d'Occident, a inspiré le Moyen Âge.

XIIe siècle. Église carolingienne de Mustair (Suisse).

apprend ainsi qu'il porte une grosse moustache, à la mode des Francs, dont il respecte les traditions. Il mesure 1,92 mètre, a une santé de fer et témoigne d'un robuste appétit.

Rompu dès sa jeunesse aux exercices sportifs et militaires, il est un excellent nageur. Il admire les arts et parle latin, écoute de la musique, se fait dire pendant les repas des récits historiques, n'étant pas parvenu à apprendre à lire, s'applique à l'étude des langues étrangères et s'initie à la grammaire ou à la réthorique. Il se montre capable de la plus grande générosité comme de la cruauté la plus extrême.

Responsable seulement devant Dieu, protecteur de la papauté, il s'efforcera tout au long de son règne de réaliser l'unité de la chrétienté, de faire de la société des hommes un État chrétien, condition nécessaire selon lui au salut de l'humanité.

LE FRACAS DES ARMES

Charles hérite d'un royaume restauré, et consacre tous ses soins à l'étendre : la guerre est, en effet, l'« institution nationale » du peuple franc, et le roi, ministre de Dieu, a pour mission d'assurer la transmission de la foi jusqu'aux limites de l'univers.

Chaque printemps voit commencer une nouvelle campagne. Le service militaire, ou service d'ost, est dû par tous les hommes libres. L'armement, l'entretien des montures, le ravitaillement des hommes sont à la charge des combattants : c'est une lourde contrainte, d'autant que les campagnes se déroulent à la belle saison, quand les prés sont couverts d'herbe pour les chevaux, car il faut parfois plusieurs semaines pour gagner le théâtre des opérations. Le coût de l'équipement est tel que plusieurs hommes libres sont souvent contraints de se grouper pour payer l'équipement d'un seul. Les armées de Charlemagne comptent peu d'hommes, mais elles ont une cavalerie pratiquement invulnérable, équipée d'une longue épée de fer et surtout de la brogne, sorte de blouson de cuir recouvert d'écailles métalliques. Soucieux de conserver sa supériorité technique, Charlemagne interdit, en 779, l'exportation des brognes hors du royaume.

La tactique militaire est sommaire : au printemps, plusieurs armées convergent vers le cœur du pays ennemi, où elles occupent les points stratégiques et installent des garnisons. Mais le pays n'est pas vraiment tenu, et il faut souvent recommencer l'opération au printemps suivant. Aussi le roi a-t-il à cœur la sécurité des réseaux de communication : il fait construire des ponts et entreprend un canal entre Rhin et Danube. Mais la lente pacification des territoires conquis est moins la conséquence des victoires militaires que celle de la christianisation, de la colonisation et surtout de la prestigieuse civilisation franque.

▽
« Talisman de Charlemagne ». Selon la tradition, ce reliquaire a été retrouvé attaché au cou de l'empereur quand on ouvrit son sarcophage à Aix en 1164. Il s'agit en réalité d'un travail du milieu du IXᵉ siècle.
Palais du Tau, Reims.

◁
Trône de Charlemagne. Près des sources chaudes d'Aix, sa résidence préférée, Charles fit édifier un palais. Commencé en 798, à peine terminé en 814, il était deux fois plus petit que le palais des empereurs byzantins.
Tribune de la chapelle Palatine d'Aix-la-Chapelle.

Entre ses campagnes, Charlemagne vit en patriarche, entouré de ses nombreux enfants, légitimes ou bâtards.

LA FAMILLE DE CHARLEMAGNE

À côté du mariage proprement dit, un simple contrat, subsiste le mariage germanique, union libre de durée limitée n'imposant aucun engagement. Charlemagne choisit toutes ses épouses pour des raisons diplomatiques autant que sentimentales. Il en eut quatre, plus quelques concubines. Son biographe, Alcuin, évoque « les colombes couronnées qui volent dans la chambre du palais ». À Aix-la-Chapelle vit aussi une foule composée de ses enfants, de ses parents, frères, sœurs, et, selon Alcuin, l'empereur « ne soupait jamais sans eux et ne se mettait jamais en route sans eux ».

Charlemagne et sa femme. VIIIᵉ-IXᵉ siècle. Autriche.

Les premières campagnes de Charles se déroulent en Italie : à l'appel du pape, il s'empare de Pavie en 774, et ceint la couronne de fer de Didier, roi des Lombards, avant de faire proclamer roi d'Italie son fils Pépin, en 781. Il peut ensuite « protéger » l'État pontifical, puis étendre son influence au duché lombard de Bénévent et à l'Istrie, conquise en 805.

Charles a probablement rêvé de délivrer l'Espagne tout entière du pouvoir musulman. Il profite des querelles locales pour franchir les Pyrénées en 778, mais il échoue devant Saragosse. Au cours de la retraite, son arrière-garde, commandée par Roland, comte de la Marche de Bretagne, est taillée en pièces au col de Roncevaux par des montagnards basques. Après la contre-offensive sarrasine de 781, qui révèle la fragilité des défenses du royaume, Charles crée, au profit de son fils Louis, la Marche de Gascogne, renforcée par la conquête de Barcelone, en 801, et par celle de Pampelune, capitale de la Navarre.

CHARLEMAGNE EN GERMANIE

Tassilon III, le duc de Bavière, avait fait de sa capitale, Ratisbonne, un foyer de culture. En 787, il refuse d'aller à Worms pour rendre hommage à Charles. Celui-ci envahit alors la Bavière, dépose Tassilon, qui est relégué à l'abbaye de Jumièges, et annexe le duché. Il faudra en revanche à Charlemagne de multiples campagnes et une politique de terreur pour venir à bout de la Saxe, finalement convertie vers 800.

Après les Germains, Charles se tourne vers les peuples d'Europe centrale. La conquête de la Bavière met les Francs au contact des Avars, Asiatiques installés dans la vallée danubienne. Sous les ordres de leur kagan, ceux-ci pillent l'Europe centrale et amassent leur butin dans le *ring,* camp fortifié par neuf enceintes concentriques. Les armées franques s'emparent enfin de celui-ci en 796, et 15 chars à

▷ **Charlemagne** remet à Roland le commandement de l'armée. Comte de la Marche de Bretagne, fidèle et courageux, Roland inspirera la première chanson de geste.

Manuscrit espagnol du XIVᵉ siècle. Bibliothèque Marciana, Venise.

▽ **Olifant** dit « de Roland », trompe d'ivoire sculptée dans une défense d'éléphant – d'où son nom.

XIᵉ siècle. Musée Paul Dupuy, Toulouse.

124 .

bœufs sont alors nécessaires pour le transport du trésor qu'il renfermait.

En 805, leur kagan se convertit au christianisme et se reconnaît vassal de Charlemagne. Sur l'Elbe, qu'ils ont atteint après la conquête de la Saxe, les Francs se heurtent aux tribus slaves, regroupées autour de leurs châteaux, et qu'il est difficile de soumettre. Plusieurs expéditions sont lancées en direction de la Bohême, qui accepte la tutelle franque à partir de 805. La conquête s'interrompt : l'empire couvre alors un espace grand comme deux fois la France et, pendant les dernières années de son règne, Charles se préoccupe de défendre les frontières. Il perfectionne le système des marches, territoires confiés à des « comtes de la Marche » *(marchii)*, ou « marquis », lesquels administrent ces glacis protecteurs sur les frontières les plus exposées (Marche d'Espagne au pied des Pyrénées ; Marche des Avars, ou « Marche de l'Est » *(Ostmark)*, au-delà de l'Enns, la future Autriche ; mais aussi Marches de Bretagne, de Gothie, etc.). En 811, Charles part inspecter les flottes de Boulogne et de Gand, afin de lutter contre les raids des Normands, après ceux des pirates sarrasins de Méditerranée.

◁ **Charles** et son armée sur le chemin de Saint-Jacques-de-Compostelle. Champion du christianisme, Charlemagne se doit d'accomplir le pèlerinage de Saint-Jacques.

Archives de la cathédrale, Saint-Jacques-de-Compostelle.

Charlemagne ▽ commandant une bataille en Espagne. Le roi franc caresse l'espoir de chasser les musulmans de la péninsule Ibérique. Malgré des attaques répétées, il n'y parviendra pas.

Manuscrit du XIVe siècle, Venise.

L'EMPEREUR D'OCCIDENT

La puissance franque est reconnue par tous les souverains, des roitelets de Grande-Bretagne et d'Espagne, du calife de Bagdad à l'impératrice de Byzance. Dans l'entourage de Charles, on ne cesse de comparer sa grandeur, digne de la Rome antique, à la crise de la papauté et à celle de Byzance, où l'impératrice Irène a usurpé le trône de son fils Constantin VI.

À Rome, le pape Léon III est en butte aux accusations de l'aristocratie locale : le 25 avril 799, il est victime d'un attentat. Il parvient à s'enfuir et se réfugie auprès de Charles. Ce dernier le raccompagne à Rome et convoque une assemblée composée de clercs et de nobles. Le 23 décembre, Léon III se disculpe des accusations de simonie en prononçant un « serment purgatoire », acceptant la punition divine s'il ment.

Le jour de Noël 800, le pape sacre Charles empereur et le fait acclamer par la foule.

. 125

« ... Quiconque refusera de respecter le saint jeûne du carême et mangera de la viande, qu'il soit mis à mort. »

LA SOUMISSION DES SAXONS

Tel est l'article 4 du « capitulaire des Saxons », datant de 785, qui prévoit, en outre, la mort pour ceux qui refusent le baptême, qui entrent de force dans une église ou qui incinèrent leurs morts à la manière païenne. Si Charles combat pour le Christ, les Saxons, eux, luttent pour garder leur paganisme national, fondé sur le culte de l'Irmensul, tronc sacré, colonne soutenant le Ciel. En 772, Charles détruit celui-ci, mais il lui faudra trente ans pour soumettre ce peuple. Le capitulaire de 785 instaure un régime de terreur dans le pays et, en 794, l'empereur impose des déportations massives... Ce n'est qu'à la fin du règne que, une fois mise en place une Église réellement saxonne, le pays fera enfin partie de l'empire.

Exécution de prisonniers saxons. *XIVe siècle. British Library, Londres.*

DES INSTITUTIONS RUDIMENTAIRES

C'est avant tout par sa présence physique et par sa parole que Charles gouverne, s'attachant à garder un lien personnel avec le peuple franc. Excepté à la fin de son règne, lorsqu'il vit dans son palais d'Aix-la-Chapelle, l'empereur se déplace sans cesse, tient des assemblées publiques chaque printemps et y annonce ses décisions, transcrites dans les « capitulaires ». Ses sujets lui doivent un serment personnel de fidélité, qu'ils renouvellent à plusieurs reprises.

Le gouvernement central, réduit, se compose du personnel du palais, des chefs des services domestiques et des clercs de la chapelle, à la tête desquels se trouve le chancelier, chargé d'expédier les actes officiels.

Le territoire est divisé en 300 comtés environ, confiés à quelques dizaines de familles apparentées à la dynastie ; les comtes, chargés de percevoir les impôts et de rendre la jus-

tice, sont en partie rémunérés par le produit des amendes. Ils sont trop souvent liés à l'aristocratie locale et corrompus. Pour les contrôler, Charles institue les fameux *missi dominici,* qui se déplacent par deux, un comte et un évêque, afin d'inspecter chaque année pendant quatre mois une zone donnée de l'empire. Il essaie aussi de confier la justice à des professionnels du droit, les *scabini* (futurs échevins).

CHARLEMAGNE ET L'ÉGLISE

Le souverain appuie son pouvoir sur l'Église qu'il garde dans une étroite tutelle. L'empereur intervient dans les débats théologiques, se charge de l'évangélisation des païens soumis, mais refuse toute ingérence de l'Église dans la société et estime que le pape doit se cantonner au rôle de pasteur.

126 .

La réforme scolaire doit surtout redonner au clergé sa dignité intellectuelle et morale.

CHARLEMAGNE ET L'ÉCOLE

Parmi les lettrés étrangers que Charlemagne attire à sa cour, Alcuin, né à York, est le plus important : ses mérites lui vaudront le titre de « précepteur de la Gaule ». Il entreprend de rénover le latin, organise des jeux littéraires. Sous son influence, un capitulaire, rédigé en

Raban Maur offre son livre. *IXᵉ siècle. Ost. nationalbibliothek, Vienne.*

789, fixe un véritable programme scolaire, prévoyant la création d'écoles et déterminant toutes les matières qui doivent être enseignées.
L'empereur visite souvent l'école du palais et tente même d'apprendre à écrire, mais n'y parviendra jamais. Outre les fils des hauts dignitaires, quelques enfants pauvres y sont admis.

△ **Palais** carolingien. Il sert de cadre à Moïse, représenté dans la *Bible de Charles le Chauve,* copiée et illustrée à Tours au milieu du IXᵉ siècle. Bibliothèque nationale, Paris.

▽ **Monogramme** de Charlemagne : KRLS (Karolus). Promoteur de l'école, l'empereur, malgré ses efforts, restera analphabète.
Archives nationales, Paris.

Calendrier illustrant ▷ les travaux des mois. Récolte en août, semailles en septembre, vendanges en octobre, sacrifice du cochon en novembre.
Ost. nationalbibliothek, Vienne.

ESCLAVES ET HOMMES LIBRES

La base matérielle du pouvoir carolingien repose sur les domaines royaux fortement concentrés au nord de la Loire, notamment dans la région parisienne ainsi que dans les bassins de l'Oise, de la Marne, de l'Aisne et de la Meuse. Cœur du royaume, ces régions sont également celles où domine la grande propriété. L'existence de l'aristocratie suppose en effet un large ravitaillement, des greniers toujours pleins, des champs de dimensions exceptionnelles, compte tenu du bas niveau des rendements, la disposition enfin de vastes étendues incultes pour l'approvisionnement en gibier, l'élevage des chevaux et les plaisirs de la chasse. Pour les exploiter, on fait appel à une main-d'œuvre composée d'esclaves comparables, à beaucoup d'égards, à ceux de la Rome antique. Toutefois, dès la fin des conquêtes carolingiennes, les grands propriétaires commencent à « caser » leurs esclaves, c'est-à-dire à les installer en nombre croissant sur une terre où ils peuvent s'établir avec leurs familles et dont ils peuvent tirer leur subsistance. En échange, ces « maisons » paysannes, ces « manses » doivent au domaine du maître des prestations diverses, et surtout des prestations de travail. À côté de ces « manses » serviles, beaucoup de grands domaines intègrent à cette époque des exploitations préexistantes de paysans libres. D'autres domaines enfin s'agrandissent par voie de défrichements, opérés par des « hôtes » venus d'ailleurs.

L'ILLUSOIRE UNITÉ DE L'EMPIRE

Les dernières années du règne de l'empereur témoignent de la distance entre l'idéal de celui-ci et la réalité quotidienne. Dans ses ultimes lettres, Charles manifeste son angoisse devant la négligence des hommes et son regret de ne pouvoir rendre la justice, fondement d'une société chrétienne. C'est sans doute le constat qui l'amène à poser les bases de la vassalité, laquelle, à terme, enlèvera une partie de ses pouvoirs au souverain. Charles oblige, en effet, les comtes à devenir ses vassaux, s'assurant leur fidélité personnelle en leur octroyant une partie de ses domaines. Les forces centrifuges l'emportent...

En 806, Charlemagne prévoit de partager l'empire entre ses trois fils. Cependant, en 813, ses deux autres fils étant morts, Charles fait couronner empereur son fils Louis, sans l'aide du pape. Un an avant sa mort, il peut espérer que l'empire chrétien lui survivra... □

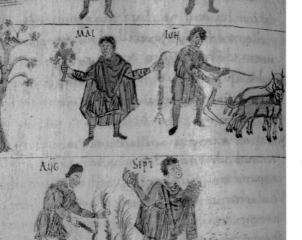

Berthe, la fille préférée de Charlemagne, eut, en secret, une longue liaison avec le poète Angilbert.

LA PRINCESSE ET LE POÈTE

Selon Eginhard, Charlemagne aimait tant ses filles « qu'il n'en voulut, on peut s'en étonner, donner en mariage aucune à qui que ce fût, pas plus à un des siens qu'à un étranger, il les garda toutes dans sa maison »... Quand Berthe, l'un des huit enfants qu'il eut de la Souabe Hildegarde, tomba amoureuse du poète Angilbert, abbé laïque de Saint-Riquier, elle dut dissimuler sa liaison. On assure que la princesse introduisait son amant dans sa chambre en le portant sur ses épaules, afin qu'il n'y eût qu'une seule trace de pas dans la neige. Ces amours durèrent et portèrent leurs fruits : Berthe et Angilbert eurent plusieurs enfants, dont l'historien Nithard.

Couvreur sur le fronton d'une église. Dans ces temps difficiles où les hommes ne mangent pas tous à leur faim, les artisans arrivent à vivre à peu près correctement, en louant leurs services dans les grands domaines seigneuriaux ou les abbayes.
Bibliothèque municipale, Épernay.

LA RENAISSANCE CAROLINGIENNE

L'importance attachée par Charlemagne à la formation morale et spirituelle du peuple chrétien entraîne, à la fin du VIIIᵉ siècle, un renouveau culturel auquel les historiens donnent le nom de « renaissance ». Celle-ci atteindra son apogée à la fin de l'empire, sous le règne de Louis le Pieux puis sous celui de Charles le Chauve. Charlemagne attire à sa cour les plus grands savants contemporains, venus d'Angleterre (Alcuin), d'Italie (Paul Diacre) et d'Espagne (Théodulphe). Sous leur influence, la langue latine est restaurée dans sa forme classique ; très éloignée de la langue parlée, elle devient une langue de culture, réservée aux seuls clercs. Les premiers lettrés carolingiens étaient des pédagogues mais, dès le règne de Louis le Pieux, apparaissent des penseurs originaux comme Raban Maur. Vers 770 est mise au point une écriture nouvelle, la minuscule caroline ; son adoption rend plus aisée la copie et la diffusion des manuscrits. La multiplication des livres donne alors une importance particulière à l'enluminure. L'architecture, enfin, connaît un développement intense. Et, à côté de nombreux monuments à forme ramassée, les architectes tentent des synthèses complexes.

128.

Crypte de l'église ▽ Saint-Germain d'Auxerre. La peinture murale représente l'arrestation de l'apôtre saint Étienne. Les peintures des églises ont pour fonction de répandre la Bonne Parole. Celles-ci ont été commandées à différentes écoles de peinture par l'évêque Héribald, mort en 857.

▽ **L'art de compter** avec les doigts de 1 à 20 000, c'est ce qu'enseigne, entre autres, le *De numeris* du théologien et poète allemand Raban Maur (780-856).

Bibliothèque nationale, Lisbonne.

Reliure de l'évangé- ▷
liaire de Metz : plaque
d'ivoire représentant
une crucifixion, pierre-
ries et émaux cloison-
nés orientaux sur
cuivre repoussé.
Objets sacrés et pièces
d'orfèvrerie, les livres
font partie du trésor
des empereurs.
Bibliothèque nationale, Paris.

◁ **Aiguière** dite « de
Charlemagne ». L'empe-
reur possède un trésor
personnel constitué de
lingots d'argent et d'or,
de soies précieuses et
de diverses pièces d'or-
fèvrerie, dans lequel il
puise pour récompen-
ser ses serviteurs.
Basilique des Martyrs,
Saint-Maurice, Suisse.

. 129

◁
« **Saint Jean, ou
l'inspiration** », pein-
ture de l'Évangile
d'Ebbon. Précepteur
de Louis le Pieux,
Ebbon, ancien es-
clave, fut bibliothé-
caire impérial. Entre
815 et 835, il fit réa-
liser à Hauvillers ces
peintures étranges
et tourmentées.
Bibliothèque municipale,
Épernay.

LA RENAISSANCE DE BYZANCE

Jusqu'à la moitié du VIIIe siècle, partisans
et adversaires du culte des images se succèdent
au pouvoir. Ils portent la controverse
à un tel niveau qu'au IXe siècle l'Empire
byzantin connaît une formidable
renaissance intellectuelle.

D EPUIS 730, sous l'impulsion du pouvoir impérial, Constantinople s'est vouée à l'iconoclasme et interdit le culte des images saintes. Au pouvoir de 740 à 775, Constantin V se montre farouchement iconoclaste. Dans les dernières années de son règne, le conflit qui l'oppose aux « iconodoules », les adorateurs d'images (principalement les moines), se durcit. Au point que le chef de l'Église byzantine, le patriarche Paul, pourtant nommé par l'empereur, souhaite changer de politique.

Léon IV, héritier de Constantin V, meurt prématurément, en 780. Son fils, Constantin VI, n'a que neuf ans. La régence échoit à Irène, sa mère, fille de bonne famille athénienne et fer-

▽ **Constantin VI** au
deuxième concile de
Nicée, qui doit mettre
fin en 786 à la crise iconoclaste. Celle-ci
reprendra cependant
en 815.

Bibliothèque vaticane, Rome.

vente iconodoule. En 784, elle appelle au patriarcat un haut fonctionnaire iconodoule et modéré, Tarasios. Ensemble, ils organisent un concile chargé de rétablir le culte des images.

LE RÈGNE D'IRÈNE

Convoqué en 786, le concile ne peut se réunir à Constantinople, la population de la capitale étant iconoclaste. Il se tient à Nicée, sous la garde des contingents fidèles à Irène. Ce concile est mémorable à bien des égards. D'abord, par le nombre inhabituel de moines présents aux séances. Ensuite, par le formidable effort bibliographique qu'il suscite : pour trouver, dans les textes des Pères de l'Église, de quoi étayer leur argumentation, les icono-

doules doivent mener des recherches approfondies dans les bibliothèques du patriarcat, du palais impérial et des monastères. Ils doivent aussi, à titre d'argument théologique, utiliser des passages de la vie des saints.

À l'issue du concile, les iconoclastes sont vigoureusement condamnés, mais la doctrine affirmée de l'image se trouve très affinée par rapport aux excès antérieurs. Pour preuve d'apaisement, Tarasios réussit à obtenir que les évêques iconoclastes puissent réintégrer l'Église sans trop de difficultés.

Irène mène alors une politique extrémiste, réprimant les anciens iconoclastes et favorisant les monastères, qu'elle dote en terres au détriment de la fortune impériale. Démagogue, la régente accorde des réductions d'impôt. En 790, Constantin VI tente de l'écarter

du pouvoir, mais il est contraint de la rappeler deux ans plus tard, et, en 797, Irène n'hésite pas à lui faire crever les yeux. Elle se proclame alors « basileus », « empereur de plein exercice ».

LA MENACE DE L'OCCIDENT ET LA POUSSÉE BULGARE

Chez les Francs, l'entourage de Charlemagne assimile la présence d'Irène à une vacance du trône : une raison de plus pour que le jour de Noël de l'an 800 Charlemagne soit couronné empereur d'Occident. Consciente de la menace, Irène veut négocier. Elle envisage même d'épouser l'empereur carolingien. Cette dernière reculade avive encore le mécontentement de la population et, surtout, de l'aristocratie by-

Couronnement de ▽ l'empereur Michel Ier Rangabé en 811. Favorable au culte des images, l'empereur a deux sortes d'ennemis : les iconoclastes et les Bulgares.

Manuscrit du XIVe siècle. Bibliothèque nationale, Madrid.

Église de Gorème, en ▷ Turquie, site célèbre pour ses églises troglodytes. Le décor de celle-ci, datant du XIe siècle, est postérieur à la crise iconoclaste.

. 131

Dans un empire où l'accès aux principales fonctions repose sur les compétences, l'enseignement joue un rôle important et le système scolaire est très développé.

LE BYZANTIN À L'ÉCOLE

On trouve des écoles primaires jusque dans les petites bourgades rurales, et le maître d'école est un personnage familier. Entre 7 et 11 ans, les élèves apprennent la lecture, le calcul et des rudiments de rhétorique. Un maître et son adjoint, relayés par les élèves les plus avancés, y enseignent les règles du beau langage, la philosophie et les sciences. L'enseigne-

ment secondaire est concentré à Constantinople. Poursuivre des études suppose donc d'habiter la capitale, ou d'y avoir de la famille, ce qui restreint la clientèle à l'aristocratie. Même si, à certaines époques, l'empereur puis l'Église tentent de dégager une organisation générale, la concurrence entre les écoles, privées et payantes, est farouche.

zantines. Le 31 octobre 802, Nicéphore, «grand logothète», principal responsable des finances d'Irène, prend le pouvoir sans difficulté.

Nicéphore mène une politique énergique : recrutement pour l'armée, redressement financier. Il tente même de calmer les querelles religieuses en appelant au patriarcat un autre Nicéphore, intellectuel de renom. Mais il ne peut contenir la poussée des Bulgares. Le 26 juillet 811, l'armée byzantine est écrasée et Nicéphore est tué.

En 813, Krum, le tsar bulgare, met le siège devant les murs de la ville et Constantinople ne doit son salut qu'à une providentielle épidémie.

On est loin des brillants succès militaires remportés par Léon III et Constantin V. Tandis que les Bulgares assiègent Constantinople, la population se rend en masse à l'église des Saints-Apôtres, où sont enterrés les empereurs défunts ; sur la tombe de Constantin V, le peuple implore son aide.

UNE QUERELLE DÉPASSÉE

La tentation est grande d'établir un lien entre ces échecs extérieurs et l'abandon de l'iconoclasme. En 815, deux ans après son arrivée au pouvoir, l'empereur Léon V l'Arménien remet en vigueur les décrets du concile de Hiéra de 754, qui condamnaient les images

saintes. Avec une nuance : les iconodoules ne peuvent plus être taxés d'idolâtrie. Les sécularisations de monastères et les confiscations de biens monastiques reprennent. Certains moines sont même exilés, notamment Théodore le Studite, qui avait, en vain, tenté d'organiser un ordre des moines byzantins.

L'iconoclasme domine encore pendant le règne de deux empereurs, Michel II le Bègue et Théophile. La querelle finit cependant par être dépassée : sur le plan théologique, les icônes trouvent leur place et, sur le plan politique, le rôle déterminant de l'empereur n'est plus contesté. Et lorsqu'en 842, à la mort de Théophile, la femme de celui-ci, Théodora, accède à la régence au nom de son fils Michel III, elle assure le rétablissement des images. Le 11 mars 843 devient la fête de l'orthodoxie.

▽ **Bandages de tête,** provenant d'un traité médical. La querelle iconoclaste oblige les savants et les lettrés à se pencher sur les textes antiques, suscitant ainsi un renouveau scientifique et intellectuel.
Bibliothèque Laurentienne, Florence.

Assaut d'une forte- ▽ resse. La querelle des images byzantines oppose la population en deux clans, entraînant de violentes échauffourées.
Manuscrit du XIe siècle. Bibliothèque nationale, Paris.

△
Monnaie de l'empereur Michel III (842-867) et de sa mère Théodora. Assurant la régence pendant la minorité de son fils, Théodora rétablit définitivement le culte des images.
Bibliothèque nationale, Paris.

PHOTIOS, PATRIARCHE DE LA RENAISSANCE

Ces querelles théologiques ont constitué l'un des moteurs de la renaissance intellectuelle que connaît l'Empire byzantin au IXᵉ siècle. Iconoclastes, comme Léon le Mathématicien, ou iconodoules, comme Photios, tous y prennent une part importante.

Né vers 810, dans une famille de hauts fonctionnaires, Photios est le neveu du patriarche Tarasios. À la fois compétent et modéré, il devient directeur général de l'Administration. En 858, l'empereur Michel III fait appel à lui comme patriarche. Photios devient alors le deuxième personnage de l'empire. Cet érudit a laissé d'innombrables ouvrages ; le plus célèbre reste sa

Bibliothèque, recueil de 279 notices dans lequel il résume les livres qu'il a lus.

Son patriarcat est fécond et agité. Photios obtient la conversion des Bulgares mais se brouille avec le pape Nicolas Iᵉʳ. Dès son accession au trône, en 867, Basile Iᵉʳ le destitue, puis le rappelle en 877. En 889, désireux d'avoir les coudées franches, le nouvel empereur, Léon VI, renvoie Photios, qui finit sa vie en exil et meurt vers 893.

L'ÉVANGÉLISATION DES SLAVES

La renaissance intellectuelle de l'empire s'accompagne d'une reprise de l'expansion territoriale. En 838, les Byzantins essuient leur dernier échec face aux Arabes. Dès lors, la reconquête peut recommencer : d'abord aux

confins arméniens, puis en direction de la Syrie – où, en 969, les armées de Nicéphore Phokas reprennent Antioche. De plus, depuis le début du IXᵉ siècle, les Byzantins contrôlent à nouveau la Grèce, où les Slaves sont hellénisés et christianisés.

Plus au nord, le roi Ratislav de Moravie, soucieux de résister à la pression des Carolingiens, fait appel à des missionnaires byzantins. Sur les conseils de Photios, l'empereur envoie deux frères de la région de Thessalonique : Méthode et Constantin, son frère cadet, qui, devenu évêque, prend le nom de Cyrille. Ils introduisent le christianisme en Crimée, en Dalmatie, en Hongrie et en Pologne. Ils traduisent en slavon les Écritures et la liturgie. Dans ce but, ils inventent un alphabet, le « glagolitique », auquel Cyrille laissera son nom en Bulgarie : l'alphabet « cyrillique ». En 864, le tsar bulgare Boris reçoit le baptême du clergé byzantin : les peuples slaves font ainsi leur entrée dans la chrétienté, prélude à leur entrée dans l'empire. □

Archevêque de Thessalonique de 840 à 843, cet iconoclaste est le premier esprit véritablement scientifique de l'époque byzantine.

LÉON LE MATHÉMATICIEN

Géomètre et astronome, Léon le Mathématicien (v. 790-869) doit son surnom à l'étendue de sa culture, qui embrasse tous les domaines de la connaissance (*mathèmata,* en grec). Dans les années 820, il enseigne dans une école secondaire. En 855, l'université de Constantinople renaît au palais de la Magnaure : Léon le Mathématicien y enseigne la philoso-

phie. Il invente un télégraphe optique, qui relie la frontière orientale à la capitale et permet d'avertir, en moins d'une heure, d'une éventuelle incursion arabe. Sa célébrité s'étend bien au-delà des frontières de l'empire : le calife abbasside al-Mamoun demandera, en vain, à l'empereur Théophile que Léon vienne rejoindre, à Bagdad, la « maison de la Sagesse ».

Scènes de la vie quotidienne : berger tondant un mouton, pêcheurs, laboureur dans un champ.
Manuscrit grec du XIᵉ siècle. Bibliothèque nationale, Paris.

HAROUN AL-RACHID

De 786 à 809 règne, sur l'Empire abbasside,
le cinquième et le plus célèbre de ses califes,
Haroun al-Rachid, devenu le héros
de plusieurs contes des *Mille et Une Nuits*.

Symbole de l'Orient fabuleux, Haroun al-Rachid – son nom signifie Aaron «le Bien Guidé» ou «le Juste» – est incontestablement le plus connu des califes abbassides, jusqu'à devenir un personnage quasi légendaire. C'est, peut-être, à son alliance avec Charlemagne, et à son style de vie, que Haroun al-Rachid doit une telle célébrité. Car, s'il est militaire avant tout, veillant à la sécurité et à la grandeur de l'empire, il privilégie aussi la poésie et les plaisirs. Pourtant, le règne de son fils al-Mamoun (813-833), qui paraît moins romantique, est au moins aussi brillant et le fait entrer dans l'histoire comme le fondateur de la «maison de la Sagesse», à Bagdad, l'Académie des sciences de l'époque.

◁ **Haroun al-Rachid,** le calife abbasside régnant sur Bagdad, a été immortalisé par certains contes des *Mille et Une Nuits.* S'il fait preuve de goût en matière de poésie et d'art en général, il n'est pas un fin politique.

Miniature persane du XVIᵉ siècle. Bibliothèque nationale, Paris.

△ **Dinar** abbasside datant du règne de Haroun al-Rachid. Au IXᵉ siècle, la figure humaine est rarement représentée ; les monnaies s'ornent alors de calligraphies stylisées.

Bibliothèque nationale, Paris.

LES DÉBUTS DU RÈGNE

Haroun al-Rachid est né à Rey, au Khorasan, en février 766, d'une esclave yéménite. Lorsqu'il monte sur le trône, il a tout juste vingt ans. Deux de ses fils naissent en cette même année. Son épouse préférée, Zubayda (« Petite Motte de beurre ») – issue de la noblesse, fille de l'oncle de Haroun, et célèbre pour sa générosité –, met au monde le premier de ses garçons : Amin. Et c'est Marajil, une esclave persane, qui enfantera son second fils appelé al-Mamoun.

Si les défauts d'Amin apparaissent vite, le calife, au contraire, ne tarit pas d'éloges sur al-Mamoun : solidité de jugement, sagesse, énergie. Haroun aura d'autres épouses, et de nombreuses concubines, qui vivent au harem.

Pendant près de dix-sept ans, le calife gouverne en s'appuyant entièrement sur son ancien précepteur, Yahya al-Barmaki. Celui-ci appartient aux Barmakides, illustre famille persane dans laquelle le vizirat se transmet de père en fils, depuis les premières années de règne des Abbassides. Le plus séduisant et le plus intelligent des enfants de Yahya al-Barmaki, Djaafar, devient le préféré du calife. Ce dernier, raconte l'historien Tabari, lui fait « partager ses plaisirs, lorsqu'il s'amuse à boire en compagnie de femmes, d'esclaves et de musiciens ». La charge de vizir comporte bien des avantages, mais aussi un risque majeur : le vizir peut-il prendre des initiatives, ou doit-il se contenter d'exécuter les ordres reçus ? Périlleuse responsabilité...

LA TRAGIQUE DISGRÂCE DES BARMAKIDES

Caprice de prince ou raison d'État ? Le fait est que Haroun finit par prendre ombrage de la puissance et de la richesse du clan des Barmakides. Bien pis, Djaafar ose demander en mariage la sœur du calife, Abbassa, dont il est

▽ **La tour de Samarra,** aujourd'hui en Iraq. Cette magnifique construction est le minaret de la mosquée du Vendredi, édifiée sous les Abbassides. L'influence de l'Antiquité mésopotamienne est ici très nette.

Au nord-ouest du Maroc, sur les bords de l'oued, à l'eau abondante, la ville de Fès s'édifie sur un site remarquable. Sa naissance remonte à la fin du VIIIᵉ siècle.

LES IDRISIDES DE FÈS

En 786, année de l'avènement de Haroun al-Rachid, une révolte éclate à Médine, fomentée par les Alides, des chiites descendants d'Ali (cousin du prophète Mahomet). Ils sont pourchassés par les troupes du calife. L'un d'eux, Idris, parvient à gagner l'Égypte, puis le Maghreb. En 788, il trouve refuge à Volubilis (Oualila). Voulant édifier une capitale rivale de Tahert et de Kairouan, il fonde Fès vers 789. Il meurt en 791, peut-être empoisonné sur l'ordre de Haroun al-Rachid. Idris II, continuateur de la dynastie des Idrisides (788-959), bâtira une nouvelle ville sur la rive opposée de l'oued.

Pièce du jeu d'échecs ▷ dit « de Charlemagne », cadeau du calife de Bagdad à l'empereur d'Occident. Les souverains échangent des ambassades afin de s'allier contre leurs ennemis communs : les Omeyyades d'Espagne et l'empereur de Byzance.
Bibliothèque nationale, Paris.

éperdument amoureux. Haroun lui accorde sa main, mais pose trois conditions, que précise Tabari : « Tu ne la verras pas ailleurs qu'en ma compagnie, ton corps n'approchera jamais le sien, et tu n'auras pas avec elle de rapports conjugaux. »

Malgré la promesse, Abbassa donne naissance, en cachette, à un garçon. Elle l'envoie aussitôt à La Mecque, sous la garde de deux esclaves, qu'elle couvre d'or pour acheter leur silence. Mais, un jour, elle se querelle avec l'une d'elles, qui, pour se venger, révèle au calife l'existence de l'enfant.

Haroun propose alors à Djaafar d'offrir un festin... Sur le coup de minuit, il ordonne à Mesrour, son eunuque, d'aller trancher la tête de Djaafar et de la lui rapporter. Ce qui est fait. Tous les Barmakides adultes sont égorgés et leurs biens confisqués. Cela se passe fin janvier 803. « La conduite de Haroun, en cette circonstance, fut généralement désapprouvée », conclut philosophiquement Tabari, qui raconte, par ailleurs, les hauts faits du prince.

Avec Charlemagne, contre Byzance

Charlemagne, couronné empereur d'Occident en l'an 800, doit compter, au sud, avec son plus proche ennemi, l'émir omeyyade de Cordoue. Et, à l'est, son rival, l'empereur de Constantinople, tente de rétablir la suprématie de l'Empire d'Orient. Pour Haroun al-Rachid, le rival est l'Omeyyade d'Espagne, et l'ennemi, l'empereur de Byzance. Tout plaide donc en faveur d'une alliance entre les deux grandes puissances de l'époque, les deux piliers des mondes chrétien et musulman. Des ambassadeurs prennent le chemin de Bagdad et d'Aix-la-Chapelle. Au début du IXe siècle, des présents s'échangent... Haroun aurait ainsi offert à Charlemagne les clés de Jérusalem... et un éléphant.

△ **Retour** d'un marchand, accueilli par ses trois servantes. Bien que l'ouvrage traite d'anecdotes religieuses, le peintre représente ici la figure humaine.
XIIIe siècle. Bibliothèque nationale, Paris.

◁ **Vase.** La poterie est réalisée dans un ton de bleu très apprécié en Orient. La calligraphie est abondamment employée pour la décoration des objets.
XIIe siècle. Victoria and Albert Museum, Londres.

136 .

Monument de la littérature, les Mille et Une Nuits rassemblent des contes aux origines diverses : Perse, Bagdad ou encore Égypte.

LES MILLE ET UNE NUITS

Chahriyar, roi de Perse, découvrant l'infidélité de son épouse, décide de la faire étrangler et de prendre, chaque soir, une nouvelle femme, qui connaîtra, le lendemain matin, le sort de la première. Schéhérazade, la fille du vizir, s'offre pour cette union, à condition que sa sœur, Dinarzad, passe la nuit dans la chambre nuptiale. Le roi accepte. Dinarzad demande alors à sa sœur de lui conter une histoire. Captivé par le récit, qui n'est pas terminé au lever du jour, Chahriyar décide de différer d'un jour l'exécution. Ainsi, pendant « mille et une nuits » défilent Aladin et la lampe merveilleuse, Ali Baba et les quarante voleurs, Sindbad le marin... Définitivement charmé par Schéhérazade, le calife renonce à son projet barbare.

Voici comment Tabari relate les deux batailles qui, en 802 et surtout en 806, opposent le calife à Byzance : « Le roi de Roum (Constantinople) avait attaqué avec une armée nombreuse les frontières de la Syrie. Haroun marcha contre lui à la tête de cent mille hommes, et s'empara de plusieurs villes. Le roi nommé Naqfour (Nicéphore Iᵉʳ le Logothète) fut obligé de conclure la paix et de payer un tribut [...] Haroun, de retour en Iran, fut informé que Nicéphore avait violé le traité de paix [...]. En effet, comme l'hiver était très rigoureux, Nicéphore avait pensé que l'armée de Haroun ne pourrait pas revenir. Haroun revint pourtant, entra dans le pays de Roum, et détruisit beaucoup de villes. Nicéphore fit de nouveau la paix, et Haroun s'en retourna. » Le calife meurt en 809, lors d'une expédition au Khorasan.

◁ **Moulay Idris,** au Maroc. Ville sainte, elle renferme le mausolée d'Idris Iᵉʳ, considéré comme un descendant de Mahomet. Le fondateur de la dynastie idriside est l'ennemi juré de Haroun al-Rachid.

▽ **Scieur de bois.** C'est l'un des petits métiers de Bagdad, qui rassemble une population nombreuse où se côtoient esclaves, boutiquiers, mendiants et princes.
Manuscrit du XIIIᵉ siècle. Bibliothèque nationale, Paris.

Bagdad, ville lumière

Sur la vie au temps des Abbassides, les contes des *Mille et Une Nuits* renseignent autant que les historiens de l'époque. Tentaculaire, la capitale de l'empire est l'une des plus peuplées du monde : Bagdad compte entre un million et un million et demi d'habitants, contre 500 000 au Caire et 300 000 à Samarcande ou à Cordoue. Quant aux cités de France ou d'Italie, elles n'atteignent pas 10 000 âmes !

Le bas de l'échelle sociale est constitué par les esclaves, qui peuvent néanmoins se voir confier des charges importantes. Viennent ensuite les eunuques (Slaves, Arméniens, Grecs, Noirs), gardiens des harems et détenteurs des secrets d'alcôves, puis les paysans, dont le sort n'est guère enviable.

Le peuple, déjà mieux considéré, se compose d'une population variée, allant du va-nu-pieds au boutiquier, en passant par les portefaix, vendeurs d'eau et mendiants. La classe « moyenne » réunit les commerçants, les médecins, les propriétaires, les fonctionnaires, les hommes de religion et les juges. Au-dessus, on trouve les membres de la cour et les princes, et enfin, au sommet, le calife.

Ainsi, le luxe le plus insolent côtoie la misère la plus criante dans la cité la plus prospère du monde. □

. 137

LE PRINCE DES POÈTES

« L'homme aux longs cheveux bouclés » : ainsi ses contemporains surnomment-ils Abu Nuwas (v. 762-v. 815), le plus illustre poète de son époque et que beaucoup considèrent comme le plus grand poète arabe de tous les temps. Les thèmes qui l'inspirent, autant que son style, font penser à la fois à Villon et à Verlaine.

Né en Iran, il suit sa mère à Bassora. Là, il mène de solides études coraniques, tout en se vouant au plaisir. Vers l'âge de trente ans, il est naturellement attiré par la ville lumière, Bagdad. Dans *les Mille et Une Nuits,* il apparaît comme le commensal du calife. Les contes ont embelli la réalité. Pour gagner sa vie, il est certes, comme ses émules, poète-courtisan chez le calife, mais plus encore chez les vizirs et les mécènes. Non-conformiste, il excelle dans la satire politique et les épigrammes personnelles, ce qui lui vaut quelques inimitiés. Rien, ni personne, n'échappe à ses sarcasmes, pas même la religion. Comme les nobles, il aime la chasse, mais c'est à la vie de bohème que va sa préférence : courir les tavernes en compagnie de jeunes éphèbes et boire en écoutant les musiciens. En témoignent ses poèmes bachiques et érotiques : *l'Expédition au cabaret, Quintette du vin, la Tentation diabolique, la Garçonne...* Insolence et dévergondage lui valent d'ailleurs d'être jeté deux fois en prison par le calife, auquel il n'aura finalement dédié que trois panégyriques.

138 .

Un poète, peut-être △ Abu Nuwas. Abu Nuwas, poète d'origine iranienne, s'installe à Bagdad où il trouve des mécènes pour vivre de son art. Mais il fréquente aussi bien la cour du calife que le petit peuple des rues.
XIIIᵉ siècle. Bibliothèque de Suleymaniye, Istanbul.

Illustration ▽ d'un recueil de fables, dû à un autre poète, al-Muqaffa.
Vers 1220. Bibliothèque nationale, Paris.

◁ **Poète chansonnier,**
entouré de musi-
ciennes et de dan-
seuses. Suivant
l'œuvre interprétée,
le poète peut préférer
au simple luth, intime
et émouvant, un
accompagnement
plus soutenu.
1219. Bibliothèque nationale,
Le Caire.

L'audition d'un poème ▷
est un instant privilé-
gié : le parfum des oran-
gers, la mélodie du
luth, le vin frais et épi-
cé, tout concourt à
transporter l'âme
au loin.
Manuscrit du XIIIᵉ siècle.
Bibliothèque vaticane, Rome.

▽ **L'homme et l'oiseau,**
illustration d'une fable
du *Kalila wa-Dimma*.
Plaisir de l'oreille et
de l'âme, la poésie est
aussi un plaisir de l'œil
grâce aux illustrations
qu'elle inspire.
XIIIᵉ siècle. Bibliothèque
nationale, Paris.

. 139

BULGARIE

Les khans bulgares

■ La Bulgarie est née de l'union de deux populations ethniquement différentes : les sept tribus slaves installées entre Danube et Balkans et les Namades proto-bulgares. Cette union fait peser sur l'Empire byzantin une des plus grandes menaces qu'il ait jamais connues, surtout quand, à partir de 805, le khan Krum y accueille les Avars qui fuient la conquête franque. En 811, c'est Krum qui tue le basileus Nicéphore Ier, puis son successeur, Michel Ier Rangabé, allant jusqu'à assiéger Constantinople en 813. Son successeur, Omertag, est moinsbelliqueux et signe une paix qui doit donner trente ans de répit à l'Empire byzantin. □

ESPAGNE

Saint Jacques

■ La découverte « miraculeuse » des reliques de saint-Jacques le Majeur sur la côte de Galice est à l'origine de la richesse de Compostelle, « le champ de l'Étoile », au cours des siècles. La ville attirera des foules de pèlerins venus, à cheval et à pied, de toute l'Europe. Sur la plage, au pied du sanctuaire, ils découvrent des coquillages en forme d'éventail, les « coquilles Saint-Jacques », qui deviendront l'emblème du plus grand pèlerinage de la chrétienté médiévale. Les rois des Asturies, champions de la lutte contre les musulmans, ne peuvent que bénéficier de l'aide divine que les saintes reliques attirent sur leurs entreprises. □

Coquille de Saint-Jacques.
XIe-XIIe siècle. Église de Conques.

Défense de Constantinople contre les Bulgares.
Bibliothèque nationale, Madrid.

GROENLAND

Les Inuit

■ Les terres glacées proches du pôle Nord sont peuplées au IIIe millénaire av. J.-C. par de petits groupes d'hommes, qui se nomment eux-mêmes Inuit et que nous appelons Eskimos. Dès cette époque, ils s'adaptent au froid et fabriquent des traîneaux en os, des skis, des raquettes et des crampons. Vers le IXe siècle de notre ère, ceux qui sont installés au nord du Canada, dans la région de Cape Dorset, développent une culture originale, fondée sur la chasse des mammifères marins et des caribous. Ils fabriquent des objets et surtout inventent un nouvel habitat : leurs maisons à demi-enterrées peuvent contenir deux à trois familles, qui passent l'hiver bien plus confortablement que dans les anciennes tentes de peau. □

AFRIQUE

Des mouvements de population

■ Les migrations, comme l'expansion musulmane, qui affectent depuis des siècles l'Afrique noire, poussent les populations à s'organiser, et à fonder, sinon des États au sens romain du terme, du moins des unités politiques structurées, comme celle du Ghana, où le pouvoir de Kaya Maghan Cissé est assuré depuis 790 par la possession de fabuleuses mines d'or. Aux frontières du Sahel, dans les ports du désert, où arrivent les caravanes chargées de sel, naissent vers 800 le royaume du Kanem fondé par les Teda du Tibesti, et l'empire Sanhadja au Soudan occidental. □

JAPON

La secte Tendai

■ Après la mort de l'empereur Shomu, la fin de l'époque Nara voit la discipline bouddhiste se relâcher, tandis que le poids des charges dues au clergé s'avère trop lourd dans les régions où sont concentrés temples et monastères. À l'aube de la période Heian (794), les moines japonais de retour de Chine en importent de nouvelles pratiques. Le moine Saicho (767-822) fonde la secte Tendai, qui se veut indépendante des pouvoirs, où la théorie et la pratique sont indissolublement liées, et dont la vérité est contenue dans le sutra *Lotus de la Merveilleuse Loi*. La secte recrute ses premiers fidèles à la cour C'est dans le bouddhisme Tendai que les autres sectes japonaises, Jodo, Nichiren ou Zen trouveront leurs racines. □

ASIE

Mutations religieuses

■ Au Cachemire, l'expansion du bouddhisme marque un temps d'arrêt. La région avait adopté la nouvelle religion aux premiers siècles de notre ère, mais les divisions doctrinales qui opposent les différentes voies du bouddhisme, le manque d'enthousiasme des moines et la désertion des monastères ramènent insensiblement les montagnards vers les cultes de l'hindouisme traditionnel. Au IXe siècle, les dieux mis à l'honneur sont Çiva et Visnu, avant que l'islam ne conquière définitivement le pays. Le bouddhisme y reste cependant vivant près du Tibet. □

JAPON

Avant les Nippons

■ Les annales japonaises gardent le souvenir d'une révolte des Aïnous qui, en 776, fut très durement réprimée par le pouvoir central. Cette révolte est due à la politique de la cour de Nara, qui, depuis la réforme de Taïka, installe des camps retranchés dans les territoires des Aïnous et refoule ceux-ci vers le nord du pays. Faut-il voir dans cette répression l'ultime épisode de la lutte entre les derniers envahisseurs et les premiers habitants de l'archipel ? Les historiens actuels n'en sont pas si sûrs. Les Aïnous et les Japonais semblent en effet avoir eu des ancêtres communs, quoique les Aïnous, au teint brun, au nez large et aux lèvres épaisses, aient un type physique original. □

CAMBODGE

Le royaume khmer

■ Au VIIIe siècle, après le règne de la reine Jayadevi, le Cambodge s'était morcelé, retrouvant l'ancienne partition entre la plaine, le Cambodge de l'eau, ou Funan, qui avait sombré dans l'anarchie, tandis que les principautés des montagnes arrivaient à maintenir des États à peu près structurés. Le Tchen-la d'Eau est, au début du Ier siècle, soumis aux Malais de Java, qui l'ont conquis facilement. C'est pourtant de cette région que viendra la réunification du pays : le roi khmer Djayavarman II (802-850) parvient à secouer la tutelle malaise, amorçant la reconquête du reste du pays. □

140 .

814 - 887

Tout au long du IXᵉ siècle, sous les coups de boutoir de nouvelles invasions, les grands empires se disloquent ou vacillent. Prolongeant les conquêtes islamiques, les raids sarrasins menacent les vastes régions du sud de l'Europe. À l'ouest, les Vikings, espérant gagner fortune et célébrité, envahissent les îles Britanniques et l'Empire carolingien. Bénéficiant, avec les drakkars, d'un remarquable instrument de navigation, ils remontent les rivières et peuvent tirer sur le sol leurs «coursiers des vagues». À partir du partage de Verdun, en 843, c'en est fini de l'éphémère Empire carolingien : tandis que son démembrement se prépare entre les trois petit-fils de Charlemagne, le pouvoir central se désagrège au profit des grands vassaux. Et, même si, à Bagdad, la suprématie religieuse du calife abbasside est toujours reconnue, son autorité politique est ébranlée par des gouverneurs de province qui arrachent leur autonomie et fondent, en Égypte et en Espagne, de grands États arabes.

Tête de dragon en bronze.
Musée national, Copenhague.

LES VIKINGS

À la mort de Charlemagne, en 814, l'Empire carolingien paraît triompher. Pourtant, des ennemis nouveaux viennent de surgir : les farouches Vikings, dont les *drakkars* effrayants apparaissent au large des côtes anglaises vers 790.

AUX YEUX des annalistes et chroniqueurs du IXᵉ siècle, l'Empire carolingien a succombé, en grande partie, aux agressions des redoutables Normands (« hommes du Nord »), ces Vikings venus de la mer pour semer la terreur et la mort sur leur passage. Aujourd'hui, les historiens tendent à nuancer cette « légende noire » des Vikings.

DES PEUPLES MARINS ET COMMERÇANTS

Comme les Frisons, les Angles, les Saxons et les Jutes (originaires du Jutland), les peuples scandinaves (Danois, Norvégiens et Suédois) hantent depuis plusieurs siècles les côtes des mers septentrionales.

Premiers peuples germaniques à migrer par la mer, les Angles, avec les Jutes et les Saxons, ont conquis l'essentiel de l'île de Bretagne (d'où son nouveau nom d'« Angleterre »).

▽ **Grande épée** en fer, ornée d'applications en feuilles de bronze. Chaque village viking avait sa forge et son atelier de fabrication d'armes.
Musée archéologique de Moesgard, Danemark.

142 .

▽ **Bateau de Gokstad.** Navire de parade de 23 mètres de long, il a servi de tombe à un chef du IXᵉ siècle. Il a été découvert en 1880, près du fjord d'Oslo, dans un tumulus de 50 mètres de diamètre qui avait déjà été pillé.
Musée d'Oslo, Norvège.

Les Frisons, eux, dominent les échanges commerciaux. Dans leurs entrepôts de Duurstede, sur le Rhin, s'accumulent les produits ramenés des rives de la mer Baltique, via le port danois de Haithabu, l'île de Gotland et Birka, sur le lac Mälaren, en Suède. On y trouve des produits traditionnels du Nord comme les fourrures ainsi que d'autres, ramenés d'Orient par la grande route de l'Est.

LES VIKINGS, «GUERRIERS DE LA MER»

Comme leurs voisins, les Scandinaves sont mi-marchands, mi-pirates. Les tombes de la civilisation dite « de Vendel » témoignent d'une société prospère, dominée par des grands propriétaires, à l'occasion marins et marchands, que l'on enterrait parfois dans des bateaux d'apparat.

Comment et pourquoi ces peuples se sont-ils transformés en « Vikings » (le terme désigne une opération de pillage) ? On ne sait. Toujours est-il qu'à la fin du VIII\u1d49 siècle, des groupes, unis sous la conduite d'un chef de guerre, se lancent sur les routes que le commerce leur a déjà fait connaître, vers l'est d'abord, vers l'ouest ensuite. Guerrière ou marchande, l'aventure n'a qu'un but : enrichir les Vikings, leur apporter la gloire et les biens qu'ils pourront transmettre à leurs héritiers.

Menées, au début, par de petits groupes, où brillent les exclus qui ont besoin de revanche ou de reconnaissance, les expéditions deviennent plus «politiques». Alors que, dans un premier temps, on vient s'emparer d'un butin (or, argent, esclaves), à partir d'un campement provisoire, on songe ensuite à s'installer, ce qui nécessite un degré supérieur d'organisation. À la fin de la période viking, les rois danois et norvégiens, longtemps absents de ces raids, prennent en main les grandes expéditions.

◁ **Casque** dit «de Sigurd», découvert au centre de la Suède, à Valsgärde, dans une barque funéraire. Il est très lourd, car le haut est formé de panneaux rectangulaires, et la partie inférieure de mailles de fer.

VII\u1d49 siècle. Upplandsmuseet, Uppsala.

▽ **Tête de guerrier** trouvée à Sigtuna, ville fondée en 970 et qui fut le centre d'un évêché. Les cheveux sont ramenés en catogan.

XII\u1d49 siècle. Musée historique national, Stockholm.

Grande épée ▽ que les vikings maniaient au combat.

Musée archéologique de Moesgard, Danemark.

. 143

Deux recueils de poésie islandaise écrits à l'époque chrétienne, les *Eddas,* constituent les principales sources d'informations sur la mythologie scandinave.

LES VIKINGS PAÏENS

La religion des premiers Scandinaves est de type germanique. L'historien latin Tacite évoque des sacrifices humains, confirmés par la découverte (vers 400 apr. J.-C.), dans les tourbières du Danemark, d'Allemagne du Nord et de Suède, de près de 300 corps, qui semblent être ceux de «victimes» sacrifiées à l'occasion de rites de fécondité, sans doute au début du printemps (pour le mariage du Ciel et de la Terre).

D'après les *Eddas* (dont celle du seigneur islandais Snorri Sturluson, écrite vers 1220), il s'agit d'une religion indo-européenne, dont le panthéon rappelle celui des Grecs et des Romains. Les dieux sont répartis en deux « races » : les *Ases* et les *Vanes.* Le dieu principal, chez les Ases, est Thor, dieu de la Foudre et de la Guerre, qui est accompagné d'Odin, le sage, dieu des Morts et des Guerriers (qui ont besoin de sa ruse), et de deux corbeaux représentant la «Pensée» et la «Mémoire». Les *Vanes,* principalement la déesse Njördhr et ses enfants, Freyr et Freyja, sont les divinités de la Fécondité et de la Fertilité.

Novgorod, ébauche d'état russe

À l'est, les Suédois vont chercher, jusqu'à Constantinople, les produits de l'Orient. Pour ce faire, ils remontent les fleuves russes qui se jettent dans la Baltique. Ils doivent porter leurs bateaux sur une cinquantaine de kilomètres, de la bouche sud de la Dvina ou du lac Ladoga jusqu'au Dniepr, des lacs Ladoga et Onega jusqu'à la Volga. Ils n'ont plus, ensuite, qu'à descendre ces grands fleuves jusqu'à la mer Noire et Constantinople, où on les appelle les « Varègues » ou les « Rus ». Les Varègues sont d'ailleurs fort prisés comme mercenaires par les empereurs byzantins qui enrôlent leur « garde varègue ».

Au cours de leurs pérégrinations, les Varègues, ou Rus, sont entrés en contact avec les peuples slaves, dont l'organisation politique est rudimentaire. Il semble alors que, grâce à leur position de mercenaires, ils aient établi une forme de contrôle sur ces peuples.

Des principautés scandinavo-slaves voient alors le jour. Novgorod est ainsi fondée vers 860 par un prince varègue quasi légendaire, Riourik, ancêtre de la principale dynastie russe du Moyen Âge. En 882, le fils de Riourik, Oleg le Sage, s'empare de Kiev, qui deviendra la capitale du premier État russe.

Forts de leurs succès, de 860 à 944, les Suédois lancent contre Constantinople plusieurs redoutables expéditions. Quelques raids à travers la mer Caspienne leur permettent aussi de s'enfoncer en pays musulman, mais l'une de leurs vastes incursions, vers le nord de l'Iran, tourne pour eux au désastre, leur fermant à jamais cet axe de développement.

Dès cette époque, les Russes n'ont d'ailleurs plus guère de liens avec la Scandinavie : bien assimilés par les populations slaves, infiniment plus nombreuses, ils sont convertis au christianisme byzantin. À la fin du Xe siècle, les Suédois se tournent vers l'ouest : l'est ne les attire plus.

Des vikings à Dublin et Londres

À l'ouest, Norvégiens et Danois rencontrent des situations variées. Après avoir pillé les pays celtes et les îles, qui n'opposent qu'une faible résistance, ils occupent les îles Hébrides, Orcades, Shetland et Man et s'installent sur les côtes septentrionales de l'Écosse. Les Norvégiens fondent de petits royaumes dans les estuaires irlandais : Cork, Dublin, Limerick, Wexford.

Mais les Irlandais, profitant des rivalités entre chefs ou entre Danois et Norvégiens, s'unissent contre les en-

144 .

Les Vikings suédois △ à Kiev. Un chef slave reçoit ceux que la tradition appelle « Varègues », mot qui désigne des soldats marchands liés par un « *var* », serment de fidélité. Les Varègues ont fondé Novgorod.

XVe siècle. Académie des sciences, Saint-Pétersbourg.

◁ **Le roi Edmond** d'Anglia est battu et emmené au supplice par les Danois d'Ivar le Désossé, qui ont envahi l'Angleterre en 866.

Manuscrit anglais du XIe siècle. Pierpont Morgan Library, New York.

vahisseurs. En 1014, à la tête des Irlandais, Brian Boru gagne la bataille de Clontarf, marquant l'arrêt de l'avancée viking. Toutefois, des petits royaumes norvégiens vont subsister encore longtemps, tandis que se développe une influence mutuelle, encore accentuée par la conversion des Vikings au christianisme : la littérature scandinave, en particulier, est fortement marquée par les modèles irlandais.

Mais c'est surtout par l'Angleterre, beaucoup plus riche, que sont attirés les Vikings, les royaumes anglo-saxons, petits et divisés, résistant mal, dans un premier temps. De 834 à 850, les Vikings y mènent une série d'expéditions, pillant systématiquement les villes et les établissements ecclésiastiques, et installant des têtes de pont, notamment à l'embouchure de la Tamise.

En 865 arrive une immense armée, menée par des représentants des plus grandes familles vikings. York est occupée en 866. De raid en raid, année après année, les Vikings descendent ainsi vers le sud. Ils s'installent à Londres en 871 et obligent le jeune roi du Wessex, Alfred le Grand, à acheter la paix. C'est toutefois ce royaume de Wessex qui, en 878, jouera un rôle déterminant dans la lutte contre l'envahisseur.

LE PAYS DE LA «LOI DANOISE»

À la fin du IXe siècle, l'Angleterre est si dévastée qu'il ne reste rien à piller. Les Danois s'y installent, chassant les populations anglo-saxonnes et colonisant le Yorkshire (devenu royaume

viking d'York), le nord de l'Angleterre, une partie des Midlands de l'Est et de l'Est-Anglie. Les noms de lieux et les structures sociales de ces régions témoigneront de cette occupation. Dans un monde où le servage est généralisé, les Scandinaves introduisent un droit nouveau, celui des paysans à la liberté. Une société originale, anglo-scandinave, naît alors dans ce pays que l'on appelle désormais le *Danelaw* («loi danoise»), au nord d'une ligne allant de Chester à l'estuaire de la Tamise. Elle survivra à la reconquête du Wessex.

Au cours du IXe siècle, en effet, profitant des divisions internes des Scandinaves, le Wessex rétablit son autorité sur toute l'Angleterre. Mais cette reconquête n'a aucune incidence sur les structures sociales et sur le peuplement du pays. Et lorsque, vers 980,

---

Alfred le Grand réalise l'union des Anglo-Saxons face aux Danois. Fin lettré, le roi Alfred favorise l'Église et la culture.

ALFRED LE GRAND ET LA RÉSISTANCE ANGLAISE

En 878, les Danois envahissent le Wessex. Le roi Alfred se réfugie dans les marais du Somerset, au sud-ouest de l'Angleterre. Après avoir rassemblé une armée, il remporte à Edington une victoire décisive. La résistance face aux Danois a unifié les Anglo-Saxons : Alfred devient leur seul maître. En 886, le roi occupe de nouveau Londres et traite avec les Danois de l'Est-Anglie. Puis il s'attache à réformer les structures du royaume afin d'en faciliter la défense. Il organise une nouvelle armée et fait construire une flotte sur le modèle scandinave. En 892, Alfred le Grand peut donc résister à l'attaque des Vikings venus de France, et, en 896, contraindre les nouveaux envahisseurs à s'en retourner. La renommée du roi Alfred tient aussi à son action en faveur de l'Église et de la culture anglo-saxonnes. Il fait traduire du latin en anglo-saxon certains grands textes tels que les œuvres du pape Grégoire le Grand, des historiens Orose et Bède le Vénérable, et du philosophe Boèce.

Trésor de Hon, dans ▷ le Buskerud, en Norvège. Le plus important trésor enfoui par les Vikings. Les bijoux de style germanique s'y mêlent aux colliers d'ambre, cristal et grenats et à des monnaies franques, anglo-saxonnes, romaines et byzantines.
Époque viking. Universitetets Oldsaksamling, Oslo.

▽ **Varègues** (ou Rus) à l'assaut de Constantinople.
Miniature byzantine. Bibliothèque nationale, Madrid.

l'Angleterre essuie de nouvelles attaques, elle est si vulnérable qu'elle doit payer un tribut, le *danegeld*, pour écarter la menace. Dix ans plus tard, le chef norvégien Olav Tryggvesson, vainqueur à Maldon, obtient lui aussi un énorme tribut.

En 1013, le roi danois Sven Ier à la Barbe fourchue entreprend la conquête d'une Angleterre exsangue, s'appuyant sur les populations du Danelaw. À sa mort, en 1014, le pays passe à son fils Knud, qui devient roi de Danemark et de Norvège. Mais cet empire ne lui survivra guère : en 1042, l'Anglo-Saxon Édouard le Confesseur monte sur le trône anglais. Menacé par la révolte de l'aristocratie et par les Scandinaves, le roi trouve un allié en la personne du duc de Normandie, Guillaume, lui-même descendant des Vikings...

LA FAIBLESSE DES CAROLINGIENS

Au cours de leurs expéditions, les bateaux vikings longent les côtes franques puis descendent plus au sud : en 844, ils pillent la Galice, Lisbonne et Séville. En 859-862, ils atteignent le Guadalquivir, ravagent la côte du Maroc, passent en Méditerranée et gagnent la Toscane. De là, ils détruisent Pise et remontent jusqu'au Rhône, à Valence, où ils sont arrêtés. Au Xe siècle, Lisbonne et Saint-Jacques-de-Compostelle subissent de nouvelles attaques. Mais, pour l'heure, l'Empire franc se révèle un véritable « eldorado » pour les pillards.

Charlemagne, que ses conquêtes en Saxe avaient mené au contact des Danois, avait certes créé un système de défense côtière, mais ses successeurs,

Trois grands dieux vikings : Odin, accompagné des corbeaux Hugin, la Pensée, et Munin, la Mémoire, son fils Thor, dont le marteau symbolise la foudre, et Freyr.
IXe siècle. Musée historique, Stockholm.
▽

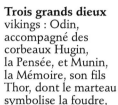

À la fin du IXe siècle, les rois scandinaves commencent à se convertir au christianisme. Battant en brèche le pouvoir des chefs de guerre, ils tentent d'unifier leurs pays.

LA « NORMALISATION » DES VIKINGS

Dans la société paysanne du début de l'ère viking, le pouvoir des rois est faible. Leur prestige tient à leur lignage et leur rôle est plus religieux que militaire, surtout en Suède. Ils ne se mêlent pas directement des expéditions. Dès la fin du IXe siècle, les rois se convertissent au christianisme pour assurer leur légitimité et leur contrôle sur une société instable. Au Danemark, Harald à la Dent bleue se fait baptiser, avec toute son armée, vers 960.

Les rois norvégiens Hakon le Bon (mort en 961) et Olav Tryggvesson (mort en l'an mille) ont été baptisés en Angleterre. Mais c'est saint Olav qui, à partir de 1016, unifie la Norvège et convertit les païens. Ces nouvelles monarchies ressemblent vite à celles de l'Occident chrétien, réduisant la turbulence des grands chefs de guerre et l'autonomie des chefs de lignage paysans. La source du dynamisme viking se tarit ainsi au cours du XIe siècle.

entraînés dans des guerres pour le partage de l'empire, ne s'étaient guère souciés de la menace représentée par les pirates barbares... À partir de 833, au cours d'une expédition en Frise où ils pillent Dorestad et Utrecht, les Vikings découvrent la faiblesse des Carolingiens. Aussitôt, ils multiplient les expéditions : Rouen brûle en 841, Nantes en 843, Paris succombe en 845, Tours en 853.

Les Vikings établissent alors des têtes de pont permanentes sur les embouchures de la Seine et de la Loire. Ils s'y fortifient, installent entrepôts et ateliers, et hivernent sur place, soumettant les régions environnantes à des raids incessants. Tour à tour, la Flandre, les grandes vallées (Elbe, Seine, Loire, Garonne) sont dévastées.

Toutefois, la défense s'organise : en 887, le carolingien Charles le Gros, accusé d'incapacité, est déposé ; Eudes, comte de Paris, défenseur victorieux de sa ville contre les Normands, est élu roi des Francs. C'est la famine qui, en 892, chasse les Vikings de France provisoirement.

LA NORMANDIE, PRINCIPAUTÉ FRANÇAISE

Car au début du Xe siècle, les Vikings sont à nouveau là. Rollon (Hrolfr) est le chef des Normands de la Seine, une bande surtout composée de Danois, dont beaucoup viennent du Danelaw.

Monté sur le trône en 893, le nouveau souverain carolingien, Charles le Simple, n'a ni les moyens de défendre le pays ni l'envie de voir surgir un « nouvel Eudes » : il va donc utiliser Rollon et lui confier une bonne partie de l'actuelle Normandie, en le chargeant de la défendre. En 912, Rollon est baptisé. Très vite, en dépit d'un large peuplement scandinave, la Normandie va devenir une principauté française. Le comte, et bientôt duc, y restaure monastères et églises et y réimplante les institutions carolingiennes, alors que celles-ci s'effondrent partout ailleurs. C'est en effet pour lui le seul moyen de gouverner efficacement et de tenir en respect les concurrents venus de Norvège et de Danemark.

En Normandie, si les liens commerciaux et familiaux avec les autres groupes vikings restèrent vivaces jusqu'au XIe siècle, une société et un système politique nouveaux sont nés, unissant le dynamisme viking et le sens de l'État carolingien. En conquérant l'Angleterre en 1066, puis en repoussant, en 1075, les ultimes contre-attaques scandinaves, le duc Guillaume ruinera définitivement l'empire des descendants de Knud. □

◁ **Cimetière** viking de Lindholm Höje, au Danemark. On y a retrouvé plus de 700 tombes creusées entre le VIe et le Xe siècle. Dans les plus anciennes, les corps ont été incinérés, alors que les plus récentes ont servi à des inhumations.

◁ **Stèle** gravée de Ahrus. Tête de taureau et entrelacs de serpents, surmontés d'une inscription en caractères runiques.

Xe siècle. Musée archéologique de Moesgard, Danemark.

▷ **Freyr,** dieu de la Fertilité. Associé à sa sœur Freyja, déesse de l'Amour, c'est la divinité la plus populaire du panthéon viking. Le culte qu'on lui vouait s'accompagnait d'orgies.

XIe siècle. Musée historique, Stockholm.

Ce sont les Vikings qui, les premiers, ont découvert l'Islande et le Groenland, ainsi que le nord du continent américain.

LES NAVIGATIONS ATLANTIQUES

Vers 872, le roi Harald Ier aux Beaux Cheveux tente d'unifier la Norvège. Des chefs de tribus ou de guerre norvégiens quittent alors le pays et s'engagent sur les routes de l'Atlantique nord, où ils tiennent déjà les Orcades et les Shetland. De 874 à 930, l'Islande est systématiquement colonisée. À la fin du Xe siècle, elle aurait compté près de 70 000 habitants, selon les *Livres de la colonisation,* rédigés aux XIe et XIIe siècles.

Un banni d'Islande, Erik le Rouge, découvre le Groenland en 981 et y installe une colonie. Vers l'an mille, son fils, Leif le Chanceux, aborde un pays que les sources nordiques appellent le « *Vinland* » (le « Pays où pousse la vigne ») : l'Amérique... Des fouilles prouvent en effet que des colons vikings ont occupé la pointe nord de Terre-Neuve. Sont-ils allés au Labrador ou sur la côte du Massachusetts ? Cela paraît probable...

LE DRAKKAR

Le *drakkar* (pluriel de *dreki,* « dragon ») est le symbole même de l'épopée viking. Cependant, tous les bateaux scandinaves ne sont pas de ces grands bateaux de guerre, à la proue ornée d'une tête de dragon sculptée. Beaucoup sont des *knörr,* moins effilés, dont la largeur permet de transporter des marchandises ; d'autres sont des bateaux d'apparat et d'agrément. Robustes et rapides, capables de résister aux houles de l'Atlantique et de la mer du Nord, possédant un faible tirant d'eau qui leur permet de remonter les cours d'eau, les drakkars sont un formidable outil tactique. Mus à la rame (jusqu'à trente rangs de rameurs pour les plus grands), ils sont symétriques, ce qui permet de changer immédiatement le sens de la marche. Pourvus d'une quille, ils sont également dotés d'une voile triangulaire (« latine ») : on abaisse le mât pour aller à terre ou naviguer sur les fleuves ; on le redresse et on le fixe avec des cales pour voguer en pleine mer. Les Vikings naviguaient à vue, le long des côtes, mais ils ont su, aussi, par nécessité, s'orienter très tôt en pleine mer. Ils purent, de la sorte, aller de Norvège en Islande ou au Groenland...

148 .

▷
Le bateau d'Oseberg.
Il a servi de sépulture à deux femmes. La plus âgée était probablement Asa, mère de Harald aux Beaux Cheveux, la plus jeune, sa servante, sacrifiée pour la suivre.

VIIIe siècle. Musée d'Oslo.

▽
Les drakkars d'Ivar le Désossé arrivent en Angleterre. Les solides bateaux à fond plat sont plus trapus que les navires de parade, mais leur proue est, elle aussi, ornée de dragons.

Manuscrit du XIe siècle. Pierpont Morgan Library, New York.

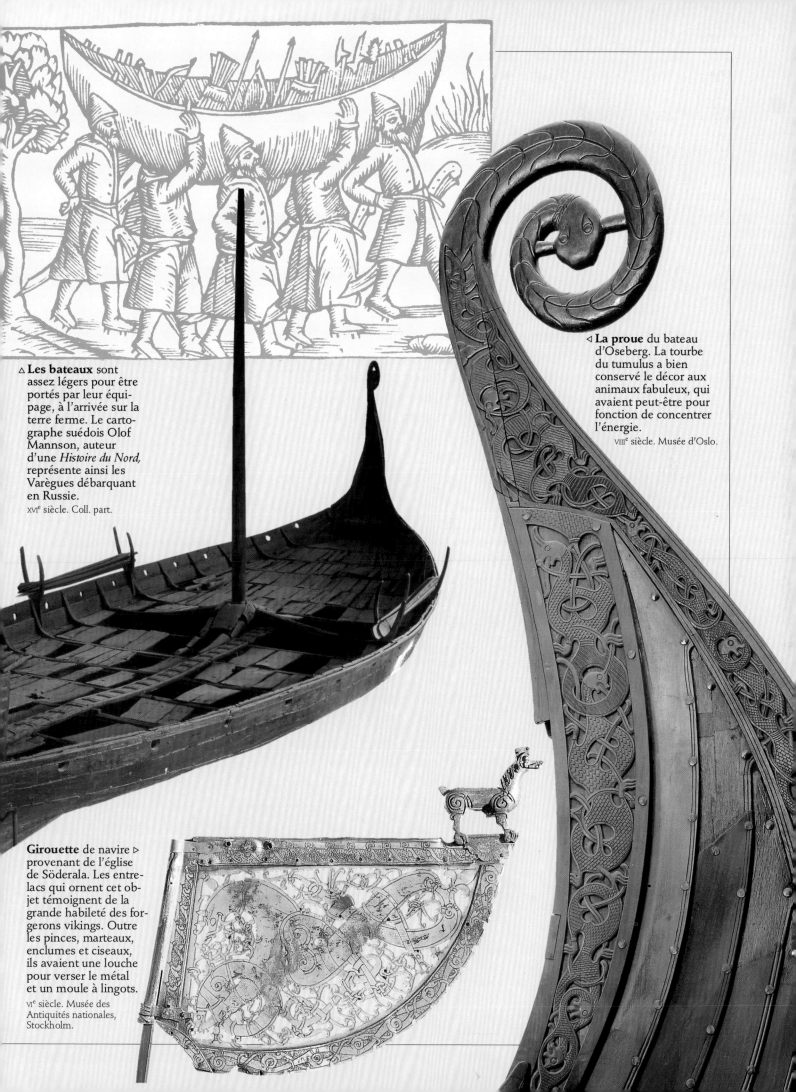

△ **Les bateaux** sont assez légers pour être portés par leur équipage, à l'arrivée sur la terre ferme. Le cartographe suédois Olof Mannson, auteur d'une *Histoire du Nord,* représente ainsi les Varègues débarquant en Russie.
XVIe siècle. Coll. part.

La proue du bateau d'Oseberg. La tourbe du tumulus a bien conservé le décor aux animaux fabuleux, qui avaient peut-être pour fonction de concentrer l'énergie.
VIIIe siècle. Musée d'Oslo.

Girouette de navire ▷ provenant de l'église de Söderala. Les entrelacs qui ornent cet objet témoignent de la grande habileté des forgerons vikings. Outre les pinces, marteaux, enclumes et ciseaux, ils avaient une louche pour verser le métal et un moule à lingots.
VIe siècle. Musée des Antiquités nationales, Stockholm.

AHMAD IBN TULUN EN ÉGYPTE

DANS LES premières années du IXe siècle, sur la rive gauche du Tigre, au nord-ouest de Bagdad, il est une ville en ruine, Samarra, dont le climat et la riche végétation font rêver les califes abbassides. L'un d'entre eux, Haroun al-Rachid, a songé à la restaurer. Mais c'est son troisième fils, al-Mutassim Bi-llah, qui réalise ce projet.

Au IXe siècle, une série de crises ébranlent le califat abbasside. Nommé gouverneur d'Égypte en 868, Ahmad ibn Tulun proclame l'indépendance de la province, tandis qu'au Maghreb une nouvelle dynastie voit le jour : les Fatimides.

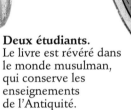

◁ **Deux étudiants.** Le livre est révéré dans le monde musulman, qui conserve les enseignements de l'Antiquité.
XIIIe siècle. Musée de Topkapi, Istanbul.

150 .

Au centre de La Mecque, la Kaaba suscite la convoitise de musulmans révoltés, en quête de légitimité.

LUTTES POUR LA KAABA

Lorsque les Zandj, esclaves noirs des marais de Bassora, se révoltent sous la conduite de Ali ben Mohammed al-Alawi, ils n'ont de cesse de s'emparer du voile noir de la Kaaba (la Pierre noire), en 880. Ils ne le rendront qu'après leur défaite, mais leur révolte est relayée par celle des Qarmates, ismaéliens d'Iraq, qui prétendent instaurer un communisme initiatique. En 930, les Qarmates de Bahreïn attaquent à leur tour La Mecque et emportent dans leur île la Pierre noire, qu'ils ne rendront que vingt ans plus tard. Bien longtemps après, c'est le contrôle de la Kaaba qui fondera la puissance de la dynastie saoudite.

Samarra, capitale de l'Empire abbasside

Lorsque al-Mutassim Bi-llah arrive au pouvoir, en 833, une révolte des mercenaires turcs – qui constituent sa garde personnelle – et une crise financière l'amènent à envisager de déplacer le siège du califat. Après quatorze mois de règne, il nomme son fils gouverneur de Bagdad et décide de partir pour Samarra, en conservant ses troupes turques.

Là, il fait dresser une tente et y passe même l'hiver, jusqu'à ce que soient achevées les principales constructions de la ville nouvelle, notamment la mosquée, que domine un original minaret en colimaçon.

Al-Mutassim Bi-llah meurt en 842. Après lui, al-Mutawakkil, qui accède au pouvoir en 847, se fait construire à Samarra une somptueuse résidence. Désormais, la ville est devenue capitale de l'Empire abbasside. Elle le demeurera un peu plus d'un demi-siècle, jusqu'en 892, lorsque le calife al-Mu'tamid, sur le trône depuis 870, décide de regagner Bagdad.

Mais, entre-temps, Samarra a vu naître, en 835, celui qui va transformer le destin de l'Égypte et fonder la dynastie des Tulunides : Ahmad ibn Tulun. Ce dernier, qui descend d'un esclave turc, représente ce qu'on a appelé « le pur produit de la garde prétorienne de Samarra ».

L'Égypte prospère des Tulunides

En 868, après avoir obtenu les pleins pouvoirs, Ahmad ibn Tulun est nommé gouverneur de la turbulente province d'Égypte, afin d'y rétablir l'ordre. Très vite, il met sur pied une solide armée composée d'esclaves turcs et noirs, équipe une flotte puissante, restaure et renforce les forteresses situées aux frontières du pays. Puis il proclame son autonomie par rapport au califat abbasside. Fondant sa propre dynastie,

◁ **La Méditerranée**, où l'on reconnaît le delta du Nil et la mer Rouge. La carte, dessinée par al-Idrisi, réalise la somme des connaissances accumulées par les voyageurs arabes depuis le IXe siècle.
XIIe siècle. Bibliothèque nationale, Le Caire.

◁ **« Les ennemis de la foi »**, peinture murale d'un palais iranien. Ce sont des infidèles, francs ou byzantins, qu'il faut combattre dans le *jihad,* la guerre sainte.
XVIe siècle. Ispahan.

. 151

il étend son autorité sur la Tripolitaine (cette région qui, au nord-est de la Libye, borde la Méditerranée) et s'empare de la Syrie en 878. Homme d'envergure, fin lettré, administrateur avisé, ibn Tulun entreprend alors de restaurer la prospérité de l'Égypte. La chasse à la corruption, la surveillance étroite des fonctionnaires, l'assainissement des finances rétablissent peu à peu l'économie du pays.

Les revenus de son royaume sont d'autant plus considérables qu'ibn Tulun ne paie plus d'impôts au calife de Samarra. Cette richesse nouvelle lui permet de construire Al Kataï, un des faubourgs de Fustat, le Vieux Caire. Il fait surtout édifier l'une des plus belles mosquées de l'art islamique, celle qui porte son nom, d'une sobriété et d'une pureté architecturales qui font penser à l'art roman européen.

LE BERCEAU DES FATIMIDES

Ibn Tulun s'éteint à Antioche, en Syrie, en mai 884. Son fils Khumarawaih lui succède. Âgé de vingt ans, il se montre extravagant et dilapidateur, tout le contraire de son père. Redoutant ce mauvais exemple pour les autres provinces, le calife al-Muktafi, au pouvoir depuis 902, intervient alors pour restaurer la suprématie des Abbassides.

Il reprend la Syrie, élimine la dynastie tulunide, détruit Al Kataï et rétablit, pour peu de temps, l'autorité de Bagdad. En effet, en 935, une dynastie égyptienne, les Ikhchidides, s'empare du pouvoir. Elle y reste un peu plus de trente ans, retardant ainsi, jusqu'en 969, le retour en Égypte des Fatimides, qui déferlent du Maghreb.

◁ **Le philosophe** et ses élèves. En dépit de leurs turbans et de leurs robes brodées, ces personnages représentent le philosophe grec Socrate et ses disciples ; le peintre al-Moubacchir illustre ainsi une traduction arabe des dialogues de Platon.

XIIIe siècle. Musée de Topkapi, Istanbul.

▽ **La pesée** des marchandises, illustration sur parchemin. Le système du peson, à gauche, est hérité de l'Antiquité romaine.

IXe siècle. Musée islamique du Caire.

La question de la succession de Mahomet a provoqué la rupture entre musulmans sunnites et chiites. Ces derniers comptent plusieurs sectes, dont celle des ismaéliens.

LES ISMAÉLIENS

Les chiites appelés «duodécimains» reconnaissent douze imams, à partir d'Ali et de ses deux fils, Hasan et Husayn. Le dernier imam, Muhammad al-Mahdi, disparaît en 870, à l'âge de sept ans, dans les souterrains de Samarra. Imam «occulté», il demeure mystérieusement présent parmi les fidèles et va réapparaître comme *Mahdi* (Guide suprême), à la fin des temps, pour restaurer la justice dans le monde. Les ismaéliens, eux, ne reconnaissent que sept imams, dont six sont les mêmes que les duodécimains.
Le septième est le fils de Dja'far, Ismaïl (d'où leur nom), également «occulté» en 760. Le chiisme ismaélien a donné naissance à plusieurs sectes auxquelles appartiennent notamment les qarmates, en Orient, et les fatimides, au Maghreb et en Égypte.

Le fondateur de cette nouvelle dynastie, Ubayd Allah al-Mahdi, est né à Salamiyya, en Syrie, vers 862. Âgé d'une quarantaine d'années lorsque les troupes d'al-Muktafi assiègent sa ville natale, il réussit à s'enfuir, en 903, avant qu'elle ne soit mise à sac.

Ubayd Allah al-Mahdi, qui descend d'Ali (quatrième calife de l'Islam, et époux de Fatima, la fille du prophète Mahomet) par Ismaïl, fils de l'imam Dja'far, se considère donc comme le guide de la secte ismaélienne.

Au nom de Fatima et d'Ismaïl

Avant de disparaître pendant quelque temps pour échapper à la répression exercée par les souverains abbassides, Ubayd Allah a dépêché au Maghreb un missionnaire (da'i) du nom de Abu Abdallah, chargé de convertir la population et de préparer l'avenir : la reconquête de l'Égypte.

Au Maghreb, le da'i gagne le soutien d'une tribu berbère, les Kutama, en entretenant le mystère autour de la personne d'Ubayd Allah. Il établit une subtile distinction entre l'imam permanent « occulté » (Ismaïl, disparu depuis 760) et l'imam « dépositaire » (Ubayd Allah), qui a été investi par le précédent, et dont il est à la fois le « Voile », la « Représentation » et la « Parole dans le siècle ».

Grâce aux Kutama, le da'i conquiert l'Ifriqiya (Est algérien et Tunisie actuels). En 909, il en chasse les Arhlabides, qui y régnaient depuis l'an 800 : la dynastie des Fatimides (du nom de la fille du Prophète) peut voir le jour.

Ubayd Allah al-Mahdi, qui s'était caché à Sidjilmasa, dans le Tafilalet (au Sahara marocain), réapparaît en 910 et se fait nommer calife à Kairouan. Puis il étend sa domination de la Tripolitaine aux confins du royaume des Idrissides, au Maroc, fondé en 788. Afin de partir à la reconquête de la Sicile, il construit une flotte. Ses corsaires attaquent et pillent successivement les côtes d'Italie, de Provence, de Corse et de Sardaigne, avant d'occuper Gênes.

Une fois son pouvoir consolidé, Ubayd Allah fonde Mahdia, à mi-chemin de Susa (Sousse) et de Sfax, à la fois nouvelle capitale et place forte, et s'y installe en 921.

Il tente, mais sans succès, de conquérir l'Égypte. Son rêve ne sera réalisé qu'en 969 par le quatrième calife fatimide, al-Mu'izz.   □

Le jeu du bâton. ▷
Court-vêtus, ces lutteurs égyptiens s'entraînent sous l'œil d'un arbitre.

IXᵉ siècle. Musée islamique du Caire.

▽ **La mosquée** d'ibn Tulun, au Caire. L'austérité et le dépouillement voulus aboutissent à une élégance sobre, caractéristique des premiers siècles de l'art musulman.

. 153

L'ÉCLATEMENT DE L'EMPIRE CAROLINGIEN

Quarante ans après la mort de Charlemagne, l'Empire d'Occident vole en éclats. Miné par les successions, assailli aux frontières, il cède la place à cinq royaumes, où les seigneurs gagnent en puissance, marquant ainsi les débuts de la féodalité.

▽
Louis Ier le Pieux, fils de Charlemagne, coiffé de la couronne impériale et tenant le sceptre. À côté de lui, l'artiste a tenu à figurer un clerc, détenteur du savoir.

Manuscrit du XIe siècle. Abbaye de Tirreni, Italie.

TROISIÈME FILS de Charlemagne, roi d'Aquitaine depuis 781, couronné empereur en 813, Louis le Pieux succède à son père en 814. Il a une conscience élevée des devoirs de sa charge. À ses yeux, l'empire est le cadre institutionnel de l'Église, avec laquelle il se confond.

LOUIS LE PIEUX, OU L'EMPIRE RÊVÉ

Obsédé par l'idée d'unité, condition première de la justice et de la paix, l'empereur s'efforce d'en appliquer les principes dans son gouvernement.

Avec l'aide de Benoît d'Aniane, réformateur des monastères du Languedoc, il poursuit la réforme de l'Église : en 817, la règle bénédictine s'impose à toutes les abbayes.

Il ne continue pas les conquêtes de son père, n'intervient plus hors de l'empire mais se préoccupe d'organiser ses défenses. Il encourage les missions qui cherchent à convertir les Slaves et les Scandinaves. Ses contemporains sont convaincus d'être entrés dans une ère de paix et de bonheur. « Jamais on n'avait tant travaillé pour la cause du bien public », reconnaît Adalard, abbé de Corbie.

En 817, par l'Ordonnance d'empire, Louis le Pieux organise sa succession : il éta-

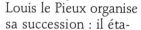

blit Lothaire, son fils aîné, héritier unique et le couronne empereur. Ses deux autres fils et son neveu seront rois d'une région de l'empire, mais resteront soumis à Lothaire.

À l'encontre de la séculaire tradition des Francs, Louis inaugure ainsi le droit d'aînesse, poussé par son unique souci : préserver l'unité de l'empire.

Un mariage aux conséquences imprévues

Veuf d'Irmingarde, Louis se remarie, en 819, avec Judith, fille du comte Welf d'Alamannie et de Bavière, bientôt très influente au palais. Le 13 juin 823, elle met au monde un fils, Charles, à qui l'empereur souhaite abandonner une part d'héritage.

▷
Guerriers carolingiens. La cavalerie lourde est équipée de vêtements de cuir (d'où le mot « cuirasse »), renforcés de plaques de fer. Les villes se protègent des Normands par des murailles.
Xᵉ siècle. Bibliothèque de l'université de Leyde.

◁ **Croix** du pape Pascal Iᵉʳ, reliquaire pour un morceau de la vraie Croix. Les émaux cloisonnés représentent les épisodes de l'enfance du Christ, ce qui est exceptionnel, car il existe peu de représentations figuratives de cette époque.
IXᵉ siècle. Musée sacré, Vatican.

Aussitôt, la cour se divise : les partisans de l'unité impériale, groupés derrière Lothaire, s'opposent aux partisans de Judith, qui souhaitent revenir à la pratique du partage. Louis élabore, en 829 et 831, des plans successifs qui ne satisfont personne.

En 833, ses trois fils se coalisent contre lui. Le 30 juin, l'empereur tombe entre leurs mains. Dès le mois d'octobre, il est déchu de la dignité impériale. Devant l'incapacité des vainqueurs à s'unir, Louis le Pieux est à nouveau couronné empereur, à Metz, en février 835.

Le 30 mai 839, il procède à un dernier partage de l'empire entre ses trois fils survivants (Lothaire, Louis et Charles), avant de mourir en 840.

Revêtu du titre impérial, Lothaire réclame la totalité de l'héritage. Louis et Charles s'unissent et lui infligent

. 155

une défaite à Fontenoy-en-Puisaye, près d'Auxerre (25 juin 841). Puis ils marchent sur Aix-la-Chapelle, où Lothaire s'est retranché.

LA PARTITION INÉVITABLE

Face à la menace, Lothaire est contraint de traiter avec ses deux frères. En août 843, il signe le traité de Verdun.

Le roi David et ses ▽ musiciens. Bible copiée et illustrée pour Charles le Chauve à l'abbaye de Saint-Martin-de-Tours.
Vers 846. Bibliothèque nationale, Paris.

L'Empire carolingien est alors divisé en trois : le royaume de l'Ouest échoit à Charles, celui de l'Est, à Louis. Le royaume médian, étiré de la mer du Nord à l'Italie du Sud, englobant Rome et Aix-la-Chapelle, est laissé à Lothaire, qui conserve le titre impérial.

L'empereur demeure, mais l'empire est mort. Le diacre de Lyon, Florus, déplore la perte de l'unité chrétienne : « Au lieu d'un roi, un roitelet ; au lieu d'un royaume, des fragments de royaume. » En revanche, les premières lignes de l'Europe à venir se dessinent.

Quand Lothaire meurt, le 29 septembre 855, son royaume est, à son tour, partagé entre ses trois fils : cinq

Couronnement ▽ d'un prince : c'est de la main de Dieu que vient la couronne. Le pouvoir est donc à la fois spirituel et temporel.
IXe siècle. Bibliothèque nationale, Paris.

royaumes occupent désormais les ruines de l'empire de Charlemagne.

L'aîné, Louis, avec l'Italie, hérite du titre impérial. Entouré de souvenirs romains, il se présente comme l'héritier des anciens empereurs. En réalité, il n'est que l'empereur d'une Italie assaillie par les Sarrasins et meurt, sans enfant, en 875.

L'EMPIRE AUX MAINS DE LA PAPAUTÉ

Des rois francs, Charles le Chauve est alors le plus puissant. Grâce à l'appui du pape Jean VIII, il est proclamé empereur et couronné à Rome, le 25 décembre 875.

Face à la menace musulmane, le pape appelle Charles le Chauve à l'aide. Celui-ci gagne l'Italie en 877, mais tombe malade en franchissant le Mont-Cenis ; il meurt le 6 octobre 877, dans un village de Maurienne.

L'empire reste vacant pendant quatre ans. En 881, Jean VIII choisit comme protecteur Charles le Gros, qui

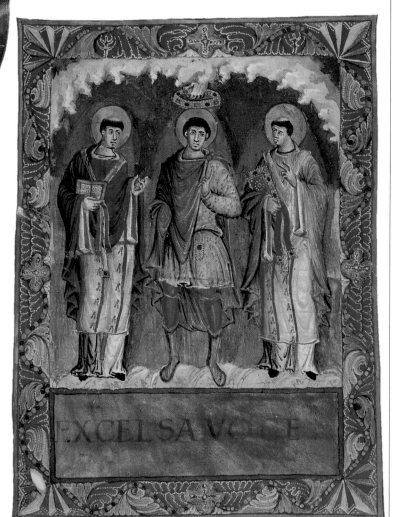

Archevêque de Reims en 845, Hincmar déploie pendant quarante ans une activité prodigieuse dans tous les domaines.

HINCMAR DE REIMS

Hincmar de Reims domine de sa personnalité le royaume de Francie occidentale. Préoccupé de la vie religieuse des fidèles, il pourchasse l'hétérodoxie. Il défend les droits de l'Église de Reims et fait reconnaître le privilège de celle-ci à sacrer les rois. Fidèle conseiller de Charles le Chauve, il écrit à son intention un « Miroir du prince », prend la tête de la résistance à l'invasion de la Francie occidentale par Louis le Germanique en 858, et exerce une véritable régence à la mort du roi, en 877. Il défend ensuite les droits de la descendance royale, et ne cesse de proposer un retour à l'« époque idéale » de Charlemagne. Après avoir fui sa ville, menacée par les Normands, il meurt en 882. Ses écrits font de lui l'un des meilleurs représentants de la renaissance carolingienne.

vient de réunifier sous son autorité le royaume de Francie orientale. Il est couronné à Rome le 12 février.

En juin 885, le nouvel empereur reçoit aussi la Couronne de Francie occidentale : la totalité de l'empire de Charlemagne est à nouveau réunie entre ses mains. Mais le manque de cohésion de cet empire, ajouté à la faiblesse de Charles dans la lutte contre les Normands, entretient le mécontentement de l'aristocratie. L'empereur est contraint d'abdiquer en novembre 887 et meurt quelques semaines plus tard. Son échec marque le terme de l'épopée impériale des Carolingiens.

LA ROYAUTÉ À L'ÉPREUVE DE SES VASSAUX

Minés par les successions, assaillis par les Normands qui les harcèlent de toute part, les royaumes francs doivent, en outre compter avec les révoltes qui se succèdent en Francie occidentale. Pour gouverner, les fils de Louis le Pieux se sont donc appuyés

sur des groupes de guerriers privés, les vassaux (ou fidèles), payés à l'aide d'un bien foncier (le « bénéfice »). Très vite, leur souci majeur est de ne pas les mécontenter. Peu à peu, la faiblesse des rois accroît les appétits de cette « aristocratie ». Le roi perd progressivement le contrôle de ses comtes, ses représentants dans le royaume et éprouve de plus en plus de difficultés à imposer son autorité.

Dès avant 840, la vassalité est devenue héréditaire de fait. Le roi n'a donc plus la possibilité de reprendre un bénéfice à la mort de son vassal. Une nouvelle morale politique se développe, fondée sur l'idée de contrat : en échange de sa fidélité, le comte s'estime libre possesseur de sa charge.

Et, en juin 877, par le capitulaire de Quierzy, Charles le Chauve consacre officiellement le droit des fils de vassaux à conserver les bénéfices octroyés à leur père. Cette ordonnance admet aussi le privilège des fils de comtes à succéder à leur père. Une étape est franchie vers une royauté féodale. □

◁ **Charles le Chauve** sur son trône. Les symboles sont chrétiens, mais la toge de l'empereur et la cuirasse du garde sont anachroniques et témoignent du souci de revendiquer l'héritage romain antique.
Première Bible de Charles le Chauve. Vers 846. Bibliothèque nationale, Paris.

Pendant près d'un an, de 885 à 886, les Normands assiègent Paris. Le comte Eudes organise la résistance.

LE SIÈGE DE PARIS PAR LES NORMANDS

En novembre 885, le chef normand Siegfried met le siège devant Paris. La ville, à cette date, se réduit encore à l'île de la Cité, défendue par la muraille romaine et flanquée d'un bourg sur la rive gauche.
L'évêque Gauzlin et Eudes, le jeune comte de Paris, organisent la résistance. La population se concentre dans la Cité, où elle transporte les reliques de saint Germain et de sainte Geneviève. La rive gauche est dévastée mais, sur la rive droite, la tour qui défend l'accès à l'île résiste encore. En octobre 886, l'empereur Charles le Gros vient camper sur les hauteurs de Montmartre. Mais il finit par traiter avec les assiégeants. Moyennant un tribut de 700 livres d'argent, et l'autorisation d'hiverner en Bourgogne, les Normands s'engagent à regagner leur pays...

Les images de l'époque constituent une précieuse source d'informations. Les enluminures décorant les manuscrits enrichissent l'apport des textes juridiques ou législatifs. Le psautier (recueil des psaumes de David) est certainement la partie de la Bible la plus diffusée et la plus connue au Moyen Âge. Abondamment utilisé dans la liturgie, ce recueil sert aussi à apprendre à lire. Certains aristocrates possèdent leur propre psautier. La plupart des psautiers sont décorés de miniatures. Dans celui dit « d'Utrecht », composé à Reims, au temps de l'archevêque Ebbon (816-835), deux thèmes sont abondamment illustrés : les travaux de la terre et la guerre. Le psautier nous montre la succession des activités paysannes (labours, semailles, taille de la vigne, moissons, vendanges), indique les techniques en usage (araire, faucille pour la moisson) et évoque même le paysage (vignes grimpantes).
Traitant de la guerre, il nous présente aussi une panoplie de combat complète. Certaines armes (francisques) et certains aspects de la tactique militaire (chevaux montés sans étrier, cavaliers peu protégés) évoquent une situation archaïque. En revanche, les soins apportés à la fabrication de l'énorme épée sont caractéristiques de la société franque. La menace des invasions normandes a peut-être réveillé l'observation des objets guerriers ?

158 .

LA VIE QUOTI- DIENNE

Psautier d'Utrecht. ▷
Illustré par une série de dessins à la plume, il met en scène une multitude de petits personnages dans des activités de la vie quotidienne. Le dessinateur y fait preuve d'un remarquable sens du mouvement.
Bibliothèque nationale, Paris.

◁ **Abbé donateur.**
Drapé dans une toge à l'antique, mais portant la tonsure des moines du Moyen Âge, il offre à Dieu l'abbaye qu'il a fondée.
IXᵉ siècle. Église San Benedetto de Malles Venosta, Italie.

Soldats endormis, △ auprès du tombeau du Christ. Si la perspective est fausse, l'attitude des hommes est bien observée.

IXe siècle. Musée du Bargello, Florence.

▷ **Les labours.** Le paysan ne dispose que d'un araire à soc de bois. Faute de vraie charrue, les labours profonds sont impossibles.

IXe siècle. Bibliothèque nationale, Vienne.

Chasseur à l'arc. △ Les psautiers sont abondamment illustrés de scènes de la vie quotidienne : labours,

semailles, moissons, chasse.

IXe siècle. Bibliothèque municipale, Épernay.

ÉCOSSE

Les premiers rois

■ C'est à la vieille coutume celtique de *tanistry* qu'est due la suprématie du clan MacAlpin, qui unifie l'Écosse. Selon cette tradition, en effet, le pouvoir revient à celui qui est le plus apte à le défendre. En 850, Kenneth MacAlpin, roi des Scots, peut ainsi revendiquer le trône des MacFergus, rois des Pictes, qui ont jusque-là dominé le nord de l'île de Bretagne mais qui se sont avérés incapables de le défendre contre les attaques vikings. L'union des Pictes et des Scots formera le royaume de Scone, ou Scotland. □

Christ-roi. *Manuscrit irlandais. IXᵉ siècle. Coll. part.*

POLOGNE

Aux origines de la Pologne

■ La tribu slave des Polanes occupe depuis des siècles la région actuelle de Poznán, ou Grande Pologne, tandis que celle des Vislanes occupe la Petite Pologne, centrée sur Cracovie. Les paysans des villages slaves, regroupés autour de leurs camps fortifiés, élèvent des troupeaux et cultivent la terre. C'est de Grande Pologne que la dynastie des Piast émerge, pour conquérir la Petite Pologne et la Silésie. Selon la légende, le fondateur de la dynastie est un paysan qui, vers 860, renversa le tyran Popiel, le laissant mourir dans la tour des Rats de Kruszwicka. Mais ce n'est qu'un siècle plus tard, sous le règne de Mieszko Iᵉʳ, un souverain Piast, que naîtra vraiment l'État polonais. □

ROYAUME FRANC

Théologie

■ La direction de l'école du palais de Charles le Chauve avait été confiée au théologien irlandais Jean Scot Érigène. Son œuvre philosophique et théologique est probablement la plus importante et la plus riche du premier Moyen Âge, mais elle est si hardie qu'elle lui vaut d'être soupçonné d'hérésie, de son vivant, puis par la postérité. Ses contemporains condamnent ses thèses sur la prédestination et lui reprochent également, des siècles après sa mort, d'avoir été panthéiste et d'avoir surestimé le rôle de la raison. □

ROYAUME FRANC

Pédagogie carolingienne

■ C'est à une femme que l'on doit l'un des plus vieux ouvrages pédagogiques. Dhuoda, femme de Bernard de Septimanie (l'ancienne Aquitaine), achève vers 843 un manuel à l'usage de son fils, entré au service du roi Charles le Chauve. À grand renfort de citations bibliques et d'exemples tirés des vies des saints, elle l'exhorte à prier chaque jour, à rester fidèle à son seigneur et à être un vaillant guerrier, tâche que Dieu lui a assignée. □

ESPAGNE

Les rois des Asturies

■ Entre Galice et Pays basque, le royaume des Asturies se constitue dès le VIIIᵉ siècle autour de sa capitale, Oviedo. Son plus ancien souverain, Pélage, est le premier à avoir vaincu les Maures, à la bataille de Covadonga (718), qui marque le début de la *Reconquista*. Galvanisés par la découverte des reliques de saint Jacques à Compostelle, les Asturiens descendent des Pyrénées pour entamer la lutte. Parmi les onze rois des Asturies, qui porteront tous le nom d'Alphonse, le plus célèbre est Alphonse III le Grand (838-910), qui renforce les positions conquises par ses prédécesseurs. À partir de son règne, le fleuve Douro marque la frontière des territoires chrétiens... □

GERMANIE

Le biographe de Charlemagne

■ En 830, Eginhard achève la biographie de l'empereur Charlemagne, qui porte le titre de *Vita Caroli Magni*. Né vers 770 en Franconie, Eginhard fut invité à la cour de Charlemagne et devint assez rapidement l'élève d'Alcuin puis l'ami et le conseiller de l'empereur lui-même. Il fut par la suite chargé de suivre la construction des édifices impériaux, dont la chapelle palatine de la résidence impériale d'Aix-la-Chapelle et l'abbaye de Steinbach à Michelstadt, où il rédigea son ouvrage. □

CHINE

Les bouddhistes persécutés

■ Le bouddhisme a souvent été l'objet de persécutions en Chine, à cause de sa puissance et des richesses de ses temples. Sous le règne de Wuzong, fervent taoïste, commence une proscription qui semble lui avoir été fatale. Par un édit daté de 845, l'empereur proscrit toutes les religions d'origine étrangère : bouddhisme, mazdéisme, manichéisme. De nombreux religieux bouddhistes sont alors sécularisés, les monastères et les lieux de culte, détruits. □

ASIE

Avant les Mongols

■ Au cœur de la haute Asie, les Turcs et les Mongols se sont toujours affrontés. Les Turcs Ouïgours, installés au nord de l'empire à partir du VIIᵉ siècle, y développent une civilisation raffinée. Pour traduire les œuvres chinoises et indiennes, ils utilisent l'écriture sogdienne, usitée en Iran, adoptent le manichéisme et se posent en civilisateurs de la région. Entre 840 et 847, l'Empire ouïgour est détruit par les sauvages Kirghiz, qui ne vivent encore que de chasse, de pêche et de cueillette, mais qui possèdent d'habiles forgerons et de talentueux orfèvres. Les Ouïgours se réfugient alors dans le désert de Gobi, où ils feront souche. Cependant, la domination kirghize sera de courte durée. □

TIBET

Rois et moines

■ En 842, un moine bouddhiste assassine le roi Langdarma, qui persécutait la religion indienne. Cette date marque la fin de la dynastie Yar-lung et l'effondrement du royaume tibétain, après une longue période de troubles. Depuis le VIIIᵉ siècle, le pouvoir était l'enjeu d'une lutte entre les moines tibétains, ordonnés par les missionnaires bouddhistes, et l'ancienne aristocratie, fidèle au *Bon,* religion autochtone pré-bouddhique. En 838, le roi Ralpa-ca, tenant du bouddhisme, avait été lui-même assassiné. □

JAPON

Sectes et poésie

■ Les moines japonais ont beaucoup appris de leurs multiples voyages en Chine. De cette riche civilisation, ils rapportent de nombreux enseignements et de nouvelles convictions. En 805, Shaicho a étudié les pratiques de la secte Tendai, qu'il implante au Japon ; celle-ci inspirera tous les courants philosophiques postérieurs. L'année suivante, c'est le bonze Kukai qui, de retour en Chine, fonde la secte ésotérique Shingon, qui s'établit sur le mont Koya et dont les rites mystérieux, initiations, exorcismes, envoûtements, s'attirent la faveur de la cour. C'est aussi au bonze Kukai que le Japon doit *Théorie du magasin secret du miroir de la poésie,* ouvrage de didactique poétique rédigé vers 820 pour le plus grand plaisir de l'aristocratie de Heian. □

Le fondateur de la secte japonaise Shingon enfant. *XIIIᵉ siècle. Coll. Murayama.*

160 .

Les Toltèques restent encore aujourd'hui, malgré les progrès de la recherche archéologique, un des peuples les plus mystérieux de la Méso-Amérique. Ces nomades, qui vivaient probablement de la chasse, parviennent dans la vallée de Mexico vers le VIIe siècle et s'y établissent. À l'apogée de leur épanouissement aux IXe et Xe siècles, ils ont laissé des témoignages éclatants de leur raffinement et de leur maîtrise technique mais Tula, leur splendide capitale toute proche de Mexico, tombe en 1168, sans doute sous le coup d'envahisseurs venus du nord. Les survivants exilés dans la péninsule du Yucatán revivifient la culture maya et lui transmettent en particulier leur science astronomique, leur savoir-faire artistique (en particulier architectural) et leur pratique rituelle des sacrifices humains. La légende s'est emparé des Toltèques à tel point qu'ils sont devenus, pour les peuples d'Amérique pré-colombienne, le symbole même de la civilisation.

Animal tenant dans sa gueule une tête humaine. Céramique recouverte de nacre. Art toltèque. Musée national d'Anthropologie, Mexico.

LE TEMPS DE LA FOI

Dans un monde où Dieu et Diable
s'affrontent, l'Église, corrompue, soumise
aux princes, cherche à retrouver
sa pureté originelle.

L'ÉGLISE a mal résisté à la tourmente déchaînée par les grandes invasions. Les clercs, dont l'existence aurait dû être vouée à l'étude et à la prière, se sont laissés happer par les grands conflits du moment, et ont pris parti dans toutes les querelles qui déchirent l'Occident.

L'ÉGLISE SOUMISE AUX LAÏQUES

Alors qu'aux temps carolingiens les princes devaient respecter l'autorité et le savoir des évêques et des abbés, ils ont, aux IXe et Xe siècles, profité du désarroi des moines et des prêtres pour mettre la main sur les immenses propriétés de l'Église. Ce sont désormais les ducs et les comtes qui nomment les

◁ **L'adoration des mages.** Les IXe et Xe siècles sont marqués par la volonté des communautés monastiques de réformer les mœurs.
Cividale du Frioule, Dôme, Florence.

162 .

titulaires des évêchés et des grandes abbayes, qu'ils vendent parfois au plus offrant. Ces hautes charges peuvent être la propriété d'une seule famille, où elles sont transmises de l'oncle au neveu ou de père en fils, au grand scandale des chroniqueurs. Détenteurs de terres qu'ils tiennent d'un seigneur, les dignitaires religieux deviennent aussi des rouages du système féodal. Ils sont soumis aux mêmes obligations que les autres seigneurs et ont les mêmes droits : ils ont des obligations militaires, rendent la justice, perçoivent des redevances. C'est le temps du déclin de la papauté, soumise aux intrigues de l'aristocratie romaine, le temps où un pape, Jean X, est étouffé sous son oreiller et laisse la place à Jean XI, fils que son prédécesseur avait eu d'une belle Romaine...

Alors que la renaissance culturelle carolingienne était due aux travaux de l'élite intellectuelle constituée par le clergé, aux siècles suivants, l'autorité morale de l'Église s'affaiblit et le clergé des paroisses est ignorant et débauché, sauf en Germanie. L'activité intellectuelle s'est considérablement réduite, les ateliers des monastères et des chapelles princières ont cessé d'être des lieux d'intense production, les écoles des palais sont désertées, on ne construit plus de grandes églises qu'en Germanie. Ce déclin atteint tous les types de production artistique, à l'exception d'un seul, l'orfèvrerie, qui fabrique en quantité croix, médailles et médaillons, reliures, mais surtout châsses et coffrets pour enfermer le bien le plus précieux des hommes désemparés, les reliques des saints qu'ils vénèrent.

CROYANCES ET SUPERSTITIONS

Pour le paysan du Xe siècle, qui vit dans une masure et se nourrit bien souvent de racines et de glands, l'Évangile et son enseignement restent hermétiques. Pourtant il croit. Il se rend à l'église, pour prier Dieu et implorer son pardon. Car, plus fort que sa foi et plus irraisonné aussi, un sentiment terrible l'habite, la peur. Peur de la famine, des épidémies, de l'obscurité, des forces de la nature, des plus puissants. Pour ces populations illettrées, primitives, tout est signe : les phénomènes dont les causes leur échappent (inondations, tempêtes, désordres célestes) semblent des manifestations de puissances mystérieuses,

Prière eucharistique. Cette initiale D provient du sacramentaire de Drogon, évêque de Metz de 826 à 855.
850. Bibliothèque nationale, Paris.

Investiture ▷ d'un moine. Illustration d'un ouvrage de Raban Maur.
Bibliothèque de l'abbaye du Mont-Cassin.

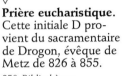

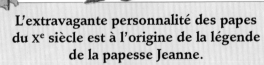

L'extravagante personnalité des papes du Xe siècle est à l'origine de la légende de la papesse Jeanne.

LA PAPESSE JEANNE

Vers 857, selon la légende, une femme se serait fait élire pape sous le nom de Jean VIII. Elle aurait occupé quelques mois le trône pontifical, jusqu'à ce que sa féminité se révèle de façon éclatante, puisque, enceinte, elle aurait donné naissance à un enfant au beau milieu d'une procession. Depuis, assuraient les hommes du XIVe siècle, lors de chaque élection, les cardinaux devaient s'assurer que le nouveau pape était bien un homme.

Cette tradition, née du récit d'un dominicain du XIIIe siècle, n'a comme fondement que la puissance, au Xe siècle, de Théodora et de Marozia, femme et fille du patricien romain Théophylacte, qui firent et défirent les papes au gré de leurs passions et intérêts. Mais le fait que cette légende se soit enracinée dans l'imaginaire collectif est une preuve de la méfiance qu'inspirent au Moyen Âge les femmes et leur mystère.

qu'il faut se concilier par tous les moyens. Sous-alimentés de façon chronique, les pauvres peuvent être en proie à d'effrayantes visions. Les vieilles superstitions héritées du paganisme, mal enfouies sous quatre siècles de christianisation, surgissent très vite. Les moines eux-mêmes peuvent se livrer à un trafic d'objets porte-bonheur, phylactères, amulettes, talismans ; on leur attribue une origine sainte pour expliquer leurs propriétés magiques, propres à contraindre les forces de la nature.

La crainte la plus effroyable est celle de la mort, la peur de l'enfer où le poids des fautes peut plonger à jamais le pécheur. Cette peur est à l'origine du culte des saints, qui prend alors une ampleur impressionnante. De plus en plus nombreux sont ceux qui, en priant devant les reliques d'un saint, viennent lui demander de les protéger sur terre et, avant tout, d'intercéder pour eux au jour du Jugement dernier. Le nombre des reliques augmente aussi vite : on retrouve un peu partout les restes de saints inconnus. Leur notoriété ne dépasse pas toujours les environs du cimetière qui les abrite, mais, si le saint local renouvelle ses miracles, et si cela se sait au loin, alors les pèlerins arrivent en foule, et les dons ne cessent d'affluer.

Sur la route des pèlerinages

Parmi les pèlerinages entrepris au Xe siècle, celui de Compostelle connaît une ferveur particulière : c'est sur cette plage espagnole, baignée par l'Atlantique, que l'apôtre Jacques aurait abordé un jour et serait enterré. Venus de tous les horizons, rois, chevaliers, marchands, clercs et manants entreprennent le voyage. Avec leur ardeur habituelle, les moines participent à son organisation : pour éviter aux pèlerins de prendre des chemins hasardeux, ils tracent, à travers la France, de grands itinéraires menant d'une abbaye à l'autre, où les voyageurs sont sûrs de trouver le gîte et le couvert. Les moines vont même jusqu'à mettre au point une sorte de guide du pèlerin, qui indique non seulement les étapes, mais signale aussi les pièges à éviter en route : passeurs qui dévalisent les pèlerins, aubergistes malhonnêtes, lieux de rendez-vous des brigands... Le chemin de

164 .

▷
Le culte des reliques.
Ce sont des laïques (ils n'ont pas de tonsure et portent des vêtements courts) qui se pressent autour de la châsse du saint moine Aubin ; ils espèrent qu'en la touchant ils obtiendront grâces et miracles.
Vie de saint Aubin. XIe siècle. Bibliothèque nationale, Paris.

Dieu tout-puissant peut se manifester pour désigner le coupable ou faire triompher l'innocent.
LES ORDALIES

Malgré les protestations de l'Église, qui refuse d'admettre comme preuves des procédures qui ne sont pas reconnues par le droit canon, les juges du haut Moyen Âge, qu'ils soient laïques ou religieux, aiment à recourir à l'épreuve judiciaire, ou jugement par ordalie (du francique *urdeili,* jugement de Dieu). Puisque Dieu est capable de tous les miracles, puisqu'il est juste, il se doit d'envoyer un signe pour trancher dans un litige : il désigne le vainqueur du duel judiciaire, permet aux innocents de marcher sur un lit de braises sans se brûler les pieds, de porter une barre de fer rougie au feu à pleines mains, de résister à l'épreuve de l'eau bouillante. Il est vrai que la magie peut tromper Dieu lui-même : un coupable, qui porte sur lui une amulette efficace, peut triompher de l'épreuve ! Sa pénitence peut être alors terrible, si la ruse est découverte.

Compostelle est ponctué d'églises où s'arrêtent les fidèles le temps d'une prière : c'est le réconfort de ceux qui marchent depuis des jours, qui traversent des contrées étrangères aux côtés de compagnons de route dont ils ne comprennent pas toujours la langue.

LES BÉNÉDICTINS DANS LA TOURMENTE

Égrenant ses monastères de l'Elbe aux Pyrénées, l'ordre bénédictin s'était donné pour mission de faire rayonner la gloire de Dieu parmi les peuples barbares. Mais les moines, eux non plus, n'ont pas résisté à la tourmente. Sauvant tant bien que mal les saintes reliques dont ils ont la charge, les moines fuient leurs abbayes saccagées et en flammes. Désemparés par ce monde brutal auquel ils ne sont pas préparés, ils trouvent souvent refuge auprès de seigneurs locaux qui, pour s'assurer le paradis, fondent des monastères, s'en nomment eux-mêmes abbés, et réduisent les malheureux moines à l'état servile. Mais les puissants, qui mentent, trahissent, pillent, ravagent, peuvent aussi avoir de grands élans de foi. Parmi eux, certains peuvent aussi viser la sainteté. Tel fut le cas de Guillaume d'Aquitaine, qui fonda Cluny, où la règle de saint Benoît atteignit son apogée.

L'AURÉOLE DE CLUNY

Le domaine qu'a légué Guillaume d'Aquitaine en 910 est celui d'un grand seigneur. Il est composé tout à la fois de champs, de forêts et de prés, de bâtiments et de serfs. Certains moines, dits « convers », sont spécialement chargés des problèmes domestiques, permettant ainsi aux autres religieux de s'adonner exclusivement à Dieu, par la prière et le chant. Les frères convers surveillent les récoltes, s'assurent que le foin est bien engrangé avant que l'hiver n'arrive, veillent à l'abattage des animaux, au tissage de la laine, à l'entretien des bâtiments et des outils. Pour soigner et soulager les malades – moines ou hôtes de passage –, les frères herboristes cultivent, dans leur

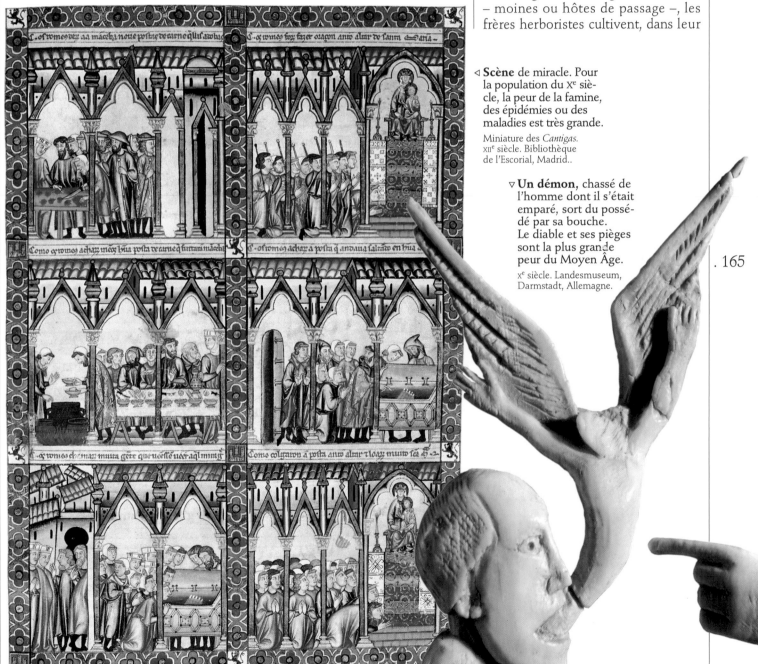

◁ **Scène** de miracle. Pour la population du Xᵉ siècle, la peur de la famine, des épidémies ou des maladies est très grande.
Miniature des *Cantigas*. XIIᵉ siècle. Bibliothèque de l'Escorial, Madrid..

▽ **Un démon,** chassé de l'homme dont il s'était emparé, sort du possédé par sa bouche. Le diable et ses pièges sont la plus grande peur du Moyen Âge.
Xᵉ siècle. Landesmuseum, Darmstadt, Allemagne.

. 165

jardin de simples, le thym, la sauge et la camomille, avec lesquels ils confectionnent décoctions et cataplasmes.

Déchargés de toute préoccupation matérielle, les frères « de chœur » se vouent à la vie contemplative. Les temps de prière rythment la longue journée du moine, qui commencée avec l'office de matines, avant la levée du jour, se termine avec celui de complies, à la tombée de la nuit. Les psaumes accompagnent les prières : les moines en chantent jusqu'à 150 par jour. Quand ils ne chantent ni ne prient, les religieux s'installent à leur pupitre dans la grande salle de travail, le scriptorium, et recopient psaumes et textes sacrés ou antiques. À l'abri de l'agitation du monde, sûrs de l'amour divin et heureux d'y consacrer leur vie, ils enrichissent leurs manuscrits d'en-

luminures joyeuses et savamment composées : bientôt, la bibliothèque de Cluny va devenir la plus riche d'Occident, après celle du Mont-Cassin. Enfin, les moines s'adonnent aux œuvres de charité : chaque jour, leur hôtellerie, située à la limite des bâtiments religieux, accueille tous ceux que la misère jette sur les routes.

LES ABBÉS DE CLUNY

Cependant, l'originalité de l'abbaye, qui connaît rapidement une notoriété considérable, tient à son statut bien particulier. Dans la charte de fondation rédigée par Guillaume d'Aquitaine, une clause garantit le rattachement direct de l'abbaye au Saint-Siège et stipule que les prieurs qui en prennent la

tête doivent être élus par les moines et choisis dans les rangs des Bénédictins. Cluny échappe ainsi à toute autorité royale, seigneuriale ou épiscopale. Elle ne tient ses directives que de Rome et ses abbés sont les égaux des rois. De plus, elle a la chance d'être dirigée pendant deux siècles par des hommes remarquables, tant par leur ferveur religieuse que par leur largeur de vues.

Au premier abbé, Bernon, succède tout d'abord saint Odon (879-942), dont la spiritualité rayonne bien au-delà des murs du monastère : il voyage en Italie et se rend à Fleury-sur-Loire – où reposent les restes de saint Benoît –, appelé par des communautés religieuses soucieuses de rendre leur pureté aux cérémonies liturgiques. C'est sous son règne que le pape oriente l'avenir de la petite abbaye bourgui-

166 .

Crosse △
abbatiale
en argent et or.
Église Saint-Pierre,
Maubeuge.

◁ **Un bénédictin** offre
un livre à son abbé,
qui porte crosse et mitre. Le principal travail
manuel des moines bénédictins a lieu dans le
scriptorium du monastère, où ils copient des
manuscrits, richement
enluminés et reliés.

Missel roman du XIe siècle.
Abbaye de Cava dei Tirreni,
près de Naples.

gnonne en décidant qu'elle gardera sous son obédience les monastères qu'elle aura réformés. Après Odon vient Aymard (943-965), qui, grâce à d'importantes donations, agrandit le domaine et en perfectionne l'organisation. Son successeur, Maïeul (965-994), sillonne les routes de l'Allemagne à la Provence et range de nouvelles communautés sous son autorité. Profondément ému par la misère du monde, il marque Cluny du sceau de la mansuétude et joue de son ascendant sur l'empereur d'Allemagne pour tenter d'apaiser les conflits qui secouent l'Empire germanique. Odilon (994-1049) rattache de nouvelles communautés à Cluny, dont l'abbé devient le chef d'une impressionnante fédération monastique.

À une époque où l'Église est avilie et où prévalent les valeurs seigneuriales et guerrières, Cluny restaure la dignité des clercs, en donnant «l'image d'une société de seigneurs vivant dans la prière et l'obéissance». À la fin du Xe siècle, d'ailleurs, les temps se font moins violents. Rollon, le fier Normand, signe la paix avec le roi de France Charles III le Simple et reçoit le baptême ; en 973, le comte d'Avignon, Guillaume le Libérateur, bat les Sarrasins, qui mettent un terme à leur occupation de la Provence ; quant à la Hongrie, elle abandonne ses mœurs barbares pour adopter le christianisme sous l'impulsion de son roi, Étienne Ier. C'est Odilon, abbé de Cluny, qui, avec le pape, réussira à imposer la trêve de Dieu, sage mesure qui consiste à interdire les combats certains jours de la semaine. Le temps de la paix de Dieu semble se préparer. □

◁ **Crypte** de Saint-Michel-de-Cuxa, aux piliers «en palmiers». Consacrée en 975, cette abbaye est caractéristique du premier art roman, particulièrement bien représenté en Catalogne.

. 167

Service funèbre du ▽ moine Aubin. L'abbé agite un encensoir, tandis qu'un moine s'incline sur le cercueil, sous le regard de ses frères.

Vie de saint Aubin. XIe siècle. Bibliothèque nationale, Paris.

Pour Odon, abbé de Cluny, son biographe, le saint comte d'Auvergne est le modèle des laïques.
GÉRAUD D'AURILLAC

Si, pour Odon, la communauté des moines «composée d'hommes vierges réunis pour chanter la gloire de Dieu» est la seule qui puisse tendre à la perfection, il existe néanmoins des voies de salut pour les laïques. Elles ont été tracées par Géraud d'Aurillac, qui put prétendre à la sainteté en n'étant ni martyr, ni même prêtre ou moine. Né vers 850, comte d'Auvergne, Géraud est un bon seigneur, rendant la justice, assistant aux offices, essayant de défendre sa ville contre les Normands, refusant de devenir vassal du comte d'Aquitaine. Pour son biographe, il mérite d'être canonisé car il se montre un chrétien exceptionnel : il jeûne comme un moine, se fait lire des textes saints durant les repas, distribue lui-même les aumônes aux pauvres, refuse de se marier et résiste héroïquement à la tentation, avec l'aide de Dieu. En 874, il fonde sur ses terres une abbaye, Saint-Clément. Malgré son comportement exemplaire, Odon tente de justifier son héros : si Géraud ne s'est pas fait moine, écrit l'abbé de Cluny, c'est qu'il est mort en 909, deux ans avant la fondation de Cluny, et qu'il n'existait donc pas de son vivant de communauté assez exemplaire pour qu'il pût avoir envie de s'y joindre...

SAINTE-FOY DE CONQUES

Las de vivre pauvres et ignorés dans leur vallon sauvage, les moines de Conques dérobent pendant la nuit à ceux d'Agen, qui ne s'en soucient guère, les restes d'une jeune martyre du IIIe siècle, Foy. Touchée par les soins dont elle est l'objet, sainte Foy fait à nouveau des miracles. Bientôt, les richesses affluent vers le monastère, qui, à la fin du XIe siècle, s'offre une nouvelle basilique. Sur son tympan, un admirable Jugement dernier accueille le fidèle avant que celui-ci ne pénètre dans le lieu saint. Ce chef-d'œuvre de la sculpture romane montre un Christ en gloire désignant le paradis de sa main droite, levée vers le ciel, et l'enfer de sa main gauche, tournée vers le sol. De part et d'autre de Jésus, les bons sont assis, l'air serein et habillés de vêtements sagement drapés, tandis que les méchants, nus, se tordant les mains dans des gestes douloureux, s'avancent vers des monstres à la gueule ouverte. Le fidèle, ainsi frappé par la force de ces images, n'en prie que plus ardemment la sainte. Recouverte d'or et de pierreries, de quartz et de cristal gravé, la statue reliquaire de la sainte attend sereinement l'hommage des simples mortels qui viennent se prosterner à ses pieds. Son regard d'émail bleu a déjà les couleurs du paradis.

168 .

Le Christ-Juge △ du tympan de Sainte-Foy de Conques. Surmontant le portail ouest, il préside au Jugement dernier, assistant au supplice des damnés et au triomphe des élus, parmi lesquels les pèlerins pouvaient reconnaître des grands de ce monde : abbés, moines et chevaliers. Pour manifester la divinité du Christ, l'artiste l'a placé au centre d'une mandorle en forme d'amande, et l'a entouré d'anges. Début du XIIe siècle.

▷

La Majesté de sainte Foy, reliquaire-statue. En l'an mille, Bernard d'Angers la compare à une idole, avant de reconnaître qu'on l'honore « pour glorifier le Dieu souverain ». XIe siècle. Ancienne abbatiale Sainte-Foy, Conques.

La partie inférieure △
du tympan représente
le paradis, dont les
arcatures sont celles
d'une église. Au cen-
tre, Abraham reçoit
en son sein les âmes
des élus. Des traces
de couleur montrent
que l'église était
entièrement
peinte.

△
Le transept sud.
Les tribunes de l'étage
accentuent l'impres-
sion de verticalité.
Elles permettaient
aussi de doubler
la capacité d'accueil
de l'édifice et même
de loger, si nécessaire,
des pèlerins pauvres.

▷
L'église du XIᵉ siècle.
Au premier plan, l'ab-
side semi-circulaire,
entourée d'un déambu-
latoire, moins élevé.
La croisée du transept
est surmontée d'une
tour-lanterne polygo-
nale. Deux tours ju-
melles surmontent
l'extrémité ouest
de la nef.

LES TOLTÈQUES

Les faits réels et les récits mythiques
se confondent pour entourer d'une aura
de mystère ces guerriers apparus
au Mexique vers le milieu du Xe siècle
et dont la civilisation reste légendaire.

Le « castillo » ▽
de Chichén Itzá, pyra-
mide surmontée du
temple de Kukulkán,
le Serpent à plumes.
Au premier plan, un
Chac-Mool, divinité
couchée, tient dans
ses mains un plateau,
qui devait servir
de dalle d'autel.
Période maya-toltèque
(900-1200).

GOLFE DU
MEXIQUE
Chichen Itza
YUCATÁN
Tula Teotihuacán
MER DES
Mexico-Tenochtitlan
CARAÏBES

OCÉAN PACIFIQUE

LA CAPITALE des Toltèques était si légendaire qu'il a fallu attendre le XXᵉ siècle pour la localiser avec certitude à Tula, dans l'État d'Hidalgo, à 80 kilomètres environ au nord de Mexico. Grâce à des manuscrits d'origine indigène où sont évoqués les noms de ses rois, la civilisation toltèque est sans doute la première de la Méso-Amérique à avoir une véritable histoire.

LES PREMIERS TOLTÈQUES

Après la destruction de Teotihuacán, au VIIᵉ siècle, une période de troubles s'ouvre dans la vallée de Mexico, où s'installent des tribus venues du nord, appelées génériquement Chichimè-ques. Les premiers Toltèques font partie de ces hordes de nomades chasseurs. Leur univers spirituel, celui de la guerre, des sacrifices humains et du culte du ciel nocturne – ils se déplacent la nuit, en se repérant grâce aux astres –, rivalise avec la tradition pacifique et agricole des civilisations classiques sédentaires. Les légendes racontent ce bouleversement des croyances qui gagne tout le Mexique central, avant de s'étendre jusqu'au Yucatán. Malgré des coutumes parfois cruelles, les Toltèques assimilent et perpétuent la civilisation de Teotihuacán et sont considérés par les Indiens d'avant la conquête espagnole, comme le symbole même du raffinement culturel.

Le nom du roi Mixcoatl («Serpent de nuage ») est associé aux débuts de la dynastie toltèque. À ce chef fondateur succède son fils, Topiltzin Ce-Acatl,

Porte-étendard, ▽ statue de pierre polychrome trouvée à Chichén Itzá. Après la période «Puuc» classique (VIIIᵉ siècle), la ville subit l'influence toltèque au Xᵉ siècle.

Période maya-toltèque. Musée régional, Merida.

Déjà connu des Olmèques et des Mayas, le jeu de balle s'est pratiqué dans toute la Méso-Amérique.

LA PELOTE

Tula compte deux terrains de jeu de balle. Le plus vaste est celui de Chichén Itzá, dans le Yucatán. Les manuscrits représentent souvent ce jeu à deux équipes dont le but est d'expédier une lourde balle en terrain adverse. Les joueurs ne doivent la toucher qu'avec les genoux ou les hanches. Ils portent un harnachement en cuir et des gants épais. Ce jeu qui, sous les Aztèques, conduit des parieurs trop audacieux à la ruine et même à l'esclavage, a aussi des connotations religieuses : selon certaines légendes, Tezcatlipoca, descendu du ciel, pendu à un fil d'araignée, gagna à la pelote contre Quetzalcoatl, roi de Tula.

Jeu de pelote de Chichén Itzá.

Prêtre ▷ portant le masque du dieu maya Chac, maître de la pluie, du vent et du tonnerre, qui accorde la fertilité et de bonnes récoltes. Statue du temple des Guerriers de Chichén Itzá.

Période maya-toltèque. Musée régional, Merida.

véritable héros qui incarne à la perfection la culture des peuples du plateau central. Selon les chroniqueurs, il aurait vécu 52 ans, chiffre symbolique qui correspond à la durée d'un cycle du calendrier mis au point par les Toltèques eux-mêmes. Assimilé à Quetzalcoatl (« Serpent à plumes »), à la fois roi et prêtre, ce souverain au règne mal connu donne son aura légendaire à la capitale, Tula. Mais il est détrôné par le prêtre Tezcatlipoca (« Miroir fumant »), dieu guerrier.

Selon les versions, Quetzalcoatl s'exile ensuite vers le Yucatán, qui va connaître un nouvel essor avec l'épanouissement de la civilisation maya-toltèque ; ou, plus mythiquement, il périt sur le bûcher avant d'être transformé en Vénus, l'étoile du matin. Un pouvoir militaire fort succède à son règne. Puis, en 1156 ou 1168, une nouvelle vague de Chichimèques détruira la capitale toltèque.

Les atlantes de Tula

Cité de rêve, Tula se dresse au sommet d'une colline. Mais, située aux avant-postes du Mexique, elle a été à de nombreuses reprises, pillée et brûlée.

Comme Teotihuacán, si proche, Tula compte des pyramides, moins imposantes cependant. Le temple de Tlahuizcalpantecuhtli (« Étoile du matin ») se tient au sommet de la pyramide nord, formée de cinq étages, de 10 mètres de haut. Chaque niveau est revêtu de dalles sculptées, ornées de frises de félins et de rapaces. Dans la société aztèque, et peut-être aussi déjà chez les Toltèques, les groupes guer-

Chicomoztac, ▷
« les Sept Cavernes »,
lieu d'origine des sept
tribus toltèques.
À l'entrée, les chefs
Ixcicohuatl et Quetzal-
tehueyac en vêtements
d'apparat ornés
de plumes.
Annales toltéco-chichimèques.
Bibliothèque nationale, Paris.

Parmi les monuments de Tula, il en est deux que l'on retrouve sur d'autres lieux de culte influencés par l'art toltèque.

CHAC-MOOL ET MUR DE SERPENTS

Taillé dans la pierre, le Chac-Mool est une divinité sculptée sous l'aspect d'un guerrier à demi allongé qui supporte à bout de bras la dalle d'un autel. Une autre construction caractéristique : le coatelpantli, mur de pierre sculpté de serpents, qui garde l'espace sacré. À Tula, sa frise met en scène des serpents à sonnette dévorant des squelettes humains, évoquant les âmes des guerriers morts.

Mur des serpents de Tula.

172

riers appelés « jaguars » et « aigles » ont pour mission de fournir les futures victimes des sacrifices humains, qui permettent de nourrir les dieux et d'assurer la pérennité de l'univers.

Quatre statues gigantesques en basalte, de 4,50 mètres de haut, supportent la charpente du temple. Ces atlantes sont habillés d'un vêtement d'apparat complexe, comprenant un pagne brodé, un pectoral en forme de papillon et une coiffure de plumes. Ils tiennent dans leurs mains des armes et une bourse à encens, objets qui soulignent leur double fonction de prêtre et de guerrier. Sur la même terrasse, deux colonnes en forme de serpents à plumes, dont la gueule repose au sol, gardent l'entrée du sanctuaire. Enfin, des terrains de jeu de balle, témoignages à connotations religieuses également, ont été retrouvés à Tula.

TOLTECAYOTL

Pour les Mexicains du XVIᵉ siècle, Toltecayotl, ou la « toltéquité », symbolise la quintessence d'une vie civilisée. Elle s'exprime dans la production de manuscrits, d'orfèvrerie, dans le travail du jade et de la plume, dans le goût pour les fleurs et les oiseaux. C'est à Tula qu'elle a atteint son plein épanouissement. Pourtant, les Aztèques qui s'y sont arrêtés un moment dans leur marche vers Tenochtitlán, leur future terre d'élection, n'ont découvert qu'un lieu déjà ruiné, qu'ils ont achevé de piller. Mais leurs récits perpétuent la mémoire de l'âge d'or toltèque et, par la suite, aucun souverain mexicain ne manquait de dire qu'il descendait de ce peuple devenu légendaire. □

Les Itzá apparaissent au Yucatán, cœur de la civilisation Maya, à la fin du Xᵉ siècle.

LA CIVILISATION DE CHICHÉN ITZÁ

Venus du centre et des régions de la côte, les Itzá ont parcouru des centaines de kilomètres pour rejoindre le territoire du Yucatán, traversant des marais et des forêts denses. Ils s'établissent à Chichén, petit centre maya de l'époque classique dont ils font une splendide cité, Chichén Itzá, et étendent leur influence sur tout le nord de la région. Pendant leur domination de deux siècles, ils édifient de nouveaux sanctuaires à la gloire de Kukulkán, « le serpent à plumes » maya, dressent des autels à « l'étoile du matin » et diffusent la cruelle pratique des sacrifices humains.

▽ **Temple** de Tlahuizcalpantecuhtli à Tula. Les atlantes sont, comme toutes les statues toltèques, austères et renfermés ; ils annoncent l'art aztèque. L'Étoile du matin est une des manifestations de Quetzalcoatl, le Serpent à plumes, dieu civilisateur, mais aussi souverain et grand prêtre des Toltèques, comme des Mayas.

L'ÉGYPTE DES FATIMIDES

En conquérant l'Égypte, les Fatimides vont redonner à la terre des pharaons un peu de sa splendeur passée.

ONDÉE EN TUNISIE en l'an 909 par un chiite ismaélien venu de Syrie, Ubayd al-Mahdi, la dynastie des Fatimides va régner sur le Maghreb et les îles de la Méditerranée, depuis sa prestigieuse capitale, Mahdia. Forte de son armée et de sa flotte puissante, de son administration efficace, elle se sent prête à conquérir l'Orient.

AL-QAHIRA, «LA TRIOMPHANTE»

Le quatrième calife fatimide, al-Mu'izz li-Din-Allah («le Glorificateur de la religion de Dieu»), monte sur le

Duellistes à cheval. ▽ Dans les manuscrits, dont les plus anciens datent du XIᵉ siècle, les illustrateurs représentent librement la figure humaine, pour le plus grand plaisir de l'élite cultivée, contrairement aux autres artistes musulmans.
Époque fatimide. Musée islamique, Le Caire.

À Bagdad, après 200 ans de pouvoir sans partage, la dynastie abbasside confie le gouvernement à des Perses.

LES BUWAYHIDES

Les sultans buwayhides, ou buyides, sont une dynastie persane fondée par Buwayh. Ses trois fils et leurs successeurs règnent de fait, sinon de droit, sur l'Empire abbasside de 945 à 1055. Abul Hussein est le premier à occuper Bagdad, où le calife, tout en conservant son titre, lui remet la réalité du pouvoir en le nommant al-Mu'izz al-Dawla, «le Glorificateur de l'État». Tandis que les califes al-Qadir et al-Qa'im s'efforcent de redonner du lustre à la dynastie abbasside, le déclin des Buwayhides commence avec la mort de Baha' al-Dawla, en 1012. Ils sont définitivement éliminés par les Seldjoukides, venus de Turquie.

Plat en céramique. Xᵉ-XIᵉ siècle. Musée national de la céramique, Sèvres.

trône en 953. Il reprend le rêve oriental d'Ubayd, qui s'était brisé lors d'attaques contre l'Égypte en 913-914 puis en 919-920. Dans ce pays, le pouvoir est assumé depuis 946 par un eunuque abyssin, Kafur, tuteur des enfants de Muhammad ibn Turhdj, fondateur de la dynastie des Ikhchidides. Hédoniste et mécène, Kafur attire à la cour poètes et musiciens. Mais il laisse à sa mort, en 968, un pays désorganisé et très affaibli par la famine. La fertile vallée du Nil est devenue une proie facile. En 969, al-Mu'izz y dépêche son meilleur général, le Sicilien Abou Hassan Jawhar, qui ne rencontre aucune résistance. L'ordre est rétabli et le calife

fonde une nouvelle capitale, qu'il souhaite appeler Mansuriyah, «la Victorieuse». Or, à la cérémonie de fondation, un corbeau apparaît inopinément à l'heure de l'ascendant de la planète Mars, Qahir al-Falak; enclin au mysticisme et croyant à l'astrologie comme tous les Fatimides, al-Mu'izz y voit un signe positif du ciel. Et, lorsqu'en 973 il s'installe dans sa capitale, construite dans le temps record de

La mosquée d'al-Azhar ▽ au Caire, dans la capitale des Fatimides, située juste au nord de Fustat. Les minarets datent des Mamelouks et des Ottomans. La mosquée deviendra une importante université islamique.

◁ **Intérieur** de la mosquée d'al-Azhar. La nef centrale orientée dans la direction de La Mecque, indiquée par le Mihrab, est exceptionnellement longue et a l'allure d'une allée triomphale.

deux ans, il la baptise du nom d'al-Qahira (Le Caire), «la Triomphante».

Toutes les cultures du monde

Parmi les monuments érigés dès 970, la mosquée d'al-Azhar («la Splendide») devient, à partir de 988, une des premières universités du Moyen Âge. Récupérée par la suite par les sunnites et rebâtie au XIVe siècle, la mosquée d'al-Azhar demeure pour longtemps le centre théologique le plus prestigieux du monde musulman. Les bibliothèques du Caire, riches de manuscrits précieux, attirent les savants les plus réputés : le physicien Ibn Hai-

tham fait un long séjour dans la ville ; l'astronome Ibn Yunus y établit ses *Tables hakimites*, du nom du calife al-Hakim. Elles seront utilisées pour la composition des grandes *Tables alphonsines*, au XIIIe siècle, qui divisent l'année en 365 jours, 5 heures, 49 minutes et 16 secondes. Dans le domaine littéraire, les souverains fatimides se penchent sur le passé pré-islamique de l'Égypte et encouragent la tradition populaire du conte. Véritable creuset de diverses traditions – romaine, copte, maghrébine –, l'Égypte fatimide engendre un art composite original qui, à son tour, influence l'Orient, le Maghreb et l'Andalousie. Enfin, de par sa situation entre Inde et Europe, elle est un carrefour commercial de première importance.

LES QUESTIONS RELIGIEUSES

De religion chiite, et donc opposé aux sunnites, al-Mu'izz fait du Caire le siège d'un califat ismaélien, rival du califat abbasside de Bagdad, bastion de l'islam sunnite. Il étend son empire à la Palestine et à la Syrie, et contrôle les lieux saints de l'Orient : La Mecque, Médine et Jérusalem. Son règne et celui de son successeur, al-Aziz (975-996), se caractérisent par leur tolérance à l'égard des chrétiens et des juifs : on construit des églises et des monastères coptes, on protège les synagogues. La nomination de chrétiens et de juifs à des postes de vizirs et de hauts fonctionnaires dénote une large ouverture d'esprit en même temps qu'elle écarte du pouvoir les sunnites, demeurés majoritaires dans la population égyptienne.

Mais tout change avec le sixième calife, al-Hakim (996-1021), qui se distingue par son comportement extravagant et énigmatique, tour à tour cruel et ascétique, fanatique et généreux. En 1017, sur les conseils d'un de ses fidèles, al-Durzi, il se proclame Dieu. Toutefois, il disparaît peu après, le plus mystérieusement du monde : un matin, on ne retrouve que ses vêtements

◁ **Figurine** féminine en ivoire sculpté. L'art populaire de l'islam a été peu et mal conservé, si ce n'est dans l'Égypte fatimide.

XIe siècle. Musée islamique, Le Caire

Scène de chasse dans ▽ les vignes ; un cavalier retient un faucon, le gibier est terrassé. Fragment d'applique en ivoire, de style figuratif, destinée à quelque prince.

XIe siècle. Musée du Louvre, Paris.

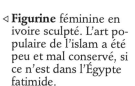

Inventé en Inde, le zéro, a été transmis à l'Occident par l'intermédiaire des Arabes.

L'HISTOIRE DU ZÉRO

Les Indiens l'ont appelé *sunya* (le vide) ; les Arabes d'Orient ont traduit textuellement par *As-Sifr* (le vide) et l'ont adopté en même temps que les neuf signes numériques, de 1 à 9. Le zéro n'est pas encore parvenu jusqu'en Andalousie lorsque, au Xe siècle, le moine Gerbert d'Aurillac, en mission à Cordoue, découvre les chiffres arabes et les introduit en Occident. Il faut attendre le XIIIe siècle pour voir le zéro désigné par le mot latin *cephirum*, transcription du *As-Sifr* arabe. *Cephirum* devient *zefero* puis *zero* en italien, *chiffre* en français, *cipher* en anglais, *ziffer* en allemand.

ensanglantés au pied de la colline du Mokattam, où il a coutume d'interroger les astres. Al-Durzi est obligé de fuir et trouve refuge en Syrie, où il donne son nom à une nouvelle secte, les Druzes, dont la doctrine s'appuie sur l'ésotérisme et la métempsycose. À la même époque, à Bagdad, le sultan buwayhide Baha al-Dawla dépose le calife abbasside régnant et installe à sa place le jeune al-Qadir, en espérant le maintenir fermement sous son autorité. Mais le jeune garçon prend de l'assurance et tente de lutter contre les multiples sectes. En 1019, il fait lire solennellement la profession de foi officielle des musulmans et ferme ainsi la « porte de l'ijtihad », ou effort de recherche personnel. Sa décision entraîne, pour longtemps, le déclin des sciences dans le monde islamique.

LE RÈGNE DES ZIRIDES AU MAGHREB

À l'ouest, l'agitation est intense. En effet, lorsqu'il est parti pour l'Égypte, le calife al-Mu'izz a confié la gestion du Maghreb à un Berbère, Bulukkin ibn Ziri. Simple gouverneur en théorie, ce dernier ne tarde pas à se comporter en vice-roi, fondant sa propre dynastie, celle des Zirides (972-1171) et déplaçant la capitale de Kairouan à Mansuriyah. Son fils, Bulukkin al-Mansour, affiche un peu plus son indépendance tout en maintenant les liens avec les Fatimides, qui conservent encore des moyens de pression. Finalement, c'est son petit-fils, al-Mu'izz, qui rompt définitivement avec Le Caire et renoue avec Bagdad. Vers 1050, sous prétexte de parfaire l'arabi-

sation du Maghreb – mais en réalité pour se venger –, le calife fatimide al-Mustansir y envoie deux tribus turbulentes originaires d'Arabie. Au total, ce sont quelque 200 000 nomades qui déferlent sur le pays, ruinant les pouvoirs organisés et se taillant des principautés.

DE NOUVEAUX VENUS

Mais les Fatimides n'échappent pas à une fin peu glorieuse. D'autres ennemis s'annoncent déjà : les Seldjoukides, descendant des steppes de l'Asie centrale ; les croisés, que leur ardeur religieuse semble rendre invincibles ; le Kurde Saladin, enfin célèbre par ses luttes contre ceux-ci, et qui finira par réunir le monde arabe sous sa bannière. □

◁ **Bal al-Futuh,** une des trois portes monumentales de l'enceinte du Caire. Reconstruite au XIᵉ siècle, elle était surmontée d'une chambre de tir et pourvue d'une herse. L'art de bâtir des Fatimides faisait l'admiration des voyageurs.
XIᵉ siècle.

▷
Cimetière musulman d'Assouan. Les nécropoles musulmanes ont souvent pour foyer le tombeau d'un saint personnage.

. 177

Un courant mystique de l'islam s'affirme au IXᵉ siècle et met l'accent sur la religion intérieure.
LE SOUFISME

Le soufisme, vient du mot *suf,* la laine de la robe portée par les soufis (mystiques), ou encore de *safa,* la pureté. Le fondement du soufisme repose non pas sur la charia, la loi islamique, mais sur la Hakika, la Vérité, ou connaissance de Dieu, que l'on atteint par la méditation sous la direction d'un cheikh. La doctrine s'affirme à partir du IXᵉ siècle, avec al-Halladj (857-922), puis Ibn al-Arabi (1165-1240).

Ermite méditant.
Miniature persane. XVIᵉ *siècle.*
Coll. part.

L'ART ARABO-NORMAND

Les Arabes se sont emparés de la Sicile en 831. Sous leur règne, l'île a atteint son apogée culturel et économique. Les envahisseurs musulmans ont apporté avec eux leur sens du commerce, leur génie de l'architecture. Bientôt, le pays se couvre de villes blanches, où s'élèvent des mosquées et des palais ; dans les cours intérieures chante l'eau des fontaines. La Sicile a des allures de paradis, d'autant plus que chrétiens et musulmans y vivent en bonne intelligence. En 1072, l'île tombe aux mains des Normands. Malgré des luttes sanglantes pour étendre leur pouvoir à tout le territoire, ceux-ci ne se ferment pas à la culture arabe. Au contraire, ils en adoptent certaines pratiques, allant jusqu'à porter des vêtements de satin et entretenir des harems ; et ils adaptent l'architecture de leurs prédécesseurs à leurs propres besoins. C'est ainsi que naît l'art arabo-normand. Le plus beau témoignage de cette synthèse culturelle est, à Palerme, le palais des Normands. L'édifice, construit par les Arabes au IXe siècle, est transformé au XIIe. La chapelle en est le fleuron : le plafond, typique de l'art musulman, est formé de stalactites richement décorées ; les murs, la voûte et l'abside sont couverts de mosaïques figurant des scènes de la vie du Christ. Les inscriptions en grec et en latin témoignent de la diversité de nationalités des artisans qui ont travaillé à ce chef-d'œuvre.

△ **Plafond** de la chapelle palatine (détail). Le foisonnement non-figuratif de caissons et d'arabesques est directement hérité de l'art de l'islam, aussi important en Sicile que celui de Byzance.

△ **Chapelle palatine** de Palerme. Elle a été ajoutée au XIIe siècle par les Normands au palais construit par les Arabes sur les ruines d'un fort romain. Au fond, une mosaïque byzantine.

▷ **Abside** de la cathédrale de Palerme, remaniée à la fin du Moyen Âge. Commencée en 1170, elle a été bâtie à l'emplacement d'une basilique du VIe siècle transformée en mosquée.

△ **Cloître** de la cathédrale de Monreale. Il faisait partie d'un monastère bénédictin ; ses arcades, soutenues par 228 colonnettes, abritaient la promenade des moines.
XIIe siècle.

▽ **Personnages** enturbannés devant la fontaine d'un palais. Quoiqu'elle provienne de la chapelle du palais des Normands à Palerme, cette peinture sur bois est très proche des miniatures des manuscrits musulmans.
XIIe siècle. Chapelle palatine, Palerme.

EUROPE CENTRALE

Arpad, nouvel Attila

■ Près d'un demi-siècle après Attila, un nouveau danger surgit des plaines d'Europe centrale. En plus des incursions des Sarrasins et des pillages normands, les royaumes carolingiens doivent affronter les Hongrois. Au IXᵉ siècle, les sept tribus magyares, poussées par les Turcs, élisent Arpad grand-prince. Sous la conduite de celui-ci, les Hongrois entrent en 896 dans le bassin des Carpates, aux confins de la Roumanie et de la Hongrie actuelles, et s'y taillent une principauté aux dépens des Bulgares, des Moldaves et des Valaques. De là, ils vont lancer des raids qui terrifient toute l'Europe occidentale. □

ARMÉNIE

Renaissance de l'Arménie

■ Ashod II le Grand, couronné en 885 avec l'assentiment des califes de Bagdad, est considéré comme le fondateur de la dynastie des Bagratides. Celle-ci marque l'apogée de la Grande-Arménie, après la conquête musulmane. La dynastie se donnera, en 961, une nouvelle capitale, Ani, « boulevard de la civilisation chrétienne face à l'Asie » ; elle résistera un siècle durant aux Byzantins et aux Turcs, mais sera minée de l'intérieur par les luttes féodales, et, à ses frontières, par les rivalités entre les dynasties arméniennes elles-mêmes. □

EUROPE CENTRALE

Siméon, tsar des Bulgares

■ En 865, Boris Iᵉʳ avait été le premier prince bulgare converti au christianisme. À sa mort, en 889, c'est son fils, Siméon, qui lui succède. Cultivé, habile stratège, il est le « Charlemagne bulgare » et peut se poser en rival de l'empereur byzantin. Dans sa capitale, Preslav, il fait bâtir de superbes monuments et protège artistes et écrivains. Pour affermir le prestige national, Siméon obtient, en 919, un patriarcat distinct, et, grâce à Clément d'Okhrid et à Naoum, disciples de Cyrille et de Méthode, les Bulgares disposent d'un alphabet adapté à leur parler slave, mais cette renaissance n'atteint pas vraiment l'originalité. □

ANGLETERRE

Les enfants d'Alfred

■ Alfred le Grand, roi de Wessex, s'est emparé de Londres en 886. Il conquiert les principautés voisines et soumet la Northumbrie, qui constitue une grande partie de l'Écosse actuelle. Il est donc le premier souverain anglo-saxon à exercer son autorité sur l'Angleterre, avec Londres pour capitale. Cultivé, il traduit l'*Histoire ecclésiastique de la nation anglaise* de Bède le Vénérable du latin en anglo-saxon, ainsi que la *Consolation* de Boèce. Ces travaux érudits et les soins qu'il donne à l'Église d'Angleterre ne l'empêchent pas de résister aux Danois. □

ROYAUME FRANC

Naissance de la Normandie

■ Le roi de Francie occidentale, Charles le Simple, achète très cher la paix avec les Vikings. Depuis près de dix ans, les « Normands de la Seine » et leur chef Rollon occupent la région de Rouen et pillent la vallée de la Seine, remontant jusqu'en Bourgogne. Pour les calmer, Charles leur concède la région qu'ils occupent, à l'ouest de la Neustrie. Celle-ci devient la Normandie, « province des hommes du Nord ». Charles, qui a remporté la bataille de Saint-Clair-sur-Epte, en juillet 911, sauve les apparences : Rollon doit se convertir au christianisme et prêter hommage à son nouveau souverain. □

ITALIE

« Pornocratie » à Rome

■ Deux femmes, Théodora, épouse d'un notable romain, et sa fille Marozia, exercent le pouvoir à Rome. En 904, Théodora fait élire pape Serge III, qui est l'amant de Marozia, âgée de quinze ans et déjà mariée. À la mort de Serge III, les deux femmes ne peuvent s'opposer à l'élection du pieux Anastase III, qu'elles font assassiner deux ans plus tard, en 913. Après le règne éphémère de Landon, c'est un ancien amant de Théodora, Jean X, qui est élu. Marozia le fera assassiner en 928, avant d'éliminer ses successeurs, Léon VI, puis Étienne VII. □

GERMANIE

Henri Iᵉʳ l'Oiseleur

■ En Germanie, après la mort, de Conrad Iᵉʳ, dernier descendant des Carolingiens, le duc de Saxe, Henri Iᵉʳ, est élu roi en 919. Il régnera jusqu'en 936 et saura donner un coup d'arrêt au déclin de l'empire : il bat les Danois et les Hongrois, unit la Lotharingie à la Germanie, occupe Prague et fixe la frontière orientale de son royaume sur l'Elbe. Toutefois la nouvelle monarchie s'écarte de plus en plus du modèle carolingien. □

CAMBODGE

Angkor Thom

■ Au Cambodge, le roi Yacorvaman II (889-900) a décidé de donner une nouvelle capitale au royaume khmer. Angkor se trouve au nord du grand lac de Tonlé Sap, dans une grande plaine inondable, aux alluvions fertiles. Pendant la saison sèche, le lac se déverse dans le Mékong, mais, à la saison des pluies, les flux sont inversés. Le lac est alors beaucoup plus profond et, lors du reflux, les limons sont cultivés et nourrissent de nombreuses familles. Les souverains font construire des canaux et des réservoirs. Ceux-ci servent à l'agriculture, mais aussi à acheminer les matériaux nécessaires à la construction de gigantesques temples. □

Porte nord d'Angkor Thom (Cambodge).

JAVA

Le culte de Siva

■ C'est une dynastie originaire de Mataram, au centre de l'île de Java, qui domine l'Indonésie à la fin du IXᵉ siècle. À cette époque, le sivaïsme a supplanté le bouddhisme mahayana, et les rois de Mataram ont fait édifier des dizaines de temples en l'honneur de Siva, dieu guerrier. Le plus beau est probablement le candi Laro-Jonggrang. Il doit son nom à la statue de la déesse Durga, « la longue jeune fille », ou « Laro-Jonggrang ». □

Cathédrale d'Ani, en Arménie (Turquie actuelle).

930 - 980

Au cœur du Xᵉ siècle, sur les débris d'empires éphémères, s'édifient partout dans le monde de nouveaux États. En Europe et dans le Saint Empire romain germanique, l'armature administrative créée par Charlemagne se disloque au profit de ducs, de comtes et de marquis qui transforment leurs charges en bénéfices héréditaires. En Chine, le grand empire Tang se dissout : aussitôt, les gouverneurs se transforment en souverains. En Afrique aussi, de nombreux royaumes voient alors le jour comme celui du Ghana, dont le monarque peut entretenir une armée de plus de 200 000 hommes. Cette période de chaos politique s'accompagne d'un véritable foisonnement culturel, que ce soit en Chine, où les peintres réalisent des chefs-d'œuvre sur des rouleaux de soie ou de papier ; dans l'Allemagne de l'empereur Otton, où se multiplient les manuscrits enluminés ; en Afrique, où se mettent en place de grands axes commerciaux qui permettent aujourd'hui encore de trouver chez des bijoutiers du Mali des perles d'émail et des cloisonnés autrefois fabriqués à Venise.

L'empereur Otton Iᵉʳ, détail de la chasse de Charlemagne en argent doré. Vers 1215. Cathédrale d'Aix-la-Chapelle.

L'ÈRE DES BOULEVERSEMENTS EN AFRIQUE

Au Xᵉ siècle, l'Afrique est une terre prospère,
où s'implantent des royaumes vastes
et puissants. Du Sahara à l'océan Indien,
le continent africain est carrefour d'échanges,
lieu de brassages entre les peuples
et les religions.

PENDANT DES SIÈCLES, l'Afrique
a connu des déplacements
de population. Les parentés
– frappantes – entre des
langues utilisées dans des
zones très éloignées les
unes des autres le montrent assez.

À la fin du premier millénaire, la
carte des peuples n'est pas figée,
même si nombre de populations se
sont sédentarisées avec l'établisse-

MAROC
EMPIRE DU GHANA
Koumbi-Saleh
Djenné • Gao
EMPIRE DU MALI
Igbo-Ukuwu
lac Tchad
Aksoum
Lalibela
ÉTHIOPIE
Mogadiscio
lac Victoria
Brazzaville-Kinshasa
Mombasa
Zanzibar
MADAGASCAR
GRAND ZIMBABWE

désert
savane
forêt équatoriale
aires culturelles
empires ou royaumes

▽ **Le Grand Erg** occidental, dans le Sahara algé-
rien. Brassées par le
vent, les dunes chan-
gent sans cesse de
forme, le sable forme
des vagues confuses.

ment de villages et de villes. L'Afrique continue d'être parcourue par de vastes migrations, infiltrations lentes plutôt qu'invasions massives. Ces brassages de populations provoquent des transformations de «paysage humain» dont les effets se font sentir encore aujourd'hui. La plus importante de ces migrations est celle des Bantous, qui ont traversé toute l'Afrique pour s'implanter sur près de la moitié du continent.

DE L'INDONÉSIE À MADAGASCAR

C'est, aussi, par le biais d'une de ces migrations que l'île de Madagascar aurait été peuplée. Il semble que, jusque vers le début de notre ère, la «Grande Île» soit demeurée le royaume des animaux, riche d'une faune variée et nombreuse. Mais, selon certaines traditions, des Noirs y étaient déjà présents, les Vazimba, hommes de très petite taille (comparables aux Pygmées), dont l'existence est controversée.

C'est sans doute au VIIᵉ siècle que, arrivant du continent, les premières pirogues atteignent Madagascar. Elles transportent des hommes aux origines diverses : des Indonésiens, venus de la lointaine Asie pour faire du commerce sur le pourtour de l'océan Indien, et qui s'installent sur la côte orientale de l'Afrique ; des Africains, que ceux-ci ont entraînés avec eux dans cette aventure ; sans doute, aussi, quelques métis, issus de mariages entre les deux peuples, préfigurant le brassage des races qui va donner naissance au peuple malgache. Ces premiers migrants, et ceux qui suivront, organisent l'île selon un mode de vie marqué, notamment, d'apports asiatiques : bientôt, la savane cède la place aux rizicultures.

DES «RIVES» DU SAHARA AUX «PORTS» DU SAHEL

Pendant cette même période, les circuits économiques de l'Afrique achèvent de se mettre en place. Le continent africain est alors riche. L'or est, en particulier, l'objet d'un intense trafic, surtout depuis le *Soudan,* terme utilisé par les Arabes pour désigner les «pays des Noirs». Mais c'est aussi le sel, denrée précieuse, le fer, les carapaces de tortue, l'ivoire, l'ambre, l'encens, la myrrhe et, «commerce» moins avouable, les esclaves, que transportent les caravanes vers l'Égypte et le Moyen-Orient.

▷ **Socle** ou morceau d'autel, découvert dans le dépôt rituel d'Igbo-Ukuwu. Les panneaux ajourés représentent des serpents et des araignées. Les pièces en bronze de ce site sont toutes très richement décorées.

IXᵉ-Xᵉ siècle. Musée national, Lagos, Nigeria.

Koumbi-Saleh se situait au carrefour du commerce transsaharien et des régions de savane, au sud du Ghana.

KOUMBI-SALEH, CAPITALE DU GHANA

Les écrits des voyageurs arabes de l'époque, et les fouilles qui y ont été effectuées, permettent d'imaginer à quoi ressemblait la ville de Koumbi-Saleh, aujourd'hui disparue de la carte, à la fin du Xᵉ siècle. Édifiée en plaine, la ville comporte de nombreuses maisons construites en pierre et bois d'acacia, de belles résidences, de larges avenues mais aussi de petites ruelles. Elle compte également plusieurs monuments, dont douze mosquées. Aux alentours se trouvent plusieurs puits d'eau potable, près desquels les habitants entretiennent de petits jardins potagers. Dans le château entouré de dépendances résident les empereurs et leur cour, composée de ministres, de hauts dignitaires et de la noblesse.

△ **Récipient** en forme de coquillage. Avec ses décorations semblables à un bijou, ce récipient surmonté d'un animal – sans doute un léopard – est une fonte complexe.

IXᵉ-Xᵉ siècle. Musée national, Lagos, Nigeria.

▷ **Paysage** du Botswana. À la saison des pluies, dans la région du grand fleuve Limpopo, la savane d'Afrique australe passe du jaune au vert, les marécages se gorgent d'eau, les baobabs font provision d'humidité, mais la sécheresse menace toujours.

De grands axes commerciaux se dessinent alors. Le premier, le commerce transsaharien, fait la prospérité de toute la zone correspondant au Sahara actuel. En effet, le Sahara ne représente pas, alors, une barrière infranchissable. Il évoque plutôt une « mer », comme une deuxième Méditerranée, avec ses « navires » et ses « marins » : de grandes caravanes traversent le désert, d'une « rive » à l'autre – le nom de « Sahel » vient de l'arabe *sahil* ou *sawahil*, « rivages ».

Le dromadaire, venu d'Asie occidentale, permet de rendre ces voyages plus sûrs. Des itinéraires précis s'établissent, véritable réseau routier, avec haltes et relais. Au terme de ce trafic, les villes du Sahel fonctionnent alors comme des ports qui reçoivent et redistribuent les marchandises. L'un des carrefours importants de ce commerce se situe autour du lac Tchad.

Ce trafic régulier et intense interdit de penser que l'Afrique a pu être coupée du reste de l'humanité. Ainsi, aujourd'hui encore, on trouve chez des bijoutiers du Mali des perles d'émail et des « cloisonnés », qui étaient autrefois fabriqués à Venise et que les riches marchands du Soudan transportaient dans leurs cargaisons.

LES PREMIÈRES GRANDES CITÉS

Autre secteur, non moins important, d'échanges et de rencontres : l'océan Indien. La découverte de très anciennes porcelaines chinoises sur les côtes orientales de l'Afrique a montré que les échanges s'opéraient parfois avec des peuples très éloignés. L'Afrique, il est vrai, commerce surtout avec l'Indonésie et le Moyen-Orient (l'Arabie et la Perse), et un peu avec l'Inde. C'est, très certainement, par le biais de ses relations avec les Indonésiens qu'elle découvre la culture du riz, de l'igname et de la banane.

Le long de la côte est et dans l'île de Zanzibar se développent de grands ports d'envergure internationale, renommés jusqu'en Extrême-Orient. Dans l'arrière-pays, les réseaux nécessaires à l'approvisionnement du trafic maritime se mettent en place. De ce brassage de peuples, coutumes, religions et savoir-faire naît la civilisation swahilie, mot également dérivé de l'arabe *sawahil*, où se mêlent apports africains et arabes, et qui domine toute l'Afrique orientale moderne.

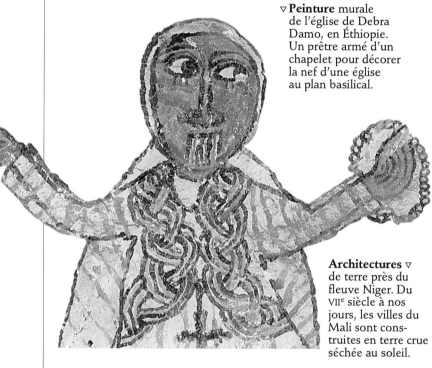

▽ **Peinture** murale de l'église de Debra Damo, en Éthiopie. Un prêtre armé d'un chapelet pour décorer la nef d'une église au plan basilical.

Architectures ▽ de terre près du fleuve Niger. Du VIIᵉ siècle à nos jours, les villes du Mali sont construites en terre crue séchée au soleil.

Tounkara : tel est le titre de l'empereur du Ghana. Procession d'apparat et audiences solennelles rythment ses journées.

UN JOUR DANS LA VIE DE L'EMPEREUR

Tous les matins, à cheval, l'empereur parcourt la ville, escorté de sa cour et précédé d'éléphants et de girafes. Chacun peut alors lui parler, et lui soumettre ses problèmes. Le tounkara accorde aussi de grandes audiences. Assis dans un des pavillons, il écoute les doléances de son peuple. Dix chevaux entièrement caparaçonnés d'or, dix pages en armes décorées à l'or fin, de nombreux chiens de race entourent le pavillon. Somptueusement vêtus, les cheveux tressés de fils d'or, les proches de l'empereur, les nobles, les ministres et les gouverneurs de régions assistent à la cérémonie. Celle-ci s'ouvre sur un roulement de tambour. Les sujets s'avancent alors vers leur tounkara et le saluent : à genoux, ils se jettent de la poussière sur la tête ou battent des mains. La dynastie de Kaya Maghan Cissé a une particularité : la succession y est matrilinéaire – l'empereur défunt est remplacé par le fils de sa sœur.

Le développement atteint aussi les côtes atlantiques, gagnant, vers le nord, toute l'Afrique de l'Ouest et se concentrant sur les rives des fleuves, particulièrement celles du Congo. Le Xᵉ siècle voit l'émergence de grandes cités : Gao (Mali actuel), Mogadiscio (Somalie), Mombasa (Kenya) et une ville sur le Congo qui deviendra, des siècles plus tard, Brazzaville-Kinshasa.

Du village à l'état

Ère de bouleversements démographiques et économiques, la fin du premier millénaire connaît également une importante mutation politique. Comme dans la majeure partie de l'Europe au même moment, des structures étatiques se créent un peu partout. Le passage progressif du village à la chefferie puis au royaume, voire à l'empire, dote le continent africain de modes d'organisation très divers.

Les formes les plus « étatiques » présentent des caractéristiques proches de celles du Moyen Âge européen : extension du territoire par absorption ou par conquête ; création de structures administratives et d'une fiscalité ; émergence d'armées puissantes ; obéissance au chef et apparition du pouvoir de droit divin. Cependant, il existe d'autres régimes, moins structurés, mais tout aussi efficaces.

À l'exception de la région nord-est du continent (Égypte, Koush et Aksoum), on ne connaît pas encore bien tous les États africains constitués au cours du premier millénaire. À la lisière de la mer Rouge et de l'océan Indien, Aksoum avait tous les atouts pour contrôler le trafic commercial et s'imposer comme puissance régionale.

Mais, dès le VIIᵉ siècle, le royaume d'Aksoum a commencé à décliner irréversiblement. Au Xᵉ siècle, il n'est plus que l'ombre de lui-même.

. 185

◁ **L'église** Saint-Georges s'élève dans une excavation de 12 mètres de profondeur à Roha, capitale qui porte aujourd'hui le nom de son fondateur, le roi Lalibela.

△ **Africains** sur le marché aux esclaves. Outre l'or, l'ivoire et le sel, les caravanes apportent au monde arabe des Noirs enlevés au sud du Sahara. Miniature arabe du XIIIᵉ siècle. Bibliothèque nationale, Paris.

▽ **Le ksar** (village fortifié) d'Aït Benhaddou, dans le sud marocain. De style berbère, il servait de moyen de défense pendant les guerres tribales.

Le renouveau du «royaume de l'or»

Autour d'Aksoum émergent alors plusieurs autres royaumes, en particulier l'Éthiopie, l'une des monarchies les plus anciennes et les plus durables du monde.

De nombreux royaumes voient aussi le jour ou se développent en Afrique de l'Ouest : ainsi celui du Ghana, sans doute fondé au IIIᵉ siècle et transformé en un véritable empire au VIIIᵉ siècle. Son souverain, Kaya Maghan Cissé, le dote alors d'une armée de plus de 200 000 soldats. Au Ghana, l'or est si abondant que le monarque («Kaya Maghan» signifie «maître de l'or») en détient le monopole, afin d'éviter les variations des cours. C'est pour commémorer le souvenir de ce grand empire que la *Gold Coast* (Côte-de-l'Or) choisit de s'appeler Ghana, en 1957, lors de son indépendance.

Les «fiefs» chrétiens en Afrique

Deux faits majeurs marquent le premier millénaire de l'histoire du monde : l'émergence du christianisme et celle de l'Islam. L'Afrique, elle aussi, va s'en trouver durablement affectée.

Dès le début de son expansion, le christianisme a atteint le continent noir. L'Égypte est devenue l'un des « fiefs » de la nouvelle religion, qui gagne également les ports du Maghreb. Si le christianisme n'a pu s'enfoncer plus avant vers le sud, il a, en revanche, pénétré l'est de l'Afrique. Selon la tradition, Ezana, roi d'Aksoum au IVᵉ siècle, aurait été l'élève d'un précepteur phénicien qui l'aurait converti ; à son avènement, Ezana aurait donc entrepris d'imposer le christianisme comme religion d'État et de tisser des liens durables avec Constantinople.

Mais, dès le VIIᵉ siècle, la situation se modifie du fait de l'expansion de l'Islam, propagé par la conquête arabe à travers toute l'Afrique du Nord et sur les rives africaines de la mer Rouge. Partout le christianisme recule, mais sans céder.

L'Afrique islamisée

L'Islam, en revanche, ne s'arrête pas à la partie nord de l'Afrique et pénètre à l'intérieur du continent. Les conversions sont d'abord individuelles. Il s'agit, le plus souvent, de marchands qui traversent le Sahara pour leur commerce et entrent en contact avec des musulmans dont ils finissent par adopter la religion. Puis ce sont les rois qui, progressivement, se convertissent.

186 .

◁ **Vieillard** assoupi. Djenné, sur le moyen Niger, est une des capitales du premier empire songhaï. Les artistes paysans y modèlent des œuvres stylisées et très expressives.
IXᵉ-XIIIᵉ siècle. Coll. part.

Dès le VIIe siècle, les villes du Soudan abritent de petites communautés musulmanes vivant de manière quasi autonome. Les adeptes les plus fervents de l'Islam entreprennent alors de rallier les détenteurs du pouvoir. Et si, craignant la colère de ses sujets, vers l'an mille, le roi d'Alukan cache sa conversion, la plupart des souverains n'hésitent pas à clamer leur foi haut et fort. Ils prennent même l'habitude de se rendre à La Mecque pour y effectuer le pèlerinage traditionnel.

De la même façon, l'Islam se répand le long de la côte orientale de l'Afrique, par l'intermédiaire des marchands arabes et swahilis qui participent au commerce via l'océan Indien.

La conquête almoravide

En Afrique noire, la diffusion de l'Islam et du mode de vie musulman se fait aussi, plus tard, par l'intermédiaire des Almoravides (ce mot signifie « moines »). Venu du nord-ouest du continent (le Maroc actuel), le mouvement est créé au XIe siècle par Abd Allah ibn Yasin. Entouré de quelques disciples, ce dernier décide de procéder à la conversion des peuples du Sahara. Le mouvement prend de l'ampleur et les Almoravides s'implantent largement au sud du Maroc, où ils fondent la ville de Marrakech.

Sans doute attirés par les richesses de l'Europe et de l'Afrique noire, ils passent de l'entreprise de persuasion à la guerre sainte *(jihad)*, puis à la guerre de conquête. Leur empire domine l'Espagne et les pays qui vont jusqu'au désert du Sahara, ainsi que la vallée du Sénégal et le delta du Niger...

Il y a alors près d'un siècle environ que les grandes lignes de l'histoire du continent, et les fondements de l'Afrique future, ont été posés. La carte ethnique et religieuse est dessinée, le principe de l'État est adopté, les grands empires sont apparus, l'économie est en pleine expansion : l'Afrique entre, pour quelques centaines d'années, dans une ère de prospérité. □

◁ **Pendentif.** Cette petite tête est une des rares représentations humaines trouvées à Igbo-Ukuwu.
IXe-Xe siècle. Musée national, Lagos, Nigeria.

Cavalier de Djenné. ▷ De nombreuses figures humaines ont été retrouvées dans des tombes ; la religion devait être fondée sur le culte des ancêtres.
IXe-XIIIe siècle. Coll. part.

Pendant plus de 1 000 ans, les Bantous parcourent l'Afrique. Leur migration représente l'une des étapes les plus importantes de l'histoire africaine.

LA MIGRATION DES BANTOUS

Peuple d'éleveurs et agriculteurs, les Bantous sont originaires d'une région située entre le lac Tchad et l'océan Atlantique, dans le Cameroun actuel. Il y a, sans doute, plus de 2 000 ans, ils entament un vaste mouvement de déplacement vers l'est et le sud. L'explosion démographique les pousse-t-elle à gagner de nouvelles terres ? Fuient-ils la désertification du Sahara ? Cherchent-ils d'autres gisements de fer (ils excellent dans l'art de la métallurgie) ? Les raisons de l'entreprise sont obscures. La migration des Bantous dure plusieurs siècles et se prolonge au-delà de l'an mille ! Certains groupes suivent les voies d'eau, d'autres traversent la forêt équatoriale, la plupart progressent en direction du lac Victoria, puis vers le sud. Ils finissent par occuper une grande partie du continent, du Cameroun actuel à l'Ouganda et jusqu'à l'Afrique du Sud. Nombre de langues africaines sont marquées par leurs apports. Ainsi, dans toute l'Afrique centrale, « hommes » se dit *Bantou* ou *Batou*.

L'ARCHI-TECTURE AFRICAINE

Au cours du temps, les sociétés africaines ont développé une architecture de qualité, au plan tant artistique que technique. Les matériaux employés, les formes élaborées témoignent d'une grande capacité d'adaptation aux climats et ressources locaux. Si le bois et les végétaux, ainsi que l'argile, sont d'un emploi courant, la pierre – difficile à trouver en Afrique – a surtout servi dans le sud-est du continent. La forme architecturale la plus connue est la case ronde à toit de chaume. Elle n'est pourtant pas généralisée : maisons carrées ou rectangulaires, toits pentus dans les régions humides, terrasses plates dans les régions sèches, patios intérieurs... permettent des variations à l'infini. Au sein d'un même village, les habitations sont toujours identiques, afin de ne pas marquer les différences sociales. La plupart ne comportent qu'une pièce unique – la chambre –, la cuisine et l'essentiel des activités ayant lieu à l'extérieur. Les différentes maisons d'un homme (celles de ses femmes) ou d'une famille sont souvent groupées au sein d'une cour et reliées par un mur d'enceinte. C'est la « concession », dans laquelle se déroule la vie commune. Arrivé à l'âge adulte, chaque homme se doit de construire sa propre maison. On trouve également en Afrique des édifices et des monuments somptueux : grandes mosquées du Soudan, maisons royales, forts militaires.

188 .

Village du Sénégal, ▷ aux habitations de terre crue recouverte de chaume. Les dessins qui ornent les parois de la case du premier plan ont une fonction religieuse, ils sont fondés sur de très anciens mythes.

△ **Cité lacustre** au Bénin. Au sud du Dahomey, les lagunes côtières bordées de terres fertiles nourrissent une population nombreuse. C'est de là que provenaient les *cauri,* coquillages qui servaient de monnaie en Afrique occidentale.

◁ **Village dogon** au Mali. Les maisons sont faites de pierres sèches ou de briques crues recouvertes d'argile, les pièces s'ouvrent sur une cour intérieure. Les constructions coniques sont des greniers. Chaque village comprend un grenier communal, un autel, un abri pour les réunions des hommes, une maison ronde réservée aux femmes réglées.

◁ **L'acropole** du Grand Zimbabwe, qui a donné son nom à l'ex-Rhodésie, a été occupée dès le IIIe siècle, mais c'est à la fin du XIIIe siècle qu'y ont été construits des enclos fortifiés, aux murs faits de pierres taillées dans du granite, dont la fonction, politique et religieuse, a évolué.

▽ **Case obus** des Mousgoum du Nord-Cameroun. En Afrique équatoriale, dans la plaine inondable du Chari, vit une population de type soudanais, islamisée, qui édifie des villages où chaque clan a son quartier et chaque lignage, descendant du même ancêtre, son groupe de maisons.

LE SAINT EMPIRE ROMAIN GERMANIQUE

Tandis qu'en Gaule l'Empire carolingien achève de se décomposer, à l'est, la puissante dynastie des ducs de Saxe arrive au pouvoir avec l'élection d'Henri Ier l'Oiseleur.

N 962, Otton le Grand, roi de Germanie, se fait couronner empereur à Rome par le pape Jean XII. Le titre impérial, qui n'était plus porté depuis 924, revient à une dynastie nouvelle, née en Germanie.

Si, après la mort de Charles le Gros, en 888, quatre souverains ont porté ce titre, ce n'était pas des Carolingiens, et leur pouvoir était limité à la protection d'une papauté menacée, dans Rome même, par les rivalités de l'aristocratie locale. En Gaule, la dynastie carolingienne se perpétuera jusqu'en 987 ; dans la Germanie démembrée en duchés, le pouvoir royal devient électif.

▽ **Hommage** des nations à Otton III. La Slavonie, la Germanie, la Francie et Rome s'inclinent devant l'empereur. Bayerische Staatsbibliothek, Munich.

190 .

La dynastie saxonne

Originaires de l'est de l'Empire carolingien, les souverains saxons ont vu leurs possessions épargnées par les grands flux d'envahisseurs ; depuis le temps du duc Liudolf, ils sont les plus puissants princes de Germanie. À la veille de sa mort, en 918, le faible Conrad Iᵉʳ a transmis les insignes de roi de Germanie au petit-fils de Liudolf, Henri, duc de Saxe, qui s'est fait élire roi en mai 919.

Les premières années du règne d'Henri « l'Oiseleur » se sont passées à obtenir la soumission des autres ducs. Il a ensuite consolidé les provinces orientales du royaume contre les Slaves et les Hongrois. À sa mort, en 936, les grands de Germanie élisent son fils Otton « par droit héréditaire » : Henri Iᵉʳ a réussi à donner naissance à une dynastie.

Otton manque pourtant de moyens de gouvernement et ne peut compter que sur les forces de son propre duché ; jusqu'en 953, il se heurte à l'indiscipline des ducs, renforcés par la rébellion de son propre frère, Henri. Cependant, l'autorité d'Otton est reconnue dans tout le royaume de Germanie, les ducs deviennent de fidèles représentants du pouvoir central, leur influence est équilibrée par celle de l'épiscopat, sur qui s'appuie Otton. Celui-ci attribue d'importantes charges politiques aux évêques qu'il a lui-même choisis, mettant ainsi en place une « Église d'empire », dévouée et fidèle. En 955, son prestige est immense après la bataille du Lechfeld, près d'Augsbourg, où il remporte une victoire décisive sur les Hongrois : ces derniers abandonnent alors leurs raids et se fixent dans la plaine du Danube.

Otton, nouveau Charlemagne

Mais les ambitions d'Otton sont plus grandes encore. En 937, il place sous son autorité le duché de Bourgogne et le royaume d'Italie. En 951, il se rend en Italie, répondant à l'appel d'Adé-

Otton III en majesté, ▽ représenté par un peintre de l'abbaye de Reichenau. Le Saint-Esprit, posé sur le sceptre, veille sur l'apothéose de l'empereur.
Évangéliaire d'Otton III, Bayerische Staatsbibliothek, Munich.

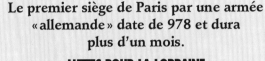

Le premier siège de Paris par une armée « allemande » date de 978 et dura plus d'un mois.

LUTTES POUR LA LORRAINE

Les chroniqueurs germaniques affirment que le siège a duré plus d'un mois et que seule la rigueur de l'hiver a contraint l'empereur à rentrer en Germanie.
À la suite d'une sombre histoire de famille, le roi de France, un Carolingien nommé Lothaire, refuse de voir son demi-frère Charles élevé à la dignité de duc de Basse-Lorraine par l'empereur Otton et lance une razzia sur Aix, au cœur de la Lorraine ; au retour, il tente, en vain, de prendre Metz pour le compte de la sœur d'Hugues Capet, Béatrice, qui gouverne la Haute-Lotharingie. C'est l'expédition menée en représailles par Otton qui parvient sous les murs de Paris. Comme le Carolingien s'enfuit dès l'annonce de l'arrivée de l'empereur, Hugues Capet, défenseur de Paris, retirera tout le bénéfice de l'entreprise.

. 191

La couronne du Saint ▽ Empire (or, émail et pierres précieuses). La tradition l'attribuait à Charlemagne, mais elle a sans doute été réalisée à Reichenau au Xᵉ siècle.
Kunsthistorisches Museum, Vienne.

laïde, veuve du roi Lothaire II, emprisonnée par Bérenger II, potentat local, qui avait fait empoisonner son époux. Otton la délivre, l'épouse, se fait couronner roi d'Italie, mais doit laisser le gouvernement du pays à Bérenger.

En 961, c'est le pape Jean XII qui appelle à l'aide Otton, contre Bérenger, et le couronne empereur à Rome, le 2 février 962. Cela n'empêche pas Otton de le déposer quelques mois plus tard et d'interdire aux Romains d'élire le pape sans son accord.

Ce nouveau titre exalte son idée des devoirs qui incombent au prince chrétien. Il arbitre les querelles du royaume franc, obtient la conversion du prince polonais Mieszko, entreprend l'évangélisation des Hongrois, crée plusieurs marches en pays slave. En 968, il fonde l'évêché de Magdeburg, qui consacre la christianisation de la région. Signe éclatant de la puissance impériale, le monnayage d'argent reprend en 970, grâce au minerai des montagnes du Harz. Enfin, Otton, qui avait pourtant envisagé de chasser les Byzantins d'Italie, négocie le mariage de son fils avec la fille de l'empereur grec, la princesse Théophano.

Lorsqu'il meurt, en 973, Otton le Grand est le plus puissant souverain d'Europe. Pourtant, contrairement à ce qu'affirme la titulature impériale, son empire, réduit à la Germanie et à l'Italie, n'est pas celui de Charlemagne.

LE RÊVE D'UN EMPIRE UNIVERSEL

Cet empire n'en est pas moins la plus solide construction politique du moment : il résiste à la mort brutale

---

À l'est de la Germanie, à l'ombre de l'Empire, une puissante famille fonde une dynastie et un nouvel État.

LES BABENBERG D'AUTRICHE

Dans la marche de l'Est, *Ostmark*, créée pour contenir les invasions hongroises, le pouvoir s'appelle *Oesterreich*, ce qui a donné « Autriche » en français. Otton Ier confie ce pouvoir à un nommé Liutpold, dont les descendants prennent le nom de Babenberg. De leur citadelle de Melk, dominant la Wachau, ils sont maîtres des accès à la forêt viennoise. Protecteurs de l'Église, ils favorisent l'implantation de grands monastères bénédictins, fers de lance pour la colonisation de nouvelles terres et qui feront de la région une alliée fidèle de Rome. Ce sont eux aussi qui font de Vienne une capitale, en lui donnant ses premiers privilèges. Au XIIe siècle, les cisterciens poursuivent cette œuvre civilisatrice sous l'impulsion de Léopold III qui, canonisé, deviendra le saint patron du pays.

limite du Saint Empire en 973

extension du royaume de Germanie de 912 à 973

territoire sous la dépendance de l'Empire

territoire sous la protection de l'Empire

d'Otton II, tué par les musulmans en Italie méridionale en 983, et à la longue régence des deux impératrices, Adélaïde et Théophano, qui gouvernent au nom d'Otton III, âgé de trois ans à son avènement.

Otton III, élevé par sa mère dans la tradition byzantine, rêve de réunir la chrétienté sous l'autorité commune du pape et de l'empereur. Il a seize ans quand il est couronné à Rome le jour de Noël 996, et fait inscrire sur son sceau *Renouveau de l'Empire romain*. Installé à Rome, dans le palais de l'Aventin, il fait élire pape son précepteur, le savant Gerbert d'Aurillac, qui prend le nom de Sylvestre II. Mais il se heurte à l'incompréhension des Italiens et est chassé de Rome en février 1001. Sa mort brutale en 1002 sonne le glas du rêve d'empire universel.

La renaissance de la Germanie

Les empereurs saxons, entourés de lettrés, protégeant de riches abbayes, faisant copier des manuscrits, sont à l'origine de la « Renaissance ottonienne ». L'architecture, la sculpture et la peinture des manuscrits sont les principaux domaines dans lesquels se manifeste la créativité de la période. Cette Renaissance est d'autant plus surprenante qu'elle brille dans un pays rude, où la féodalité est moins développée qu'en Occident, où les routes sont mauvaises et les villes rares et petites. En 973, un voyageur arabe qui passe à Mayence note que la ville n'occupe qu'une infime partie de l'espace de la cité romaine antique.

Les Xe et XIe siècles voient pourtant un nouvel essor du commerce ; les empereurs fondent et contrôlent foires et marchés, où l'on échange « du sel, des armes et des bijoux, contre des esclaves, de la cire et des chevaux ». Ils protègent les communautés juives, les marchands étrangers, les artisans. C'est sur la Germanie et sur elle seule qu'est fondé le pouvoir de la dynastie salienne, ou franconienne, qui, après le règne d'Henri de Bavière, succède aux empereurs saxons avec Conrad, duc de Franconie et arrière-petit-fils d'Otton le Grand.

Mais le rêve d'empire universel, l'attrait du mirage italien, survivront chez ses descendants. □

Autel de la cathédrale de Bâle. En argent doré et richement sculpté, il est long de près de deux mètres. Il fut offert vers 1020 par Henri II, dit le Saint, et Cunégonde, son épouse, pour remercier saint Benoît d'avoir guéri l'empereur.
XIe siècle. Musée de Cluny, Paris.
◁

◁ **L'abbaye** Saint-Michel d'Hildesheim. Construite au début du XIe siècle par Berward, précepteur d'Otton III, l'église fut bombardée en 1945. La restauration lui a rendu sa symétrie dépouillée, caractéristique de l'art ottonien.

△
Reliquaire d'or. Pour rendre les reliques plus présentes aux fidèles, les orfèvres germaniques donnent au coffret la forme de l'objet vénéré, ici une sandale censée avoir appartenu à saint André.
Fin du Xe siècle. Cathédrale de Trèves.

LES CINQ DYNASTIES ET LES DIX ROYAUMES

Morcelée en « dynasties » et « royaumes » éphémères, la Chine n'est plus qu'un chaos politique. Mais elle connaît, pourtant, un formidable essor culturel.

N 907, après trois siècles de règne, le grand empire des Tang s'effondre définitivement. Pour toute la Chine s'amorce une période de transition. Une nouvelle société, une nouvelle culture sont en gestation. Un nouvel empire, aussi, se prépare : à partir de 960, la dynastie des Song arrive au pouvoir en Chine du Nord. Contraints à s'exiler dans le Sud, les Song se maintiendront sur le trône jusqu'en 1279.

Mais au cours du demi-siècle qui sépare la chute de la dynastie Tang de la prise du pouvoir par les Song, le vaste empire chinois se défait au profit des pouvoirs locaux et, pour l'heure, le pouvoir central n'existe plus. Après avoir éliminé les anciennes classes dirigeantes, les « commissaires impériaux » et autres chefs militaires proclament leur indépendance. Des unités régionales autonomes se constituent. Alors que la Chine du Sud est démembrée, la Chine du Nord sombre dans la violence.

Barbares porteurs ▽ de présents. Tchao-Kan, peintre officiel, accentue à plaisir la rudesse et la sauvagerie des ennemis de l'empire.

Xe siècle. Cleveland Museum of Art, Cleveland.

194 .

LES CINQ DYNASTIES DU NORD

Au nord, la chute des Tang marque le début d'une période de guerres et de dévastations particulièrement cruelles. Fuyant les villes, les populations préfèrent se réfugier dans des zones inhabitées et de ce fait plus sûres. Les annales historiques rapportent qu'« à Luoyang, les ossements humains jonchaient le sol, les ronces poussaient à perte de vue, et le nombre de familles encore dans la ville n'atteignait même pas la centaine ». Des zones riches et fertiles sont abandonnées : « Dans la circonscription située à l'est du Shandong, on ne voyait plus âme qui vive, mais des champs envahis par les herbes sauvages ; poissons et oiseaux eux aussi avaient disparu. »

Jusqu'en 960, des chefs militaires aventureux et ambitieux se proclament « empereurs » de « dynasties » qui font revivre des noms grandioses : Liang Postérieurs, Tang Postérieurs, Jin Postérieurs, Han Postérieurs, Zhou Postérieurs...

Ces « Cinq Dynasties » se disputent le pouvoir dans la vallée du fleuve Jaune et dans la ville de Kaifeng, l'ancienne capitale impériale.

LES DIX ROYAUMES DU SUD

Le Sud traverse ce demi-siècle dans une paix et une prospérité relatives, même s'il « éclate » en royaumes, dont les limites correspondent souvent à des régions naturelles. Dès 902, les royaumes de Wu puis de Wu Yue occupent la région du bas fleuve Bleu. Dans le bassin du Sichuan, le royaume

Tête de Lohan. ▽
Dans l'empire des Liaos, puis dans celui des Jin qui lui succède, les artistes réalisent des statues assez lourdes, inspirées de l'art des Tang.
Xᵉ-XIIIᵉ siècle. University Museum, Philadelphie.

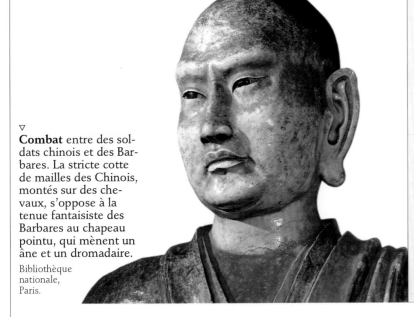

▽
Combat entre des soldats chinois et des Barbares. La stricte cotte de mailles des Chinois, montés sur des chevaux, s'oppose à la tenue fantaisiste des Barbares au chapeau pointu, qui mènent un âne et un dromadaire.
Bibliothèque nationale, Paris.

La xylographie consiste à graver textes et images, à l'envers, sur des planches de bois. Celles-ci sont ensuite encrées et pressées sur du papier.

LE DÉVELOPPEMENT DE L'IMPRIMERIE

Au premier siècle de notre ère, les Chinois inventent le papier. Rapidement, ils gravent des sceaux personnels et officiels et reproduisent des textes sur papier à partir de stèles de pierre, gravées en creux puis encrées. Héritière de ces deux techniques, la xylographie, mise au point sous les Tang, permet la reproduction en série, et donc la propagation du savoir. Au milieu du XIᵉ siècle apparaissent les premiers caractères typographiques mobiles, que Gutenberg et Coster développeront en Europe quelques siècles plus tard. Ils auraient été inventés par un certain Bisheng, qui fait réaliser des caractères en argile vers 1040. L'étain, qui fixe mal l'encre, puis le bois remplacent bientôt l'argile.

Rouleau aux mille Bouddha et matrice de bois.
VIIIᵉ siècle. Bibliothèque nationale, Paris.

萐 无 音 高 者 畏 菩 汝 唱 寶 一 若

des Shu sert de refuge à de nombreux lettrés et artistes fuyant le Nord.

Jusqu'en 979, les Han du Sud (à Canton), le royaume de Min (à Fuzhou, dans la région tropicale du Fujian), les Tang du Sud (à Nankin, sur le cours moyen du fleuve Bleu), pour ne citer que les plus remarquables, forment la Chine des « Dix Royaumes ». De nouveaux centres politiques et économiques régionaux se développent, qui correspondent aux sièges administratifs (Yangzhou, Nankin, Canton, Chengdu) des nouveaux États.

LA CHINE DES CONFINS

Aux confins de l'empire éclaté, l'affaiblissement du pouvoir central favorise l'émergence de puissances non chinoises. Au nord de la Grande Muraille, les Khitans (ou Khitaïs), des éleveurs nomades de Mandchourie, ont mis en place, en 916, un État indépendant, auquel ils ont donné le nom d'un fleuve chinois : le royaume de Liao. Dans la région de Pékin, dont ils font leur capitale, les Khitans cohabitent avec les paysans chinois.

Leur avancée est rapide. Dès 1004, ils occupent toute la zone des steppes, qui s'étend de la Mandchourie et de la Corée aux reliefs du Turkestan chinois, à l'ouest. Ils règnent jusqu'à l'arrivée des Mongols conduits par Gengis Khan, en 1218.

Plus à l'ouest, les Tibétains freinent l'expansion chinoise et occupent de vastes territoires, qui comprennent les provinces actuelles du Gansu et du Qinghai. Au sud-ouest, le royaume de Dali s'installe dans les zones accidentées du Guizhou et du Yunnan.

Au sud, enfin, le Viêt-nam (le delta du fleuve Rouge et la province d'Annam) se libère de mille ans de tutelle chinoise : en 968, Dinh Bô Linh fonde une unité politique nouvelle et indépendante, le royaume des Dinh, ou Daï Cô Viet.

LES DÉBUTS DES SONG DU NORD

Dans ce chaos généralisé, une sixième dynastie émerge au nord, en 960. Premier empereur des Song, Taizu monte sur le trône à Kaifeng. Apparemment, cette nouvelle dynastie est vouée à un destin aussi éphémère que les cinq précédentes. Pourtant, à la suite d'une série de campagnes militaires, qui durent

---

« Art d'écrire au pinceau », la calligraphie chinoise est une forme d'expression artistique majeure.

LA CALLIGRAPHIE CHINOISE

L'écriture chinoise remonte environ à 3500 avant notre ère. La calligraphie, elle, se développe sous la dynastie des Han, de 206 av. J.-C. à 220 apr. J.-C. Les inventions du pinceau souple puis de la soie et du papier amènent les intellectuels chinois à créer une écriture particulière qui dépasse la simple fonction de communication pour devenir un véritable art en soi. Les amateurs voient en elle le plus noble des beaux-arts.

Rangés en deux grandes catégories (« régulières » et « cursives »), les principaux styles sont fixés sous la dynastie des Tang (618-907). Au VIIIe siècle, un moine, Huaisu, invente une calligraphie cursive « folle », pratiquement illisible. On doit à l'empereur song Huizong (1082-1135) un style de calligraphie régulière dite « de l'or grêle ».

Palette de pierre, pinceaux et bâtonnets d'encre. *Coll. part., Paris.*

▽ **Arhat** assis et lisant. Les arhat sont, dans le bouddhisme, chargés d'attendre à l'entrée du nirvana.

Peinture de Kuan-Hsiu (907-959). Coll. part., Paris.

de 963 à 979, le nouvel empereur réussit à réunifier l'ensemble des pays chinois et étend son emprise jusqu'aux États du Sud.

Avec l'empire des Song s'amorce une nouvelle structure sociale. Héritage des Cinq Dynasties, le pouvoir central ne s'appuie plus, comme sous les Tang, sur l'aristocratie terrienne à tradition militaire. Les empereurs entretiennent une armée de mercenaires, dont leur garde personnelle constitue le noyau.

Pour redonner à l'empire les bases et le personnel administratifs qui lui font cruellement défaut, les Song recrutent de nouveaux fonctionnaires. Recrutements et promotions s'opèrent sur la base de concours relativement impartiaux, qui contribuent à renouveler les milieux dirigeants.

Un essor culturel

Avec l'empire des Song s'amorce aussi un grand développement scientifique et culturel. Déjà, au temps des Cinq Dynasties, la diffusion de l'imprimerie a permis un remarquable élargissement du savoir. Reproduits par « xylographie », textes religieux ou profanes se sont répandus dans des catégories sociales nouvelles. Entre 932 et 952, sur ordre impérial, les *Cinq Classiques* confucéens ont été imprimés à Kaifeng. Entre 972 et 983, c'est au tour de l'ensemble du canon bouddhique, le *Tripitaka*. Imprimé à Chengdu, au Si-chuan, il représente 130 000 planches, pour 1 976 titres ! Et, dès le début du XIe siècle, des ouvrages de médecine et de pharmacologie sont édités.

En poésie, un nouveau genre triomphe : le *ci,* ou poème à chanter, qui se compose de vers libres, sur des musiques d'origine populaire. L'art, enfin, est florissant. Les Dix Royaumes ont particulièrement protégé peintres et lettrés, créant des académies qu'a regroupées Taizu, le premier empereur des Song. Par ses recherches techniques, un maître du paysage comme Dong Yuan a une influence considérable sur la peinture du Xe siècle. Incapables de résister aux pressions des royaumes des frontières, les Song devront se replier dans le Sud, à partir de 1127. Leur empire se maintiendra jusqu'en 1279, et s'accompagnera d'une révolution technique et commerciale qui donnera à la Chine des XIe-XIIIe siècles au moins deux siècles d'avance sur l'Europe. ☐

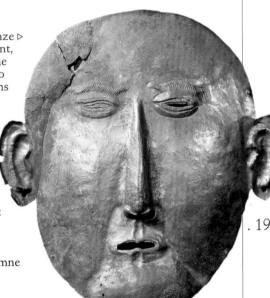

Masque de bronze ▷ recouvert d'argent, exhumé dans une sépulture de Liao à P'ing-T'ing dans le Shansi.
Xe-XIe siècle. University Museum. Philadelphie.

◁ **Le tribunal.** Devant le juge, un criminel porte le carcan, des coupables tiennent l'arrêt qui les condamne à la bastonnade.
Sutra des Dix Rois. IXe-Xe siècle. Bibliothèque nationale, Paris.

. 197

Au nord et à l'ouest de la Grande Muraille, des royaumes indépendants menacent le grand empire des Song.

LES EMPIRES VOISINS

Vers 1038, les Tangouts, des pasteurs des monts Ordos, contrôlent les itinéraires de la soie. Ils installent leur capitale à l'actuelle Yinchuan, sur le fleuve Jaune, et proclament le royaume des Xixia. Ce royaume est composé de populations hétérogènes : Tangouts, Tibétains, Chinois, Turcs et Mongols. Ces derniers anéantiront le royaume des Xixia en 1227.

En 1115, les Khitans du royaume de Liao sont vaincus une première fois par les Djurtchets, des tribus du nord de la Mandchourie. Leur chef, Akouta, prend le titre d'empereur et donne à son pays le nom de *Jin* (« or » en chinois). En 1126, les Djurtchets prennent la capitale chinoise et obligent les Song à se replier au sud du fleuve Bleu.

L'ÉVOLUTION DE LA PEINTURE

Dans ses premières formes, la peinture chinoise apparaît sous la dynastie des Han (206 av. J.-C./220 apr. J.-C.). Longtemps confinée dans des missions didactiques et religieuses, elle est alors sans imagination. Ce que les Chinois appellent la « grande peinture » (essentiellement l'art du paysage monochrome) atteint des sommets esthétiques et spirituels pendant la période des Cinq Dynasties et des Dix Royaumes.

Mais, auparavant, la peinture chinoise est le fait d'artisans le plus souvent anonymes, dépendant du bon vouloir et du bon goût de patrons dont ils sont les fournisseurs. Les cours leur réclament des portraits de grands dignitaires ou de favorites des gynécées. Représentations des distractions de l'aristocratie (scènes de chasses et de jeux, peintures des plus beaux spécimens des grands haras) ou de hauts faits historiques sont aussi très demandées. Les clergés, taoïste et surtout bouddhiste, commandent des représentations de leurs panthéons, ou de grands épisodes de la tradition religieuse, pour orner temples et monastères.

La Chine offre une littérature abondante et détaillée sur les activités picturales de l'époque. Rédigé en 847, le *Lidai Minghuaji* (« Catalogue des peintres célèbres à travers les âges ») peut être considéré comme le premier ouvrage important d'histoire de la peinture.

198 .

◁ **Donatrice.** Elle s'est fait représenter, vêtue de ses plus beaux atours, sur le rouleau de soie qu'elle a offert. Daté de 983, il représente Ti-Tsang et les dix rois des enfers.
Musée Guimet, Paris.

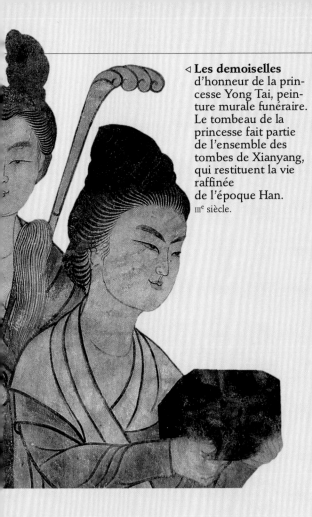

◁ **Les demoiselles** d'honneur de la princesse Yong Tai, peinture murale funéraire. Le tombeau de la princesse fait partie de l'ensemble des tombes de Xianyang, qui restituent la vie raffinée de l'époque Han. IIIe siècle.

Quatre dames ▽ appartenant à la cour foulent la soie dans un baquet. Cette œuvre a été attribuée à l'empereur Huizong (Houei Tsong), qui fut défait par les Qin en 1126.

Début du XIIe siècle. Museum of Fine Arts, Boston.

△ **Dames** de la cour jouant. La peinture de personnages, dont sont friands les empereurs chinois, représente très souvent la vie quotidienne ou les distractions de l'aristocratie : scènes de chasse, de jeux et de loisirs.

Freer Gallery of Art, Washington.

. 199

△ **Les dames de la cour,** à cheval ; encre et couleurs sur soie, d'après Tcheou Wen Kiou, peintre de cour du Xe siècle.

Cleveland Museum of Art, Cleveland.

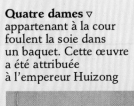

DANEMARK

Harald à la Dent bleue

■ Avec Harald Blaatand, fils et successeur de Gorm l'Ancien, le Danemark entre dans une ère nouvelle. Le nouveau chef viking en acceptant en 960 de se faire baptiser introduit le christianisme dans son royaume et fait convertir ses sujets. À Jelling, dans le Jutland, une stèle runique commémore son règne avec cette inscription : «Harald fit dresser cette pierre en l'honneur de Gorm son père et de Thyra sa mère, il conquit tout le Danemark, et la Norvège...» En effet, Harald Blaatand s'est rendu maître vers 950 du sud de la Norvège, après avoir repoussé les Wendes. Toutefois Harald à la Dent bleue connaît une triste fin, victime des querelles entre ses fils et détrôné par le cadet, Sven Ier à la Barbe fourchue. □

Le Christ et le dragon. Vers 983. *Pierre runique de Jelling.*

ASIE

L'unification du Tonkin

■ Le nord de la péninsule indochinoise a longtemps été sous la domination chinoise. En 939, Ngô Quyen tente d'en briser le joug et de fonder un nouvel État indépendant au Tonkin, mais c'est Dinh Bô Linh qui y parviendra en 968 en se faisant proclamer empereur et en unifiant le pays, après avoir vaincu les «Douze Chefs» féodaux tonkinois ; il doit pourtant reconnaître la suzeraineté chinoise en 972. Il entreprend alors un audacieux programme de réformes et réorganise l'armée et l'administration, mais la dynastie des Dinh, qu'il a fondée, ne lui survivra pas. En 979, son fils et lui sont assassinés par un fou. □

MONDE ARABE

Razi, médecin et philosophe

■ Abu Bakr Muhammad ibn Zakariyya al-Razi, né en Perse, a fait toute sa carrière dans le monde arabe. Précurseur de génie, il a pressenti l'influence du milieu sur l'évolution des maladies et étudié la chimie de façon expérimentale, sans utiliser les formules magiques en usage au Xe siècle. Son *Traité sur la petite vérole* donne une description clinique précise de la variole, une des maladies les plus meurtrières et les plus fréquentes du temps. L'ouvrage est traduit en latin et a un grand succès dans le monde chrétien. En revanche, l'œuvre philosophique de Razi, célèbre et controversée, est mal connue, car, jugée hérétique, elle a été systématiquement détruite. Il semble, d'après les fragments qui subsistent, que Razi, marqué par les croyances iraniennes, se soit démarqué du prophétisme islamique, pour pencher vers le manichéisme. □

Razi offre son œuvre au roi.
Manuscrit italien du XIIIe siècle. Bibliothèque nationale, Paris.

ROYAUME FRANC

Les ancêtres des féodaux

■ Dans le royaume de Francie occidentale, de puissants seigneurs concurrencent dangereusement l'autorité des derniers Carolingiens et parviennent même, parfois, à les remplacer. Parmi eux, Rodolphe II de Bourgogne, qui s'est fait couronner roi d'Italie en 922, s'entend avec Hugues d'Arles en 934 pour échanger le royaume d'Italie contre la Provence. Ainsi se forme, à l'est de la Francie, un inquiétant royaume de Bourgogne-Provence. Au nord, d'autre part, Herbert de Vermandois se révolte contre le roi Charles le Simple. Il l'attire dans un guet-apens et le garde prisonnier dans la tour de Péronne jusqu'à sa mort, en 929. À l'ouest, enfin, le duc de Normandie affermit son pouvoir. En 941, Guillaume Longuepée, fils de Rollon, avait conquis le Cotentin et l'Avranchin ; en épousant Liégeard, princesse carolingienne, il s'était allié avec la famille régnante. C'est peut-être à cause de sa soumission à l'ordre franc qu'il est assassiné à Picquigny, en 942. □

POLOGNE

La Pologne de Mieszko

■ Si on ne connaît pas bien la date de naissance de Mieczyslaw ou Mieszko Ier, duc de Pologne, on connaît en revanche la date du début de son règne, aux environs de 960. Il est le premier personnage vraiment historique de la dynastie légendaire des Piast. En 966, il reçoit le baptème, sous l'influence de sa femme Dombrowska, sœur de Boleslaw, duc de Bohême. Il fait venir prêtres et missionnaires d'Occident, ce qui fait entrer la Pologne dans l'orbite de Rome et quitter celle de Byzance. Le premier évêché du pays est fondé en 958 à Poznan, sur la Warta, au centre de la plaine polonaise. Mieszko étend sa domination sur la Silésie, qu'il prend à son beau-père, et la Petite-Pologne, noyau du futur royaume polonais, mais reste vassal de ses puissants voisins allemands. À la mort de Mieszko, en 992, Boleslas Ier «le Vaillant» poursuit l'œuvre de son père. Il étend ses possessions jusqu'aux rives de la Baltique et s'empare de la Moravie. Avec l'accord de l'empereur Otton III, il prend le titre de roi. □

EMPIRE BYZANTIN

Constantin, empereur et savant

■ Constantin VII est bel et bien né en 905 au palais impérial de Constantinople, comme l'indique son surnom de «Porphyrogénète», «né dans le porphyre». Empereur à huit ans, en 913, il passe toute sa jeunesse sous la coupe de son tuteur le patriarche Nicolas Mystikos, qui exerce la régence, puis sous celle de Romain Lécapène, amant de sa mère Zoé, et co-empereur en 920. En 941, lorsque Romain est renversé par ses propres fils, Constantin se résigne à abandonner pour quelque temps ses travaux d'érudition pour gouverner, mais c'est l'impératrice Hélène, fille de Romain Lécapène, qui a la réalité du pouvoir. Cependant, à la lumière du passé byzantin, Constantin prend quelques mesures pour la sauvegarde de la petite propriété rurale, écrasée par les impôts. Grand amateur de littérature, Constantin est l'auteur de plusieurs ouvrages parmi lesquels la *Vie de Basile* et *le Livre des cérémonies,* qui est un excellent témoignage sur l'histoire de l'Empire d'Orient. Son fils Romain II lui succède. □

200 .

980 - 1021

La millième année après la Passion du Seigneur, les pluies, les nuées s'apaisèrent, obéissant à la bonté et la miséricorde divines [...], toute la surface de la terre se couvrit d'une aimable verdeur et d'une abondance de fruits, écrit, vers 1040, un moine clunisien de haute naissance, Raoul, surnommé le Glabre. Il s'agit d'un remarquable témoignage sur le monde occidental : celui-ci, après avoir été traumatisé par une série de fléaux, est emporté par un élan de progrès, qui multiplie les hommes, vivifie les échanges, édifie des bourgs. Et si l'élection en 987 du roi des Francs, Hugues Capet, put passer pour un événement sans grande conséquence, le nouveau souverain demeurait, pour les princes les plus jaloux de leur indépendance comme pour les paysans isolés au fond de leurs clairières, le vicaire de Dieu, l'oint du Seigneur. Un atout dont les Capétiens ont su profiter, pendant plus de huit cents ans, pour construire la France et forger une nation.

Le déchaînement des forces du Mal : à la cinquième trompette, les sauterelles de Satan envahissent la terre. *Apocalypse de Saint-Sever.* XIe siècle. Bibliothèque nationale, Paris.

L'AN MILLE

Entre 980 et 1030, l'Occident vit une période
d'attente confuse, où se mêlent la peur
et l'espérance. Mais, après avoir surmonté
ses craintes, il connaît un essor prodigieux
au cours duquel se met en place
la société médiévale.

Isti mirant stella, ▷
« ils regardent l'étoile »,
dit la tapisserie de
Bayeux. Durant
le Moyen Âge, les
phénomènes célestes
sont des signes de
la volonté divine.
XIe siècle. Musée de
l'Évêché, Bayeux.

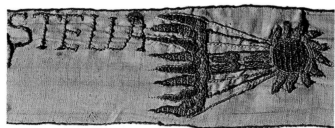

L'APPROCHE DE L'AN MILLE S'accompagne d'une appréhen-
sion qui est suscitée par le
chapitre XX de l'Apocalypse
de saint Jean : au terme de
mille ans pendant lesquels
il aura été enchaîné, l'Antéchrist surgi-
ra et le mal envahira le monde. Puis le
ciel s'ouvrira pour le retour du Christ
en gloire, venant juger les vivants et les
morts. Il convient de se tenir prêt pour
ce jour et d'en guetter les signes pré-
curseurs. Mais, la date fatidique ayant
été franchie sans dommage, les contemporains reportent leurs craintes et
leurs espérances sur l'année 1033,
tenue pour le millénaire de la Passion
du Christ.

LE MALHEUR DES HOMMES

Comme pour donner raison au texte
de saint Jean, les événements malheureux se succèdent entre 980 et 1030 :
pluies diluviennes, hivers interminables, inondations, invasions de saute-

relles provoquent disettes et famines. En même temps se multiplient les naissances de monstres. Le paroxysme est atteint dans les années 1030-1032, où la famine ravage une partie de l'Europe ; les gens se nourrissent de racines et d'herbes, mêlent de l'argile blanche à leur farine et le chroniqueur Raoul Glaber rapporte des cas d'anthropophagie. À d'autres moments, c'est la maladie qui décime la population. Passage de comètes, éclipses de soleil, combats d'étoiles, lunes de sang, chutes de météorites, apparition de dragons dans le ciel accompagnent les malheurs du temps. Les événements politiques eux-mêmes suggèrent que l'Antéchrist est à l'œuvre : en 997, al-Mansur détruit Saint-Jacques-de-Compostelle ; en Égypte, le calife al-Hakam inaugure une politique antichrétienne et fait détruire le Saint-Sépulcre de Jérusalem. Persuadés de l'imminence de la venue du Christ sur terre, appelée Parousie par les théologiens, des bandes de pèlerins se mettent en route pour Jérusalem, dans l'espoir d'y mourir ou d'y être présents à la venue du Christ. L'Église semble elle-même emportée par la tourmente.

Et, pourtant, pas plus que l'an mille l'année 1033 n'apporte Parousie ou fin du monde. Un sentiment de soulagement s'empare alors de tous. Une frénésie de construction anime le peuple chrétien, et la vie reprend ses droits. Un grand mouvement d'expansion anime l'Occident du début du XIe siècle au milieu du XIIIe siècle.

LA CONQUÊTE DU SOL

Entre 1000 et 1300, une température moyenne plus élevée et une plus grande sécheresse autorisent la mise en culture de terres jusqu'alors abandonnées à la friche. Les défrichements les plus nombreux restent discrets et

△
L'enfer vu par le peintre de Saint-Sever. Les damnés souffrent sans fin dans un lieu que la tradition chrétienne situe en bas, *inferi*.
XIe siècle. Bibliothèque nationale, Paris.

◁
Le monde en l'an mille, selon le *Commentaire sur l'Apocalypse* de Beato de Liébana. Le nord est à gauche, le paradis en haut, Rome et la Judée, au centre de la carte.
XIe siècle. Bibliothèque nationale, Paris.

▽ **L'Église** contre la magie. Simon le Magicien, hérétique qui ne put acheter le Saint-Esprit.
Chapiteau de la cathédrale d'Autun. XIIe siècle.

Moine instable et indocile, Raoul Glaber est le meilleur témoin d'une époque tumultueuse et contrastée.

L'HISTORIEN DE L'AN MILLE

Raoul, moine de la congrégation clunisienne, écrivit une *Histoire* de son temps en cinq livres. Dans ce récit, le chroniqueur ne se soucie guère de précisions géographiques ou chronologiques et ce qu'il raconte reflète une manière de penser très différente de la nôtre. C'est le principal intérêt de son œuvre, tableau vivant et coloré des événements qui marquent profondément le monde occidental autour de l'an mille : les terreurs qui accompagnent l'approche du millénaire de la Passion du Christ, la course aux reliques, la foule de pèlerins sur la route de Jérusalem, les signes avant-coureurs de l'Apocalypse, le mouvement de la paix de Dieu et les premières hérésies. Sa description minutieuse de la famine de 1033 fourmille de détails réalistes... Raoul Glaber est mort à Auxerre en 1047.

anonymes : le paysan essarte quelques ares sur la forêt ou la friche limitrophe. Plus spectaculaires sont les entreprises de colonisation entraînant la création de villages nouveaux, dont la toponymie garde la mémoire : Villeneuve, Abergement, Sauveté... Un seigneur désireux de rentabiliser une terre inculte réunit une équipe de colons défricheurs, qu'il attire par des conditions favorables ; parfois, deux seigneurs s'associent et partagent ensuite les revenus de la terre : c'est ce qu'on appelle l'« accord de pariage ». De vastes régions sont gagnées à l'agriculture : l'Espagne, au sud du Douro, au fur et à mesure de la Reconquête chrétienne sur les musulmans ; l'Europe, à l'est de l'Elbe ; les pays de la mer du Nord, où sont constitués les premiers polders. L'équipement des campagnes connaît

une amélioration spectaculaire. La charrue et le moulin à eau se diffusent rapidement, et le travail du fer gagne la plupart des villages. Les paysans diversifient leur production et accordent une large place aux cultures commercialisables, telles que la vigne et le lin : l'esprit de profit apparaît. Seul l'élevage reste négligé. Le bétail est laissé sur les terres en jachère ou sur les chaumes après la moisson, et on emmène les porcs dans les forêts de chênes, où ils se nourrissent de feuilles et de glands.

La seigneurie foncière

Les progrès techniques réalisés s'accompagnent d'une incontestable croissance démographique. 90 p. 100

de la population vit de la terre. Au cours du XIe siècle se mettent en place les cadres sociaux à l'intérieur desquels s'ordonne la vie des hommes. Dans la seigneurie, les paysans sont soumis au châtelain : c'est lui qui assure la paix, rend la justice, organise les voies de communication, installe les péages. En échange, il exige des habitants des redevances en nature ou en argent, des prestations de travail, ou corvées. Le paysan est plus ou moins libre suivant la lourdeur des charges auxquelles il est soumis. Même ceux qui sont propriétaires de leur terre, les alleutiers, restent sous contrôle seigneurial. Quant aux serfs, ou hommes de corps, ils ajoutent à leur dépendance territoriale une dépendance domestique envers la personne de leur seigneur, à qui ils appartiennent dès leur naissance et

La récolte du miel. ▷
Depuis l'Antiquité, on sait recueillir le miel et la cire après avoir enfumé la ruche pour en chasser l'essaim d'abeilles.

Manuscrit du XIe siècle. Cathédrale de Bari.

◁ **Les manants** les plus aisés ont des sarcloirs de fer pour désherber. Leur robe retroussée laisse voir de confortables chausses.

Hunterian Psalter. XIIe siècle. Bibliothèque universitaire, Glasgow.

Les serviteurs d'Absa- ▷ lon mettent le feu au champ d'orge de Joab. Le récit biblique est toujours actuel pour l'illustrateur médiéval, qui attribue au fils de David un grand domaine comme ceux de son temps.

XIIe siècle. Bibliothèque nationale, Paris.

paient certaines redevances, telles que la mainmorte, qui leur permet d'entrer en possession de leur héritage, ou le formariage, qui les autorise à épouser une femme n'appartenant pas à la même seigneurie.

Les villages de l'an mille

Les premières années du XIe siècle sont le théâtre d'une renaissance urbaine. À proximité d'une cité épiscopale mais aussi d'un monastère ou d'un château, à un croisement de routes ou au passage d'une rivière apparaissent de nouvelles agglomérations appelées « bourgs », dont les habitants, qui reçoivent dès la fin du Xe siècle le nom de « bourgeois », se consacrent aux activités marchandes et artisanales. Les

bourgs naissent car les campagnes s'ouvrent aux échanges ; les marchands commercialisent les surplus agricoles et les artisans satisfont les besoins nouveaux. Bientôt, ils se regroupent en guildes pour défendre leurs intérêts et pour obtenir de leur seigneur les libertés nécessaires à l'exercice de leur profession.

Parallèlement à la ville s'affirme le village. Désormais fixe, parfois enclos,

construit en matériaux durables, occupant une superficie réduite au cœur d'un terroir réparti entre les chefs de famille, le village devient le cadre de l'existence paysanne. La conscience d'intérêts communs se cristallise autour de points d'ancrage : le château, l'église entourée du cimetière, mais aussi la place publique, et divers lieux de convivialité comme le moulin, le lavoir ou la forge. Chaque village s'iden-

Les vendanges en ▷ septembre. Les sculpteurs du Moyen Âge ont illustré les différents mois de l'année par les travaux agricoles qu'on y accomplit.
Bas-relief du baptistère de Parme. Début du XIIIe siècle.

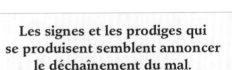

Les signes et les prodiges qui se produisent semblent annoncer le déchaînement du mal.

LA PEUR DU DIABLE

Les hommes de l'an mille redoutent la défaite des forces divines et le retour du chaos qui suivra la victoire du Démon. Le chroniqueur Raoul Glaber vit à de nombreuses reprises le Malin, notamment au monastère des Champeaux : « Une nuit, avant l'office de matines, se dresse devant moi au pied de mon lit une espèce de nain horrible à voir. Il était [...] de stature médiocre, avec un cou grêle, un visage émacié, des yeux très noirs, [...] une barbe de bouc, les oreilles velues et effilées, les cheveux hérissés, [...] le dos bossu [...]. Il saisit l'extrémité de la couche où je reposais et imprima à tout le lit des secousses terribles... »

(Cité par G. Duby, *l'An mil*, Archives Gallimard).

tifie à une paroisse : la communauté de foi, le culte d'un saint patron représentent la forme la plus immédiate d'existence collective. Le fidèle accomplit devant l'assemblée villageoise les rites qui ponctuent la vie du chrétien : le baptême, le mariage, la mort. Outre son rôle religieux, l'église sert de lieu de réunion. Espace de paix inviolable, c'est aussi l'endroit où ont lieu les spectacles et les marchés. Le cimetière qui l'entoure est l'expression de la croyance à la résurrection.

LA PAIX DE DIEU

L'affaiblissement de l'autorité royale et l'accaparement du pouvoir par le châtelain entraînent une montée des violences. Les chevaliers, chargés d'aider les seigneurs dans l'exercice de leurs droits, entretiennent l'insécurité. Le XIᵉ siècle est le temps des guerres privées, parfois qualifiées d'« anarchie féodale ». L'Église et les princes réagissent en instaurant la paix de Dieu. Des

concilies réunis en Aquitaine et en Catalogne placent sous sa protection les personnes « désarmées » (clercs, femmes, marchands, pèlerins...) et menacent les fauteurs de troubles de sanctions.

Avec la trêve de Dieu, l'Église s'efforce de limiter la violence en interdisant l'usage des armes aux jours anniversaires de la Passion du Christ, du mercredi au lundi. Elle cherche ensuite à canaliser la violence des chevaliers, d'abord en intervenant directement dans la cérémonie d'adoubement : l'épée que reçoit le nouveau chevalier étant désormais bénie, elle ne peut servir contre des chrétiens ; puis en déviant l'ardeur guerrière des chevaliers vers des aventures extérieures comme les croisades. L'idéal du chevalier chrétien, soldat du Christ, se met ainsi en place. Dans un poème adressé au roi Robert le Pieux, l'évêque Adalbéron de Laon définit la société comme la juxtaposition de trois ordres : les travailleurs chargés de la fonction nourricière *(laboratores)*, les combattants chargés de la défense *(bellatores)* et les clercs qui

Un faux témoin, △ la langue percée, est condamné à parcourir la ville, précédé par un héraut.
Manuscrit du XIIIᵉ siècle. Bibliothèque municipale, Agen.

◁ **Des ouvriers** construisent ce que le livre d'Aggée, dans la Bible, appelle « une maison confortable ».
XIIIᵉ siècle. Bibliothèque municipale, Amiens.

Pour assurer sa domination, l'aristocratie a besoin d'auxiliaires nombreux et efficaces : elle fait alors appel à des « chevaliers ».

LA NAISSANCE DE LA CHEVALERIE

Ces chevaliers sont des guerriers professionnels, des compagnons d'armes chargés de faire régner la paix et respecter les droits du seigneur à l'intérieur de la châtellenie. Le mot qui les désigne apparaît dans différentes régions du royaume vers 950. La plupart d'entre eux vivent dans l'entourage du seigneur qui les nourrit, les loge et les équipe. Mais d'autres, de plus en plus nombreux au XIᵉ siècle, vivent sur leurs terres du travail de paysans dépendants et d'une partie des taxes perçues par le seigneur. En l'an mille, le fossé se creuse entre les travailleurs et ces cavaliers qui ont le sentiment d'être seuls vraiment libres. Entre ces derniers et les descendants des familles princières les différences s'estompent. Ils ont les mêmes valeurs et la même manière de vivre.

206 .

prient pour le salut des hommes (*oratores*). Chaque ordre est nécessaire aux deux autres et chacun doit exercer sa fonction là où Dieu l'a appelé.

L'ÉGLISE : LES HÉRÉSIES ET LA RÉFORME

L'Église se montrant incapable de répondre aux angoisses de l'an mille, certains fidèles s'efforcent de définir eux-mêmes les exigences évangéliques et d'enseigner le chemin du salut. Le début du XIᵉ siècle est marqué par l'apparition d'hérésies qui trouvent très vite leur réponse : le premier bûcher connu de l'histoire occidentale est allumé à Orléans en 1022. En Lorraine et à Rome, des foyers de réforme religieuse définissent la nécessité d'une

« liberté de l'Église », fondée sur la séparation du temporel et du spirituel ; une distinction radicale s'opère entre la vie du clergé, dédiée au service de Dieu, et celle des laïques : les clercs se vouent au célibat et à une existence jusqu'alors réservée aux moines, basée sur la pauvreté et la vie commune ; aux laïques est réservé le mariage, qui devient une institution définie par des critères rigoureux comme l'indissolubilité. L'Église doit se battre contre la conception de l'aristocratie, qui voit dans le mariage un instrument de richesse et de puissance. Le roi de France Philippe Iᵉʳ (1053-1108), adultère, bigame et incestueux, est excommunié plusieurs fois, avant de se soumettre aux lois chrétiennes. Le pape étend son pouvoir aux affaires temporelles

et affirme son droit à juger tous les chrétiens, même l'empereur germanique. C'est une véritable monarchie pontificale qui s'instaure. En revanche, les décisions concernant le dogme appartiennent aux évêques, successeurs des apôtres, qui se réunissent en conciles.

UN MONDE EN MOUVEMENT

Dans tous les domaines, le XIᵉ siècle apparaît comme une époque de mouvement et d'innovation. Une époque de désordres et de violences, d'arbitraire et d'asservissement, mais aussi une époque d'initiatives et de progrès. Après les attentes et les peurs de l'an mille, l'homme retrouve peu à peu confiance et dynamisme. □

◁ **L'accusé** aux pieds de son juge. Rendre la justice est la prérogative et le devoir du souverain, conseillé par la *curia regis,* ancêtre des cours de justice.
Vers 1020. Staatsbibliothek, Munich.

Adoubement d'un ▽ chevalier. Arrivé sans arme, il reçoit l'épée des mains de celui qui l'adoube.
XIIIᵉ siècle. Bibliothèque de l'Arsenal, Paris

Auvergnat « sans naissance ni fortune », devenu savant et pape, Gerbert est l'une des personnalités les plus remarquables du Xᵉ siècle.

LE PAPE DE L'AN MILLE

Formé au couvent Saint-Géraud d'Aurillac, Gerbert se rend en Catalogne en 967 pour apprendre l'arithmétique, ignorée en Gaule ; en 970, le pape Jean XIII le retient à Rome ; il dirige ensuite l'école épiscopale de Reims, l'une des plus renommées, et fait de la ville une capitale intellectuelle. L'empereur Otton III le fait élire archevêque de Ravenne puis il devient pape sous le nom de Sylvestre II.

Gerbert laisse derrière lui une intéressante correspondance qui témoigne de sa passion pour les livres et le savoir. Ses contemporains ont été frappés par l'étendue de ses connaissances en géométrie, en astronomie et en musique. Il passe pour avoir amélioré un instrument servant à calculer en chiffres romains, l'abaque. Plus tard, une légende le présentera comme un magicien.

L'APPROCHE DE L'APO-CALYPSE

Les craintes et les espérances marquant la fin du premier millénaire donnent une grande actualité au texte de l'Apocalypse de saint Jean, dans lequel l'apôtre raconte les visions qu'il a eues à Patmos. Le contenu de l'œuvre, entièrement tournée vers l'eschatologie – le sort ultime de l'homme et de l'Univers –, répond aux préoccupations de personnes inquiètes pour leur salut. L'Apocalypse donne une leçon d'espoir ; après le temps du châtiment vient la certitude du règne de Dieu, puisque le récit s'achève sur l'installation de la « Jérusalem nouvelle, vêtue comme une mariée parée pour son époux ». Vers 950 se diffuse le *Commentaire sur l'Apocalypse,* écrit en 776 par le moine asturien Beato de Liébana. Le texte est retranscrit et richement enluminé dans une série de sompteux manuscrits appelés « beati ». Vingt-deux d'entre eux, exécutés aux Xe et XIe siècles, sont parvenus jusqu'à nous. Les relations nouées entre la France et le nord de l'Espagne à la faveur du pèlerinage de Saint-Jacques-de-Compostelle font connaître l'œuvre au nord des Pyrénées : celle-ci donne naissance à une nouvelle famille de manuscrits. Le plus beau est l'*Apocalypse de Saint-Sever,* réalisé au milieu du XIe siècle dans l'abbaye fondée en 982 par le duc de Gascogne, Guillaume Sanche.

208 .

▽ **Babylone** en feu. L'ange survole une ville mozarabe, pleine de richesses mais sans âme. Aux embrasures des fenêtres des maisons vides, des vases précieux.
1047. Bibliothèque nationale, Madrid.

« Et le deuxième ▷ Ange sonna… Alors une énorme masse embrasée tomba dans la mer, et le tiers de la mer devint du sang… et le tiers des créatures fut détruit. »
IXe siècle. Bibliothèque de l'Escorial, Madrid.

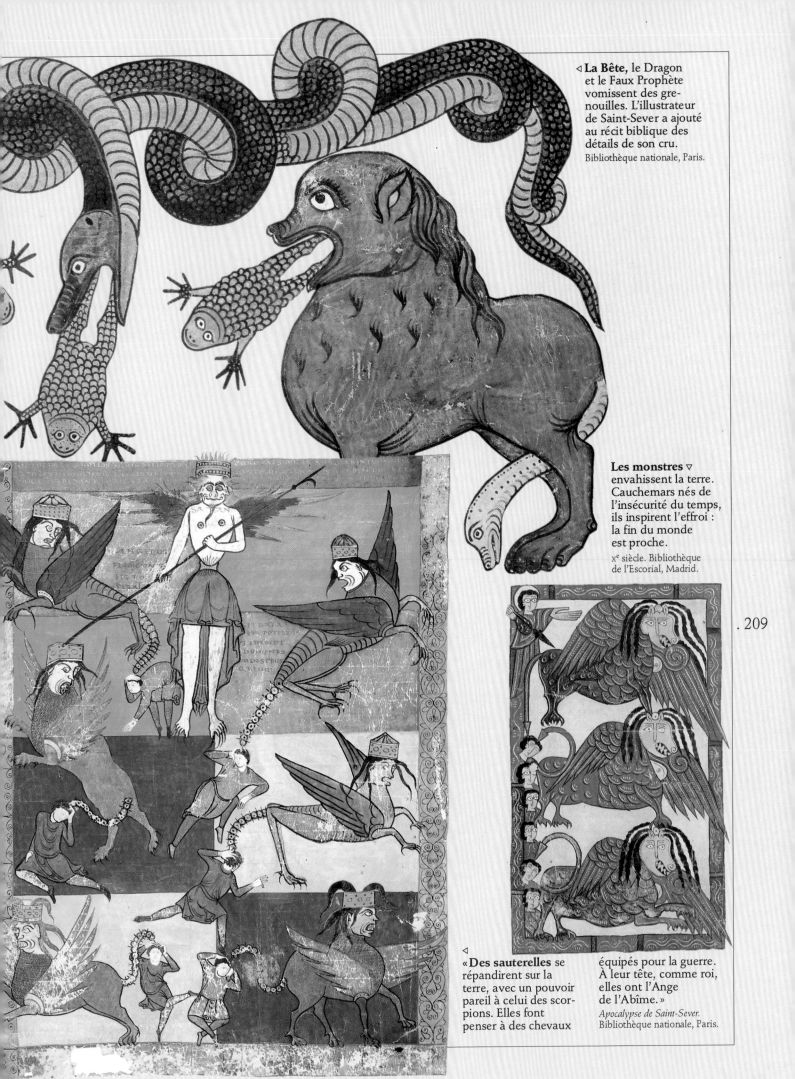

◁ **La Bête**, le Dragon
et le Faux Prophète
vomissent des gre-
nouilles. L'illustrateur
de Saint-Sever a ajouté
au récit biblique des
détails de son cru.
Bibliothèque nationale, Paris.

Les monstres ▽
envahissent la terre.
Cauchemars nés de
l'insécurité du temps,
ils inspirent l'effroi :
la fin du monde
est proche.

Xe siècle. Bibliothèque
de l'Escorial, Madrid.

. 209

◁
« Des sauterelles se
répandirent sur la
terre, avec un pouvoir
pareil à celui des scor-
pions. Elles font
penser à des chevaux

équipés pour la guerre.
À leur tête, comme roi,
elles ont l'Ange
de l'Abîme. »
Apocalypse de Saint-Sever.
Bibliothèque nationale, Paris.

LA NAISSANCE DE LA RUSSIE

Ce sont les cousins des Normands.
Ils aiment la guerre, pratiquent le commerce
avec bonheur et n'ont peur de rien.
Les Slaves leur donnent le nom de « Russes ».

L A GRANDE POPULATION des Slaves occupe les steppes et les forêts de l'Europe orientale, de la mer Baltique, au nord, à la mer Noire, au sud. Menant une vie agricole, paisible et sédentaire, ses membres sont séparés en une multitude de clans organisés en fédérations ou en principautés dont l'esprit frondeur et indépendant a toujours empêché la constitution d'un seul et même grand État. Dans leur besoin de se défendre contre les périls extérieurs, les Slaves font appel à un peuple d'aventuriers ayant un goût prononcé à la fois pour la guerre et le commerce : les Varègues. Excellents marins, ces hommes, issus de la même souche que les Normands, vont, par leurs allées et venues entre les différents clans, finir par uni-

Vladimir de Kiev. ▽
Le souverain paillard
et violent est devenu
au XIIIᵉ siècle l'arché-
type du bon roi, équita-
ble et majestueux.
Académie des sciences,
Saint-Pétersbourg.

fier le peuple slave et, grâce à leur esprit d'aventure, ils vont ouvrir celui-ci sur le monde extérieur. Une fraction de ces Varègues, les Rhôs, ou Russes, s'impose plus particulièrement.

L'ALLIANCE AVEC BYZANCE

Les Russes, avant-garde des Varègues, s'établissent à Novgorod. Ils s'emparent de Kiev en 882 sous la conduite d'un de leurs chefs, Oleg, éliminent les princes locaux et soumettent l'ensemble des populations slaves établies sur l'axe Novgorod-Kiev. À chaque printemps, les Russes montent sur leurs monoxyles, ces curieux bateaux taillés dans un seul tronc d'arbre, et naviguent au fil du Dniepr, s'arrêtant de clan en clan pour y lever un tribut de

miel, de houblon et de fourrures, en échange duquel ils protègent les Slaves. Le débouché du Dniepr sur la mer Noire les invite à l'aventure et, peu à peu, ils arrivent sous les murs de la capitale de l'Empire byzantin, Constantinople.

Au Xᵉ siècle, à la suite de campagnes militaires qui menacent l'empire, Constantinople leur accorde des privilèges commerciaux notifiés par un traité signé en 944 : pouvu qu'ils soient accrédités par leur prince, les Russes ont la permission de vendre tout ce qu'ils veulent sur le territoire byzantin et sont autorisés à exporter de la soie ; ils bénéficient en outre d'une diminution du droit de douane sur les esclaves, leur marchandise principale. En revanche, leur réputation de guerriers semant l'effroi dans les esprits, ils ne sont autorisés à entrer dans la capitale

Combat naval entre ▽ Russes et « Romains » (en réalité des Byzantins). Les barques des guerriers russes, ou varègues, témoignent de leurs origines scandinaves.

Manuscrit grec. Xiᵉ siècle. Bibliothèque nationale, Madrid.

L'évangélisation de la Prusse est due à un Tchèque, qui sera vénéré comme saint patron de la Pologne.

ADALBERT DE PRAGUE

Adalbert devient évêque de Prague en 983. Se rendant compte que sa prédication ne suffit pas à convertir les Tchèques, il décide d'accomplir le pèlerinage de Jérusalem, en passant par l'Italie. Après un séjour dans un monastère romain, il retourne à Prague, à l'appel de ses fidèles. Mais, très vite, ceux-ci ne peuvent supporter sa rigueur. Adalbert repart vivre en ermite à Rome, mais l'archevêque de Mayence lui rappelle son devoir de pasteur. Il décide donc d'évangéliser les Prussiens, en 997. Le 23 avril, les Prussiens le tuent et il reçoit ainsi le martyre auquel il aspirait.

◁ **Des prêtres** et des chevaliers se prosternent devant une icône miraculeuse de la Vierge. La *Première Chronique russe,* rassemblée par des moines au XIIIᵉ siècle, illustrée au XVᵉ, prend résolument parti pour le culte des images.

Académie des sciences, Saint-Pétersbourg.

que sous escorte byzantine, par groupes de cinquante au plus, et ne peuvent hiverner dans l'empire.

LA RÉACTION DU PRINCE SVIATOSLAV

À la suite du traité de 944, Byzance envoie des missionnaires à Kiev, qui possède une église Saint-Élie dès 945. En 957, la régente russe Olga se rend à Constantinople, où elle reçoit un accueil somptueux ; en 959, elle est baptisée et prend le prénom de sa marraine, l'impératrice Hélène. Son fils Sviatoslav, le premier prince russe à porter un nom slave, réagit vigoureusement contre cette incorporation progressive au système byzantin. Il entend faire revivre un paganisme originel, purifié au profit d'un dieu suprême qui serait commun à l'ensemble des groupes de Russes et pourrait jouer le rôle unificateur qu'Olga envisageait pour le christianisme. Ainsi tente-t-il d'imposer le culte de Perun, dieu de la Foudre, au moins à l'aristocratie, en bâtissant en l'honneur de ce dernier, à Novgorod et à Kiev, un temple situé à l'extérieur de l'enceinte, sur l'emplacement des rassemblements commerciaux d'une société où marchands et aristocrates guerriers se confondent. En même temps, Sviatoslav s'affirme comme conquérant, tant en Asie que dans les Balkans, où il ruine le royaume bulgare, et comme ennemi déclaré de Constantinople. Mais, en 971, défait par les armées byzantines, il meurt sur le chemin du retour.

Cette tentative de réaction est en contradiction avec l'extraordinaire développement commercial qui fait de « la route des Varègues aux Grecs » un carrefour où se rencontrent les civilisations. La conversion des Russes au christianisme devient inévitable, car elle s'inscrit dans un mouvement général qui pousse les peuples païens installés aux marges de la chrétienté, de la Scandinavie aux rives de la mer Noire, à entrer dans la communauté des États chrétiens, dont ils admirent autant l'organisation sociale que les institutions politiques.

L'ADOPTION DU CHRISTIANISME BYZANTIN

Deux princes se succèdent ensuite. Dans la seconde moitié du Xe siècle, Vladimir (956-1015), raisonnable et

◁ **Têtes** des saints moines Cyrille et Méthode, qui évangélisèrent les Slaves. Ils inventèrent l'alphabet cyrillique, toujours utilisé en Russie, pour mettre la Bible à la portée du peuple de la steppe et de la forêt.
XIIe siècle. Château de Kreuzenstein, Autriche.

▽ **Porte d'Or** de Kiev. Inspirée d'un modèle byzantin, elle faisait partie de la muraille de fer et de bois de la ville. Selon la description de l'évêque de Merseburg, Kiev aurait compté au XIe siècle huit marchés et plus de 400 églises, dont la cathédrale Sainte-Sophie.

L'Église triomphante, ▽ incarnée par Vladimir ; la foi orthodoxe fait partie intégrante de l'identité russe.
Icône du XVIe siècle. Galerie Tretiakov, Moscou.

avisé, fait entrer définitivement son État dans l'espace byzantin. En 987-988, il se porte au secours de l'empereur Basile II, contre lequel les grandes familles nobles se sont révoltées ; puis il épouse une sœur de l'empereur ; enfin, le 19 mai 989, dans l'église Saint-Basile de Cherson, en Crimée, il devient chrétien. Le 15 août suivant, plusieurs milliers de guerriers sont baptisés à Kiev dans les eaux du Dniepr. Une grande église est construite à Kiev, dédiée à la Vierge. Selon la tradition russe, l'édifice est situé sur une grande esplanade, qui permet de rassembler toute la population de la ville ; au chevet se tient un marché : l'église concentre l'activité politique et économique. En 997, l'évêché devient métropole mais reste desservi par un prélat grec, nommé par Constantinople.

Dans la première moitié du XIe siècle, Iaroslav (1019-1054) profite du développement de sa capitale, dont il veut affirmer la primauté souvent contestée par Novgorod, pour édifier une nouvelle cathédrale, inspirée de Byzance, construite entre 1037 et 1041, encore visible aujourd'hui, et qui porte le nom symbolique de Sainte-Sophie.

L'AFFIRMATION DE L'IDENTITÉ RUSSE

Malgré cette construction, et en dépit du mariage d'une des filles de l'empereur Constantin Monomaque avec le fils de Vladimir, les liens entre Kiev et Constantinople se distendent peu à peu. Même si les archevêques – métropolites – continuent à venir de Constantinople, l'Église russe devient nationale ; le prince mène une politique véritablement indépendante. Ainsi, Iaroslav marie l'une de ses filles, Anne, au roi de France Henri Ier. Sous son règne, la Russie devient un pays prospère où le commerce et l'artisanat connaissent un développement fulgurant. Et, pour la première fois, sont codifiées les vieilles coutumes locales. Pendant les deux siècles qui suivent, l'éloignement se poursuit. Le centre actif du pays se déplace vers la « Mésopotamie russe », entre Volga et Oka ; la « route des Varègues aux Grecs » est périodiquement coupée par les Coumans, nomades de souche turque. Cette évolution prive Byzance d'un allié qui freinait les velléités d'indépendance des Slaves balkaniques et affaiblit durablement l'empire. Mais la filiation reste parfaite : les Russes ont adopté non seulement le christianisme byzantin mais aussi la conception byzantine du pouvoir et de ses rapports avec la religion, ce qui permettra plus tard à Moscou de prétendre au titre de Troisième Rome. □

Dans la partie du bassin du Danube où s'étaient installés les Huns puis les Avars arrive, à la fin du IXe siècle, un peuple d'origine nordique.

LES HONGROIS

Jusque-là installés sur la Volga, les Hongrois, ou Magyars, adoptent le christianisme romain sous l'impulsion de leur roi, Étienne (996-1037). Mais, dans les deux siècles qui suivent, le roi de Hongrie pratique une politique de bascule qui lui permet, avec l'aide de Byzance, de rester à l'écart de l'Empire germanique. Très attentifs à conserver leur indépendance, les Hongrois n'en sont pas moins des conquérants : à la fin du XIIe siècle, leur hégémonie s'étend à la Croatie et à la Slovénie, qu'ils domineront jusqu'en 1918.

Saint Étienne de Hongrie portant le manteau du couronnement.

. 213

HUGUES, LE PREMIER CAPÉTIEN

L'accession d'Hugues Capet au trône, au Xᵉ siècle, met un terme au règne des Carolingiens. C'est un royaume de France instable qui accueille le premier souverain de la nouvelle dynastie.

LE PASSAGE de la dynastie carolingienne à la dynastie capétienne est le résultat d'une longue histoire. Pendant plus d'un siècle, de la mort de Robert le Fort (866) à l'avènement d'Hugues Capet (987), les deux lignées règnent tour à tour. Elles sont subordonnées toutes deux aux intérêts des grands féodaux dont la puissance ne cesse de croître.

LA PUISSANCE D'UNE FAMILLE

Robert le Fort est l'ancêtre des Capétiens. Il est nommé comte d'Anjou et de Touraine en 852. En même temps lui est confiée l'organisation de la défense du royaume contre les Normands. En 866, il écrase les ennemis à Brissarthe,

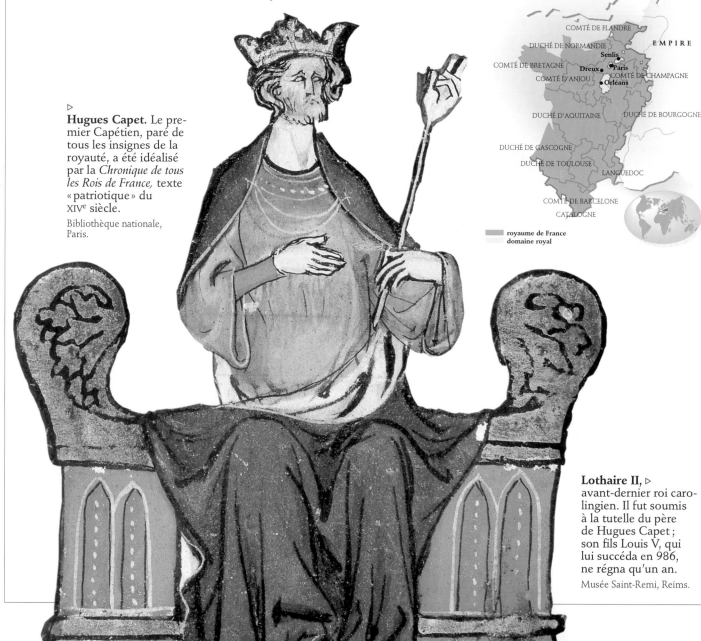

▷ **Hugues Capet.** Le premier Capétien, paré de tous les insignes de la royauté, a été idéalisé par la *Chronique de tous les Rois de France,* texte « patriotique » du XIVᵉ siècle.
Bibliothèque nationale, Paris.

214 .

Lothaire II, ▷ avant-dernier roi carolingien. Il fut soumis à la tutelle du père de Hugues Capet ; son fils Louis V, qui lui succéda en 986, ne régna qu'un an.
Musée Saint-Remi, Reims.

ANGLETERRE

COMTÉ DE FLANDRE

DUCHÉ DE NORMANDIE   EMPIRE

COMTÉ DE BRETAGNE   Senlis

Dreux   Paris
COMTÉ D'ANJOU   Orléans   COMTÉ DE CHAMPAGNE

DUCHÉ D'AQUITAINE   DUCHÉ DE BOURGOGNE

DUCHÉ DE GASCOGNE

DUCHÉ DE TOULOUSE   LANGUEDOC

COMTÉ DE BARCELONE
CATALOGNE

■ royaume de France
domaine royal

mais est mortellement blessé au cours du combat. Son fils aîné, Eudes, comte de Paris, suit les traces de son père et anime la défense de la cité contre les Normands. C'est lui que les grands du royaume choisissent comme roi en 888 après avoir déposé Charles III le Gros. Mais les partisans des Carolingiens, encore nombreux et puissants, s'y opposent ; l'archevêque de Reims, Foulques, fait sacrer en 893 le prétendant légitime au trône, Charles le Simple. Jusqu'à la mort d'Eudes, en 898, la France est donc gouvernée par deux rois, en lutte ouverte l'un contre l'autre. Cependant, en 896-897, Eudes conclut un accord avec le carolingien, prévoyant qu'à sa mort Charles lui succédera. En 898, la dynastie carolingienne semble rétablie. Pas pour longtemps. Car, dès 922, les grands élisent un second roi en la personne du frère d'Eudes, Robert, qu'ils font sacrer par l'archevêque de Sens. La guerre entre les deux partis devient inévitable : le nouveau roi y trouve la mort le 15 juin 923. Charles le Simple est détrôné la même année ; après avoir alors proposé la couronne au fils de Robert, Hugues, qui la refuse, les grands l'offrent à Raoul, fils du duc de Bourgogne.

HUGUES, PÈRE ET FILS

À la mort de Raoul en 936, Hugues est le plus puissant personnage du royaume, mais il ne souhaite pas devenir roi. Bien au contraire, il organise la restauration des Carolingiens et place Louis IV d'Outremer sur le trône. Le roi le remercie en lui reconnaissant le titre de *dux Francorum,* ou *dux Franciae* – duc des Francs ; Hugues, surnommé le Grand, exerce désormais une véritable vice-royauté sur la Francia, territoire s'étendant entre Loire et Meuse. Il meurt en 956, léguant à son fils, prénommé Hugues lui aussi, ses titres et ses fonctions.

Hugues a seize ans, le nouveau roi Lothaire, son cousin, en a treize. Ils sont placés sous la tutelle de leurs oncles : le roi Otton Ier et l'archevêque de Cologne. Outre son titre, le nouveau duc des Francs possède une dizaine de comtés (Paris, Senlis, Orléans, etc.) et administre plusieurs abbayes dont celle de Saint-Martin à Tours, d'où il tire son surnom : Capet venant de capa, allusion directe au manteau – ou cape – de saint Martin conservé dans ce monastère. Des liens de famille l'attachent aux plus grands : sa sœur est l'épouse du duc de Normandie ; son frère cadet, Otton, est duc de Bourgogne ; lui-même se marie en 970 avec la fille du duc d'Aquitaine, Adélaïde. Sa puissance dépasse bientôt celle du roi.

Dans son discours aux « Grands de la Gaule », réunis à Senlis, Adalbéron énumère ses arguments en faveur du « duc des Francs ».

L'ÉLECTION DU « MEILLEUR »

« ... Nous n'ignorons pas que Charles, frère du roi Lothaire, a ses partisans [...]. Mais le trône ne s'acquiert pas par droit héréditaire, et l'on ne doit mettre à la tête du royaume que celui qui se distingue non seulement par la noblesse corporelle, mais encore par les qualités de l'esprit... Quelle dignité pouvons-nous conférer à Charles [...] ? Donnez-vous donc pour chef [...] le duc en qui vous trouverez un défenseur de la chose publique et de vos intérêts privés. »

L'évêque Asselin ▽ remet à Hugues Capet les clés de Laon, lors de l'élection de 987. Après la guerre de Cent Ans, la fidélité au roi capétien tient lieu de patriotisme.
Chroniques de Saint-Denis. XVe siècle. Bibliothèque nationale, Paris.

LA TRAHISON D'ADALBÉRON

Les tentatives menées par Lothaire, successeur de Louis IV d'Outremer, pour reprendre la Lorraine à l'Empereur, entraînent la rupture entre le roi et Hugues. En 984, Lothaire profite de la minorité du souverain germanique, Otton III, pour s'emparer de Verdun. L'archevêque de Reims, Adalbéron, chef d'un parti impérial favorable à l'unité de l'Occident sous l'hégémonie des empereurs saxons, pousse Hugues à se rapprocher de l'empereur et de l'aristocratie lorraine pro-impériale. Le 11 mai 985, Adalbéron est accusé de trahison et traduit en justice à Compiègne ; l'intervention d'Hugues Capet disperse l'assemblée et le roi Lothaire meurt peu après.

Son fils, Louis V, relance le procès, et dénonce alors « l'homme le plus scélérat que la terre eût supporté ». Il convoque une assemblée à Compiègne mais il meurt le 21 mai 985. Adalbéron est lavé de tout soupçon, une nouvelle assemblée se tient à Senlis sous l'autorité du duc Hugues qui est désigné comme roi.

LA FIN DES CAROLINGIENS

Le 3 juillet 987, Adalbéron procède au sacre d'Hugues Capet dans la cathédrale de Noyon. La couronne est passée à l'héritier d'une dynastie qui a déjà donné deux souverains à la *Francia ;* les grands vassaux, qui n'ont pas tous assisté à l'élection, acceptent dans le calme le changement de dynastie. Toutefois les Carolingiens ont encore des fidèles, en particulier au sud du royaume. Devant ces réticences, Hugues saisit le prétexte d'une expédition lointaine pour associer au trône son fils Robert, sacré le 30 décembre 987 à Or-léans. Pendant deux siècles, l'association au trône du fils aîné évitera toute crise de succession, rendant la royauté héréditaire dans la même lignée. En 988, Charles de Lorraine, frère de Lothaire, s'empare de Laon par surprise, mais une ruse de l'évêque Adalbéron rend la ville à Hugues en 991. Charles est capturé, il finira ses jours en prison.

LE ROI ET LES PRINCES

On insiste généralement sur la faiblesse des quatre premiers Capétiens, et il est vrai que le roi semble bien faible, raillé par les princes mêmes qui l'ont élu, soumis à la tutelle de l'Empereur, menacé par les châtelains de son propre domaine. Mais le souverain jouit d'un prestige sans commune me-

---

Le deuxième roi capétien, Robert II (996-1031), jouit d'une réputation de piété et même de sainteté.

ROBERT LE PIEUX, UN SAINT ROI ?

Cette réputation, Robert II la doit à la *Vita* que lui consacre, vers 1033, le moine Helgaud de Fleury. À travers une série d'anecdotes, l'ouvrage définit le modèle du roi chrétien : d'une foi irréprochable, pieux, miséricordieux, humble, bienfaiteur des églises. Robert apparaît vraiment comme un moine installé sur le trône, d'où il accomplit de nombreux miracles. Or, ce portrait idéal correspond mal à la figure de ce roi qui allume, en 1022, le premier bûcher où périssent des hérétiques et qui est excommunié à la suite de son second mariage avec Berthe de Blois ! Cette œuvre d'exaltation est sans doute destinée à renforcer la monarchie capétienne qui, en 1031, reste encore faible et bien peu assurée de son avenir.

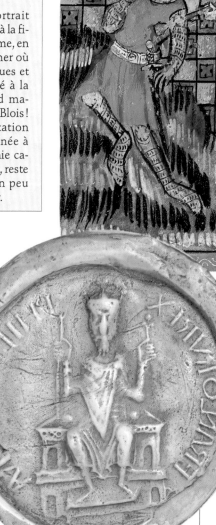

▷ **Cavalier** portant heaume, cotte de mailles, épée et écu triangulaire.
XIe siècle. Bibliothèque nationale, Paris.

216 .

Sceau de Philippe Ier ▽ (1060-1108). Le roi au nom grec, fils d'Anne de Kiev et d'Henri Ier, arrière-petit-fils d'Hugues Capet, est appelé « duc de France et roi des Francs ».
Archives nationales, Paris.

sure avec celui que détiennent les princes les plus puissants du royaume. Sacré, il a été choisi par Dieu pour exercer sa charge ; c'est à travers lui que s'épanouit le royaume ; c'est grâce à lui que règne l'ordre. Le domaine royal, groupé autour de Paris, d'Étampes et d'Orléans, entre Seine et Oise, est composé d'un ensemble confus de biens matériels et fonciers (châteaux, terres, moulins), de droits et de redevances, qui est plus vaste que le domaine direct de bien des vassaux. C'est une des premières régions touchées par l'essor économique, notamment grâce à un défrichement énergiquement mené et à une forte poussée démographique. Le royaume n'en est pas moins divisé en grandes unités territoriales : le duché de Bourgogne, dont hérite Robert le Pieux, mais qu'il

confie à son fils cadet, le duché de Normandie, le duché d'Aquitaine, le marquisat de Gotie, le marquisat de Provence, les comtés de Flandre, de Champagne, d'Anjou. Prince parmi les princes, le Capétien doit se faire accepter d'eux, mais ni Hugues, ni ses premiers descendants n'y parviendront, et le pouvoir royal ne cesse de décliner pour atteindre son point le plus bas en 1060, au moment où le duc de Normandie, Guillaume le Conquérant, devient roi d'Angleterre.

Les démêlés des rois avec l'Église et le Pape ajouteront encore à leur discrédit : à cause de leur vie conjugale, Robert le Pieux sera menacé d'excommunication, Philippe Ier excommunié. Le temps est encore loin où le roi pourra étendre son autorité à tout le royaume. □

Pion △
du « jeu d'échecs de Charlemagne ». Désarçonné, le cavalier combat à pied, derrière le précaire rempart de son bouclier orné d'armoiries.
Bibliothèque nationale, Paris.

. 217

△ **Meurtre** d'un roi et usurpation de la couronne, selon un manuscrit du XIIIe siècle. L'histoire est proche de celle d'Hugues Capet, qui fut capturé et emprisonné en 991.
Musée Atger, Montpellier.

◁ **Monogramme** d'Hugues Capet, au bas d'un « diplôme », texte officiel rédigé en 989.
Archives nationales, Paris.

En 987, les premiers linéaments d'une conscience catalane se manifestent, bien que la Catalogne n'existe pas encore.

L'ÉMERGENCE DE LA CATALOGNE

Formant un ensemble original, elle devient une marche sous les Carolingiens, un bastion avancé de la Chrétienté contre l'Islam. Les comtes catalans ont toujours témoigné une fidélité indéfectible à la famille carolingienne. Pourtant, en 987, le marquis Borel reconnaît Hugues Capet, à qui il fait appel pour combattre les Arabes. Hugues ne répond pas à sa demande, mais saisit le prétexte pour faire couronner son fils Robert. Ce n'est que plus tard que se distendront les liens entre le roi et les principautés méridionales, Languedoc et Catalogne. On y datera alors les documents « du règne du Christ, dans l'attente du roi » et non de l'avènement du roi de France.

LES DÉBUTS DU CHÂTEAU

Dans les dernières décennies du Xe siècle apparaît, entre Loire et Rhin, un nouveau type de fortification auquel les documents donnent le nom de « château ». Au cours du XIe siècle, le phénomène s'étend à tout l'Occident. L'élément fondamental du château est la motte, butte artificielle faite de terre rapportée ; elle est entourée à sa base d'un fossé, que surmonte une palissade de bois ; le sommet aplani en plateforme porte une tour quadrangulaire en bois, ou « donjon ». L'accès au donjon se fait par une échelle conduisant à une porte unique. Les dimensions de la motte sont modestes : 15 mètres de hauteur pour 30 mètres de diamètre à la base ; la superficie enclose dépasse rarement un demi-hectare. À la motte est associée une basse-cour, ou « bayle », protégée par un talus de terre surmonté d'une palissade. Dans le château vivent les chevaliers, dont le rôle est de se battre. Autour du château vivent les paysans soumis au ban seigneurial : ils travaillent la terre pour leur seigneur, lui versent des redevances et sont tenus, s'il l'exige, de se battre pour lui. En échange de quoi, ils peuvent se réfugier dans la basse-cour du château s'il y a du danger. Trop vulnérables en cas d'incendie, les châteaux seront fréquemment construits en pierre dès le XIIe siècle.

218 .

△
Siège d'un château. Avec de solides réserves, la garnison, très peu nombreuse en général, peut résister indéfiniment. Seule la trahison peut la livrer ; elle ne peut alors être délivrée que par une armée de secours.

XIe siècle. Musée de de l'Évêché, Bayeux.

▽ **Le château** de Foix. Son existence est attestée dès 1002, date à laquelle le comte de Carcassonne le lègue à son fils, le premier comte de Foix. Le donjon carré est la partie la plus ancienne du château actuel, construit entre le XIIe et le XVe siècle.

◁ **Le château** de Loches. Le donjon carré, construit au début du XIIᵉ siècle, renforce la partie faible de l'enceinte. Le Val de Loire, aux pierres tendres, a eu des châteaux un demi-siècle avant le reste de la France.

▷
Siège d'un monastère fortifié, situé sur une «motte», éminence entourée d'une palissade de bois.

Manuscrit enluminé à Saint-Germain d'Auxerre. Xᵉ siècle. Bibliothèque nationale, Paris.

Loisir seigneurial. ▽ Le banquet est servi dans la grande salle du château, au son de la musique. Mais le *Bréviaire d'amour,* rédigé en Provence au XIIIᵉ siècle, illustre le thème de la tentation : serviteurs et musiciens sont des diables.

Bibliothèque de l'Escorial, Madrid.

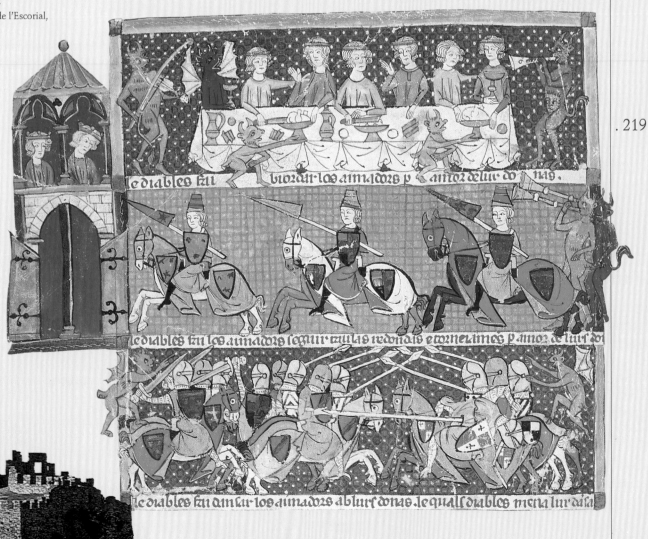

. 219

Manuscrit espagnol mozarabe. *Xe siècle. Cathédrale de Gérone.*

ROYAUME FRANC

Les mariages du roi Robert

■ Robert le Pieux, fils d'Hugues Capet, a épousé, en secondes noces, Berthe de Bourgogne, oubliant ainsi leur lien de parenté puisqu'elle est sa cousine au quatrième degré. Est-ce pour affirmer son pouvoir ? S'agit-il de rappeler les règles canoniques du mariage à la chrétienté ? La papauté accuse Robert d'inceste et le menace d'excommunication après un synode tenu à Pavie, puis un concile réuni à Rome en 997. Cinq ans durant, le couple tient bon, bravant l'ostracisme. Mais, en 1002, le royaume est menacé d'interdit : aucun office religieux ne pourra plus y être célébré, les enfants ne seront pas baptisés et les morts seront laissés sans sépulture. Pour éviter pareil malheur, Robert se résout à renvoyer Berthe et se marie avec Constance, fille de Guillaume II, comte de Provence. □

ESPAGNE

La mort d'Al Mansur

■ En 1002, la mort à Medinaceli de Mohammed ibn Abi Amir al-Mansur (le Victorieux) sonne le glas du califat de Cordoue. Abi Amir était parvenu au pouvoir grâce à la faveur de la mère du jeune calife Hicham II, et avait su arrêter la contre-offensive chrétienne, donnant un nouveau souffle à l'expansion musulmane. Il s'était ainsi emparé de Barcelone, Coimbra, León et, en 997, avait détruit le sanctuaire de Saint-Jacques-de-Compostelle. Les habitants de la ville avaient dû transporter sur leurs épaules les cloches de la ville jusqu'à Cordoue. Mais ces succès n'ont été acquis que grâce à l'apport de mercenaires berbères, dont la présence est fatale à l'équilibre politique du califat. Sanche III le Grand, roi de Navarre, mettra à profit le désarroi des musulmans pour relancer la Reconquista. □

ASIE MINEURE

Les Turcs à Boukhara

■ Boughra Khan, chef des Turcs Qarakhanides, conquiert les possessions des Samanides en Asie centrale. Cette dynastie iranienne, convertie à l'islam sunnite, s'était rendue pratiquement indépendante des califes de Bagdad, et avait étendu son pouvoir sur l'Asie centrale, l'Iran, l'Afghanistan. Elle se montre aussi accueillante pour les savants et les lettrés musulmans que pour les réfugiés installés dans la région depuis les persécutions des Sassanides. □

INDE

La grandeur de Tanjore

■ En 1005, Radjaradjah le Grand soumet Ceylan et se choisit comme capitale Tanjore, dont la tradition tamoule rattache le nom au géant Tantchan, vaincu par Visnu. Radjaradjah y fait édifier un splendide temple dédié à Çiva, dont le décor peint et sculpté est très foisonnant. Les successeurs de Radjaradjah ne cesseront d'embellir la ville, à commencer par son fils Rajendra, fondateur de la thalassocratie Tchola et conquérant du Gange. □

HONGRIE

Le roi Étienne

■ Une fois son pays unifié, le chef magyar Geza avait favorisé l'évangélisation et l'unification de la Hongrie en poussant son fils Vajk à devenir chrétien. À la mort de Geza, en 997, Vajk lui succède, sous son nom chrétien d'Étienne. Très habilement, le nouveau prince se déclare « vassal du Saint-Siège », avant de se faire couronner roi en l'an 1000 pour éviter que la Hongrie ne devienne une province de l'Empire germanique, son puissant voisin. Le roi peut alors organiser durablement son pays, le divisant en circonscriptions administratives confiées à des comtes qui relèvent de lui et sont les maîtres absolus de la paysannerie. □

ROYAUME FRANC

L'hommage lige

■ Les liens d'homme à homme sont désormais le ciment de la société. Tout seigneur est lié par un serment de fidélité à un autre seigneur, à qui il doit son fief, dont il est le vassal. Mais à qui doit-on fidélité au cas où, ayant hérité de plusieurs fiefs, on a plusieurs suzerains ? L'évêque Fulbert de Chartres a trouvé une solution à cette question, en imposant aux vassaux du roi de France une clause de « réserve de fidélité » au profit du souverain. Les vassaux qui prêtent ce genre de serment deviennent les hommes liges du roi. □

ROYAUME FRANC

Une dynastie prédestinée

■ Pour mieux asseoir leur légitimité, les Capétiens savent s'assurer les bonnes grâces des moines. À l'abbaye de Fleury, le chroniqueur Helgaud assure que le roi Robert a des pouvoirs miraculeux, tandis qu'en Picardie les moines de Saint-Riquier chantent les origines surnaturelles de la dynastie : saint Valéry, inhumé par le duc de France, aurait lui-même remercié cet ancêtre d'Hugues Capet, en lui promettant que ses descendants deviendraient rois. □

LAPONIE

Les Saami

■ Le nord de l'Eurasie, réchauffé par le Gulf Stream, connaît un climat moins rigoureux que l'Amérique arctique. Vers la fin du premier millénaire, les Saami y pratiquent depuis des siècles l'élevage du renne, surtout pour la traction. Dans le site sacrificiel de Gaträsk, de nombreux objets ont été découverts : céramiques, andouillers gravés, pointes de ski décorées. Certains ont probablement été fabriqués sur place, d'autres attestent un commerce très important avec des contrées lointaines. Objets de métal, appliques de harnachement, armes, bijoux, probablement venus de Russie et apportés par les Vikings. □

POLYNÉSIE

Île de Pâques

■ Les premiers occupants de l'île de Pâques sont probablement arrivés en pirogue au milieu du premier millénaire. Certaines de leurs caractéristiques culturelles sont semblables à celles des autres peuples polynésiens, mais leur isolement a abouti à une civilisation originale. Comme eux, ils construisent, dans un but religieux, des plates-formes en plein air, les *ahu*. Mais, alors que dans les autres îles on se contente d'y dresser des sortes de menhirs, les habitants de l'île de Pâques sculptent, à partir du deuxième millénaire, des statues de pierre, dont la tête est surmontée d'une sorte de couronne. Ils sont aussi les seuls à construire des maisons en pierre. □

Statue de l'île de Pâques.

220 .

1021 - 1053

L'art roman naît, au début du millénaire, de l'agenouillement du peuple chrétien devant un dieu terrible qui permet les invasions, les pestes et les famines. Dans les clairières des forêts médiévales, moines et paysans travaillent pour la plus grande gloire du Tout-Puissant. Les moines de Cluny savent qu'ils forment la cour du plus puissant des maîtres. Leur église abbatiale est donc un palais où tout converge vers le lieu de l'offrande, le chœur. Autour de Cluny, les abbayes-filles déploient un luxe inspiré : aucune couleur n'est trop vive, aucun ornement n'est trop coûteux pour le Christ qui trône en majesté. La vie monastique séduit aussi, à cette époque, le prince, régent du Japon, Fujiwara no Michinaga. Dans les temples somptueux qu'il fait édifier, comme dans les palais de Kyoto, un cérémonial immuable garantit la bonne marche du monde. Toute autre est la violence qui agite le monde musulman : à l'Ouest, de fanatiques moines-soldats déferlent sur l'Andalousie, tandis qu'à l'Est les Seldjoukides, Turcs à peine islamisés, défont l'empereur de Byzance.

Vierge à l'Enfant en bois peint. Art roman. XIIᵉ siècle. Trésor de la basilique San Isidoro, León.

LES ABBAYES ROMANES

Une fois passé le millénaire de la passion du Christ, l'Occident se couvre «d'un blanc manteau d'églises», témoignage du renouveau de la foi et de la vitalité des monastères.

Dès le début du XIᵉ siècle, le chroniqueur français Raoul Glaber avait noté la fièvre de construction qui s'était emparée de l'Occident : «C'était comme si le monde lui-même s'était secoué et, dépouillant sa vétusté, avait revêtu de toutes parts une blanche robe d'églises.»

Dans le deuxième tiers du siècle, mille ans après la passion du Christ, le renouveau s'accentue, et, toujours selon Glaber, «le ciel commença de rire, de s'éclairer, et s'anima de vents favorables. Par sa sérénité et sa paix, il montrait la magnanimité du Créateur...» Ce renouveau, qui s'accompagne de nombreuses réformes, est manifeste à Cluny, «fleur de l'an mille», mais aussi dans d'autres abbayes.

Cloître ▷
de Saint-Trophime
d'Arles. Édifié
en Provence, à la fin
du XIIᵉ siècle, il est
très influencé
par l'Antiquité
romaine.

▽
Chapiteau de Saint-
Pierre de Chauvigny :
la Bête avale un
homme. La peur de
l'enfer et l'Apocalypse
continuent d'inspirer
les artistes.
XIᵉ-XIIᵉ siècle.

222 .

L'art roman se risque à présenter au regard du peuple de grandes images décorées, sculptées dans la pierre.

LES DÉBUTS DE LA SCULPTURE ROMANE

Ces débuts remontent aux premières décennies du XIᵉ siècle, qui voient s'élever les églises voûtées. La sculpture envahit les linteaux, traités comme des bas-reliefs, très plats. Le plus célèbre est celui de Saint-Génis-des-Fontaines. La figure humaine, longtemps tenue en suspicion, y fait sa réapparition. On y voit le Christ en majesté dans une mandorle – motif géométrique en forme d'amande qui sera utilisé pendant tout l'âge roman –, porté par des anges. Il fait le geste de la bénédiction, tandis que les apôtres se pressent autour de lui. La facture est encore grossière. Le sujet sera repris par les plus grands sanctuaires.

LES ABBÉS RÉFORMATEURS

Dès le Xᵉ siècle, de grandes abbayes réussissent à échapper à l'emprise corruptrice des laïques : en Flandre, en Lorraine, de nombreux monastères se modifient. En 1005, l'évêque de Marseille réforme celui de Saint-Victor. À la même époque, l'Italien Guillaume de Volpiano, abbé de Saint-Bénigne de Dijon, propage la réforme dans le nord de l'Italie et, à l'appel des ducs de Normandie, dans l'ouest du royaume de France. À la tête de ce mouvement, qui ne cesse de progresser, se place Cluny, fondée en 910, et qui rayonne depuis le milieu du Xᵉ siècle sur l'Auvergne et la Bourgogne, adaptant la règle de saint Benoît aux attitudes mentales du monde féodal. Sous l'abbé Odilon (994-1049), cette influence se diffuse le long des routes de Compostelle, et toutes les abbayes « filles » de Cluny se dégagent de l'autorité des évêques.

L'EMPIRE DE CLUNY

Le prestige de saint Hugues, abbé de 1049 à 1109, s'étend sur toute la chrétienté : conseiller des rois, ami du pape Urbain II, qui est lui-même un ancien clunisien, il étend son autorité sur 1 450 « maisons », réparties de l'Espagne à l'Angleterre, de l'Allemagne à la Pologne et à la Scandinavie, et au cœur même du domaine capétien ; en 1079, le roi Philippe Iᵉʳ confie aux clunisiens le couvent parisien de Saint-Martin-des-Champs. À côté de grandes abbayes, telles que Conques, fleurissent de nom-

◁ **Bas-côté** de l'église Notre-Dame-la-Grande de Poitiers, construite vers 1070. Prolongé par le déambulatoire, le bas-côté sert à la circulation des fidèles.

▽ **Le Moulin** mystique, chapiteau de Vézelay. Œuvre d'un sculpteur de Cluny, il symbolise la continuité entre l'Ancien et le Nouveau Testament : Moïse verse le grain, saint Paul recueille la farine.

. 223

breux prieurés. C'est d'un rêve de saint Hugues que naît la troisième abbatiale de Cluny, édifiée à partir de 1088, une église plus grande que Saint-Pierre de Rome. Deux rois, Alphonse de Castille et Henri d'Angleterre, lui offrent le premier de l'or, le second de l'argent.

Les relations incessantes entre les abbayes assurent la cohésion du monde chrétien, autour des reliques des saints. Pour les besoins du service de Dieu, et pour contenir les foules de plus en plus nombreuses, de nouveaux sanctuaires s'élèvent en Occident.

DES ÉGLISES DE PIERRE

L'architecture de l'église romane se distingue de toutes celles qui l'ont précédée par sa voûte en pierre, qui rem-

◁ **Le prophète Jérémie**
de l'abbaye de Moissac, en Aquitaine. Étiré à l'extrême, il s'inscrit dans la colonne qui soutient le linteau du portail sud.

place désormais, en dépit de son poids, la charpente de bois, qu'il fallait reconstruire après chaque incendie : voûte en berceau simple, comme à Saint-Savin, ou voûte en berceaux transversaux, caractéristique du premier art roman bourguignon, comme à Saint-Philibert de Tournus, où les moines de Noirmoutier ont installé en 949 les reliques de leur protecteur.

Ce sont les maçons des pays de la Loire qui, dès le début du XIe siècle, abandonnent la voûte en moellons et mortier héritée des Romains et montent l'église entière en pierre taillée. Les nombreuses carrières du bord du fleuve fournissent un matériau idéal et quasiment inépuisable. La pierre est découpée en forme de parallélogramme pour les murs, et de trapèzes, disposés sur un cintre de bois, pour la voûte. La pierre centrale, ou clé de voûte, maintient l'ensemble en place. La technique de la pierre taillée se répand d'autant plus rapidement que l'invention du « doubleau », un arc de pierre venant épauler la voûte à inter-

Bateau transportant ▽ du bois. L'acheminement des marchandises était un problème pour les maîtres d'œuvre du Moyen Âge. La voie d'eau était la solution la plus simple.

Codex Oppiano. XIe siècle. Bibliothèque Marciana, Venise.

Élevé aux environs de 1120 pour abriter les reliques de Marie-Madeleine, Vézelay marque l'accomplissement de l'art roman.

VÉZELAY

Depuis plus d'un siècle déjà, les bâtisseurs d'églises ont mis en œuvre toutes les solutions qui peuvent assurer l'équilibre de la voûte de pierre en berceau. Mais Vézelay, église de pèlerinage, attire une foule de plus en plus nombreuse. Ainsi, ses moines adoptent le principe des voûtes d'arêtes : deux arêtes traversent la voûte, la divisant en quatre parties dont le poids retombe sur quatre piliers. Les charges étant de ce fait mieux réparties, on peut se permettre de bâtir de très grands édifices. À Cluny d'abord, à Vézelay ensuite, les moines édifient de hauts murs, percés de grandes fenêtres par lesquelles la lumière entre à flots : c'est déjà l'art gothique qui s'annonce.

valles réguliers, apporte un soutien supplémentaire. L'église peut s'agrandir.

Bien qu'elles emploient toutes la voûte de pierre, les églises romanes se distinguent les unes des autres par le matériau employé, différent selon les régions. En Auvergne, le noir des laves ; en Limousin le gris des granites ; ailleurs, c'est au marbre et aux calcaires qu'elles empruntent la richesse de leurs nuances. Les traditions locales accentuent ces différences : au Puy, l'architecture subit des influences orientales ; dans le Poitou, les formes douces sont couvertes d'un décor sculpté exubérant, alors que la Provence reste fidèle à une sobriété austère. Hors de France, de très grandes églises sont édifiées, au bord du Rhin, dans la tradition ottonienne, en Angleterre et en Italie où Saint-Ambroise, à Milan, rappelle le Saint-Sépulcre de Jérusalem.

UN EXTRAORDINAIRE LIVRE D'IMAGES

Les magnifiques parois peintes de l'église romane et la courbe pure de ses voûtes enseignent aux fidèles l'histoire sainte. Saint-Savin-sur-Gartempe, dans le Poitou, en est un exemple spectaculaire. Autre lieu privilégié où s'inscrit le décor, le chapiteau a une triple fonction : architecturale,

Sculpteur sur ivoire. △
Aux abbayes médiévales sont attachés des artistes qui travaillent pour les autres maisons de leur ordre.
Bibliothèque Marciana, Venise.

Le portail central ▷ de l'abbaye de Vézelay, en Bourgogne. Le Christ en majesté envoie les apôtres baptiser les nations. La voussure, demi-cercle qui cerne le tympan, et le linteau représentent les peuples de la terre, dans toute leur étrangeté. Au centre, saint Jean-Baptiste.

. 225

d'abord, puisqu'il transmet à la colonne qu'il coiffe la poussée de la voûte et assure ainsi l'équilibre de l'ensemble ; décorative, ensuite, puisqu'il invite l'artiste du Moyen Âge à renouer avec la tradition antique du chapiteau historié (à partir de là, la sculpture va connaître un nouvel essor) ; édifiante, enfin, car les scènes représentées s'inspirent toutes de l'histoire religieuse.

Le portail, authentique création du XIe siècle, sert à l'édification des fidèles. L'ouverture pratiquée dans l'épaisseur du mur a été consolidée par un cintre de pierre ; sous cet « arc de décharge » est posé un linteau de pierre horizontal. La demi-circonférence ainsi délimitée, comblée de maçonnerie, crée le tympan. Dans les églises de pèlerinage, un pilier vertical soutient le linteau en son milieu, formant deux

baies : l'une est réservée à l'entrée, l'autre à la sortie, ce qui permet de canaliser la foule les jours de procession. Le tympan est entouré de larges cintres, les voussures, qui retombent de chaque côté du portail sur des demi-colonnes engagées dans les murs. Ce cadre rigoureux est lui-même peuplé d'une multitude de sculptures qui ont aussi une finalité didactique. Ces techniques complexes nécessitent l'inter-

Née d'une vision de saint Hugues, la troisième abbatiale de Cluny était presque aussi grande que Saint-Pierre-de-Rome.

LA PLUS GRANDE ÉGLISE D'OCCIDENT

L'abbaye a servi de carrière de pierres sous la Révolution et il n'en reste que les croisillons du grand transept et le clocher de l'Eau-Bénite. Mais les gravures anciennes, les descriptions et surtout l'église de Paray-le-Monial, qui est une copie plus petite, donnent une idée précise de cet imposant monastère. Il est commencé en 1088 sous saint Hugues qui, outre une réforme de l'ordre, élabore un projet grandiose pour l'abbaye. L'édifice, caractéristique de l'art roman, sera achevé au temps de Pierre le Vénérable, abbé de 1122 à 1156. Le plan est en forme de croix de Lorraine, avec deux transepts coupant les grandes nefs. Le monument, long de 190 mètres et haut de 30 mètres, est couronné d'un clocher rectangulaire et de trois clochers octogonaux. Quinze chapelles rayonnantes, vouées à des saints différents, entourent le chœur.

• principaux monuments
— chemins de Compostelle

Le pape Urbain II ▽ consacre le maître-autel de la troisième église abbatiale de Cluny (1095). Le peintre a tenu à représenter trois des absidioles, petites chapelles en demi-cercle.

XIIe siècle. Bibliothèque nationale, Paris.

vention d'hommes de métier : carriers, tailleurs de pierre, maçons, organisés en compagnies itinérantes.

LA NAISSANCE DES PAROISSES

D'autres églises, plus modestes que les grandes abbatiales, sont édifiées au XIᵉ siècle. Certaines sont dues au souci des seigneurs de se donner des sépultures dignes d'eux et d'assurer le salut de leurs âmes. Ils font donc édifier, dans l'enceinte du château, ou tout près de lui, des églises collégiales, désservies par une communauté de clercs dotée par la famille du seigneur. Mais les constructions les plus nombreuses sont destinées au culte paroissial. Le réseau des paroisses rurales, assez lâche à l'époque carolingienne se met en effet en place à cette époque, en même temps que le système féodal. Tout châtelain tient à doter son domaine d'un oratoire, qui devient l'église de la paroisse. Fondée ou protégées par des seigneurs, qui nomment les desservants, les nouvelles églises dépendent d'eux, s'occupant d'une partie de leur patrimoine. Dans le Midi, ces nouvelles églises usurpent les droits des anciennes qui étaient seules à détenir les fonts baptismaux. Dans le nord, les zones défrichées se dotent d'une église, dont le saint patron donne son nom au village. Et le nouveau clocher signale un lieu de refuge inviolable et sacré, à côté duquel s'étend le cimetière. ☐

◁ **Maquette** de l'abbaye de Cluny. Les gravures anciennes et les descriptions des chroniqueurs donnent une idée précise de l'église, qui servit de carrière durant la Révolution.
Musée Ochier, Cluny.

▽ **Cluny,** le clocher sud de l'Eau-Bénite, surmontant le croisillon sud du transept. C'est tout ce qui reste de la troisième église abbatiale, longue de près de 190 mètres, qui fut rachetée pendant la Révolution par un marchand de biens de Mâcon et servit de carrière de pierre.

. 227

À la fin du XIᵉ siècle, la richesse de Cluny indigne de nouveaux réformateurs, qui restaurent la pureté de la règle de saint Benoît.

CÎTEAUX

Pour retrouver l'austérité et la pauvreté bénédictines, le premier de ces réformateurs, Robert de Molesme, installe sa première communauté dans les marécages de la Saône, puis à Cîteaux, fondé en 1098. Les bâtiments sont d'un dépouillement absolu, les moines travaillent durement, de leurs mains, les monastères sont bâtis dans des « déserts », loin des tentations du monde.
Le renom des cisterciens s'accroît avec celui de leur membre le plus illustre, saint Bernard, abbé de Clairvaux, une de leurs abbayes. Intransigeant, infatigable, passionné, ce fils d'une noble famille bourguignonne se donna pour tâche de réformer la chrétienté, prêchant la croisade, conseillant les rois et les pontifes et condamnant vigoureusement toutes les innovations, qu'il s'agisse de l'hérésie cathare du sud de la France, des aspirations communales, ou des spéculations universitaires.

LA PEINTURE ROMANE

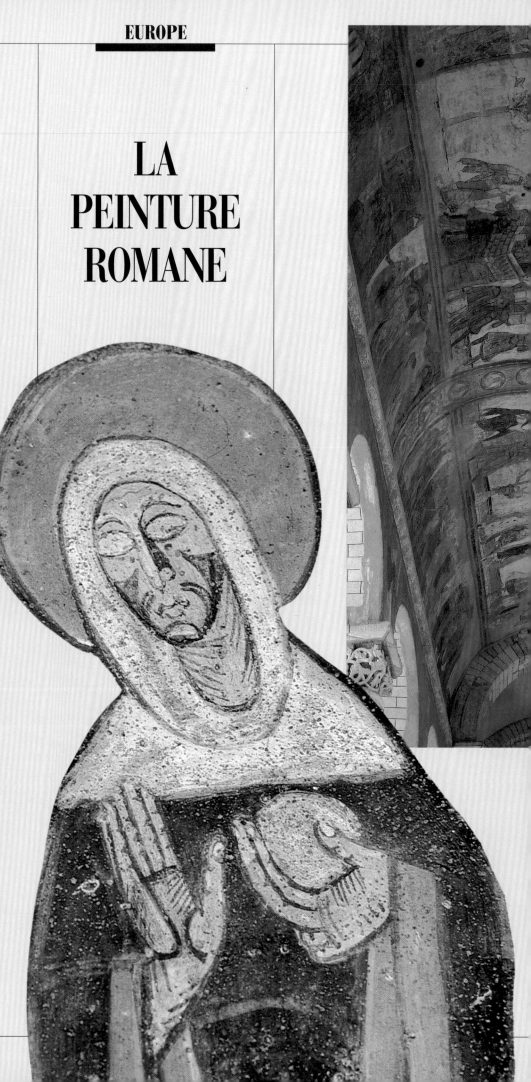

Les églises romanes étaient entièrement couvertes de peintures. Fragiles, elles ont mal résisté au temps, aux badigeonnages du XVIIIᵉ siècle, comme aux restaurations intempestives du XIXᵉ siècle. Certaines voûtes ont conservé d'éclatants témoignages de l'art des peintres du XIᵉ siècle, artistes qui devaient se déplacer de monastère en monastère. Sauf en Italie, où l'on continue à utiliser la peinture à la fresque sur un enduit frais, la peinture est exécutée sur un enduit sec.

C'est en France que se trouve un des ensembles les plus achevés, celui de Saint-Savin-sur-Gartempe, dû à un même atelier. Le thème classique de la parousie est ici aussi présent dans le porche et sur la tribune, mais l'artiste a fait une œuvre très originale, en couvrant la voûte de scènes de l'Ancien Testament. Les tons, rouges, jaunes éteints et ocres, gris aux reflets verts, utilisés dans la France du Sud-Ouest, sont très différents des fonds bleu foncé choisis par les artistes bourguignons, et dont il reste un exemple à Berzé-la-Ville.

228 .

▷ **Peinture** de Saint-Martin-de-Fenollar, dans le Roussillon. Cette région du Vallespir fut un berceau de l'art roman, puisque c'est tout près que se trouve l'église de Saint-Génis-des-Fontaines, où a été retrouvée la plus ancienne sculpture romane.

Nativité. Une des pein- △
tures consacrées au
Mystère de l'Incarna-
tion. Cette scène
donne aussi un témoi-
gnage sur la vie au
début du XIIᵉ siècle :
ameublement, cos-
tumes, attitude
devant la vie.

Chapelle de Saint-Martin-
de-Fenollar.

◁
Nef centrale de l'église
abbatiale de Saint-
Savin-sur-Gartempe.
À la fin du XIᵉ siècle,
la voûte a été couverte
de 412 m² de fresques
qui représentent les
premiers épisodes de
la Genèse. Déroulés,
les quatre registres de
cette « bande dessinée »
mesureraient
168 mètres de long.

. 229

△ **L'arrestation** de Jésus.
L'artiste a parfaitement
saisi et représenté
l'intensité dramatique
de l'épisode.
XIIᵉ siècle. Église
de Nohant, Berry.

◁
La construction de
la tour de Babel. Les
fidèles de l'époque
apprenaient ainsi que
Dieu punit les pré-
somptueux ; les
hommes du XXᵉ siècle
apprennent comment
on construisait les
donjons carrés de
l'époque romane.

Saint-Savin-sur-Gartempe.

LE MONDE MUSULMAN

Le XIᵉ siècle voit l'émergence de trois dynasties
musulmanes qui, de la mer Noire au Maghreb,
tentent d'imposer tour à tour
leur hégémonie.

S I LE Xᵉ SIÈCLE a vu le triomphe
du chiisme des ismaéliens,
le XIᵉ marque incontesta-
blement le rétablissement
du sunnisme, considéré
comme l'orthodoxie par la
majorité des musulmans. Ce rétablissement est effectué, en Orient, par de
nouveaux acteurs, récemment convertis, les Turcs Seldjoukides, surgis des
vastes territoires qui s'étendent de la
Chine du Nord aux fleuves de Russie.
C'est là que les hordes nomades turkmènes se combattent ou se rassemblent. Au milieu du XIᵉ siècle, le clan
des Seldjoukides, rameau du groupe
turc des Oghouz, s'impose.

Grenade
Fès
Tlemcen Tunis
Constantinople
Boukhara
Bagdad Razni

Seldjoukides
Rhaznévides
Fatimides
Almoravides, Almohades

◁ **Le couvent** (tekke)
des derviches tour-
neurs, à Konya. Les
premières mosquées
des Seldjoukides en
Anatolie sont plus
petites que celle-ci,
mais elles sont aussi
influencées par
Byzance.
XIIIᵉ siècle.

▽ **Les murailles** d'Ani,
la capitale du roi
Achot d'Arménie,
une ville morte depuis
sa destruction par
les Turcs d'Alp Arslan
en 1064.

L'IRRUPTION DES SELDJOUKIDES

Avec l'avènement de la dynastie des Seldjoukides s'ouvre une nouvelle page de l'histoire de l'islam. Avec elle, ce sont les Turcs qui font irruption – et pour des siècles – dans l'aire islamique, qu'ils vont élargir. La cavalerie de la steppe prend le relais des cavaliers d'Allah, qui avaient déferlé du désert d'Arabie au VIIe siècle.

Vers 1050, Al Qa'im, calife abbasside de Bagdad, menacé par les Fatimides d'Égypte et encore sous la tutelle de la dynastie des Buwayhides, fait appel aux Seldjoukides pour lutter contre ce double péril chiite. Toghrul Beg accourt, chasse les Buwayhides, reçoit le titre de *Rukn el-Dîn,* « Pilier de la religion », et impose sa propre auto-rité. En tant que sultan, il assure le pouvoir temporel, tandis que le calife demeure le Commandeur des croyants, qui incarne le pouvoir spirituel.

L'HUMILIATION DE MANTZIKERT

Les frontières de l'empire, qui s'étend maintenant des rives syriennes de la Méditerranée à celles du fleuve Amou-Daria, l'Oxus des Anciens, lequel prend naissance aux confins du Pamir et traverse la steppe jusqu'à la mer d'Aral, s'agrandissent sous l'autorité de trois grandes figures : Toghrul Beg, Alp Arslan et Malik Chah. Ces derniers sont d'abord et avant tout des chefs militaires qui confient l'administration civile à des vizirs judicieusement choisis, généralement persans, tel Nizâm al-Mulk.

Le minaret Kalan ▷ témoigne de l'importance de Boukhara, qui fut, un temps, capitale des Turcs Seldjoukides. Au XXe siècle, la ville appartient à l'Ouzbékistan, république turque de l'ex-U.R.S.S.

À côté de l'islam officiel se développe, dès la fin du XIe siècle, un « autre » islam, populaire et mystique.

LES CONFRÉRIES

Cet islam se développe à travers les *tariqa*, des confréries formées de disciples qui se réunissent dans des couvents sous l'autorité d'un maître. La Qadiriyya de Abd al-Qadir al-Djilani est une des premières et des principales confréries.

À partir du XIIe siècle, celles-ci se multiplient dans l'ensemble du monde musulman. Une des plus connues est celle des derviches tourneurs, appelée *mawlawiyya* et fondée à Konya (Turquie) par Djalal al-Din Rumi, très grand poète mystique.

Derviche tourneur. *Gravure du XVIIIe siècle. Bibliothèque des Arts décoratifs, Paris.*

▽ **Façade** et minaret de la medrese Inje Minare, école de théologie de Konya. Le portail est orné d'écritures différentes et d'un décor floral.

Leur tactique est redoutable : attaques surprises de harcèlement, désorganisation des défenses ennemies par un déluge de flèches qui sèment la terreur, brusque fuite simulée qui donne l'illusion du répit, retour en force des cavaliers intrépides et déterminés à qui le pillage a été promis et qui n'hésitent pas à mettre à sac les villes vaincues.

C'est Alp Arslan qui fait subir à Constantinople, pour la première fois de son histoire, l'humiliation suprême : faire prisonnier son empereur. L'événement se produit à Mantzikert en août 1071, après que le sultan eut vaincu les troupes du basileus Romain IV Diogène. Cette victoire lui livre la plus grande partie de l'Asie Mineure.

LES SULTANS MÉCÈNES

Turc, militaire, sunnite, l'Empire seldjoukide est aussi bâtisseur. Sensibles aux traditions persanes et arabes, les sultans font la synthèse de celles-ci pour assurer le renouveau de la civilisation musulmane. Aux palais, ils ajoutent des caravansérails, ces hôtelleries destinées à accueillir les caravanes de commerçants se déplaçant avec leurs chevaux ; à Ispahan, ils élèvent une grande mosquée, somptueuse et sobre, dont le décor joue avec la brique, et, à Boukhara, le minaret Kalan. Enfin, ils érigent un dense réseau de madrasas, mosquées-écoles servant à former les théologiens, les juges et les fonctionnaires.

LES MOINES-SOLDATS DU DÉSERT

Tandis qu'à l'est les Seldjoukides confortent la puissance de l'Islam, à l'ouest, l'Andalousie est ébranlée par le début de la *Reconquista* des rois catholiques, tandis que le Maghreb est submergé par les Hilaliens. Or, l'Occident musulman va lui aussi connaître un reflux arabe et l'émergence de dynasties berbères qui restaureront le sunnisme aux dépens des kharadjites et des chiites.

En 1050, parti du Sahara mauritanien, Abd Allah ibn Yasin entraîne dans des *ribat* (couvents fortifiés) ses moines-soldats *(al-Murabitun),* qui donnent leur nom à cette nouvelle dynastie, les Almoravides. Peu après la mort, au combat, de Ibn Yasin, en 1059, Yusuf ibn Tachfin lui succède, remonte vers le nord, fonde Marrakech, s'empare de Fès et étend son emprise sur le Maghreb central, jusqu'à

▷
Un festin au XIIIe siècle : des galettes et un agneau rôti, illustration d'une des *Séances (Maqamat)* d'al-Hariri, qui raconte les tribulations d'un vagabond, Abu Zayd.
Bibliothèque nationale, Paris.

Né en 980 près de Boukhara, Abu Ali al-Husayn ibn Sina, dit Avicenne, est un des plus grands savants de l'Orient.

LE PRINCE DES PHILOSOPHES

Médecin et philosophe, Avicenne a influencé aussi bien la pensée musulmane que la science occidentale, jusqu'au XVIIe siècle. Il commence sa vie de cour après avoir guéri le prince de Boukhara, puis il est nommé vizir du sultan buwayhide Chams al-Dawla, à Hamadhan. Après la mort de ce dernier, il passe au service du Kurde Ala al-Dawla, à Ispahan. De retour à Hamadhan, après avoir été incarcéré à Fardajan, et sentant ses forces décliner, il fait tapisser sa chambre d'étoffes blanches et récite le Coran, qu'il connaît par cœur, en attendant la mort. Il s'éteint en 1037.

Le médecin en visite au chevet du malade.
XIVe siècle. Bibliothèque nationale, Vienne.

Alger. Le roi Alphonse VI ayant repris Tolède, Ibn Tachfin débarque à Algésiras, inflige une défaite aux Espagnols à Zalaka et refait à son profit l'unité de l'Espagne musulmane, dont la frontière s'étend du Tage à l'Èbre.

Puritains, les Almoravides optent pour le rite malékite. Très strict, celui-ci repose sur le consensus des savants et accorde une grande place à la coutume et aux pratiques locales ; il a ainsi favorisé la résurgence des pratiques religieuses pré-islamiques, qui imprègnent la vie quotidienne.

L'EMPIRE ALMOHADE

Un autre Berbère, issu, lui, de l'Anti-Atlas marocain, Ibn Tumart (1077-1130), part en guerre contre les Almoravides, auxquels il reproche d'avoir succombé aux charmes du raffinement andalou. Il combat également le malékisme et prêche une nouvelle doctrine fondée sur le respect absolu de l'unicité de Dieu, *al-Muwahhid*. Ses partisans sont les *muwahhidun*, les « unitariens », les « Almohades ».

À sa mort, son disciple et compagnon Abd al-Mu'min entame la conquête du Maghreb. En 1147, il fonde la dynastie des Almohades en s'emparant de Marrakech et, en 1160, il atteint le rivage des Syrtes. Pour la première fois depuis la chute de l'Empire romain, l'unité du Maghreb est réalisée. Abd al-Mu'min se proclame ensuite calife de cet empire musulman d'Occident dont fait partie l'Andalousie.

Les Almohades ne parviennent cependant pas à éradiquer le malékisme et leur déclin est très rapide. La défaite que leur infligent les Espagnols à Las Navas de Tolosa en 1212, affaiblit la dynastie. L'édifice se lézarde à partir de 1229 avec l'apparition de plusieurs royaumes locaux : Hafsides à Tunis, Abdalwadides à Tlemcen, Marinides au Maroc, Nasrides à Grenade. En 1269, la dynastie almohade cesse d'exister lorsque son dernier calife, Ishaq, est chassé par les Marinides. □

Lion de Monzon, ▽ bronze à queue articulée. Conçu au temps des austères et puritains Almohades, qui régnèrent sur le nord de l'Afrique et sur l'Andalousie de 1147 à 1269, il témoigne de l'inventivité des artistes espagnols.
XIIᵉ-XIIIᵉ siècle.

◁
Dôme de la mosquée Qaraouiyine (Qarawiyyin) de Fès, au Maroc (XIIIᵉ siècle) ; la cour ouvre sur une université théologique. Elle doit son nom aux Kairouanais, qui avaient leur quartier distinct de celui des Andalous.

Parmi les dynasties vassales du califat de Bagdad, celle des Rhaznévides naît et s'affirme au Xᵉ siècle.

MAHMUD DE RHAZNI

Mahmud (999-1030) est le fondateur de Rhazni, en Afghanistan. Venu d'Asie centrale, héraut du sunnisme, il annonce la montée en puissance des Turcs.

Guerrier intrépide, il entreprend de nombreuses expéditions en Inde, annexe le Pendjab (1026), enlève Ispahan et l'Iraq aux Buwayhides et fraie la voie aux Seldjoukides. Mécène, il accueille dans sa capitale des savants, comme le géographe Biruni, et des poètes, parmi lesquels Ferdowsi, créateur d'une épopée nationale, qui compose à l'intention du souverain le *Livre des rois*.

. 233

LE JAPON DES FUJIWARA

Au temps des Fujiwara, une puissante famille aristocratique, la civilisation du Japon antique connaît son apogée.

Le Daigo-ji, pagode ▽ de cinq étages et de 47 mètres de haut, édifiée à partir de 874 à Kyoto par Shobo, moine de la secte Shingon. La plupart des autres monuments Heian ont été incendiés puis reconstruits après les guerres civiles du XVᵉ siècle.

Shigemori △ (1138-1179), général à la fin de la période Heian, par Fujiwara no Takanobu. Il faut attendre le XIIᵉ siècle et la période Kamakura pour que les peintres se risquent à faire des portraits.

Coll. part.

L E RÉGIME DES CODES, établi au VIIIᵉ siècle, organisait la vie de la cour et celle de la population. Mais, vers le début du Xᵉ siècle, il tend à disparaître au profit d'un système fondé sur les liens personnels. À la fin du siècle, la lignée des Fujiwara a accaparé les postes clefs du régime, et, au début du XIᵉ siècle, le chef Fujiwara no Michinaga a réussi à mettre l'empereur sous sa tutelle. Fujiwara no Michinaga est l'héritier d'une famille qui depuis longtemps déjà avait fait admettre que l'empereur ne pouvait être né que d'une fille issue du clan Fujiwara ou d'une princesse de la lignée impériale.

200 ans auparavant, au IXᵉ siècle, les Fujiwara avaient saisi la chance offerte par un empereur mineur pour créer à leur profit la fonction de régent, et celle de grand chancelier, qui donnait à son titulaire les mêmes pouvoirs que ceux du régent, alors même que l'empereur était majeur. Le grand chancelier avait notamment le droit de voir tous les documents avant de les soumettre à l'empereur. Il contrôlait ainsi les nominations aux plus hautes fonctions de l'État et pouvait se créer sa propre clientèle parmi les fonctionnaires.

Un système féodal

En effet, depuis le début du Xᵉ siècle, les liens personnels comptent plus pour une nomination que l'ancienneté et le mérite. La terre, principale source de richesse, n'appartient plus aux paysans qui l'ont défrichée, mais est accaparée par les plus hauts dignitaires, qui

◁ **Bodhisattva** sur un nuage provenant du Byodo-in, ancienne villa de Fujiwara no Yorimichi.
XIᵉ siècle.

concèdent à des notables locaux le droit de la faire travailler par des paysans. Les paysans, quant à eux, cherchent à se garantir des exigences des fonctionnaires locaux en sollicitant la protection des puissants.

Pour contrôler les administrations locales, la cour a édicté quantité de règlements, mais les intrigues et les collusions d'intérêts paralysent les initiatives et permettent l'émergence d'une aristocratie locale dans les provinces.

Les liens de clientèle ainsi établis permettent aux Fujiwara de devenir les suzerains suprêmes de cette chaîne de « recommandations ».

Fujiwara no Michinaga

La prépondérance des Fujiwara ne devient pourtant totale qu'avec Michinaga ; au début du Xᵉ siècle, la tentative de l'empereur Daigo et de quelques fonctionnaires pour faire contrepoids à leur pouvoir s'était soldée par l'exil du ministre Sugawara no Michizane,

---

À l'époque Heian (IXᵉ-XIIᵉ siècle), le bouddhisme rejoint parfois la sphère de la magie.

SHINGON ET TENDAI

Les deux grandes écoles du bouddhisme durant cette période sont le Shingon et le Tendai. Les moines de ces deux sectes sont sans cesse sollicités par la cour pour accomplir des rituels réputés très efficaces contre les maladies, les épidémies, les pluies ou la sécheresse. Le Tendai occupe une place importante dans le bouddhisme japonais. Il affirme que tout homme possède en lui la nature du bouddhisme, qu'il suffit de cultiver par l'étude des sectes anciennes ou la méditation zen. En outre, il répand la croyance dans les trois âges de la loi bouddhique, le dernier étant le mappô. À chacun de ces âges, l'homme doit accomplir des actions différentes. Juste avant l'entrée dans le mappô, qui a lieu en 1052, l'œuvre pie par excellence est la construction de temples : c'est ce qui explique qu'il s'en fonde un grand nombre à cette époque.

◁ **Éventail** peint dans le style poétique mélancolique cher aux dames de la cour. Sur du papier décoré de sujets profanes, des aristocrates Heian ont copié le *Hoke-Kyo*, sutra du «Lotus de la Bonne foi», texte fondamental du culte de Bouddha Amida.
Musée national, Tokyo.

un homme énergique qui faillit entraver leur fortune. À la fin du Xᵉ siècle, après avoir éliminé tous leurs rivaux potentiels, les Fujiwara sont devenus les possesseurs héréditaires de tous les postes du gouvernement central.

Fils du grand chancelier Kaneie, Michinaga est le plus opulent de tous. Après s'être maintenu au pouvoir sous le règne de trois empereurs successifs, auxquels il a marié trois de ses filles, il

se retire dans un monastère en 1016. Il continue pourtant à exercer le pouvoir par l'intermédiaire de ses fils.

La maison de Michinaga attire à elle de nombreuses richesses : les gouverneurs lui envoient chevaux, tissus et riz. Michinaga redistribue ces cadeaux sous forme de gratifications destinées à remplacer en partie les traitements. Plus tard, les notables des provinces ou les fonctionnaires de la capitale offrent

à ses fils des terres contre la garantie de pouvoir continuer à en jouir moyennant une redevance ; ce qui est une façon habile de s'assurer une protection contre des collecteurs d'impôts trop entreprenants.

La cour et les rites

La cour abandonne son travail d'administration et de maintien de l'ordre au profit des gouverneurs des provinces. À terme, un tel système aboutit à la priver de tout pouvoir. Elle considère cependant que l'aspect le plus important de sa mission est le maintien du « cycle annuel des célébrations ». Ces rites, auxquels préside Michinaga, se succèdent tout au long de l'année et mêlent astrologie et géomancie.

◁ **Bouddha** entouré de nuages et de bodhisattvas. À gauche, dans la partie inférieure, un minuscule paysage.
Xᵉ-XIIᵉ siècle.
Coll. part.

236 .

En effet, comme Michinaga, les aristocrates, très dévots, ont confiance dans l'efficacité des célébrations en l'honneur des divinités traditionnelles et de celles du culte bouddhique. Ils en tirent, en outre, de grandes satisfactions esthétiques. Les cortèges accompagnant la fête du sanctuaire de Kamo ou de celui d'Iwashimizu, par exemple, sont des manifestations préparées plusieurs semaines à l'avance.

Dans les rites de cour, les saluts solennels en ordre hiérarchique reproduisent l'ordre de la société. Les visites des empereurs, les entrées des filles de Michinaga au palais sont l'occasion de cérémonies spectaculaires. Les banquets permettent aux grands et aux lettrés de se livrer à la composition poétique en chinois, tandis que retentit la musique et que se produisent les danseurs, à la lumière des flambeaux.

Un essor culturel

Le nom des Fujiwara reste lié au souvenir d'une brillante société. À la cour s'épanouit une vie de luxe et de raffinement, propice à la floraison des arts. Les dames de la cour vont illustrer la langue japonaise dans deux genres désormais célèbres : le *nikki* («journal intime») et le *monogatari* («dit»), qui font de cette époque l'âge d'or de la littérature japonaise. C'est ainsi que naissent, au début du XIe siècle, des chefs-d'œuvre comme le *Genji monogatari*.

L'époque des Fujiwara est aussi favorable au développement architectural : aux nombreux temples et pavillons, dont le plus bel exemple est le Byodo-in, s'ajoutent des résidences seigneuriales élégantes et raffinées. □

Élevées strictement, souvent délaissées par leurs époux, les Japonaises se vouent à l'écriture.
LA FEMME DANS LE JAPON MÉDIÉVAL

Les familles de gouverneurs de province cherchent à s'assurer la faveur d'un haut dignitaire en lui donnant en mariage une fille dotée d'une résidence. Ce n'est pas tant signe d'une égalité entre fils et filles en matière d'héritage qu'une nécessité d'acheter un protecteur, en laissant une part des biens familiaux à la fille et à son époux de rang supérieur. Mais beaucoup de femmes de la classe des fonctionnaires moyens doivent se contenter de n'être qu'épouse secondaire. Toutes celles qui ont donné tant d'éclat à la littérature du temps appartiennent à cette catégorie. Les conventions interdisent aux femmes d'écrire en chinois (même si beaucoup en sont capables), de sorte qu'on leur doit la majeure partie de la littérature en japonais : des romans comme le fameux *Genji monogatari*, de Murasaki Shikibu ; des récits historiques comme l'*Eiga monogatari*, d'Akazome Emon ; des notes et des souvenirs et journaux comme le *Murasaki Shikibu nikki*, ou encore poésie.

Chôgen, qui consacra ▽ sa vie à faire reconstruire le Todai-ji. Il vécut de 1121 à 1206, mais la statue date de l'époque Kamakura, où les artistes rompent avec la mièvrerie de Heian en retrouvant la vigueur et le réalisme de Nara.

Todai-ji, Nara.

◁ **Le Bouddha Amida,** seule œuvre qui reste du sculpteur Jocho, le plus copié du Japon. Jocho inventa la technique des « bois assemblés », blocs sculptés séparément.

1053, Byodo-in, Kyoto.

▽ **Le Pavillon** du Phénix, au centre du Byodo-in, résidence d'été transformée en 1052 en monastère par Fujiwara no Yorimichi. Le plan du bâtiment s'inspire des peintures représentant le palais céleste d'Amida.

LE « DIT DU GENJI »

Le *Genji monogatari* est un des chefs-d'œuvre de la littérature japonaise. L'auteur, connue sous le nom de Murasaki Shikibu, est une dame de moyenne noblesse, fille d'un lettré appartenant à la maison Fujiwara. Veuve en 1001, elle a sans doute achevé son œuvre vers 1010 et a dû mourir dans les années 1020-1025. Murasaki Shikibu fait vivre plus de 300 personnages sur une durée de plus de 60 ans. Le fil conducteur des deux premières parties est le destin d'un fils d'empereur, Hikaru le Genji, beau, doué pour tous les arts cultivés par la noblesse, sensible et galant. Ses nombreuses liaisons féminines se succèdent, toutes plus ou moins vouées à l'échec. Malgré quelques aspects mélodramatiques, l'œuvre se montre cohérente : les situations sont toujours vraisemblables, qu'il s'agisse de l'exil temporaire du Genji, de ses succès à la cour, de la beauté de ses résidences. Le *Genji* a inspiré les peintres dès le XIIᵉ siècle ; les dramaturges y ont puisé à leur tour, notamment pour le théâtre nô, qui combine la poésie, la musique et la danse. Aujourd'hui encore, le *Genji monogatari* est publié en japonais moderne.

238 .

Le prince joue au ▷ jacquet. Séparées des hommes par un écran peint, les femmes aux longs cheveux raides. Les visages stylisés sont inexpressifs, mais l'ambiance est donnée par les couleurs juxtaposées.
Coll. part.

Texte du *Genji* ▷ *monogatari.* Jusqu'au IXᵉ siècle, les Japonais utilisent les idéogrammes chinois, même pour écrire dans leur langue, mais les dames utilisent très vite le système syllabaire des *kana,* « inventé » par le moine Kibi-Makibi.
Tokugawa Art Museum, Nagoya.

Le « Dit du Genji », △ peint la vie à la cour de Kyoto, vers l'an mille. Cette illustration du XIIᵉ siècle attribuée à Tosa Tokayoshu représente la femme du prince et son enfant.
Coll. part.

Joueur de flûte, ▷ dans l'appartement des hommes. Une atmosphère de luxe et de raffinement, dans un Japon encore fruste.
XIIᵉ siècle. Goto Museum, Tokyo.

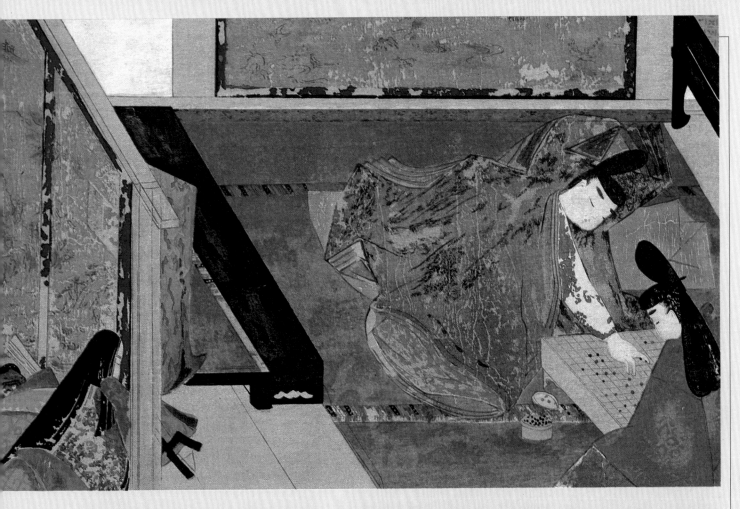

▷ «**Nioi-no-Mya** et la sixième fille de Yugiri parlent ensemble pour la première fois.» Les amours du Genji servent de prétexte à de nombreux portraits psychologiques de femmes.
Tokugawai-Reimie kai Fundation, Tokyo.

◁ **Le prince** est séparé par un écran de soie de l'appartement où dorment la princesse et ses suivantes. Un monde compassé, propice à l'intrigue.
Coll. part.

ROYAUME FRANC

Foulques Nerra

■ Foulques III « le Noir », comte d'Anjou, meurt en 1040, et ses sujets poussent un soupir de soulagement. Le comte rentrait de son quatrième pèlerinage à Jérusalem, ce qui témoigne non d'une grande piété, mais au contraire du nombre et de la gravité de ses péchés. Violent, querelleur, avide, passionné, Foulques a commis viols, pillages et exactions, qui scandalisent les chroniqueurs du temps, ravis de les narrer par le menu. Comte depuis 987, il commence par s'en prendre à son voisin Eudes de Blois, tout aussi violent, puis au duc Richard de Normandie. Parmi les sanctuaires qu'il a pillés figure le prestigieux monastère de Saint-Martin de Tours. Pour obtenir l'absolution de ses crimes, Foulques doit régulièrement faire pénitence en allant prier sur le tombeau du Christ à Jérusalem. Ses deux derniers pèlerinages ont permis à son fils Geoffroi-Martel d'administrer sa principauté à sa place en faisant preuve de plus d'intelligence et d'habileté que lui. □

OCCIDENT

Guerre et paix

■ Dans la société féodale, le pouvoir appartient à ceux qui combattent. Les chevaliers s'en donnent à cœur joie, pourfendant leurs ennemis, pillant et dévastant le pays pour le plus grand malheur des pauvres gens qui le cultivent. Le premier ordre de la société, celui des clercs, tente dès la fin du Xe siècle de limiter les ravages de la guerre. Le concile de Charroux en 989, le synode du Puy en 990, puis le synode de Beauvais en 1023 instaurent la paix de Dieu, qui protège des guerres les églises, les moines, les femmes et ceux qui travaillent, et qui interdit de se battre durant le carême. En 1027, c'est la trêve de Dieu qu'instaure le concile de Tuluges, qui interdit totalement la guerre du mercredi soir au lundi matin, « en souvenir de la Passion du Christ ». Partout, conciles et synodes renouvellent ces prescriptions. □

Lettrine d'un manuscrit de l'abbaye de Cîteaux (détail). XIe siècle. Bibliothèque municipale, Dijon.

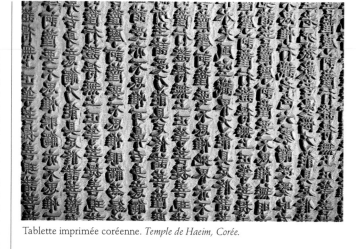

Tablette imprimée coréenne. *Temple de Haeim, Corée.*

CHINE

Les débuts de l'imprimerie

■ Dès le VIIe siècle, les Chinois ont produit des ouvrages en série, par gravure ou estampage, avec des planches de pierre ou de bois, gravées en creux ou sculptées en relief. La demande de livres croît sans cesse dans l'Empire du Milieu, car les bouddhistes et les taoïstes diffusent leur doctrine grâce à l'écrit, et font imprimer des millions d'images pieuses. À la fin du VIIIe siècle, les Tang semblent bien avoir utilisé des formulaires administratifs imprimés en série par xylographie. Dès le IXe siècle, les grandes villes chinoises ont leurs imprimeries, et il semble que la grande majorité des livres soit gravée, et non plus copiée à la main. □

POLOGNE

De tristes princes

■ À la mort de Boleslas Ier le Vaillant, en 1025, les frontières de la Pologne sont pratiquement celles de 1945. Mais ses successeurs ne parviendront pas à les défendre. Mieszko II l'Indolent, fils de Boleslas, mérite son surnom en laissant échapper presque toutes les conquêtes de son père. Le sursaut de son fils Casimir le Rénovateur, qui lui succède en 1034, n'a pas de grands effets, car il est pris entre les appétits germaniques et les rivalités féodales. Son fils Boleslas II le Hardi connaîtra encore plus de difficultés : il devra s'exiler en 1079 pour avoir fait exécuter Stanislas, évêque de Cracovie, après que celui-ci a pris la tête d'une révolte aristocratique. □

AMÉRIQUE

La culture de Mogollon

■ Au sud des États-Unis actuels, dans les États du Nouveau-Mexique et de l'Arizona, la culture de Mogollon prospère depuis le IXe siècle. Au début du deuxième millénaire apparaissent des maisons de pierre semi-enterrées qui communiquent entre elles, et de vastes *kivas*, salles cérémonielles elles aussi souterraines, réservées aux hommes. Les défunts sont enterrés avec toutes sortes d'offrandes, dont des coquillages, des ornements de turquoise et des bols de céramique noire et blanche, « tués » symboliquement par un trou percé au fond des récipients. □

ITALIE

Mort d'un musicien

■ Gui d'Arezzo, qui meurt à Sainte-Croix d'Avellano, en 1050, a fait faire de spectaculaires progrès à la musique. Jusque-là, on apprenait à chanter en écoutant son maître, et les mélodies n'étaient transmises que par voie orale. Gui a mis au point une méthode d'éducation de l'oreille, permettant de retenir un air après l'avoir écouté. Reste à le transcrire : pour cela, Gui invente un système de notations, où les tons correspondent à des notes, disposées sur autant de lignes qu'il y a de doigts dans la main : les premières portées. □

ÉGYPTE

Les progrès de l'optique

■ Les Occidentaux font venir Alhazen Ibn al-Haytham, mathématicien et physicien, qui est né à Bassora en 965 et mort au Caire en 1039. Ses recherches sur les planètes lui ont valu le surnom de « Ptolemaeus Secundus ». Ses travaux d'optique sont les premiers au monde à poser que la lumière va de l'objet à l'œil, et que la formation de l'image est due au cristallin. En revanche, il imagine que le ciel est fait de neuf orbes concentriques, et tout le Moyen Âge adhérera après lui à cette hypothèse des neuf « cieux » emboîtés les uns dans les autres. □

ASIE

L'unification de la Birmanie

■ Fils d'un usurpateur, l'aventurier Anoratha prend le pouvoir en 1044 après avoir soumis les Môns et conquis leur capitale, Thaton, dans le territoire que les tribus birmanes occupent au confluent de l'Irrawaddy et du Chindwin. Leurs dix-neuf villages avaient été, en 849, réunis en une seule cité ceinte d'un mur de briques, Pagan. Anoratha accroît le territoire de celle-ci, favorise la culture du riz et protège le bouddhisme. Ses exploits semi-légendaires en ont fait le fondateur mythique de la nation birmane. □

1054 - 1096

VIL GELM VM : NO

Scène de chasse, détail de la tapisserie dite « de la reine Mathilde ». XIe siècle. Centre Guillaume le Conquérant, Bayeux.

LES NORMANDS EN ANGLETERRE

À l'automne 1066, pour se venger d'une promesse non tenue, Guillaume le Conquérant débarque en Angleterre.

EPUIS LE IXe SIÈCLE, le nord de l'Angleterre est une colonie viking. Les Danois ont reconstitué une société scandinave, le Danelaw, au nord d'une ligne qui va de Chester à l'estuaire de la Tamise. Appuyé sur cette région « de loi danoise », aidé par la trahison des grands du Nord, le Danois Knud le Grand a vaincu le roi anglais Edmund Ironside (Edmond II côtes de Fer) à la bataille d'Ashenden, en 1016, et a fondé un empire anglo-scandinave. Mais, en 1042, la mort de son fils Knud Hardeknud provoque, au Danemark, une guerre civile entre les candidats à la succession. En Angleterre, faute de prétendant scandinave, les nobles désignent Édouard le Confesseur. Celui-ci est d'ascendance anglo-normande : sa mère, Emma, est la sœur du duc de Normandie Richard II ; son père, Æthelred, appartient à la dynastie du Wessex et descend d'Alfred le Grand, qui, au IXe siècle, a unifié l'Angleterre anglo-saxonne.

◁
Le roi Édouard le Confesseur accuse le comte Godwine du meurtre d'Alfred.
XIIIe siècle. Public Record Office, Londres.

242 .

LA PROMESSE D'ÉDOUARD À GUILLAUME

En 1042, Édouard quitte donc la Normandie, où il vivait en exil, pour monter sur le trône d'Angleterre. Il trouve un pays divisé, où l'élément scandinave reste fort, et où deux lignages nobles se disputent le pouvoir : au sud, celui de Godwine, *earl* (comte) de Wessex, et, au nord, celui de Leofric, *earl* de Mercie. Face à eux, Édouard s'appuie sur les Normands qu'il a connus dans sa jeunesse, excitant d'autant plus l'hostilité des nobles.

Dès 1051, Édouard promet sa succession à son cousin, Guillaume de Normandie. Et il est vraisemblable que, pour lui confirmer cette promesse, il lui envoie, en 1064, le fils de Godwine, Harold. Ce dernier aurait alors personnellement prêté serment à Guillaume. Pourtant, en janvier 1066, à la mort d'Édouard, Harold s'empare de la Couronne. Il a, derrière lui, toute l'aristocratie anglo-saxonne. Mais Guillaume est un adversaire redoutable, auquel des années d'épreuves ont forgé un courage et un caractère hors du commun.

LA REPRISE EN MAIN DE LA NORMANDIE

En effet, pendant ces années, la Normandie, elle aussi ancienne principauté viking, a traversé une période de troubles. Certes, les ducs, descendants du Viking Rollon, ont réussi à maintenir leur autorité pleine et entière, alors que leur voisin, le royaume des Francs, subissait de plein fouet le processus de décomposition du pouvoir central qui accompagne la « révolution féodale ». Mais la vague de bouleversements finit par atteindre le duché : le duc Richard III meurt en 1027, probablement assassiné ; après quelques mois de règne mouvementé, son frère Robert Ier part en pèlerinage et meurt en Terre sainte, en 1035 ; enfin, une partie de l'aristocratie refuse l'autorité du fils de Richard, Guillaume, qu'elle considère comme « bâtard ».

Guillaume a juste vingt ans lorsqu'il réussit à s'imposer comme successeur légitime des ducs de Normandie. Avec l'aide de son seigneur, le roi de France Henri Ier, il écrase ses vassaux les plus turbulents à la bataille du Val-ès-Dunes, en 1047. Une sévère reprise en main commence. La plupart des vicomtés sont réservées aux membres de la famille ducale. Le duc lui-même exerce un strict contrôle sur le système des fiefs. Après s'être appuyé sur le roi de France, Guillaume entre en conflit avec lui, et emporte la victoire en 1054. Maître de la Normandie, il a bien l'in-

Harold reçoit le sceptre et se fait couronner roi d'Angleterre. Quelques années plus tôt, pourtant, il a prêté sur les reliques un serment de fidélité à Guillaume, qui ◁ l'a armé chevalier.
Centre Guillaume le Conquérant, Bayeux.

Le château ▽ de Falaise, lieu où serait né Guillaume. Il ne date en fait que du XIIe siècle.

Assassinats et morts violentes jalonnent l'enfance de Guillaume, fils illégitime du duc Robert le Diable.

GUILLAUME, BÂTARD ET CONQUÉRANT

Guillaume voit le jour à Falaise, en 1027. Il est le fils illégitime de Robert, frère du duc Richard III de Normandie. Mais Robert et Richard III sont en guerre. Vainqueur, Richard meurt subitement, en 1027. Robert, qui s'est emparé du pouvoir, est soupçonné de meurtre. Avant de partir en croisade, il présente Guillaume à ses barons et le met sous la protection du roi de France, Henri Ier. Personne alors ne conteste ce choix. Mais la « bâtardise » de Guillaume est un argument de poids pour les membres de la famille ducale restés fidèles à la mémoire de Richard III. La jeunesse de Guillaume est terrible : son tuteur est assassiné ; son sénéchal a la gorge tranchée dans la chambre où ils dorment tous deux. Ces épreuves lui donnent une extraordinaire résistance physique, un grand courage, une forte détermination – mais aussi une dureté et une avidité – qui frappent ses contemporains, et en font aux yeux de tous un chef exceptionnel.

. 243

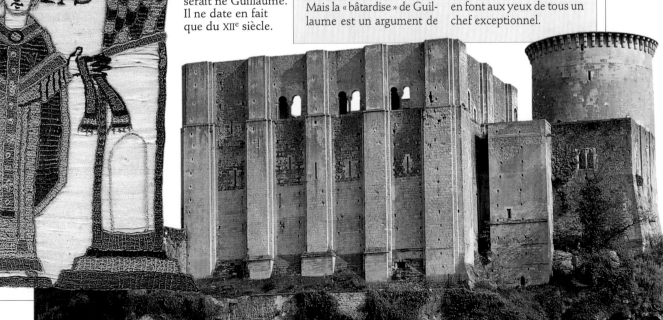

tention de faire valoir ses droits sur le trône d'Angleterre, qu'Édouard le Confesseur lui a promis en héritage.

UN PRINTEMPS ET UN ÉTÉ DE PRÉPARATIFS

En ce début d'année 1066, Guillaume n'est pas le seul prétendant à la succession d'Édouard. Le roi de Norvège,

Harald Hardrade, refuse aussi la désignation de Harold. Il a le soutien des Écossais et du frère de Harold, Tostig. Pris entre deux ennemis, Harold entame une lutte épuisante, avec sa puissante flotte, sa garde de *housecarls* et le *fyrd,* les milices paysannes qu'il va maintenir sous les armes tout l'été.

En six mois, Guillaume accomplit un travail considérable, tant diplomatique que militaire. Il rappelle ser-

ment à Harold : celui-ci prétexte qu'il l'a prêté sous la contrainte. Mais, sur ce point, Guillaume obtient l'approbation du pape Grégoire VII, car l'un des principaux soutiens de Harold n'est autre que Stigand, l'archevêque de Canterbury, qui bloque l'application de la réforme grégorienne en Angleterre. Le pape excommunie alors le parjure Harold. Par ailleurs, Guillaume peut compter sur la neutralité du comte de Flandre (dont il a épousé la fille, Mathilde) et sur celle du nouveau roi de France, le jeune Philippe Ier.

Sur le plan militaire, Guillaume obtient l'accord de ses vassaux : réunis en assemblée à Lillebonne, aujourd'hui à l'embouchure de la Seine, ils acceptent de fournir hommes et navires. À l'annonce de la campagne, un nombre considérable de chevaliers sans terre se précipitent : Flamands, Bretons, Poitevins, Picards, prêts à tout pour trouver un domaine où s'établir. Le comte de Boulogne et le vicomte de Thouars se joignent ainsi à l'expédition. À la fin du mois de juillet, une immense flotte

◁ **Le duc** Guillaume tient conseil. Autour de lui, son demi-frère Odon, évêque de Bayeux, et Robert de Mortain. Conseiller son seigneur est un des devoirs du vassal.
Centre Guillaume le Conquérant, Bayeux.

▽ **Des valets** portent les armes aux navires. Armes offensives (lances, épées) et défensives (heaumes, cottes de mailles). Le débarquement de Guillaume sur les côtes anglaises a été minutieusement préparé.
Centre Guillaume le Conquérant, Bayeux.

d'un millier de navires est prête. Elle transportera 12 000 hommes, dont 3 000 chevaliers, avec équipement et ravitaillement.

HASTINGS, UNE VICTOIRE DIFFICILE

Mais juillet passe sans un souffle d'air. Début septembre, la tempête se lève, puis un vent d'ouest persistant s'installe, qui permet tout au plus à la flotte de passer de l'estuaire de la Dives à Saint-Valery-sur-Somme.

Harold ne croit plus à l'attaque : il débande le *fyrd*. On lui apprend alors le débarquement du Norvégien Harald Hardrade, qui a rejoint Tostig et pris York. À marche forcée, les *housecarls* remontent vers le nord : Harold remporte la sanglante bataille de Stamford Bridge, le 25 septembre. Le 28, la flotte du Conquérant a enfin un vent favorable. Et, le lendemain (29 septembre, jour de la Saint-Michel, patron de la Normandie), son armée débarque et occupe le bourg de Hastings, sur la côte du Sussex.

Les *housecarls* de Harold y arrivent le vendredi 13 octobre. Épuisés par cette nouvelle et terrible marche forcée, ils ont eu une semaine pour rassembler une partie du *fyrd* des comtés du Sud. La bataille s'engage le lendemain. Tandis que les chevaliers normands s'attaquent au *fyrd,* les *housecarls* se sont retranchés en haut d'une colline. L'attaque normande tourne à la déroute, d'autant que le bruit se répand que Guillaume a été tué. Il lui faut se faire reconnaître, redonner courage à ses troupes. À trois reprises, Guillaume fait croire à un repli pour disloquer la masse impénétrable des *housecarls* : certains abandonnent imprudemment leur position défensive, et sont alors la proie des Normands. Mais une charge malheureuse de ceux-ci conduit une colonne dans le fossé de Malafosse : enlisés, ses membres se font égorger par les Anglais. Le sort de la bataille est encore incertain, quand une flèche perdue tue Harold. Les *housecarls* se retirent : pour Guillaume, Dieu a jugé, et lui a attribué l'Angleterre.

LA TENTATIVE DE COLLABORATION ANGLO-NORMANDE

Hastings ne donne cependant pas l'Angleterre à Guillaume. Il doit gagner Douvres, au prix d'une marche diffi-

AD PEVENE SÆ :

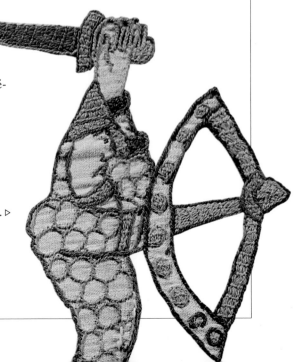

Pour Guillaume le Conquérant, les cathédrales seront un instrument privilégié de conquête du peuple anglais.

LES NORMANDS ET L'ÉGLISE

Conscients de l'aide qu'ils peuvent constituer, les ducs normands attirent les clercs les plus célèbres du temps, comme le Flamand Mainard ou Guillaume de Volpiano. En 1039 arrive en Normandie, à l'abbaye du Bec-Hellouin, le prélat Lanfranc formé à Bologne, qui fait de l'école du Bec une des plus actives d'Europe. Guillaume le nommera ar-chevêque de Canterbury. Autant que le château, la cathédrale devient l'instrument de la domination normande. À partir de 1070, presque tous les évêchés et la plupart des grands monastères sont confiés à des clercs venus du continent. Partout, le latin remplace l'anglo-saxon. Ainsi disparaît plus vite l'identité anglaise des élites.

△ **Les drakkars** normands traversent la Manche. Selon une prédiction, l'Angleterre serait conquise « si la forêt marchait ». Or, c'est bien une forêt en marche que forment les mâts.
Centre Guillaume le Conquérant, Bayeux.

Le frère du roi Harold. ▷ Les coups sont portés « d'estoc », avec la pointe de l'épée, ou « de taille », avec le tranchant.
Centre Guillaume le Conquérant, Bayeux.

cile, encercler Londres, dévaster systématiquement son aire d'approvisionnement. Alors, seulement, les partisans d'Edgar Atheling, le successeur de Harold, acceptent de se rendre, l'archevêque de Canterbury, Stigand, en tête. Le 25 décembre 1066, Guillaume est couronné roi dans l'abbaye qu'avait restaurée Édouard le Confesseur, Westminster. Mais le climat est tel que, lorsque les Londoniens, fidèles à la coutume, acclament leur nouveau roi, les soldats croient à une révolte, se jettent sur eux et en massacrent un grand nombre.

En réalité, Guillaume ne contrôle guère que les terres de Harold et de ses partisans. Pourtant, au printemps, il retourne en Normandie, où il célèbre son triomphe et distribue aux églises un énorme butin.

Pendant deux ou trois ans, le nouveau roi d'Angleterre semble jouer la carte d'une collaboration anglo-normande : il se contente d'établir quelques châteaux tenus par ses hommes.

LA FIN DE LA CONQUÊTE

Mais les révoltes se succèdent. Et, en 1069, les *earls* du Nord s'allient à l'Écosse, où s'est réfugié Edgar, et à une immense flotte danoise : les Normands sont massacrés à York. Guillaume rassemble une armée et remonte vers le nord. Érigeant sur son passage de nouveaux châteaux, il repousse devant lui ses adversaires. Pour les affamer, il entreprend la destruction du Yorkshire, brûlant fermes et villages, massacrant les habitants.

Après que les Danois ont rembarqué, Guillaume porte l'offensive sur le front de l'Église. À Pâques 1070, le synode de Winchester chasse de leurs sièges les évêques anglais les plus actifs. Des Normands les remplacent aussitôt : Lanfranc, le conseiller fidèle de Guillaume, supplante ainsi Stigand à Canterbury. La politique de collaboration s'achève. Une campagne contre l'Écosse, puis l'échec de la dernière flotte danoise venue soutenir les rebelles en 1075 terminent la phase militaire de la conquête.

L'ORGANISATION DU PAYS

Reste à organiser le pays. Le cadre anglo-saxon des *shires* (comtés administrés par un *sheriff*), est conservé. En

▽ **Guillaume** donne un fief à son neveu Alain le Roux, comte de Bretagne. L'illustration date du XIVᵉ siècle.
British Library, Londres.

△ **Le sacre** de Guillaume à Westminster. L'abbaye aurait été fondée par Édouard le Confesseur ; tous les rois d'Angleterre y seront couronnés, sauf Édouard V et Édouard VIII.
XVᵉ siècle. British Library, Londres.

fait, le pays est tenu par des châteaux, construits sur des hauteurs stratégiques et dans les villes principales, et peu à peu munis de donjons de pierre : ainsi, la tour Blanche surveille Londres, la tour Clifford, York.

Un double quadrillage renforce le contrôle du pays. Quadrillage ecclésiastique, puisque l'Église est aux mains des Normands : les fondations nouvelles se multiplient, comme l'abbaye de « Battle » (« Bataille »), sur le site de la bataille de Hastings. Quadrillage militaire, aussi. Les terres sont réparties en fiefs, et 1 500 barons tiennent leurs domaines du souverain, contre l'engagement de le servir avec un nombre donné de chevaliers. Pour réunir cette troupe, les barons inféodent les terres à des chevaliers qui, eux-mêmes, en sous-inféodent des

parties à des sergents. Plus de 4 000 fiefs de chevaliers sont ainsi constitués. Par ce système, Guillaume s'assure d'une force militaire disponible en permanence, tandis que les chevaliers (les Normands et les autres) introduisent sur leurs terres le système seigneurial.

De fait, à part quelques soubresauts, le Conquérant n'aura plus à réprimer de troubles en Angleterre. À la fin de sa vie, des guerres familiales (comme la révolte de son fils Robert Courteheuse) ou des conflits aux frontières de la Normandie l'occuperont davantage. Il doit ainsi lutter contre la Bretagne, l'Anjou (auquel il dispute le contrôle du Maine), la Flandre et la France de Philippe Ier. Il mourra en 1087, des suites d'une chute, au cours d'une attaque contre Mantes.

VERS UN EMPIRE ANGLO-NORMAND

Dans la bonne tradition féodale, Guillaume laisse à son fils aîné, Robert Courteheuse, la terre ancestrale de Normandie. Au deuxième, Guillaume « le Roux », vont les « acquêts », c'est-à-dire l'Angleterre. Au troisième, Henri (que sa culture et son intelligence feront surnommer « Beauclerc »), n'échoit qu'une somme d'argent. Mais le prodigue Robert ne rêve qu'aventures, et brûle de partir pour la croisade. Pour s'équiper, il engage la Normandie à son frère Guillaume, en 1096. Quand Guillaume le Roux est tué (ou assassiné) à la chasse, en 1100, Henri Beauclerc lui succède, en Angleterre comme en Normandie. Et, lorsque Robert rentre de croisade, Henri, vainqueur à Tinchebray, en 1106, l'emprisonne et garde la Normandie.

C'est donc Henri, qui a d'ailleurs épousé une princesse anglo-saxonne (Maud, la nièce d'Edgar), le vrai fondateur de l'empire anglo-normand. □

Le *Domesday Book* (littéralement, « Livre du Jugement dernier ») dresse un état précis de la propriété en Angleterre.

LE DOMESDAY BOOK

En 1086, pour connaître l'état de l'Angleterre, Guillaume donne l'ordre d'entreprendre une enquête dans chaque comté : qui était le détenteur du manoir en 1066 ? À qui, et quand, Guillaume l'a-t-il donné ? Combien rapporte-t-il ? Le *Domesday Book* révèle que la famille royale possède un cinquième du pays, l'Église, un quart, et une dizaine de grands magnats, un autre quart. La terre est contrôlée par 250 personnes environ, dont aucun Anglo-Saxon...

Le Domesday Book. Public Record Office, Londres.

Nef de la cathédrale ▽ de Durham, construite entre 1193 et 1233 sur l'emplacement d'une église saxonne dédiée à saint Cuthbert.

Dover Castle, la forte- ▽ resse de Douvres. Harold a fortifié la falaise, Guillaume a renforcé les défenses de terre, mais les premières constructions de pierre, courtines et donjon, ne datent que du XIIe siècle.

LA TAPISSERIE DE BAYEUX

Attribuée à tort à l'épouse de Guillaume, la reine Mathilde, la «tapisserie de Bayeux» a probablement été réalisée en Angleterre, à la demande de l'évêque de Bayeux, Odon, demi-frère du Conquérant. Cette «tapisserie» est en fait une toile de lin brodée. Sur 70 mètres de long, dont une partie a disparu, elle raconte la bataille de Hastings et les événements qui l'ont précédée. Cette «histoire de la conquête» *(Telle du Conquest)* accrédite la thèse du serment de fidélité prêté par Harold à Guillaume : la bataille est donc la punition du parjure. Les représentations, d'un réalisme minutieux, donnent une idée précise de l'armement des combattants. Le chevalier normand porte la cotte de mailles et un casque conique, fait de lames de métal ajustées. Il s'abrite derrière un bouclier de plus d'un mètre de haut, en bois recouvert de cuir bouilli. Il combat avec une lance et une longue épée d'acier. L'énorme quantité de fer servant à la fabrication des armures, la finesse du travail de forge, tant pour la lame de l'épée que pour les minuscules anneaux qui forment les mailles, sont des éléments déterminants du succès d'une armée. Parmi les Normands figurent aussi beaucoup d'archers. Les troupes de Harold comptent moins de cavaliers : les milices paysannes du *fyrd* et la garde scandinave des *housecarls* de Harold combattent à pied. Les *housecarls* manient la hache de guerre à long manche des Vikings.

248 .

Harold chasse au △ faucon. On voit ici que la «tapisserie» est en fait une broderie au point de tige et au point couché. Elle témoigne des mœurs du temps.

Les préparatifs du ▷ repas avant la bataille. Les viandes rôtissent, les oiseaux sont embrochés, les brouets mijotent. Des surtitres en latin, orthographiés à la saxonne, expliquent les opérations. La bordure est ornée d'oiseaux fantastiques.

Le repas : tandis ▷ qu'un serviteur apporte les mets, l'évêque Odon bénit la nourriture et la boisson. La broderie insiste sur le rôle de ce demi-frère de Guillaume, qui la fit réaliser en Angleterre pour orner en 1077 le chœur de la cathédrale de Bayeux qu'il venait d'achever.

◁ **Les préparatifs** du débarquement : pour fournir les chantiers navals, les bûcherons abattent des arbres ; les techniques de construction sont celles des Vikings. La flotte partira de Saint-Valery-en-Caux.

HIC·EPISCOPVS·CL

V· BE NE DIC

◁ **Un tonneau** de vin est charrié jusqu'aux navires. Les Normands ne s'embarquent pas sans provisions, mais celles-ci n'ont pas seulement une fonction profane. Pour les hommes du Moyen Âge, le vin est une denrée indispensable, car il est nécessaire pour célébrer la messe.

. 249

Scène de lutte, ▷ d'amour ou de sorcellerie ? Sur la frise supérieure de la tapisserie, ces deux personnages nus forment un contrepoint pour la scène de bataille qui occupe le registre principal.

HIC FECERV

PAPE ET EMPEREUR

Au milieu du XIe siècle, le pape Grégoire VII réforme l'Église et sépare le pouvoir temporel du pouvoir spirituel.

L E 24 JANVIER 1076, les évêques germaniques, qui sont réunis à Worms, déposent le pape Grégoire VII. En février, ce dernier dépose à son tour le roi Henri IV et délie ses sujets de leur serment de fidélité. La situation n'a pas pris ce tour dramatique du jour au lendemain : le bras de fer entre Grégoire et Henri marque l'apogée d'un conflit qui, depuis plus d'un siècle, oppose la papauté au Saint Empire sous le nom de « querelle des Investitures ».

LA MAINMISE DES LAÏQUES SUR L'ÉGLISE

Depuis le Xe siècle, le déclin de l'autorité centrale et la montée des féodalités entraînent des conséquences graves

◁ **Dieu** remet au pape les clés de saint Pierre, emblème du pouvoir spirituel, et à l'empereur l'épée, symbole du pouvoir temporel : une représentation conforme aux vues de l'empereur.
Bibliothèque nationale, Paris

250 .

pour l'Église. En échange de leur protection, les puissants accaparent les biens ecclésiastiques, exploitent à leur profit abbayes ou évêchés, ont la haute main sur le recrutement des prélats qu'ils choisissent très souvent dans leur famille... L'Église tout entière tombe aux mains des laïcs.

De leur côté, certains hommes d'Église cèdent à l'attrait des jouissances matérielles et apprécient telle ou telle fonction selon ce qu'elle peut leur rapporter. Ils n'hésitent pas à acheter ou vendre une charge épiscopale, voire à faire payer l'administration des sacrements : cette pratique est connue sous le nom de « simonie ».

La qualité des vocations s'effondre. Beaucoup de prêtres sont mariés ou vivent en concubinage, et l'archevêque de Reims, Manassès, regrette que sa charge le contraigne à dire la messe. La papauté elle-même est devenue l'objet de rivalités entre familles romaines. Pendant la première moitié du Xe siècle, un sénateur (Théophylacte) et sa fille (Marozie) font et défont les papes. Un siècle plus tard, les Crescent et les Tusculum se disputent le trône papal jusqu'à ce que l'empereur Henri III vienne y mettre bon ordre et chasse les papes rivaux en 1046...

LES GERMES DE LA RÉFORME

Face à cette situation, des foyers de réforme apparaissent dans la première moitié du XIe siècle, notamment en Italie et en Lorraine. Pierre Damien (ermite devenu, en 1057, cardinal-évêque d'Ostie) stigmatise violemment les mœurs du clergé et compare l'Église à Gomorrhe. D'autres dénoncent la simonie et considèrent comme invalides les sacrements conférés par les clercs simoniaques.

Peu à peu naît l'idée que, pour sortir de la crise, l'Église doit échapper à l'emprise des laïcs. C'était déjà cette volonté qu'exprimait, au Xe siècle, la fondation de l'abbaye de Cluny. L'Église doit retrouver sa liberté, et la condition de celle-ci est une nette sé-

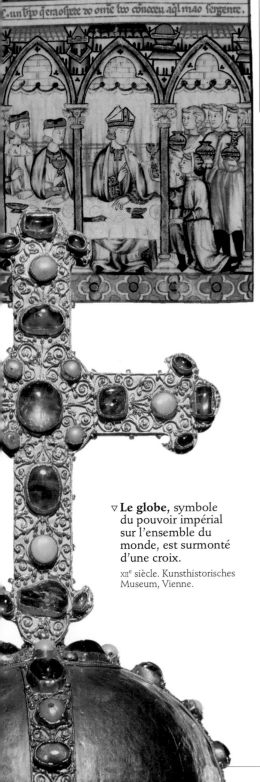

Les fidèles apportent leurs offrandes à l'église. Face au trafic des biens et charges ecclésiastiques, et à l'enrichissement du clergé, des réformes sont entreprises pour lutter contre la corruption de l'Église.

XIIIe siècle. Bibliothèque de l'Escorial, Madrid.

L'excommunié ▽ ne peut assister à la consécration de l'hostie. L'excommunication permet à l'Église de se séparer des individus dont la conduite est jugée scandaleuse.

XIIIe siècle. Bibliothèque municipale, Laon.

▽ **Le globe,** symbole du pouvoir impérial sur l'ensemble du monde, est surmonté d'une croix.

XIIe siècle. Kunsthistorisches Museum, Vienne.

. 251

Au moment d'engager la lutte contre Henri IV, Grégoire affirme pour la première fois la suprématie du pouvoir spirituel.

LA PRIMAUTÉ ROMAINE

En mars 1075 sont rédigés les *Dictatus papae,* où, sous une forme concise et brutale, Grégoire VII affirme la suprématie pontificale et justifie son programme. Seule l'Église romaine a été fondée par le Christ. Vicaire du Christ, le pape a donc un pouvoir absolu et universel. Le pape manie le « glaive » spirituel et délègue le « glaive » temporel aux princes laïcs. Il peut donc soumettre les princes à son jugement, ou déposer les empereurs s'ils s'opposent à la volonté de Dieu et aux droits de l'Église.

Ces *Dictatus* constituent la première expression théorique de la primauté du pouvoir spirituel. Ils annoncent la doctrine théocratique, qui trouvera son expression la plus affirmée sous Innocent III, pape de 1198 à 1216.

paration entre clercs et laïques, dans leurs fonctions et dans leur vie. Aux laïques est réservé le mariage, qui devient, à la fin du XIᵉ siècle, une véritable institution ; aux clercs, consacrés au service de Dieu, le célibat. Le genre de vie de ces derniers doit s'inspirer de celui de moines, fondé sur la pauvreté et la vie en communauté.

Il est nécessaire, en outre, que la réforme de l'Église soit générale, et qu'elle parte du pape, représentant du Christ sur Terre. Depuis 1046, les empereurs nomment des papes de qualité, issus du milieu réformateur lorrain. Moralement irréprochables, ceux-ci ne sont cependant pas encore libres.

GRÉGOIRE VII, «SERVITEUR DES SERVITEURS DE DIEU»

Le 13 avril 1059, le pape Nicolas II promulgue un décret selon lequel seuls les cardinaux de l'Église romaine ont le droit d'élire le pape. Libérée de la tutelle impériale, la papauté peut s'atta-

▷
Le podestat de Gênes au milieu des consuls, au XIIᵉ siècle. Les villes d'Italie ont joué un grand rôle dans la querelle entre papes et empereurs.
Bibliothèque nationale, Paris.

quer à la réforme de l'Église, et d'abord au recrutement des évêques.

Ce rôle est assigné à un ancien moine, Hildebrand, devenu archidiacre de l'Église romaine et, pendant 15 ans, conseiller des papes réformateurs : porté sur le trône pontifical le 22 avril 1073, il prend le nom de Grégoire VII. Personnalité autoritaire, entièrement soumis au service de Dieu (il se fait appeler «serviteur des serviteurs de Dieu»), il pense que la liberté de l'Église exige notamment une direction unique et ferme.

En février 1075, il promulgue un décret qui interdit à quiconque de recevoir d'un laïque un évêché ou une abbaye. Il réunit des conciles présidés par ses légats, qui pourchassent et déposent les évêques simoniaques. C'est l'application du décret qui déclenche

le conflit avec Henri IV, roi de Germanie depuis 1056. Celui-ci n'entend pas renoncer à recruter les évêques, dont il fait les agents de son pouvoir. De leur côté, les prélats sont attachés aux droits politiques, qui font d'eux des princes d'Empire.

LA PÉNITENCE À CANOSSA

Le bras de fer s'engage en 1075, lorsque Henri IV installe son chapelain comme archevêque de Milan. Grégoire VII excommunie le roi. Henri fait déposer le pape. Et, en février 1076, Grégoire fait déposer le roi à son tour...

Cependant les princes allemands abandonnent le roi et envisagent de le remplacer. Henri IV est contraint de se soumettre. Il se rend en pénitent au

château de Canossa (un village des Apennins, en Italie du Nord). Là, en janvier 1077, Grégoire lui accorde l'absolution et lève l'excommunication.

Henri s'empresse de reprendre la lutte. Grégoire renouvelle alors l'excommunication et reconnaît le nouveau roi que se sont donné les princes allemands. Si bien que, le 25 juin 1080, les évêques allemands déposent encore une fois Grégoire et élisent un « antipape », Clément III. Henri IV s'empare de Rome, où Clément III le couronne empereur le 31 mars 1084, tandis que Grégoire VII s'enfuit ; il meurt à Salerne en 1085.

Le conflit durera encore près de 40 ans : c'est en 1122 que le fils d'Henri IV, Henri V, conclura, avec le pape Calixte II, le concordat de Worms, qui distingue, dans la fonction épiscopale, l'aspect spirituel de l'aspect temporel.

L'ÉGLISE, CHEF SUPRÊME DE LA CHRÉTIENTÉ

En 1139, 1179 et 1215, les conciles de Latran organiseront la vie de l'Église et l'encadrement des fidèles, réglementeront la discipline ecclésiastique, définiront les obligations des fidèles, la pratique des sacrements et le conformisme religieux.

L'Église revendique la direction de la chrétienté. « Rome est la tête du monde », affirme le concile de 1139.

Frédéric Barberousse, empereur de Germanie à partir de 1155, cherchera à reprendre le clergé en main. Affirmant tenir son autorité directement de Dieu, il proclamera son droit au gouvernement du monde et cherchera à imposer son autorité à l'Italie. Il se heurtera au pape, protecteur des villes d'Italie du Nord regroupées dans la Ligue lombarde. Vaincu en 1176, Frédéric devra accepter la paix de Venise en 1177. De la lutte entre le sacerdoce et l'empire, l'empire sortira défait. □

△ **Henri IV** devant la comtesse Mathilde, dans son château de Canossa (1077). L'empereur tentera, en vain, de se venger de son excommunication.
XIIᵉ siècle. Bibliothèque vaticane, Rome.

◁ **Entrée** du pape Alexandre III à Rome. Au XIVᵉ siècle, le peintre Spinello Aretino célèbre les exploits du pape qui vint à bout de Frédéric Barberousse.
Palais municipal, Sienne.

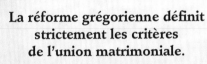

La réforme grégorienne définit strictement les critères de l'union matrimoniale.

LE MARIAGE CHRÉTIEN AU CŒUR DE LA RÉFORME

Pour l'aristocratie, le mariage est une pièce maîtresse dans une stratégie d'alliances familiales. Pour l'Église, c'est l'expression d'un engagement mutuel, à la fois unique, indissoluble et exogamique. Cette divergence entraîne de longs conflits. Le plus durable oppose à l'Église le roi Philippe Iᵉʳ. En 1092, celui-ci, qui est déjà marié, épouse une de ses cousines, Bertrade de Montfort, elle-même femme du comte d'Anjou. Le roi cumule donc l'inceste, l'adultère et la bigamie. Excommunié en 1094, Philippe ne se soumet qu'en 1105. Mais l'Église impose peu à peu sa conception nouvelle d'un mariage chrétien.

Le mariage chrétien, vu par le sire de Joinville.
Fin du XIIIᵉ siècle. Bibliothèque nationale, Paris.

LE SECOND ÂGE D'OR DE BYZANCE

Au Xe siècle, la puissance de l'Empire byzantin
est à son apogée, mais elle s'effrite
au XIe siècle, tandis qu'un schisme sépare
Constantinople et Rome.

APRÈS une période de troubles
et de grande instabilité et
malgré la menace arabe, de
867 à 1056 règne la plus
brillante et la plus durable
dynastie byzantine, issue
d'Arméniens établis depuis longtemps
en Macédoine.

LA DYNASTIE MACÉDONIENNE

En 867, le fils d'un obscur propriétaire
de Macédoine, qui s'était fait apprécier
de Michel III l'Ivrogne pour ses dons
de palefrenier, écarte celui-ci du trône,
devenant ainsi Basile Ier. Son fils,
Léon VI le Sage, écrivain cultivé, qui
lui succède en 886, cherche désespé-
rément à avoir un fils, car avec les
Macédoniens triomphe le principe
dynastique, opposé à celui de l'élection romaine : l'empereur choisi par
Dieu doit toujours être fils de l'empereur précédent. Léon VI, deux fois
veuf, obtient de l'Église une déroga-
tion pour se marier une troisième fois,

▽ **Le pape** Léon IX
excommunie le pa-
triarche de Constanti-
nople. En réalité,
l'excommunication
fut prononcée par
le légat du pape.
Manuscrit grec du XVe siècle.
Bibliothèque nationale,
Palerme.

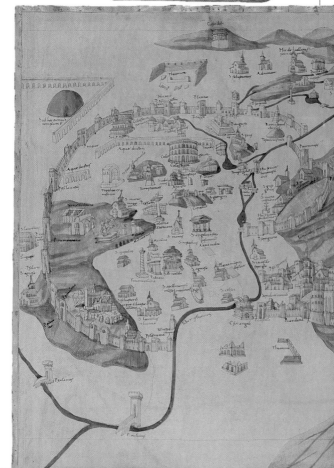

254 .

afin d'avoir un fils. Aussi, quand, après la mort de sa troisième épouse, sa maîtresse du moment, Zoé Karbonopsina, attend un enfant, il la fait accoucher dans la chambre de marbre rouge des impératrices, la chambre de porphyre, et l'enfant, Constantin Porphyrogénète, est baptisé par le patriarche Nicolas Mystikos. Constantin VII n'a que sept ans quand, à la mort de Léon VI, en 913, il accède au trône, mais il est

empire byzantin vers 1050

« porphyrogénète », il a le soutien du patriarche, et le chef de la flotte impériale, l'énergique Romain Lécapène, un Arménien lui aussi, le protège.

Celui-ci lui fait épouser sa fille et devient ainsi « père de l'empereur », puis « co-empereur ». Ce n'est qu'au bout de 33 ans de règne fictif que son gendre exerce lui-même le pouvoir, jusqu'à sa mort, en 959. Son fils Romain II lui succède, puis, après la mort prématurée de ce dernier, ses petits-fils Basile II et Constantin VIII sont couronnés empereurs, mais, jusqu'à leur majorité, le pouvoir revient d'abord au vieux général Nicéphore Phokas, mari de leur mère, l'impératrice Théophano puis à son amant, Jean Tzimiskès, général arménien, assassin du précédent. Basile II ne commence son règne qu'en 976.

▽ **Rome et Constantinople**, dans une *Cosmographie* de Ptolémée. On reconnaît les monuments de la Rome antique : Colisée, aqueducs et temples.
xve siècle.
Bibliothèque nationale, Paris.

BASILE II, LE TUEUR DE BULGARES

S'il recule en Italie, où s'implantent les Normands de Sicile, Basile consolide la conquête de la Syrie, avance aux confins arméniens jusqu'au lac de Van, et, surtout, entame une lutte sans merci contre les Bulgares du tsar Samuel. En 1014, quand son général Alexis Xiphias écrase la dernière armée bulgare et capture 15 000 prisonniers, Basile II les rend tous aveugles, sauf un sur cent, qui n'est qu'éborgné, pour pouvoir mener ses compagnons à Samuel. En 1018, grâce à Basile II Bulgaroctone, « le tueur de Bulgares », l'Empire retrouve la frontière du Danube.

Si les guerres de conquête sont un immense succès, la dynastie macédonienne échoue dans le domaine social :

En 1028, Constantin VIII meurt en laissant deux filles : Eudoxe, entrée au monastère, et Zoé, âgée de 50 ans.

L'IMPÉRATRICE ZOÉ

Par mariage et par adoption, Zoé fait, de 1028 jusqu'à sa mort en 1050, quatre empereurs, discutables et discutés. Le premier est un ancien préfet de Constantinople, Romain III Argyre, qu'elle abandonne bientôt pour le jeune frère du principal ministre, Jean l'Orphanotrophe, qu'elle épouse en 1034. Il prend le nom de Michel IV et est un politique doué, mais trop isolé. En 1041, elle adopte le neveu de ce dernier, Michel V. Quand celui-ci veut écarter Zoé, en 1042, il est renversé par une émeute. L'impératrice, âgée de 64 ans, épouse alors Constantin IX Monomaque.

L'impératrice Zoé.
xie siècle. *Sainte-Sophie, Istanbul.*

. 255

depuis le IXᵉ siècle, le fossé se creuse entre les riches propriétaires fonciers – monastères ou grands seigneurs – et les paysans les plus pauvres. Les puissants parviennent à se faire exempter d'impôts et profitent des troubles, des calamités et des famines pour acquérir la terre à bas prix. La menace est grave pour l'État, car les clans aristocratiques des provinces deviennent assez forts pour s'opposer à l'administration centrale. Empereurs et hauts dignitaires sont conscients de ce problème, aussi tentent-ils de protéger la propriété paysanne par des droits de préemption, de garder intacts des biens militaires destinés à entretenir des soldats, de dissuader les mourants de faire des donations en terres aux monastères, de faire restituer leurs parcelles aux paysans spoliés...

Mais ces mesures, prises par Romain Lécapène et ses successeurs, sont impossibles à appliquer, et les clivages s'accentuent entre riches et pauvres, tandis que s'opposent l'aristocratie militaire, qui tient les provinces, et la noblesse de Constantinople, qui a le monopole de l'administration.

LE SCHISME

Après la mort de Basile II et celle de son frère Constantin VIII, le pouvoir passe à Zoé et à ses trois maris. Ils se montrent incapables de tenir en respect les appétits des clans rivaux, en dépit de la brillante façade artistique que Byzance continue d'offrir au reste du monde. C'est l'époque où les lettrés constituent des recueils de textes, des chroniques et des encyclopédies, exaltant l'Antiquité, tout en ayant une conscience aiguë de leur originalité. C'est cette différence, tout autant que la crise de la monarchie et l'accumulation des malentendus, qui va séparer pour des siècles l'Église de Rome de celle de Constantinople.

Depuis longtemps, les griefs réciproques ont été énoncés : la papauté reproche au patriarche de Constanti-

L'art de construire ▷ dans l'Empire d'Orient. En décrivant l'édification de la tour de Babel, la mosaïque inventorie les techniques du temps : fondations, fabrication du mortier, échafaudages...
Basilique Saint-Marc, Venise.

Issu d'une famille de l'aristocratie foncière, Nicéphore Phokas devient, en 955, commandant en chef de l'armée centrale.

NICÉPHORE PHOKAS

Le 16 août 963, après avoir épousé l'impératrice Théophano, il est proclamé empereur par ses propres troupes, sans détrôner les deux fils de Romain II. Il poursuit ses exploits en Orient par la prise de Mopsueste, Tarse et Hiérapolis ; enfin, le 29 octobre 969, ses armées entrent dans la ville d'Antioche. Il adapte le recrutement de l'armée au développement de la cavalerie cuirassée, durcit la politique de protection de la petite paysannerie et interdit la fondation de nouveaux monastères. Pourtant, sincèrement épris d'idéal monastique, il rêve de rejoindre le moine Athanase l'Athonite à Lávras, sur le mont Athos, monastère dont il a financé la construction.

256 .

◁ **Nicéphore Phokas,** qui fut assassiné par l'amant de sa femme Jean Tzimiskès. Le manuscrit italien du XVIᵉ siècle célèbre le général qui organisa la défense de l'Italie du Sud contre les Arabes et s'opposa à Othon.
Bibliothèque Marciana, Venise.

nople ses prétentions à l'universalité, dont témoigne son titre d'« œcuménique » ; quant à Byzance, elle reste étrangère à la réforme grégorienne. Avec la montée des Carolingiens d'une part et la crise iconoclaste d'autre part, le divorce s'affirme. Les divergences sur le Fils et le Saint-Esprit, les querelles de rites, sur la nature du pain de l'eucharistie ou sur le port de la barbe, cachent des luttes d'influences, comme celle qui

La pompe du repas ▽ impérial. Pour illustrer le festin durant lequel Salomé demanda à Hérode la tête de Jean-Baptiste, les Vénitiens représentent le Basileus, le souverain par excellence.

Basilique Saint-Marc, Venise.

éclate à propos de la Bulgarie. C'est la preuve que l'écart entre les mentalités est de plus en plus grand.

Les prétentions normandes en Italie du Sud devraient rapprocher Rome de Constantinople, mais c'est séparément que les troupes byzantines et les troupes pontificales sont défaites en juin 1053. Le pape Léon IX décide alors d'envoyer en ambassade sur les rives du Bosphore son légat, le cardinal Humbert, pour des négociations politiques et religieuses. Ce mauvais diplomate se heurte aussitôt à l'intransigeance du patriarche Michel Kéroularios, ambitieux, emporté, jaloux de son influence sur l'empereur Constantin IX Monomaque. Le patriarche se refuse à toute discussion, déclarant nul le mandat confié à Humbert, puisque, dans l'intervalle, le pape est mort.

Poussé à bout, Humbert dépose une bulle d'excommunication contre Michel Kéroularios sur l'autel de Sainte-Sophie. Le patriarche, soutenu par une émeute populaire, excommunie à son tour le cardinal. Tous pensent qu'il ne s'agit que d'une rupture passagère, mais la double excommunication traduit une incompréhension définitive : les Byzantins ne peuvent admettre la liberté de l'Église par rapport au pouvoir politique et à la société laïque.

Au moment où se précise la menace turque, l'armée byzantine est aux mains de mercenaires, la chrétienté est coupée en deux. La défaite de Romain IV à Mantzikert, en 1071, livre l'Asie centrale aux Turcs d'Alp Arslan. La même année, les Normands prennent Bari, chassant définitivement les Byzantins d'Italie. ☐

Jean Tzimiskès ▽ prend Preslav en 971. Une des victoires de l'amant de Théophano, qui bannit celle-ci, puis épousa la princesse Théodora et fut assassiné par Basile II.

Chroniques de Manassès (Cod. vat. Slav II). XIVe siècle, Bibliothèque apostolique vaticane, Rome.

. 257

LA SAINTE-MONTAGNE

Depuis ses débuts, le moine modèle, pour le monachisme oriental, demeure l'ermite. Dans un empire qui a abandonné ses déserts aux Arabes, la fuite du monde pousse les aspirants à la sainteté vers les montagnes. La quête se porte d'abord vers les environs de Constantinople : le mont Kyminas et l'Olympe de Bithynie, au nord de Brousse.

Le succès du monachisme après la fin de l'iconoclasme entraîne une popularité excessive de l'Olympe de Bithynie. Les aspirants ascètes découvrent alors la presqu'île la plus orientale et la plus escarpée de Chalcidique, l'Athos, désertée par ses habitants. Les ermitages se multiplient au tournant du IXe et du Xe siècle, et les ascètes se dotent d'un début d'organisation commune, autour du *prôtos* (« premier ») installé à Karyès. L'arrivée du moine Athanase, initié au monachisme au mont Kyminas par Michel Maléinos, oncle de Nicéphore Phokas, bouleverse la situation. Athanase fonde en effet en 961, à l'extrémité de la péninsule, une laure, compromis entre érémitisme et cénobitisme : les moines, isolés dans leur cellule toute la semaine, se rassemblent pour les repas et l'office le samedi et le dimanche. Athanase, richement doté par Nicéphore Phokas, fait creuser la montagne pour amener l'eau nécessaire à l'irrigation des jardins de Lávras. Son influence se traduit par la fondation en quelques années d'une dizaine de laures.

258.

Monastère de Simonos Petras, Simon-Pierre. Selon la mythologie grecque, le mont Athos est né d'un geste de défi du géant Athos, qui jeta une pierre à Poséidon, dieu de la Mer.

La montagne ▷ des ermites. Au nord de l'Athos, resté très boisé, se trouvent les monastères ; sur les rochers du sud, les ermitages.
XIe siècle. Bibliothèque nationale, Paris.

Saint Athanase fonde △ Lávras, monastère de la Grande Lavra (ou laure), à mi-pente du mont Athos.
Bas-relief extérieur.

◁ **Anges** et saints autour du Christ, fresque du monastère de Dyonissiou, aujourd'hui l'un des plus vivants du mont Athos, qui abrite encore 1 500 moines.

▽ **L'hôtellerie** d'un monastère. Les pèlerins affluent vers la Vierge, seule présence féminine du mont Athos : en 1060, une bulle en a interdit l'accès à toute femme.

△ **Le Christ** tout-puissant, *Pantocrator,* tenant l'Évangile, un des thèmes préférés des chrétiens orthodoxes. Par l'intermédiaire des peintres d'icônes du mont Athos, ce sujet se répandra dans les Balkans et le monde slave.

ROYAUME FRANC

Philippe Ier, roi de France

■ Le roi qui monte sur le trône de France en 1060 n'a que huit ans, mais son père, Henri Ier, a pris la précaution de le faire sacrer de son vivant, l'année précédente. C'est la première fois qu'un prince français porte ce prénom grec. Il est, en effet, le fils d'Anne de Kiev, petite-fille de Vladimir, venue d'Ukraine pour épouser le roi Henri, petit-fils d'Hugues Capet. Cette alliance lointaine s'explique parce que le roi de France devait épouser une fille de roi qui ne soit pas sa proche cousine. La régence est assurée jusqu'à 1067, par le comte de Flandre Baudouin V.   □

Excommunication de Philippe Ier.
Miniature du XVᵉ siècle. Musée Condé, Chantilly.

ROYAUME FRANC

Les juifs de Troyes

■ Les communautés juives se sont développées dans les grandes villes de l'empire carolingien. Les féodaux continuent de les tolérer et les protègent plus ou moins efficacement des excès de la population. Au cœur de la communauté de Troyes naît, en 1040, Schlomo Rashi, qui partagera sa vie entre l'étude des livres sacrés et les soins qu'il apporte à sa vigne. Il devient un des plus célèbres talmudistes de tous les temps, universellement connu et respecté, n'hésitant pas à exposer ses doutes et à abandonner l'hébreu pour la langue vulgaire afin de rendre sa pensée plus accessible.   □

ITALIE

Saint-Marc de Venise

■ La reconstruction de la cathédrale Saint-Marc de Venise commence en 1063 ; les Vénitiens l'achèvent très rapidement, puisqu'elle est consacrée en 1094. L'édifice, en forme de croix grecque, surmonté de cinq coupoles, témoigne de l'influence byzantine en Vénétie. L'intérieur, au demi-jour mystérieux, scintille de marbres polis, de stucs et d'icônes. Les mosaïques y couvrent plus de 4 000 m², plusieurs centaines de chapiteaux soutiennent les voûtes, les vantaux des portes sont de marbre incrusté d'argent. Les Vénitiens ont réutilisé des œuvres d'art antiques, accumulées dans la cité par des générations de marins et de marchands : le groupe sculpté des Quatre Maures en porphyre rouge date du IVᵉ siècle, le bénitier est orné de reliefs antiques, les colonnes byzantines ont été sculptées du VIᵉ au XIᵉ siècle, la porte est encadrée de pilastres syriens du VIᵉ siècle, pris à Saint-Jean-d'Acre. Mais le véritable trésor de l'église est une précieuse relique, le corps de saint Marc l'Évangéliste, symbolisé par un lion. Rapporté d'Alexandrie en 823, c'est pour lui qu'avait été construit le premier édifice.   □

Vitrail de Charlemagne.
XIIᵉ siècle. Cathédrale de Chartres.

EUROPE

Les chansons de geste

■ Dans l'Europe féodale, des épopées ont été composées en langue vulgaire. Ce sont les « chansons de geste », qui racontent les exploits des preux. L'une des plus anciennes est probablement *la Chanson de Roland*, transmise oralement par des chanteurs avant qu'une de ses versions ne soit transcrite dans un manuscrit conservé aujourd'hui à Oxford. En vers de dix syllabes, elle célèbre les exploits de Roland, neveu de Charlemagne, son amitié avec olivier, son amour pour la belle Aude, son épée Durandal et sa fin tragique devant les Maures, à cause de la félonie de Ganelon.   □

AFRIQUE

La fin du royaume du Ghana

■ En 1076, le Tunka Menin est tué lors de la prise de sa capitale par les Almoravides. C'est la fin du plus ancien État d'Afrique noire, l'empire du Ghana, fondé par les Soninkés. Ménin était farouchement animiste et il avait été désigné pour succéder à son oncle, trop ami des musulmans. Depuis le début du XIᵉ siècle, la puissance du Ghana irritait les Sanhadjas, qui se rangent sous la bannière du moine-soldat Abdallah ben Yasin, et attaquent, au nord, le Maroc et l'Espagne, mais aussi, au sud, le Soudan. Les Soninkés, éparpillés dans une poussière de petits royaumes, ne retrouveront jamais la puissance perdue, mais, grâce à eux, l'idée d'État est devenue familière à l'Afrique.   □

ASIE MINEURE

Le royaume d'Arménie et les Turcs

■ Les Turcs Seldjoukides, bien implantés en Arabie et en Syrie, progressent en Asie Mineure. En 1064, sous la direction du sultan Alp Arslan (dont le nom signifie « Lion-Héros »), ils prennent et détruisent Ani, la capitale arménienne. La « Grande Arménie », minée par les révoltes féodales et les luttes fratricides avec Byzance, n'a pu résister aux envahisseurs, mais sa civilisation lui survit en Cilicie, où des réfugiés fondent la « Petite Arménie » en 1080. Les Arméniens d'Édesse, battus par les Turcs en 1087, reprennent rapidement leur cité, où règne la dynastie de Thoros. Après la victoire des croisés, puis leur reflux, l'Arménie passera tout entière aux mains des Turcs.   □

EUROPE

Luttes pour la Provence

■ Aux marges du royaume de France, les liens vassaliques ne sont pas encore très bien fixés. La Provence, qui faisait partie des terres de Lothaire depuis le partage de 843, appartient, en principe, à l'Empire, mais elle suscite des convoitises plus immédiates. En 1090 meurt Bertrand, fils de Joffré, dernier descendant de la lignée des Guillem. Durant quatre ans, les comtes de Barcelone et les comtes catalans d'Urgel se disputent cette province. Les liens établis avec le roi de France sont bien distendus, quoique le comté de Barcelone relève, normalement, de la couronne. En jouant de ces différends, les Provençaux parviendront à préserver leur indépendance encore pour quelques décennies.   □

ROYAUME FRANC

Yves de Chartres

■ Élève de Lanfranc au Bec-Hellouin, Yves de Chartres est un ardent partisan de la réforme grégorienne en France. Quoique ses prises de position à propos du mariage de Philippe Ier lui aient valu d'être jeté, un temps, en prison, il travaille à réconcilier la papauté et la monarchie en distinguant le temporel du spirituel. Il s'en prend aussi aux superstitions populaires et refuse de croire aux sorcières « qui telles la déesse païenne Diane, parcourent de longues distances dans le silence de la nuit ». Il invite les clercs à prêcher « que ce n'est pas l'esprit divin, mais l'esprit malin qui introduit de tels fantasmes dans l'imagination des fidèles ». Ses écrits sont précieux pour l'histoire de la théologie.   □

1096 - 1147

L'un des premiers chroniqueurs de la première croisade, Foucher de Chartres, traduit bien les sentiments qui animaient les croisés quand il écrit : « Frères, il vous faut beaucoup souffrir au nom du Christ, misère, pauvreté, nudité, persécution, dénuement, infirmités, faim, soif et autres maux de ce genre [...]. Mais je le dis aux prescrits [...], à tous ceux qui partiront làbas, si, soit sur le chemin ou sur la mer, soit en luttant contre les païens, ils viennent à perdre la vie, une rémission immédiate de leurs péchés leur sera faite. » Le phénomène des croisades peut être expliqué de bien des manières. Par la recherche d'aventures profitables, ce qui, à la même époque, encourage aussi les chevaliers et les cadets de famille à se vendre comme mercenaires et à se tailler un royaume en Sicile. Par la pression démographique, qui pousse les plus pauvres à partir pour Jérusalem avec leurs bagages et leur famille. Mais il est surtout l'expression d'une quête du salut, par l'attente fiévreuse du retour du Christ qui renforce l'attrait de Jérusalem.

Le siège d'Ascalon en 1153.
Miniature des Passages
faits outremer par les Français...
de Sébastien Mangrot. Vers 1490.
Bibliothèque nationale, Paris.

LES CROISADES

Soldats du Christ, les chevaliers ont combattu deux siècles durant pour conquérir et garder le Saint-Sépulcre. Les croisades ont profondément transformé l'Orient et l'Occident.

E N 1095, au concile de Clermont, le pape Urbain II incite les barons chrétiens à délivrer le tombeau du Christ. Quatre ans plus tard, quelques dizaines de chevaliers se rendent maîtres de Jérusalem. Ils deviennent seigneurs de Syrie et de Palestine, où vivent des populations musulmane, juive et chrétienne auxquelles ils imposent l'ordre féodal, et résistent pendant deux siècles aux contre-offensives musulmanes.

POURQUOI LA CROISADE ?

Depuis plusieurs siècles, une foule de jeunes aventuriers combat en Espagne contre les musulmans. D'autres se rendent en Terre sainte, pour accompa-

262 .

gner les pèlerins qui visitent le tombeau du Christ. En 1071, la victoire des Turcs à Mantzikert leur livre toute l'Asie Mineure, aux dépens de Constantinople, qui appelle au secours les catholiques romains, en dépit du schisme de 1054.

C'est probablement pour se rapprocher des orthodoxes que, vingt ans plus tard, le pape Urbain II décide de répondre à cet appel. Peut-être celui-ci a-t-il été renouvelé par l'empereur Alexis Iᵉʳ Comnène ; peut-être aussi le pape pense-t-il à la situation précaire des Lieux saints, quoique celle-ci ne se soit nullement aggravée de son temps : au début du XIᵉ siècle, le calife al-Ha-

kim a persécuté quelques pèlerins et profané le Saint-Sépulcre, mais la situation est depuis longtemps redevenue normale.

Dès 1095, la reconquête des Lieux saints devient le but de centaines de chevaliers, incités par les prédicateurs sillonnant l'Europe. Urbain II a promis à ceux qui partiraient l'absolution de leurs péchés. C'est d'abord pour cette raison que les seigneurs «prennent la croix», faisant coudre sur leurs vêtements la croix qui fait d'eux des «croisés». Il leur est insupportable que Jérusalem, le lieu où le Christ est ressuscité, l'image terrestre de la cité de Dieu, soit souillée par les musulmans.

De plus, à la fin du XIᵉ siècle, l'Occident connaît une forte poussée démographique, sans pour autant que la production agricole augmente beaucoup. Dans ce monde trop peuplé, l'aventure ne peut que séduire les cadets de grandes familles, chevaliers sans terres, combattants professionnels, qui rêvent d'en découdre et évoquent l'or de l'Orient.

LA PREMIÈRE CROISADE

Au cours de son séjour en France, le pape organise la croisade, dont il fixe le départ au 15 août 1096. Mais, avant cette date, des bandes de pèlerins sans ressources se lancent sur les routes d'Europe, massacrant les juifs et se battant contre les Hongrois. Conduite par Pierre l'Ermite et Gautier Sans Avoir, la horde arrive sous les murs de Constantinople ; très habilement, l'empereur lui fournit des bateaux pour franchir le Bosphore, et la croisade «des pauvres gens» est massacrée par les Turcs.

Le premier État latin d'Orient a été pris à des chrétiens ; il sera le premier à tomber aux mains des musulmans.
ÉDESSE ET LES ARMÉNIENS

Avant que l'armée ne parvienne devant Jérusalem, Baudouin, jeune frère de Godefroi de Bouillon, se rend maître de la principauté d'Édesse. Le curopalate Thoros, prince arménien de la ville, a fait appel à lui pour lutter contre les Turcs, mais Baudouin exige, en échange, d'être désigné comme héritier. Thoros, qui lui a donné sa fille en mariage, l'adopte donc.

Malgré cela, Baudouin laissera la populace massacrer sa femme et son «père» adoptif. Édesse devient ensuite un État féodal, où les seigneurs francs s'allient par mariage aux Arméniens. La principauté s'étend sur le nord de la Mésopotamie, mais elle ne résistera pas aux incursions turques, qui reprennent dès 1100, et tombera aux mains de Nur al-Din en 1146.

Godefroi de Bouillon ▽ réunit ses compagnons pour partir à Jérusalem. Par son sens du sacrifice et sa piété, le duc flamand est le modèle des croisés.
XVᵉ siècle. Bibliothèque municipale, Amiens.

◁
Le concile de Clermont, où le pape Urbain II prêcha la première croisade, vu par Jean Fouquet. La croisade obsède les hommes du Moyen Âge.
XVᵉ siècle. Bibliothèque nationale, Paris.

▽ **Pierre l'Ermite** harangue les croisés devant Jérusalem. Rescapé de la défaite de la croisade populaire en Anatolie, il assista à la prise de la ville.
XIIIᵉ siècle. Bibliothèque de l'Arsenal, Paris.

. 263

La croisade des barons est, quant à elle, bien préparée. Elle comprend quatre groupes distincts, qui se retrouvent en Asie Mineure après être passés par Constantinople. Godefroi de Bouillon commande les chevaliers de France du Nord et de Basse-Lorraine, qui suivent la vallée du Danube ; Raimond de Saint-Gilles, comte de Toulouse, et le légat du pape Adhémar de Monteil, à la tête des troupes du Midi, passent par la côte dalmate et le nord de la Grèce ; les Normands de Sicile, conduits par Bohémond de Tarente, empruntent la voie maritime, de même que le quatrième groupe, venu du centre de la France sous la conduite d'Étienne de Blois et de Robert de Normandie.

Dès son arrivée à Constantinople, Godefroi de Bouillon se querelle avec Alexis Ier Comnène, à qui il promet toutefois de remettre toutes les villes autrefois byzantines qu'il conquerra. Ainsi en est-il de Nicée et des autres villes d'Asie Mineure. Les croisés triomphent des Turcs, divisés en innombrables clans rivaux, et battent Kiliç Arslan à la bataille de Dorylée.

Les Francs se rendent maîtres de la principauté arménienne d'Édesse et prennent Antioche en 1098. La découverte miraculeuse d'une précieuse relique, la lance qui perça le flanc du Christ en croix, leur donna un nouvel élan. Les chroniqueurs musulmans les accusent d'ailleurs à ce sujet d'avoir monté de toutes pièces une supercherie. Les Occidentaux garderont désormais pour eux-mêmes leurs conquêtes, et Bohémond devient prince d'Antioche. Assiégé à son tour par l'armée de secours envoyée par l'atabek – le seigneur – de Mossoul, il tente une sortie et bat ces renforts.

La progression des « soldats de Dieu » en Syrie et en Palestine est marquée, disent leurs chroniqueurs, par des exploits extraordinaires et des miracles qui témoignent de la protection divine ; Godefroi de Bouillon, le plus pieux des princes, « coupe en deux un Turc revêtu de sa cuirasse » ; les auteurs musulmans évoquent, quant à

△ **Comme** en témoignent les récits des chroniqueurs musulmans, les croisés se livrèrent à de nombreuses exactions contre les infidèles : massacres des populations, pillages...
XVe siècle. S. Mamerot. Bibliothèque nationale, Paris.

▷
Le siège d'Antioche. Les machines de siège ne suffisent pas à venir à bout de la ville, que les croisés prennent par trahison. Assiégés à leur tour par les infidèles et victimes de la faim, ils retrouvent des forces grâce à la « découverte » de la Sainte Lance qui perça le flanc du Christ.
XIIIe siècle. Bibliothèque de Lyon.

264 .

eux, parjures, massacres et exactions, accusant même les croisés de s'être livrés à des actes de cannibalisme.

La prise de Jérusalem

Le 7 juin 1099, l'armée franque campe devant Jérusalem. La garnison égyptienne l'observe depuis la tour de David, les murailles ont été réparées, le pétrole et le soufre préparés pour faire des feux grégeois. Tous les puits des environs sont comblés ou empoisonnés. Mais des renforts arrivent de Gênes. Dès lors, les assiégeants ont recours à deux armes ; la première est religieuse : tel Josué à Jéricho, l'armée cerne la ville de processions psalmodiantes. Plus concrètement, après l'arrivée des renforts, les croisés édifient deux hautes tours de bois. La garnison incendie la première, mais, le 15 juillet, tandis qu'elle s'en prend à la seconde, les croisés parviennent à entrer dans Jérusalem par le nord.

Les chroniqueurs francs eux-mêmes stigmatisent l'horreur qui déferle alors sur la ville. La garnison réfugiée dans la tour de David est massacrée alors qu'on lui avait garanti la vie sauve en échange de sa reddition ; des centaines de juifs sont brûlés vifs dans leurs synagogues, la ville est livrée au pillage et à la destruction durant une semaine entière : on dénombre de très nombreuses victimes ; le partage des trésors du Temple dure deux jours pleins.

Le dimanche suivant, c'est Godefroi de Bouillon que les barons désignent non comme roi – il refuse ce titre – mais comme « avoué du Saint-Sépulcre ». Quelques jours plus tard, les Francs battent à Ascalon l'armée de secours envoyée par les Fatimides.

Un an après la prise de Jérusalem, Godefroi de Bouillon meurt pendant le siège d'Acre, « pour avoir mangé une pomme de cèdre » ; et c'est son frère, Baudouin d'Édesse, qui, le 25 décembre 1100, est sacré premier roi de Jérusalem. Godefroi restera dans la mémoire médiévale comme le modèle des croisés, le soldat à la piété extravagante.

La Terre Sainte sous le joug franc

Après la chute des villes de la côte et du désert de la Transjordanie, le roi de Jérusalem est, de fait, le suzerain suprême d'un royaume féodal, sembla-

. 265

Bataille ▽
devant Jérusalem.
Très Nobles et Excellentes Histoires des Saintes Chroniques d'Outre-Mer. XIVe siècle. Bibliothèque nationale, Paris.

Les croisés exterminent ceux qu'ils rendent responsables de la Passion du Christ, faute de pouvoir les convertir.

LES JUIFS ET LA CROISADE

Les chroniqueurs juifs apportent leur propre témoignage sur les massacres dont leurs communautés sont victimes dès 1096. Les communautés germaniques se désignent elles-mêmes comme ashkénazes au début du IIe millénaire. Elles ont une vie intellectuelle et spirituelle très active et bénéficient souvent de la protection des princes et des évêques. En 1097, l'empereur Henri IV déclarera nulles les conversions obtenues par la force sur le passage des croisés. Les communautés de Syrie et de Palestine, quant à elles, vivent dans le luxe et sont depuis longtemps enracinées en Orient, avec, elles aussi, leurs théologiens et leurs savants. On a retrouvé dans la synagogue du Caire des lettres qui prouvent que ces communautés avaient beaucoup plus de sympathie pour les musulmans que pour les croisés.

ble aux royaumes d'Occident. Les États latins d'Orient sont Antioche – dont le prince n'arrivera jamais à prendre la ville d'Alep, et vivra sous la menace byzantine –, Édesse l'Arménienne, et Tripoli au débouché des passes de la montagne libanaise. Cette dernière est conquise, en 1109, par l'héritier de Raimond de Saint-Gilles, Guillaume Jourdain, après de nombreuses batailles. Le royaume de Jérusalem, lui, s'étend jusqu'au-delà du Jourdain, mais ses chevaliers ont du mal à conquérir les villes de la côte, que les musulmans secourent par la mer, et notamment Tyr, qui résiste jusqu'en 1124.

Ces États ne sont tenus que par une poignée d'hommes. L'Église ne cesse d'inciter les chevaliers à partir pour les défendre. Mais ces croisades de se-cours, décimées par les Turcs et les Byzantins, atteignent rarement leur but.

Le système féodal des États latins, quoique calqué sur celui d'Occident, est beaucoup plus rigoureux que son modèle. Dès 1099, les fiefs ne sont concédés qu'en échange d'un strict devoir militaire, sans limitation de durée, alors que le service ne dure que quarante jours en Occident. Les terres ne doivent jamais « tomber en quenouille », et, si c'est une femme qui en hérite, elle doit être mariée à un chevalier ou prendre un « avoué » capable de la défendre. Ainsi, entre 1190 et 1192, le royaume de Jérusalem passe aux trois maris successifs de la reine Isabelle, seconde fille d'Amaury Ier. Faute de terres à donner aux chevaliers, les princes leur accordent des « fiefs de bourse » ou de « soudée », soldés par les revenus d'un impôt ou par une pension du Trésor. Les guerriers latins étant trop peu nombreux, les communautés urbaines ont recours à des mercenaires, francs ou indigènes, les turcoples, pour fournir le contingent de fantassins, qu'on leur demande.

L'islam est toléré moyennant un tribut versé aux seigneurs chrétiens. Ses coutumes sont respectées. Les paysans musulmans ont conservé leurs terres,

Godefroi de Bouillon, élu roi de Jérusalem, n'accepta que le titre « d'avoué du Saint-Sépulcre ».
XVe siècle. Bibliothèque municipale, Amiens.

Divisé depuis longtemps, affaibli par la présence turque, le monde musulman met plus d'un siècle à s'unir contre les Francs.

LES DIVISIONS ARABES

En 1099, au moment où tombe Jérusalem, Bagdad est scandalisée par le comportement des musulmans chassés de Syrie : ceux-ci n'hésitent pas à rompre ostensiblement le jeûne du ramadan. En réalité, cette provocation est le seul moyen dont ils disposent pour attirer l'attention des autorités sur un scandale autrement plus grave, celui de la présence franque à Jérusalem. Les califes ab-bassides ne sont plus que des fantoches aux mains de leurs vizirs turcs, à peine arabisés, et les Turcs eux-mêmes se divisent et s'entre-déchirent dans des luttes fratricides.

Il faudra toute l'énergie de Saladin pour constituer une fragile unité, à la fin du XIIe siècle.

Fragment d'un manuscrit arabe de Fustat (Le Caire). XIIe siècle. British Museum, Londres.

Siège de Tyr (ou Sour), au Liban, par les croisés et les Vénitiens. Prise par les Seldjoukides en 1089, la ville passe aux mains de Venise en 1124.
Miniature de Loyset Liedet. 1462. Bibliothèque de l'Arsenal, Paris.

et les cultures irriguées continuent de faire l'admiration des voyageurs. Les courants commerciaux reprennent, les caravanes traversent le désert, les souverains musulmans protègent les pèlerins chrétiens, les princes francs tolèrent le voyage à La Mecque. Après les croisades, les liens commerciaux survivront à la reconquête musulmane, pour le plus grand profit des cités marchandes italiennes.

LE SURSAUT MUSULMAN

Dès le début de la présence franque, embuscades et défaites avaient prouvé combien les États latins étaient vulnérables. Dès la conquête de Jérusalem, les musulmans harcèlent sans cesse les armées franques. Mais ce sont les princes de Mossoul qui leur infligent les plus graves défaites : Zangi d'abord, qui s'empare d'Édesse en 1146, puis son fils Nur al-Din, qui achève la conquête et se révèle plus redoutable encore pour les Francs.

L'ÉCHEC DE LA DEUXIÈME CROISADE

En Occident, les chevaliers les plus pieux ont pris l'habitude d'accomplir le « voyage en Terre sainte », durant lequel nul ne peut attaquer leur fief. Mais l'enthousiasme de 1095 est retombé, et il faut la chute d'Édesse pour susciter un nouvel élan. Sollicité par le roi de France Louis VII, le pape Eugène III demande à saint Bernard d'assurer la prédication de la croisade. Le jour de Pâques 1146, le fondateur de Cîteaux aboutit à la formation de la deuxième croisade, menée par Louis VII et l'empereur Conrad III.

Ils se heurtent d'abord à l'hostilité de Manuel Comnène, l'empereur de Byzance, qui préfère les Turcs aux chevaliers latins. L'armée turque, bien renseignée, bat les chevaliers de Conrad à Dorylée. L'infanterie de Louis VII est massacrée dans la plaine d'Adalia, en Anatolie. Sur les 25 000 chevaliers partis d'Occident, 5 000 seulement parviennent à Jérusalem. Une partie des nouveaux arrivants ne songe qu'à se tailler de nouveaux fiefs en Terre sainte, et refuse de coordonner ses entreprises avec celles des seigneurs locaux. Finalement, l'armée des croisés échoue devant Damas, secourue par Nur al-Din. Louis VII et Conrad, mis en déroute, repartent sans gloire.

Dès ce moment, l'idée de croisade a perdu son unité, écartelée entre le désir de fédérer la chrétienté, les ambitions des princes, et les besoins concrets des États latins, alors que les musulmans s'unissent autour de Saladin, neveu de Chirkuh. □

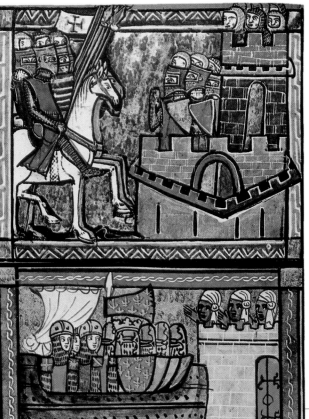

△ **Un soldat** reçoit l'hospitalité d'un couvent. À l'origine, les ordres militaires avaient pour fonction de recevoir les pèlerins. Par la suite, ils ont assuré leur défense, puis celle des Lieux saints.

XIVe siècle. Bibliothèque Marciana, Venise.

◁ **La deuxième croisade :** après la chute d'Édesse, et à l'appel de Bernard de Clairvaux, Louis VII et Aliénor s'embarquent pour la Terre sainte. Dans un climat empoisonné par l'hostilité entre les troupes du roi et celles de Conrad III, l'expédition échoue. Mais pour saint Bernard, l'essentiel est de souffrir pour le Christ ; les ambitions humaines comptent peu.

XIVe siècle.

CHÂTEAUX FORTS EN PALESTINE

Pour défendre son royaume, Godefroi de Bouillon ne dispose plus, en 1100, que de deux à trois cents chevaliers et de quelques milliers de fantassins. La défense du royaume franc est, dès lors, fondée sur un ensemble de forteresses, édifiées pour tenir les voies de communication et marquer les frontières, mais aussi pour avoir les moyens d'exiger redevances et services des populations environnantes. Elles veulent aussi, avec moins d'efficacité, être des centres de colonisation latine.

Les premiers châteaux sont construits sur le modèle « normand », avec un donjon et une enceinte carrée – il en reste vingt exemples aujourd'hui – et avec un plan à la romaine, plus adapté aux besoins du terrain, comportant plusieurs enceintes, des magasins, d'énormes citernes et tout un réseau de souterrains. Les dernières forteresses seront des châteaux éperons, imprenables, sinon par l'arme de la faim. Belvoir, dans la vallée du Jourdain, Monreale al-Karak, capitale de Moab, Blanchegarde, et, le plus célèbre de tous, le krak des Chevaliers, en Syrie, utilisent les défenses naturelles. Leurs tours rondes sont bien moins vulnérables aux boulets que les vieilles tours carrées. Ils serviront de modèle en Occident.

268 .

Le krak des Chevaliers. Construit sur un éperon à 750 mètres d'altitude par l'ordre militaire de l'Hôpital, il témoigne de la stratégie défensive adoptée par les croisés au XIIIe siècle. Il pouvait abriter 2 000 personnes.

△ **Citadelle** d'al-Karak de Moab, cœur de la « Seigneurie d'Outre-Jourdain ». Construite en 1150 par Payen le Bouteiller, échanson du roi de Jérusalem, elle passera aux mains de l'avide Renaud de Châtillon.

▽ **Reconstitution** du krak des Chevaliers. Le mot *kerak* signifie « forteresse » en arabe.
M. G. Rey. XIXᵉ siècle. Coll. part.

◁ **Citadelle** d'Alep, en Syrie, dans la plaine de la Beqaa entre la vallée de l'Oronte et celle de l'Euphrate. La ville fut conquise par Saladin, qui en restaura les murailles en 1183.

△ **Le château** de Saône, en Syrie, conquis en 1188 par Saladin et son fils, un an après leur éclatante victoire de Hattin, qui leur ouvrit les portes de Jérusalem et refoula les chevaliers francs dans les villes de la côte.

LES NORMANDS DE SICILE

Au XIᵉ siècle, de nombreux chevaliers
normands n'ont qu'un moyen pour faire
fortune : vendre leurs talents guerriers.
Ces mercenaires vont partir pour l'Italie du Sud
où ils combattront pour leur propre compte.

L A MISE EN PLACE du système
féodal entraîne des luttes
violentes au sein de l'aristocratie militaire. En Nor-
mandie, où le pouvoir
ducal reste fort, les vaincus
doivent s'exiler : ces petits chevaliers,
rompus aux nouvelles techniques du
combat à cheval et à la charge de cavalerie lourde, sont des mercenaires ap-
préciés. Ils servent en Espagne, où
commence la Reconquista, à Constantinople contre les Turcs, et en Italie du
Sud. Là s'affrontent les musulmans de
Sicile, Byzance – qui tient la Pouille et
la Calabre –, et de multiples États
«lombards» ainsi que des cités maritimes telles que Naples.

En bordure des États pontificaux,
cette région est aussi vitale pour la papauté, que la réforme grégorienne op-

◁ **Roger II** de Sicile couronné par le Christ.
Le Normand prétend
ne tenir son pouvoir
que de Dieu.

XIIᵉ siècle. Église de
la Martorrana, Palerme.

270 .

pose à l'empereur, roi de Germanie et d'Italie. À la limite de l'Empire byzantin, elle est également le lieu de contact entre les Églises d'Orient et d'Occident, au bord du schisme.

UNE ASCENSION FULGURANTE

Les Normands sont employés comme d'autres mercenaires dans les conflits que suscite cet enchevêtrement politico-religieux. Entre 1016 et 1018, ils combattent aux côtés des Lombards révoltés contre Byzance, avec la bénédiction du pape. La révolte est écrasée, mais les Normands ont prouvé leur valeur. Le duc de Naples les distingue des autres chevaliers en quête de fortune, en donnant, vers 1029, à l'un d'entre eux, Renouf, le comté d'Aversa. Renouf fonde la première principauté normande d'Italie avec l'aide de compatriotes qu'attirent ces terres à prendre. Puis c'est le tour de Guillaume Bras de Fer et de ses frères, fils d'un chevalier de la région de Coutances,

Tancrède de Hauteville. Les frères Hauteville servaient Byzance en Sicile vers 1038-1040, mais ils passent sur le continent et s'y taillent leur propre territoire. Bientôt, en plus d'Aversa, on compte une douzaine de principautés normandes, et les baronnies de Pouille sont dominées par Bras de Fer puis par ses frères. Un autre Hauteville, Robert Guiscard « l'Avisé », arrivé vers 1047, s'installe en Calabre.

LES NORMANDS FACE AUX PUISSANTS

Effrayés par les ravages normands, les princes lombards et le pape Léon IX font appel à l'empereur germanique en 1052. Mais les Normands remportent la victoire et capturent le pape en 1054. C'est l'année du schisme, qui sépare définitivement les chrétientés byzantine et latine et où la querelle des Inves-

Robert, le prince de △ Capoue, et son trésorier. La ville de Capoue a été prise en 1058, les princes normands ont reconstitué en Italie la féodalité de leur fief d'origine.

XIIe siècle.
Abbaye du Mont-Cassin.

◁
Palais des Normands à Palerme. Mosaïque sur fond or réalisée pour la chambre du roi Roger en 1170 et ornée de scènes de chasse aux cerfs, lions et paons.

.271

Les Normands de Sicile ont toujours entretenu des relations ambiguës avec le basileus de Byzance.

L'OMBRE DE BYZANCE

En Italie du Sud, l'expansion normande s'est effectuée aux dépens de Byzance, mais les rapports entre les nouveaux maîtres de la Sicile et l'Empire d'Orient n'ont pas toujours été mauvais. Mercenaires prêts à tout, les chevaliers normands se louent au plus offrant. En 1070, Roussel de Bailleul s'était mis au service de l'Empire byzantin et avait mené les armées impériales contre les Turcs, sans pouvoir empêcher le désastre de Mantzikert. Dès cette époque, Byzantins et Normands se connaissent et s'apprécient. Ainsi Anne Comnène, historienne, fille de l'empereur Alexis Ier, décrit-elle avec complaisance la haute stature et la belle prestance de Bohémond de Tarente, qui participa à la première croisade. De leur côté, les rois de Sicile, seigneurs féodaux, rêveront toujours d'égaler le faste et la pompe de la cour de Constantinople.

titures (qui, de l'empereur ou du pape, doit nommer les évêques ?) oppose le Saint Empire romain germanique et la papauté. Celle-ci est condamnée à s'entendre avec les Normands : en 1058, le pape Nicolas II s'allie aux plus puissants d'entre eux, Richard d'Aversa et Robert Guiscard, que le concile de Melfi investit respectivement des duchés de Capoue et de Pouille en 1059.

▽
Partant pour l'Orient, un chevalier « se croise » : il reçoit d'un moine la croix qui donne son nom à la croisade. Les aventures lointaines ont tenté les fougueux Normands de Sicile, qui ont été princes d'Antioche.
XIVe siècle. Bibliothèque Marciana, Venise.

Cette nouvelle légitimité ne freine pas pour autant l'expansion normande. Le plus jeune des Hauteville, Roger, conquiert la Sicile musulmane en trente ans (1060-1091), et Guiscard s'empare en 1071 de Bari et de Brindisi, derniers vestiges de l'Italie byzantine, puis, en 1076, du dernier État lombard, la principauté de Salerne. Se sentant à nouveau menacée, la papauté excommunie Guiscard, mais, face à la gravité de la menace germanique, le pape Grégoire VII finit par s'entendre en 1080 avec les Normands. Et, quand l'empereur germanique Henri IV se fait couronner à Rome et remplace Grégoire VII par un antipape plus docile, c'est Guiscard qui reprend la ville en 1084, au cours d'un sac violent.

LE RÊVE BYZANTIN

Tenir le détroit de Corfou, qui ferme l'Adriatique, c'est tenir la plus somptueuse des proies : Constantinople. Guiscard profite de la crise que traverse Byzance après la défaite de Mantzikert face aux Turcs en 1071. Il envoie son fils Bohémond en Épire (l'actuelle Albanie). Victorieux, les Normands s'attaquent ensuite à la Ma-

Princes italiens, les Normands de Sicile interviennent dans les tortueuses intrigues romaines.

LE SCHISME D'ANACLET

C'est à un antipape que le comte de Sicile Roger II doit le titre de roi que son père, simple légat apostolique du pape Urbain II n'avait pas pu obtenir. À la mort du pape Honorius II, en 1130, le cardinal Pierleoni, homme d'une grande culture, issu d'une famille juive convertie, est élu pape et monte sur le trône de saint Pierre sous le nom d'Anaclet II. Mais une forte minorité de cardinaux lui préfère Innocent II, qui apparaît très vite comme le pape légitime, grâce au soutien que lui apporte saint Bernard, le personnage le plus prestigieux de la chrétienté. Celui-ci affirme que, si les électeurs d'Anaclet étaient les plus nombreux, ceux de son adversaire étaient les plus sages. Mais Roger II apporte son soutien à Anaclet ; pour remercier son défenseur, ce dernier le couronne roi l'année même de son avènement. Le Normand défendra l'antipape jusqu'à la mort de celui-ci, en 1138, et lui fera même élire un successeur, Grégorio Conti, qui prend le nom de Victor IV. Ce dernier se soumet quelques mois plus tard, après une nouvelle intervention de saint Bernard, tandis qu'Innocent II est battu, fait prisonnier par Roger II et doit reconnaître sa défaite.

cédoine puis à la Thessalie. Venise, à qui Byzance accorde des privilèges commerciaux si elle défend le détroit, va chercher à éviter que les deux rives de l'Adriatique ne soient sous domination normande. La destruction de la flotte vénitienne, en 1084, ne permet cependant pas aux Normands d'atteindre Byzance. La mort de Guiscard, en 1085, met un terme aux attaques sur l'Épire, et l'homogénéité de son duché ne lui survit pas. En 1109, l'expédition de Bohémond en Épire est un désastre, et, s'il parvient, en profitant de la première croisade, à se tailler une principauté à Antioche, les Normands perdent celle-ci dès 1125. Le bouclier vénitien s'avérera efficace, et Byzance saura résister aux multiples attaques normandes du XIIᵉ siècle.

LA PUISSANCE SICILIENNE

La Sicile est désormais le centre de la puissance normande. À sa tête, le fils de Roger de Hauteville, Roger II, en-treprend de soumettre le sud de l'Italie, la Pouille étant de nouveau à prendre. En dix ans de campagnes d'une extrême violence, il construit sur le continent un pouvoir royal aussi fort que celui dont il dispose en Sicile. Il contraint en effet la papauté à lui accorder le titre de roi pour la Sicile, Capoue et la Pouille. Roger II étend sa domination sur la côte africaine, qu'il contrôle de Tunis à Tripoli à partir de 1148, mais que ses successeurs perdront après sa mort, en 1154.

Le royaume normand réussit d'abord à se maintenir, mais, par le jeu des successions et des alliances matrimoniales, il tombera finalement en 1194 aux mains de l'empereur Henri VI de Hohenstaufen et deviendra, jusqu'en 1268, l'une des bases principales du pouvoir impérial germanique.

Palais des Normands. ▽ Palerme resta long-temps une ville de moindre importance, loin derrière Syracuse. Ce sont les émirs arabes, puis les rois normands qui ont fait de la ville la capitale qu'elle est toujours.

CIVILISATION NORMANDE OU ROYAUME ORIENTAL?

Le royaume normand de Sicile, étendu par Roger II en «terre ferme», ne fut pas seulement le théâtre d'exploits militaires. Il fut aussi le lieu où se développa une civilisation brillante où coexistaient chrétiens grecs et latins, juifs et musulmans, et dont la vie intellectuelle était féconde. C'est par Palerme que l'Occident a reçu certaines œuvres de l'Antiquité grecque ainsi que les écrits de médecins et d'astronomes arabes. Les comtes et rois de Sicile ont utilisé la richesse du pays pour centraliser un État calqué sur les modèles orientaux: le souverain, invisible dans son palais arabe de Palerme, s'entoure d'un harem et d'eunuques, et gouverne en despote. Ce mode de gouvernement a provoqué plusieurs révoltes des villes et des féodaux, mais celles-ci n'ont pas diminué la puissance d'une monarchie qui a fait connaître son âge d'or à la Sicile. □

Point stratégique entre Orient et Occident, l'île de Malte fut, elle aussi, conquise par les Normands de Sicile.

MALTE AU MOYEN ÂGE

L'île, qui avait échapppé aux invasions des Goths et des Vandales, était tombée aux mains des musulmans arabo-berbères en 870. Toute sa population s'était alors convertie à l'islam, pour éviter d'être emmenée en esclavage. Malte devint à cette époque la plaque tournante de l'esclavage en Méditerranée, car ses ports servaient de base de départ aux corsaires qui pillaient les rivages chrétiens et y capturaient de quoi alimenter les harems orientaux. En 1090, Roger, fils de Tancrède de Hauteville, s'empare de l'île et met fin à ce trafic. Les communications maritimes sont donc coupées entre les États musulmans d'Occident et leurs bases d'Égypte et de Syrie. Mais la conquête normande laisse les musulmans libres de pratiquer leur religion et de parler leur langue.

Vue de Malte, ville qui appartint aux Normands avant de devenir le refuge des Hospitaliers.

L'ÂGE CLASSIQUE DE L'ASIE

L'Asie du Sud-Est connaît, aux XIe et XIIe siècles, son âge classique. De brillantes civilisations s'y développent sous l'influence des cultures indiennes, hindouiste ou bouddhiste.

◁ **Bouddha** debout, style de Pagan. Très bons fondeurs, les Birmans aiment les bouddhas, aux épaules rondes, au corps lisse, influencés par Ceylan. La sérénité de l'œuvre est plus importante que sa plastique.
Musée Guimet, Paris.

▷ **Le stupa** de Shwezigon à Pagan. Il a été construit à partir de 1086 pour enchâsser une dent du Bouddha

Au IIᵉ siècle, des tribus s'établissent au confluent de l'Irrawaddy et de son affluent, le Chindwin, qui baignent l'actuelle Birmanie. Ces premières tribus birmanes ont d'abord formé une petite confédération de 19 villages, vénérant chacun leur génie local appelé « Nat ». C'est autour d'un de ces génies qu'ils se sont réunis en 849. L'unification religieuse se concrétisa par le regroupement de tous les villages sous l'autorité d'un chef unique.

Pagan, capitale de la Birmanie

Simple capitale provinciale, Pagan dut attendre le XIᵉ siècle pour jouer un rôle historique. Vers 1044, le souverain Anoratha, fondateur du premier royaume birman unifié, monta sur le trône. Il se livra à une politique de conquête qui lui permit d'accroître rapidement la taille et la puissance du royaume. Il assura d'abord sa domination sur le nord de la vallée de l'Irrawaddy, puis soumit les populations du Sud en affrontant les royaumes qui les gouvernaient. Le royaume de Thaton fut détruit, celui de Pegu fut soumis. Sur l'une des terres qu'il avait conquises, la grande plaine de Kyaukse, il fit faire de grands travaux d'irrigation qui développèrent les ressources agricoles du royaume. Afin d'assurer la protection du pays, il fit bâtir une ligne de forts le long du plateau Chan, qui borde l'est de la Birmanie, et entoura le royaume de Pagan d'États vassaux contrôlés par des gouverneurs à sa solde.

Anoratha, roi bouddhiste

Son œuvre fut également culturelle. Il ramena de ses conquêtes du Sud birman de nombreux otages, artisans, membres du gouvernement et religieux bouddhistes, qui enseignèrent à leurs vainqueurs leur langue et leur écriture, dérivées des langues du sud de l'Inde. Anoratha adopta la religion des vaincus en se convertissant au bouddhisme du Grand Véhicule. Branche réformée du bouddhisme, le Grand Véhicule n'accordait pas seulement le salut à une élite d'ermites, mais à tout laïque vivant dans le monde avec sainteté et compassion. Anoratha, en faisant du bouddhisme la religion birmane officielle, assura le prestige de son royaume : il offrit de

◁ **Le mont Popa** en Birmanie. Séjour des génies de la religion birmane, il est « l'Olympe » des Nats. Les pagodes qui le surmontent datent pour la plupart du XVIIIᵉ siècle.

△ **La pagode** Shwedagon à Rangoon. De très nombreux monuments religieux furent édifiés dans la ville entre le XIᵉ et le XIVᵉ siècle. Celui-ci est toujours un haut lieu de culte.

Sous le règne de Jayavarman VII, le Cambodge atteint son apogée territorial. Mais l'histoire a surtout retenu l'œuvre religieuse de ce grand roi.

UN ROI PIEUX

Disciple, comme ses épouses Jayarajadevi et Indradevi, du bouddhisme du Grand Véhicule, il s'attache pendant son règne à promouvoir sa foi. Il fait construire des temples, cent deux hôpitaux placés sous le signe du Bouddha guérisseur et de nombreuses auberges pour les pèlerins. Il fonde la troisième cité d'Angkor et la consacre entièrement au Bouddha. Le temple central, le Bayon, porte deux cents visages souriants qui témoignent, aux quatre points cardinaux, de la puissance du Bouddha-roi.

nombreuses terres aux moines et entretint des relations importantes avec le clergé de Ceylan (grand centre religieux du sud de l'Inde). Cela lui permit de développer les liaisons commerciales dans le golfe du Bengale, qui sépare la Birmanie du sous-continent indien. Recevant du roi de Ceylan une précieuse relique du Bouddha, le souverain ordonna la construction d'un bâtiment pour l'abriter : la pagode de Shwezigon, qui est encore aujourd'hui le centre religieux de la Birmanie. C'est ainsi que fut inaugurée une brillante politique de construction religieuse que continuèrent tous les successeurs d'Anoratha. Imitant d'abord les peuples qu'ils avaient soumis, puis créant leur propre style, les Birmans construisirent jusqu'à 5 000 édifices religieux dans la ville de Pagan.

Cette monarchie n'a cependant pas réussi à surmonter ses propres difficultés de succession dynastique, et, dès le milieu du XIIIᵉ siècle, appauvrie, la Birmanie était livrée au chaos politique et fut incapable de résister aux attaques militaires des Mongols et des Tartares.

ANGKOR, LA VILLE DES DIEUX

Comme à Pagan, la religion joua un grand rôle dans la civilisation cambodgienne. La capitale de l'Empire khmer, Angkor, fondée en 900 par le roi Yasovarman, était tout entière tournée vers le sacré : son site fut choisi pour des raisons astrologiques, le centre de la ville était constitué par un temple construit sur une montagne, le Phnom Bakheng, et la royauté khmère était

elle-même divinisée. Les souverains qui s'y sont succédé ont construit un nombre impressionnant de temples, dont ceux en forme de montagne, consacrés au culte de la royauté, sont les plus célèbres. S'inspirant de religions traditionnelles de l'Inde, les temples furent d'abord dédiés aux grandes divinités hindoues, avant d'être consacrés à la spiritualité bouddhique. La politique d'Angkor est rythmée par les questions religieuses. Quand les Khmers étendirent leur empire vers l'ouest et le nord du pays, ils ne se contentèrent pas d'y installer un système administratif très complet, mais entretinrent également des religieux qui veillaient à l'observance des rites. En 1002, le roi Suryavarman Iᵉʳ, qui usurpa le pouvoir, construisit une nouvelle capitale près de la première, et, au

---

Entre 1010 et 1225, la dynastie des Ly réalise l'unité du Viêt-nam indépendant par la puissance de l'État et de l'armée.

LES LY CRÉENT LE VIÊT-NAM

Ce nouvel État prend, en 1054, le nom de Dai-Viêt. Hanoi devient, dès 1010, la capitale d'un royaume centralisé, à l'administration unifiée. Les Ly réalisent de grands travaux hydrauliques pour développer l'agriculture. Ils se posent en protecteurs du bouddhisme.

Ils doivent défendre le jeune État contre les tentatives d'hégémonie chinoises et créent pour cela une armée nationale. Le même élan « patriotique » pousse les Vietnamiens à la conquête de nouvelles terres, au sud, aux dépens du royaume du Champa.

276 .

◁

Pagode dite du Pilier unique de Hanoi, vouée au culte bouddhique. Elle a été construite en forme de fleur de lotus sur un plan d'eau au XIᵉ siècle, et souvent remaniée depuis.

▷

Jonques dans la baie d'Along, près du delta du Tonkin, au nord du Viêt-nam. La riziculture inondée et les activités traditionnelles liées au fleuve y ont toujours attiré de fortes densités humaines.

centre de cette deuxième Angkor, un « temple-montagne » abrita les cendres du souverain.

L'ennemi principal du Cambodge, le royaume de Champa, situé sur la côte est de l'actuel Viêt-nam, faillit abattre l'Empire khmer à la fin du XIIe siècle, et, quand le roi Jayavarman VII, une fois l'ennemi repoussé, voulut restaurer la puissance du royaume d'Angkor, il le fit à nouveau sur une base religieuse. Il construisit une troisième Angkor, consacrée au Bouddha, qui supplantait les religions traditionnelles de l'hindouisme brahmanique. C'est sous le règne de Jayavarman VII (1181-1220 environ) que l'Empire khmer connut sa plus grande extension : il recouvrait le pays khmer, le sud du Viêt-nam, le Laos, la Thaïlande, ainsi qu'une partie de la Malaisie et de la Birmanie.

LA PROSPÉRITÉ MARCHANDE DE JAVA

La civilisation classique du Sud-Est asiatique connut d'autres types de développement que celui de la grande cité maîtresse d'un empire. L'île indonésienne de Java fut soumise à une grande instabilité politique du Xe au XIIIe siècle. Elle connut plusieurs royaumes prospères qui se succé-

dèrent dans la violence. Passé le règne de Shrivijaya, dont le royaume fut détruit en 1023, elle ne parvint jamais réellement à maintenir son unité. Cette instabilité ne l'empêcha pourtant pas de développer sa propre civilisation, fondée essentiellement sur la puissance maritime et commerciale. Déjà sous Shrivijaya, elle fournissait toute l'Asie et le monde arabe en épices, ivoires et bois précieux. ☐

Dragon du Champa. ▽ Caractéristique de l'art de Thâp-mam, encore marqué par les influences javanaises, il garde la porte d'un temple.

XIIe-XIIIe siècle. Musée Guimet, Paris.

◁ **Têtes** sculptées, porte d'Angkor Thom. On y a vu les visages de Lokesvara, seigneur du monde, mais elles représentent plutôt le Grand Miracle de Sravatsi, au cours duquel, pour confondre des hérétiques, le Bouddha apparut multiplié à l'infini dans les airs.

. 277

Dans le Viêt-nam des Ly, l'essor du bouddhisme favorise le développement de l'art religieux.

L'ART VIETNAMIEN

Les pagodes construites alors s'intègrent harmonieusement dans le paysage : celle de Zien Huu, dite du Pilier unique (1049), est une simple colonne de pierre au centre d'un plan d'eau, couronnée d'un pavillon de bois. Elle évoque la fleur de lotus sur sa tige, élément essentiel de décoration : les bouddhas sont assis sur des lotus, motif qui orne aussi les céramiques. Le dragon est un autre thème typique de l'art vietnamien de cette époque. Symbole du roi et ancêtre légendaire du peuple vietnamien, plus naturel que les animaux hiératiques et stylisés des Chinois, il orne, par exemple, la pagode de Chuong Son, construite en 1105.

ANGKOR VAT

Du Xᵉ au milieu du XIᵉ siècle, les souverains qui se succèdent à Angkor accumulent les constructions prestigieuses sur un même modèle : à un bassin à usage rituel sont adjoints un temple aux ancêtres et un « temple-montagne ». Ce dernier comprend toujours plusieurs enceintes concentriques renfermant des sanctuaires secondaires et, au centre, une pyramide à cinq gradins. Cette architecture atteint son apogée à Angkor Vat, « la ville qui est un temple » ; c'est l'édifice le plus vaste et le mieux préservé d'Angkor. Il s'étend sur 1 500 mètres en longueur et 1 200 mètres en largeur. Les douves qui entourent le complexe sont larges de 190 mètres. Angkor Vat impressionne autant par la hauteur de son sanctuaire central que par la belle ordonnance horizontale de l'ensemble. Le sanctuaire, au plan cruciforme, comporte une pyramide centrale gardée par quatre tours d'angle, toutes affectant la forme en obus, typique d'Angkor. Ces cinq sommets figurent traditionnellement la montagne cosmique : le mont Méru, pivot du monde et séjour de Siva. L'édifice est orné d'un foisonnement de sculptures : nymphes célestes, scènes mythologiques et historiques animent ce temple funéraire. Malheureusement, les pillages répétés des Siamois, aux XIVᵉ et XVᵉ siècles, ont profondément appauvri le site. Les sculptures et revêtements de bronze ont disparu, les palais de bois ont brûlé.

278 .

Temple-montagne du Bayon (détail), édifié à la fin du XIIᵉ siècle, dans la citadelle d'Angkor Thom, par Jayavarman VII, qui le consacra au Bouddha. Le style baroque foisonnant d'Angkor Thom s'oppose au classicisme ◁ d'Angkor Vat.

Façade d'Angkor Vat. ▽ Au centre de la terrasse, la « Montagne sacrée », constituée d'un temple de 59 mètres de haut. Il se compose d'un pavillon central relié par des galeries à deux autres tours.

▽ **Porte sud** d'Angkor Thom. Après la destruction par les Chams des palais d'Angkor, le roi fit construire une citadelle, ceinte d'une muraille de trois kilomètres de côté.

La chaussée qui franchit la douve est bordée de 54 statues colossales portant un naga (génie à corps de serpent).

Le grand axe qui ▷ mène à Angkor Vat, vu de l'entrée principale du sanctuaire. Long de 350 mètres, il est bordé d'une balustrade faite de naga, et prolongé par une autre chaussée-digue, qui franchit les douves, elle aussi bordée de naga.

◁ **Angkor Vat,** vue aérienne. Le temple-montagne construit vers 1151 par Suryavarman II en l'honneur de Visnu est mis en perspective au centre d'un gigantesque quadrilatère, qui en fait le plus grand monument religieux d'Asie.

Un poète récite ses vers devant la reine de France. *XIIIe siècle. Bibliothèque de l'Arsenal, Paris.*

PORTUGAL

L'indépendance du Portugal

■ Dans la péninsule Ibérique, les musulmans ne se sont jamais vraiment implantés dans l'Ouest, région qui est devenue, dès le IXe siècle, le comté indépendant de Portugal, au nord de Porto. C'est le fils de celui que les Portugais appellent Dom Henrique, Alphonse Ier Henrique, qui fonde le royaume de Portugal, dont la conquête est presque achevée en 1147, quand le roi, aidé par une armée de croisés, s'empare de Lisbonne et en chasse les musulmans. □

FRANCE

L'abbaye de Fontevrault

■ En 1101, l'ermite et prédicateur Robert d'Arbrissel fonde, à Fontevrault, une abbaye qui suivra strictement la règle bénédictine, en mettant l'accent sur l'abstinence et le silence perpétuels. En fait, ce sont plusieurs établissements monastiques qui s'articulent autour de la grande abbatiale romane : le Grand Moûtier accueille trois cents nonnes ; la Madeleine reçoit les filles repenties ; Saint-Lazare, les lépreux, et Saint-Jean-l'Habit, les hommes. Tous ces religieux sont soumis à l'autorité unique de l'abbesse, image de la Vierge Marie. De Fontevrault dépendront plusieurs filiales, dirigées par la prieure du monastère des femmes. L'abbaye mère sert de sépulture aux comtes d'Anjou.□

OCCITANIE

Légendes en Aquitaine

■ L'Aquitaine a toujours été en marge du royaume capétien, mais elle est étroitement liée au reste de la chrétienté, puisqu'elle est sillonnée par les chemins de Saint-Jacques-de-Compostelle. Sur leur route, les pèlerins trouvent l'abbaye Saint-Martial de Limoges, les églises romanes du Poitou, de la Saintonge et du Quercy, où la virtuosité des sculpteurs s'exprime librement. Sur les routes du pèlerinage se répandent légendes et contes ; la région est marquée par les exploits de Roland : on se recueille sur sa tombe à Blaye, on admire à Bordeaux son olifant, conservé dans l'église Saint-Seurin. □

FRANCE

Les malheurs d'Abélard

■ « Mon cœur m'a quitté, il vit avec toi. Sans toi, il ne peut être nulle part », écrit Héloïse, nonne à Argenteuil depuis qu'en 1118 son oncle, le chanoine Fulbert, a fait châtrer Abélard, son professeur, qu'elle avait épousé en secret. Devenu moine, Abélard continue à enseigner avec succès les arts libéraux, grammaire, rhétorique, dialectique, et la théologie. Ses œuvres mènent à une approche raisonnée des mystères de la foi, et s'opposent à l'approche monastique, toute mystique et allégorique, qui est celle de saint Bernard. Mais les écrits d'Abélard sont condamnés par les conciles de Soissons (1121) et de Sens (1140). □

ESPAGNE

Chronique de la Reconquista

■ Alphonse Ier le Batailleur, roi d'Aragon, prend Saragosse en 1118 et écrase, en 1120, à Cutanda, une armée musulmane qui tente de reprendre la ville. Le roi ne peut pousser plus avant ses conquêtes et connaît même quelques défaites, faute de s'entendre avec le comte de Barcelone. Il meurt sans enfants, en 1134, et lègue son royaume aux ordres militaires qui s'illustrent en Castille. Mais la solution n'est pas viable, et l'Aragon échoit très vite à son frère Ramire, qu'on a tiré pour la circonstance de son couvent, puis à la fille de celui-ci, Pétronille, qui épouse en 1137 le comte de Barcelone. □

Abbaye de Fontevrault.

EUROPE

L'impératrice Mathilde

■ Mahaut, ou Mathilde, fille d'Henri Ier Beauclerc, et veuve de l'empereur Henri V, épouse en 1128, un des plus puissants féodaux du royaume de France, Geoffroy V le Bel, que ses amis surnomment « Plantagenêt » à cause de la branche de genêt qu'il porte à son chapeau. En 1135, Henri Ier meurt, sans héritier. Mathilde doit disputer l'Angleterre à son cousin Étienne de Blois, descendant comme elle de Guillaume le Conquérant. La lutte du roi et de Mathilde déchire alors l'Angleterre. □

ASIE CENTRALE

La fin de l'empire des Khitans

■ Venus des forêts de Mandchourie, les Djurtchets s'allient aux Song pour détruire, en 1125, l'empire de Liao. Les souverains chinois prennent ainsi une revanche attendue depuis longtemps sur les Khitans, peuple proto-mongol qui s'est attribué un immense territoire entre la mer du Japon et le Turkestan, avec pour capitale Nanjing, sur le site de l'actuelle Pékin ; ils ont pris depuis 937 le nom chinois de Liao, et ont fondé un État bien administré, où ils obligent les autochtones chinois à verser un tribut. □

CAUCASE

La Géorgie

■ La puissance du royaume géorgien date du début du XIIe siècle. Au VIIe siècle, ce sont les Arabes qui baptisent « Tbilissi » sa capitale, Tiflis. Dès le début du VIIIe siècle, la famille princière des Bagratides, originaire d'Arménie, profite de la faiblesse des empereurs byzantins et des califes de Bagdad pour fonder une monarchie héréditaire. À la fin du Xe siècle, le prince Bagrat III unifie les petites principautés féodales. Mais la capitale reste aux mains des musulmans jusqu'en 1122, lorsqu'elle est conquise par David le Constructeur. □

ARCTIQUE

La culture de Thulé

■ Alors qu'en Europe arctique s'épanouit la culture des Samits, ancêtres des Lapons, les Inuit (Esquimaux) continuent de vivre de chasse, de pêche et de cueillette. Vers 1100, ceux qui sont établis à Thulé, au nord du Groenland, fabriquent des outils microlithiques en os et en ardoise, remplaçant les instruments plus anciens : sagaies, pointes de flèches et couteaux de pierre. Leurs plus anciens habitats n'ont pas laissé de traces, mais on a retrouvé des restes de leurs foyers sur les plages glacées. □

1148 - 1190

*Guanyin, la déesse
de la Miséricorde.
Bois polychrome. Xe-XIIe siècle.
Musée Guimet, Paris.*

Dans un roman du
XIIe siècle, la
*Geste des Nor-
mands,* un poète anglo-
normand, Robert Wace,
nous livre l'anecdote
suivante : Richard Ier
Cœur de Lion est enfer-
mé depuis quelques
jours dans la tour de
Rouen. Qu'y fait-il ?
Pour quelle besogne in-
dispensable se prive-t-il
des plaisirs de la chasse
au grand air ? Pour
compter avec ses pré-
vôts « ses tailles et ses
acomptes ». En ces
temps où écrit Robert
Wace, non seulement
dans le royaume des
Plantagenêts, mais aussi
dans la prospère Chine
des Song, se met effecti-
vement en place une
organisation administra-
tive perfectionnée, un
appareil d'État qui est
destiné à mieux rendre
la justice, à recenser les
ressources et à compter
judicieusement les im-
pôts. Mandarins recru-
tés sur concours, shérifs
ou prévôts, ils représen-
tent dans tout le pays
l'autorité et la loi du roi
ou de l'empereur et ont
pour charge d'irriguer
le corps de l'État.

L'APOGÉE DES SONG

Au cœur du XIIᵉ siècle, la Chine est dominée
par la dynastie des Song. L'empire connaît
alors une grande prospérité matérielle
et un essor culturel important.

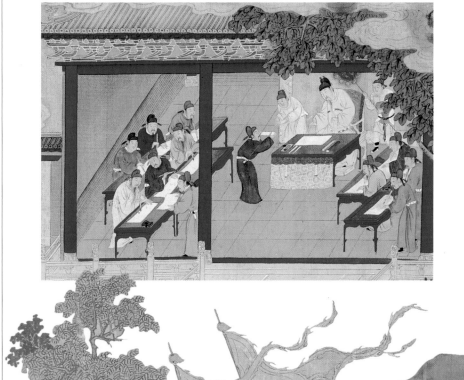

EN 960, un an après la mort du dernier empereur de la dynastie des Zhou postérieurs, la dernière des Cinq Dynasties, le général Zhao Guangyin, proche de la famille régnante, organise une mutinerie et s'empare du pouvoir. Il fonde une nouvelle dynastie, qu'il baptise Song, et fixe la capitale à Kaifeng. Après une vigoureuse campagne militaire qui dure seize ans, il réussit à soumettre progressivement la quasi-totalité du pays situé au sud de la Grande Muraille. Ce faisant, il met un terme au morcellement hérité de la période des Cinq Dynasties et des Dix Royaumes : l'empire chinois traditionnel est presque reconstitué.

LES TERRES INVAINCUES

Cependant, les armées Song ne parviennent pas à conquérir les vastes espaces contrôlés par les « Barbares » autour de l'empire : Khitans (Khitaï)

◁ **La bureaucratie** chinoise : l'empereur Jin Song, voulant savoir lesquels de ses sujets sont capables de bien gouverner le peuple, fait venir les plus habiles des lettrés.
XVIIᵉ siècle. Bibliothèque nationale, Paris.

▽ **Le marquis** Wen visite la ville de Ch'u (détail).
Peinture par Li T'ang. Vers 1130. The Metropolitan Museum of Art, New York, Gift of the Dillon Fund, 1973.

282 .

en Mandchourie et autour de Pékin, Djurtchets (nomades sinisés du Nord-Est) et Mongols au Nord, Tangoutes (proto-Tibétains) installés dans la région de la grande boucle du fleuve Jaune au Nord-Ouest, Nanzhao au Yunnan et Vietnamiens au Sud. La Chine a perdu de son emprise sur l'Asie. Elle est en outre entourée de voisins puissants, qui exigent de lourds tributs en échange de la paix. Aussi, loin de porter ses regards vers l'extérieur, le nouvel empire se replie-t-il sur lui-même, cherchant avant tout à s'organiser.

L'APPARITION DES MANDARINS

Les institutions héritées de l'ancien empire médiéval des Tang et des Cinq Dynasties sont révisées. La centralisation est poussée à l'extrême à tous les niveaux : politique, militaire, économique et culturel. L'unification politique du monde chinois proprement dit est alors la priorité absolue. Trois grands départements se partagent l'administration, dont l'empereur reste le chef inconditionnel : celui de l'Économie et des Finances, qui gère les monopoles d'État (sel, thé, alcools, parfums), ainsi que le budget et la population ; celui des Armées ; et, enfin, celui du Secrétariat, qui contrôle l'administration judiciaire, les nominations, les promotions et les châtiments des fonctionnaires. Ce département porte à la perfection le système des concours de recrutement, qui permettent d'engager les meilleurs éléments par des sélections réalisées au niveau des districts, dans les provinces. Dès lors, ce sont ces fonctionnaires civils, les

◁ **Notable** chinois et son écuyer. Le peintre de Dunhuang a représenté le futur Bouddha sous les traits d'un grand personnage de son temps. Au début de la période Song, les grottes de Dunhuang sont toujours un lieu de pèlerinage.

Xᵉ siècle. Musée Guimet, Paris.

. 283

«mandarins», qui deviennent les rouages politiques essentiels de l'appareil d'État, au détriment des membres et des proches de la famille impériale, des eunuques, des concubines et autres intrigants qui avaient si souvent présidé aux destinées de la Chine.

L'ÉVEIL ÉCONOMIQUE

Le nouvel État s'enrichit rapidement grâce au développement du commerce et de l'industrie. Il en réorganise le fonctionnement en stimulant l'essor des grandes cités marchandes de l'intérieur et des côtes. Les échanges maritimes amorcés avec l'étranger, le Japon notamment, sont encouragés au départ des ports de Nankin, Canton (un quartier «réservé» aux agents commerciaux étrangers y est créé), Hangzhou, Wenzhou et Fuzhou.

L'agriculture n'est pas en reste. L'administration chinoise importe du Viêtnam des variétés de riz précoce qui permettent de produire deux récoltes par an : la riziculture connaît un essor sans précédent dans les contrées méridionales. Les terres arables se couvrent de chanvre, de coton, de mûriers destinés à l'élevage du ver à soie.

De nombreux progrès techniques sont réalisés : le charbon devient un combustible courant et sert à la fonte du fer ; de nouvelles mines de fer, de cuivre, de plomb et d'étain sont ouvertes. Les bateaux à roues actionnées par la force humaine sillonnent les fleuves et les mers : la Chine dispose sous les Song d'un réseau de plus de 50 000 kilomètres de voies navigables naturelles et de canaux. Les industries du textile, du papier et de la porcelaine, les imprimeries et les fonderies occupent des centaines, voire des milliers d'ouvriers à temps plein. Les premières formes de papier-monnaie et de lettres de change sont mises en circulation. Marchands et grands propriétaires sont les premiers à profiter de cette prospérité, qui leur permet d'accumuler d'énormes fortunes. Les

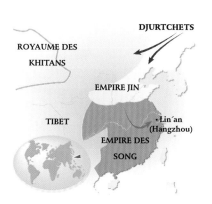

▷ **Maquette** de la grande horloge astronomique, conçue par Su Song en 1092. Le châssis a été enlevé afin de montrer le mécanisme. Au sommet, une sphère permettait d'observer les étoiles ; elle pouvait pivoter, grâce à des engrenages.
Science Museum, Londres.

▽ **Portrait** d'un prêtre, Pu Kung, attribué à Chang Su Kung, peintre de l'époque Song.
Coll. part., Paris.

La période des Song, parfois qualifiée de «Renaissance chinoise», connaît inventions, progrès scientifiques et techniques multiples.

LES GRANDES INVENTIONS

L'astronomie et la mesure du temps sont des sujets de recherche privilégiés. Encouragés par le pouvoir, des lettrés se mettent au travail. Su Song (1020-1101) construit une horloge astronomique en bronze et en fer de 6 mètres de haut, indiquant à tout moment la position des constellations. Le mathématicien Guo Shoujing (1231-1316) fait construire une tour-cadran solaire haute de 14 mètres, destinée à la prévision des équinoxes et des solstices. La poudre à canon, «drogue à feu» en chinois, mélange de salpêtre, de soufre et de charbon de bois, est mentionnée dans des textes de 1044. Son utilisation militaire (grenades, mortiers, canons) se généralise sous les Song.

artisanats de luxe travaillent sans relâche, non plus pour le seul palais impérial, mais aussi pour les grandes familles installées en ville, qui cultivent un art de vivre raffiné. Les arts et les lettres connaissent une grande vitalité. La Chine est en paix ; riche d'une démographie en hausse, elle compte plus de cent millions d'habitants.

L'ÉCHEC DES RÉFORMATEURS

Cet « âge d'or » dans l'histoire chinoise est pourtant menacé. Le paiement de lourds tributs imposés par les puissances de la steppe en échange de pactes de non-agression, constamment renégociés, et les luttes au sein des milieux politiques provoquent l'effondrement du gouvernement

Le repiquage du riz. ▷ Cette technique a permis aux plus fortes densités humaines du monde de se développer en Chine.
XVIIᵉ siècle. Bibliothèque nationale, Paris.

Campement près ▽ d'un ruisseau (détail).
Peinture anonyme. XIVᵉ siècle. The Metropolitan Museum of Art, New York, Gift of The Dillon Fund, 1973.

central. Les pressions extérieures deviennent insupportables : le traité de paix conclu entre l'empire des Song et le royaume des Khitans en 1004 impose à la Chine un versement annuel de 100 000 taels, soit environ 3 600 kilogrammes d'argent, et de 200 000 pièces de soie de 13 mètres sur 0,77 mètre.

Un mouvement réformateur, dirigé par Wang Anshi (1021-1086), voit alors le jour. À la recherche d'une réponse aux carences du régime face à ces menaces extérieures, Wang Anshi avance des idées empreintes de justice sociale : il préconise une meilleure répartition des charges fiscales, favorise l'ouverture d'hôpitaux et de cimetières publics et propose la construction de greniers de réserves. Il réorganise l'armée de mercenaires, qui, forte de 1 400 000 hommes en 1050, est ré-

. 285

Sous les Song, le système des concours impériaux, qui existe depuis le VIᵉ siècle, est perfectionné.

COMMENT DEVENIR FONCTIONNAIRE IMPÉRIAL

Les candidats aux concours se préparent pendant des années en apprenant, par cœur, les classiques confucéens. Certaines catégories de la population sont écartées du système : acteurs, musiciens, marins, bourreaux, geôliers, ainsi que leurs descendants. Les épreuves peuvent durer trois jours consécutifs, pendant lesquels les postulants sont enfermés dans de petites cellules individuelles, après avoir été fouillés. Munis de leur pinceau, d'encre et de papier, ils rédigent de leur plus belle écriture des essais relatifs à la culture confucéenne et à l'art du gouvernement ; une composition poétique figure au programme. Les copies doivent être impeccables, sans ratures ni surcharges ; les lignes doivent contenir un nombre égal de caractères.

duite à 500 000 soldats de métier, auxquels on adjoint des milices familiales paysannes. Mais Wang Anshi doit faire face à une farouche résistance des puissants conservateurs, dont les intérêts et les privilèges sont menacés. Il est écarté du pouvoir en 1085 et remplacé par son principal adversaire, Sima Guang, qui abolit toutes les réformes de son prédécesseur. Ces luttes de partis affaiblissent considérablement le pays, ce dont profitent ses proches voisins. Après avoir créé un empire du nom de Jin en Mandchourie, les Djurtchets parviennent à prendre Kaifeng, la capitale des Song, en 1126. Ils s'emparent de l'empereur Huizong, de son fils et d'une partie de la cour, et repoussent les troupes chinoises jusqu'aux bords du fleuve Bleu. Les fuyards sont obligés de se replier sur Lin'an, dans la province du Zhejiang.

UNE NOUVELLE CAPITALE

Après plusieurs années d'errance, la capitale est donc installée à Lin'an (aujourd'hui Hangzhou), en 1135. Les tensions politiques rapportées du Nord s'accentuent. Les mouvements réformateurs sont écartés, mais des luttes subsistent entre les partisans de la reconquête des terres perdues, comme le populaire général Yue Fei, et les partisans du statu quo, qu'ils sont prêts à maintenir à n'importe quel prix. Mais la nouvelle capitale profite largement de l'arrivée des réfugiés et du transfert du centre politique du pays. Elle compte près de 2 millions d'habitants, et une vie urbaine « moderne », qui rappelle celle de Kaifeng, s'y développe rapidement : les boutiques et les ateliers artisanaux s'implantent au cœur même de la ville, à côté des bâtiments réservés à l'administration et au logement des fonctionnaires. Dans les quartiers de plaisir, les théâtres, les salles de jeux de hasard et

◁ **Pagode** de fer de Kaifeng. Dans leur capitale, les Song ont maintenu la tradition des Tang, en accentuant les particularités architecturales : importance de la charpente, complexité plus grande du décor.
Xᵉ siècle.

▷ **« L'amour parental »**, un des nombreux groupes de statues populaires des grottes bouddhiques de Baodishan, près de Dazu, dans le Sichuan.

◁ **Guanying,** la déesse de la Miséricorde, protectrice des pêcheurs, est la version chinoise et féminine du bodhisattva indien Avalokitesvara, capable de prendre toutes les formes pour sauver les humains de l'erreur.
Époque Song. Coll. part.

les maisons de prostitution restent ouverts jusqu'à l'aube. Quant aux innovations techniques, éprouvées dans le Nord, elles se perfectionnent dans le Sud. De grands travaux d'irrigation et la construction de réservoirs sont achevés en 1174, dans la région du cours inférieur du fleuve Bleu.

Une société de lettrés

Les progrès de l'imprimerie par procédé xylographique contribuent à la diffusion du savoir et à l'augmentation de la population alphabétisée. L'avance de la Chine est considérable. Les impressions peuvent atteindre 1 500 exemplaires par tirage, à partir de blocs de bois gravés. Les textes sont de toute nature – traités de sciences naturelles et d'agronomie, de physique, de mathématique ; recueils de poésie –, et beaucoup rejoignent la bibliothèque impériale et les collections des notables. Des journaux officiels et privés circulent dans les grands centres urbains ; des plaquettes destinées à diffuser les moyens de diagnostic et de thérapie ainsi que des planches imprimées représentant les 657 points d'acupuncture sont distribuées gratuitement par les services officiels dans les préfectures en 1030.

La fin de l'empire Song

Mais la politique de paix, achetée à des voisins toujours plus agressifs, ne peut résister aux offensives foudroyantes et répétées des troupes d'un nouvel empire des steppes. Dirigées par le Mongol Gengis Khan, ces armées s'emparent de Pékin en 1215 et déferlent jusqu'aux portes de Vienne en 1241. De 1234 à 1279, les attaques contre les Song se multiplient à un rythme accéléré. Sous le commandement de Kubilay Khan, fils de Gengis, les armées prennent les Song à revers en soumettant d'immenses contrées allant du nord de la Chine jusqu'au Viêt-nam, en passant par le Sichuan, le Tibet et le Yunnan. En 1276, les Mongols pénètrent dans Hangzhou, provoquant la fuite de la cour. Song Dibing, le dernier empereur de la dynastie, se suicide en 1279. C'est alors l'occupation totale de la Chine et l'avènement d'une nouvelle lignée étrangère, qui s'installe pour un long règne de 90 ans et prend le nom de Yuan.

□

. 287

L'histoire de l'horloge mécanique explique pourquoi les Chinois n'ont pas gardé leur formidable avance technologique sur l'Occident

LE SECRET DE L'HORLOGE

La première horloge mécanique fut construite en Chine au XIe siècle. Son inventeur, Su Song, dut en garder jalousement le secret, car le cycle des mondes et la fixation du calendrier étaient du ressort de l'Empereur et de lui seul. Quand, en 1126, les Song doivent quitter Pékin, ils ne peuvent emporter leur horloge, qui reste aux mains des Jin. En dépit de leur connaissances, les Song du Sud sont incapables de retrouver le secret de l'horloge, quoiqu'ils aient fait venir le fils de Su Song. Lorsque les Yuan arrivent au pouvoir en 1279, l'horloge n'est plus entretenue ; on perdra sa trace sous les Ming, au XIVe siècle.

▷

Démon assis. Les sculpteurs Song aiment représenter ces êtres grimaçants, qui forment le cortège du pourfendeur Zhong Kui, ou symbolisent les âmes condamnées à un enfer de glace, dont le masque torturé exprime la douleur sans fin. Leur allure parfois grotesque s'oppose à la sérénité fluide des Guanyin qui siègent sur le mont Potala, séjour terrestre du bodhisattva Avalokitesvara.
Musée d'Art oriental, Berlin.

LE POÈTE
ET
L'EMPEREUR

Durant la dynastie des Song, deux personnalités incarnent l'idéal de l'intellectuel chinois : le poète Su Dongpo et l'empereur Huizong. Tous deux excellent dans la pratique des vertus de l'« honnête homme » : la peinture, la poésie et la calligraphie. Su Dongpo est considéré comme le plus grand poète de l'époque et l'un des plus importants de toute l'histoire littéraire chinoise. On lui attribue la paternité du courant philosophique et pictural de la « peinture des lettrés », qui domine l'évolution de cet art jusqu'au XXᵉ siècle. Il est l'un des quatre grands maîtres de la calligraphie Song, et il a laissé de nombreuses pièces autographes, dans lesquelles transparaît une personnalité libre, joyeuse et épanouie, franche et droite, emplie de sagesse et de tolérance. Huizong, qui monte sur le trône l'année même de la mort de Su Dongpo, est un empereur relativement indifférent à la vie politique de son pays, mais un ardent défenseur des arts, des lettres et des sciences pendant toute la durée de son règne à Kaifeng (de 1101 à 1125). Il conçoit une véritable passion pour la peinture et la calligraphie. Dans cette dernière discipline, considérée comme un art depuis la dynastie des Han (IIᵉ siècle av. J.-C.), il « invente » son propre style d'écriture : mince, élégante et vigoureuse, sa calligraphie est baptisée « l'écriture à l'allure d'or grêle ».

288 .

△ **Aquarelle** sur soie due à un maître inconnu de l'académie impériale. À l'académie de l'empereur Huizong se pratique surtout la peinture de «fleurs et d'oiseaux» et d'animaux.
XIᵉ-XIIIᵉ siècle. Musée national, Taibei.

▷
Trois cailles dans les pousses de bambou. Au temps de Huizong, les peintres de l'académie impériale disposaient de merveilleux jardins que l'empereur avait fait aménager pour eux.

Musée national, Taibei.

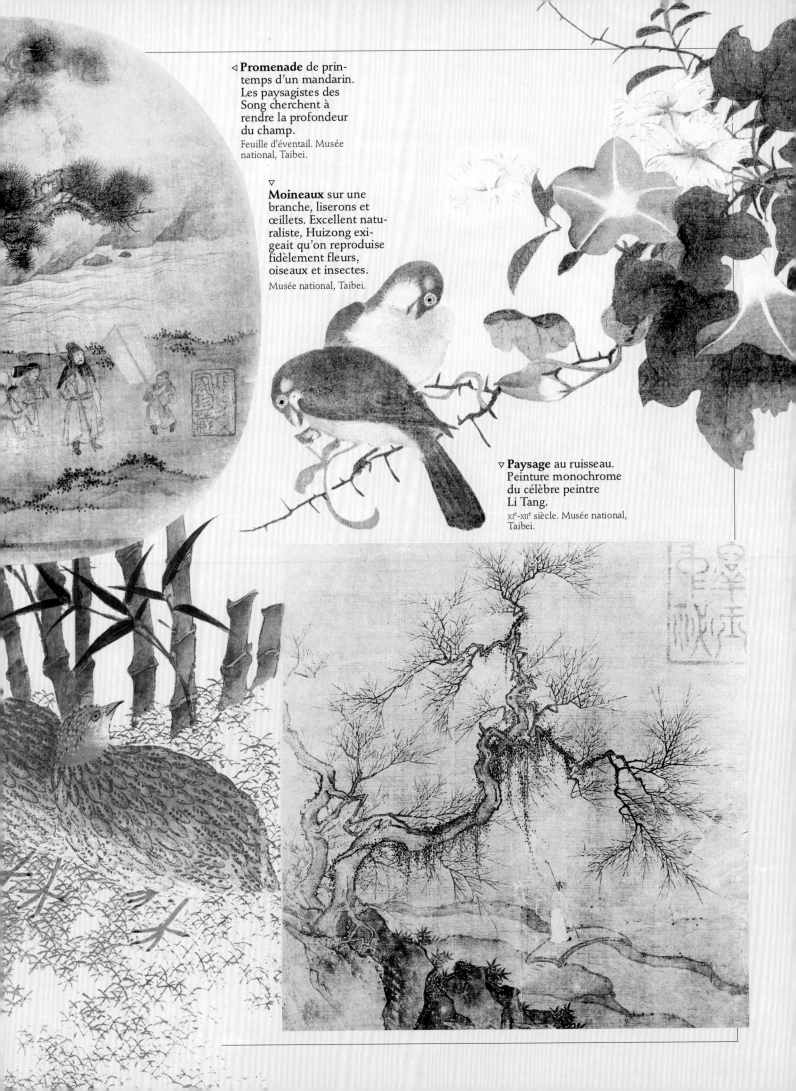

◁ **Promenade** de printemps d'un mandarin. Les paysagistes des Song cherchent à rendre la profondeur du champ.
Feuille d'éventail. Musée national, Taibei.

▽

Moineaux sur une branche, liserons et œillets. Excellent naturaliste, Huizong exigeait qu'on reproduise fidèlement fleurs, oiseaux et insectes.

Musée national, Taibei.

▽ **Paysage** au ruisseau. Peinture monochrome du célèbre peintre Li Tang.

XIᵉ-XIIᵉ siècle. Musée national, Taibei.

L'ISLAM À L'ÉPOQUE DE SALADIN

Face à la puissance des croisés, prêts à devenir les maîtres du Proche-Orient, un homme parvient à recréer l'unité du monde musulman et à regrouper ses forces : Saladin.

L A SITUATION du monde musulman à la fin du XIᵉ siècle et au début du XIIᵉ n'est guère brillante : en Égypte, le déclin des Fatimides a commencé à la mort d'al-Mustansir en 1094 ; la première croisade, prêchée par le pape Urbain II, envoie en Syrie et en Asie Mineure des chrétiens, qui y diffusent leur religion ; enfin, la montée en puissance des Seldjoukides, qui avait débuté en 1050, se fait plus menaçante.

LES ÉTATS LATINS DU LEVANT

Les barons européens et leurs contingents sont les premiers croisés installés dans les villes conquises, Édesse (1097), Antioche (1098), Jérusalem

▽ **Une troupe** arabe et son roi, par l'illustrateur du *Roman de Godefroi de Bouillon et de Saladin,* au XIVᵉ siècle. Les Francs ont toujours vanté la noblesse chevaleresque de Saladin.
Bibliothèque nationale, Paris.

(1099), Tripoli (1109), qui constituent le noyau des États latins du Levant. Les chevaliers forment l'armature militaire de ces enclaves où continuent à vivre musulmans, Arabes chrétiens et Arméniens. Dans l'ensemble, les Occidentaux s'acclimatent bien à l'Orient, dont ils découvrent la douceur de vivre, les maisons aux murs frais, les grandes cours ombragées où poussent les orangers, les objets précieux, les tissus soyeux, et les femmes, Arméniennes, Syriennes ou Galiléennes, qui partagent leur vie et leur donnent des enfants. Les croisés apprennent la langue de leurs concubines, et celles-ci, parfois, se convertissent au christianisme. « Pourquoi revenir en Occident, puisque l'Orient comble nos vœux ! » s'écrie le chroniqueur Foucher de Chartres.

Mais une dynastie se dresse face aux Francs. Elle a été fondée par Zangi, atabeg de Mossoul, un Turc vassal des Seldjoukides. Les chefs des Zangides prennent les armes : ils enlèvent le comté d'Édesse, ravagent la principauté d'Antioche et attaquent le royaume de Jérusalem, qui ne leur cède pas.

La guerre sainte de Saladin

Menacés par Amaury Iᵉʳ, roi de Jérusalem (1162-1174), qui a envahi l'Égypte, les Fatimides appellent à l'aide les Zangides installés à Alep, en Syrie. C'est un de leurs vassaux, le Kurde Chirkuh Asad al-Din, « le Lion de la religion », qui accourt. À sa mort, en 1169, son neveu Salah al-Din al-Ayyubi – Saladin – est nommé vizir. Manœuvrant habilement, celui-ci s'affranchit des Zangides et des Fatimides et fonde sa propre dynastie, celle des Ayyubides. Son premier soin est de restaurer le sunnisme, c'est-à-dire le courant majoritaire de l'islam, qui s'appuie sur les paroles et les actions de Mahomet, qu'il consolide en multipliant le réseau des écoles coraniques, les madrasas. Il affermit son pouvoir en construisant une citadelle sur la colline du djebel al-Muqattan, qui domine les quatre villes composant la capitale égyptienne : al-Fustat, al-Qatai, al-Askar et al-Qahira. Il se trouve en campagne et s'est emparé d'Aden

△
L'armée de Saladin. Contrairement aux chevaliers chrétiens casqués, les Arabes portent le chèche enroulé en turban.
Roman de Godefroi de Bouillon et de Saladin. XIVᵉ siècle. Bibliothèque nationale, Paris.

▽
L'entrée de la citadelle d'Alep. La ville de Saladin, au carrefour des routes des caravanes, était renommée pour sa richesse, qui suscita des convoitises.

Astronome, mathématicien, physicien, médecin et juriste, Averroès est, pour les intellectuels du Moyen Âge, un des plus grands esprits de son temps.

LE PHILOSOPHE DE L'OCCIDENT MUSULMAN

Abu Walid ibn Ruchd, dit Averroès, est né à Cordoue en 1126 et mort à Marrakech en 1198. Auteur entre autres d'un *Traité universel de la médecine,* il est surtout célèbre pour ses *Commentaires* d'Aristote, qui connaissent un grand succès dans les différentes écoles philosophiques chrétiennes. Néanmoins, ses écrits, fort nombreux, sont brûlés de son vivant par les rigoristes musulmans. Dans l'Occident chrétien, ses œuvres sont étudiées avec celles d'Aristote dans les facultés des arts, à partir de 1250.

Averroès converse avec le philosophe néoplatonicien Porphyre.
Manuscrit du XIVᵉ siècle. Bibliothèque nationale, Paris.

. 291

(1173) lorsque la mort de Nur al-Din, roi de Damas, l'encourage à mobiliser tous les moyens militaires des pays musulmans pour combattre les croisés. Il subit une défaite, en 1177, mais prend sa revanche en s'emparant de la haute Mésopotamie (1182), en enlevant Alep (1183) et en capturant l'escadre franque qui a osé une expédition contre la ville sainte de Médine ; des croisés sont par ailleurs égorgés à La Mecque. La guerre sainte pour récupérer Jérusalem peut commencer, en 1187.

LES ÉCHECS DE RICHARD CŒUR DE LION

Dès cette année, Saladin met en déroute les croisés à Hattin, près du lac de Tibériade, en Palestine. Il marche alors sur Jérusalem, dont il capture le roi,

Gui de Lusignan, et occupe la Ville sainte sans effusion de sang. Saladin conquiert ensuite tous les États latins, sauf Tyr, Tripoli et Antioche. Pour tenter de redresser la situation à l'avantage des chrétiens, la troisième croisade est entreprise, en 1190, par Philippe Auguste, roi de France, Richard Cœur de Lion, roi d'Angleterre, et Frédéric Barberousse, empereur germanique. Ayant repris Saint-Jean- d'Acre après un long siège, Philippe Auguste rentre en France, laissant à Richard le soin de délivrer le Saint-Sépulcre. Le siège de Jérusalem est l'occasion pour les croisés de découvrir l'esprit chevaleresque de Saladin. Ainsi, lorsque le roi d'Angleterre tombe malade, le souverain musulman lui fait porter des sorbets à la neige du Liban ; une autre fois, il rachète un enfant chrétien, fait prison-

nier pendant la bataille, pour le rendre à sa mère venue l'implorer.

Saladin est prêt à payer une forte rançon pour racheter la garnison d'Acre, prisonnière des Francs. Or, le 20 août 1191, Richard fait rassembler 3 000 prisonniers devant la ville et ordonne leur exécution : « Égorgez toute cette chiennaille ! » La guerre chevaleresque est désormais terminée : en septembre, les croisés effacent le désastre de Hattin par une retentissante victoire à Arsouf, mais ils ne peuvent néanmoins reprendre Jérusalem.

LA PAIX RETROUVÉE

Désireux de retrouver l'Angleterre, Richard Cœur de Lion conclut avec Saladin une paix de compromis, le

---

En 1155, l'assemblée de Francfort choisit le chef de la dynastie Hohenstaufen pour empereur.

FRÉDÉRIC BARBEROUSSE

L'ambition du nouveau souverain est d'asseoir fermement l'autorité impériale : pour cela, il lutte – en vain – pour limiter le pouvoir du pape au seul domaine spirituel. Il participe à la troisième croisade, destinée à libérer Jérusalem de Saladin. À la tête des troupes germaniques, il conquiert Konya, la nouvelle capitale des Seldjoukides, mais se noie en Cilicie (Turquie) en 1190, sans avoir revu sa terre natale.

▽ **Des chrétiens** prennent une forteresse musulmane ; une partie des défenseurs s'enfuit, les archers du donjon tiennent bon.

Roman de Godefroi de Bouillon et de Saladin. XIVe siècle. Bibliothèque nationale, Paris.

3 septembre 1192. Les Francs conservent la zone côtière de Tyr à Jaffa, Saladin contrôle l'intérieur. L'esprit chevaleresque reprend le dessus : le sultan encourage le retour des Juifs à Jérusalem et y accueille les chrétiens non arabes. Il accorde sa protection au médecin, théologien et philosophe juif Moïse Maimonide, qui a fui la persécution des Almohades d'Andalousie.

Saladin meurt d'épuisement en 1193, laissant à ses successeurs une Égypte prospère et le plus vaste empire jamais dirigé à partir du Caire, puisqu'il s'étend du Yémen à la Syrie, en passant par la Mésopotamie. Malgré ses efforts pour se doter d'une flotte importante, il n'a pu enlever à Venise et à Gênes la maîtrise des mers ; cependant, le commerce est florissant entre l'Orient et l'Europe.

LES MAMELOUKS, ESCLAVES-ROIS

L'avant-dernier sultan ayyubide meurt en 1249, pendant la septième croisade, alors que le roi de France, Louis IX, est sur le point de prendre Mansourah. La veuve du sultan, Chagaret ed-Dorr, énergique et audacieuse, en gardant secrète la mort de son mari, maintient l'unité des musulmans et assure leur victoire. Les combattants sont aidés par les mamelouks, esclaves grecs, turcs, albanais, slaves, qui forment la garde du sultan. Guerriers turbulents, ils assassinent l'héritier et proclament Chagaret ed-Dorr reine des musulmans. Mais celle-ci est assassinée à son tour en 1250. Les mamelouks s'emparent alors du pouvoir : ils le conserveront jusqu'à l'expédition de Bonaparte en Égypte, en 1798. □

Le bourreau exécute ▽ des prisonniers turcs à Acre. En représentant les victoires de Richard Cœur de Lion, le miniaturiste ne montre que les côtés favorables aux croisés.
XVe siècle. Bibliothèque nationale, Paris.

◁ **Saladin** fait enchaîner des prisonniers francs. Il capture l'escadre franque qui a osé une expédition contre Médine.
XIIIe siècle. Bibliothèque nationale, Paris.

Baybars (1223-1277), le plus fabuleux des sultans mamelouks est devenu un personnage de légende.

LE PRINCE-TIGRE

Orphelin très jeune, il est acheté par un marchand du Caire, puis adopté par une veuve richissime qui le nomme Baybars « le Prince-Tigre ». Il entre dans le corps des mamelouks qui forme la garde personnelle du sultan. Son intelligence lui permet de s'imposer et de prendre le pouvoir en Égypte et en Syrie. Par son courage, il repousse les croisés et contient les Mongols. Il devient un personnage de légende, dont les conteurs retracent la vie dans *le Roman de Baybars*, une œuvre qui comprend quelque 10 volumes.

LES PREMIERS PLANTAGENÊTS

Plus riches que le roi de France, amateurs de littérature, les Plantagenêts règnent sur le royaume anglo-normand pendant trois siècles.

◁

Gisant d'Henri II à Fontevrault, en Anjou. Né au Mans, mort à Chinon, le roi Plantagenêt a été inhumé au cœur du royaume angevin. Le sculpteur représente le drapé du costume comme si le personnage était debout.
Abbaye de Fontevrault.

▷

Les cauchemars du roi Henri Ier : en haut, des paysans révoltés, armés de fourches et de faux ; dessous, des seigneurs en armes.
Chronique de John de Worcester. Vers 1140, Corpus Christi College, Oxford.

L'ÉTAT ANGLO-NORMAND constitué par Guillaume le Conquérant au XIᵉ siècle est la première puissance politique de son temps. Cela n'en reste pas moins un État féodal dont la stabilité repose avant tout sur les liens personnels qui unissent le souverain et ses vassaux les plus importants.

LA SUCCESSION D'HENRI Iᵉʳ

Roi efficace et redouté, Henri Iᵉʳ meurt sans héritier direct en 1135. Aussi la fidélité des vassaux se divise-t-elle entre les deux candidats pressentis pour lui succéder sur le trône : d'une part, la propre fille du roi défunt, Mathilde, veuve de l'empereur Henri V, remariée à Geoffroi Plantagenêt, comte d'Anjou, dont elle a un fils, Henri ; d'autre part, Étienne de Blois, petit-fils de Guillaume le Conquérant par sa mère, frère du comte de Blois et de Champagne, ennemi juré de l'Anjou.

LA GUERRE CIVILE

C'est Étienne qui monte sur le trône en 1135, ce qui déclenche aussitôt une guerre civile qui ne cessera pratiquement qu'à sa mort, en 1154. Pendant vingt ans, l'affrontement des coalitions féodales met la France de l'Ouest et l'Angleterre à feu et à sang : la discipline que les rois normands avaient réussi à maintenir d'une poigne de fer est totalement bafouée ; des châteaux s'élèvent partout sans autorisation du souverain, les droits royaux et ducaux sont usurpés, notamment dans la « Forêt », cette partie de l'Angleterre où Guillaume le Conquérant s'était réservé des privilèges exorbitants. Après la mort de Geoffroi en 1151 et celle d'Étienne en 1154, le pouvoir revient au jeune Henri II, fils de Mathilde et de Geoffroi Plantagenêt. Cependant, la guerre a considérablement affaibli la monarchie anglaise.

HENRI ET ALIÉNOR

Héritier des comtes d'Anjou et de Touraine, Henri II Plantagenêt a encore agrandi son domaine grâce à son mariage avec Aliénor d'Aquitaine, en 1152. Celle-ci, répudiée par son premier mari, le roi de France Louis VII, apporte en guise de dot ses riches terres du Poitou, de l'Aquitaine, de la Gascogne, du Limousin, de l'Agenais, ainsi qu'un ensemble de droits de suzeraineté divers sur d'autres territoires, comme le comté de Toulouse. Les possessions d'Aliénor et celles

▽
Geoffroi Plantagenêt brandit son épée. Plaque de cuivre émaillé provenant de la cathédrale du Mans.
Vers 1151. Musée Tessé, Le Mans.

En 1173, le prestige du roi d'Angleterre, malgré l'efficacité de son administration, ne résiste pas à la rébellion.

LA RÉVOLTE D'ALIÉNOR

La coalition de 1173 ravage les territoires angevins. Elle est menée par Aliénor et ses fils, sur le continent et en Angleterre. Elle s'appuie sur les forteresses des comtes de Leicester, de Chester, de Norfolk, sur celle de l'évêque de Durham, qui obtient l'appui du roi d'Écosse. Cependant, elle n'a pas été largement suivie. La rigueur et l'efficacité de l'administration des Plantagenêts est satisfaisante pour la majorité des habitants du pays. Les barons, récemment dotés par Henri II, défendent les prérogatives de leur souverain face à l'aristocratie anglo-normande. De retour en Angleterre, le roi, vainqueur sur le continent, pardonne à son peuple. Seule Aliénor restera enfermée, jusqu'au décès de son époux. Les institutions anglaises ont alors fait leurs preuves et, en dépit des menées de Jean sans Terre, le roi Richard pourra passer la plus grande partie de son règne à guerroyer au loin sans que le royaume cesse d'être en paix.

Isabelle d'Angoulême et Aliénor d'Aquitaine à la chasse. XIIIᵉ siècle. Peinture murale de la chapelle de sainte Radegonde, Chinon.

d'Henri réunies représentent la moitié du royaume de France. Dès lors, les conflits entre la France et l'Angleterre sont fréquents.

Cependant, Aliénor n'est pas plus heureuse avec Henri II Plantagenêt qu'elle ne l'a été avec Louis VII. Infidèle avec le premier, qui l'a répudiée, elle souffre désormais des nombreuses aventures du second. Si elle n'a pas donné d'héritier mâle au roi de France,

en revanche elle a plusieurs fils avec son second mari, dont Richard Cœur de Lion (1157-1199) et Jean sans Terre (1167-1216). La reine trouve dans l'intrigue politique et la conspiration les moyens de se venger de son époux volage. Lorsqu'elle va jusqu'à exciter ses fils contre leur père, Henri II se résoud à la faire interner dans un couvent, dont elle ne sort qu'à l'avènement de Richard Cœur de Lion, en 1189.

L'empereur Frédéric ▽ Barberousse. En 1189, il fut, avec Richard Cœur de Lion, un des chefs de la troisième croisade, qui ne put reprendre Jérusalem.
1188. Bibliothèque vaticane, Rome.

ANGLAIS ET OCCITANS

Quand Aliénor arrive en Angleterre, elle y introduit de nouvelles pratiques culturelles. Petite-fille du comte troubadour, Guillaume IX, elle compte dans sa suite le poète Bernard de Ventadour. Au temps des croisades, le statut de la dame évolue : en l'absence de son seigneur, l'épouse est amenée à diriger le fief. Les pratiques religieuses témoignent aussi de cette mutation : nombreux sont les fidèles à vénérer Marie-Madeleine, le culte de la Vierge croît. Les chansons exaltent alors le chevalier, qui voue à sa dame la même fidélité que le vassal à son suzerain, sans rien attendre en retour. Qu'il soit évoqué de façon réaliste et sensuelle, par Jaufré Rudel, ou de façon satirique

domaine du roi de France et fiefs directs

fiefs de la couronne de France appartenant au roi d'Angleterre

---

Héros chevaleresque, aimé des écrivains romantiques, le roi Richard d'Angleterre fut d'abord un prince d'Aquitaine.

RICHARD CŒUR DE LION

Troisième fils d'Aliénor et de Henri II, Richard ne rêve que guerre et grands exploits. Il se révolte contre son père en 1173-1174, mais est battu. À la mort de son frère Geoffroi, il devient héritier du trône, et roi en 1189. Participant à la troisième croisade, il fait assaut d'exploits et de courtoisie avec Saladin. Mais le roi de France, Philippe Auguste, le premier à rembarquer, en profite pour attaquer la Normandie. Richard se résigne à rentrer mais, capturé par le duc Léopold d'Autriche au cours de son voyage, il est livré à l'empereur Henri VI et enfermé dans un donjon germanique, tandis que son frère Jean sans Terre et le roi de France, s'emparent de ses domaines. Il ne sera libéré qu'en février 1194, après avoir payé une forte rançon. Il retrouve alors son royaume mais doit à nouveau le quitter pour lutter contre Philippe Auguste, qui soulève ses vassaux contre lui. Il meurt en 1199, en tentant de prendre le château de Châlus, près de Limoges. Il n'aura finalement passé que quelques mois en Angleterre. C'est sous son règne que les romanciers du XIIIe siècle ont situé les exploits de Robin des Bois, le hors-la-loi, et Walter Scott, ceux d'Ivanhoé.

et réaliste par Marcabru, le sentiment amoureux est le sujet d'innombrables poèmes. Leurs auteurs aiment à décrire leurs sentiments et subliment par leurs chants des amours qui sont impossibles.

Cette préciosité est très éloignée de la rudesse de la cour d'Angleterre, et, autant par goût que par nécessité, Aliénor tient sa cour à Poitiers, y élève son fils Richard, reste en droit la maîtresse de l'Aquitaine – malgré l'agitation des petits seigneurs –, et rend personnellement hommage au roi de France pour le duché d'Aquitaine. Les filles d'Aliénor, Marie et Alix, deviennent l'une comtesse de Blois, l'autre comtesse de Champagne. Avec elles la vogue de l'amour courtois gagne la France du Nord, où s'étend la vogue des pastourelles, chansons de toile et jeux-partis.

L'ORGANISATION DU ROYAUME

Pour administrer l'empire Plantagenêt, Henri II s'appuie sur une administration locale efficace. Désormais les guerres privées sont interdites et les tournois très surveillés. Le roi peut compter sur ses shérifs, mis au pas en 1170, qui le représentent dans les comtés et assurent le bon fonctionnement de ceux-ci en l'absence du souverain. Les tribunaux locaux assurent le développement de la *Common Law,* droit commun à tout le pays. Au-dessus des comtés, la *Curia regis* (la Cour du roi), met peu à peu en place une bureaucratie monarchique.

Les cours générales sont convoquées irrégulièrement sous Henri II, mais à la faveur des troubles, les rois devront les réunir plus souvent, donnant naissance au Parlement.

Sous Henri II en Angleterre, comme sous Philippe Auguste en France, les institutions deviennent sédentaires. La principale administration financière est l'Échiquier, ainsi appelé à cause du damier qui sert à poser les multiplications. Il est installé à Westminster dès les années 1170, bientôt rejoint par la chancellerie, chargée de la justice. Les archives sont organisées, et un « Justicier », membre de la famille royale, surveille tous ces rouages en l'absence du roi. Ainsi celui-ci peut-il souvent se consacrer à ses fiefs continentaux, aussi importants et plus riches que son royaume d'Angleterre. Très en avance sur ce qui existe ailleurs en Europe, elles imposent à tout le pays la loi et la paix du roi. □

Château-Gaillard, △ construit par Richard Cœur de Lion, à la frontière du Vexin normand et du Vexin français, pris par Philippe Auguste en 1204.

Jean sans Terre ▷ chasse le cerf. Le frère du roi Richard dut s'incliner devant le roi de France, puis devant ses barons.

XIVe siècle. British Museum, Londres.

. 297

En 1215, les barons anglais révoltés arrachent à Jean sans Terre le premier texte institutionnel anglais.

LA GRANDE CHARTE

Le texte qui est signé « dans la prairie de Runnymede, entre Windsor et Staines » est cependant loin de mettre en place un régime démocratique. Si l'article 39 interdit les arrestations arbitraires et si l'article 42 garantit la liberté de circulation, la première disposition fixe les modalités de l'élection des évêques, et le deuxième article, quant à lui, garantit les droits à l'héritage du successeur d'un vassal. En fait, les seigneurs anglais, loin de fonder un nouveau régime, renforcent la féodalité : l'article 61, qui semble déclarer légitime une insurrection contre le roi, ne fait qu'énoncer une ancienne disposition envers un suzerain félon. Certes, la levée de l'impôt est soumise à l'approbation d'un Grand Conseil, mais celui-ci n'est composé que des Grands Vassaux.

MEURTRE DANS LA CATHÉDRALE

L'archevêque de Canterbury, primat d'Angleterre, a pour rôle de défendre le prestige et l'autorité de l'Église. Pour Henri II, il faut à ce poste un homme de confiance. Il croit l'avoir trouvé en Thomas Becket. Fils d'un marchand de Londres, Becket a étudié à Paris, avant d'entrer au service de l'archevêque de Canterbury, et ses brillantes qualités lui valent d'être nommé archidiacre : Henri II le remarque alors et en fait son chancelier en 1156. Thomas le sert admirablement, n'hésitant pas à taxer lourdement l'Église. Lorsque Henri II le fait élire archevêque de Canterbury, Thomas Becket change du tout au tout, préférant l'Église à son roi. En 1163, le roi publie les Constitutions de Clarendon, qui soumettent les clercs aux tribunaux laïques. Becket s'exile et fait condamner ce texte par le pape Alexandre III. Il rentre en Angleterre le 1ᵉʳ décembre 1170, sans avoir obtenu gain de cause. La haine qui oppose le roi à l'archevêque est évidente. À la fin de décembre, le roi dépêche à Canterbury quatre chevaliers, qui assassinent Thomas Becket dans sa cathédrale. Thomas, considéré comme un martyr, est canonisé dès 1173. Des miracles ont lieu sur sa tombe, qui devient un lieu de pèlerinage très populaire, assurant la fortune de Canterbury. Sentant l'opinion se dresser contre lui, Henri II fait publiquement pénitence.

298 .

Thomas Becket. △
Dès sa mort, l'évêque fut considéré comme un saint. Les vitraux de la chapelle de la Trinité racontent les miracles qu'il accomplit alors.

Vitrail gothique du XIIIᵉ siècle. Cathédrale de Canterbury.

Reliquaire d'émail. ▷
En bas, le meurtre de Becket, en haut, ses funérailles. Sa châsse fut détruite au XVIᵉ siècle sur l'ordre d'Henri VIII, mais d'autres sanctuaires avaient des reliques de l'évêque.

1220. Musée de Cluny, Paris.

▷
Le meurtre de Thomas Becket. L'évêque est représenté deux fois : à droite, il porte crosse et vêtements sacerdotaux et est debout devant l'autel ; au centre, il est prosterné, en prière, tandis que ses assassins lèvent leur arme.

XIVᵉ siècle. British Library, Londres.

△ **L'archevêque** discute avec Henri II les relations entre l'Église et l'État et se montre déterminé à défendre l'autonomie du clergé. La fermeté du prélat fit le jeu du roi de France Philippe Auguste, qui lui offrit asile.
xive siècle. British Library, Londres.

◁ **Le chœur** roman de la cathédrale de Canterbury. Détruit par un incendie en 1174, il fut reconstruit un an plus tard par un maître maçon français, Guillaume de Sens. Thomas Becket fut assassiné tout près de là, dans le transept, par les chevaliers de Tracy, de Moreville, Fitzurse et Le Breton.

Les capitouls de Toulouse en 1370. *Musée des Augustins, Toulouse.*

FRANCE

Le chien de Guinefort

■ Au nord de Lyon, dans les Dombes, les paysans vénèrent un étrange saint. Selon la tradition, rapportée vers 1250 à Étienne de Bourbon, on peut guérir un enfant en l'abandonnant nu et entouré de chandelles, après l'avoir fait passer entre les troncs de deux arbres. Il faut déposer quelques offrandes, laisser un moment l'enfant, puis le plonger dans la rivière glacée : soit il meurt soit il est guéri. Les miracles sont dus à un « saint » lévrier, qui, est censé avoir sauvé un enfant des morsures d'un serpent. Ce culte durera des siècles. □

BALKANS

Les origines de la Serbie

■ Le prince Stefan, qui règne de 1170 à 1196, profite de la faiblesse de Byzance pour faire l'unité de la Serbie. Ses États sont formés de deux régions, la Rascie, dont la capitale est Belgrade, et la Zeta, actuel Monténégro, sur la côte dalmate. Cette région des Balkans a été jusque-là divisée en petites unités territoriales, gouvernées par des zupans. Stefan n'était que zupan de Rascie avant de conquérir la Zeta. Ses ambitions territoriales se heurtent à l'est à la résistance du Kosovo. À l'ouest, l'avancée serbe se heurtera, des décennies durant, à la résistance de la Bosnie, dont la capitale est Sarajevo. Dans cette zone disputée, la religion est un facteur national essentiel. □

ESPAGNE

Divisions des princes chrétiens

■ Pour lutter contre l'expansion de la Castille, les princes musulmans d'Espagne ont fait appel à une dynastie de moines-soldats berbères, les Almoravides. Mais leur puissance décline devant celle des Almohades. Les dissensions entre sarrasins devraient favoriser les entreprises des rois chrétiens, si ceux-ci n'étaient pas eux-mêmes très divisés. Ainsi le royaume de Castille et de Léon est-il partagé entre les deux fils d'Alphonse VII le Bon, tandis que Sanche de Navarre doit reconnaître pour seigneur le roi de Castille. □

SCANDINAVIE

Les monarchies du Nord

■ Avec l'avènement du roi Valdemar Iᵉʳ le Grand, le Danemark entre dans « l'ère des Valdemar », durant laquelle les institutions monarchiques, jusque-là très archaïques, s'adaptent à une société en pleine mutation, où l'aristocratie viking est devenue une chevalerie, comme dans le reste de la chrétienté. La Suède d'Erik le Saint est en retard, car la lutte des Erik et des Sverker ralentit l'affermissement de la monarchie. C'est sous son règne qu'est fondé l'évêché d'Uppsala, en 1164. Dès cette époque, la Suède est un relais important sur les routes du commerce nordique : les marchands de Lübeck ont fondé un comptoir à Visby, dans l'île de Gotland. □

ESPAGNE

Intolérance des Almohades

■ Les États musulmans d'Espagne ont été des modèles de tolérance, ce qui a permis aux cultures juive, chrétienne et musulmane de s'y épanouir. Il n'en va plus de même avec l'invasion des fanatiques Almohades, comme le prouve le cas de Moshe ibn Ezra, qui a vécu à la fin du XIᵉ et au début du XIIᵉ siècle. Ce savant et poète juif est né à Grenade. Il occupe une haute fonction dans sa ville natale au moment de l'arrivée des Almohades, qui le contraignent à l'exil. Il trouve asile dans différents royaumes chrétiens, gagnant sa vie en chantant les louanges de ses protecteurs. Ses œuvres sont rédigées dans une langue très pure, proche de la perfection, qu'il s'agisse de poèmes profanes, chantant l'amour et le vin, ou d'œuvres religieuses, qui témoignent de l'attente d'un messie. Moshe ibn Ezra est aussi l'auteur d'un traité de philosophie : *la Natte parfumée.* □

INDOCHINE

La fin de la domination Cham

■ Les Chams, installés à la frontière du Viêt-nam et du Cambodge actuels, avaient été annexés au Cambodge par le roi Suryavarman II en 1145, mais, moins de cinq ans après, la population se révolte et se donne un prince de sa race. La lutte entre les royaumes indianisés du Cham et du Cambodge se poursuit jusqu'en 1175, car l'armée cambodgienne est protégée par les montagnes de l'Annam. Mais, en 1177, le roi Cham attaque par le fleuve. L'expédition remonte le Mékong jusqu'au grand lac d'Angkor. Les jonques cambodgiennes, surprises, sont dispersées, Angkor est pillée et le roi, tué. Mais, cinq ans plus tard, les Khmers prennent leur revanche : tout le Champa est occupé. Désormais, les Chams ne s'opposent qu'aux Vietnamiens, qui les forcent à abandonner leur langue et leur culture. Seuls de petits groupes résistent, se réfugiant au Cambodge, où ils se distinguent en se convertissant à l'islam. □

AMÉRIQUES

Les ancêtres des Hopis

■ Contrairement à d'autres Indiens, les Pueblos sont sédentaires. Ils consacrent une grande partie de leur temps à l'élevage et à l'agriculture, et édifient des villages d'adobe. Comme les Hohokams d'Arizona et les Mogollons du Nouveau-Mexique, les Indiens de culture Anasazi sont des Pueblos. Vers 1100, ils occupent un très grand territoire sur les plateaux fertiles de l'État actuel du Colorado. À la fin du XIᵉ siècle, ils quittent subitement leur habitat primitif pour se réfugier dans les sites mieux protégés des canyons. Le village de Mesa Verde a été étudié : on y a découvert 800 salles étagées, formant des appartements communautaires pour plus de 1 200 personnes, des magasins, des lieux de culte et des tours de guet. 400 kilomètres de routes sillonnaient le canyon. Le village a été occupé jusqu'en 1300. Les Indiens Pecos et Hopis actuels descendent de ses habitants. □

AMÉRIQUES

Migrations en Amérique centrale

■ À la fin du XIIᵉ siècle, l'Empire toltèque éclate. Pour expliquer la ruine de Tula, les légendes indiennes évoquent le départ vers le sud du dieu Quetzalcoatl, le Serpent à plumes, qui aurait retiré sa protection à son peuple. En fait, cet affaiblissement est dû au développement d'autres tribus, plus belliqueuses, parmi lesquelles la plus importante est celle des Chichimèques, nom donné aux « barbares » venus du Nord. En revanche, ces mouvements de population ont eu un effet positif, puisqu'on leur doit probablement l'essor de la civilisation maya-toltèque. □

Quetzalcoatl. *British Museum, Londres.*

300 .

1191 - 1203

À la Toussaint 1179, un garçon mal peigné, tout juste âgé de quatorze ans, est sacré roi de France. Philippe, auquel le moine Rigard accola de son vivant l'épithète « Auguste », allait en fait montrer une maturité étonnante. Sous son règne, le royaume que l'on commence à appeler la France voit en effet son influence rayonner dans toute l'Europe. Bénéficiant de l'atout que représente la morale chevaleresque, sûr de pouvoir compter sur la loyauté d'une brillante équipe de « conseillers spéciaux », fort d'un domaine qui compte les plus grasses terres de France, Philippe peut, en effet, affronter et vaincre son grand rival germanique à Bouvines en juillet 1214.

Et, alors que les foires de Champagne deviennent le carrefour commercial de l'Europe, la « manière française » d'édifier les cathédrales, que l'on n'appelle pas encore « art gothique », est adoptée de la Suède à la Bohême, de la Hongrie à l'Allemagne, et jusqu'au Portugal.

La vie dans un château. Miniature de l'Histoire de Merlin de Robert de Borron. Début du XIIIe siècle. Bibliothèque nationale, Paris.

LA FRANCE FÉODALE

En 1180, le Capétien Philippe Auguste
monte sur le trône : il sera le premier
« roi de France » en titre...

▽ **Le roi** Robert II (996-
1031) et, à droite, le
duc de Normandie. Les
*Grandes Chroniques de
France,* rédigées pen-
dant la guerre de Cent
Ans, célèbrent la gloire
des rois de France,
suzerains du roi
d'Angleterre.
XVᵉ siècle. Bibliothèque
nationale, Paris.

302 .

ORSQUE PHILIPPE AUGUSTE
arrive au pouvoir, en 1180,
la dynastie capétienne a
réussi à imposer sa légitimité, mais fait médiocre figure face à ses vassaux. Le
domaine royal se réduit à l'Île-de-
France, à l'Orléanais et à une partie du
Berry. Il est menacé à l'ouest par les
possessions du duc de Normandie, roi
d'Angleterre, à l'est et au sud par le
comte de Blois-Champagne.

Philippe Auguste entreprend sans
tarder de transformer ce désordre féodal en ordre monarchique. Pour
« conquérir son royaume », il va utiliser
habilement toutes les ressources du
droit féodal, et réussir là où son grand-
père et son père ont échoué.

EFFORTS ET ÉCHECS DES CAPÉTIENS

Ni Louis VI (1108-1137) ni Louis VII
(1137-1180) n'ont su imposer leur
autorité à leurs puissants voisins.
Louis VI, pourtant, a compris que renforcer le pouvoir royal exigeait de pa-
cifier et de bien administrer son
domaine. Il a obtenu la soumission des
châtelains de l'Île-de-France, développé l'institution des prévôts, qui gèrent
les revenus du domaine, confié des
charges d'officiers à des familles de la
petite aristocratie locale. Grâce à sa
politique d'appui à la papauté, il a bé-

néficié du soutien de l'Église, en la personne de Suger, abbé de Saint-Denis, son principal conseiller.

Sous Louis VII, la dynastie connaît un échec patent, en Aquitaine. En 1137, Louis VI avait marié son fils à Aliénor, seule héritière de Guillaume X d'Aquitaine. Cette union avantageuse repoussait les frontières du domaine capétien jusqu'aux Pyrénées, y ajoutant des villes aussi prestigieuses que Limoges, Poitiers, Bordeaux, Angoulême. Mais, en Palestine, la conduite frivole d'Aliénor humilie Louis VII. En dépit des conseils de Suger, celui-ci se sépare de la reine ; le 18 mars 1152, le divorce est prononcé sous le commode prétexte de consanguinité. Deux mois plus tard, Aliénor épouse Henri II Plantagenêt, qui héritera de l'Angleterre et de la Normandie en 1154.

Une nouvelle idée du pouvoir

C'est dans ces circonstances que Philippe II Auguste monte sur le trône. Il n'a pas quinze ans. Mais il est actif, opportuniste, dénué de scrupules. Surtout, il a retenu la leçon de Suger. Dans sa *Vie de Louis VI,* l'abbé de Saint-Denis a développé une théorie de la monarchie féodale. Le roi, suzerain suprême, est au sommet de la pyramide féodale. Il ne rend hommage à personne et exerce des droits de suzeraineté. De plus, roi sacré, il ne tient son pouvoir et sa légitimité que de Dieu.

Une fois cette idéologie construite, Philippe Auguste va se faire reconnaître comme le souverain de tout le royaume. Sans jamais s'écarter du droit, il utilise toutes les occasions qui

se présentent d'agrandir son domaine : mariage, achat, saisie d'un fief tombé en déshérence, confiscation des biens d'un vassal félon... Fin politique, il intervient dans les querelles qui opposent les princes entre eux, rendant indispensable l'arbitrage de la royauté.

Très rapidement, il écarte ses proches, sa mère, Adèle de Champagne, et son oncle, l'archevêque de Reims Guillaume aux Blanches Mains. Puis il épouse Isabelle de Hainaut, descendante de Charlemagne, nièce du comte Philippe d'Alsace.

La défaite des Plantagenêts

Bientôt, l'influence flamande lui pesant, il se rapproche de Henri II Plantagenêt. Deux ans plus tard, il soutient

Philippe Auguste ▷ et Richard Cœur de Lion reçoivent les clés de la ville d'Acre, au cours de la troisième croisade.
XIVe siècle. Bibliothèque nationale, Paris.

▽ **Couronnement** de Philippe Auguste. Entouré des féodaux, le roi reçoit l'onction sainte. Le peintre Fouquet a tenté de rendre la perspective.
XVe siècle. Bibliothèque nationale, Paris.

Lorsque les rois commencent à fixer leurs armoiries, Philippe Auguste choisit la fleur de lis comme emblème de la royauté.

ROYAUTÉ CAPÉTIENNE ET FLEURS DE LIS

Avant de partir au combat, les rois de France vont prendre à Saint-Denis, l'abbaye royale, l'étendard de cendal rouge. Pour les chroniqueurs, chantres de la dynastie capétienne, celui-ci est directement hérité de Charlemagne, précurseur de la « troisième race » des rois de France. Mais, dès le XIe siècle, les lis héraldiques font reculer les léopards et les lions germaniques et l'azur et l'or s'imposent progressivement comme couleurs royales. Louis VI et Louis VII frappent des deniers sur lesquels figurent des fleurs de lis, mais celles-ci ne deviennent l'emblème de la royauté que sous Philippe Auguste. Sous Louis VIII, les vêtements du sacre sont à leur tour semés de fleurs de lis, symbole de pureté. Vers 1250, la fleur, stylisée, devient la marque du pouvoir royal, le roi de France est « le prince aux fleurs de lis ».

ANGLETERRE

COMTÉ DE FLANDRE
MANCHE
ILES ANGLO-NORMANDES
ARTOIS
Bouvines
Escaut
Meuse

DUCHÉ DE BRETAGNE
NORMANDIE
CHAMPAGNE
Paris

MAINE
Orléans
ANJOU
POITOU
DUCHÉ DE BOURGOGNE
SAINTONGE
Saône

■ domaine royal

royaume de France et ses limites

Angleterre et fiefs du roi d'Angleterre

○ victoires françaises

Lyon
Rhône

DUCHÉ DE GUYENNE
AUVERGNE
COMTÉ DE TOULOUSE
Toulouse
Muret

ROYAUME D'ARAGON

contre Henri les fils révoltés de celui-ci. Mais, en 1189, à la mort du roi Plantagenêt, il conclut la paix avec l'héritier de ce dernier, Richard Cœur de Lion.

En 1190, les deux souverains partent pour la croisade. Philippe rentre en France après la prise d'Acre. À la mort de Philippe d'Alsace, il met la main sur l'Artois. Richard Cœur de Lion étant prisonnier jusqu'en 1194, il aide Jean sans Terre à s'emparer de l'Angleterre, conquiert la Touraine et une partie de la haute Normandie. De retour, Richard se lance dans une guerre de reconquête, mais meurt en 1199.

Devenu roi, son frère Jean sans Terre enlève la fiancée de son vassal Hugues de Lusignan et fait assassiner son neveu Arthur de Bretagne. Philippe Auguste le cite à comparaître devant la Cour royale puis prononce la confiscation de ses fiefs. Reste à faire exécuter la sentence par la force : Rouen est prise en 1204, la Normandie est conquise et réintègre le domaine royal. Dans les années suivantes, le Capétien reprend la Touraine et l'Anjou. Sur le continent, le Plantage-

nêt ne conserve plus que l'Aquitaine. Le domaine de Philippe a quadruplé depuis son accession au trône.

L'EXPÉDITION EN LANGUEDOC

Accaparé par les affaires du Nord, Philippe Auguste a longtemps temporisé dans l'affaire de l'hérésie albigeoise, tout en réservant ses droits de suzerain : « Condamnez-le comme hérétique, dit-il à propos du comte de Toulouse suspect de sympathie pour les albigeois : alors seulement vous aurez le droit de publier la sentence et de m'inviter, moi le suzerain du comte, à confisquer légalement le domaine de mon feudataire. » Devant l'insistance du pape et, surtout, les menées de Pierre II d'Aragon, qui se pose en dé-

fenseur des principautés du Sud, le roi laisse prêcher la croisade sur ses terres, mais n'en prend pas la tête. C'est Simon de Montfort, un petit seigneur d'Île-de-France, qui conduit l'expédition, hérite des dépouilles du vicomte de Béziers et soumet le comte de Toulouse. Cependant, la défaite des cathares à Muret, en 1213, rattache solidement le Languedoc au royaume de France. Simon, investi des possessions du comte de Toulouse par le concile de Latran, rend hommage à Philippe Auguste et devient un des grands feudataires de son royaume. Le prince Louis, futur Louis VIII, a rejoint les rangs des croisés dès 1215, et manifeste ainsi la volonté du Capétien de maintenir le Midi dans sa mouvance. Quelques années plus tard, le petit-fils de Philippe Auguste, Alphonse de Poitiers, recevra le comté de Toulouse.

La naissance ▽
du sentiment national : vaincu à Bouvines, le comte de Flandre est amené à Paris sous les quolibets de la foule qui lui crie : « Ah, Ferrand, te voilà ferré (enchaîné) ! »

Grandes Chroniques de France. XIVe siècle. Musée Goya, Castres.

Lettre envoyée ▷
en 1196 par Richard Cœur de Lion à Philippe Auguste au sujet de la trêve qu'ils viennent de conclure. Le texte est authentifié par le sceau du roi.

Archives nationales, Paris.

304

BOUVINES, PREMIÈRE VICTOIRE NATIONALE

L'empire angevin est démantelé, mais Jean sans Terre menace toujours le royaume, d'autant plus que son neveu Otton de Brunswick noue les fils d'une coalition à laquelle adhère Ferrand de Portugal, comte de Flandre.

En 1208, Otton IV a fini par succéder à l'empereur germanique Henri VI, après l'assassinat du prétendant rival, Philippe de Souabe, qui était soutenu par le pape et la majorité des princes allemands. Mais Otton lui-même perd ensuite ses principaux appuis : le pape Innocent III et Jean sans Terre ; celui-ci est excommunié, et, en 1212, Philippe Auguste et Innocent III favorisent l'élection du jeune Frédéric II, fils de Henri VI. Une coalition se noue contre le Capétien : elle regroupe, derrière Otton et Jean sans Terre, les comtes de Flandre et de Boulogne, et divers princes d'Empire. La flotte française est détruite à Damme en 1213. Mais l'armée de Jean sans Terre est défaite le 2 juillet 1214 à La Roche-aux-Moines, dans le Poitou, et celle des coalisés est battue le 27 juillet, à Bouvines.

Dans le domaine royal, la victoire réjouit le peuple, qui court spontanément à Paris pour voir le comte de Flandre enchaîné. Un témoin raconte : « Les bourgeois parisiens, et, par-dessus tout, la multitude des étudiants, le clergé et le peuple allaient au-devant du roi, chantant des hymnes et des cantiques. » Après Bouvines, première victoire « nationale », la monarchie capétienne semble invulnérable.

DU SUZERAIN FÉODAL AU ROI SOUVERAIN

Philippe Auguste aura été le dernier roi associé au trône et sacré du vivant de son père. À sa mort, en 1223, son fils Louis VIII lui succédera, avant même d'être sacré : la monarchie est devenue vraiment héréditaire.

Au moment où la dynastie des Plantagenêts affronte les barons révoltés, Philippe Auguste utilise sa position au sommet de la hiérarchie vassalique pour édifier une monarchie féodale. Il intervient dans la succession des fiefs, oblige les vassaux au respect de leurs obligations, généralise la pratique de l'hommage lige... Surtout, il promulgue, avec le consentement des vassaux, des ordonnances pour tout le royaume.

« **Comment** ▷ les chrétiens déconfirent Saladin. » Dans la *Chronique des empereurs*, de 1462, David Aubert idéalise l'action des Occidentaux en Terre sainte. Or, les croisés, qui avaient souvent pour but de se procurer terres et richesses, se sont livrés à des massacres et au pillage.
Bibliothèque de l'Arsenal, Paris.

LE SACRE ROYAL

En France, c'est le sacre qui inaugure le règne. Roi « par la grâce de Dieu », le souverain est désormais intouchable.

Depuis 816, les cérémonies du sacre et du couronnement sont regroupées. En souvenir du baptême de Clovis, le sacre se déroule à la cathédrale de Reims. Le roi fait le serment de gouverner avec justice, et de protéger l'Église. Puis l'archevêque procède à l'onction, à l'aide du saint chrême, l'huile consacrée. Jusqu'en 1223, les rois capétiens sont sacrés sur la tête, comme des évêques. L'archevêque remet au roi les insignes de son pouvoir : sceptre, épée, main de justice, anneau, couronne ornée de huit fleurs de lis et de deux cent soixante-treize perles. Les grands du royaume et l'archevêque conduisent le roi jusqu'à son trône, où l'assistance l'acclame. Avec l'huile sainte, le roi a reçu des pouvoirs miraculeux : après la cérémonie, il touche les malades atteints d'écrouelles (scrofule tuberculeuse) pour les guérir.

▷ **Sceau** de Philippe Auguste « en majesté ». Le roi, assis sur le trône, tient son sceptre et la fleur de lis.
XIIᵉ siècle. Archives nationales, Paris.

Peu à peu se répand l'idée que le pouvoir royal dépasse la notion de suzeraineté, que le roi a, en vertu des engagements du sacre, le droit d'intervenir dans tout le royaume, sans autres limites que l'intérêt commun et la justice qu'il doit servir. La suzeraineté se mue en souveraineté.

Le développement de la puissance royale entraîne une transformation des méthodes gouvernementales. Le souverain se préoccupe de ses ressources, recrute vassaux, clercs et juristes pour se constituer une administration permanente et dispose d'une armée forte de 2 000 à 3 000 hommes, les « chevaliers de l'Hôtel », des professionnels de la guerre.

LA MISE EN PLACE D'UN GOUVERNEMENT CENTRAL

Après avoir perdu toutes les archives royales à la bataille de Fréteval (1194), le roi décide de fixer à Paris, au palais du Louvre, les principaux organes de gouvernement : archives et Trésor. La Cour royale commence à siéger en sessions séparées, selon qu'elle traite de finances ou de justice.

Paris, où Philippe Auguste fait de fréquents séjours, amorce son destin de capitale. La cité atteint 50 000 habitants. Le souverain fait enclore la ville, construit à l'ouest la forteresse du Louvre – bastion défensif mais aussi affirmation symbolique de la prééminence royale –, fait paver les rues, transforme les halles en marché permanent.

Au niveau local, dès 1185, le roi veut faire surveiller la gestion des prévôts domaniaux. Il confie à des familiers une mission d'enquête temporaire, ou baillie. Ces administrateurs, ou baillis (leur charge deviendra permanente au XIIIᵉ siècle), se voient confier une circonscription à l'intérieur de laquelle ils représentent le roi. L'institution s'étend peu à peu aux territoires incorporés au domaine royal. Dans l'Ouest et le Midi, les sénéchaux ont des attributions semblables.

LIBERTÉS DES CHAMPS ET LIBERTÉS DES VILLES

La croissance agricole est à son apogée au XIIᵉ siècle. Entre 1140 et 1225, les défrichements sont les plus importants. Les grands établissements religieux d'Île-de-France font défricher et lotissent leurs terres à des conditions très favorables, attirant autant de « colons ». Les terroirs anciens sont menacés d'abandon, et les paysans possèdent un moyen de pression face à l'arbitraire seigneurial. Les seigneurs

▷ **Le travail** de la laine : deux teinturiers et un cardeur ; lettrine d'un manuscrit enluminé à l'abbaye de Cîteaux.
XIIᵉ siècle. Bibliothèque municipale, Dijon.

La fabrication du drap devient, au XIIᵉ siècle, l'activité quasi exclusive des villes de Flandre.

LA FABRICATION DES DRAPS

Fabriquer une pièce de drap de trente mètres de long sur deux mètres de large demande de cinq à six semaines et une trentaine d'opérations dans des ateliers différents, sous le contrôle d'inspecteurs. Le marchand-drapier, c'est-à-dire celui qui achète la matière brute, dirige l'ensemble de la chaîne, rémunère les artisans, et reste propriétaire du produit fini. Le tissage, le foulage et la teinture s'effectuent dans les ateliers, sous la direction des maîtres artisans.
Produit de luxe, le drap flamand alimente le commerce européen et international. Sa fabrication exige un contrôle permanent de la qualité. Par souci du bel ouvrage, les artisans résisteront longtemps à l'adoption de nouvelles techniques.

▽ **Les privilèges** des maîtres et des étudiants de l'université de Paris. Octroyés en 1200 par Philippe Auguste, ils sont reconnus en 1215 par le légat du pape.
XIVᵉ siècle. Bibliothèque nationale, Paris.

finissent par vendre des « chartes de franchises » (ou libertés) qui fixent et codifient charges et coutumes. D'un village à l'autre, d'une seigneurie à l'autre, les conditions varient. Les affranchissements individuels entraînent la quasi-disparition du servage.

Dans les villes, les bourgeois, conscients de leurs intérêts communs et de l'obstacle que constitue la contrainte seigneuriale à leurs activités, s'organisent en guildes professionnelles, ou en confréries religieuses, pour aménager les conditions d'exercice de leurs professions. Puis ils se coalisent pour réclamer au seigneur des franchises, que celui-ci leur vend très cher.

L'ÉMANCIPATION DES « COMMUNES »

Parfois, la revendication prend un tour révolutionnaire. Les bourgeois s'unissent par un serment collectif, et forment une « commune ». L'expression « insurrectionnelle » de cette solidarité contre l'autorité seigneuriale choque les clercs. Le mouvement communal, limité au nord du royaume, entre Loire et Rhin, est parfois sanglant (comme à Laon, en 1112). Mais, le plus souvent, l'autorité seigneuriale reconnaît la commune, et lui concède des franchises qui suppriment les entraves au commerce.

Dans la société féodale, la ville apparaît comme un espace de liberté. « L'air de la ville rend libre », affirme un dicton allemand. Mais à l'unanimité première succèdent bientôt de vifs antagonismes entre le commun et les « meilleurs », l'oligarchie marchande. Les rois capétiens tolèrent ce mouvement d'émancipation urbaine. Ils accordent des franchises aux villes du domaine et encouragent les communes à l'extérieur. En fait, l'autonomie urbaine va à l'encontre des progrès de la monarchie. Au XIIIe siècle, les Capétiens reprendront en main les villes du royaume, leur imposant de lourdes charges financières et militaires. □

◁ **Un pont** de Paris : deux voyageurs à cheval arrivent devant le châtelet fortifié qui en défend l'entrée. À droite, un débardeur et une fileuse ; au second plan, les fortifications de la ville.

Vie de saint Denis. XIVe siècle. Bibliothèque nationale, Paris.

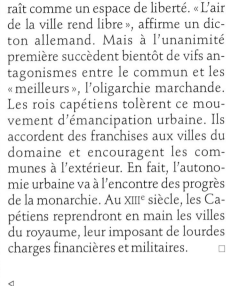

▽ **Le moulin** fortifié de Barbaste, en Béarn. Au XIIIe siècle, les seigneurs ont besoin d'argent : s'ils libèrent les serfs, moyennant finances, ils renforcent les banalités, droits payés par les paysans pour utiliser le four, le pressoir et le moulin du seigneur.

Dans la seconde moitié du XIIe siècle, les comtes de Champagne organisent un cycle de foires dans leurs villes.

UNE PLACE DE COMMERCE INTERNATIONAL

Les foires de Champagne sont le carrefour commercial de l'Europe. Chacune des six foires dure sept semaines : la première est consacrée aux préparatifs, les cinq suivantes, aux ventes et achats, et la dernière, aux règlements. Peu à peu se met en place un véritable droit, destiné à assurer la sécurité des transactions. Celles-ci sont considérables : en 1280, il se négocie cinquante-cinq mille pièces de drap à Lagny ! Les ventes sont si nombreuses qu'elles ne peuvent se régler au comptant. Les marchands prennent l'habitude de régler leurs dettes par « compensation », en transférant leur crédit d'une foire à une autre. Sous l'influence des Italiens s'élabore une technique de crédit : lettres de foire, contrats de change. À la fin du XIIIe siècle, les foires de Champagne perdent leur importance commerciale. Mais leur rôle financier reste prédominant.

LES TROUBADOURS

Les premiers textes littéraires en français vulgaire ont été composés à partir du XIᵉ siècle en France du Sud, le pays de langue d'oc (où « oui » se dit « oc »). Leurs auteurs sont des troubadours, « ceux qui trouvent » ; ils ont pour noms Guillaume, comte de Poitiers, Bernard de Ventadour, Raimbaud, comte d'Orange, Jaufré Rudeil, ils chantent l'aventure et les miracles, les dames et la guerre.

Les troubadours du Midi inspirent les trouvères du Nord, le pays de langue d'oïl : Chrétien de Troyes, Gauthier d'Épinal, Conon de Béthune, le comte Thibaut de Champagne, les *Minnesänger* allemands. Les poèmes des troubadours et des trouvères sont chantés dans les fêtes et les châteaux par des jongleurs, qui s'accompagnent d'instruments de musique. Outre les chansons de geste, qui célèbrent les exploits des preux et les amours impossibles, les troubadours composent des chansons de croisade, des pastourelles, des chansons de toile, et inventent « l'amour courtois » du chevalier entièrement dévoué à sa dame.

308 .

▷ **Jongleurs** jouant de la vielle à archet et du luth. Dans le *Libro de la musica,* le roi Alphonse X de Castille écrivit plus de quatre cents *cantigas.*
Vers 1300, Bibliothèque de l'Escorial, Madrid.

Thibaut le Chansonnier, comte de Champagne, roi de Navarre, compose sur un rouleau. L'amour courtois que le seigneur-poète voua à la reine Blanche agaçait fort le fils de celle-ci, Louis IX, futur Saint Louis. ▷
1400. Bibliothèque nationale, Paris.

◁ **Flûte** traversière, illustration du *Libro de la musica*, où Alphonse X recueillit les *romances*, poèmes populaires auxquels il ajouta des chansons de troubadours, des chants liturgiques et ses propres compositions.

Vers 1300. Bibliothèque de l'Escorial, Madrid.

e **roi David** jouant de a harpe. Il savait apai- r la colère de Saül ar sa musique. a été représenté u XIIIe siècle sur célèbre fond bleu es vitraux e Chartres.

▷

Musiciens et jongleurs devant l'empereur d'Allemagne. Troubadours et trouvères étaient souvent de grands personnages, mais les jongleurs, simples exécutants, allaient de château en château, dépendant du bon vouloir des princes.

XIIIe siècle. Bibliothèque nationale, Madrid.

LES SULTANATS MUSULMANS EN INDE

Après cent cinquante ans de paix, l'Inde du Nord connaît, à la fin du XIIe siècle, une nouvelle invasion arabe. Et en 1206, à Delhi, un ancien esclave turc installe un sultanat musulman.

ARABES ET TURCS n'ont pas attendu le XIIe siècle pour se tourner vers l'Inde. Dès avant le VIIe siècle, des commerçants et navigateurs arabes ont fréquenté les côtes de Malabar, certains s'y sont fixés. Et la première expansion de l'islam s'est faite vers l'Inde, après la Perse et la Syrie.

En 712, les territoires du Sind et de Multan sont tombés aux mains des Arabes, dirigés par Muhammad ibn Qasim, neveu du gouverneur de Bassora. Mais la conquête est éphémère : les Gurjara-Pratihara, d'origine rajpute, ont vaincu les envahisseurs. Et, peu à peu, ces musulmans se sont indianisés, ont généralement laissé leurs terres aux paysans et n'ont pas fait de prosélytisme.

△
Rhazni en Afghanistan. Capitale de la dynastie turque des Rhaznévides, la ville fut fondée à la fin du Xe siècle.

Empire de Mahmud de Razni

expéditions de conquêtes musulmanes au début du XIe s.

◁ **Tombeau** d'Iltutmich, édifié en 1235 par le successeur de Qutb al-Din Aybak, premier sultan mamelouk de Delhi. La calligraphie reproduit des versets du Coran.

Le Qutb Minar, ▷ à Delhi. Symbole de la domination de l'islam sur l'Inde du Nord, il fut commencé par Aybak et achevé par Iltutmich.

310 .

LES TURCS À LA CONQUÊTE DE L'INDE

Avec l'arrivée des Turcs, à la fin du Xᵉ siècle, la domination musulmane a pris un tout autre visage. Ces seigneurs, profitant du déclin du pouvoir arabe, se sont implantés en Afghanistan. Devenus indépendants, ils se sont lancés à la conquête de l'Inde.

En 986, Subuktigin, de la principauté de Rhazni, a envahi le Gandhara et Peshawar. Son fils, Mahmud, a attaqué le Pendjab et pénétré en Inde du Nord. Tenté par la richesse proverbiale de l'Inde, Mahmud a conçu le projet de l'attaquer tous les ans. Fidèle à une politique de simple pillage, il a envahi le pays dix-sept fois à partir de l'an mille.

Une ligue de princes hindous se constitue pour lui résister. Mais elle reste trop désunie, et ses techniques militaires (comme l'utilisation d'éléphants) sont trop archaïques pour réussir. Les Turcs détruisent et pillent les temples. À Somnath, en 1025, ils tuent plus de 50 000 hindous.

Après la mort de Mahmud, en 1030, l'Inde du Nord connaît près d'un siècle et demi de répit. Des dynasties hindoues prospèrent : les Gahadavala à Bénarès, les Cauhan au Rajasthan, les Candella à Khajuraho... Mais elles ne profitent pas de la paix, ni de leur richesse, pour s'organiser contre de futures tentatives d'invasion.

LA DYNASTIE DITE «DES ESCLAVES»

Au XIIᵉ siècle, une nouvelle dynastie turque, originaire de Ghor, supplante celle de Rhazni, et part à la conquête des

△
La mosquée
de Quwwat al-Islam, le premier monument musulman de Delhi, construite par Aybak dans sa citadelle de Lalkod.

Capitale de la famille des Pandava, dans le poème du Mahabharata, Delhi existe sans doute depuis le VIIIᵉ siècle av. J.-C.

DELHI SOUS LES SULTANS

Après les Pandava, Delhi sert de capitale à divers rajas, ou princes. Vers 1060, elle prend le nom de Dhillika. Muhammad de Ghor la prend aux Rajputs en 1192, après sa victoire de Tarain. La ville connaît de nouvelles implantations : Ala al-Din Khalji la fait transférer quelques kilomètres au nord-est ; les Turhluq, quant à eux, construisent deux cités différentes.

Qutb al-Din érige la mosquée de Quwwat al-Islam (1193), puis le Qutb Minar (1199), le minaret le plus élevé du monde. Les tombes d'Iltutmich (1236), d'Ala al-Din Khalji ou de Ghiyas al-Din Turhluq parlent encore de leur gloire. Le collège ou la grande citerne d'Ala al-Din Khalji, par exemple, témoignent de la splendeur de Delhi sous le sultanat.

territoires des Rhaznévides. En dix ans, Muhammad de Ghor (1175-1206), afghan d'origine, annexe le Multan, le Sind, Lahore, et conquiert Ajmer, Kanauj, Bénarès... Il est assassiné en 1206. Son lieutenant, Qutb al-Din Aybak, un ancien esclave, lui succède et prend le titre de *sultan* (c'est-à-dire «puissant»).

Pendant le XIIIe siècle, dix Turcs, anciens esclaves, vont occuper le sultanat à Delhi. Portés au pouvoir par le jeu des intrigues – et par leur compétence –, les membres de cette dynastie des esclaves sont éliminés chaque fois par un rival plus puissant.

S'il préfère régner à Lahore, Qutb al-Din contrôle toute la région entre l'Indus et le Brahmapoutre. À sa mort, la noblesse turque de Delhi impose son gendre, Iltutmich, et le retour du gouvernement à Delhi.

Iltutmich entreprend de consolider les frontières du sultanat et entre alors en guerre contre les Rajputs. De nombreux États hindous se rebellent, et il doit les soumettre. C'est sous son règne aussi que les Mongols de Gengis Khan apparaissent sur l'Indus. De 1229 à 1270 environ, ils multiplient les raids contre le Pendjab.

Iltutmich meurt en 1236. Il reste de son époque, à Delhi, le Qutb Minar, minaret haut de 72 mètres. Différents partis essaieront d'imposer leur candidat, et les sultans se succéderont rapidement. Une sultane montera même sur le trône. Elle sera vite contestée. Le dernier représentant de la dynastie, Kaiqubad, laissera ses officiers gouverner à sa place. Il sera mis à mort en 1290, et l'un de ses généraux, Djalal al-Din Firuz Khalji, fondera à son tour une nouvelle dynastie.

Le dieu-éléphant ▽
Ganesa, haut-relief du temple de Bhradisvara. Dieu du Savoir, fils de Çiva et de Parvati, il est censé éloigner les obstacles qui gênent ses fidèles.

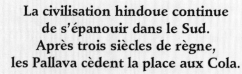

La civilisation hindoue continue de s'épanouir dans le Sud. Après trois siècles de règne, les Pallava cèdent la place aux Cola.

L'INDE DU SUD SOUS LES COLA

Établis très tôt sur la côte de Coromandel, les Cola font du commerce à partir de leurs ports, comme Puhar, avant de s'attaquer à leurs voisins. Ils règnent de 888 à 1279. Au IXe siècle, Aditya élimine les Pallava. Son fils, Parantaka Ier, chasse les Pandya. Les plus grands souverains, comme Rajaraja (985-vers 1014) et Rajendra Choladeva Ier (1014-1045), entreprennent de conquérir le nord de Ceylan puis la Malaisie. Ils contrôlent ainsi un immense empire maritime. Ils construisent aussi de nombreux temples, comme celui de Thanjavur... La puissance des Cola décline après 1070. Plusieurs dynasties les détrôneront au XIIIe siècle.

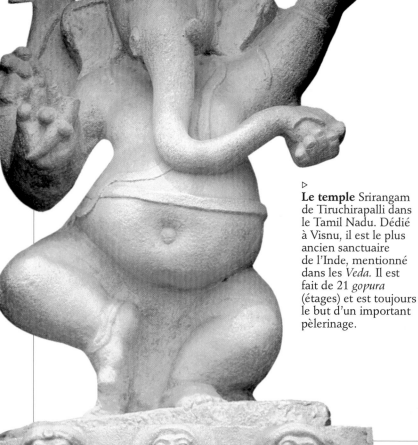

▷
Le temple Srirangam de Tiruchirapalli dans le Tamil Nadu. Dédié à Visnu, il est le plus ancien sanctuaire de l'Inde, mentionné dans les *Veda.* Il est fait de 21 *gopura* (étages) et est toujours le but d'un important pèlerinage.

DYNASTIES ÉPHÉMÈRES ET QUERELLES DE PALAIS

De 1290 à 1320 régneront six sultans khaljis, qui mèneront la même politique que leurs prédécesseurs : ils tenteront de résister aux Mongols, et de briser les velléités d'indépendance des Rajputs et autres petits seigneurs hindous. Ala al-Din Khalji (1296-1316) conduira le sultanat à son apogée, avec la conquête de la ville de Devagiri. Il repoussera les dernières expéditions mongoles et achèvera de soumettre l'Inde du Nord. Puis il lancera Malik Kafur, un eunuque hindou converti, à la conquête du Deccan, entre 1307 et 1311. Enfin, il assujettira tous les royaumes péninsulaires au tribut et luttera contre le morcellement de l'Empire. L'arrivée au pouvoir du gouverneur du Pendjab, Ghazi Malik, mettra un terme au règne des Khaljis. Le nouveau sultan prend le nom de Ghiyas al-Din Turhluq et fonde, lui aussi, une nouvelle dynastie.

LE POIDS DE L'INFLUENCE MUSULMANE

Depuis les Rhaznévides, et contrairement aux premières vagues d'envahisseurs, les musulmans ne peuvent se fondre rapidement dans la société indienne. Ils gardent leur langue, leurs coutumes, et répugnent à adopter une religion polythéiste. Au début de leur implantation, ils vivent même totalement en marge de la société hindoue. Et, si la population musulmane augmente pendant cette période, ce n'est pas seulement à cause de la conversion des indigènes, mais aussi en raison de l'immigration de l'Asie du Centre et de l'Est. Mongols, Turcs, Afghans, Perses et Arabes viennent en effet chercher emploi et fortune dans le sultanat. Ils tentent même, parfois, de s'emparer du pouvoir suprême !

À partir du sultanat de Delhi, les Turcs règnent sur une grande partie de l'Inde. Ils espèrent sans doute contrôler tout le sous-continent, mais sans succès. L'influence musulmane rayonne cependant bien au-delà des territoires directement contrôlés par les sultans. Et, même si des royaumes hindous restent à peu près indépendants, la domination musulmane s'étend, à partir du XIIe-XIIIe siècle, sur tout le nord de la péninsule. □

Plinthe sculptée du ▷ temple de Halebid, bâti en 1141 dans le Deccan, sous la dynastie Calukya. Les animaux remplissent les espaces vides ; ils n'ont qu'une fonction décorative.

Cheval cabré de Srirangam. La «cour des chevaux» donne accès au sanctuaire, au cœur d'un ensemble de 21 000 m², sans cesse remanié depuis le XIIIe siècle. ▷

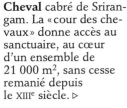

L'arrivée des musulmans en Inde bouleverse la condition des femmes. Les Indiennes se voient contraintes à une chaste retraite.

LA CONDITION DES FEMMES INDIENNES

Imitant les musulmans au pouvoir, les élites hindoues imposent le voile à leurs femmes. Les filles sont mariées vers sept-huit ans, ou même dès la naissance. Peu éduquées, elles sont soumises à leurs père, frères et mari. Les jeunes épouses doivent obéir à leur belle-mère ; la position de mère est très respectée. Seules les musulmanes ont légalement droit à une part d'héritage. Les veuves musulmanes peuvent se remarier, mais restent épouses de second ordre. Les hindoues, elles, doivent demeurer célibataires, ou suivre leur époux sur son bûcher funéraire : c'est le sati, qui est surtout pratiqué dans les clans rajputs.

Maharaja à cheval, et ses concubines. *Tombeau royal de Jaisalmer.*

L'ART GOTHIQUE

Témoignages de piété et de puissance,
lieux de prière et de rencontres, moteurs
de l'activité économique, les cathédrales
gothiques sont tout
cela à la fois.

Vers 1100, une technique de construction révolutionnaire apparaît en France du Nord, en Normandie, mais surtout en Île-de-France. Héritée de la voûte d'arêtes, la croisée d'ogives est utilisée pour la première fois à Morienval, dans l'Oise, en 1122. Les ogives sont construites avant la voûte, et combinées aux arcs-doubleaux. On obtient une armature, qu'il suffit de recouvrir par de minces parois. Ainsi, les piliers peuvent s'élever très haut. De Morienval, cette technique se répand dans les petites églises du domaine royal, avant d'être utilisée pour de plus vastes édifices : Sens, La Charité-sur-Loire, la cathédrale de Langres. Mais c'est à Saint-Denis qu'elle s'affirme comme un style nouveau.

L'ange au sourire. À la ▷
porte de la cathédrale
de Reims, il invite les
fidèles du XIIIᵉ siècle
dans une Église libérée
des terreurs d'antan.

◁ **Les gargouilles** de
Notre-Dame de Paris.
Redessinées au XIXᵉ siè-
cle par Viollet-le-Duc,
elles dominent Paris
du haut de la galerie
qui réunit les deux
tours de la façade, et
évoquent le Diable
décrit par Raoul
Glaber.

Saint-Denis, ou la naissance de l'art gothique

Suger, précepteur et conseiller de Louis VII, est abbé de Saint-Denis, « le plus royal de tous les établissements monastiques ». Pour témoigner devant Dieu et devant les hommes de la puissance royale, il fait édifier, entre 1132 et 1144, une nouvelle abbatiale, dont la conception est marquée par les spéculations mathématiques et philosophiques mises au goût du jour par l'école de Chartres. Les âmes des fidèles doivent s'élever vers Dieu et l'ordonnance intérieure est entièrement soumise au parti pris de verticalité.

La sculpture évolue de la même façon. Dès le porche de Saint-Denis, l'attention des fidèles est attirée vers ce qu'il y a d'humain dans le mystère du Christ. L'iconographie gothique rejette les chimères terrifiantes et les créatures imaginaires des sculpteurs romans. Les statues-colonnes font toujours corps avec l'architecture, mais elles s'individualisent de plus en plus ; le naturalisme des personnages est désormais la règle, une vision nouvelle de l'humanité se fait jour.

Le nouveau chœur de Saint-Denis est consacré en présence de Louis VII et

---

Apparu en 1180 avec la construction de la nef de Notre-Dame de Paris, l'arc-boutant renforce la voûte d'ogives.

L'ARC-BOUTANT

À la fin du XIIe siècle, l'arc-boutant crée l'originalité de l'architecture ogivale. Reposant sur un massif de maçonnerie, il est maintenu en place par la masse verticale du pinacle. Il chevauche les bas-côtés de l'édifice et s'appuie au point précis où les ogives de la voûte retombent sur les piliers qui les portent.

L'arc-boutant vient ainsi renforcer, de l'extérieur, la stabilité de l'ensemble. Comme tous les éléments de construction, il gagnera en légèreté, jusqu'à prendre l'aspect d'une dentelle de pierre, et s'élancera toujours plus haut. Grâce à lui, les nefs des églises peuvent atteindre des hauteurs inconnues jusqu'alors.

▽ **Le chevet** de Notre-Dame de Paris. Le plus célèbre des maîtres d'œuvre est Pierre de Montreuil. Les arcs-boutants qui entourent l'abside sont dus au quatrième architecte, Jean Ravy, qui y travailla de 1318 à 1344.

▷ **La nef** de la cathédrale de Reims, vue du chœur. La construction a été entreprise en 1211. La nef mesure 38 mètres de haut. Pour dégager le volume intérieur, le « Maître de Reims » a dessiné de hautes fenêtres, inscrites entre les travées.

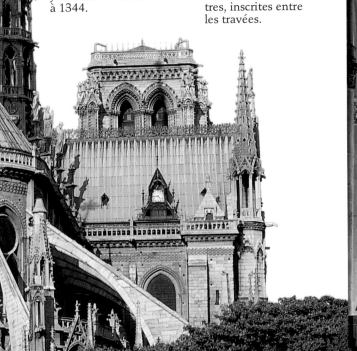

. 315

d'Aliénor d'Aquitaine, lors d'une somptueuse cérémonie. Autour du chœur rayonnent onze chapelles, où onze messes sont dites simultanément.

À partir de Saint-Denis, la mode se répand vite, et les équipes de maçons, de verriers, de sculpteurs appelées par Suger la diffusent : portail royal de Chartres (1145-1155), Sens (vers 1140), Senlis (1155) et Laon (1155-1160). Le chœur de Notre-Dame de Paris surgit de terre en 1163. Cette concentration exprime la primauté des Capétiens et la richesse des villes.

La nouvelle prospérité des villes

Cet essor de l'art gothique est, en effet, lié à celui des villes. Au début du XIIe siècle, celles-ci connaissent, en effet, une prospérité nouvelle. La population augmente, les activités se multiplient, les villes s'étendent et édifient de nouveaux remparts.

À la suite des premières croisades, les échanges reprennent entre l'Orient et l'Occident, et donnent une impulsion décisive au commerce en Méditerranée. Des foires à dates fixes s'installent en Champagne, en Flandre, jusqu'à la mer du Nord. La richesse afflue, les cités les plus dynamiques prennent leur destin en main et, s'affranchissant de la tutelle seigneuriale, se constituent en communes.

Dans une société profondément chrétienne, les cathédrales forment le centre de la vie urbaine. Des bourgeois aux artisans, les citadins ne viennent pas seulement y prier. Ils s'y rencontrent, organisent des réunions professionnelles, y font la fête... Res-

Les terrasses ▽
du Dôme de Milan. Entrepris à la fin du XIVe siècle, sous le règne du duc Jean Galeas Visconti, il comporte cinq nefs. Il n'est pas encore achevé lors de sa consécration, en 1577.

Les cathédrales du domaine royal montent de plus en plus haut, et font de plus en plus de place à la lumière.

LA MONTÉE DES CATHÉDRALES

L'évolution des grandes cathédrales permet de mesurer l'importance de la lumière dans l'art gothique. Dès 1150, Noyon étend une voûte d'ogives sur sa nef, et la pose à 23 mètres de haut. Laon monte à 24 mètres, et enchâsse dans ses façades les premières «roses» connues. En 1180, les arcs-boutants permettent d'élever Notre-Dame à 35 mètres. Chartres pose une voûte plus légère qu'aucune autre, à 36,50 mètres. À Bourges, la voûte atteint 37,15 mètres ; à Reims, dont la façade est ajourée à l'extrême, 37,97 mètres. Amiens, enfin, atteint 42,50 mètres. Il ne reste plus, dans le chœur, que 20 mètres carrés de murs nus pour 800 mètres carrés de verrières.

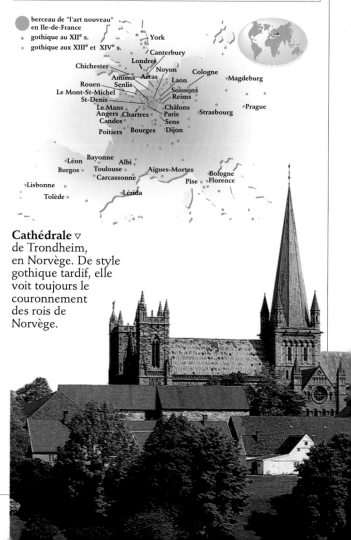

● berceau de "l'art nouveau" en Ile-de-France
• gothique au XIIe s.
• gothique aux XIIIe et XIVe s.

York
Canterbury
Londres
Chichester
Noyon
Cologne
Amiens Arras Laon
Rouen Senlis Soissons Magdeburg
Le Mont-St-Michel Reims
St-Denis Prague
Le Mans Châlons
Angers Chartres Paris Strasbourg
Candes Sens
Poitiers Bourges Dijon

Bayonne
Léon Albi
Burgos Toulouse Aigues-Mortes
Carcassonne Bologne
Lisbonne Pise Florence
Lérida
Tolède

Cathédrale ▽
de Trondheim, en Norvège. De style gothique tardif, elle voit toujours le couronnement des rois de Norvège.

ponsables du dynamisme de leur temps, les bâtisseurs de cathédrales multiplient les performances. Leurs chefs-d'œuvre, toujours plus grands, toujours plus hauts, témoignent de la piété de leur ville et de sa richesse.

UNE ARMÉE DE BÂTISSEURS

C'est qu'édifier une cathédrale coûte très cher. Il faut des spécialistes expérimentés, qui sachent découper les pierres dans les carrières à la forme de l'arc ou du portail. Il faut des ingénieurs pour les appareils de levage ; des charpentiers pour échafauder les chemins de ronde, de plus en plus élevés ; des maçons pour appareiller les voûtes ; des peintres pour les vitraux ; des sculpteurs pour les statues...

L'évêque qui décide de faire bâtir, ou d'agrandir, une cathédrale sait qu'il faudra faire venir toute une armée de bâtisseurs et surtout, s'assurer les services d'un maître d'œuvre éprouvé. On ignore presque tout des architectes qui dessinent les plans d'ensemble et le détail des cathédrales. Inscrits sur le pavement des édifices, leurs noms se sont effacés. Le mouvement de construction atteint une telle intensité à la fin du XIIe siècle que, pour un chantier qui se ferme faute d'argent, un autre s'ouvre ailleurs.

DU GOTHIQUE AU FLAMBOYANT

L'exemple donné par les cathédrales du domaine royal, répandu dans le royaume, rayonnera bien au-delà de ses frontières. La cathédrale de Trondheim, en Norvège, celle de Nicosie, dans l'île de Chypre, s'inspireront de celle de Sens. La cathédrale d'Uppsala et celle de Visby, en Suède, se réclameront de Notre-Dame de Paris. Dantzig, Cracovie, la Hongrie adopteront la « manière française ». Et si, dans le nord de l'Italie, les cathédrales gardent une facture byzantine, Tolède en Espagne ou Cologne en Allemagne s'inspirent de Bourges et d'Amiens.

À la fin du XIVe siècle, cependant, le décor change pour devenir plus exubérant. L'Angleterre donne l'exemple : un enchevêtrement de nervures de pierre se déploie sur les voûtes de ses édifices ; les façades s'enrichissent d'un réseau de courbes et contre-courbes qui montent comme des flammes.

Cet art « flamboyant » va se répandre et s'épanouir en France au XVe siècle. Mais, au début du XVIe, l'ogive ne joue plus qu'un rôle décoratif. La rigoureuse architecture à laquelle elle a donné naissance a vécu son âge d'or. □

Les grandes églises que font construire les évêques des villes riches ne sont pas seulement des lieux de prière.

LA VIE À L'INTÉRIEUR DE LA CATHÉDRALE

La cathédrale est la maison de tous et de chacun – on dit qu'Amiens ou Paris peuvent accueillir dans leurs amples vaisseaux toute la population de la ville. Humbles ou puissants s'y retrouvent pour prier ou participer au culte. Mais le parvis est aussi le lieu où l'on parle et où l'on règle ses affaires. C'est là que seront représentés les premiers mystères, sortes de pièces de théâtre à caractère religieux. La cathédrale est entourée de tout un ensemble de constructions serrées les unes contre les autres dans un lacis de ruelles, et il est rare qu'on ait un recul suffisant pour admirer sa façade.

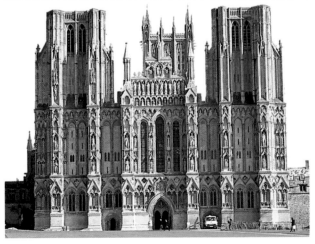

△ **Plan initial**, modifié par la suite, de la cathédrale de Cologne, présenté par son évêque. Mosaïque du XIVe siècle.

▷ **La cathédrale** de Wells, en Angleterre. Elle a été construite entre 1186 et 1239, à l'emplacement d'un sanctuaire saxon du VIIIe siècle.

LES VITRAUX

C'est à Saint-Denis que l'on peut voir les plus anciens vitraux datés avec certitude. Le but manifeste des constructeurs des églises gothiques a été « d'éclairer les esprits et de les mener par la lumière à la lumière ». Celle-ci entre dans l'édifice par les larges verrières, baies percées entre les colonnes dans les premières églises gothiques, larges rosaces qui découpent la façade et remplacent le tympan des portails. L'art du verrier, connu depuis l'Antiquité, ressuscite : les innombrables fragments de verre coloré, reliés par réseaux de plomb, évoquent des figures majestueuses, tout à la fois présentes et inaccessibles, ou racontent de petites scènes pittoresques, tirées de la vie quotidienne des paroissiens. Jésus et Marie règnent sur les grandes roses, entourés de médaillons qui racontent l'Apocalypse ou représentent les signes du zodiaque. Rois et seigneurs se font représenter en donateurs sur les verrières qu'ils ont offertes aux sanctuaires, marchands et artisans se retrouvent dans les chapelles consacrées à leur saint patron, où les vitraux décrivent leurs métiers. Ailleurs encore, ceux-ci illustrent des légendes saintes, des épisodes de la Bible, scène après scène, instruisant les fidèles comme un livre d'images.

▷ **Vitrail** du Jugement dernier, à Bourges. Le damné est déjà dans la gueule du démon, qui se prépare à l'avaler. XIIIᵉ siècle.

◁ **Vierge** à l'Enfant de Saint-Denis. Pour Suger, les vitraux donnent une « lumière matérielle » qui est « l'image de la Vraie Lumière ». XIIᵉ siècle.

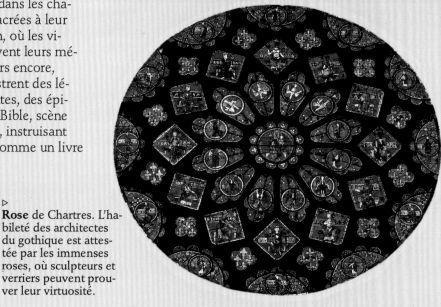

▷ **Rose** de Chartres. L'habileté des architectes du gothique est attestée par les immenses roses, où sculpteurs et verriers peuvent prouver leur virtuosité.

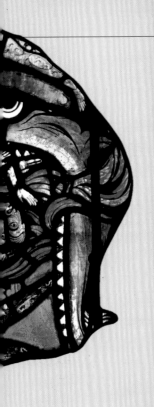

△
Verrière de la cathédrale de Cologne, achevée en 1507. Le style gothique est représenté en Allemagne jusqu'à la fin du XVIe siècle.

◁
Chœur et vitraux de l'église abbatiale de Saint-Michel, en Thiérache, dans l'Aisne. L'art gothique est né en France du Nord.
XIIe-XIIIe siècle.

▷
Marchand de poisson, vitrail de Saint-Ouen, à Rouen. Cette ancienne abbatiale bénédictine garde une belle série de vitraux rouennais des XIVe et XVIe siècles. Les scènes qui y sont représentées inspirèrent à Flaubert sa *Légende de saint Julien l'Hospitalier.*
XIIIe siècle.

Châsse de saint Laszlo
(Ladislas Ier). *Cathédrale de Györ,
Hongrie.*

EUROPE CENTRALE

Le premier roi de Bohême

■ À partir de 1192, une monarchie héréditaire s'établit en Bohême. Depuis saint Venceslas, mort en 935, le duché de Bohême, qui a embrassé le christianisme romain, reconnaît la suzeraineté des rois de Germanie. En dépit de l'assassinat de Venceslas par son frère Boleslav le Cruel, la famille des Premyslides se maintient au pouvoir, fondant l'État de Bohême. Otakar Ier Premysl, fils de Vratislav II, se fait donner par l'empereur Philippe de Souabe le titre de roi, qui avait déjà été reconnu à son père. Ainsi la monarchie devient-elle héréditaire chez les Tchèques. □

ALLEMAGNE

Les chevaliers Teutoniques

■ L'ordre des frères de l'Hôpital des Allemands de Jérusalem a été fondé en 1191, durant le terrible siège d'Acre, par des croisés venus de Lübeck et de Brême. Comme celui des Templiers, l'ordre devient militaire à partir de 1198. La règle des chevaliers Teutoniques, calquée elle aussi sur celle des Templiers, est approuvée par le pape Innocent III en 1199. L'ordre est dirigé par un grand maître, dont dépendent trois catégories de frères : les chevaliers, les prêtres et les domestiques. Quoique l'ordre soit ouvert à toutes les nations, il ne recrute en fait que des Allemands. □

FRANCE

L'exil des juifs

■ Selon les *Chroniques de Saint-Denis,* Philippe Auguste se fie aux rumeurs qui accusent les juifs de crime rituel : chaque vendredi saint, «ils prenaient un chrétien, et le conduisaient en leurs grottes sous terre, le tourmentaient et en dernier lieu l'étranglaient». En 1182, le roi «fit prendre les juifs dans leurs synagogues» et «ils furent tous bannis du royaume de France». Les juifs expulsés se réfugient d'abord sur les terres du comte de Champagne, jusqu'à ce que, en 1198, ils soient finalement rappelés à Paris, où ils s'installent sur la rive droite, dans la «Juiverie Saint-Bon». □

EUROPE CENTRALE

Un saint hongrois

■ Quand, en 1198, le pape Célestin III canonise le roi Ladislas Ier Arpad (le saint), il reconnaît ainsi les efforts et les luttes de ce roi de Hongrie qui a vécu au siècle précédent pour propager la vraie foi ; le pape s'assure que la Hongrie reste bien dans le camp de Rome. Frère de Géza Ier, qui avait placé la Hongrie dans la mouvance de Byzance, Ladislas avait achevé la christianisation de la Hongrie et mené une lutte incessante contre les envahisseurs turcs : Coumans et Petchenègues. □

Masque
funéraire chimu.
Musée de l'Or du Pérou, Lima.

ITALIE

Le millénarisme de Joachim de Flore

■ Joachim de Flore, né vers 1137, est le fils d'un notaire de Calabre. Il vit à la cour des rois de Sicile, puis se rend en pèlerinage à Jérusalem, où il tombe malade. En remerciement de sa guérison, qu'il considère comme miraculeuse, il se fait moine cistercien. Très frappé par la chute de Jérusalem, il dénonce la simonie (vente des sacrements) et prêche une pauvreté évangélique idéale. Ses écrits inspireront les millénaristes italiens révoltés contre l'autorité de Rome. □

320 .

ALLEMAGNE

Les légendes germaniques

■ C'est dans la mythologie que puisent, au début du XIIIe siècle, les auteurs allemands qui mettent par écrit la légende des *Nibelungen,* datant du VIe siècle. Le nom de Nibelungen est d'abord celui de nains qui possèdent un fabuleux trésor, tiré des entrailles de la Terre. Ce nom est ensuite donné à tous ceux qui détiennent ce trésor, et d'abord au héros Siegfried, qui s'en empare en tuant le roi Nibelung et le nain Alberich (Obéron). Le XIXe siècle romantique s'inspirera des Nibelungen et Wagner en immortalisera les héros dans ses opéras. □

AMÉRIQUES

Les États andins

■ L'apogée des Chimus se situe vers 1200, date à laquelle ceux-ci dominent la côte nord-ouest du Pérou. Descendants et héritiers des Moches, les Chimus sont installés depuis le début du deuxième millénaire dans la vallée de Chicana. Ils sont aussi les héritiers de la culture de Huari, qui s'est développée entre le VIIIe et le XIe siècle dans tout le Pérou occidental. Ainsi, en dépit de la chute des empires, les différents styles créés par les populations des hauts plateaux andins se perpétuent-ils d'une civilisation à l'autre. Ce sont les Incas qui réussiront la synthèse de ces différentes cultures. □

JAPON

Luttes pour le pouvoir

■ En 1192, le clan Minamoto triomphe des Taira quand l'empereur nomme Minamoto no Yoritomo *Shei-i-tai-shogun,* «grand général chargé des barbares». De ce fait, son clan devient le maître du pouvoir militaire. Quelques années plus tard, en 1199, les Taira retrouvent une partie de leur influence, quand le clan Hojo se substitue à celui des Minamoto, grâce aux habiles manœuvres de Hojo Tokimasa. Celui-ci, qui avait donné sa fille en mariage à Minamoto no Yoritomo, devient, après la mort de ce dernier, *sikken,* régent du shogun. □

AFRIQUE

Les origines de la Somalie

■ Au nord et à l'est de l'Éthiopie, la côte orientale de l'Afrique connaît une grande prospérité au début du XIIIe siècle. Les Somalis, qui affirment descendre de deux nobles Arabes, descendants eux-mêmes du Prophète, ont été très tôt convertis à l'islam. Au XIIIe siècle, Mogadishu (Mogadiscio) est la plaque tournante du commerce entre l'Éthiopie et le monde musulman d'Asie. Mais la richesse essentielle des Somalis leur vient de l'élevage nomade. Leur unité de compte est le chameau, qui sert à acheter des biens précieux et jusqu'aux épouses. □

1203 - 1224

Aussi loin que l'on remonte dans l'histoire du monde, on rencontre des migrations de peuples nomades sortant de l'intérieur de leurs terres pour attaquer des empires sédentaires et s'emparer de leurs richesses.

Aucune cependant ne peut être comparée au cyclone qui s'abattit, au XIIIe siècle, des extrémités orientales de l'Asie aux plaines d'Europe. Jusqu'en 1277, en effet, les tribus mongoles de Gengis Khan, déferlant des plateaux de l'Asie centrale, constituent, de la Chine à l'Ukraine, l'empire le plus vaste que le monde ait jamais connu. Influencé peut-être par l'idéologie impériale chinoise, Gengis Khan adopte cette fière devise : « Un seul soleil au ciel, un seul souverain sur terre ».

Son empire pesait d'un tel poids que Byzance, affaiblie par les assauts des croisés, ou l'islam, à jamais dépossédé de son rêve d'unité, ne semblaient pas pouvoir résister bien longtemps si l'immense puissance mongole entreprenait de les absorber.

Gengis Khan se proclame empereur. Miniature perse. XIVe siècle. Bibliothèque nationale, Paris.

GENGIS KHAN

Les tribus mongoles, composées de farouches
nomades, avaient, un temps, dominé
l'Asie centrale. Quand apparut Gengis Khan,
ces tribus devinrent une grande nation
qui fit trembler le monde.

LA MONGOLIE est un vaste plateau bordé de hautes montagnes : l'Himalaya, le Saian-Altaï, le Pamir et les monts Hing-An. Elle est baignée par de puissants fleuves, mais son climat est particulièrement sec, ses étés sont torrides et ses hivers, glaciaux. Dans ces régions austères cohabitaient des nomades et des populations sédentaires.

TURCS ET MONGOLS

Avant d'être habitée par ceux qui lui ont donné son nom, la Mongolie est dominée par des tribus turques apparues vers le VIe siècle. Au VIIIe siècle, les Turcs Ouïgours sont maîtres des steppes. En adoptant la religion et

◁ **La steppe** de Mongolie, au-delà de Tsetserleg. Entre la Chine, l'Inde et l'ex-U.R.S.S., la Mongolie a un climat continental, aux hivers extrêmement froids et aux étés secs. L'immense steppe balayée par le vent, à la maigre végétation, a toujours été le terrain de parcours de tribus nomades.

▷
Gengis Khan donne une audience. La gloire du conquérant, la soumission des peuples conquis vues par un illustrateur persan, dans l'*Histoire des Mongols* de Rachid al-Dîn. XIVe siècle. Bibliothèque nationale, Paris.

322 .

Ronde et faite de feutre clair, la yourte des Mongols a un aspect bien particulier.

LA YOURTE

Le tissu est mis en forme sur des baguettes fines et des montants de bois. La yourte est ouverte au sommet par un orifice rond pour laisser entrer la lumière du jour et sortir la fumée du foyer. Sa porte est toujours placée au sud et sa taille dépend du statut social de son occupant. Rapidement montées et démontées, certaines yourtes sont cependant fabriquées pour être fixes et servent lors des haltes saisonnières des nomades. Les yourtes placées en cercle forment alors parfois l'ébauche d'une véritable ville.

Yourte utilisée par les nomades du Tian-Chan.

l'écriture des Iraniens, en imitant la peinture chinoise et en traduisant des textes sanskrits, iraniens et chinois, ils apportent une civilisation et une culture brillantes à cette région de l'Asie. Chassés de leur empire par d'autres Turcs, les Kirghiz, et repliés dans le nord du bassin du Tarim, à l'est de l'actuelle Mongolie, les Ouïgours n'en continuent pas moins à diffuser leur richesse culturelle dans l'Asie centrale.

C'est face aux successeurs des Ouïgours, les Kirghiz, qui ne parviennent pas à établir un pouvoir stable, que les Mongols s'imposent dans cette partie de la haute Asie et qu'ils affirment leur puissance. Ils prennent la capitale, Kara-Balghasun, en 924, et étendent rapidement leur pouvoir sur une partie de l'Empire chinois des Song. Les empereurs mongols, les Khitans, obtiennent

l'hommage des autres tribus mongoles ou turques, mais leur domination reste néanmoins superficielle. La précarité de l'équilibre politique et l'instabilité démographique de la région facilitent l'intrusion d'autres peuples qui contraignent les Mongols à abandonner le contrôle de l'Asie centrale. Au début du XIIe siècle, ces derniers s'enfuient vers l'actuel Turkestan en conservant le souvenir de leur empire.

LE FILS DU LOUP BLEU

C'est à cette époque, alors que la domination des Mongols sur les plateaux de l'Asie centrale semble définitivement perdue, que naît celui qui va étendre leur puissance depuis la mer de Chine jusqu'aux principautés de Russie. Temüdjin, qui règne sous le nom de Gengis Khan, voit le jour entre

Gengis Khan chasse ▷ au faucon, peinture sur soie chinoise. Sur fond de paysage monochrome, le peintre a figuré Temüdjin comme un dignitaire de l'empire du Milieu.
XIVe siècle. Collection des princes Hetmandel, Kaboul (Afghanistan).

. 323

1155 et 1167 (selon que l'on se réfère aux sources chinoises ou iraniennes). La légende lui attribue bien sûr une naissance miraculeuse : il est fils du Loup bleu et de la Biche fauve. Son père est en réalité le chef du puissant clan des Borjigin, qui suit ses troupeaux dans le sud de la Mongolie. Il est aussi le neveu du dernier roi mongol.

Le père de Temüdjin meurt, empoisonné par ses ennemis tatars, quand celui-ci n'a que huit ans. Abandonné par son clan, il doit s'enfuir avec sa famille à travers la steppe et, seul, sans troupeau, il y connaît une existence misérable. Il retrouve des alliés en prenant la femme qui lui a été promise dans le clan des Qongirat et en se plaçant, à 15 ans, sous la protection du roi des Keraïts, le « frère juré » de son père. C'est avec l'aide de ce roi qu'il fait sa première conquête en s'emparant de la Mongolie orientale.

Temüdjin acquiert rapidement une grande renommée parmi les tribus de la steppe, suscitant ainsi la jalousie de son ancien protecteur, contre lequel il se retourne. En 1203, il annexe le territoire du roi des Keraïts, puis s'attaque aux autres tribus de la région. En 1206, il contrôle toute la Mongolie : réunis en assemblée, les chefs de tous les clans qu'il a soumis lui prêtent hommage en le reconnaissant comme Tchingiz Kagan, le « Roi de l'Univers ». L'État mongol est fondé.

La conquête de l'Asie

Le Tchingiz Kagan, devenu pour nous Gengis Khan, rassemble les peuples nomades de la steppe pour les lancer à la conquête des États sédentaires de l'Asie centrale ; son fils attaque les forêts sibériennes et lui-même se tourne vers la Chine du Nord, qui lui est presque immédiatement soumise. En 1215, Pékin est aux Mongols.

◁ **Citadelle** assiégée par les Mongols. À partir de 1211, Gengis Khan quitte la steppe pour des régions densément peuplées, aux villes ceintes de remparts, où il doit apprendre la poliorcétique, art de prendre les villes.
Miniature persane. XVᵉ siècle. Bibliothèque nationale, Paris.

Combat sur le ▽ Danube. Les Hongrois, en armure, tentent d'empêcher les Mongols, plus légers, armés de leurs arcs, de franchir le fleuve. En 1241-1242, les descendants de Gengis Khan ravagent l'Europe centrale.
XIVᵉ siècle. Bibliothèque nationale, Paris.

Retournant en Mongolie pour y réprimer des soulèvements, il attaque les territoires situés à l'est de son pays. En 1218, l'empire Kara Kitay du Turkestan oriental est conquis, le sultanat de Kharezm, à l'est de la mer Caspienne, est annexé en 1224. Les Mongols se déchaînent contre la Transoxiane, l'Afghanistan et la Perse, mettant à sac Reyi et Téhéran, écrasant les armées géorgienne et russe et pillant les comptoirs génois de Crimée.

En 1224, Gengis Khan réintègre la Mongolie, maître d'un empire gigantesque qui s'étend de la mer Noire à l'océan Pacifique. Il meurt au cours d'une opération militaire en 1227. Ses funérailles sont à la hauteur de la légende du Roi de l'Univers. Pendant trois jours, on offre un festin à son âme et quarante jeunes filles sont sacrifiées pour aller le servir dans l'autre monde.

Les successeurs de Gengis Khan continuent à étendre les conquêtes mongoles, agrandissant le plus grand empire de tous les temps.

LE GUERRIER

Gengis Khan a laissé le souvenir d'innombrables atrocités et l'image justifiée d'un nomade farouche et cruel. La liste des exactions mongoles est impressionnante. Pékin est pillée pendant un mois, ses maisons brûlées et ses habitants massacrés. Lors de la prise de Merv, à l'exception de 400 artisans, tous les habitants sont décapités et leurs têtes empilées en pyramide pour orner les murs de la cité en ruine. Pour prendre une ville, il arrive que les Mongols réquisitionnent les paysans des environs et que, avant d'approcher les défenses adverses, ils les envoient se faire tuer aux premières lignes. Détruisant les monuments, faisant paître leurs chevaux dans les champs cultivés, massacrant tous les êtres vivants « y compris les chiens et les chats », les cavaliers de Gengis Khan sont précédés d'une réputation terrifiante. Celle-ci sert évidemment les desseins mongols ; d'avance, leurs ennemis sont anéantis par la peur.

△ **Campement** mongol. Les tentes sont dressées, les viandes cuisent sur un maigre feu, car le bois est rare dans la steppe. La mobilité et la frugalité des hordes nomades impressionnent les sédentaires, qu'ils soient chrétiens ou musulmans.
Manuscrit persan. XIVe siècle. Bibliothèque nationale, Paris.

. 325

Les empereurs mongols permettent aux missionnaires catholiques de commencer à évangéliser l'Asie.

DES CATHOLIQUES CHEZ LES MONGOLS

Les Mongols aiment confronter les théologiens de religions différentes et organisent par exemple des débats entre chrétiens et bouddhistes. L'empereur Timur, qui aime les joutes oratoires entre musulmans sunnites et musulmans chiites, provoque une grande rencontre à Damas. Mais les franciscains et dominicains qui s'y rendent ont du mal à convertir les peuples de la steppe. En revanche, ils restent sur place pour secourir les Européens et portent leur attention sur l'Église arménienne et sur les nestoriens, depuis longtemps coupés de la papauté. Les missions catholiques survivent cependant, et, au XIVe siècle, le territoire mongol verra naître des évêchés.

Le pape Jean XXII envoie deux franciscains en mission outre-mer. XVe siècle. Bibliothèque nationale, Paris.

Mais la puissance d'une armée n'est pas seulement faite de rumeurs. Gengis Khan est un grand chef militaire, et la supériorité technique de son armée s'appuie sur des guerriers infatigables. Marco Polo a dit des Mongols qu'ils étaient les meilleurs guerriers «pour conquérir terres et royaumes». Ces nomades sont endurcis par leurs multiples déplacements. Lors des longues haltes, ils groupent en cercle leurs tentes rondes, les yourtes, mais ils dorment souvent à même le sol autour d'un feu de bouse séchée et de racines. Ils passent parfois toute une nuit sur leur cheval, savent endurer les étés accablants et les hivers rigoureux de la steppe, se contentent pendant des mois de gibier et de lait de jument et peuvent, pour survivre, se nourrir du sang de leurs chevaux en leur piquant une veine. Admirables cavaliers, maniant parfaitement leurs montures qui leur donnent une grande rapidité au combat, les Mongols sont aussi les meilleurs archers de leur temps : ils peuvent fuir au galop et tirer sur leurs adversaires en se retournant à peine.

Véritable génie de l'art militaire, Gengis Khan sait organiser ces terribles guerriers en une armée strictement hiérarchisée et à la discipline implacable. Sa cavalerie est rapide et légère, autonome dans l'action grâce à un commandement décentralisé et encouragée à multiplier les ruses et les feintes. Les mouvements des cavaliers sont perfectionnés avec science. Ils sont répartis en trois ailes, s'alignent en grands fronts, et leurs colonnes, capables de réagir avec rapidité et souplesse, peuvent s'espacer ou se concentrer à la demande.

△
Campement. Vu par un artiste turco-mongol du XVᵉ siècle, il est représenté de façon réaliste : esclaves s'affairant, chevaux au pâturage, outres suspendues, animaux familiers.

Kiyah Salem, *Album du conquérant.* Musée de Topkapi, Istanbul.

▷
Un condamné est mené au supplice. Le fils de Gengis Khan, Chaghtaï Khan (1227-1242), assiste à la flagellation, qui, comme toutes les exécutions, a lieu en public.

XIVᵉ siècle. Bibliothèque nationale, Paris.

Les premiers maîtres de la Mongolie, les Ouïgours, ont adopté la subtile religion manichéiste des Iraniens ; les Mongols, eux, restent animistes.

LA RELIGION DES MONGOLS

Les Mongols adorent le Ciel et la Terre, ainsi qu'une multitude de divinités habitant les eaux, le feu, les pierres et les arbres. Ils rendent un culte aux morts, et chaque famille adore son propre dieu, «qui garde les enfants, les bêtes et les blés» et habite la yourte. Les prémices de chaque repas sont destinées à l'image de ce dieu. Les Mongols vénèrent le génie tutélaire de leur clan sous la forme d'un mât surmonté d'une touffe de crins d'étalon et lui offrent de la nourriture. Dans certaines occasions solennelles, ils sacrifient des chevaux ou des êtres humains – à la mort d'un grand souverain, par exemple. Leurs sorciers, ou chamans, pratiquent la magie et la divination avec des omoplates de moutons.

L'ADMINISTRATEUR

Si Gengis Khan est un grand guerrier, il est aussi un grand administrateur. En supprimant les rivalités à l'intérieur des clans et des tribus, en leur donnant conscience de leur puissance et en les investissant d'une mission de droit divin, la conquête de la Mongolie, il crée la nation mongole. Il impose à son peuple des lois et un code moral rigoureux. Ses sujets lui doivent obéissance, ne mentent pas à leurs chefs, et leurs femmes sont chastes. Cette rigueur impressionnera le franciscain Jean du Plan Carpin, d'après qui les Mongols ne commettent pas de meurtres et très peu de vols. Gengis Khan sait aussi profiter de la culture des peuples conquis en s'entourant de lettrés chinois et ouïgours.

LE PACIFICATEUR

La tutelle qu'il impose aux peuples des steppes amène la paix. Grâce à celle-ci, les hommes, les marchandises et les idées circulent librement à travers toute l'Asie. Ce flux culturel et économique est encore amélioré par un service perfectionné de postes, que Gengis Khan met au point pour les besoins de son administration. L'accroissement des échanges et la garantie de sécurité dont bénéficient les caravanes permettent à l'Occident et à l'Extrême-Orient de se rencontrer. Gengis Khan accueille les Chinois, ouvre son empire aux marchands et aux missionnaires occidentaux et reçoit les chrétiens par curiosité, tout en manifestant un respect mêlé de superstition envers les hommes d'Église. Plusieurs années après la mort de Gengis Khan, cette tradition d'ouverture permet à l'un des plus célèbres voyageurs occidentaux, Marco Polo, de visiter la Chine et une grande partie de l'Asie. □

△ **Les vaincus** faits prisonniers par les Mongols sont précipités tête la première dans des «marmites», troncs d'arbre remplis d'eau bouillante. Le suivant attend son tour...
XIVe siècle. Bibliothèque nationale, Paris.

Pour sa bureaucratie, Gengis Khan a besoin d'une langue unique ; il impose alors son propre dialecte, qui n'a pourtant jamais été écrit.

L'ÉCRITURE INTROUVABLE

Ses scribes transcrivent ce dialecte en utilisant l'écriture des Ouïgours. Également influencée par les Chinois, cette écriture est d'un usage difficile. Elle est cependant utilisée tout au long des règnes des quatre premiers empereurs mongols. Kubilay Khan, l'empereur qui a reçu Marco Polo, tente d'imposer un alphabet plus adapté après avoir confié à un moine tibétain la tâche d'en créer un. Le fruit de ce travail, un alphabet «carré», s'inspire des modèles chinois et tibétains, mais ne survit pas à la dynastie fondée par Kubilay Khan. Après cette tentative infructueuse, les Mongols renoncent à avoir leur propre alphabet et se contentent de perfectionner celui des Ouïgours, qui restera très rudimentaire et ne parviendra jamais à éviter les confusions entre les voyelles, voire entre certains mots de sens très différents.

◁ **Prisonniers** iraniens enchaînés. La Perse est une des régions qui a le plus souffert des conquêtes mongoles, avant «l'iranisation» des conquérants à partir de 1295.
XIVe siècle. Bibliothèque nationale, Paris.

L'ART DES NOMADES

Les hordes de Gengis Khan, comme toutes celles des nomades d'Asie centrale, sont grandes utilisatrices de textiles divers. L'emploi du feutre *(kochma)* est très répandu, car sa fabrication se fait sans métier à tisser : il suffit d'humecter et de fouler la laine. Ses utilisations sont multiples : bottes, chapeaux, tentures, sacs... Les tapis en feutre peuvent être décorés grâce à l'utilisation de laines de couleurs différentes, mais aussi par l'assemblage de morceaux contrastés formant un motif. Les Kirghiz appliquent sur le tapis des dessins de feutre, de cuir ou d'autres tissus. Le tissage des tapis sur métier est plus complexe et nécessite un appareillage difficile à transporter. Il y a des tapis de sol, de prière, de selle... Les plus beaux sont confectionnés avec la laine de printemps, les tapis ordinaires avec celle des chèvres et des chameaux. La laine est colorée avec des plantes. C'est le monde de la steppe qui inspire la décoration des tapis : oiseaux, plantes, cornes d'animaux, roues solaires... Ces motifs, associés à des figures géométriques, sont ornementaux, mais certains pensent qu'ils auraient un sens sacré et magique et qu'ils peuvent, par exemple, représenter le totem de la tribu.

Intérieur d'une yourte △ kirghize. Les Kirghiz, peuple musulman d'Asie centrale, descendent des Mongols.
Musée national, Frounzé, Kirghizistan.

◁ **Tapis** fabriqué par les femmes turkmènes. Aux confins de l'ex-U.R.S.S. et de l'Iran, le Turkménistan est lui aussi peuplé de Turco-Mongols.

Yourte kirghize dans le désert du Pamir, au pied du pic du Communisme (7 495 mètres). Les Kirghiz parcourent toujours les hautes vallées steppiques, à la recherche de pâturages pour leurs troupeaux.

△ **Fabrication**
de *kochma* (feutre)
au Kazakhstan. Les
femmes tassent les fi-
bres en roulant le tapis
sur une natte de joncs.
L'une d'elles arrose
sans cesse, pour assu-
rer la cohésion du ma-
tériau. La technique
n'a pas changé depuis
le XIIIe siècle.

▽ **Selle** brodée. Les nomades apportent tout
leurs soins à l'équipe-
ment de leurs mon-
tures. Ils peuvent
rester des jours entiers
sur leurs chevaux aux
selles à haut pom-
meau, très relevées
à l'arrière.
Musée national, Frounzé,
Kirghizistan.

△
Tapis de sol de
yourte provenant
de la République
populaire de Mongolie.
Le décor géométrique
est fait d'applications
de tissu incrustées
dans le feutre.
Musée de l'Homme, Paris.

L'ESPAGNE DE LA RECONQUISTA

Pendant cinq siècles, la chrétienté d'Espagne a vécu à l'heure de la Reconquête. En 1212, les rois de Navarre, de Castille et d'Aragon évincent définitivement la brillante civilisation musulmane espagnole.

DEPUIS LA VICTOIRE de Clovis à Vouillé en 507, le royaume wisigoth était réduit à la péninsule Ibérique. En juillet 711, l'armée berbéro-arabe écrase l'armée du roi wisigoth Rodéric. En six ans, la péninsule est conquise. La population se soumet, le paiement d'un tribut lui garantissant l'usage de sa religion et de son droit.

Seule épargnée, la région des Asturies, au nord-ouest, devient un

▽ **Alphonse I**er le Batailleur, roi d'Aragon, un des premiers héros de la *Reconquista*. Il ne cessa de combattre les Maures durant son règne, de 1072 à 1134.
1344. Académie des sciences, Lisbonne.

royaume gothique. L'Espagne musulmane dépend, à partir de 929, du califat indépendant de Cordoue, qui est alors la plus grande ville d'Occident. Les chrétiens y bénéficient d'une large tolérance et peuvent même occuper de hautes charges. On les appelle les chrétiens mozarabes.

LES CHRÉTIENS RELÈVENT LA TÊTE

Au nord de la péninsule, où subsistent quelques foyers chrétiens indépendants, commence à naître l'idée d'une reconquête. Les rois d'Asturie réoccupent des terres dépeuplées et conçoivent le projet d'une reconquête liée au culte de saint Jacques de Compostelle. Sous Alphonse III (791-842), qui prend le titre d'empereur d'Espagne, le royaume s'étend jusqu'au Douro, et la capitale est installée à León, plus au sud que l'ancienne. Mais les raids du musulman al-Mansur, entre autres à Saint-Jacques-de-Compostelle en 997, brisent l'élan chrétien.

La Catalogne, née de l'intervention de Charlemagne en Espagne, est d'abord incorporée à l'Empire carolingien puis à l'État franc. Elle devient pratiquement indépendante quand la royauté franque, affaiblie, s'avère incapable de venir secourir Barcelone, que al-Mansur soumet au pillage en 985.

C'est enfin en Navarre, autour de Pampelune, qu'un troisième foyer de résistance chrétienne se développe sous la protection des Basques.

Vers l'an mille, ces petits noyaux chrétiens sont souvent en proie à des conflits dynastiques. Les récents raids d'al-Mansur ont prouvé leur fragilité.

Les Maures partent ▽ en guerre contre le roi Alphonse X. On les reconnaît à leurs turbans, et à leurs oriflammes ornées de calligraphies et du croissant de l'islam.

XIIIe siècle. Bibliothèque de l'Escurial, Madrid.

La vie du Cid est la plus célèbre épopée de la Reconquête espagnole. Celui-ci se taille son propre royaume à Valence.

LE CID

Né vers 1040, le Cid est chargé de collecter les tributs dus par le souverain de Séville au roi Alphonse VI, dont il épouse même une cousine. En désaccord avec le roi, il combat pour son propre compte et devient un chef de guerre réputé. En 1082, il protège le roi musulman de Saragosse contre des princes chrétiens et, en 1087, il défend Valence contre les Almoravides. Disgracié à nouveau, il gouverne seul la région et y exerce l'autorité d'un véritable souverain, doté d'une grande fortune. Il meurt en 1099, et sa femme, Chimène, résiste dans la ville assiégée jusqu'en 1101.

Don Rodrigue de Vivar, le Cid. *Bibliothèque nationale, Madrid.*

. 331

▷ **Étendard** pris aux musulmans à la bataille de Las Navas de Tolosa, et conservé depuis au monastère de Las Huelgas, près de Burgos. Le décor est géométrique, les bordures sont ornées de versets du Coran.

Pendant plusieurs années, la frontière qui les sépare du califat est sans cesse disputée par les avant-gardes des deux camps. Cette zone tampon, plus ou moins bien définie, est un lieu de solitude, de terreur et de liberté. Là s'aventurent les premiers pionniers de ces territoires sans maître : des renégats et des esclaves en fuite s'y font défricheurs de terres vierges.

LA PUISSANCE CHRÉTIENNE

Au début du XIᵉ siècle, l'éclatement du califat de Cordoue en vingt-trois royaumes, les taïfas, s'il n'éteint pas la civilisation arabo-hispanique, permet aux princes chrétiens de soumettre politiquement certains de leurs voisins. Le plus puissant d'entre eux, Sanche III le Grand (1004-1035), qui domine tout le nord de la Péninsule, ouvre son pays à l'influence chrétienne : il organise le pèlerinage de Saint-Jacques, adopte la liturgie romaine, favorise l'implantation du monachisme bénédictin et l'influence de Cluny. À sa mort, le royaume est divisé en trois : la Navarre, la Castille et l'Aragon.

Vers 1040, Ferdinand Iᵉʳ, roi de Castille, prend avec succès l'initiative de la Reconquête. La frontière recule jusqu'à la vallée du Tage. Le 25 mai 1085, Tolède, ancienne capitale wisigothique, est prise.

Mais la progression des chrétiens est inégale et, en un siècle, la Catalogne, elle, ne gagne que quelques kilomètres. Mais la Reconquête finit par devenir l'affaire de l'Europe entière, en partie grâce à l'ordre de Cluny. Celui-ci resserre les liens entre l'Espagne et le reste de la chrétienté en fondant et en réformant des abbayes, en fournissant des cadres à l'Église et en unissant les dynasties de Castille et de Bourgogne. Il lance aussi les premiers appels à la Reconquête.

La réaction vient des musulmans d'Afrique du Nord, les Almoravides, qui écrasent les Castillans en 1086 à Zalaca et

La légende veut que l'apôtre saint Jacques le Majeur ait évangélisé l'Espagne. Sa tombe devient un lieu de pèlerinage.

SAINT-JACQUES-DE-COMPOSTELLE

L'église qui y est érigée est le siège d'un évêché dès 902. Saint Jacques devient le symbole de la lutte contre l'Islam. Le roi Sanche le Grand organise le « chemin de Saint-Jacques », qui devient un important pèlerinage. Le sanctuaire connaît son apogée au XIIᵉ siècle ; Compostelle devient métropole en 1104 et draine des pèlerins de l'Europe entière.

Statue colonne du portique de la Gloire. XIIᵉ siècle. Saint-Jacques-de-Compostelle.

Un juif et un Maure ▷ jouent aux échecs. Une miniature qui symbolise la tolérance et le goût des exercices intellectuels caractéristiques de l'Espagne musulmane.

XIIIᵉ siècle. Bibliothèque de l'Escorial, Madrid.

▷
Les remparts d'Ávila, édifiés au XIIᵉ siècle. La capitale de la Vieille-Castille, haut lieu de la Reconquête, a été surnommée «la ville des saints et des pierres» à cause de son austérité.

reprennent Tolède en 1108. Mais le pape appelle à la croisade, poussant ainsi une armée de chevaliers francs à s'emparer de Saragosse en 1118.

LA RECONQUÊTE

De graves crises successorales empêchent les royaumes chrétiens d'exploiter leur victoire : la Castille est partagée en trois pendant plusieurs années, le Portugal devient indépendant, et l'union de l'Aragon et de la Catalogne, par le mariage de leurs souverains, reste strictement personnelle. Une vague prééminence est reconnue au roi de Castille, qui revendique le titre d'empereur, mais l'Espagne reste divisée.

En 1195, les nouveaux maîtres de l'Afrique du Nord et de l'Espagne musulmane, les Almohades, écrasent l'armée d'Alphonse VIII de Castille près d'Alarcos. Cet événement dramatique est l'ultime détonateur de la Reconquête. Le nouvel appel du pape à la croisade ne rencontre pas un grand succès, car la Reconquête est devenue un problème national. C'est une armée strictement espagnole, réunissant les rois de Castille, d'Aragon et de Navarre, qui remporte la bataille de Las Navas de Tolosa, le 15 juillet 1212. Cette victoire décisive ouvre aux chrétiens le bassin du Guadalquivir.

L'Empire almohade s'effondre. À la fin du XIIIe siècle, conquise par les rois de Portugal, de Castille et d'Aragon, toute la Péninsule est chrétienne, à l'exception du petit royaume de Grenade qui survit jusqu'en 1492. De Gibraltar à Almería, il entretient pendant deux siècles le souvenir de la brillante civilisation de l'Espagne musulmane.

La Reconquête a profondément marqué la civilisation et l'histoire ibériques en donnant à l'Espagne une place originale dans l'Europe chrétienne. Composée de pionniers fiers et libres, elle a longtemps entretenu la tolérance et la diversité : le roi de Castille se faisait appeler avec fierté « roi des trois religions ».

Jacques Ier le Conquérant, roi d'Aragon, reprend les Baléares aux Arabes. Durant son long règne (1213-1276), il conquit aussi les royaumes de Valence et de Murcie, et prit Ceuta. XIIIe siècle. M.A.C., Barcelone.

Exemple de tolérance, l'Espagne médiévale a vu cohabiter des chrétiens, des juifs et des musulmans, grâce aux protections dont bénéficiaient les minorités.

L'ESPAGNE DES TROIS RELIGIONS

Sous la domination arabe, les chrétiens mozarabes pratiquaient librement leur religion et se voyaient confier des missions diplomatiques. Les savants juifs introduisaient la culture orientale en Occident. Dans les États chrétiens subsistèrent d'importantes communautés de musulmans, dits « mudéjars ». Ils transmirent aux chrétiens leur maîtrise de l'irrigation et influencèrent l'architecture religieuse. La Reconquête ne fut pas seulement vécue comme une croisade. Ferdinand III de Castille était « roi des trois religions », et son fils Alphonse X le Sage s'entourait de poètes et de savants juifs et musulmans.

LA PRISE DE CONSTANTINOPLE PAR LES CROISÉS

D ÈS LA PREMIÈRE CROISADE, une incompréhension s'est intallée entre les Byzantins et les croisés. Ceux-ci ont le sentiment que l'empereur les a trahis. Quant aux Byzantins, l'idée même de croisade leur est étrangère : on peut certes combattre pour sa foi, mais pas tuer en portant la croix sur soi, mêlant ainsi le sang des hommes à celui du Christ ; ils comprennent mal que des prêtres portent les armes.

La quatrième croisade ne resta pas longtemps une œuvre pieuse. À cause de Venise, et malgré les protestations du pape Innocent III, les croisés devinrent des conquérants.

▽ **Chevalier** du XIIIᵉ siècle. L'équipement a évolué depuis la première croisade : le heaume couvre tout le visage, l'écu est plus petit, le corps est mieux protégé par la cuirasse.

▽ **Foulques de Neuilly** prêche la quatrième croisade. Son éloquence attire les petits seigneurs de France du Nord, qui détourneront l'expédition du but fixé.
XIIIᵉ siècle. Bodleian Library, Oxford.

334 .

▷ **Départ** des croisés, le chargement des bateaux. Sous la bannière aux fleurs de lis, un chevalier surveille les portefaix qui hissent à bord sacs et barriques. Depuis le XIIᵉ siècle, les croisés choisissent la voie maritime.
XIVᵉ siècle. Bibliothèque nationale, Paris.

La présence d'Occidentaux à Constantinople est ancienne : les intérêts commerciaux de Venise y sont très importants. Mais l'expulsion des Vénitiens de la ville, en 1171, a entamé la confiance de la cité italienne.

De son côté, la papauté ne voit plus dans les Byzantins des frères chrétiens à secourir. Pour elle, la chrétienté d'Orient, c'est désormais le royaume franc de Terre sainte, dont l'existence est menacée. L'orient du bassin méditerranéen est devenu un enjeu plus stratégique que religieux.

LA CROISADE DÉTOURNÉE

Pourtant, la quatrième croisade retrouve les accents des origines, sous la direction du nouveau pape, Innocent III, élu en janvier 1198 ; la prédication enflammée d'un Foulques de Neuilly reste exclusivement religieuse ; le refus des souverains occidentaux dissipe les soupçons d'intrigue politique. En dix-huit mois, plus de 30 000 hommes, conduits par les comtes de Flandre et de Champagne, sont prêts au départ. Pour hâter le mouvement, ces derniers choisissent l'itinéraire maritime. Venise accepte de fournir les navires contre la somme raisonnable de 85 000 marcs d'argent. Mais, en juin 1202, quand les croisés commencent à se rassembler, un tiers seulement de l'effectif est présent, et il manque 60 p. 100 de la somme. La né-

cessité de payer aux Vénitiens le prix du passage amène les croisés à prendre pour le compte de Venise la ville de Zara, le 24 novembre 1202, aux dépens du roi de Hongrie, malgré les menaces d'Innocent III et le moratoire proposé par le doge Enrico Dandolo. Le détournement de la croisade a commencé ; déjà, elle s'est transformée en guerre de conquête.

LA DOUBLE PRISE DE CONSTANTINOPLE

Les croisés reçoivent alors les propositions d'Alexis IV Ange, fils de l'empereur byzantin Isaac II qui a été détrôné

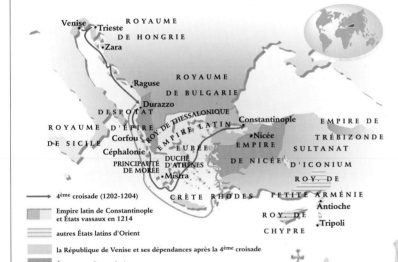

4ème croisade (1202-1204)

Empire latin de Constantinople et États vassaux en 1214

autres États latins d'Orient

la République de Venise et ses dépendances après la 4ème croisade

États grecs (byzantins)

**À Constantinople, on a deux passions :
la promenade et le commerce.
D'où les innombrables portiques au fond
desquels se trouvent des boutiques.**

LA RUE ET LES BOUTIQUES

Ces boutiques portent le nom d'atelier (ergastérion), car la vente et la fabrication sont assurées par la même famille. Sous les portiques sont disposés des bancs, où l'on pratique souvent un autre commerce. Les principaux métiers sont regroupés par quartier, auquel ils donnent leur nom mais aussi leur atmosphère – bruits, couleurs et odeurs : quartiers des boulangers, des fabricants de cierges ou des chaudronniers. Les habitations se trouvent au-dessus des boutiques. Les immeubles à plusieurs étages, du type de l'insula romaine, sont peu nombreux. La ville, construite en bois à l'exception des palais, est aérée par des jardins.

par son frère. Contre le rétablissement de son père sur le trône, Alexis Ange promet 10 000 hommes et 200 000 marcs, et, en prime, l'union des Églises. Le 23 juin 1203, les croisés arrivent devant Constantinople, dont la population, à leur grande surprise, refuse ces soi-disant libérateurs. Ils entreprennent alors le siège de la ville qui, depuis neuf siècles, n'a jamais été prise. Les chevaliers francs sont d'abord défaits en attaquant du côté de la terre, mais les Vénitiens, grâce à la puissance de leur flotte, s'emparent d'une partie des remparts qui dominent la mer et mettent le feu à tout un quartier. L'usurpateur s'enfuit en Thrace et l'empereur Isaac II, tiré de son cachot, est rétabli dans ses droits.

Effrayé par les engagements pris par son fils, qui a promis de rétablir l'union religieuse avec Rome et d'aider les Latins dans leur lutte contre les Turcs, Isaac III fait traîner les choses. Pendant ce temps, les croisés découvrent avec éblouissement les richesses de la ville. Leur présence est de plus en plus mal supportée par la population et devient intolérable quand un groupe de Flamands incendie et saccage tel ou tel quartier qui a pour seul tort d'abriter une mosquée ou une synagogue. Inquiets de ce ressentiment, impatients de toucher leur dû, les croisés reprennent les hostilités et, le 13 juin 1204, ils s'emparent à nouveau de la ville. Forts de leur droit de vainqueurs, ils la soumettent au pillage pendant trois jours entiers, volant et raflant à qui mieux mieux. Le butin tiré de la plus puissante ville d'Europe remplit trois églises entières.

LES DÉPOUILLES D'UN EMPIRE

Le reste des forces byzantines se regroupe autour de Théodore Laskaris, au nord-ouest de l'Asie Mineure. De leur côté, les Vénitiens et les croisés entreprennent le partage territorial de l'Empire, qu'ils avaient déjà prévu à la veille de l'assaut. Venise en reçoit « le quart et demi », essentiellement dans les régions maritimes, notamment la Crète, l'Eubée et les principales îles ioniennes et égéennes. L'Empire latin de Constantinople, qui échoit à Baudouin de Flandre, en reçoit le quart. Enfin, Boniface de Montferrat se taille un royaume personnel autour de Thessalonique, dont dépendent le duché d'Athènes et la principauté de Morée, dans le Péloponnèse.

Dès le Xᵉ siècle, des Vénitiens s'étaient installés à Constantinople. En 1082, on leur donna un quartier de la ville.

LES OCCIDENTAUX À CONSTANTINOPLE

C'est l'*embolos* de Pérama, un quartier portuaire, avec des échelles pour l'accostage des navires, des entrepôts pour les marchandises et les maisons à étages qui bordent la rue principale du quartier, ce qui offre à la fois des possibilités de logement et permet d'obtenir les revenus de ces bâtiments, ateliers-boutiques et habitations. Le quartier compte plusieurs églises. Au XIIᵉ siècle, les Pisans reçoivent à leur tour un quartier. Quant aux Génois, ils s'établissent de l'autre côté de la Corne d'Or, dans le faubourg de Péra.

Les chevaux ▽ de Saint-Marc, symboles de la domination vénitienne sur l'Adriatique. Sculptés au IVᵉ ou au IIIᵉ siècle av. J.-C., ils ont fait partie du fabuleux butin rapporté de Constantinople en 1204.

« **Chef** » (crâne) △ de saint Jean-Baptiste, provenant de l'église Sainte-Sophie. Une des nombreuses reliques prises par les croisés à Constantinople et conservée depuis 1206. Cathédrale d'Amiens.

La renaissance byzantine

La légitimité byzantine se réfugie à Nicée. Libéré de la pression turque par l'invasion mongole, l'empire de Nicée fondé par Théodore Laskaris reconquiert une partie de l'Asie Mineure et trouve auprès des Génois les alliés qui lui permettent de reprendre sa capitale en 1261 et de récupérer les terres européennes. Les Francs conservent toutefois une partie de la principauté d'Achaïe, ou de Morée, conquise par Geoffroi Ier de Villehardouin, qui y a fondé une dynastie en 1209. En 1249, les Francs édifient la forteresse de Mistra, à proximité de Sparte, mais l'empereur byzantin Michel VIII la leur prend et en fait la base du despotat de Morée, qui dominera le Péloponnèse et résistera aux Turcs jusqu'en 1460.

La chrétienté affaiblie

La présence franque en Orient dure plus longtemps à Chypre. Avec l'aide des Génois, les Lusignan contrôlent l'île, avant de devoir la céder aux Vénitiens, en 1489. De là, ils participent aux opérations en Terre sainte.

Ces épisodes glorieux ne doivent toutefois pas faire oublier que la quatrième croisade a profité avant tout aux républiques italiennes, d'abord à Venise, qui se taille un empire colonial, puis à Gênes. Aux dépens d'un empire certes affaibli, mais qui reste une grande puissance, se met en place une mosaïque de forces médiocres. Finalement, la quatrième croisade fait surtout le lit des Turcs, qui, au XIVe siècle, se rendront maîtres de toute la région. □

L'homme qui fit plier l'Empire romain d'Orient était avant tout un marchand.
ENRICO DANDOLO, DOGE DE VENISE

Enrico Dandolo passe l'essentiel de sa vie à commercer avec l'Orient ; il rentre à Venise en 1171 et commence alors, à 64 ans, sa carrière politique, marquée par deux ambassades à Constantinople ; en 1183, devenu aveugle, il renonce au commerce ; en 1192, âgé de 85 ans, il est élu doge. Durant la quatrième croisade, il joue un rôle sans cesse croissant, depuis la prise de Zara jusqu'à la chute de la capitale byzantine. Il se fait même attribuer le titre de « dominateur du quart et demi de la Romanie » – la part de l'empire échue aux Vénitiens, après partage, en 1204.

Le doge Dandolo.
Gravure du XVIIIe siècle.

▽ **Arrivée** des navires occidentaux devant Constantinople, en 1203. Les croisés, qui viennent de prendre Zara, sont accompagnés du futur Alexis IV, dont le père, Isaac II Ange, a été détrôné par Alexis III.
XVe siècle. Bibliothèque nationale, Paris.

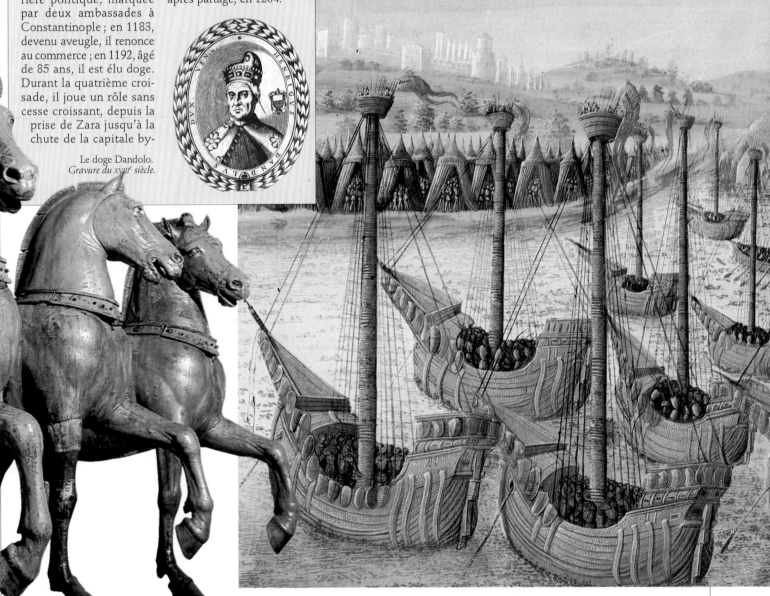

MISTRA, UNE VILLE BYZANTINE

Fondée à l'époque romaine par les habitants de Sparte, la bourgade de Mistra fut restaurée et fortifiée vers 1248 par Guillaume II de Villehardouin, second fils de Geoffroi Ier, puis cédée par lui, après la défaite de Pelagonia (1259), à l'empereur Michel VIII.

Au milieu du XIVe siècle, Mistra devient le pôle essentiel de la défense méridionale de l'Empire et le centre du despotat de Morée (l'actuel Péloponnèse). Au XVe siècle, la région, dont les populations franque et albanaise sont hellénisées avec succès, tiendra contre les Turcs sept années de plus que la capitale.

Mistra nous offre une bonne image de la ville byzantine des derniers siècles, bâtie autour de sa forteresse, avec une forte concentration d'églises et de monastères mais aussi de palais aristocratiques. Elle est aussi l'un des symboles de la survie désespérée de l'hellénisme : les nombreux ateliers de copie qui s'y trouvent en font un centre intellectuel qui attire philosophes et écrivains.

338 .

Coupole de ▽ Sainte-Sophie dans le Péloponnèse. Le plan de l'église, des XIVe et XVe siècles, est en forme de croix grecque, inscrite dans un carré.

◁ **Intérieur** de l'église métropolitaine de Mistra, siège du patriarche. Les arcatures témoignent d'influences diverses, leur dépouillement est proche de l'art roman occidental, mais les arcs outrepassés sont orientaux.

▽ **Église** Saint-Théodore : la coupole qui surmonte la croisée du transept est byzantine, le chevet et les absidioles qui l'entourent sont occidentaux, de même que les ouvertures en plein cintre.

Palais du despote. ▷
La forteresse édifiée
vers 1248 par Guil-
laume II de Villehar-
douin, prince de la
Morée franque, devint
le palais des empereurs
de Byzance, et fut
achevée entre
1400 et 1460.

△
Église Sainte-Sophie,
dédiée, comme la ca-
thédrale de Constanti-
nople, à la Sagesse
divine, à qui la piété
populaire attribua trois
filles : Foi, Espérance
et Charité.

▷
Dormition de la
Vierge. La couche
funèbre de la mère du
Christ est entourée par
les apôtres.

Peinture murale. 1305.
Monastère de Palépanaghia,
Mistra.

. 339

FRANCE

Les juifs et l'usure

■ L'ordonnance de 1206, qui interdit le prêt à intérêt, gêne les marchands. Pourquoi en effet prêterait-on de l'argent à un quidam si le risque n'est pas rémunéré, si on n'y gagne pas quelque chose ? Mais l'Église assimile à l'usure toute forme de prêt à intérêt, et il devient de plus en plus difficile de se procurer des capitaux. L'ordonnance, prise à un moment où le pouvoir se préoccupe d'extirper les hérésies et de contrôler les sujets, vise surtout les juifs. Ceux-ci, n'étant en effet pas tenu aux principes du christianisme, peuvent se livrer à diverses opérations financières. □

Marchand juif. *Manuscrit espagnol. XIIIᵉ siècle, Bibliothèque de l'Escorial, Madrid.*

Tristan et Iseut. *1275. Bibliothèque nationale, Paris.*

DANEMARK

Fin de l'expansion danoise

■ Fils de Valdemar Iᵉʳ le Grand, à qui le Danemark doit son unité, Valdemar II succède à son frère Canut en 1202. Il gagne son surnom de Sjer, «le Victorieux», en assurant l'expansion danoise autour de la Baltique. Mais Valdemar II. se heurte bientôt à la puissance montante des princes allemands, qui ont, eux aussi, des visées sur le Holstein. Il sera finalement tragiquement battu à Bornhöved en 1227, et le Danemark connaîtra une ère de troubles jusqu'à la mort de Valdemar, en 1241. □

ALLEMAGNE

Une très ancienne histoire d'amour

■ En Allemagne, on appelle Minnesänger les poètes qui ressuscitent dans leurs chansons de très anciennes légendes. Ainsi Gottfried de Strasbourg s'inspire-t-il des romans français pour écrire, entre 1212 et 1215, un poème de quelque 20 000 vers, qui raconte l'histoire de Tristan et Iseut. Loin de montrer les dangers d'un amour coupable, le poète se complaît à décrire un amour charnel, très éloigné de l'idéal chrétien, et de celui, désincarné, que célèbrent les troubadours. □

FRANCE

Massacres en Languedoc

■ La première croisade menée contre les albigeois suscite l'horreur de la France du Sud. Conduits par un petit seigneur d'Île-de-France, Simon de Montfort, les barons du Nord pillent, massacrent et brûlent tout sur leur passage. *La Chanson de la croisade des albigeois,* écrite par un Provençal, Guillaume de Tulède, n'a pas de mots assez forts pour décrire les atrocités qui suivent la prise de Béziers, en 1209 : «Tous ceux qui s'étaient réfugiés dans l'église furent tués [...] Pas un, je crois, n'en réchappa.» □

EUROPE CENTRALE

Le tsar des Bulgares

■ Le tsar Jean II qui accède au trône bulgare en 1197 est un superbe jeune homme qu'on surnomme aussitôt Kalojan, «le Beau». Sous son règne, la Bulgarie devient la principale puissance des Balkans, s'étendant de l'Adriatique à la mer Noire, de Belgrade à Varna. En 1206, les Bulgares sont victorieux des Francs, qui viennent pourtant de s'emparer de Constantinople, et font prisonnier le nouvel empereur Baudouin. Les Bulgares sont dès lors maîtres de l'Épire. Le tsar meurt à Thessalonique, en 1207. □

OCÉAN PACIFIQUE

Les chefs polynésiens

■ Au début du XIIIᵉ siècle, les sociétés des îles du Pacifique commencent à se différencier les unes des autres, mais elles gardent des points communs. Le plus évident est leur structure hiérarchique, dominée par des chefs issus de familles de haut rang, qui prétendent remonter à un ancêtre mythique et exercent un pouvoir religieux autant que civil et guerrier. Dans les îles les plus peuplées, Tonga, Samoa, les îles de la Société, Hawaii, ces chefs accumulent des richesses considérables, qui accroissent leur prestige. □

ANGLETERRE

Jean sans Terre et le pape

■ En 1206, le roi d'Angleterre entre en conflit avec le Saint-Siège en voulant imposer sur le trône épiscopal de Canterbury un candidat qui s'oppose à Stephen Langton, le savant théologien que le pape Innocent III y a nommé. En 1207, le pape excommunie le roi, qui est, dès lors, exclu de tous les sacrements, ce dont il n'a cure. Mais l'interdit jeté sur le royaume a plus d'effet, car toute vie religieuse doit cesser en Angleterre : les mariages ne sont plus célébrés et les morts sont enterrés sans le secours de l'Église. Devant la révolte qui gronde, Jean sans Terre se soumet au pape et se reconnaît vassal du Saint-Siège. Il peut dès lors se consacrer à sa vieille querelle avec le roi de France, dans laquelle il ne connaîtra pas davantage de succès. En 1216, le futur Louis VIII débarque en Angleterre et marche sur Londres, quand meurt Jean sans Terre, ce qui sauve les Plantagenêts. □

ANGLETERRE

Les origines d'une rivalité

■ Le conflit qui oppose le roi Jean sans Terre au pape a une conséquence inattendue, qui influera durablement sur la vie des intellectuels anglais. La petite ville de Cambridge, qui doit son nom à un pont sur la rivière Cam, bénéficie d'une manière impromptue de l'interdit religieux qui bouleverse le royaume. De nombreux professeurs considèrent alors qu'il ne leur est plus permis d'enseigner à Oxford ; en effet, les universités relèvent directement de l'Église, et leurs enseignants sont des clercs, pour qui aucune activité n'est plus possible dans un royaume dont le souverain a été excommunié. Après l'interdit jeté sur l'Angleterre en 1209, nombreux sont ceux qui délaissent les collèges d'Oxford pour s'installer à l'ombre du château normand de Cambridge, ville déjà prospère et renommée pour sa foire de Stourbridge. Le premier collège de Cambridge, Peterhouse, ne sera fondé qu'en 1284, et le statut d'université ne lui sera reconnu qu'en 1318. □

1224 - 1250

Rome et la papauté avaient profondément marqué de leur autorité les XIᵉ et XIIᵉ siècles. C'est de Rome qu'étaient partis les grands mouvements de rénovation spirituelle de l'Occident. C'est à l'appel d'Urbain II que la chrétienté s'était dressée pour la croisade. C'est à Rome que s'était affirmé le pouvoir des papes qui avaient, pour un temps, prétendu dominer politiquement l'Occident et ravaler les princes au rang de bras séculier du représentant de Dieu sur terre. Au milieu du XIIIᵉ siècle, en revanche, s'amorce le début d'un temps nouveau. Certes, l'hérésie cathare est écrasée dans le sang par une coalition d'intérêts économiques, politiques et religieux fort divers. Mais le succès de cette doctrine exigeante et austère est un rejet implicite d'une Église trop riche et trop puissante. Au cœur du XIIIᵉ siècle, les hommes se mettent à douter. Où est l'autorité suprême ? Où est la vérité ?

Les livres hérétiques sont brûlés, détail de Saint Dominique et les albigeois *de Pedro Berruguete. Fin du XVᵉ siècle. Musée du Prado, Madrid.*

LA FIN DES CATHARES

Hérétiques pour l'Église, sujets rebelles
du comte de Toulouse pour le roi de France,
les cathares sont vaincus au XIIIe siècle.

EN 1224, le roi Louis VIII soumet la plus grande partie du Midi cathare, hérétique, lors d'une croisade qui voit alors la seconde défaite du comte de Toulouse, après celle de 1215. Mais la lutte reprend en 1242 et l'hérésie ne prend fin, semble-t-il définitivement, qu'après la destruction de la dernière place forte des albigeois, Montségur, en 1244.

PATARINS, CATHARES ET ALBIGEOIS

Dès 1020, les chroniqueurs attestent la présence d'hérétiques dans le comté de Toulouse et affirment leurs liens avec la secte bulgare des bogomiles. Leur doctrine est fondée sur un dualisme manichéen, fortement teinté par

▽ **Le château** de
Montségur, symbole
de la résistance des
cathares. Construit en
1205 par Pierre-Roger
de Belissen-Mirepoix,
il tomba en 1244
après un siège
d'un an.

△ **L'exécution**
des cathares. Pour
la France du Nord, la
croisade des albigeois
est une guerre juste,
qui s'est achevée,
grâce à l'action des rois
de France, par le châti-
ment des coupables.
XIVe siècle. Musée
de Picardie, Amiens.

les théories platoniciennes, et puise son inspiration dans une lecture originale de la Bible : Dieu, source du Bien et de la Lumière, ne cesse de lutter contre Satan, principe du Mal et des Ténèbres, enraciné dans la matière. L'homme, qui était bon à l'origine, a été corrompu par Satan ; en lui se livre un combat entre le Bien, l'Esprit, et le Mal, qui vient de ce qui est temporel et instable. Pour atteindre le septième ciel réservé aux purs esprits, l'homme doit s'affranchir de la matière, se détacher du monde périssable en soumettant son corps à une ascèse rigoureuse. Pour se libérer de la prison qu'est la chair, les cathares (« purs », en grec) refusent le mariage et la procréation.

Ces derniers se réunissent chaque dimanche pour prier et consommer ensemble le pain consacré. Après une instruction qui dure trois ans, le fidèle peut recevoir le sacrement du *consolamentum*, premier sacrement cathare, qui fait de lui un « parfait », voué à la chasteté, refusant de tuer, même pour se défendre, et suivant en tous points les préceptes du Sermon sur la montagne. Les « parfaits » ne mangent jamais de viande, de fromage ou de lait et respectent des jeûnes rigoureux. Cette vie difficile n'est pas à la portée de tous, et la masse des fidèles, les « bons hommes », ne reçoit le *consolamentum* qu'au moment de mourir.

L'hérésie a connu un grand succès en Italie, où ses adeptes sont nommés « patarins » (de l'italien *patarini*), par assimilation aux révoltés du XIe siècle. Du fait de leur concentration dans la région d'Albi, les cathares du Midi sont appelés « albigeois » par leurs contemporains.

Saint Dominique. ▷
Il fonda l'ordre « mendiant » des frères prêcheurs pour convaincre de leurs erreurs les hérétiques albigeois.
XIIIe siècle. Bibliothèque de l'Arsenal, Paris.

Le XIIIe siècle voit se développer des croisades populaires qui expriment l'aspiration à une piété nouvelle.

LES CROISADES POPULAIRES

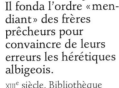

Vers 1250, les chroniqueurs évoquent une « croisade » qui aurait eu lieu en 1212 et aurait rassemblé des milliers d'enfants de France et d'Allemagne sous la conduite d'un jeune prophète, pour aller délivrer Jérusalem. Arrivés en Italie, ils auraient été capturés ou massacrés par les Sarrasins. Il y a bien eu, en effet, une croisade populaire en Allemagne, sous la direction d'un certain Nicolas, qui ne dépassa pas les rivages italiens ; mais, en France, le berger Étienne, porteur d'une lettre au roi, n'alla que jusqu'à Saint-Denis, accompagné de milliers d'hommes. Le mouvement de 1212 a, en fait, touché des paysans très démunis, « mineurs » au regard du droit médiéval, victimes des mutations socio-économiques du temps, rêvant de Terre sainte et refusant une Église trop riche.

La croisade des pastoureaux. *Livre des faiz de Monseigneur Saint Louis.* XVe siècle. Bibliothèque nationale, Paris.

◁ **Sceau** de Louis VIII. Le fils et successeur de Philippe Auguste, qui mena la croisade contre les albigeois et soumis tout le Languedoc, représenté ici « en majesté », brandit le sceptre royal de sa main gauche ; dans celle de droite, il tient une fleur de lis, symbole des rois de France.
1223. Archives nationales, Paris.

LA CROISADE DES FÉODAUX

En 1120, le pape Calixte II dénonce l'hérésie, qui ne cesse pourtant de faire des adeptes ; en 1179, le IIIe concile du Latran réitère la condamnation et préconise la lutte armée contre les hérétiques. En 1206, un prédicateur castillan d'une trentaine d'années, Domingo de Guzmán – saint Dominique –, entreprend de les convertir. Pour se démarquer du clergé ordinaire, riche et fastueux, le prédicateur se déplace pieds nus, vêtu d'une simple robe blanche, et mendie sa nourriture.

Il rencontre cependant assez peu de sympathies dans un Midi volontiers frondeur, dont la noblesse est somme toute satisfaite de voir croître une doctrine hostile à la hiérarchie catholique romaine. Le clergé local lui-même, de l'aveu du comte de Toulouse, est atteint par la contagion hérétique.

En 1208, Pierre de Castelnau, légat du pape, est assassiné dans des circonstances obscures, à l'issue d'une discussion avec le comte de Toulouse Raimond VI, favorable à l'hérésie. Le pape l'excommunie et prêche la croisade. Philippe Auguste n'y participe pas, mais les petits seigneurs de France du Nord, menés par Simon de Montfort, saisissent avec empressement cette occasion de combattre pour la foi. Raimond VI se hâte de faire une pénitence solennelle, mais c'est trop tard. Par la vallée du Rhône, l'armée des croisés déferle sur ses États, accumulant violences, pillages et atrocités, célébrés par les chroniqueurs qui chantent la destruction des hérétiques : Bé-ziers est mise à sac et ses habitants massacrés. « Tuez-les tous, Dieu reconnaîtra les siens », aurait dit le légat du pape ; à Lavaur, les défenseurs de la place sont pendus ; tous les hommes de Bram ont les yeux crevés et le nez coupé ; partout les villes s'embrasent à la flamme des bûchers.

Le plus célèbre inquisiteur de France n'a prononcé que 40 condamnations au bûcher en treize ans, mais il a laissé un manuel.

LE MANUEL DES INQUISITEURS

Fort de son expérience, Bernard Gui, juge à Toulouse de 1310 à 1323, a écrit un guide pratique pour ses successeurs. Il y donne des conseils aux inquisiteurs sur la façon de procéder : « ... Si l'on n'obtient rien et si l'inquisiteur et l'évêque croient en toute bonne foi que l'accusé leur cache la vérité, alors, qu'ils le fassent torturer modérément, et sans effusion de sang... Si l'on n'avance pas par ces moyens, on torture l'accusé de la manière traditionnelle, sans chercher de nouveaux supplices... S'il n'avoue pas, on lui montrera les instruments d'un nouveau type de tourment en lui disant qu'il lui faudra les subir tous. Lorsque l'accusé, soumis à toutes les tortures prévues, n'a toujours pas avoué, il part libre. »

▽ **Châtiment** d'un « coupable. » Les moines gyrovagues, errants, qui consacraient leur vie à la « *peregrinatio pro Deo* », ont été accusés de propager de nouvelles doctrines et de diffuser les hérésies. Ici, agenouillé, un moine, maintenu par des hommes d'armes, reçoit la tonsure.

1296. *Coutumes de Toulouse.* Bibliothèque nationale, Paris.

Roger-Raymond Trencavel, vicomte de Béziers, capitule à Carcassonne, ses terres sont données à Simon de Montfort. Le comte de Toulouse, conscient du risque, reprend la lutte en 1211, avec l'aide du seigneur du Languedoc, Pierre II d'Aragon, vaincu à Muret en 1213. Les croisés assiègent Toulouse jusqu'en 1215. Raimond VI abandonne ses États à Simon de Montfort, mais Raimond VII, héritier du comte de Toulouse, conserve Nîmes, Beaucaire et ses terres de Provence.

Deux ans plus tard, Raimond VI rentre à Toulouse. En tentant de la reprendre en 1218, Simon de Montfort est tué. Les croisés cessent alors la lutte ; après la mort de Raimond VI, son fils a repris toutes ses possessions à Amaury, le fils de Simon de Montfort. L'hérésie continue de se développer, jusqu'à l'intervention du roi.

La victoire des Capétiens

Louis VIII, fils de Philippe Auguste, s'intéresse depuis longtemps aux affaires du Languedoc. Contrairement à son père, il prend personnellement la tête d'une croisade en 1226, après l'excommunication de Raimond VII par le concile de Bourges. Le roi conquiert le Languedoc, renonce à attaquer Toulouse, et meurt sur le chemin du retour, en novembre 1226. Malgré cela, Raimond VII cesse la lutte en 1228. L'année suivante, le traité de Paris met fin à la guerre entre le comte de Toulouse et le roi de France Louis IX, représenté par la régente Blanche de Castille. Celui-ci acquiert le Languedoc, le comte garde Toulouse, mais marie sa fille unique, Jeanne, à Alphonse de Poitiers, frère du futur Saint Louis. Une université est fondée à Toulouse, pour diffuser la doctrine catholique en pays cathare.

Raimond VII se révolte une nouvelle fois, en 1242, avant de se soumettre définitivement à Louis IX. À sa mort,

◁ **Le siège** d'Avignon. Louis VIII est descendu de cheval au pied de la citadelle. Des habitants de la ville, solidaires des cathares, ayant persécuté des catholiques, le roi la prit en 1226.
XIIIᵉ siècle. Bibliothèque nationale, Paris.

▽ **Châtiment** d'un coupable. Le crime est avoué, le jugement rendu : le condamné pose sa main, qui va être tranchée, sur un billot. Pour obtenir les aveux, l'Inquisition autorise le recours à la torture.
1296. *Coutumes de Toulouse.* Bibliothèque nationale, Paris.

Les cathares ne sont pas les seuls à inventer une spiritualité différente au XIIIᵉ siècle.

VAUDOIS ET GOLIARDS

En 1173, un riche marchand lyonnais, Pierre Vaudès, entraîne de nombreux laïcs à vivre dans la pauvreté comme le Christ. Mais, d'abord approuvés par le pape, les vaudois sont vite suspects, car ils comptent dans leurs rangs des laïcs et même des femmes. Plus grave, ils traduisent en français l'Évangile, qu'ils prétendent comprendre sans passer par l'Église. Celle-ci les condamne comme hérétiques en 1184. Mais ils s'implantent solidement dans la vallée du Rhône et dans le Languedoc. Autres « déviants », les goliards, issus des milieux ecclésiastiques, s'adonnent à la boisson et aux plaisirs ; on leur attribue nombre de chansons paillardes. Condamnés par l'Église, ils n'ont probablement pas eu de véritable organisation.

en 1249, le frère du roi de France hérite de ses possessions. Quand Alphonse de Poitiers et Jeanne de Toulouse mourront, sans héritier, en 1271, le Toulousain sera réuni au domaine royal.

L'INQUISITION

À partir de 1229, le but principal de la papauté est d'extirper l'hérésie. Cette mission, l'Inquisition, est organisée par Grégoire IX et confiée aux Dominicains. Dès 1215, l'ordre des frères prêcheurs, fondé à Toulouse par saint Dominique, avait été reconnu par le IVe concile du Latran, qui, tout en prêchant la croisade, définissait les modalités de conversion des hérétiques.

L'Inquisition fonctionne comme un tribunal d'exception permanent, qui doit son nom à une procédure, originale à l'époque, de recherche de la faute : toute personne soupçonnée est poursuivie, et la vérité doit lui être arrachée ; à partir de 1260, le pape admet le recours à la torture. La délation est encouragée et stimulée par la confiscation des biens des hérétiques au profit du seigneur. L'application de la peine est confiée aux autorités civiles (le bras séculier), la peine de prison (le mur) étant considérée comme une pénitence nécessaire au salut des âmes.

La première victime de l'Inquisition en France est l'évêque cathare Vigoureux de Baconia, brûlé en 1233 ; ce sont probablement ces excès qui rallument la guerre en Languedoc, où deux inquisiteurs sont assassinés, à la veille de l'Ascension de 1242, par des cathares descendus de Montségur.

LA FIN DES CATHARES

Après l'échec de la dernière révolte de Trencavel, en 1242, et la soumission définitive de Raimond VII de Toulouse, plus d'un millier de cathares s'enferment dans la forteresse de Montségur. Bâtie en 1205 sur un piton rocheux, cette place forte devait être capable de résister à toutes les atta-

Le site de Puilaurens, ▷ dans les Corbières. Une des « citadelles du vertige », château de crête construit au temps de la croisade des albigeois, ce fut une citadelle avancée des rois de France face à l'Aragon.

Combat pour une ▽ place forte. Le vainqueur arrive auprès de la dame, le vaincu ne peut que regarder la scène de sa prison.

XIIIe siècle. *Roman de l'âtre périlleux*. Bibliothèque nationale, Paris.

---

346 .

La défaite des Méridionaux du XIIIe siècle suscite toujours des questions et des débats passionnés.

LE DÉBAT SUR L'OCCITANIE

Les pays de langue d'oc ont été battus par les barons de langue d'oïl. Les causes de cette défaite et les motivations des vainqueurs ont fait l'objet de centaines d'ouvrages. Pour expliquer la défaite des cathares, les historiens évoquent le manque de cohésion de la société méridionale ; certes, le catharisme a été un phénomène avant tout urbain, dans une région aux villes nombreuses, mais la société cathare demeure mal connue. Dès le XIIe siècle, les Toulousains sont hostiles aux « Français », dont tous décrivent l'avidité et la cruauté. Mais peut-on cependant parler d'une « colonisation » de l'Occitanie et « d'acculturation », comme on l'a fait au XXe siècle ? Car un siècle après, pendant la guerre de Cent Ans, le Midi a été fidèle au roi de France.

▽ **Château** de Quéribus. « Dé posé sur un doigt », dans un site très abrupt, il abritait encore des diacres cathares en 1241. En 1255, son siège fut la dernière opération de la croisade des albigeois, onze ans après la chute de Montségur.

ques. Le siège dure du 14 mai 1243 au 14 mars 1244. Les vainqueurs découvrent 200 personnes, hommes et femmes, qui refusent d'abjurer l'hérésie et sont brûlés séance tenante, le 16 mars 1244.

Après cet épisode tragique, dont la légende s'empare très vite, les cathares vont être systématiquement traqués. Toutes les opérations de l'Inquisition ne sont pas connues, certaines font

l'objet de débats historiques, mais des archives et les nombreux *Manuels de l'inquisiteur* permettent de reconstituer les méthodes rigoureuses de ces derniers et quelques épisodes de leurs enquêtes. L'Inquisition met en place un système strictement organisé reposant sur des réseaux de délation, qui infiltre les assemblées cathares et recoupe les dépositions et les aveux. À partir de 1271, elle est aidée par les efficaces sénéchaux, représentants du roi de France. Paradoxalement, assez rares sont les hérétiques condamnés au bûcher. Il faut pour cela qu'ils aient refusé d'avouer, c'est-à-dire de reconnaître qu'ils étaient dans l'erreur. En effet, la conversion reste le but final de l'inquisiteur, et tout repenti doit convertir à son tour, donc dénoncer ses anciens coreligionnaires, dont il assure ainsi le salut. Pour convaincre, la torture physique est rarement employée, et, lorsqu'elle l'est, c'est surtout pour terrifier d'éventuels témoins. En revanche, les inquisiteurs semblent maîtriser parfaitement les ressorts de la psychologie

individuelle et collective : ils savent repérer l'élément le plus faible pour le désolidariser du groupe, jouer sur les doutes et les angoisses des parfaits, utiliser l'Écriture.

Dans les villages, la solidarité est rarement totale, même si les habitants s'entendent contre les représentants de l'évêque ou du roi. Quelques mouchards meurent pourtant dans de mystérieux guet-apens, quoique les cathares refusent le recours à la force.

Les albigeois semblent peu nombreux à la fin du XIIIe siècle. Quelques-uns ont trouvé refuge en Lombardie, où l'Inquisition en brûle 178 en 1277. Dans la région toulousaine, les derniers cathares semblent avoir été traqués au début du XIVe siècle par le redoutable inquisiteur de Toulouse, Bernard Gui. Le Midi n'en continuera pas moins à avoir une spiritualité originale, voire « déviante » : en même temps que les derniers cathares, Bernard Gui poursuit d'autres catégories d'hérétiques : vaudois, fraticelles, dolciniens, bizoches, béguins... □

Puilaurens. △
Les tours de l'enceinte et les créneaux dominent toujours la vallée. La place ne fut prise par les Espagnols qu'en 1636.

▷
Un débiteur s'acquitte de sa dette. Accusés de pratiquer l'usure, les juifs du Midi eurent beaucoup à souffrir de la croisade.

1296. Coutumes de Toulouse. Bibliothèque nationale, Paris.

BASTIDES ET SAUVETÉS

Au XIIIe siècle, plus tardivement que dans les autres régions, le sud-ouest de la France se couvre de villes nouvelles, créées de toutes pièces par la volonté des princes. Ce mouvement sera interrompu par la guerre de Cent Ans. Les premières fondations, les « sauvetés », datent du XIe siècle, au moment où les abbayes encouragent les défrichements. Les premières bastides, mot qui signifie « constructions » en occitan, sont construites par le comte de Toulouse après 1229, pour restaurer la puissance de ses domaines. Son successeur, le Capétien Alphonse de Poitiers, fait des bastides un instrument de pouvoir, pour faire concurrence aux grandes villes anciennes, limiter les pouvoirs des féodaux, protéger ses frontières, tout en assurant aux paysans libertés et sécurité.

La fondation d'une bastide commence par un contrat de pariage conclu entre le prince et une association d'habitants ; il définit les droits et profits à venir, réglemente l'administration, fixe le plan de la future ville. Des chartes régissent aussi la vie commerciale, foires et marchés, péages. Les exonérations et franchises accordées par le comte ou le roi en font d'importants carrefours commerciaux. Mais le principal atout des villes nouvelles est que « l'air des bastides rend libre » : les serfs qui y parviennent cessent d'être attachés à la terre.

Fourcès, dans le Gers. Une bastide au plan circulaire, centrée sur la place, qui est au cœur de la vie urbaine, tandis que l'église paroissiale est excentrée.

La place gothique ▽ de la bastide anglaise de Monpazier (XIIIe siècle). Elle est au centre de l'échiquier que dessine la ville, rectangle de 400 mètres sur 220, formée de cinq séries d'îlots divisés en petites rues.

▽ **Porte des Tours,** à Domme, en Périgord. Au XIVe siècle, les rois de France fortifient systématiquement les bastides susceptibles de résister aux Anglais.

Place de la Halle, ▷
à Domme, à l'arrière-plan, la maison du gouverneur. Les bastides ont une fonction commerciale, leurs chartes de coutume réglementent foires et marchés. La halle est entourée de « cormières », galeries couvertes pour les étalages. Au premier étage de la halle, les villes conservaient les étalons des poids et mesures.

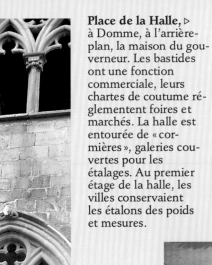

△ **Façade** de la maison du grand-fauconnier à Cordes (XIVᵉ siècle). L'encorbellement du toit, était orné de faucons, d'où le nom.

▷
Cordes, une des plus anciennes bastides du Sud-Ouest, fondée en 1222 par Raimond VII, comte de Toulouse. Située au sommet d'une colline abrupte dominant la vallée du Cérou, elle pouvait en interdire le passage.

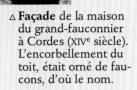

UN PRINCE DU MOYEN ÂGE

Empereur, roi d'Allemagne et roi de Sicile,
Frédéric II de Hohenstaufen, deux fois
excommunié et considéré comme l'antéchrist,
est le prince le plus grand de son temps.

PETIT-FILS de Frédéric Barbe-rousse, fils de l'empereur d'Allemagne Henri VI de Hohenstaufen et héritier par sa mère du royaume de Sicile, Frédéric voit son destin déjà tout tracé lorsqu'il monte sur le trône. Mais la reconnaissance de son pouvoir par tous, de son sujet le plus humble au pape lui-même, ne se fait pas sans luttes.

LE PAPE ET LA QUESTION ALLEMANDE

Le jeune roi de Sicile prend le pouvoir en 1208. Ses terres ne se limitent pas à la seule île de la Méditerranée mais englobent aussi l'Italie du Sud. L'Italie du Nord, elle, fait partie intégrante du Saint Empire (sur lequel règne son

◁ **Innocent III,** le plus puissant des papes du Moyen Âge, proclama la supériorité du pouvoir pontifical sur celui des princes. Il fut le tuteur de Frédéric II, le prédicateur de la IVe croisade et de la croisade des albigeois.

Mosaïque du XIIe siècle.
Ancienne basilique vaticane,
Rome.

▷
Castel del Monte, la puissante forteresse construite en 1240, près de Bari, par Frédéric II. Les proportions sont celles de la chapelle Palatine d'Aix, l'octogone intérieur servant de cour.

oncle, Philippe de Souabe). Au milieu, les États pontificaux restent indépendants, craignant toutefois à tout moment d'être engloutis par l'une ou par l'autre de ces puissances si jamais celles-ci étaient réunies.

Jusqu'à présent, la papauté a réussi avec habileté à éviter tout rapprochement entre l'Italie du Sud et l'Italie du Nord. Le pape Innocent III s'emploie à conserver de bonnes relations tant avec l'Empire allemand qu'avec le royaume de Sicile. Il s'attache particulièrement à Frédéric, dont il surveille étroitement l'éducation. De son côté, le jeune homme se montre déférent envers le pape, écoutant ses conseils et lui obéissant. Or, le pape fait bientôt appel à Frédéric : en Allemagne, Philippe de Souabe ayant été assassiné, c'est Otton IV qui se fait couronner

empereur. Aussitôt, il se tourne vers l'Italie malgré les engagements pris envers le pape de ne jamais étendre son pouvoir à toute la péninsule. Innocent III riposte en lui opposant un rival en qui il a toute confiance : Frédéric. Élu par une diète des princes en 1211, bénéficiant de la complicité des Génois et du roi de France Philippe Auguste, le jeune souverain entre bientôt à Francfort, où il est proclamé empereur. Auparavant, il a promis solennellement au pape d'abandonner la couronne de Sicile sitôt qu'il serait empereur germanique. Mais, Otton étant écarté des affaires d'État et Innocent III disparaissant en 1216, plus rien ne s'oppose aux ambitions politiques de Frédéric : en 1220, il se fait couronner empereur à Rome, tout en gardant le royaume de Sicile.

SICILIEN PLUS QU'ALLEMAND

Bien qu'empereur d'Allemagne, Frédéric se sent avant tout roi de Sicile. Marié à Constance d'Aragon, doté d'une conscience aiguë de son rôle, il entreprend la conquête politique et administrative de son royaume. Il s'attache à édifier un État encore plus puissant et plus centralisé que celui de ses ancêtres, les rois normands. Prenant appui sur de grands textes juridiques, les Assises de Capoue et de Messine et les Constitutions de Melfi, et invoquant l'auguste majesté du droit romain, il se prétend l'authentique successeur des empereurs de la Rome antique. Jaloux de son pouvoir, il élimine les nobles hostiles, détruit leurs châteaux et reconstitue par de multiples confiscations le domaine royal. Il réorganise l'Église et, pour mettre fin aux rébellions des musulmans de Sicile, il en déporte un grand nombre dans une cité créée pour eux en Italie du Sud, Lucera. L'abolition des concessions commerciales aux Pisans et aux Génois, assortie d'un strict système douanier, procure d'importantes rentrées fiscales, tandis qu'une université est créée à Naples pour former les cadres de l'État rénové. Il réside le plus souvent à Palerme. Là, entouré de savants arabes, juifs et chrétiens, il discute des sciences de ce monde,

. 351

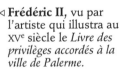

◁ **Frédéric II**, vu par l'artiste qui illustra au XVᵉ siècle le *Livre des privilèges accordés à la ville de Palerme.*
Bibliothèque communale, Palerme.

Né en 1194, Frédéric II est vite orphelin : son père, Henri VI, meurt en 1197 et sa mère, Constance de Sicile, en 1198.

UN DESTIN HORS DU COMMUN

L'enfant se trouve à la tête de deux royaumes où personne ne souhaite sa présence. En Allemagne, deux hommes déjà se disputent le pouvoir : Philippe de Souabe, frère de l'empereur défunt, et Otton de Brunswick. Quant à la Sicile, elle est encore marquée par le règne cruel et autoritaire d'Henri VI. Toutefois,

c'est là que Frédéric passe son enfance. Placé sous la garde de Gautier de Paléar, le régent installé par Constance, et sous celle du pape Innocent III, Frédéric grandit dans le climat brillant, cosmopolite et stimulant de la cour de Sicile, terre de contact privilégiée entre islam et chrétienté.

s'adonne à la composition de poèmes et de lettres et rédige un traité sur la chasse au faucon.

LE SORT DE L'ALLEMAGNE

Le caractère despotique du gouvernement de Frédéric en Sicile contraste avec la relative indifférence que celui-ci éprouve envers l'Allemagne. Sur trente-huit années de règne, il n'y passe que neuf ans, confiant le pays à son jeune fils, Henri, sous la tutelle de l'archevêque de Cologne. Frédéric II ne cherche pas à y reconstituer le domaine et les droits impériaux, mis à mal par diverses rivalités, mais il y établit l'ordre à moindres frais, concédant des privilèges étendus aux princes ecclésiastiques et laïcs : c'est

donc lui qui est responsable du démantèlement de l'Empire allemand, même si son prestige réussit presque jusqu'à la fin de son règne à maintenir intacte l'autorité impériale. Par ailleurs, il fait des chevaliers Teutoniques, dont le grand maître – Hermann de Salza – est l'un de ses principaux ministres, ses agents préférés ; il leur octroie des privilèges qui leur permettent de conquérir la Prusse encore païenne.

▽
Pape indigne associé à la Bête. Excommunié à deux reprises par le pape Grégoire IX, Frédéric II, sceptique déclaré, était probablement athée.

XVᵉ siècle. *Chroniques de l'empereur Frédéric II.* Bibliothèque Marciana, Venise.

LA CROISADE DE L'EXCOMMUNIÉ

La destinée de l'Allemagne est subordonnée à ce que Frédéric considère comme sa mission principale : créer un empire universel, autorité suprême sur terre, dont le sort se joue en Italie et en Méditerranée. À nouveau, une gigantesque partie s'engage avec la papauté qui, soutenue par les communes « guelfes » d'Italie du Nord (par opposition aux communes « gibelines », partisanes de l'empereur), ne peut admettre une telle prétention. La reprise de Jérusalem est la première épreuve de force : tombée aux mains des musulmans en 1187, c'est une urgence à laquelle ne peut se soustraire l'empereur. Or, croisé en 1215, Frédéric n'est toujours pas parti en 1225. Mais ses

Couronnement △ de Frédéric II et de Louis IX : l'antéchrist et le roi saint.

XVᵉ siècle. Bibliothèque de la Sorbonne, Paris.

Frédéric II, après ▷ avoir beaucoup hésité, part en croisade en 1228.

XVᵉ siècle. Bibliothèque Marciana, Venise.

plans personnels avancent : veuf, il épouse Yolande de Brienne, héritière du royaume de Jérusalem, et en prend le titre de roi. En 1227, les croisés sont convoqués en Italie du Sud. Mais c'est un faux départ, car une épidémie décime les troupes ; l'empereur lui-même n'échappe pas à la maladie. Grégoire IX comprend que, depuis quinze ans, tout sert de prétexte à Frédéric pour ne pas effectuer cette croisade. Exaspéré, il l'excommunie. Pourtant, l'empereur a entrepris de négocier avec le sultan d'Égypte, al-Kamil, dont l'un des frères est maître de Jérusalem. Lorsque Frédéric se met enfin en route pour l'Orient, en 1228, non seulement il est excommunié, mais, en plus, il est l'allié d'un prince musulman. Signant un traité avec al-Kamil, il réussit à rendre Jérusalem et les Lieux saints aux chrétiens. Indignés par la sympathie de Frédéric pour les musulmans et par cette fausse croisade, les Italiens se révoltent, soutenus par le pape : rentré en Italie, Frédéric doit se battre pour rétablir son autorité.

Du triomphe au désastre

Malgré la paix conclue avec le pape à Ceprano en 1230, Frédéric doit encore se rendre en Sicile en 1235 pour écraser la révolte fomentée par son fils Henri. La victoire de Cortenuova donne d'abord l'avantage à Frédéric, qui envahit les États pontificaux. Il est excommunié à nouveau en 1239. Une lutte s'engage alors et l'empereur subit deux graves défaites. Déposé en 1245 par le pape Innocent IV, Frédéric se heurte encore à la révolte de Parme, en 1248, qui est un désastre pour l'armée impériale. Il meurt en 1250, à cinquante-six ans, sans avoir accepté la moindre concession. L'autorité impériale en Allemagne n'est plus qu'un vague souvenir, et la Sicile passe bientôt aux mains de la maison d'Anjou. Celui qui fut peut-être le plus grand homme d'État du Moyen Âge ne laisse rien derrière lui. □

▽
Le concile que le pape Innocent III a réuni en 1245 à Lyon, sous la protection de Louis IX, condamne Frédéric II. Le cardinal de Tusculum y prêche la croisade.

XVe siècle. *Livre des faiz de Monseigneur Saint Louis.* Bibliothèque nationale, Paris.

D'une grande intelligence, parlant le latin, l'allemand, l'arabe, le français et le grec, Frédéric II fait montre d'une étonnante ouverture d'esprit.

L'EMPEREUR ET LA SCIENCE

Passionné de nouveauté, le souverain préside des débats où savants musulmans et occidentaux traitent de médecine, d'astronomie et d'algèbre. Comme tous les princes de son temps, il scrute les étoiles, se procure les plus récents ouvrages d'astrologie, mais se soucie aussi de sciences naturelles. Ses ennemis murmurent même que, pour savoir ce que devient l'âme d'un homme après la mort, il en a fait mourir un, asphyxié dans une jarre hermétiquement fermée.

LE PREMIER ÂGE FÉODAL

Entre les luttes mortelles
pour le pouvoir, et la menace
perpétuelle des Mongols, le Japon
semble entrer, au XIIIᵉ siècle,
dans le chaos.

DEPUIS L'ÉPOQUE de Heian (794-1192), le pouvoir impérial n'est plus qu'une fiction au Japon. Grand prêtre de la communauté shinto, l'empereur a pour fonction essentielle d'assurer l'harmonie entre le cosmos, le pays et le peuple. Se désintéressant de son rôle politique, il laisse les grandes familles se disputer le pouvoir.

GRANDEUR ET DÉCLIN DES TAIRA

À partir de 1123 commencent des luttes violentes entre les clans rivaux des Taira et des Minamoto. Ces derniers se font remarquer dès le XIᵉ siècle en combattant des chefs rebelles à l'empereur, se forgeant ainsi une répu-

▽ **Le shogun** Minamoto Yorimoto (1147-1199), généralissime du gouvernement militaire de Kamakura en 1192. L'attitude est hiératique, le vêtement de cérémonie est empesé de laque.

Musée national, Tokyo.

(carte)
CORÉE
HOKKAIDO
MER DU JAPON
PROVINCES DU NORD-EST
échec des raids mongols (1274 et 1281)
HONSHU
JAPON DE L'EST
JAPON DE L'OUEST
Kyoto
OCÉAN PACIFIQUE
KYUSHU
HOJO
SHIKOKU
Kamakura

limites du Japon au XIIIᵉ s.
fief des Hojo

354 .

tation de protecteurs du trône. Les Taira, eux, contrôlent les provinces occidentales et occupent de nombreuses fonctions officielles. Ils sont aussi habiles au combat sur mer que les Minamoto sur terre. Les deux lignées s'affrontent à trois reprises. En 1156, les Minamoto essaient une première fois de prendre le pouvoir. La tentative échoue : le chef du clan Minamoto, Tameyoshi, est condamné à mort, en revanche, Kiyomori, chef des Taira, monte en grade. Puis, en 1160, les Minamoto conspirent à nouveau : c'est le « soulèvement de Heiji ». Autre échec des rebelles, il se termine par la fuite tragique des vaincus sous la neige et par la décapitation en place publique de leur meneur. Enfin, en 1180, Yorimasa, un chef Minamoto, appelle tout le clan à la lutte contre les Taira. Cette

révolte n'a pas plus de succès que les deux précédentes. Au fur et à mesure que se déroulent ces événements, le clan Taira ne cesse de prendre de l'importance. À sa tête, Kiyomori exerce une régence de fait mais se montre trop ambitieux, provoquant les moines, ne respectant pas le pouvoir, même symbolique, de l'empereur. En réalité, il se conduit en véritable dictateur, imposant, entre autres, à la cour de changer de capitale... Sa mort, en 1181, amorce le déclin des Taira. L'empereur et la puissante famille des Fujiwara font appel aux Minamoto pour les contrer : Yoritomo trouve de plus en plus d'alliés dans les provinces de l'Est et regroupe une armée autour de Kamakura. Bientôt éclate la guerre des Minamoto contre les Taira, qui dure jusqu'en 1185, entrecoupée de plu-

sieurs interruptions. Elle est la cause d'une grande famine en 1182, accompagnée d'une épidémie de peste. Elle se termine par la défaite totale des Taira, après un combat naval le 25 avril 1185, à Dan-no-Ura.

Le triomphe des Minamoto

Une erreur de jugement de leur chef entraîne la mort de la plupart des nobles Taira. Le chef des Minamoto, Yoritomo, prend le pouvoir. Il se fait accorder par l'empereur Go-Shirakawa, terrifié par sa puissance militaire, le droit de lever des impôts, de nommer des intendants et des commissaires. Il élimine du pouvoir le véritable vainqueur des Taira, son frère Yoshitsune. Ne souffrant aucun rival, il

Attaque △ d'une forteresse, illustration du *Heijimonogatari,* « chanson de geste » rédigée sans doute au XIIIe siècle, et qui raconte en 36 cha-

pitres la lutte qui opposa entre 1156 et 1199 les Taira aux Minamoto.
Bibliothèque nationale, Paris.

De nombreuses sectes bouddhistes se développent dans le Japon féodal, plus faciles d'accès pour les fidèles que les anciennes traditions.

LA SECTE DU LOTUS

Son créateur, Nichiren, prêche le *sutra* (ou texte) du Lotus, dans lequel se trouve, selon lui, l'entière vérité. Il considère les dirigeants des autres sectes comme des diables et des menteurs et accuse le gouvernement d'incapacité. Sa combativité lui attire l'estime des guerriers et du peuple. Le succès de ce genre de secte est lié à l'idée de Mapo – plus ou moins identique à la notion du Jugement dernier des chrétiens –, courante dans le Japon du Moyen Âge et suscitant le besoin de croyances réconfortantes.

Grand Bouddha de Kamakura. *XIIe siècle.*

part ensuite attaquer les Fujiwara du Nord et, en 1189, il prend possession de leurs domaines et de leurs richesses. En août 1192, à la mort de l'empereur, Minamoto Yoritomo devient sei-i-tai-shogun, c'est-à-dire « généralissime contre les barbares ». En fait, il est le maître absolu du Japon, dans tous les domaines. Il établit sa capitale dans la petite baie de Kamakura (au sud de l'actuelle Tokyo). Le régent en titre, Fujiwara Kanezane, ne dirige plus à Kyoto que l'ancienne aristocratie. Le pouvoir se déplace donc vers l'est. Yoritomo désigne son installation à Kamakura du nom de *bakufu*, terme chinois s'appliquant au camp d'un général en guerre. Il ne séjourne plus à Kyoto que pour des visites diplomatiques ou pour l'inauguration de monuments religieux.

◁

Bodhisattva de l'époque Fujiwara. La statuaire religieuse se renouvelle par un retour aux sources et une recherche de sérénité.
XIII siècle. Musée Guimet, Paris.

Moine méditant ▽ sur l'arbre de vie. Les moines zen offrent à leurs disciples des images religieuses pour marquer le moment où ils ont atteint l'illumination.
XIII siècle. Musée Guimet, Paris.

LE RÈGNE DES RÉGENTS HOJO

À partir de cette époque, le Japon est donc gouverné par les shogun. À la mort de Yoritomo, en 1199, son fils aîné est nommé shogun, mais c'est la famille des Hojo qui assure la régence et conserve le pouvoir jusqu'en 1333. Cette lignée prestigieuse a déjà fourni au Japon des généraux et des conseillers politiques. Les régents Hojo se succèdent rapidement, au rythme des complots. Aucun shogun ne se montre vraiment compétent et les empereurs en profitent pour monter les factions les unes contre les autres. Ce sont les régents eux-mêmes qui nomment et révoquent les shogun.

La capitale retrouve sa prééminence, les Fujiwara sont définitive-

Jusqu'à la fin du XII siècle, Kamakura n'est qu'un modeste village de pêcheurs situé à 45 kilomètres de Tokyo.

LA NOUVELLE CAPITALE DE L'EMPIRE

Yoritomo s'y replie pour mieux préparer l'attaque contre les Taira. Après sa victoire, il en fait sa capitale : le site est facile à défendre et abrite un sanctuaire du clan Minamoto. La cité s'agrandit, accueille des garnisons et se couvre de temples. Le bouddhisme s'y développe fortement. Pour embellir les nombreux monastères, les souverains de Kamakura font appel à des artistes de Kyoto et de Nara. Jocho, le sculpteur le plus réputé de son temps, y travaille aussi.

356 .

ment écartés des affaires de l'État. Les régents Hojo se sont installés à Kamakura et ils perfectionnent l'administration du bakufu. Ils distribuent des terres à leurs vassaux, contrôlent les intendants des provinces. À partir de 1226, ils gouvernent avec l'aide d'un Conseil d'État. En 1232, ils font établir un recueil de règles à l'intention des juges, le «Formulaire de Joei», utilisé jusqu'au XIXe siècle. Les Hojo apportent ainsi une stabilité nouvelle au Japon. Cependant, celle-ci est ébranlée par des menaces d'invasion.

LE DANGER MONGOL

En 1259, Kubilay, petit-fils de Gengis et grand khan des Mongols, devient empereur de Chine et fonde la dynastie des Yuan. Avide de conquête, il fait très vite occuper la Corée et, dès 1266, il ordonne aux Japonais de se soumettre. Le gouvernement du bakufu décide d'ignorer l'ordre, comptant sur ses vaillants guerriers pour défendre l'archipel. Kubilay renouvelle ses messages tandis que les Japonais se préparent à la guerre. Les Mongols lancent une première attaque en novembre 1274. Ils rencontrent peu de résistance mais doivent rebrousser chemin par crainte d'une tempête. Une seconde invasion a lieu en 1281 et ce sont encore une fois les éléments qui ont raison des Mongols : un «vent divin», ou *kamikaze,* les fait fuir. Cet ouragan détruit les bateaux mongols et des milliers de soldats chinois et coréens sont engloutis par les flots. Le Japon est sauvé, mais il reste toutefois marqué par ces événements. ☐

▽
Portrait de Yukichira Ariwara, accompagné de son fauconnier, par le peintre Tametsugu (mort en 1266). Une représentation réaliste, glorifiant un haut dignitaire du temps des régents Hojo.
Coll. part.

Le *bakufu,* établi à Kamakura, désigne d'abord le quartier général du commandant de la garde impériale.

LE BAKUFU

Au départ, le bakufu est une sorte de bureau des affaires militaires. Yoritomo Minamoto le complète d'un secrétariat, de conseillers administratifs et d'un organe judiciaire. Malgré son origine militaire, c'est plutôt un gouvernement civil reposant sur un système vassalique : le pouvoir du shogun, à la tête du bakufu, dépend du nombre et de l'obéissance de ses vassaux, ou *kenin* – hommes de la maison. Il exerce une étroite surveillance sur leur vie privée, les récompense pour leurs services et, parfois, leur octroie le statut de combattant, ou samouraï.

▷
Archers. L'art profane de l'époque Kamakura rompt avec la mollesse de la fin de l'époque Heian, pour exalter les hauts faits des preux et les vertus viriles.
XIIIe siècle. Illustration du *Heiji-monogatari.* Bibliothèque nationale, Paris.

L'IMPOSSIBLE CONQUÊTE

En 1293, Takezaki Suenaga, un seigneur de la province de Higo, fait réaliser un récit de sa lutte contre les Mongols sur un rouleau illustré. Alors que les éléments naturels et l'intervention divine sont couramment évoqués pour expliquer l'échec des Mongols, l'œuvre glorifie la résistance des combattants japonais. Les Mongols ont une véritable armée de conquête, qui obéit à des signaux, marche au son de gongs et de tambours qui terrorisent les chevaux des adversaires ; de plus, ils sont équipés de flèches empoisonnées, d'arbalètes et de poudre. Les Japonais, eux, en sont encore au combat singulier et n'ont pour se défendre que des arcs et des sabres... Et pourtant, l'armée ennemie, qui compte environ 20 000 Chinois et Mongols et pas loin de 15 000 Coréens, ne parvient pas à conquérir l'archipel nippon : la tempête qui se lève risque d'engloutir la flotte et de couper toute retraite vers le continent. Hommes des steppes, les Mongols sont peu habiles sur mer, et chacune de leurs expéditions vers le Japon se solde par un échec. Le gouvernement du bakufu n'en reste pas moins vigilant pendant de nombreuses années : il fait entretenir les fortifications et organise désormais un service de garde des côtes.

358 .

Une prouesse : ▷ Suenaga, qui s'est précipité sur l'embarcation mongole, vient d'en tuer le capitaine. Il n'a pas attendu ses valets d'armes, qui le suivent de loin (à droite). Quand il dicte ce récit, en 1293, il est devenu un haut personnage.
XIIIe siècle. Kunai-Chô Imperial Palace, Tokyo.

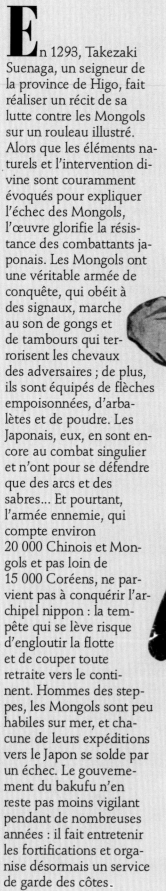

△
Un archer mongol. Il vient de débarquer dans la baie Hakata, et semble terrifiant et diabolique. En fait, l'armée réunie par Kubilay est déjà éprouvée par le «vent divin», kami- kaze en japonais, typhon qui a ravagé la flotte sino-coréenne, commandée par le Mongol Atahai.
XIIIe siècle. Kunai-Chô Imperial Palace, Tokyo.

◁ **Les guerriers,** sur leurs bateaux de combat, se portent au secours de l'armée japonaise, venant de l'île de Kyushu et de Kamakura. XIIIᵉ siècle. Kunai-Chô Imperial Palace, Tokyo.

▽ **Suenaga**. Son récit témoigne, outre des combats, des revendications des *kenin,* guerriers souvent besogneux, avides de récompenses et de reconnaissance. XIIIᵉ siècle. Kunai-Chô Imperial Palace, Tokyo.

◁ **Suenaga** part au combat. Casqué, il est revêtu d'une armure faite de plaquettes de métal liées par des lacets de soie. Quatre survivants l'accompagnent vers la victoire. Suenaga commanda ce rouleau pour perpétuer sa gloire. XIIIᵉ siècle. Kunai-Chô Imperial Palace, Tokyo.

RUSSIE

Alexandre Nevski

■ Alexandre, grand prince de Vladimir, a gagné son surnom de Nevski en battant les Suédois sur les bords de la Neva en 1240. C'est pourtant en 1242 que le jeune prince remporte la bataille qui le rend populaire : il vient à bout des chevaliers Teutoniques le 5 avril, sur le lac Pïpous gelé. Pour les chevaliers allemands, cette défaite marque la fin de la conquête de l'Est commencée un siècle plus tôt aux dépens des Prussiens, puis des Polonais. Après la mort de son père, en 1246, Alexandre Nevski commence à unifier la Russie, menacée à l'Est par les Mongols de la Horde d'Or. Ses succès lui valent une grande renommée auprès du peuple russe. □

SUÈDE

Une nouvelle dynastie

■ La situation économique de la Suède est profondément modifiée par la présence des marchands de la Hanse, qui exportent son fer, son bois, ses fourrures et son cuivre. Au milieu du XIIe siècle, il y a longtemps que les dissensions ont ôté tout pouvoir aux souverains régnants. Le jarl (seigneur) Birger s'impose aux autres chefs et il détient en fait depuis longtemps la réalité du pouvoir, quand il fonde, en 1250, la dynastie des Folkun, en associant au trône son fils Valdemar. Birger choisit Stockholm comme capitale et fait reconstruire la cathédrale d'Uppsala. Avec lui, la Suède entre dans sa période féodale, comme les autres royaumes d'Occident. □

INDE

Le temple du Soleil

■ Surya, dieu du Soleil, est très populaire en Orissa, près du golfe du Bengale. De 1238 à 1264, Narasim-hadeva Ganga Ier lui fait construire un temple encore plus beau que celui édifié pour Visnu à Puri : Konarak est un cube massif de 30 mètres de côté, surmonté d'une pyramide coiffée de pétales de lotus. La salle du culte représente le char de Surya, mené par des chevaux dressés, bondissants, sculptés dans une phyllite verte. Sur le soubassement, des bas-reliefs érotiques évoquent les activités des courtisanes sacrées attachées au temple. La construction, qui n'a jamais été achevée, devait mesurer 70 mètres de haut. □

ASIE

Réformes au Viêt-nam

■ Au Tonkin, la glorieuse dynastie des Ly est en pleine décadence. Le salut du Dai Viêt vient d'un nouveau souverain, Tran Dai Son, qui accède au pouvoir en 1225 et fonde une dynastie qui régnera jusqu'en 1413. Le nouveau souverain sait imposer d'utiles réformes : l'administration est remise en ordre, avec un système de concours comparable à celui de la Chine, tandis que la réorganisation monétaire et fiscale jette les bases d'une nouvelle prospérité. Dans les campagnes, les paysans sont incités à mettre en valeur des terres incultes, le réseau de digues, consolidé et remis en état, rend moins redoutables les crues du fleuve Rouge. □

EUROPE

La kabbale

■ Le mot hébreu *qabbala ;* désigne toutes les traditions, orales ou écrites, concernant la Bible, sauf les cinq premiers livres. Par la suite, ce terme est utilisé pour qualifier toute une série d'interprétations mystiques de la Bible fondées sur les combinaisons complexes des nombres et des lettres. Les plus anciens écrits remontent aux premiers siècles de notre ère, mais les premiers à se nommer « kabbale » datent du XIIe siècle. La kabbale est née dans l'Espagne de la Reconquista et en Allemagne, où les communautés, jusque-là en paix, sont victimes des violences qui accompagnent la première croisade. □

MÉDITERRANÉE

Les Baléares

■ Occupées depuis le VIIIe siècle par les Arabes, les Baléares rentrent dans le monde chrétien en 1229, avec la victoire de Jacques d'Aragon, mais ne sont pas directement rattachées à l'Espagne. Fils de Pierre II d'Aragon, né à Montpellier, Jacques Ier, qui a repris Valence, est un prince lettré, dont les possessions s'étendent de part et d'autre des Pyrénées. À sa mort, ses possessions formeront l'éphémère royaume de Majorque, dont la capitale est Perpignan. □

Temple de Surya, dieu du Soleil. Konarak.

MONGOLIE

Un franciscain chez les Mongols

■ Jean du Plan-Carpin est né vers 1182 près de Pérouse. Franciscain, il voyage en Allemagne, en Hongrie et en Pologne avant de partir, en 1246, sur les ordres d'Innocent IV, chez les Mongols ; mais convaincu très vite qu'il ne pourrait les convertir au christianisme, il rentre à Lyon. Dans son *Histoire des Mongols,* la plus ancienne description de l'Asie centrale, parue en 1248, il fait part de ses observations géographiques, économiques, militaires et politiques et laisse transparaître son admiration pour ce peuple. Jean du Plan-Carpin meurt en 1252. □

Juif cabbaliste. XVIe siècle, Bibliothèque nationale, Paris.

AFRIQUE NOIRE

Le lion du Mali

■ Les griots du pays mandingue racontent que Sondjata est le véritable fondateur de l'empire du Mali. Son père, Naré Famaghan (1218-1230) était déjà un grand conquérant. L'une de ses femmes donna le jour à un enfant qu'elle appela Soundjata « le Lion du Mali », mais qui était infirme. Un jour, dit la légende, Soundjata s'empara d'une barre de fer pour se dresser sur ses jambes, mais la barre se tordit sous son poids. Ce n'est qu'en s'appuyant sur le sceptre de son père qu'il put se lever face à ses ennemis, devenant ainsi le symbole de la puissance du Mali. □

MEXIQUE

La chute de Chichén Itzá

■ Les Cocomes, peuple parent des Itzas, ont fondé Mayapan au Xe siècle. La nouvelle cité maya a vaincu sa rivale Chichén Itzá en 1224, avant d'exercer son hégémonie sur le plateau central du Mexique à la tête d'une ligue fort impopulaire. La parenté des deux villes est attestée par la ressemblance des monuments : on touve à Mayapan, comme à Chichén Itzá, des pyramides, des salles à colonnes, un *Castillo* (temple pyramide), mais il ne s'agit que de copies, d'une matière plus grossière qu'à Chichén Itzá, ville qui restera un but de pèlerinage. □

1250 - 1270

En ce milieu du XIIIe siècle, le rêve d'une société harmonieuse, poursuivi par l'Église, se heurte aux dures réalités des luttes sociales. Dans les villes d'Europe, en particulier en Westphalie, en France ou en Italie, le *populo minuto,* le « petit peuple », s'oppose de plus en plus au *populo grasso,* les patriciens, qui s'approprie les richesses et le pouvoir. Ce fut la volonté de deux personnalités exceptionnelles, Dominique de Guzman, le futur saint Dominique, et François d'Assise, d'essayer pourtant de tenir la balance égale entre pauvres et riches, et même de contrebalancer par leur appui la faiblesse des pauvres, pour faire régner l'harmonie. Leur projet rejoint les convictions d'un roi exceptionnel, qui s'efforce de concilier chaque jour les devoirs de sa charge et les inspirations d'une foi ardente. En canonisant Louis IX, l'Église propose un modèle du souverain chrétien dont le prestige rejaillit sur la maison royale de France.

Saint Louis. Bois polychrome. XIIIe siècle. Musée de Cluny, Paris.

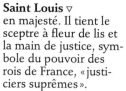

Saint Louis ▽
en majesté. Il tient le
sceptre à fleur de lis et
la main de justice, sym-
bole du pouvoir des
rois de France, «justi-
ciers suprêmes».
XIVᵉ siècle. Archives
nationales, Paris.

SAINT LOUIS

Au milieu du XIIIᵉ siècle, Louis IX règne sur
la France depuis plus de vingt ans. Il est
alors le souverain le plus puissant et le plus
prestigieux d'Occident, le plus populaire aussi
pour sa foi profonde et son amour
de la justice et de la paix.

△ **Le sacre** du roi
de France : il devient
«l'oint du Seigneur»
en recevant l'onction
de l'huile sainte,
conservée dans
la sainte ampoule et
renouvelée par miracle
depuis le baptême
de Clovis.
XIIIᵉ siècle. Bibliothèque
nationale, Paris.

En 1259, Louis IX a quarante-cinq ans. Trente-trois ans auparavant, de retour d'une expédition militaire, Louis VIII, son père, subitement pris de fièvre mourait. Louis n'avait que douze ans. Sa mère, Blanche de Castille, était alors chargée de la régence. Sans appui en France, elle allait réussir à maintenir la faible cohésion du royaume.

LA PAIX DU ROI EN PÉRIL

Rattachés depuis peu à la Couronne, la Normandie, l'Anjou, la Touraine et le Poitou étaient convoités par Henri III Plantagenêt, venu d'Angleterre en 1230. Les seigneurs du Midi n'avaient pas pardonné la croisade des albigeois,

ordonnée par le pape Innocent III en 1208, relancée en 1221, et qui s'était traduite par la mise à sac de toute la région et la confiscation des fiefs.

Les grands lignages jouaient leur jeu en fonction de leurs seuls intérêts. Un jeu d'autant plus âpre que Thibaud IV, comte de Champagne, s'enrichissait toujours plus grâce aux grandes foires tenues sur ses terres, et bousculait bien des ambitions.

Toutes les guerres qui se sont déchaînées entre 1226 et 1236 ne visaient pas la royauté ; toutes ont pourtant mis en péril l'ordre et la cohésion d'un royaume trop vite grandi. Mais Blanche de Castille a su s'appuyer sur l'équipe d'administrateurs hors pair rassemblée par Philippe Auguste et conservée par Louis VIII. Elle a su aussi trouver des appuis quand il le fallait, tel celui de Thibaud IV, pour venir à bout de la révolte féodale. En 1229, la guerre contre Raimond VII de Toulouse se termine par le traité de Paris.

LE ROI MAJEUR

La jeunesse de Louis s'est déroulée dans cette atmosphère mouvementée. Longtemps, le jeune roi est resté soumis à l'influence de sa mère, dont la forte personnalité paraît avoir un peu étouffé celle de son fils.

Curieusement, les chroniqueurs ne mentionnent pas de date officielle pour la fin de la régence. Il s'est agi d'un processus graduel. Après avoir épousé, en 1234, Marguerite de Provence (sévèrement tenue à l'écart de la politique royale), le roi s'est engagé dans la répression des dernières grandes guerres féodales, notamment celle menée par Hugues de Lusignan, mécontent de devoir passer sous l'autorité du frère du roi, Alphonse de Poi-

Deux des sceptres ▽ des rois de France, long-temps conservés par le Trésor de Saint-Denis. Le sceptre d'or, réalisé au XIV⁰ siècle pour Charles V, représente

Charlemagne. À droite, la main de justice d'ivoire date du IX⁰ siècle.
Musée du Louvre, Paris.

Le charme et l'autorité de la mère de Saint Louis en faisaient une femme hors du commun.

BLANCHE DE CASTILLE

Mariée à douze ans au futur Louis VIII, reine à trente-six, veuve à trente-neuf, elle devient, sans en porter le titre, la régente du royaume, aidée par les conseils d'un Italien, le légat Romano Frangipani, cardinal de Saint-Ange. Si les chroniqueurs s'accordent pour reconnaître le grand sens politique de cette femme, les contemporains n'approuvent pas tous la sévère éducation qu'elle donne à son fils, à qui elle aurait déclaré qu'elle préférait le voir mort à ses pieds que souillé d'un péché mortel. Le chroniqueur Jean de Joinville évoque avec ironie l'attitude ombrageuse de la reine mère envers sa belle-fille, qui doit emprunter un escalier dérobé du château de Pontoise si elle veut rencontrer son époux durant la journée. Quand Blanche meurt au couvent de Maubuisson, qu'elle avait fondé, Joinville s'étonne de trouver la jeune reine en larmes ; celle-ci répond qu'elle ne pleure pas la mort de la régente, mais le chagrin que le roi en a.

tiers. Raimond VII de Toulouse et le roi d'Angleterre, Henri III, se sont portés au secours du comte rebelle.

L'armée royale, menée par le roi en personne, a remporté les victoires de Taillebourg et de Saintes. Raimond VII a dû accepter en 1243 le traité de Lorris, tandis que les troupes royales traquaient les derniers hérétiques (Montségur a été incendié en 1244).

La tranquillité était revenue. Mais Louis n'a été totalement indépendant de sa mère qu'en décembre 1244 : gravement malade, ému par l'annonce de la chute de Jérusalem et par le massacre de l'armée chrétienne, en octobre, il a décidé de « prendre la croix ». La reine, comme la majorité des barons, s'est désolée : la perspective d'une nouvelle régence rouvrait l'ère des difficultés dont le royaume sortait à peine. Mais le choix de Louis était fait : il participerait à la septième croisade.

Le roi s'était déjà intéressé à la croisade. En 1239, il avait soutenu financièrement une expédition de secours à l'empire latin de Constantinople, ainsi

que la « croisade des barons » conduite par Thibaud IV de Champagne en Terre sainte. Mais son vœu l'a littéralement transfiguré. En même temps qu'il réformait sa vie, il a voulu réformer son royaume.

LES OFFICIERS DU ROI

Tandis qu'il essayait – énergiquement mais sans succès – de réconcilier le pape et l'empereur germanique Frédéric II, Louis s'est attaché à rendre le gouvernement royal plus juste et plus efficace. Il a fait mener une grande enquête sur les agissements des officiers

▽
Saint Louis s'embarque pour la croisade. Le roi est parti deux fois en Orient : en 1248, lors de la 7e croisade, où il fut fait prisonnier, puis en 1270, lors de la 8e croisade. Il prit la mer à Aigues-Mortes.
XIVe siècle. Musée du Louvre, Paris.

du roi, afin de permettre à tous ceux qui s'estimaient spoliés de se faire rendre justice. Menée en grande partie par des franciscains et des dominicains, l'enquête a abouti à de nombreuses restitutions et à un important changement de personnel.

Certes, Louis a d'abord agi dans un souci de purification. Mais il a aussi incroyablement amélioré l'administration du royaume : les amendes venaient alimenter les finances de la croisade, assurées essentiellement par une série de décimes levées sur le clergé.

Préparée avec un sérieux exemplaire, l'expédition réunissait surtout des participants français. Pour en per-

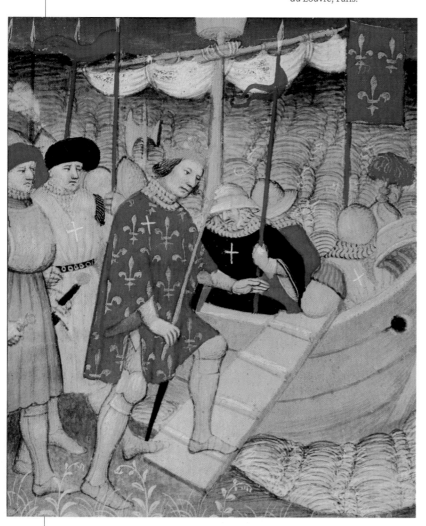

La volonté de Saint Louis d'instaurer sur terre la cité de Dieu l'amène à exclure de la société dissidents et non-chrétiens.

LOUIS IX ET LES JUIFS

Le roi n'a jamais forcé de juifs à se convertir, ce qui était contraire aux décrétales de Grégoire IX, mais il les y a fortement incités, par des mesures financières ou en leur ouvrant la porte de carrières brillantes. S'il n'ordonne jamais d'exécution ou d'expulsion de juifs, Louis IX fait appliquer à la lettre les recommandations de l'Église, qui interdisent aux chrétiens de servir chez des juifs, de partager leur table ou de fréquenter les bains publics avec eux. De 1240 à 1242, une procédure condamne le Talmud. Et une ordonnance de 1265 oblige les juifs à coudre sur leurs vêtements un signe distinctif, la rouelle, faite de deux croix entrelacées.

mettre l'embarquement dans de bonnes conditions, les travaux d'Aigues-Mortes, lancés en 1241, ont été accélérés : c'est là que le roi et son armée ont pris la mer, en août 1248.

LA GLOIRE DU ROI PÉNITENT

Sans doute la croisade a-t-elle été un échec. Mais, Louis, qui a réorganisé les défenses de la Terre sainte et laissé des troupes à Acre (payées par le roi de France jusqu'à la chute de la cité, en 1291), apparaît d'abord comme le défenseur de la foi. Lorsqu'il revient, en 1254, il est le souverain le plus prestigieux et le plus puissant d'Occident – son seul rival à ce titre, l'empereur Frédéric II, étant mort en 1250. Pénitent marqué par la croisade, il se présente, d'autant plus auréolé de gloire, comme le dernier rempart d'une chrétienté éprouvée depuis le début du siècle par la tourmente mongole, inquiète de l'arrivée des Mamelouks en Égypte, désespérée par la chute de Jérusalem.

Dès son retour, les enquêtes reprennent. Et cet énorme travail fera beaucoup pour réconcilier la monarchie capétienne avec les pays annexés de fraîche date, ou ceux qui ont connu la guerre contre les albigeois. Jusqu'à la fin du Moyen Âge, l'idée de la réforme de l'État restera associée, dans les esprits, au règne de Saint Louis. Cependant, si le roi est parfois indulgent, il reste intransigeant sur les droits de la Couronne. Son règne voit l'essor du parlement, qui se superpose aux juridictions privées. Et le souverain s'oppose fortement aux guerres intérieures que les nobles continuent à mener selon leur gré. De même, si les finances des communes sont mises sous étroite surveillance, c'est moins par souci d'économie que pour permettre au roi d'emprunter aux communes riches. Enfin, si le roi réforme le cours des monnaies, en 1263, c'est autant pour étendre l'usage de la monnaie royale (« tournois » ou « parisis ») que pour garantir aux utilisateurs la qualité de la frappe.

« ROI DE JUSTICE, ROI DE PAIX »

Aussi vient-on, de partout, soumettre au « roi de justice » les conflits qui paraissent insolubles. En 1255, par le *dit*

. 365

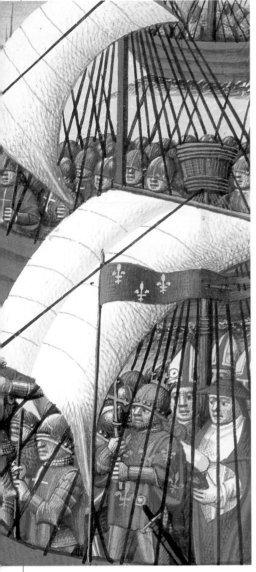

Louis IX devant △ Damiette, en Basse-Égypte. Prise en 1249, elle est rendue en 1250 puis démolie en 1251.
XIVe siècle. Musée Condé, Chantilly.

Mort de Saint Louis ▽ devant Tunis. Lors de la 8e croisade, l'armée royale est décimée par la peste. Les conditions de sa mort font du roi un saint. Le retour du corps à Paris sera jalonné de miracles et de prodiges.
XIVe siècle. Musée Condé, Chantilly.

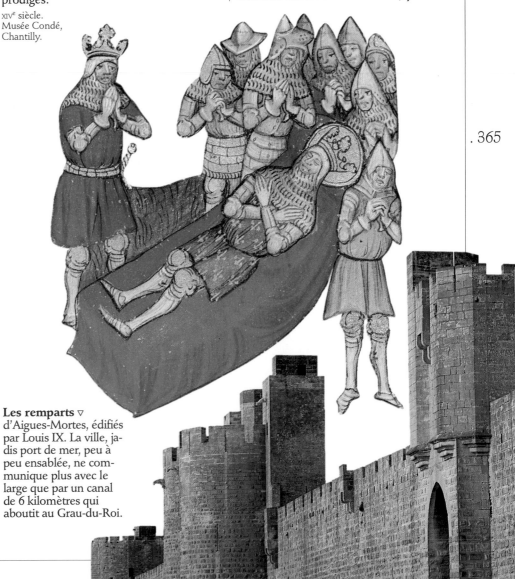

Les remparts ▽ d'Aigues-Mortes, édifiés par Louis IX. La ville, jadis port de mer, peu à peu ensablée, ne communique plus avec le large que par un canal de 6 kilomètres qui aboutit au Grau-du-Roi.

de Péronne, Louis IX met fin à la querelle des deux grandes familles nobles, les Avesnes et les Dampierre, qui agite le nord du royaume et les Pays-Bas depuis plus de vingt ans. De même, il réconcilie le roi de Navarre et sa demi-sœur, son frère Charles d'Anjou et sa belle-mère, la comtesse douairière de Provence. Enfin, le traité de Corbeil règle en 1258 le différend qui opposait jusqu'alors la France et l'Aragon : le roi de France renonce à ses prétentions en Catalogne, et le roi d'Aragon aux siennes en Languedoc.

« Roi de paix », Louis IX se rapproche du roi d'Angleterre, Henri III – son beau-frère, puisqu'il a épousé Éléo-nore de Provence, sœur de Marguerite. Aux prises avec ses nobles, Henri III est prêt à abandonner ses prétentions sur les territoires conquis par Philippe Auguste. Par le traité de Paris (1259), Louis reconnaît donc Henri comme duc de Guyenne, et lui restitue des fiefs et des droits dans les diocèses de Cahors, Limoges et Périgueux ; en contrepartie, Henri se reconnaît vassal du roi de France pour toutes ses terres, y compris la Gascogne.

Louis doit aussi arbitrer le conflit entre Henri III et Simon de Montfort, fils de Simon IV de Montfort, chef de la croisade contre les albigeois. Préoccupé de l'intégrité du pouvoir royal, le roi prononce, en 1264, la *mise* (arbitrage) d'Amiens en faveur du souverain anglais. S'appuyant sur cette décision, le futur Édouard Ier, fils d'Henri III, renforce l'armée royale, écrase les barons anglais et tue Simon de Montfort à la bataille d'Evesham, en 1265.

LE «ROI TRÈS CHRÉTIEN»

Louis IX a toujours été d'une profonde piété. Dès sa jeunesse, il a voué une grande admiration aux cisterciens : il a même participé aux travaux d'édification de l'abbaye de Royaumont, qu'il a fondée en 1228. Cela ne l'empêche

△
Le roi Henri III d'Angleterre requiert l'arbitrage de Louis IX ; un document authentifié par les nombreux sceaux.
Archives nationales, Paris.

366 .

Par les enquêtes de justice, Louis IX autorise ses sujets à contester les décisions de justice privée, en s'adressant à des spécialistes de droit siégeant au parlement.

LA NAISSANCE DU PARLEMENT

À partir de la fin du XIIe siècle, le droit romain gagne la France du Nord. Peu à peu se répand l'idée que toute justice émane du roi. Par ses enquêtes, Saint Louis prouve que la justice est son souci premier. Il devient de plus en plus fréquent de faire appel de toute cour de justice à une section spécialisée de la Cour du roi : le «parlement», dont on a la trace dès 1252, et dont le fonctionnement est attesté en 1254. À cette époque, déjà, les barons n'y viennent plus guère. Y siègent des officiers royaux et des «maîtres» bien formés au droit. L'essor de l'institution provoque la rage des barons qui tiennent à leurs droits de haute justice. Saint Louis ne dédaigne pas de venir participer aux séances de travail du parlement, imposant respect et silence aux adversaires de la cour.

◁ **Roi** équitable par excellence, Saint Louis rend justice à une pauvre femme, en dépit des moqueries.
XIVe siècle. Bibliothèque de l'Escorial, Madrid.

cependant pas d'être vigilant à l'égard des prétentions excessives du clergé et de taxer lourdement l'Église, en particulier pour préparer les croisades.

Son besoin d'humilité le rapproche davantage des ordres mendiants franciscains et dominicains, dont il écoute les sermons avec passion. Il s'adonne ardemment à la prière et collectionne avec une dévotion extrême les reliques, dont la couronne d'épines du Christ, pour laquelle il fait édifier la Sainte-Chapelle.

Cette piété se traduit aussi dans ses actes. Ainsi, il soutient hospices, hôpitaux et léproseries, et fait montre d'une charité constante pour les pauvres (10 p. 100 des dépenses de la maison royale leur sont consacrés).

Mais la prise par les Mamelouks des dernières places chrétiennes (Césarée en 1265, Safed, Jaffa et Beaufort en 1268) oblige Louis à reprendre la croix dès 1267. Soutenu par ses frères, Alphonse de Poitiers et Charles d'Anjou (désormais roi de Sicile), il obtient le concours d'Édouard Ier et ramène, par sa médiation, la paix entre les trois grandes cités maritimes italiennes, Pise, Gênes et Venise, dont les flottes sont nécessaires au succès de l'expédition.

LE ROI SAINT

La huitième croisade commence donc en 1270, mais avec une armée moins nombreuse qu'en 1248. Elle part d'abord pour Tunis, dans l'espoir d'obtenir le soutien de l'émir, qui est, croiton, prêt à se convertir. Cependant, le siège de la ville tourne au cauchemar. Une épidémie de peste ravage le camp croisé. Jean-Tristan, le fils du roi, meurt. Louis IX succombe à son tour, le 25 août 1270. Édouard poursuit seul jusqu'à Acre, tandis que Charles d'Anjou et le fils aîné de Louis, Philippe III, reviennent en France.

Mais le corps du roi de France est déjà celui d'un saint. Des miracles se produisent sur son passage, et la papauté entame très vite le procès de canonisation, qui aboutit en 1297. Louis IX est devenu «Saint Louis». □

▷ **Saint Louis** est un roi humble et charitable. Ici, il sert le repas des pauvres. Le roi porte sa couronne, mais son costume est celui des moines franciscains dont il se sent très proche.
Vers 1330. Bibliothèque nationale, Paris.

◁ **Saint Louis** baise les pieds du crucifix. Manuscrit de *Vie et miracles de saint Louis*, de Guillaume de Saint-Pathus. Le livre a été rédigé au début du XIVe siècle, un peu après la canonisation de Louis IX, essentielle pour assurer le pouvoir contesté des Valois.
Vers 1330. Bibliothèque nationale, Paris.

Jean de Joinville (1224-1317) participe à la croisade de 1248 aux côtés de Louis IX. On lui doit un récit passionnant sur le roi.

JOINVILLE

La personnalité de Louis IX est bien connue. Lui-même est l'auteur d'*Enseignements* pour ses enfants. Plusieurs écrits ont aussi été rédigés sur la famille royale ou pour la canonisation (comme celui de Guillaume de Saint-Pathus). Le plus passionnant de tous est celui du sénéchal de Thibaud IV de Champagne, Jean de Joinville, écrit alors qu'il a plus de 80 ans. Même si ses souvenirs sont un peu vagues sur les faits, ils reflètent un amour sincère pour le roi, dont Joinville a été le compagnon de croisade et de captivité. Rédigé non sans naïveté (l'auteur se donne le beau rôle), le *Livre des saintes paroles et des bons faiz de nostre roy saint Looys*, achevé en 1309, reste merveilleusement vivant.

Pour remercier Louis IX de son soutien financier, l'empereur latin de Constantinople, Baudouin II, offre au roi de France la couronne d'épines du Christ, autrefois rapportée à Constantinople par la mère de Constantin, sainte Hélène. Louis IX a d'abord porté la châsse à la cathédrale de Sens, avant de la faire entreposer au palais royal à Paris, où l'on construit un reliquaire digne d'elle. Car la Sainte-Chapelle est, d'abord, « une châsse de pierre et de verre ». La nef à deux étages (plus de vingt mètres de haut), sans transept, construite en six ou sept ans, ressemble à la fois à la chapelle que Louis a fait édifier vers 1235 à Saint-Germain-en-Laye et à la chapelle de la Vierge de la cathédrale d'Amiens. Mais la perfection technique de sa réalisation est exemplaire. La qualité de la pierre et de l'architecture permet de reporter la poussée de la voûte sur des contreforts dont la saillie est réduite, pour ne pas rompre l'élévation extérieure. Un maximum d'espace est ainsi dégagé pour la lumière, et les verrières sont d'une richesse et d'une complexité extraordinaires (l'histoire d'Esther, par exemple, est décomposée en 150 panneaux). Immédiatement considérée comme un chef-d'œuvre, la Sainte-Chapelle fut souvent copiée au Moyen Âge : par exemple, à Saint-Germer-de-Fly près de Beauvais, ou à Vincennes par Charles V.

368 .

LA SAINTE-CHAPELLE

△
Voûte de la chapelle haute. La Sainte-Chapelle a été construite sur deux étages. Grâce à la science de l'architecte (peut-être Pierre de Montreuil), les murs sont entièrement remplacés par des piliers, sur une élévation de 20,50 mètres.

▽ **La chapelle** haute ; au fond, le baldaquin de bois, qui renfermait les reliques les plus précieuses. Sur les piliers, des statues des apôtres. Les dorures et le décor peint ne datent que du XIXᵉ siècle.

Le roi Louis IX ▷ offre une châsse. La piété du roi est en tous points conforme aux exigences du XIIIᵉ siècle, et le culte des reliques y tient une place importante.

XIVᵉ siècle. Bibliothèque Sainte-Geneviève, Paris.

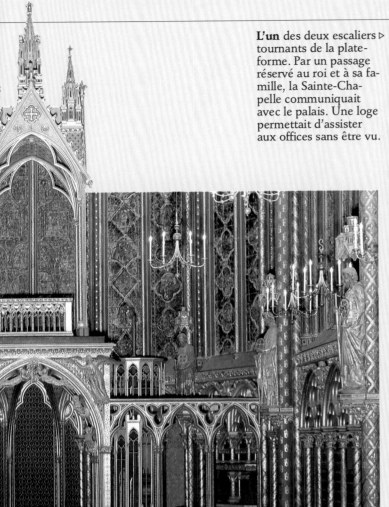

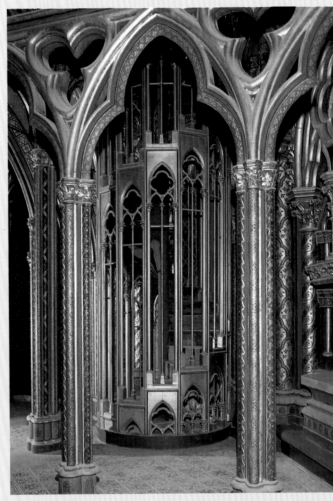

L'un des deux escaliers ▷
tournants de la plate-
forme. Par un passage
réservé au roi et à sa famille, la Sainte-Cha-
pelle communiquait
avec le palais. Une loge
permettait d'assister
aux offices sans être vu.

◁ Les vitraux de la cha-
pelle haute (vers 1250).
La voûte a pratique-
ment disparu ; les
architectes de l'âge go-
thique parviennent au
bout de la quête de lu-
mière qui était la leur
depuis plus d'un siècle,
et créent enfin l'espace
de transparence dont
ils rêvaient.

La chapelle basse. ▷
Le décor brillant, très
postérieur, ne doit pas
faire oublier qu'elle
était réservée aux servi-
teurs. Les colonnes
sont monolithes (d'une
seule pierre) et le pa-
vage entièrement fait
de pierres tombales.

LES ORDRES MENDIANTS

Au XIIIe siècle, l'Église n'échappe pas aux
bouleversements qui agitent l'Europe.
Dans les villes, de nouveaux ordres religieux,
plus proches des populations, s'installent.

A LA FIN DU XIIe SIÈCLE, la crise
que connaît l'Église est
profonde. Certes, la mise
en place du réseau des paroisses accompagne le progrès des campagnes, et les
grandes abbayes comme celles de
Cluny ou de Cîteaux marquent le re-
nouvellement de la vie monastique,
en même temps que gagne la « révolution féodale ».

Le pape rêve △
que Dominique sauve
l'Église catholique,
symbolisée par
l'église de pierre qu'il
porte sur ses épaules.
Un épisode de la vie
du saint prédicateur vu
par un artiste campa-
nien anonyme.
Musée de Capodimonte,
Naples.

Saint Dominique, ▷
armé de la croix et
des Évangiles, terrasse
le Mal. Peinture réali-
sée pour le couvent
Saint-Thomas d'Ávila.
XVe siècle. Musée du Prado,
Madrid.

Mais plusieurs siècles d'essor économique ont provoqué une croissance rapide des villes. La richesse créée s'est très inégalement répartie : scandale pour les chrétiens, des riches côtoient des pauvres. Qui plus est, les mentalités évoluent. L'éducation se répand : il faut former les serviteurs de l'Église et de l'État, et aussi tous ceux qui, pour leur métier, doivent compter et écrire.

Dominique, le prêcheur

Ces chrétiens instruits ont la capacité intellectuelle pour réagir devant les inégalités, sans que l'Église ait prise sur eux. D'où la flambée de l'hérésie, qui révèle l'inadaptation de l'Église. Au-delà de leurs différences, cathares, vaudois et patarins exaltent la pauvreté et le dépouillement. Ils ont en commun de dénoncer l'opulence d'une Église des riches et des seigneurs.

Il faut donc créer une voie nouvelle, sans tomber dans l'hérésie, voie étroite qu'ont empruntée deux personnalités exceptionnelles, Dominique de Guzman et François d'Assise.

Dominique, jeune chanoine castillan, brûle de convaincre. Il veut partir vers l'Asie. Mais, en 1205, le pape Innocent III l'a envoyé en Languedoc, où l'hérésie cathare est en plein essor. Pour Dominique, une seule solution : prêcher sans relâche pour convertir. Avec quelques compagnons, il s'installe à Fanjeaux, centre actif de l'hérésie, et commence à sillonner le pays. Bientôt, les cathares lui abandonnent

Saint Vincent Ferrier ▽ prêchant. Ce dominicain (1355-1419) fut un défenseur du pape et finit sa vie comme prédicateur itinérant.
Peinture de D. Morone. Ashmolean Museum, Oxford.

cette ville. Des femmes, converties par les sermons du Castillan, se sont établies à côté, à Prouille.

Dominique a installé à Toulouse un groupe de ses disciples, organisés comme des chanoines. En 1217, une série de bulles pontificales fonde l'ordre des Frères prêcheurs, ou Dominicains. Certains partent se former à Paris, rue Saint-Jacques, d'où, en France, leur nom de « jacobins », et à Bologne, les deux grandes universités du temps. Très vite, l'ordre se développe.

François, le chevalier ermite

L'aventure de François est tout autre. Né à Assise, en Italie centrale, ce brillant jeune homme voulait devenir chevalier. Mais la guerre a éclaté entre

Les ordres mendiants, composés de prédicateurs et de pédagogues, fournissent aux universités leurs meilleurs théologiens.

LES ORDRES MENDIANTS ET LES UNIVERSITÉS

Les Dominicains attachent d'emblée une importance capitale à l'université tandis que les premiers Franciscains, au contraire, sont des laïques incultes. Mais la prédication impose à tous une solide formation, ce qui déplaît fortement aux universitaires. Les Mendiants se montrent d'incomparables enseignants en théologie : parmi eux, deux franciscains, Alexandre de Halès et saint Bonaventure, et deux dominicains, Albert le Grand et, surtout, saint Thomas d'Aquin.

Saint Thomas d'Aquin et le prophète Daniel. *Anonyme. 1402.*
Musée archéologique de Cividale.

Assise et Pérouse, sa voisine. Emprisonné, malade, François a changé de vie, après une longue crise spirituelle. Habillé de haillons, tel le plus pauvre des pauvres, il a vécu en ermite dans une grotte, soignant les lépreux.

En 1209, des compagnons l'ont rejoint. Ensemble, ils ont parcouru la campagne, en mendiant ou en travaillant pour assurer leur nourriture, vêtus d'une toile à sac serrée à la taille par une corde. François prêche l'amour de Dieu, la pauvreté, l'humilité, la pénitence. Comme il est interdit aux laïques de prêcher, il doit aller à Rome afin de solliciter l'autorisation pontificale. Mais Innocent III hésite car il n'a pas affaire, comme pour Dominique, à un clerc universitaire dont l'orthodoxie est assurée. Ce laïque illuminé, sans culture, ne serait-il pas lui-même un hérétique ? Comment contrôler ceux qui le suivent ?

Finalement, les membres de la fraternité qui entourent François sont tonsurés sans qu'ils aient reçu les ordres : l'ordre des Frères mineurs, ou Franciscains, était ainsi créé. Mais la méfiance originelle subsiste, et François est bientôt épaulé par un cardinal « protecteur », Ugolino Conti. C'est lui qui, peu à peu, bâtit l'ordre franciscain, tandis que François part pour l'Égypte, puis pour la Palestine. À son retour, il reprend sa vie d'ermite en Toscane. Révolutionnaire, par la fonction qu'il assigne aux laïques et par la place fondamentale qu'il donne à la pauvreté, François ne peut se résoudre à jouer le rôle d'un supérieur et d'un organisateur. Jusqu'à sa mort, en 1226, il préfère la vie solitaire dans le dénuement, insistant, dans son testament, sur la nécessaire ascèse de la pauvreté et sur la grande valeur humaine des plus démunis.

La légende des *Fioretti*, un recueil italien anonyme du XIVᵉ siècle, raconte la vie du « Petit Pauvre ».

LE POVERELLO

Le recueil des *Fioretti* (littéralement, « fleurettes » et « morceaux choisis ») offre une peinture naïve de la vie de saint François et de ses compagnons. Il nous montre le saint, paisible et rayonnant, communiant avec l'ensemble de la nature dans un amour intense de la création divine. C'est ce François-là – saint presque de son vivant, puisque, en 1224, il reçoit, dans son ermitage, les stigmates de la Passion du Christ – que Giotto peint, à la fin du siècle, sur les fresques de la cathédrale d'Assise.

Mais l'image ne prend son sens que si l'on se rappelle sa jeunesse de riche citadin. Il a fallu la terrible crise de sa conversion, le retournement volontaire vers la pauvreté, l'apaisement à travers l'ascèse, pour faire de François l'homme qui a répondu aux aspirations des foules du XIIIᵉ siècle.

Saint François recevant les stigmates.
Vers 1270. Bibliothèque de l'Arsenal, Paris.

GLOIRE ET DIFFICULTÉS DES ORDRES MENDIANTS

Le succès des Frères mineurs est encore plus rapide et complet que celui des Dominicains. En 1228, la grandiose basilique Saint-François-d'Assise (où Giotto, à la fin du siècle, mettra en images la vie du saint) illustre la puissance du nouvel ordre. Mais cet ordre est également confronté aux difficultés d'une organisation complexe. Il faut pourvoir à la mission de plusieurs milliers de frères, organiser des noviciats, construire des couvents pour les frères et les sœurs (rassemblées dans l'ordre des Clarisses)...

Bien d'autres ordres mendiants (Carmes, Ermites de Saint-Augustin, etc.) apparaissent mais tous connaissent le même dilemme. Chez les Franciscains coexistent deux tendances : les « conventuels », prêts à adapter l'enseignement de François aux besoins de l'action, s'opposent aux *zelanti*, fascinés par la pauvreté, mais qui tombent parfois dans l'hérésie.

UNE PÉDAGOGIE DE LA FOI

Vivant de charité, les frères mendiants sont installés dans les villes, qui leur assurent la subsistance. Ils y sont d'abord prédicateurs, et l'architecture de leurs églises est conçue pour le sermon. Leur œuvre est, avant tout, une pédagogie de la foi, adaptée aux besoins et aux capacités de chaque groupe social. D'où leurs liens étroits avec les universités.

Le sermon est prolongé par l'écriture, la production de textes en langue vulgaire (et non en latin), là aussi adaptés à différents publics : les grands dictionnaires, les encyclopédies, qui synthétisent la culture médiévale, sont souvent l'œuvre de frères. De plus, en mendiant, les frères vont au devant des populations laïques. Ayant obtenu l'autorisation d'entendre les confessions, ils deviennent, de façon plus efficace que le clergé paroissial, les guides spirituels des grands et des bourgeois, qui se font inhumer dans leurs églises. Tout cela provoque des difficultés avec les prêtres et les évêques, qui trouvent là de redoutables concurrents. Mais le succès éclatant des ordres mendiants montre combien ceux-ci répondaient aux besoins de la chrétienté du XIIIᵉ siècle. □

◁ *Prédication aux oiseaux.* Giotto illustre un des épisodes les plus célèbres des *Fioretti,* qui peignent un saint François proche des créatures les plus humbles.
Musée du Louvre, Paris.

La règle de saint Fran- ▽ çois, pauvreté, humilité, mendicité, est approuvée par Innocent III, mais est revue en 1271, à cause de l'afflux des postulants.
Giotto. Basilique Saint-François, Assise.

Le pape utilise les ordres mendiants pour lutter contre l'hérésie. Mais leur création conduit certains à s'interroger sur l'Église.

UNE MENACE POUR L'ORDRE SOCIAL

Dès leur origine, les ordres mendiants sont placés sous le contrôle du pape. Celui-ci ne se prive pas de les utiliser pour contrôler l'orthodoxie de la doctrine enseignée dans les universités ou pour faire fonctionner l'Inquisition – que Grégoire IX confie aux Dominicains en 1232-1233. Mais la doctrine mendiante du dénuement peut aussi se révéler dangereuse. L'exaltation de la pauvreté du Christ conduit les « spirituels » à s'interroger : est-il légitime, pour l'Église, de posséder des « biens terrestres » ? Les théologiens pontificaux ripostent. Mais cette controverse, qui envenime les relations des ordres mendiants et du pape, fournira plus tard certains de leurs arguments favoris aux théologiens protestants de la Réforme.

. 373

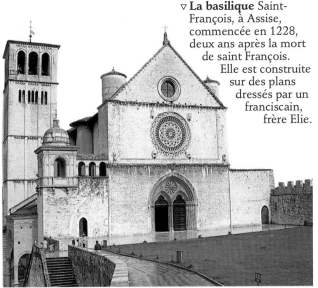

▽ **La basilique** Saint-François, à Assise, commencée en 1228, deux ans après la mort de saint François. Elle est construite sur des plans dressés par un franciscain, frère Elie.

VILLES ET MARCHANDS

Du XIe au XIIIe siècle, on assiste,
dans une Europe vouée au commerce,
à un formidable essor des villes et à une
internationalisation des réseaux d'échanges.

A L'ÉPOQUE du haut Moyen Âge, les villes d'Europe sont à peine visibles. Les cités épiscopales ont un rôle politique. Mais l'anémie du commerce et de l'artisanat réduit à néant les fonctions économiques. Les marchands itinérants de produits de luxe sont souvent orientaux. Dominée par les Sarrasins, la Méditerranée est un monde fermé. Quant au commerce maritime, il est rejeté au nord de l'Europe et les échanges se font dans de grands entrepôts qui finissent par être détruits. L'Europe barbare n'a d'ailleurs presque rien à exporter – du bois, des armes, des esclaves – vers les civilisations islamique et byzantine qui sont d'ailleurs plus raffinées et techniquement bien plus avancées.

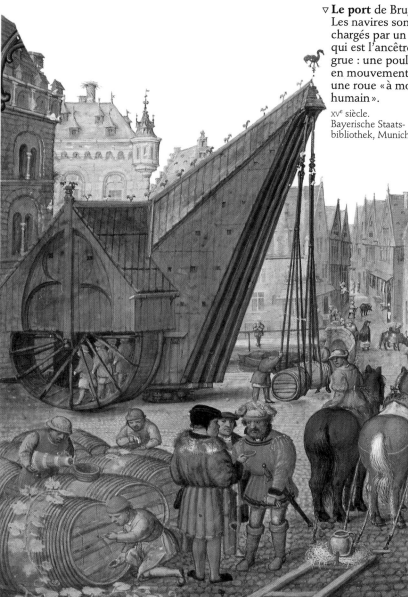

▽ **Le port** de Bruges. Les navires sont déchargés par un engin qui est l'ancêtre de la grue : une poulie mise en mouvement par une roue «à moteur humain».
XVe siècle.
Bayerische Staatsbibliothek, Munich.

L'APPARITION DES BOURGS

Il y a eu, à la fin du IXe siècle, un début de commerce méditerranéen dans les ports liés à Byzance (Amalfi, Salerne, et Venise). Mais le vrai changement est dans l'essor économique qui, avec l'établissement de la seigneurie, la restructuration des campagnes et la révolution féodale, gagne toute l'Europe.

▽ **Les marchands** de Bologne : un marchand de vin, un changeur, un portefaix, un bourgeois qui discute avec un maquignon de la valeur d'un cheval.

Vers 1345. Bibliothèque nationale, Paris.

La production croissante et régulière de surplus agricoles redonne vie aux échanges et aux villes. Parallèlement, la monnaie commence à circuler régulièrement et le progrès technique, notamment dans le domaine textile, permet de répondre à une demande toujours plus importante.

Les bourgs apparaissent. Là se fixe une population de marchands et d'artisans, que les seigneurs cherchent à attirer par des privilèges et, surtout, la garantie d'une liberté qui contraste avec la servitude des campagnes environnantes. Ces bourgs se juxtaposent aux cités épiscopales, abbayes et châteaux, auxquels ils fournissent les produits qu'une richesse nouvelle permet d'acquérir. Des marchés et des foires assurent les échanges sur une plus grande échelle.

Le mouvement affecte toute l'Europe, mais prend une envergure exceptionnelle pour au moins trois sortes de villes : les villes de commerce international (Venise, Gênes et Florence en Italie, Bruges en Flandre, Cologne et Lübeck en Allemagne) ; les centres artisanaux (Gand et Ypres en Flandre, Milan en Italie) ; les capitales (Naples, et Paris qui, à la fin du XIIIe siècle, est la plus grande ville d'Occident, avec 200 000 habitants).

PRIVILÈGES ET POUVOIR DES COMMUNES

La féodalité favorise le développement des villes, mais n'offre pas de structures adéquates pour les gouverner. Dès la fin du XIe siècle, marchands, en-

. 375

La délicate fabrication du drap flamand implique une trentaine de corporations différentes, très qualifiées, mais peu novatrices.

LA DRAPERIE FLAMANDE

Les draps flamands sont de lourdes pièces de tissu d'une qualité remarquable, fabriquées à partir de laines surtout anglaises, qui portent une marque officielle garantissant leur qualité et leur métrage. Ils passent par les mains d'une trentaine de corporations différentes, toutes jalouses de leurs prérogatives. Le maître du jeu est l'entrepreneur, qui achète la laine, fait circuler la pièce d'une étape à l'autre et joue des rivalités et des méfiances des divers corps de métiers. À la fin du Moyen Âge, les innovations techniques et l'introduction des moulins textiles créent une rude concurrence, et la draperie flamande décline.

Vitrail des drapiers de Notre-Dame de Semur-en-Auxois. *XVe siècle.*

trepreneurs et artisans, qui dominent la vie économique, reprennent en main le destin de leurs cités.

Ainsi naissent les « communes ». Leurs membres, associés par serment, désignent des magistrats. Face aux châtelains et aux évêques, ils imposent leur pouvoir ; au prix de luttes parfois violentes, ils obtiennent des chartes de privilèges. Le mouvement est général en Europe, même s'il ne conduit à une complète autonomie urbaine qu'en Italie, où les communes deviennent des puissances politiques indépendantes. Du reste, des conflits subsistent. Les habitants aussi se structurent en guildes, en métiers ou en arts. Des rivalités opposent, dans des luttes sociales, le *popolo minuto* (« petit peuple ») au *popolo grasso,* en Italie, et, dans les villes flamandes, les patriciens et les tisserands aux ouvriers.

VENISE, ENTRE L'ORIENT ET L'OCCIDENT

Progressivement, l'Europe médiévale s'organise en trois réseaux d'échanges internationaux : la Méditerranée, la Baltique et les foires de Champagne. Dans le bassin méditerranéen, l'essentiel du commerce entre Orient et Occident se concentre rapidement entre les mains des marchands des cités maritimes de l'Italie du Nord, Venise, Gênes et Pise.

Venise a gardé ses liens avec Byzance : lorsque les Normands de Robert Guiscard ont menacé celle-ci, l'empereur byzantin a obtenu l'appui décisif de la flotte vénitienne. En échange, en 1082, il a octroyé à Venise des privilèges qui ont fait passer entre les mains des Vénitiens l'essentiel du

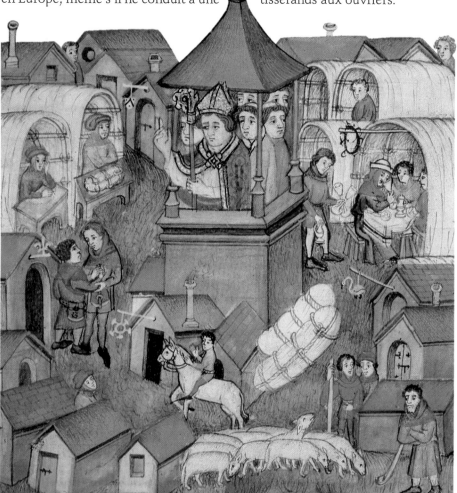

◁ **La foire du lendit** à Saint-Denis, instaurée au VIIIe siècle au profit des moines de l'abbaye royale.

XIVe siècle. Bibliothèque nationale, Paris.

Le tribunal de ▷ commerce de Sienne. Les litiges se multiplient à partir du XIIIe siècle, car les transactions, de plus en plus complexes, sont source de nombreux conflits.

1472. Sano di Pietro. Archives de l'État, Sienne.

Lettres de change, crédits aux souverains...
D'Italie du Nord, puis de Florence, les
banquiers travaillent pour toute l'Europe.

LES TECHNIQUES FINANCIÈRES DES ITALIENS

Les Italiens ont créé la plupart des techniques financières du Moyen Âge. On trouve dans toute l'Europe ces « Lombards », venus des grandes villes d'Italie du Nord. Mais ils ont été supplantés par les Toscans, auxquels la papauté a fait appel pour gérer les fonds considérables qu'elle recueille de tous les pays européens. Les grandes banques florentines (Bardi, Peruzzi et, plus tard, Médicis) jouent un rôle essentiel. Elles instaurent la lettre de change et la comptabilité en partie double, et procurent aux souverains les crédits dont ils ont besoin pour la guerre et les croisades, ce qui leur donne une très grande influence politique.

commerce byzantin. La seule arme pour Byzance, contre des Vénitiens devenus trop puissants, est de favoriser leurs rivaux de Pise et de Gênes.

À cela s'ajoute l'impact des croisades, dont les Italiens sont les principaux transporteurs. Rapidement, ils essaiment tout autour de la Méditerranée. Ils ont leurs quartiers (avec comptoirs et églises) à Constantinople, Alexandrie, dans les villes de Terre sainte et jusqu'en Petite Arménie et en mer Noire (Caffa, La Tana, Trébizonde) – au débouché des routes continentales qui rejoignent la Chine, et dont le Vénitien Marco Polo a décrit l'itinéraire. D'Orient, galères vénitiennes et « galées » génoises apportent soies, épices, produits précieux et l'alun, nécessaire pour teindre les draperies, tandis qu'elles exportent bois, métaux et draps.

Bruges, entre Baltique et Méditerranée

Une fois apaisé l'épisode viking, les villes allemandes ont pris en main le réseau d'échanges autour de la Baltique. Regroupées en une association, une « hanse », ces villes (Cologne, Brême, Lübeck, Hambourg, Dantzig, etc.) collectent tous les produits du Nord (fourrures, ambre, poix, harengs), auquel elles fournissent en retour des draps de Flandre et du sel de la baie de Bourgneuf. Quatre grands comptoirs (Novgorod en Russie, Bergen en Norvège, Londres et Bruges à l'ouest) assurent l'essentiel de la distribution.

Dans ces deux réseaux, le drap flamand, produit roi du commerce médiéval européen, a une part essentielle.

La Flandre est donc le point de contact entre monde méditerranéen et monde baltique. Mais, pendant longtemps, les marchands peuvent éviter d'aller jusque-là en utilisant les foires de Champagne. En France, en effet, six foires tournent entre Troyes, Bar-sur-Seine, Bar-sur-Aube et Provins. Des banquiers italiens, dominés par ceux de Sienne, de Lucques et surtout ceux de Florence, y assurent d'importantes facilités de crédit. Les draps flamands s'y échangent contre les épices de l'Orient et les fourrures du Nord. Mais, à la fin du XIIIᵉ siècle, les navires italiens contournent l'Espagne pour accoster à Londres ou à Bruges. Les guerres entre la France et l'Angleterre sonnent le glas des foires de Champagne. Bruges devient alors le pivot de l'Europe commerciale, jusqu'à ce qu'Anvers la supplante. □

> Protégées par leurs murailles, dominées par leurs cathédrales, les villes s'opposent au « plat pays » des campagnes.

VIVRE EN VILLE

Les contacts entre ville et campagne sont permanents. Pourtant, la vie en ville est radicalement différente de celle qu'on mène au village. La première réalité des villes est celle de l'entassement, des hommes et des bâtiments. La promiscuité engendre de fréquentes et meurtrières épidémies, les « pestes », d'autant plus redoutables que l'hygiène est précaire : une source ou un puits pour tout un quartier, un ruisseau au milieu de la rue pour évacuer les immondices, du bétail errant partout. Autre fléau, les incendies, qui ravagent les maisons, de bois et de torchis, et les ponts, couverts d'habitations. Regroupés en paroisses, en confréries, en associations professionnelles, les citadins, qui ont inventé les premières structures d'entraide, sont pourtant très fiers de leurs villes, que célèbrent les trouvères.

. 377

Un marchand apporte à Sienne des sacs de laine, frappés de son écusson. Le textile restera la première production « industrielle » jusqu'au XIXᵉ siècle.
1406-1481. Sano di Pietro, Pinacothèque, Sienne.

◁ **Le paiement** des employés de la commune de Sienne. Les villes marchandes s'administrant elles-mêmes, elles doivent salarier des « fonctionnaires municipaux ».
1472. Sano di Pietro. Archives de l'État, Sienne.

LA NOUVELLE VILLE MÉDIÉVALE

Dans l'Europe du haut Moyen Âge, la ville est le plus souvent la cité épiscopale. Autour de la cathédrale et du logis de l'évêque (ou du château comtal) se pressent quelques pauvres maisons. L'essor économique, à partir du XIᵉ siècle, change ces structures anciennes agrandies notamment par la construction des grandes cathédrales, véritables villes dans la ville. Mais surtout, la population augmente. Des églises supplémentaires sont édifiées (notamment celles des ordres mendiants). Les maisons se font plus grandes, sont plus espacées, pour qu'on puisse les abattre en cas d'incendie. La pierre apparaît dans les demeures patriciennes que les dynasties marchandes élèvent à travers toute l'Europe pour étaler leur richesse et abriter leurs marchandises ; au contraire, les nobles qui demeurent en ville doivent abattre leurs tours, pour ne pas être distingués de leurs voisins bourgeois.

Et des bâtiments d'un genre nouveau marquent concrètement l'affirmation politique de la ville : palais communaux et hôtels de ville, dotés souvent d'un beffroi ou d'une grande tour. Les maisons et les chapelles des guildes et des confréries de métiers se multiplient ; les marchands fondent des hôpitaux pour soigner les vieillards et les pauvres ; halles et marchés, enfin, sont édifiés pour faciliter l'activité commerciale, tandis que des fortifications protègent la ville.

378 .

Une ville médiévale. △ Les rues semblent larges, mais les étages sont en surplomb, et les maisons cachent le soleil.

Luca Signorelli (XVᵉ siècle). Musée civique, Citta di Castello.

▷ **Le beffroi** de Bruges, construit au XIIIᵉ siècle. Son carillon célèbre toujours la fortune des bourgeois flamands. La ville (*Brugge*, qui veut dire « débarcadère » en néerlandais) a été construite au débouché d'Ostende, de Gand et de L'Écluse.

La ville de Bavai, dans ▷ le Hainaut. Les remparts sont renforcés de tours et de donjons, églises et maisons se serrent dans l'enceinte, il n'y a encore aucune construction dans les faubourgs.

1438. Bibliothèque nationale, Bruges.

△
Sceau de la ville de Middelburg (Pays-Bas) en 1322. Leurs communes étant dotées de la personnalité juridique, les bourgeois se donnent un sceau, comme les seigneurs. Ceux de Middelburg ont pris comme emblème leur beffroi.
Archives nationales, Paris.

△ **Une rue** commerçante : les artisans vendent leur production sur leurs étals et travaillent sous le regard des passants. La réglementation stricte et tatillonne des métiers interdit de travailler la nuit tombée, d'où l'expression travail « au noir ».
XVe siècle. Bibliothèque de l'Arsenal, Paris.

. 379

▽ **Le palais** public de Sienne, construit en brique entre 1288 et 1309. Les créneaux témoignent de l'arrogance des marchands. Au XIVe siècle, ils firent édifier la tour des Mangia, haute de 80 mètres, qui servait de campanile.

Flagellants. *XVᵉ siècle. Maître de Staffolo. Musée national, Naples.*

ITALIE

Les flagellants

■ En 1260, à Pérouse, le moine dominicain Ranieri Fasani invite les habitants à se repentir et à se flageller, pour expier leurs fautes, collectives ou individuelles. Considérés comme hérétiques et condamnés par l'Église, les flagellants et leurs mortifications se répandent très vite en Europe. Organisés en confréries, ils refusent de rester plus d'un jour et d'une nuit au même endroit ; on les reconnaît à la croix qu'ils portent sur leurs manteaux. Les autorités régulières apprennent vite à les redouter, car ils cristallisent les rancœurs et les aspirations d'une société en pleine mutation, et sèment troubles et violences sur leur passage. □

MONDE ARABE

Le dernier calife

■ À partir du milieu du XIIIᵉ siècle, les descendants de Gengis Khan exercent le pouvoir sur l'Empire mongol. Depuis 1256, Hulagu est le premier souverain mongol de l'Iran. En 1258, il extermine les tenants de la secte des Assassins, s'empare de Bagdad, toujours aux mains des Abbassides, et assassine ses habitants. Le dernier calife est torturé puis cousu dans un sac et foulé aux pieds par les chevaux des vainqueurs. Après dix-sept jours de pillage, Bagdad est incendiée. Le califat abbasside se perpétuera au Caire, où le Mamelouk Baybars recueille les quelques descendants des Abbassides. □

ALLEMAGNE

Le Grand Interrègne

■ En 1256, lorsque meurt Guillaume de Hollande, un nouvel empereur doit être élu par les *Kurfürster,* Électeur impériaux, qui ont tout pouvoir. Ceux-ci désignent deux empereurs différents : Alphonse X de Castille et Richard de Cornouailles, frère du roi d'Angleterre. Alphonse X ne se rendra même pas en Allemagne ; Richard, présent au moment de l'élection, quitte le pays en 1259. Ainsi commence le Grand Interrègne, durant lequel l'Allemagne, mosaïque d'États, est déchirée par les violences et les exactions. Le trône restera vacant jusqu'en 1272. □

ANGLETERRE

Les origines du Parlement

■ En 1259, le roi Henri III s'oppose à ses barons, qui, réunis à Oxford, font une liste de leurs revendications. Les provisions d'Oxford, puis les statuts d'Oxford sont d'abord acceptés par le roi, qui doit réunir un Conseil, avant d'être cassés par l'Église en 1261. Mais, en 1265, après une nouvelle révolte des barons, Henri doit à nouveau prêter serment à la Grande Charte, qui est la reconnaissance écrite des libertés traditionnelles, et aux statuts d'Oxford : le Parlement est né. Bientôt, le dialogue entre le roi et le Parlement dominera toute la vie politique. □

DANEMARK

Un nouveau souverain

■ Au Danemark Erik V Klipping, le Louche, n'a que dix ans en 1259 lorsqu'il succède à son père, Christophe Iᵉʳ, qui avait entamé la lutte contre le pouvoir des évêques. En 1282, Erik, ayant fort à faire avec une noblesse rebelle et turbulente, décide de lui accorder une charte qui limite le pouvoir royal et institue un parlement de nobles. Elle fait, des siècles durant, partie de la Constitution du pays. Erik V meurt assassiné en 1286, au profit des milices teutoniques qui convoitent le Danemark. Son assassinat va provoquer la guerre civile. □

Bassin (détail). *Art oriental. Musée du Louvre, Paris.*

380

ASIE CENTRALE

La Horde d'Or

■ Dans les steppes de la Russie centrale et méridionale, Djutchi, fils de Gengis Khan, s'est taillé un empire instable qui porte le nom d'une population anciennement établie dans la région, les Kiptchaks, appelée aussi Horde d'Or, ce qui témoigne à la fois de sa magnificence et de sa violence. Les khans de la Horde d'Or encadrent une armée qui est composée surtout de Turcs. Ils sont les premiers Mongols à se convertir à l'islam, à partir de 1252, attirant à leur cour savants et lettrés musulmans. □

ASIE

La dynastie Tran du Viêt-nam

■ Tran Thanh Ton succède en 1258 à son père, Tran Thai Ton, qui avait remplacé la dynastie Ly par celle des Tran. Il régnera jusqu'en 1293, en dépit des incursions mongoles. La fin de son règne sera marquée par les prétentions de Kubilay Khan, qui veut alors dominer tous les royaumes que la Chine a conquis à un moment ou à un autre. Le Viêt-nam tient bon, grâce à la vaillance et à l'intelligence de Tran Quoc Tuan, frère du roi et général en chef des armées, qui repoussera le grand khan. □

ASIE

Les lamas du Tibet

■ Depuis le XIᵉ siècle, le Tibet, où règne théoriquement la dynastie Gu-ge, est tiraillé entre les ambitions des clans aristocratiques et des riches monastères. En 1251, un semblant d'unité est réalisé, pour négocier avec les Mongols. Sa-skya Pandita, chef d'une secte très influente, reconnaît leur suzeraineté et se fait désigner comme leur représentant, devenant ainsi le chef du Tibet central. En 1260, Kubilay charge Phags-pa, de diriger toutes les communautés de l'Empire tibétain. □

MONDE MUSULMAN

Les juifs séfarades

■ De 1254 à 1284, les séfarades participent à l'essor intellectuel de l'Espagne. Persécutés par les rois wisigoths, les juifs se sont réfugiés au nord de l'Espagne, où ils sont protégés par les privilèges royaux. Dans ce climat propice, des rabbins prestigieux se livrent à des travaux célèbres dans toute l'Europe. L'un d'eux, Moïse de Leon, rabbin à Ávila, écrit (ou traduit), entre 1260 et 1280, un des principaux ouvrages de la kabbale, le *Sefer ha Zohar,* « Livre de la splendeur ». □

1270 - 1308

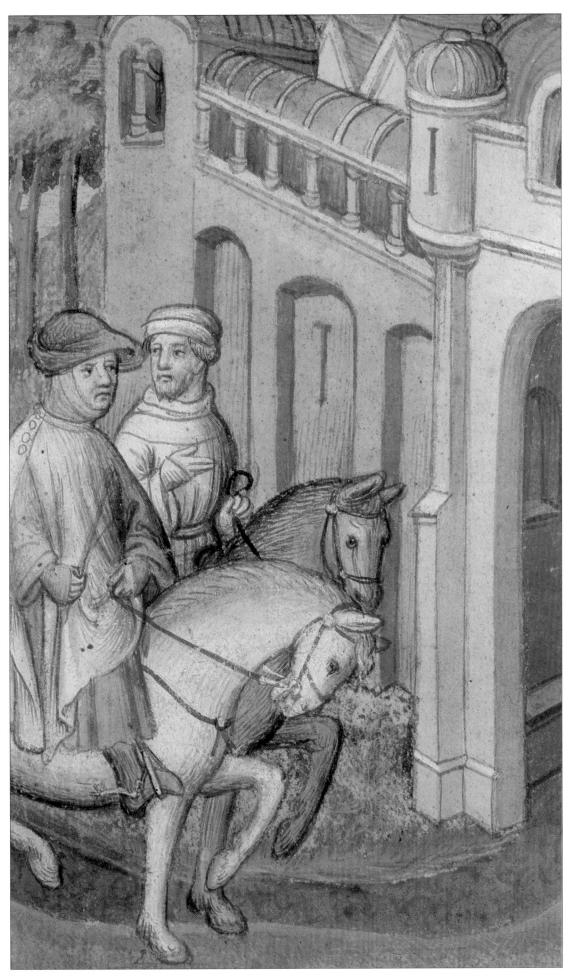

En 1254, quand naît Marco Polo, au sein d'une famille de marchands vénitiens, le monde semble partagé entre deux civilisations à leur apogée. L'Europe, sur laquelle rayonnent encore le prestige du roi de France et l'autorité du pape, paraît en pleine santé. À l'autre extrémité du monde connu, l'Empire mongol est aussi au faîte de sa puissance, sous les premiers successeurs de Gengis Khan. Les caravanes vont désormais sans péril au pays de la soie, et les voyageurs européens, comme Marco Polo, en rapportent de fabuleux récits, qui feront un jour rêver Christophe Colomb. Sur les rives de la mer Noire comme sur les tréteaux des foires de Champagne s'échangent les produits de l'Orient et de l'Occident. Une liaison pacifique, religieuse et marchande, est désormais établie entre les deux grands pôles d'une humanité comptant quelque 250 millions d'individus. L'Europe commence à découvrir un continent dont elle soupçonnait à peine l'existence : les frontières du monde connu sont repoussées.

Les frères Polo arrivent à Bokhara. Miniature du Livre des merveilles du monde. *XVᵉ siècle. Bibliothèque nationale, Paris.*

L'AVENTURE DE MARCO POLO

Au XIIIᵉ siècle, la Chine ouvre ses portes aux voyageurs occidentaux : c'est ainsi que Marco Polo, marchand de Venise, séjourne près de vingt ans à la cour du khan Kubilay.

A LA FIN du XIIᵉ siècle, l'Occident a retrouvé assez d'orgueil et de foi pour lancer sur les routes de l'Orient ceux que l'on appelle les croisés. Soldats du Christ, ils n'en sont pas moins hommes, et c'est avec une sensibilité tout humaine qu'ils racontent à leur retour ce qu'ils ont vu en Terre sainte et aux alentours : la soie, les fruits et les épices ; les palais couverts d'or, les sabres magnifiquement damasquinés et les chevaux fins, puissants et nerveux... La magie de l'Orient se répand bientôt dans toute l'Europe, surtout celle des marchands, qui voient à l'est un avenir prometteur de richesses. De grands voyages sont entrepris vers Chypre, Constantinople, la mer Noire et au-delà... C'est dans cette atmo-

sphère si prenante, que naît, en 1254, Marco Polo, au sein d'une famille de marchands vénitiens, et au beau milieu d'un siècle qui, à lui seul, a engendré cinq croisades.

LA SÉRÉNISSIME

Depuis le XIIe siècle, la Cité des doges est à la pointe du commerce européen. Contrôlant les routes de la soie et de la fourrure, elle exerce un véritable monopole sur les échanges en mer Noire. La République sérénissime engrange les dividendes des bouleversements économiques. Sa flotte, déjà importante, bénéficie de nouveaux perfectionnements, comme la boussole, l'astrolabe et le gouvernail d'étambot. Les Vénitiens frappent une forte monnaie d'or, le ducat, et sont, de fait, les banquiers d'une bonne partie de l'Europe. Ce sont eux que l'Empire byzantin a appelés au secours contre les menaces des Slaves, des Russes et des Turcs ; c'est encore Venise qui pousse activement les seigneurs occidentaux à participer aux croisades contre les hérétiques que sont les Turcs, à partir de 1204.

LE LONG VOYAGE DES POLO

De nature entreprenante, les Polo sont fascinés par l'Orient. Un des oncles de Marco (Marco Polo le Vieux) vit à Constantinople. Il y possède une maison de commerce et a ouvert une « succursale » à Soudak, en Crimée, que le père de Marco, Niccolo, et Matteo, un troisième frère, décident de prendre en main vers 1260. Tous deux se retrouvent sur la Route des fourrures, aux frontières du pays des Mongols de la Horde d'Or. Ils n'hésitent pas à s'enfoncer dans ces territoires pour aller chercher des marchandises. Mais, en 1261, ils ne peuvent retourner chez

◁
Départ de Marco Polo de Venise. Par sa civilisation et son alliance avec Constantinople, la cité de la lagune porte la marque de l'Orient.

1340. Bodleian Library, Oxford.

▷
Marco Polo en costume de Tartare.
Il s'habitua rapidement à la langue et aux coutumes mongoles et put ainsi exercer les fonctions de gouverneur.

XVIIIe siècle. Musée Correr, Venise.

limites des États au XIIIe s.
itinéraire présumé de Marco Polo, 1271-1295
retour par voie terrestre
○ villes situées sur l'itinéraire de Marco Polo

Les doges de Venise possèdent depuis le XIIe siècle, selon la légende, le titre de « seigneurs de la mer ».

VENISE, UN EMPIRE MARITIME

La Sérénissime que Marco Polo présente dans son œuvre est maîtresse d'un vaste territoire englobant presque la moitié de l'ancien Empire byzantin, des portions de la Grèce, la Crète et des îles égéennes. Des ducs ou des baillis administrent ces colonies. Venise possède aussi, grâce à sa situation stratégique, de nombreux monopoles commerciaux, notamment sur le sel et les céréales transitant par l'Adriatique. Le contrôle de territoires en bordure de la Méditerranée assure des escales aux marchands vénitiens, qui peuvent se ravitailler, réparer des avaries, se protéger de tempêtes ou de pirates. Ces ports sont également les entrepôts des produits transportés et des marchés d'achat ou de vente de denrées diverses.

eux. D'une part, la guerre éclate entre les princes mongols et, d'autre part, les Génois, rivaux des Vénitiens, occupent désormais la mer Noire. Les frères Polo sont donc contraints de continuer par la Route de la soie. Ils séjournent à Boukhara depuis trois ans lorsque, en 1265, un envoyé de l'empereur de Chine les conduit à Pékin à la cour de Kubilay Khan, fondateur de la dynastie mongole des Yuan.

L'ÉPOPÉE DE KUBILAY

Depuis la mort de Mongke en 1259, l'Empire mongol a éclaté en khanats, ou apanages, qui deviennent vite des royaumes indépendants. L'un des frères du grand khan, Kubilay, fonde sa propre dynastie en Chine. Il achève la conquête des territoires des Song et prend leur capitale, Hangzhou, en 1276. Les derniers représentants de la famille royale chinoise seront tués trois ans plus tard au large de Canton.

Pour la première fois, un Mongol règne sur la Chine entière. Kubilay demande aussi l'hommage des vassaux des Song. Il doit cependant renoncer à la conquête du Japon après deux tentatives de débarquement en 1274 et 1281. La domination mongole reste également superficielle dans la péninsule indochinoise et en Indonésie.

Au sein même de son entourage, Kubilay est contesté par d'autres héritiers de l'empire de Gengis Khan, car il prétend à la succession de tout l'héritage et demande l'hommage des chefs des différents khanats, de Perse et de Russie méridionale.

Avec Kubilay, les Mongols adoptent une nouvelle culture. Abandonnant la capitale ancestrale de Karakorum, ils se sédentarisent et construisent Khanbalik, au nord-est de la ville chinoise, à partir de 1260. S'il se veut l'héritier de Gengis Khan, Kubilay se considère aussi comme un véritable empereur chinois, un Fils du Ciel. Sa dynastie, les Yuan, succède naturellement, selon lui, aux 22 dynasties qui ont régné sur la Chine. Kubilay n'est plus un chef de tribu mais un empereur, il ne s'entoure plus de compagnons d'armes mais de vassaux nantis de fiefs.

Les Mongols ne veulent pas détruire une civilisation qu'ils admirent : Kubilay conserve l'administration chinoise et s'efforce de développer le pays. Il adopte les assignats chinois et en fait la principale monnaie de l'empire. Il organise la lutte contre la famine, remet en état le Grand Canal qui relie la Chine du bas Yangzi à la région de Pékin. Les routes impériales sont plantées d'arbres et bientôt encombrées de marchands, de voyageurs et des émis-

Le récit de Marco Polo provoque un nouvel engouement pour l'Extrême-Orient.

LES CHINOISERIES

Les Européens empruntent des motifs décoratifs à l'Asie depuis longtemps, mais, désormais, les objets ou textes littéraires sont des œuvres originales. Cet exotisme a plusieurs facettes : fascination pour des coutumes bizarres, pour des animaux ou des êtres «monstrueux», attrait d'une vie qui paraît excitante et voluptueuse. La Chine sert de prétexte à l'élaboration d'un univers esthétique imaginaire. Mais les Européens lui empruntent des matières – laque, porcelaine –, des motifs – ombrelle, dragon – et créent une mode nouvelle, celle des chinoiseries. Les Chinois eux-mêmes suivent le mouvement et fabriquent, dès le XVIᵉ siècle, des porcelaines destinées tout spécialement au marché européen.

◁ **La route** terrestre vers la Chine. C'est pour échapper aux taxes des musulmans que les Vénitiens se risquent à traverser les montagnes du Pamir.

▽ **Jiayuguan** au Ghanzou, sur la Route de la soie. La tour de guet a été bâtie sur le modèle des grands palais et monastères antiques. Les douves des remparts étaient plantées de pieux pour dissuader tout assaillant.

saires rapides de la poste impériale. Kubilay professe une grande tolérance religieuse : il se convertit sans doute au lamaïsme, reçoit des reliques du Bouddha et respecte aussi les Évangiles.

DE VENISE À PÉKIN

Kubilay est curieux de ce qui se passe en Europe. Lorsqu'il reçoit les Polo, il leur pose de nombreuses questions puis les renvoie à Venise avec une lettre pour le pape, demandant cent savants pour enseigner la doctrine chrétienne. Les Polo mettent trois ans pour rentrer. Ils apprennent en arrivant que le pape est mort. À Venise, Niccolo retrouve sa femme et son fils Marco, âgé de quinze ans. Niccolo et Matteo repartent pour l'Asie dès 1271, emportant des cadeaux et un message du nouveau pape. En guise de docteurs en théologie, ils n'obtiennent que deux pauvres moines qui s'enfuient par crainte du voyage ; mais ils emmènent avec eux une recrue de choix : le jeune Marco. Après avoir traversé les hauts plateaux de l'Anatolie, l'Iran, l'Afghanistan et le Pamir, ils atteignent le Turkestan chinois et enfin Pékin, après quatre ans de voyage.

FONCTIONNAIRES IMPÉRIAUX

L'empereur Kubilay les reçoit avec empressement et leur propose même de rester à son service. En effet, dans cette Chine récemment conquise, les Mongols préfèrent écarter systématiquement du pouvoir l'élite chinoise et employer des fonctionnaires étrangers. Les Polo restent dix-sept ans en

Le khan fait planter ▷ des arbres à trois pas les uns des autres le long des grandes routes pour qu'elles se voient de loin et que les messagers et les autres voyageurs ne s'égarent pas.
XVᵉ siècle. Bibliothèque nationale, Paris.

. 385

◁ **Le plus bel** apport de l'époque Yuan à la céramique chinoise fut la mise au point des célèbres « bleu et blanc », variété de porcelaine blanche décorée au bleu de cobalt que les Ming porteront à son apogée.
Fin XIVᵉ siècle. Musée Guimet, Paris.

On ne sait pas avec certitude si Marco Polo a rapporté dans ses bagages la recette des macaronis.

LES PÂTES SONT-ELLES ITALIENNES OU CHINOISES ?

Les plus anciennes copies du manuscrit de Polo ne mentionnent aucunement les pâtes. L'auteur décrit tout au plus la fabrication d'une pâte de farine et d'eau, confectionnée avec les fruits de l'arbre à pain. Certes, il a mangé des nouilles chinoises à base de sarrasin, de riz, de soja, de froment, car celles-ci existaient en Asie bien avant son arrivée. Mais il n'en parle pas. En revanche, des textes romains feraient mention de pâtes, et des livres de cuisine italiens du XIVᵉ siècle considèrent les macaronis comme un mets d'origine romagnole. La fabrication des pâtes sèches représente, de toute façon, l'apogée de techniques très anciennes de conservation des céréales.

Chine, pendant lesquels Marco a tout loisir de découvrir et d'étudier le pays. Il a cependant peu de contacts directs avec les Chinois, ne connaissant ni leur langue ni leur écriture, comme la plupart des fonctionnaires attachés à la maison du khan. En effet, dans l'administration officielle, on utilise le persan ou le mongol, deux langues que Marco pratique couramment. Sans doute effectue-t-il des missions en Chine du Sud-Ouest, dans le Jiangsu, à Ceylan et également au Viêt-nam, dans le royaume du Champa.

Employés par la bureaucratie chinoise, les Polo sont à l'abri du besoin et jouissent de la protection du khan. Cependant, ils ne sont pas tout à fait libres de leurs mouvements et doivent attendre que l'empereur leur confie une mission diplomatique pour pouvoir enfin rentrer chez eux.

UN RETOUR DIFFICILE

En 1291, les Polo sont autorisés à quitter l'empire Yuan pour accompagner une princesse du clan de Kubilay en Perse, pays dont elle doit épouser le khan. Le voyage est long et périlleux à travers les mers du Sud, et l'empereur fait confiance aux Vénitiens pour protéger la jeune fille et la mener à bon port. Ceux-ci y parviennent, malgré la perte de la plupart des membres du convoi et les difficultés rencontrées tout au long du périple. Lorsque les voyageurs arrivent enfin à destination, ils apprennent la mort du fiancé et celle de Kubilay. Néanmoins, leur mission est remplie et, en 1295, ils font route vers Venise. Heureux de retrouver enfin le sol natal, Marco Polo déchante aussitôt : la guerre que se livrent, à nouveau, Venise et Gênes le jette dans les geôles ennemies. Il profite de ses trois ans de captivité pour raconter son expérience chinoise, le hasard lui ayant donné pour compagnon de cel-

▽ **Benoît XI** reçoit une lettre d'un souverain lointain, transmise par des voyageurs européens.

XVe siècle. *Livre des merveilles du monde*. Bibliothèque nationale, Paris.

△ **Un repas** à la cour du grand khan qui reçoit Marco Polo avec honneur et faste. Les seigneurs dignitaires présentent les mets et les breuvages.

XVe siècle. *Livre des merveilles du monde*. Bibliothèque nationale, Paris.

386 .

lule un romancier à la mode, Rusticien de Pise, qui transcrit docilement, en français, ses Mémoires.

LE *LIVRE DES MERVEILLES DU MONDE*

Après sa libération, Marco complète cette ébauche, qui devient le *Livre des merveilles du monde*. L'ouvrage se divise en trois parties : le premier et le deuxième livre décrivent les régions orientales, le troisième est consacré à l'Inde. Connaissant particulièrement bien l'empire Yuan, Marco développe l'histoire de la dynastie au pouvoir, explique le fonctionnement militaire et économique du pays, raconte les fastes de la vie quotidienne dans le palais de Pékin ou à la résidence d'été du khan. Dès sa parution, le livre connaît un immense succès et une large diffusion bien que, pour le grand public, il ne s'agisse là que de fabulations. Il faut dire que, obéissant aux pratiques de son temps, Marco Polo mêle étroitement réalisme et merveilleux ; et le lec-

teur, habitué aux exploits des licornes ou des Amazones, ne sait que penser de sa «liqueur huileuse» bonne à brûler – le pétrole –, ou de ses palais couverts de feuilles d'or – certains palais japonais. Les siècles à venir s'apercevront que de nombreux détails sont à prendre au pied de la lettre, tels que les précisions géographiques ou encore les descriptions de la vie quotidienne, de la faune ou de la flore. Parallèlement à ses observations, Marco fait part de ses états d'âme : né dans un siècle de croisades, il se sent le représentant des chrétiens auprès de l'empereur de Chine. Isolé dans des pays peuplés d'infidèles, il veut voir en tout lieu des preuves miraculeuses de la supériorité de la religion chrétienne. Nourri des récits de l'Apocalypse et du retour du Christ, il cherche dans ses rencontres les signes de la fin des temps et de l'avènement d'un monde meilleur. À ses yeux, la Grande Muraille est le rempart qui empêchera les puissances du Mal d'envahir la Terre à l'approche de la fin...

La traversée de l'Asie, la rencontre avec Kubilay, la Chine renfermée sur ses mystères, les fleuves Jaune et Bleu, les parfums des épices, la découverte d'autres pays, encore inconnus – Viêtnam, Ceylan –, ces images accompagnent Marco tout au long de sa vie : le jeune adolescent qui a eu la chance inouïe non seulement de traverser la moitié du monde pour vivre auprès d'un empereur, mais encore d'en revenir, finit son existence en 1324 là où il l'avait commencée, à Venise, comblé d'honneurs, entouré de son épouse et de ses trois filles. □

△
La cueillette du poivre. Le khan avait imposé 44 p. 100 de taxes sur le commerce à destination de l'Occident de cette épice recherchée .

XVe siècle. *Livre des Merveilles du monde.* Bibliothèque nationale, Paris.

◁
Arrivée à Ormuz (Iran), où convergent les cabotages de l'océan Indien et les routes de la Perse. Éléphants et chameaux porteront les marchandises sur leur dos au cours de l'étape terrestre.

XVe siècle. *Livre des merveilles du monde.* Bibliothèque nationale, Paris.

Avant d'entamer sa description de l'Inde, Marco Polo évoque des îles qui se trouvent dans l'Océan, au levant de la Chine.

L'OR DE CIPANGO

Il commence par l'île de Cipango, du chinois *Jepen Kouo,* le «pays du soleil levant», autrement dit le Japon. Elle est peuplée de gens «blancs, de belles manières et beaux. Ils sont idolâtres...» et ont surtout «or en grandissime abondance». Polo décrit un palais couvert d'épaisses plaques d'or. Les perles abondent aussi, si bien qu'on en emplit la bouche des morts. Celles qui sont rouges, grosses et rondes ont apparemment plus de valeur que les perles blanches. Les pierres précieuses y sont aussi nombreuses. Or ces richesses ne quittent pas l'île car, selon le narrateur, celle-ci est trop loin de tout. Les marchands ne s'y aventurent pas. C'est cette description qui motivera Christophe Colomb, au XVe siècle, pour entreprendre son voyage vers les Indes de l'Ouest.

À LA COUR DE KUBILAY KHAN

Dans le *Second Livre des merveilles des régions orientales,* Marco Polo décrit Kubilay Khan comme un homme de taille moyenne, bien fait, aux beaux yeux noirs. Il a quatre épouses en titre, qui lui auraient donné vingt-deux garçons. L'aîné est destiné à régner. L'empereur a aussi de nombreuses « amies », sélectionnées par des juges spéciaux parmi les plus belles femmes de la tribu tatare des Onggirat. Kubilay réside à Khanbalik (l'actuelle Pékin). Son palais est un vaste complexe de murailles et de bâtiments, occupé au centre par la résidence de l'empereur. Les murs en sont couverts d'argent et d'or, ciselés de dragons, de lions et de jolies histoires de chevaliers amoureux... Les toits sont vernis de toutes les couleurs : vert, azur, jaune, et resplendissent comme des bijoux. Les jardins sont pleins d'arbres rares toujours verts et de bêtes étranges. L'anniversaire du khan est, avec le nouvel an chinois, la plus grande fête de l'année. L'empereur et ses douze mille gardes du corps s'habillent de soie colorée brodée d'or, de perles et de pierres précieuses. Le peuple apporte à Kubilay des présents et prie pour lui. C'est en ce jour que celui-ci distribue des récompenses, généralement des seigneuries. Le jour du nouvel an, tous les habitants du palais s'habillent de blanc, couleur porte-bonheur. Les courtisans s'inclinent devant leur souverain et un grand lion vient se prosterner aux pieds du khan.

388 .

△ **Les pêcheurs** de perles de la province de Ghanzou. Pour éviter que la valeur de ces perles ne baisse en raison d'une offre trop abondante, le khan en contrôle le ramassage dans ce lac où elles foisonnent.
XVᵉ siècle. *Livre des merveilles du monde.* Bibliothèque nationale, Paris.

△ **Marco Polo** et le grand khan devant Pékin. Dès 1260, Kubilay avait transféré sa capitale à Pékin et, près de l'ancienne cité, il fit construire une ville nouvelle, Khanbalik, « la ville du khan ».
XVᵉ siècle. *Livre des merveilles du monde.* Bibliothèque nationale, Paris.

▷ **L'empereur** Kubilay (vers 1214-1294). Il se comporta en authentique souverain chinois et non en conquérant étranger. Il favorisa le bouddhisme, protégea les lettres et mena une vie de cour fastueuse.
XVIIᵉ siècle. Portraits des Chinois célèbres. Bibliothèque nationale, Paris.

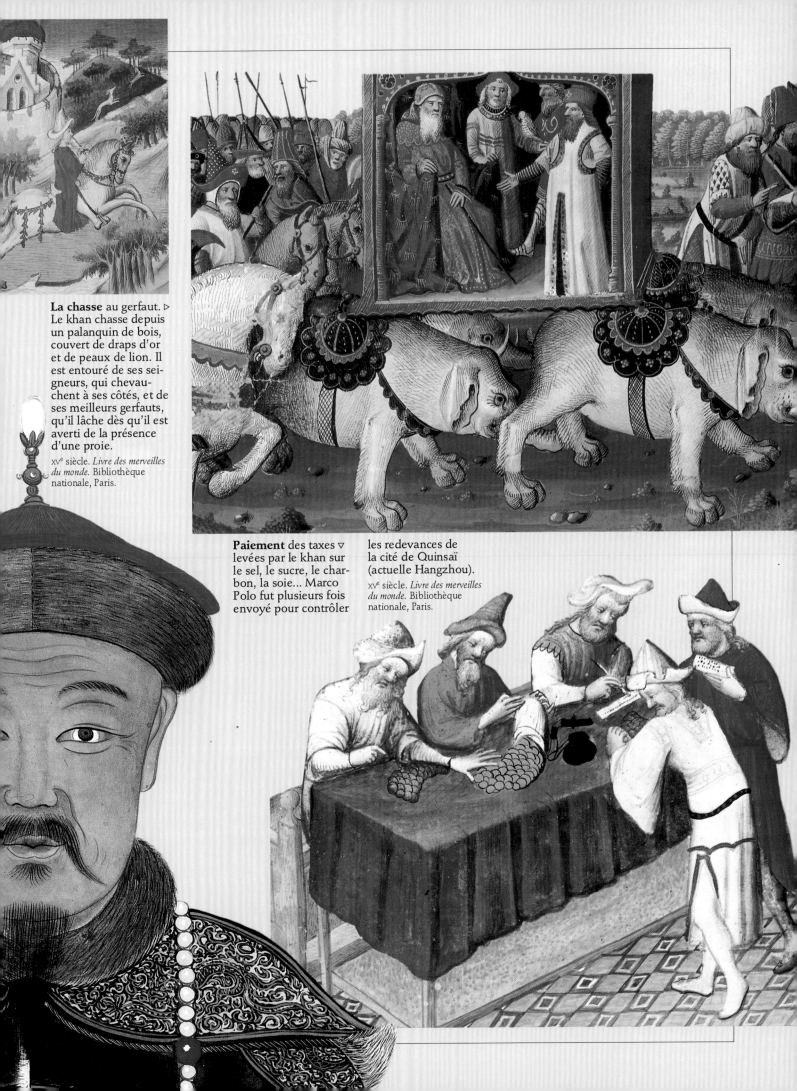

La chasse au gerfaut. ▷
Le khan chasse depuis
un palanquin de bois,
couvert de draps d'or
et de peaux de lion. Il
est entouré de ses sei-
gneurs, qui chevau-
chent à ses côtés, et de
ses meilleurs gerfauts,
qu'il lâche dès qu'il est
averti de la présence
d'une proie.

xve siècle. *Livre des merveilles
du monde.* Bibliothèque
nationale, Paris.

Paiement des taxes ▽
levées par le khan sur
le sel, le sucre, le charbon, la soie... Marco
Polo fut plusieurs fois
envoyé pour contrôler
les redevances de
la cité de Quinsaï
(actuelle Hangzhou).

xve siècle. *Livre des merveilles
du monde.* Bibliothèque
nationale, Paris.

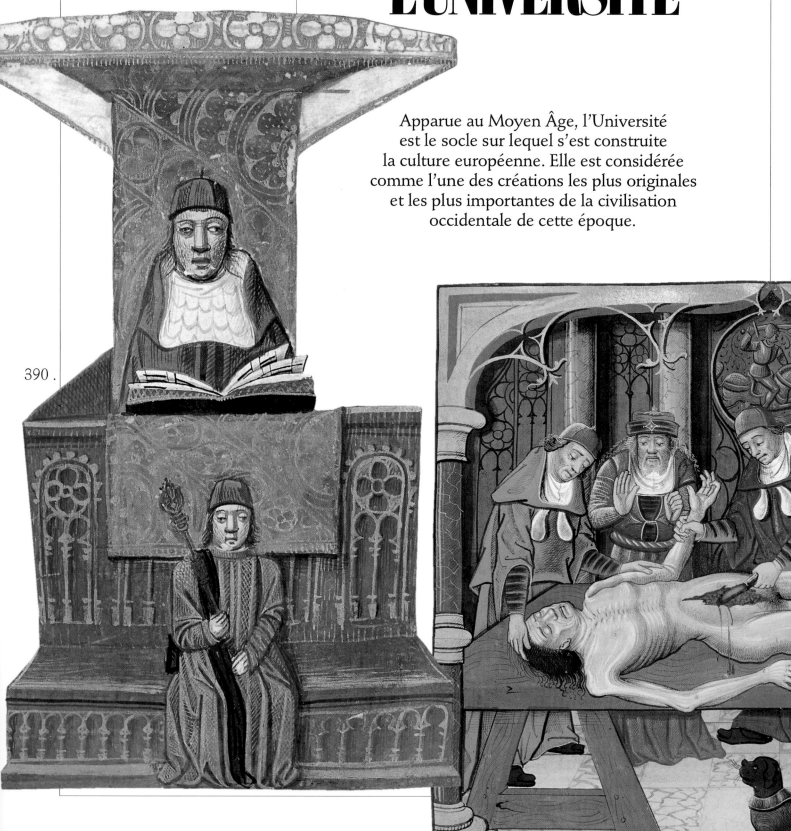

Professeur donnant ▽ un cours sur le Pentateuque, qui comprend les cinq premiers livres de la Bible. La théologie, discipline reine qu'abordent les meilleurs des maîtres ès arts, ouvre aux plus hautes carrières de l'Église.

XVᵉ siècle. Nicolas de Lyre. Bibliothèque de Troyes.

LA CRÉATION DE L'UNIVERSITÉ

Apparue au Moyen Âge, l'Université est le socle sur lequel s'est construite la culture européenne. Elle est considérée comme l'une des créations les plus originales et les plus importantes de la civilisation occidentale de cette époque.

390 .

ANS L'EUROPE du Moyen Âge, les ecclésiastiques ont le monopole du savoir. L'enseignement, tourné surtout vers la grammaire qui permet de comprendre les textes sacrés, lus avec les commentaires des Pères de l'Église – saint Augustin, saint Grégoire, saint Ambroise –, est uniquement dispensé dans les écoles monastiques.

LES ARTS LIBÉRAUX

Ces écoles relèvent des grands monastères comme Saint-Martin-de-Tours ou Fleury-sur-Loire. Les jeunes clercs y reçoivent un enseignement destiné à les former aux plus hautes charges ecclésiastiques. Au XIe siècle, la situation évolue. Avec le renouveau urbain apparaissent des écoles dépendant des cathédrales. Les plus brillantes se trouvent en Italie du Nord, à Bologne, et dans la France royale à Laon, Chartres et Paris... Quelle que soit la nature de

l'école, les élèves étudient sept disciplines, regroupées sous le titre d'arts libéraux : la grammaire, la rhétorique, la dialectique, l'arithmétique, la musique, la géométrie et l'astronomie. Mais, si les écoles monastiques appuient leur enseignement sur la Bible et les œuvres des Pères de l'Église, les écoles des cathédrales se tournent volontiers vers les textes profanes : à Bologne, on étudie avec grand intérêt

le droit romain ; de Paris à Montpellier circulent les textes de Galien et d'Hippocrate à travers lesquels on redécouvre une médecine savante.

« UNIVERSITAS »

Cet élargissement des disciplines s'accompagne d'une ouverture de l'horizon intellectuel, qui ébranle l'autorité

. 391

△
Étudiants suivant une leçon. La scolastique du Moyen Âge, emprisonnée dans le cadre de pratiques scolaires immuables (lectures, répétitions, «disputes»), a souvent donné une impression de stérilité.
XIVe-XVe siècle.
Dalle Masegne.
Musée municipal, Bologne.

◁
Le professeur de chirurgie. À la fin du Moyen Âge, la médecine se libère de la tradition antique pour faire des dissections.
XVe siècle. Bibliothèque nationale, Paris.

Au Moyen Âge, le cursus universitaire, strictement organisé, est déjà trop chargé et trop long...

LES ÉTUDES

Les universités sont organisées, selon la discipline étudiée, en facultés, au sein desquelles les étudiants sont regroupés en nations : ainsi les quatre nations de la faculté des arts à Paris (française, normande, picarde, anglaise). Sauf s'il est moine, l'étudiant doit en principe passer par la faculté des arts, où il apprend la philosophie, la logique et les disciplines scientifiques. Après 5 ou 6 ans, vers 21 ans, devenu maître ès arts, il peut accéder aux facultés supérieures (droit, médecine, théologie) ou enseigner à la faculté des arts. Pour la théologie, il faut encore au moins quinze ans pour arriver au doctorat, années pendant lesquelles on enseigne en même temps que l'on étudie.

ecclésiastique. D'autant plus qu'il n'y a aucun contrôle : quiconque possède la culture suffisante a le droit d'enseigner. Avec leur engouement pour les œuvres d'Aristote ou d'Avicenne, les maîtres peuvent répandre des idées s'éloignant de la foi chrétienne. La première urgence est donc de juguler leur ardeur : à partir de 1150, toute personne qui souhaite enseigner doit obtenir une licence – *licentia docendi* – du chancelier de la cathédrale. D'autre part, à l'exemple des gens de métier, maîtres et étudiants ressentent le besoin de se structurer pour défendre leurs libertés. En bref, un désir identique d'organisation anime l'Église et la population estudiantine : de là naît l'Université, qui place l'enseignement sous contrôle ecclésiastique – même pour les matières non religieuses

comme le droit et la médecine –, et garantit aux maîtres et aux élèves des privilèges particuliers, accordés par le roi ou par le pape.

UNE UNIVERSITÉ EXEMPLAIRE : PARIS

Créée parmi les premières, l'université de Paris jouit rapidement d'une excellente réputation pour son enseignement de la théologie, suivi par des étudiants venus des quatre coins d'Europe (Allemands, Scandinaves, Italiens). Élaborés de 1200 à 1246, ses statuts soulignent son autonomie sur les plans judiciaire – elle possède ses propres tribunaux pour juger ses membres –, financier – elle dispose comme elle l'entend de l'argent que lui alloue l'Église – et administratif. Sous con-

trôle ecclésiastique, elle décerne le baccalauréat, la licence et la maîtrise. Professeurs et élèves disposent d'une arme efficace, le droit de faire grève, et d'un allié tout-puissant, le pape, maître suprême des universités, auquel ils peuvent faire appel dans les cas graves.

LA MULTIPLICATION DES UNIVERSITÉS

Presque aussi ancienne que Paris, Bologne et Oxford, l'université de Montpellier est réputée pour ses cours de médecine, basés sur l'étude des auteurs arabes et grecs. Les travaux pratiques d'anatomie ont lieu sur des porcs. L'Europe se couvre de nouveaux établissements créés généralement dans un but bien précis : à Naples comme en Espagne, les universités for-

Le premier collège, destiné aux étudiants pauvres, a été créé à Paris par Robert de Sorbon, maître en théologie.

LES COLLÈGES

Au début, les collèges doivent juste permettre aux « pauvres clercs » d'étudier à l'Université ; assez vite, cependant, leurs statuts montrent d'autres objectifs : favoriser un certain type d'études, une certaine région. Parfois modestes, parfois grands et somptueux, ils ont souvent leur propre corps professoral. À Paris, ils seront plus de cinquante, dont les plus illustres sont le collège de la Sorbonne (1257) et celui de Navarre (1304) ; les sorbonnards dominent la faculté de théologie, tandis que les navarrais, souvent champenois d'origine, peuplent la chancellerie royale.

Vie quotidienne △ des étudiants. Chaque semaine, un bibliothécaire est désigné. Il doit rendre compte le samedi de l'état des livres de la chapelle.

1346. Cartulaire du collège de l'Ave Maria. Archives nationales, Paris.

▷
Les étudiants servent un repas à 20 pauvres à l'occasion de l'anniversaire de la mort du fondateur de leur collège.

1346. Cartulaire du collège de l'Ave Maria. Archives nationales, Paris.

ment les cadres religieux et juridiques des États ; celle de Toulouse est voulue par la papauté afin de réprimer l'hérésie cathare. D'autres naissent par suite de la sécession d'anciennes universités, comme à Cambridge en Angleterre, à Padoue en Italie, à Angers et à Orléans : l'Église ayant interdit l'enseignement du droit romain à Paris, cette dernière ville devient l'université juridique la plus importante de l'Europe du Nord. Enfin, le Grand Schisme d'Occident amène les pays qui suivent l'obédience romaine à retirer leurs étudiants de Paris, restée fidèle à Avignon où résident les papes dissidents : c'est notamment le cas de l'Allemagne, qui se dote de deux universités, l'une à Heidelberg, l'autre à Cologne.

L'ENJEU INTELLECTUEL

Les débouchés sont variables. Les facultés de droit et de médecine ouvrent des perspectives de carrières lucratives. Les facultés des arts et de théologie, quant à elles, sont confrontées au problème crucial de la réconciliation de la doctrine chrétienne et de la philosophie antique, au rationalisme et au naturalisme d'Aristote : dès le XIIᵉ siècle, des maîtres sont déclarés hérétiques ; le très sérieux Thomas d'Aquin n'échappe pas à la suspicion et voit condamnée sa *Somme théologique,* monumentale synthèse de son enseignement qui prône l'harmonie entre la foi et la raison. Les travaux très complexes des universitaires se concentrent sur des problèmes de logique formelle, qui finissent par masquer les vraies questions. La scolastique, qui est à l'origine un enseignement philosophique subtil et rigoureux, tombe dans l'abstraction stérile : la vitalité intellectuelle de l'université médiévale se tarit pendant le XVᵉ siècle pour renaître avec l'humanisme au siècle suivant.   □

△ **Le fondateur** du collège veut que les étudiants fassent œuvre de charité. À la Toussaint, 20 paires de souliers neufs sont données aux pauvres.

1346. Cartulaire du collège de l'Ave Maria. Archives nationales, Paris.

. 393

◁ **Un lecteur** de l'université de Bologne. Avec Padoue, elle fut le grand foyer intellectuel de l'Italie. Les étudiants venaient de toute l'Europe du Nord. La première dissection y eut lieu en 1281.

XVᵉ siècle. Bibliothèque Marciana, Venise.

Cambridge 1229
Oxford 1167
Cologne 1388
Erfurt 1379
Paris vers 1150
Heidelberg 1385
Angers 1337   Orléans 1309
Vienne 1365
Padoue
Vercelles Vicence 1222
Cahors 1332 Grenoble 1228   1204   Trévise
Palencia   Orange 1365 1339   1318
Valladolid 1208 Toulouse 1229   Pavie
1250   Plaisance   Bologne
Salamanque   Perpignan 1349   Avignon Reggio   1088
1243   Huesca   1303   Arezzo
Lisbonne 1290   1359   Montpellier Pise 1343   1215
Lérida 1289   Sienne 1357   Pérouse
Valence 1209   Rome 1303   1308
Séville 1254   Naples 1224
Salerne 1173

universités fondées
● avant 1300
○ après 1300

PHILIPPE IV LE BEL

En 1285, Philippe IV, petit-fils de saint Louis, monte sur le trône de France. Tout au long de son règne, il est un artisan actif de l'édification d'une monarchie puissante et centralisée.

PHILIPPE IV LE BEL est hanté, lorsqu'il accède au pouvoir, par le modèle de saint Louis qu'il veut égaler en justice et en piété. Cependant ses contemporains tremblent devant cet homme, impassible et muet, qui laisse ostensiblement la parole à ses conseillers pour préserver sa majesté.

ENTRE AQUITAINE ET FLANDRE

Philippe le Bel se heurte à deux puissants vassaux. Le premier est Édouard Iᵉʳ, duc d'Aquitaine et roi d'Angleterre, avec lequel les motifs de conflit sont fréquents. Le second est le comte de Flandre, Gui de Dampierre.

Depuis l'époque de Saint Louis, deux familles, les Dampierre et

les Avesnes, comtes de Hainaut, se disputent la possession de la Flandre. Flattant le petit peuple, les « clauwaerts », Gui de Dampierre s'attire inévitablement l'animosité des bourgeois et marchands, appelés gens du lis, ou « leliaerts », dont la sympathie va au roi de France. Or, la Flandre est un enjeu considérable pour Philippe et pour Édouard : grâce à sa draperie et à ses grandes villes, elle représente, pour le premier, la plus riche de ses provinces ; pour le second, elle est le débouché de la production lainière de l'Angleterre.

L'INÉVITABLE CONFLIT

En 1293, Philippe confisque l'Aquitaine. Mais il ne peut empêcher Édouard, qui s'allie au comte de Flandre, d'y reprendre pied. La guerre éclate donc sur deux fronts. En Gascogne, c'est une guerre de positions : Édouard Ier, engagé aussi en Écosse, n'a pas les mains libres. Mais en Flandre, où seuls les riches bourgeois prennent le parti de la France, la lutte est rude. Elle s'achève par la victoire des Français, qui occupent le territoire. Les Flamands ne se soumettent pas pour autant : en 1302, à Bruges, les clauwaerts se soulèvent et massacrent impitoyablement la soldatesque royale lors de ce qu'on appelle les « Matines brugeoises ». À la stupéfaction générale, les chevaliers de l'armée royale de secours sont à leur tour écrasés à Courtrai par les fantassins des milices flamandes. De nouvelles troupes, levées à grands frais, remportent enfin la victoire à Mons-en-Pévèle en 1304. Le traité imposé aux Flamands à l'issue de cette guerre ne sera jamais réellement accepté et, jusqu'à la fin de son règne, Philippe devra envoyer de fortes armées aux portes de la Flandre.

DE LA FÉODALITÉ À L'ÉTAT

Le règne de Philippe le Bel est placé sous le signe de la guerre perpétuelle, guerre qu'il faut bien financer. Et, pour cela, tous les moyens sont bons. Devant l'insuffisance des ressources féodales et domaniales, le roi a recours à de violents expédients : en 1291, il expulse la colonie de banquiers lombards qui s'est installée en France et confisque leurs biens. Les Juifs subissent le même sort en 1306. Puis, pour la première fois, on essaie de faire appel à

Gens de justice. △
Philippe le Bel utilise la doctrine des légistes, tirée du droit romain, selon laquelle l'État est une puissance indépendante et absolue.

XVe siècle. Bibliothèque nationale, Paris.

◁
Philippe V et les fonctionnaires du fisc. Philippe IV procéda à deux dévaluations et imposa des taxes exceptionnelles au clergé. Son fils, Philippe V, semble avoir poursuivi sa politique fiscale.

XVe siècle. *Grandes Chroniques de France.* Bibliothèque nationale, Paris.

Philippe IV le Bel ▷
(1285-1314), tenant un sceptre fleurdelisé. Personnalité impénétrable qui déconcertait par son silence et son aspect majestueux et fier, il eut un règne marqué par la rupture du spirituel et du temporel et la naissance d'une politique nationale.

Bibliothèque nationale, Paris.

Le 11 juillet 1302, l'armée de Philippe le Bel, sûre de sa puissance, rencontre l'ennemi flamand à Courtrai.

TEL EST PRIS...

Conduit par Robert d'Artois, l'ost royal, réjoui de voir que l'armée flamande ne compte que des piétons, ne peut contenir plus longtemps son impatience. La charge est lancée mais, au bas de la plaine marécageuse où se tiennent les Flamands, il y a un profond fossé, bien masqué, dans lequel viennent s'écraser les lourds chevaux et leurs cavaliers. Les Flamands achèvent leurs ennemis en les égorgeant ; seule l'arrière-garde réussit à échapper au massacre. Les éperons d'or des chevaliers français sont déposés dans l'église de Courtrai : pour la première fois, là « piétaille » a triomphé d'une armée de chevaliers.

l'impôt direct. Pour ce faire, Philippe s'efforce de démontrer que la guerre crée une situation de nécessité qui, pour assurer la défense du bien de tous, l'autorise à prendre une part du bien de chacun. En fait, il faudra un siècle au moins pour que l'idée et la chose soient acceptées, mais Philippe le Bel a lancé le processus. Il entraîne une forte croissance de l'administration royale ; et surtout, pour que l'impôt rentre, il faut le faire accepter, donc le négocier, d'où la consultation des gens qui comptent, nobles, bourgeois et clergé, à travers une multitude d'assemblées de villes, de bailliages, de provinces et même d'états généraux.

UNE SOUVERAINETÉ SOURCILLEUSE

Philippe le Bel fait tout pour maintenir le prestige de la monarchie capétienne et pour affirmer sa souveraineté. Ainsi, il entend que nul dans son royaume – pas même les clercs – n'échappe à sa justice. Il se heurte au pape Boniface VIII, qui défend, quant à lui, la souveraineté suprême et universelle du Saint-Siège, doctrine qu'il réaffirme en 1302 par la bulle *Unam sanctam*. Le conflit entre royauté et papauté éclate avec une violence extrême : pour Philippe et son conseiller Guillaume de Nogaret, il faut faire plier Boniface en

sollicitant le concile général, seul capable de juger un pape et de le déposer : en juin, à l'Assemblée du Louvre, les prélats français se joignent au roi. De son côté, Boniface convoque à Rome les représentants du clergé français et s'apprête à excommunier le roi lorsqu'il reçoit la visite de Guillaume de Nogaret : celui-ci le somme de comparaître devant le concile. Boniface, qui est déjà un vieillard, meurt peu après,

Boniface VIII (1294- ▽ 1303) voulut excommunier le roi de France qui jugeait le clergé. Son pontificat marqua l'échec des prétentions politiques de la papauté face aux nouveaux pouvoirs nationaux.

Vers 1300. Bandini de Siena. Musée municipal, Bologne.

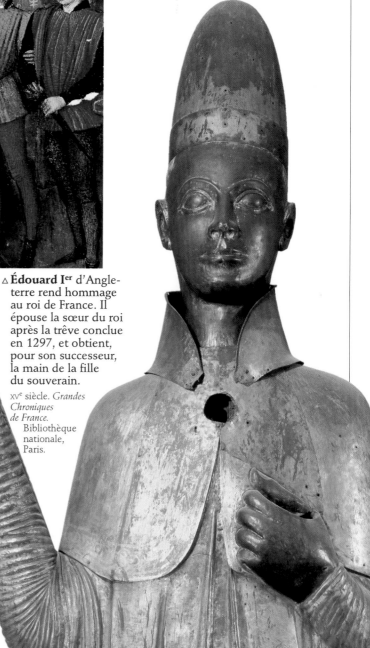

△ **Édouard Ier d'Angleterre** rend hommage au roi de France. Il épouse la sœur du roi après la trêve conclue en 1297, et obtient, pour son successeur, la main de la fille du souverain.

XVe siècle. *Grandes Chroniques de France.* Bibliothèque nationale, Paris.

Le conflit qui oppose Philippe le Bel à Boniface VIII se termine par une entrevue tragique entre Guillaume de Nogaret et le vieux pape.

L'ATTENTAT D'ANAGNI

Avec l'été, le pape séjourne dans sa résidence d'Anagni dans le Latium. Une course de vitesse s'engage alors : Nogaret doit citer le pape à comparaître devant le concile avant que Philippe ne soit excommunié. Or l'État pontifical est à feu et à sang : l'autoritarisme de Boniface l'a brouillé avec la puissante famille romaine des Colonna. Guillaume de Nogaret arrive chez le pape au moment même où Sciarra Colonna attaque Anagni. Profitant de cet événement fortuit, le conseiller du roi de France entre dans la ville et, le 7 septembre, cite le pape à comparaître devant le concile. Le vieillard, déjà malade, est bouleversé ; il meurt un mois plus tard sans être sorti de son abattement.

profondément choqué par ces doulou-reux événements. Dans une Italie agitée, ses successeurs recherchent la protec-tion du roi de France. Bientôt, ils s'instal-lent aux frontières du royaume, à Avignon. L'échec de Boniface est total.

LES VICTIMES DU «ROI DE FER»

Philippe, qui a tenu tête au pape, mon-tre la même intransigeance dans deux autres affaires qui ont laissé une ombre sanglante sur le règne.

La première est le procès du Temple. Créé au XIIᵉ siècle, à Jérusalem, pour défendre les territoires chrétiens en Terre sainte, l'ordre des chevaliers du Temple est d'une richesse qui a de quoi faire pâlir d'envie le roi. Profitant de la faiblesse du pape Clément V et s'ap-puyant sur des dénonciations accusant les Templiers d'hérésie et de sodomie, Philippe lance l'attaque en 1307. Le pape consent à supprimer l'ordre, transférant ses biens à l'ordre des Hos-pitaliers, au grand dam de Philippe qui

ne peut profiter de ce trésor quasi lé-gendaire. Mais le procès est déjà enta-mé : tous arrêtés le même jour, les Templiers «avouent» sous la torture tous les crimes dont on les accuse. Ceux qui reviennent sur leurs aveux – cinquante-quatre au total – sont consi-dérés comme relaps et condamnés au bûcher. L'affaire se termine en 1314 par l'exécution du grand maître de l'or-dre, Jacques de Molay, brûlé vif en compagnie du précepteur de Norman-die, Geoffroy de Charnay.

Peu de temps après éclate le scan-dale de l'adultère des brus du roi : Mar-guerite de Bourgogne, épouse de son fils aîné Louis – le futur Louis X le Hu-tin –, et sa cousine Blanche, qui a épou-sé Charles – qui régnera sous le nom de Charles IV. Loin d'enterrer l'affaire, le roi veut faire un exemple. Convain-

cues d'avoir eu pour amants des gen-tilshommes normands, Philippe et Gauthier d'Aulnay, qu'elles voyaient en cachette dans la tour de Nesle, les princesses sont impitoyablement je-tées en prison : Marguerite mourra étranglée sur l'ordre de son mari et Blanche devra prendre le voile, tandis que les deux frères sont atrocement suppliciés en public. On ne doit pas soupçonner la légitimité royale : Phi-lippe a sans nul doute atteint son objectif sur ce plan. Mais sa grande ri-gueur ne se retrouve pas chez ses fils, qui n'auront jamais le talent ni l'assu-rance de leur père. Aucun d'eux n'aura d'héritier mâle. Seule Isabelle de France, mariée au roi d'Angleterre Édouard II, se montrera, par sa froi-deur et son sens politique, la digne fille de son père. □

▽
Prisonniers brûlés. Comme Philippe Au-guste, qui fit périr les partisans d'Amaury de Chartres, Philippe le Bel est un souverain qui persécute ses opposants.
xvᵉ siècle. *Grandes Chroniques de France.* Bibliothèque nationale, Paris.

▷
Philippe IV entouré de sa fille Isabelle, qui épousa Édouard II, et de ses fils. C'est d'Isa-belle que les rois an-glais tiendront leur prétention au trône de France, ce qui sera l'une des causes princi-pales de la guerre de Cent Ans.
Bibliothèque nationale, Paris.

PARIS SOUS PHILIPPE LE BEL

Avec près de 200 000 habitants, Paris est, vers 1300, la plus grande ville de l'Occident médiéval, loin devant Naples, Gand ou Milan... Elle est dominée par sa superbe cathédrale, entourée d'une muraille construite par Philippe Auguste, qui l'a aussi pourvue à l'ouest d'une puissante défense, la forteresse du Louvre. À l'intérieur, à l'exception des marais du quartier Saint-Paul, l'urbanisation est presque achevée. Le palais royal est au centre de la ville, à la pointe de l'île de la Cité. Paris se présente comme la capitale du plus grand royaume du temps, où fleurissent les hôtels particuliers des nobles et des riches ecclésiastiques. Mais le cœur de la ville bat autour de la Seine, par où arrivent les marchandises. La hanse des marchands d'eau, qui détient le monopole de la navigation, prend une importance telle dans l'activité économique de la ville que ses membres deviennent, vers 1265, les échevins de Paris, et son prévôt, le prévôt des marchands. Ils se réunissent au Parloir aux bourgeois (avant d'acquérir la maison aux Piliers, place de Grève) et ont leur prison au Châtelet. Le commerce s'est développé sur la rive droite, où se dressent la Grande Boucherie et les Halles, que l'on atteint par deux grandes rues, Saint-Denis et Saint-Martin. La rive gauche, plus calme, est occupée par des bâtiments religieux tels que le monastère de Saint-Germain-des-Prés, et par l'Université et ses premiers collèges.

△ **Prisonniers** conduits dans les geôles du Grand Châtelet. La forteresse fut construite en 1130 pour protéger l'île de la Cité. De 1250 à 1357, elle servit de siège à la municipalité parisienne puis elle fut transformée en prison.
XIVe siècle. *Vie de saint Denis.* Bibliothèque nationale, Paris.

Boutique d'orfèvre. ▷
Les orfèvres, les banquiers et la très puissante corporation des bouchers logeaient dans les quartiers avoisinant la forteresse du Grand Châtelet.

XVᵉ siècle. Bibliothèque nationale, Paris.

△
La Conciergerie
du palais de la Cité.
Le « concierge » était
un grand seigneur qui
avait droit de basse
et de moyenne justice
et percevait les loyers
des nombreuses boutiques (d'orfèvres, de
marchands de vin...)
installées au rez-de-
chaussée du palais.

▽
L'importance politique et marchande de
Paris s'accroît. La rive
droite connaît une
grande extension ; aussi le prévôt des marchands entreprend-il à
partir du règne de
Charles V la construction d'une nouvelle
enceinte, flanquée
de tours carrées.

XIVᵉ siècle. Bibliothèque
nationale, Paris.

Scènes de la vie ▽
parisienne : cavaliers,
artisans et commerçants. Les maisons
bordent les rues, les
quais et les ponts,

dissimulant la Seine
aux promeneurs.

XIVᵉ siècle. *Vie de Saint Denis*.
Bibliothèque nationale,
Paris.

. 399

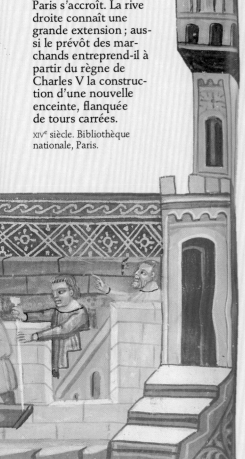

EUROPE CENTRALE

Les Juifs ashkénazes

■ Les Juifs, persécutés en Allemagne et en France, ont trouvé refuge, depuis 1264, en Pologne, où le roi Boleslas le Chaste leur fait bon accueil. Ainsi se développe, à la fin du XIII⁺ siècle et au début du XIV⁺, la communauté ashkénaze. Dans la Bible, ce nom est donné à l'un des arrière-petits-fils de Noé, et à un royaume proche de l'Arménie. Dans les écrits hébraïques du Moyen Âge, il désigne les Juifs rhénans et leurs descendants. Ils se donnent des rites et des coutumes spécifiques – refusant très tôt la polygamie, adoptant des interdits vestimentaires et alimentaires –, et créent une langue originale, à partir de l'allemand médiéval mêlé de mots hébreux, le yiddish.   □

Un couple de Juifs lisant les textes sacrés pour célébrer la Pâque. XV⁺ siècle. Bibliothèque palatine, Parme.

EUROPE CENTRALE

Les Habsbourg d'Autriche

■ En 1273, Rodolphe I⁺ de Habsbourg, seigneur de Suisse alémanique, est élu empereur. Il met ainsi fin au Grand Interrègne, en commençant par rétablir l'ordre et mater les féodaux. Mais il sait qu'il lui faut une base territoriale solide pour garantir son pouvoir. Il la trouve en combattant le roi de Bohême, Otakar II Premysl, qui s'était opposé à son élection. En 1276, celui-ci lui cède l'Autriche, la Carniole, la Styrie et la Carinthie. Le plus beau fleuron, l'Autriche, revient à l'aîné de Rodolphe, Albert. Otakar II tente bien de récupérer ses conquêtes, mais il est tué près de Vienne en 1278. La dynastie des Habsbourg ne cessera de régner sur l'Autriche qu'au XX⁺ siècle.   □

ITALIE

Les Vêpres siciliennes

■ Le dimanche de Pâques 1280, quand sonne le premier coup des vêpres, les Siciliens déchaînés se jettent sur les Français et les partisans de Charles d'Anjou. Le massacre durera un mois, et contraindra Charles à abandonner la Sicile. Frère du roi de France Louis IX, Charles, comte d'Anjou, est devenu comte de Provence par son mariage avec Béatrice, héritière de Béranger V. Il a d'abord joué les seconds auprès de Saint Louis, qu'il a accompagné à la septième et à la huitième croisade, mais son rêve oriental ne se réalise pas, et il devra se contenter, en 1277, d'acheter le titre de roi de Jérusalem. La papauté le charge, en 1266, de mettre un terme au pouvoir des Hohenstaufen en Italie et de conquérir Naples et la Sicile. Charles y parvient en battant successivement Manfred, le bâtard à qui Frédéric II avait légué ses terres d'Italie, et Conradin, le dernier des Hohenstaufen. Mais le régime rude et sévère que Charles d'Anjou impose à ses conquêtes ne tarde pas à lui aliéner le soutien de la population, encouragée à se révolter par Pierre III d'Aragon, qui a des vues sur la Sicile. Après les Vêpres siciliennes, Charles devra se contenter du royaume de Naples, où régneront ses descendants, et qui sera le prétexte des guerres d'Italie de la Renaissance.   □

Crucifixion. Spécimen le plus ancien de l'art éthiopien. XIII⁺ siècle. Bibliothèque nationale, Paris.

AFRIQUE

Les fils du roi Salomon

■ En Éthiopie, l'autorité des Zagoué est faible. En 1270, Yekouno Amlak renverse leur dernier représentant et prend le pouvoir. Quinze ans durant, il consolide sa puissance et établit fermement sa dynastie sur le trône. Pour légitimer son pouvoir, Yekouno Amlak affirme descendre du roi Salomon ; il aurait en effet pour ancêtre Ménélik, fruit des amours entre le roi des Hébreux et la reine de Saba. Forte de ses prestigieuses origines, la dynastie salomonide ne cessera de lutter contre l'expansion musulmane dans la Corne de l'Afrique, partie du monde où le christianisme est bien vivant à cette époque.   □

400 .

EUROPE DU NORD

La Hanse

■ Les lourds *Koggen,* les navires des marchands allemands, ont fait plier le roi Erik Magnusson de Norvège. Après deux ans d'un blocus qui a empêché tout commerce sur ses côtes, celui-ci accorde de larges privilèges aux marchands allemands, réunis depuis 1161 en une association, la Hanse, dont les membres exportent de la morue séchée et du hareng salé, du seigle et du blé, du drap et de la toile, de l'ambre et des fourrures, du sel et du vin. Ils ne cessent d'accumuler monopoles et exemptions ; par le traité de Tönsberg, en 1294, le roi Erik leur accorde de nouveaux. Au XIV⁺ siècle, le rôle de ces marchands deviendra politique.   □

TURQUIE

Les derviches tourneurs

■ En 1284, Sultan Veled fonde à Konya l'ordre des derviches tourneurs, qui se diffusera, par la suite, dans tout l'Empire turc. Comme son père, appelé Mevlana, « notre maître », il pense que, de tous les chemins qui mènent à Dieu, le meilleur est celui qui passe par la danse et la musique. Dans leurs couvents, les derviches vêtus d'une robe blanche de deuil et d'un manteau noir qui symbolise la tombe, se réunissent au centre d'une grande pièce. Là, au son d'une flûte et d'un tambour, ils tournoient sur eux-mêmes de plus en plus vite en psalmodiant le nom d'Allah. À la fin, ils obtiennent l'extase qui les unit à Dieu.   □

ASIE

Le renouveau de la Birmanie

■ L'invasion mongole a été tragique pour la Birmanie : la dynastie fondée au XI⁺ siècle par Anoratha est incapable de résister aux envahisseurs, qui font le jeu de l'hégémonie thaïe. En 1277, les Mongols nomment à Pagan un gouverneur et laissent le pays en proie à une crise grave : la Birmanie est morcelée en cités rivales durant dix ans. C'est un prince de l'ethnie Môn, Wareru, qui, de 1287 à 1296, rétablit un semblant d'unité et donne au pays une armature administrative et juridique en faisant rédiger un code, la plus ancienne compilation de droit birman, qui inspirera directement la législation thaïe.   □

ÉGYPTE

Cœur et poumons

■ La médecine arabe ne cesse de progresser, au XIII⁺ siècle, grâce notamment à un disciple d'Avicenne, Ibn al-Nafis. Celui-ci, originaire de Damas, fut le chef des médecins du Caire, où il mourut en 1288. Dans son traité *Al-Mudjiz al-Qanum,* il commente l'œuvre de son maître mais n'hésite pas à le contredire, ainsi que Galien, le maître de la médecine grecque antique. C'est ainsi que, trois siècles avant les Européens, il décrit sans erreur grave la petite circulation sanguine, entre le cœur et les poumons. Mais l'état des relations entre l'Orient et l'Occident est tel que son œuvre restera longtemps inédite en Europe.   □

1308 - 1328

Détail d'un *feuillet du calendrier aztèque.* Codex Borbonicus. XIVᵉ-XVᵉ siècle. Bibliothèque nationale, Paris.

Partis du nord-ouest du Mexique actuel, guidés par un colibri aux pouvoirs surnaturels, les Aztèques fondent en 1325 leur capitale, Teno-chitlán, dans une île du lac de Texcoco. La ville aura au moins 150 000 habitants en 1519. C'est de là que les Aztè-ques établissent leur do-mination sur la région, participant à l'épanouis-sement d'un mode de vie cruel et raffiné : leur dieu-soleil se nourrit « de l'eau précieuse », sang des victimes humaines.

Tout aussi brillant est le Mali, dont le roi, Kan-kan Moussa, est consi-déré comme l'un des plus puissants souverains de la Terre. Converti à l'islam, il se rend à La Mecque, où le faste de sa cour impres-sionne les chroniqueurs arabes. Les mines d'or de son empire alimen-tent le trésor royal ; Tombouctou, Djenné, Gao dominent de leurs puissantes murailles les étendues désertiques. Tandis que de nouvelles civilisations s'épanouis-sent en Afrique et en Amérique, l'Italie du Trecento invente la Renaissance, en dépit des guerres civiles et des révoltes urbaines.

LES AZTÈQUES

Nezahualcoyotl (1402- ▽
1472), souverain de
Texcoco, petit-fils de
Huitzilihuitl. Son équipement est entièrement fait
de plumes et une frange
de plumes de quetzal en-
toure son bouclier de pa-
rade. Cet art constitue
une invention unique.

XVIIᵉ siècle. Codex
Ixtlixochitl. Bibliothèque
nationale, Paris.

Farouches guerriers, bâtisseurs de temples,
prêts à sacrifier des centaines de victimes
pour satisfaire les dieux, les Aztèques
s'installent dans la vallée de Mexico
au XIVᵉ siècle.

Toltèques
vers 800
GOLFE DU
MEXIQUE
Aztèques
vers 1100 **Tlacopan** **Tetxacoco**
Tenochtitlán **Tlaxcala**
XIIᵉ s.
YUCATÁN
MER DES
CARAÏBES
HAUT
PLATEAU
MAYAS

Aztèques
Toltèques
États autonomes
Empire aztèque à partir de 1300
ligue des trois villes

Temple ▷
de Huitzilopochtli,
sur le lac de Texcoco,
à Tenochtitlán,
cité lacustre à l'étrange
urbanisme.

XVIᵉ siècle. Reconstitution.
Musée de la Ville, Mexico.

Un aigle juché sur un cactus et dévorant un serpent : telles sont les armes du Mexique d'aujourd'hui. Ce symbole a traversé les siècles puisque, selon les chroniques, il désignait la cité de Mexico-Tenochtitlán avant l'arrivée des Espagnols ; cette représentation est liée à sa fondation, au XIVe siècle, par une tribu de guerriers nomades, les Mexicas.

Quand Cortés et ses hommes découvrent la capitale aztèque, le 4 novembre 1519, la splendeur et le raffinement de la cité les stupéfient. Tenochtitlán est une éblouissante métropole d'au moins 150 000 habitants, à la mesure de l'essor fulgurant des Aztèques. Entrés dans l'histoire au XIIe siècle, en quittant Aztlán, leur mythique point de départ, ces derniers ont connu une longue errance.

En l'année deux-roseaux

Ces Chichimèques (sauvages) qui viennent peupler le plateau central sur les vestiges de la civilisation toltèque arrivent en effet des steppes désertiques du Nord par vagues successives. Quelques siècles auparavant, les premiers Toltèques avaient, eux aussi, accompli une migration analogue avant de s'installer dans le Mexique central et de se mêler aux populations sédentaires et agricoles. Le cheminement des Aztèques est largement comparable. Guidés selon la légende par Huitzilopochtli (le « colibri de la gauche », c'est-à-dire du sud), à la fois dieu et chaman, ceux qu'on appelle les Mexicas progressent, vers le sud, par étapes jalonnées de luttes tribales. Vivant de

◁ **La migration** des Aztèques. Ils partent d'Aztlán, situé sans doute dans le nord-ouest du Mexique. Le dieu tribal Huitzilopochtli guidera leur marche.

XVIe siècle. Codex Azcatitlán. Bibliothèque nationale, Paris.

. 403

Selon les textes les plus anciens, l'aigle de l'Empire aztèque dévore une figue de Barbarie et non un serpent, comme sur les armoiries du Mexique contemporain.

L'AIGLE ET LE JAGUAR

Des études récentes ont souligné que la figue symbolisait chez les Mexicas le cœur des hommes sacrifiés rituellement. Par ailleurs, dans leur cosmologie, l'aigle est l'une des incarnations du Soleil ; il symbolise son aspect céleste, tandis que le jaguar en est la représentation nocturne. En mettant en scène un aigle dévorant une figue, la représentation primitive montre un sacrifice caractéristique des croyances aztèques. Celui-ci était célébré par des prêtres qui ouvraient la poitrine de la victime avec un couteau, et lui arrachaient le cœur, encore palpitant. Venait ensuite un autre sacrifice sous la forme d'un duel de gladiateurs, où la victime, attachée par un pied, « combattait » deux guerriers déguisés en jaguar et en aigle.

L'aigle sur le cactus. 1325.
Codex Mendoza.
Fondation de Mexico.

la chasse en longs déplacements, les tribus s'orientent grâce aux étoiles, qu'elles divinisent. Les Toltèques célébraient Tezcatlipoca, dieu de la Grande Ourse, ou Mixcoatl, dieu de la Voie lactée. Les Aztèques célèbrent Huitzilopochtli, qui est le dieu du Soleil au zénith. Ces nomades emportent dans leurs pérégrinations des fardeaux sacrés *(tlaquimilolli),* paquets qui enferment quelques objets symboliques (pierres, plumes précieuses, silex ou fleurs séchées) représentant les dieux.

Les Mexicas voient se matérialiser sur un îlot du lac de Texcoco la prédiction qui annonce la fin de leur errance : un aigle, sur un cactus, dévore une figue de Barbarie, pour les textes les plus anciens, ou un serpent, dans les versions tardives. Ils bâtissent là le premier sanctuaire à Huitzilopochtli et, selon la majorité des chroniques, fondent Tenochtitlán en 1325, année Deux-roseaux de leur calendrier. Les débuts sont modestes. Les Mexicas, comme leurs voisins des bords du lac, pêchent et tirent à la flèche les oiseaux lacustres.

Ils doivent cependant payer tribut aux Tépanèques de la cité proche d'Azcapotzalco, plus puissants qu'eux.

LA DYNASTIE AZTÈQUE

Cette tutelle se poursuit sous le règne des trois premiers souverains aztèques, ou *tlatoani* : Acamapichtli (1375-1396 ?), son fils Huitzilihuitl (1396-1414 ?), qui agrandit la ville et développe le commerce, et Chimalpopoca (1414-1428 ?). Les dates, la généalogie et même certains faits et gestes de la dynastie sont approximatifs, car les manuscrits indigènes utilisés par les historiens sont postérieurs à la Conquête et ont réorganisé symboliquement le passé.

Quand Chimalpopoca meurt, assassiné à l'instigation des Tépanèques, les Mexicas gagnent leur indépendance les armes à la main, sous le règne du quatrième *tlatoani,* Itzcoatl (1428-1440). Une alliance se noue alors entre trois cités du lac, Tlacopan (aujourd'hui Tacuba), Texcoco et Tenochtitlán, qui s'associent après la chute de la dynastie tépanèque. Le souverain mexica devient rapidement le chef le plus important de cette ligue.

404 .

△
◁ **Couteau** de sacrifice et manche de bois recouvert d'une mosaïque de coquillages et de turquoises. Les Aztèques excellaient dans l'exécution de ce genre d'objets. Le système sacrificiel est un élément de l'expansionnisme aztèque, qui consacre la suprématie du pouvoir.

British Museum, Londres.
Musée ethnographique
Pigorini, Rome.

La pyramide d'Acati-▷ tlán, dite de Santa Cecilia, près de Tenayuca. Cachée dans la montagne, elle a échappé à la destruction systématique des Espagnols. Les archéologues l'ont retrouvée encastrée dans une pyramide plus tardive.

Prêtres, soldats et *POCHTECAS*

À l'origine égalitaire, la société aztèque est, peu à peu, placée sous une double tutelle, sacerdotale et laïque, traduisant probablement un compromis entre la conception toltèque du pouvoir, religieuse, et celle, militaire, des tribus nomades des origines. Dans les villes, le quartier, ou *calpulli,* est la base de l'organisation territoriale. Les fonctions de son chef, élu à vie et entouré d'un conseil d'anciens, s'apparentent à celles du *tecuhtli,* le seigneur, mot qui s'applique à tous ceux qui exercent des fonctions de commandement, de l'empereur au chef de province. L'autre hiérarchie, religieuse, concerne les prêtres, les *tlamacazqui.*

La domination progressive de Tenochtitlán sur les cités environnantes s'accompagne d'escarmouches violentes et de fréquents troubles politiques. On a pu ainsi comparer le Mexique central des débuts de l'essor aztèque aux républiques de la Renaissance italienne. La pacification croissante de la région permet l'expansion du commerce au loin. Il se développe sous l'impulsion de grands négociants aventureux, les *pochtecas.* Leurs caravanes apportent des côtes atlantiques et pacifiques les matières premières – obsidienne, herbes, coquillages et plumes exotiques –, ouvragées ensuite dans la capitale. Les Aztèques participent à l'épanouissement d'un mode de vie raffiné que les Espagnols découvriront avec émerveillement, avant de l'anéantir.

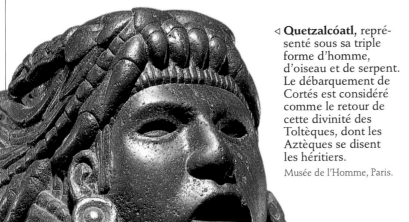

◁ **Quetzalcóatl,** représenté sous sa triple forme d'homme, d'oiseau et de serpent. Le débarquement de Cortés est considéré comme le retour de cette divinité des Toltèques, dont les Aztèques se disent les héritiers.
Musée de l'Homme, Paris.

La plus belle ville du monde

Les Espagnols éblouis appelleront Tenochtitlán « la Nouvelle Venise ». La ville est édifiée au milieu d'un lac, sur un archipel d'îles artificielles, constitué

. 405

À leur arrivée au Mexique, les Aztèques rencontrent des peuples agricoles vénérant les puissances de la fertilité.

LE DIEU TLALOC

Comme l'avaient fait avant eux les Toltèques, ils annexent ces divinités dans leur panthéon. L'un des plus anciens, Tlaloc, le dieu de la Pluie, a probablement été importé de la côte pacifique. On le retrouve dans tout le Mexique sous des noms divers, mais avec des traits inchangés, crocs à la mâchoire et yeux en forme de « lunettes » de serpent. Rivalisant en importance avec le dieu tribal Huitzilopochtli, il est à la fois celui qui dispense la pluie et le seigneur irrité du tonnerre. Il commande les *tlaloque,* des dieux de la Pluie vivant au sommet nuageux des montagnes, et règne sur le *Tlalocan,* l'au-delà paradisiaque des morts qu'il a choisis.

Codex Borbonicus. *Bibliothèque du Palais-Bourbon, Paris.*

à l'origine de radeaux de branchages recouverts de boue prise au fond du lac. C'est ainsi que les Aztèques de la tribu primitive s'étaient procuré des terres cultivables. Ces jardins flottants, les *chinampas,* se sont peu à peu enracinés au fond des marais et ont contribué à l'assèchement partiel de la lagune. Deux siècles après l'arrivée des Aztèques, des palais, des chaussées ont été construits, mais l'eau reste présente partout : on peut entrer en bateau dans le palais de l'empereur, les rues sont parcourues de canaux. L'urbanisme raffiné est bien supérieur à celui de l'Europe médiévale : grâce à un aqueduc, l'eau potable arrive dans tous les quartiers, des ponts relient tous les îlots, les chaussées sont si larges que huit cavaliers peuvent y circuler de front. Toutes les routes convergent vers Tenochtitlàn, qui devient rapidement un carrefour d'échanges pour toute la nation mexica.

LE SACRIFICE ET L'IVRESSE

Pour les Aztèques, l'Univers est en état d'instabilité permanente. Afin d'éviter sa disparition et permettre au Soleil de continuer sa course, il faut nourrir l'astre, qui puise son énergie dans le cœur et « l'eau précieuse », le sang des hommes. Au fur et à mesure que croît l'importance de la tribu primitive, les sacrifices humains augmentent aussi : vingt mille lors de la rénovation du grand temple de Mexico-Tenochtitlán, sous le règne du roi Ahuitzotl. Leur mort sacrée assure aux victimes un au-delà de félicité. Il est probable que certaines d'entre elles aient été consentantes mais ce sont, pour la plupart, des guerriers ennemis faits prisonniers, de plus en plus rares quand l'empire étend sa domination sur les autres peuples de la région. Pour disposer de victimes, Tenochtitlán et la cité voisine de Tlaxcala entretiennent donc soigneusement une belligérance sans fin, qui permet à chacune des deux villes de se procurer des prisonniers.

Le patolli, ▽
sorte de jeu de l'oie, était un jeu populaire, au caractère symbolique : les 52 cases correspondent aux 52 années du cycle solaire. Il apparaît ainsi comme un jeu avec le destin, dans lequel on cherche des présages. Pour animer la partie, on parie.
1579. Diego Duran. Bibliothèque nationale, Madrid.

Les Aztèques croyaient que quatre mondes, ou « soleils », avaient précédé l'Univers dans lequel ils évoluaient, le cinquième.

LE CINQUIÈME SOLEIL

Tous ces mondes avaient disparu, entraînant chaque fois une humanité dans leur anéantissement. Sous le premier soleil, des jaguars féroces auraient dévoré les hommes. La deuxième ère se serait achevée dans un ouragan transformant les hommes en singes ; une pluie de feu aurait anéanti le troisième soleil, et un déluge le quatrième. Le monde actuel, créé par le couple divin Quetzalcóatl, le Serpent à plumes (qui aurait redonné vie aux os desséchés des morts en les arrosant de son propre sang), et Xolotl, le dieu à tête de chien, devrait lui aussi s'achever, dans un tremblement de terre.

Calendrier solaire, en pierre, résumant la cosmogonie des Aztèques. *XVᵉ siècle. Musée national d'Anthropologie, Mexico.*

Si l'arrachement du cœur et le simulacre de combat sont les sacrifices les plus pratiqués, il en existe bien d'autres, puisque les Aztèques peuvent avoir un nombre illimité de divinités. Ils ont ainsi quatre cents dieux pour le pulque, sève fermentée de l'agave, auquel ils attribuent un pouvoir dissolvant. Le nombre de quatre cents symbolise en effet l'infini. Mexico intègre dans son panthéon les dieux des peuples conquis, au prix de quelques « adaptations ». Pour les dieux qu'ils ne peuvent décidément pas incorporer, les Aztèques ont construit à Tenochtitlán un temple communautaire, *Coacalco,* « la maison du Serpent ». Autant que de conquête, il s'agit donc pour les vaincus d'assimilation. Cependant, les Aztèques n'intégreront pas à leur monde la religion des conquistadors, qui abhorre les sacrifices. □

◁ **Le tlachtli** ou jeu de pelote, réservé à la classe dirigeante, avait une signification religieuse : l'enceinte représentait le monde, et la balle, un astre.
Codex Borbonicus. Bibliothèque du Palais-Bourbon. Paris.

Femme à la poitrine ▷ nue. Statue en bois, provenant de la vallée de Mexico, dont les yeux et la bouche sont incrustés de nacre. Rares sont les objets en bois parvenus jusqu'à notre époque.
Musée national d'Anthropologie, Mexico.

. 407

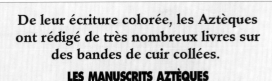

De leur écriture colorée, les Aztèques ont rédigé de très nombreux livres sur des bandes de cuir collées.

LES MANUSCRITS AZTÈQUES

La plupart de ceux que nous possédons ont été copiés juste après la conquête espagnole, mais tous semblent très proches des originaux. Il subsiste pourtant trois codex antérieurs à l'arrivée des Espagnols, qui sont des textes mythologiques. D'autres livres, les *tonalamatl,* servent à la divination pour fixer le destin des nouveau-nés, en étudiant minutieusement les 260 jours du calendrier rituel, divisé en treizaines, et la personnalité des divinités protectrices. S'il ne reste aucun livre d'histoire antérieur à la Conquête, des archives nous permettent de ressusciter la société précolombienne : lors de procès, chaque communauté doit produire des documents qui justifient de ses droits et de ses revendications, et les collecteurs d'impôts tiennent des registres qui ont permis aux historiens de faire un bilan de l'économie aztèque.

LES CHIMÚS

A l'époque où se développe l'Empire aztèque, l'aire andine voit s'épanouir la culture des Chimús. Selon les Espagnols, l'empire des Chimús a été fondé vers 1350, dans la vallée de Moche ; il s'est étendu sur la plus grande partie de la côte du Pérou actuel, englobant un royaume situé dans la vallée de Lambayeque et fondé par un héros mythique nommé Namlap. Comme le royaume de Lambayeque, l'empire des Chimús est centralisé, et sa société, très sécularisée, vit de l'agriculture intensive du maïs et de la pomme de terre, tout en s'intéressant au commerce et au profit : céramiques et tissus sont fabriqués dans de grands ateliers, en série, puis échangés probablement par le troc, car il ne semble pas que les Chimús aient connu la monnaie.

Outre la capitale, Chanchán, l'empire compte de grandes villes : Apurlec, Patapo, Purgatorio. Les Chimús sont d'habiles bâtisseurs, capables de concevoir tout un système de canalisations et de fortifications, de relier les hautes vallées par un bon réseau de routes. Héritiers de la civilisation Wari, née autour du lac Titicaca et de Tiahuanaco, les Chimús ont transmis leurs techniques aux Incas. Ces derniers leur doivent quantité d'infrastructures et de constructions. Pour utiliser au mieux les ressources de la région conquise, les Incas y installeront des gouverneurs, dont quatre se succéderont avant l'arrivée des Espagnols.

408 .

Coiffe en mosaïque ▷ de plumes. Les Chimús les fixaient comme des écailles, alors que les Aztèques les coupaient en petits fragments pour les coller.
XIIIᵉ-XVᵉ siècle. Musée anthropologique, Lima.

◁ **Couteau** cérémoniel au manche représentant une divinité homme-oiseau. Ce modèle en or possède des incrustations de turquoises. Comme ces couteaux mesurent jusqu'à 40 cm, on en a déduit qu'ils étaient destinés aux cérémonies religieuses.
XIIIᵉ-XVᵉ siècle. Musée anthropologique, Lima.

Gantelets cérémoniels ▷ en or martelé. Les ongles sont recouverts d'argent (longueur : 32 cm). Certains objets étaient exécutés par bosselage et d'autres par fusion.
1200-1470. Musée de l'Or du Pérou, Lima.

▽
Gorgerin composé de perles, de coquilles de couleurs, de turquoises et de lapis-lazuli. Souvent en or, les pectoraux contribuaient à la richesse des tombes chimú.

1200-1470. Musée national d'Archéologie, Lima.

Le temple du Dragon ▽ de Chanchán.
La capitale chimú comptait 250 000 habitants, à une époque où les grandes villes d'Europe n'en avaient que quelques dizaines de milliers. Elle était construite dans le désert pour ne pas dérober à la culture une terre précieuse.

XIIIe-XVe siècle.

. 409

L'ITALIE DU TRECENTO

Trecento, c'est ainsi qu'on appelle en italien le bouillonnant XIVᵉ siècle. La péninsule est alors déchirée par des guerres intestines. Pourtant, c'est à cette époque que, sur son sol, les humanistes, les artistes, mais aussi les marchands et les banquiers inaugurent la Renaissance.

DEPUIS LE XIIᵉ siècle, deux puissances tentent d'imposer leur domination à une Italie divisée en de multiples cités-États : la papauté et le Saint Empire romain germanique. Les Italiens hésitent entre ces deux pouvoirs ; on donne le nom de *guelfes* aux partisans du pape, et celui de *gibelins* à ceux de l'empereur. L'opposition entre ces deux partis est virulente. Au XIVᵉ siècle, ayant renoncé à résider à Rome, le pape s'installe en Avignon, dans le Comtat Venaissin dont il est le seigneur. Par ailleurs, depuis l'échec de l'expédition inaugurée en 1310 en direction de Rome, l'empereur germanique a renoncé à intervenir en Italie.

L'éloignement conjugué du pape et de l'empereur interdit au conflit entre

Le condottiere ▽
da Fogliano, au siège de Monte Massi, chevauche, solitaire, dans un paysage irréel. Cette fresque, qui témoigne de la puissance de Sienne, est une des premières peintures politiques de l'art italien.
1328. Simone Martini. Palais municipal, Sienne.

Le Bon Gouvernement. ▷ Hommage aux vertus cardinales : la Magnanimité, la Tempérance et la Justice.
1337-1343. Ambrogio Lorenzetti. Palais municipal, Sienne.

410 .

guelfes et gibelins de se résoudre et crée un vide politique dans lequel s'exacerbent les luttes intestines.

LE TEMPS DES CONDOTTIERI

Dans chaque commune, au gré des alliances qui se font et se défont, tel parti domine, qui complote ensuite pour reprendre le pouvoir, quand ses membres sont renversés et exilés. Des puissances régionales émergent. Le royaume de Naples, où règnent les descendants de Charles d'Anjou, s'oppose à la Sicile, gouvernée depuis 1282 par une dynastie aragonaise, qui se veut héritière de Frédéric II. Florence la guelfe, qui défend le principe républicain, s'oppose à Milan la gibeline, où les Visconti imposent le pouvoir personnel du prince. Gênes et Venise, enfin, rivalisent d'audace pour développer leurs comptoirs et leur empire colonial de Méditerranée orientale et s'affrontent sans relâche. Profitant de cette conjoncture troublée, des mercenaires se mettent au service des cités rivales : ce sont les condottieri, qui combattent avec leurs armées privées, qu'ils gèrent comme des entreprises.

LA NAISSANCE DE L'ITALIEN

Ce climat de luttes politiques incessantes n'a pourtant pas empêché le développement de la brillante Renaissance italienne. D'une certaine façon, il l'a même favorisé, chaque cité voulant rivaliser avec ses voisines par le faste de sa production littéraire et artistique. Princes, communes et églises engagent dans leurs chancelleries des hommes de lettres qui servent leur propagande et lancent des guerres idéologiques presque aussi décisives que celles menées par les condottieri. Ainsi, la multiplicité des pouvoirs politiques permet à de nombreux intellectuels de voyager d'un protecteur à l'autre, créant ainsi, à défaut d'unité politique, une remarquable identité culturelle « italienne ».

Le cas de Dante (1265-1321) est à ce titre exemplaire. Mêlé aux rivalités, il est exilé de Florence en 1302 et, sans jamais délaisser la politique (son *De Monarchia* est un plaidoyer pour l'autonomie du pouvoir temporel face au pouvoir de l'Église), il consacre sa vie à faire de son dialecte une grande langue littéraire qui deviendra l'italien.

▽ **San Gimignano,** en Toscane. Cette cité a su conserver l'atmosphère de l'époque de Dante, qui vint en 1300 représenter la ligue guelfe. Les maisons-tours appartenaient aux puissantes familles rivales.

. 411

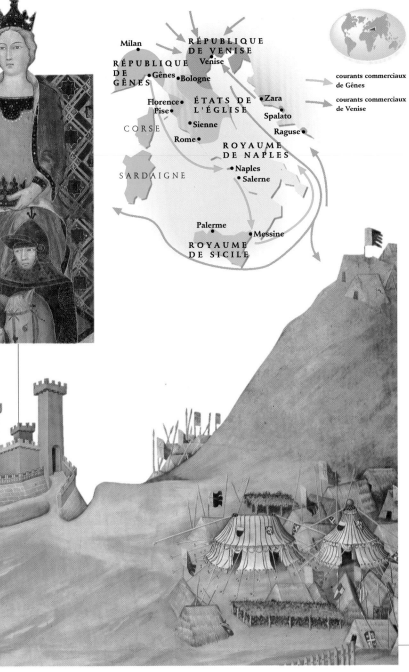

Milan • RÉPUBLIQUE DE VENISE
RÉPUBLIQUE DE GÊNES • Venise
Gênes • • Bologne
Florence • ÉTATS DE L'ÉGLISE • Zara
Pise • • Spalato
CORSE • Sienne
Rome • • Raguse
ROYAUME DE NAPLES
SARDAIGNE • Naples • Salerne
Palerme • • Messine
ROYAUME DE SICILE

courants commerciaux de Gênes
courants commerciaux de Venise

Giotto fut consacré non seulement par l'hommage de Dante, mais aussi par une brillante réussite matérielle.

LA RÉUSSITE DE GIOTTO

Giotto a des activités financières, possède des maisons à Florence et à Rome, ainsi que des domaines agricoles. On suppose qu'il a été l'élève du peintre Cimabue. Vers 1296-1299, il travaille dans l'église d'Assise sur le cycle de la vie de saint François. Devenu célèbre, il peint pour des banquiers de Padoue, les Scrovegni, une vie de la Vierge, étonnante de sensibilité et d'émotion contenue. L'atelier de peinture qu'il dirige forme des élèves pleins de talent. Il travaille à Rome, à Rimini, à Naples, à Milan et enfin à Florence. C'est là qu'en 1334 il devient le maître d'œuvre des fortifications et du *Duomo* (la cathédrale de Florence) et qu'il commence l'édification du campanile qui porte encore son nom. Il meurt en 1337.

LES PREMIERS HUMANISTES

Dante ayant fait du florentin une langue noble, Pétrarque et Boccace lui emboîtent le pas et écrivent, eux aussi, en «langue vulgaire». Comme Dante qui a chanté Béatrice, Pétrarque chante en «italien» son amour pour la belle Laure : ses *Rime* et ses *Triomphi* connaissent un immense succès. Mais il exalte aussi le passé romain dans ses œuvres latines ; découvreur des lettres de Cicéron, il montre que les Anciens étaient des citoyens actifs qui cultivaient arts et belles-lettres pendant leurs loisirs. Ses lettres, que se disputent un cercle d'admirateurs, propagent sa morale et son engagement. Bouleversé par l'exemple de Pétrarque, le florentin Boccace reprend et poursuit son programme dans son œuvre, tant italienne (le *Décaméron*) que latine ; il est aussi le plus célèbre commentateur de Dante, désormais étudié dans les écoles.

Mais le succès rapide de la littérature et de la morale civique de ceux qu'on appelle après Pétrarque «les humanistes» aurait été incompréhensible sans une profonde transformation de la culture en Italie. Certes, les grandes universités traditionnelles, Bologne, Padoue et Naples, sont florissantes, tandis que de nouvelles se créent tout au long du XIVe siècle. Mais, plus encore, il y a ces écoles de notariat, ces écoles d'abaque (pour les marchands) et même, à Florence, ces écoles secondaires civiques où l'on enseigne le latin : ce formidable réseau crée en Italie un milieu actif de lettrés.

En écrivant en «langue vulgaire», Dante a ouvert la voie aux littératures nationales de toute l'Europe.

DANTE

Il crée une poétique nouvelle dans la *Vita Nuova,* consacrée à chanter Béatrice, morte à 24 ans et qu'il aima toujours. Préoccupé de politique, il plaide pour l'Empire dans le *De Monarchia.* Son œuvre majeure, la *Divine Comédie,* conte sa visite imaginaire dans l'audelà : Virgile le mène en enfer et au purgatoire, Béatrice au paradis. Ce grand texte synthétise l'ensemble de son travail : méditation chrétienne dans la tradition scolastique de son temps, défense et création d'une poétique italienne, amour mystique de Béatrice. *La Divine Comédie* contient aussi une réflexion politique dans les portraits de damnés et une défense de la tradition antique par le personnage de Virgile.

LE RENOUVEAU ARTISTIQUE

Si les multiples pouvoirs italiens aiment s'attacher des hommes de lettres, ils ont également besoin des artistes, et tout particulièrement des peintres. Ainsi se développe au XIVe siècle un véritable marché pour un art qui commence à acquérir un nouveau statut. Jusque-là, l'artiste était

Dante présentant △ sa *Divine Comédie* (détail). Innovateur, il remit en question toute une tradition culturelle figée dans la scolastique et dans le maniérisme de l'amour courtois.
1465. Domenico di Michelino. Duomo, Florence.

◁ **Dissection** du thorax d'un cadavre (détail). Le courant de pensées et de curiosités nouvelles permet de développer les sciences qui touchent l'esprit et le corps de l'homme.
1345. G. de Pavie. Musée Condé, Chantilly.

412

considéré comme un simple artisan maîtrisant une technique et tâchant de tirer parti au mieux de conventions préétablies. Le statut d'un peintre comme Giotto est tout différent, et, dans *la Divine Comédie,* Dante l'exalte à l'égal des hommes de lettres de son temps. Giotto donne à son art une dimension nouvelle. Son réalisme lui permet de représenter des individus dont on peut partager les sentiments et qui sont loin du hiératisme byzantin, de la symbolique romane ou des élégances factices du gothique.

LE TEMPS DES MARCHANDS

Ce renouveau est aussi le fruit du dynamisme économique. Gênes et Venise ont pratiquement acquis le monopole du commerce avec l'Orient.

Les marchands connaissent parfaitement les routes maritimes et terrestres et possèdent des « comptoirs » dans les terres d'Islam et dans l'Empire byzantin, presque colonisé. De grands centres artisanaux (Lucques et Florence pour le textile, Milan pour les armes et la métallurgie) exportent des produits luxueux et raffinés.

Enfin, grâce à la maîtrise des techniques commerciales (la lettre de change, la comptabilité à partie double), les banquiers lombards et toscans dominent l'Europe. Ils contrôlent les foires de Champagne et le commerce de Bruges. Ils conseillent les financiers du pape et des rois de France et d'Angleterre. Mère des arts, l'Italie est aussi celle de l'économie moderne, et, pendant des siècles, elle fournira ses modèles à l'Europe. ☐

◁ **Bas-relief** de la porte nord du baptistère de Florence : l'épisode de la tempête apaisée. L'ensemble des 28 médaillons a été exécuté selon la tradition médiévale.
1403-1423. Lorenzo Ghiberti. Baptistère, Florence.

▽ *La Déposition* de Giotto. Ses fresques établissent un lien parfait entre le langage populaire, simple et puissant, et celui de l'artiste figuratif.
1303-1309. Chapelle des Scrovegni, Padoue.

LE GRAND EMPIRE DU MALI

En 1324, la ville du Caire reçoit la visite
d'un roi africain d'une richesse inouïe.
C'est Kankan Moussa, èmpereur du Mali,
que l'islam et la chrétienté considèrent comme
l'un des plus grands rois de la Terre.

LES ORIGINES du puissant Empire malien se perdent dans la légende. On sait cependant qu'il a commencé à se développer au XIIᵉ siècle sous le règne de Soundiata Keita (le « lion du Mali »). Grâce à ses talents de chef militaire et d'administrateur, ce dernier fait du Mali un État puissant, stable et prospère. Ses victoires lui valent le titre de *mansa,* ce qui veut dire empereur.

LE PÈLERINAGE DE KANKAN MOUSSA

C'est entre 1307 et 1312 que Kankan Moussa, l'empereur qui va donner au Mali son apogée territorial, de Dakar à Gao et du Sahel aux abords de la forêt, accède au trône. Fervent musulman, il

▽ **L'empire** de Kankan Moussa est bien connu des Européens, comme l'atteste cet atlas, entré à la Bibliothèque royale de Charles V.

1375. Atlas catalan. Bibliothèque nationale, Paris.

414 .

décide d'effectuer le pèlerinage de La Mecque et, en 1324, organise une vaste caravane, composée de 60 000 soldats et esclaves et chargée de près de deux tonnes d'or et d'une grande quantité de vivres. Arrivé au Caire, il est reçu par le sultan al-Nasir et manque de créer un incident diplomatique : l'étiquette stipule en effet que tout homme doit s'incliner devant le sultan, mais la puissance du *mansa* lui interdit une telle humiliation. Rusant contre lui-même, celui-ci s'écrie finalement : « Je me prosterne devant Allah qui m'a créé et mis au monde. » Chacun est alors satisfait et les deux souverains entreprennent de faire connaissance.

Au Caire, Kankan Moussa dépense et distribue tant d'argent sous forme d'achats ou de dons qu'il éblouit les Cairotes par sa générosité. Mais, dans cette ville, le cours de l'or finit par chuter, et l'économie égyptienne est fortement ébranlée. Après s'être rendu sur les lieux saints, à La Mecque et à Médine, et s'être acquitté de ses devoirs de croyant, le *mansa* achève son long voyage (dix-huit mois) et rentre, emmenant avec lui des membres de diverses professions, qui avaient été charmés par l'homme et rêvaient du riche Mali.

Poterie provenant ▷
d'un tumulus, à Djenné, métropole du Mali.
Principes fondamentaux : simplification extrême de la forme et exécution minutieuse du détail.

XIᵉ-XIIIᵉ siècle. Courtesy Whistle Gallery, Londres.

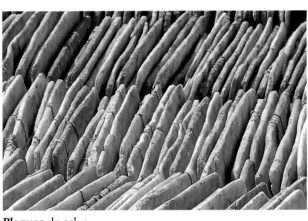

Plaques de sel. △
De Tombouctou, les caravanes partent chercher le sel de Taoudenni, point d'eau du Sahara, à l'extrême nord du Mali.

. 415

Au Mali, d'autres empereurs que Soundiata Keita et Kankan Moussa ont laissé l'empreinte de leur règne.

LES EMPEREURS DU MALI

Sakoura (1285-1300) est célèbre pour s'être emparé du pouvoir par la force alors qu'il était un ancien esclave. Mansa Souleymane (1341-1360), quant à lui, est connu pour sa sagesse et sa bonté. Mais le plus étonnant est Mansa Aboucar (1303-1312), qui voulut savoir ce qu'il y avait au bout des mers. Il arma 400 vaisseaux qu'il chargea de naviguer jusqu'à la fin de l'océan. Un seul revint, les autres ayant été engloutis dans un tourbillon. Voulant voir lui-même ce qu'il en était, il arma 4 000 navires, partit vers l'ouest, et ne revint jamais. Certains historiens auraient trouvé des traces prouvant qu'il est arrivé en Amérique du Sud deux siècles avant Christophe Colomb...

UNE CÉLÉBRITÉ MONDIALE

Le pèlerinage de Kankan Moussa revêt pour le monarque et pour son empire une importance essentielle. D'une part, l'empereur acquiert un grand prestige auprès de son peuple et assoit son autorité sur un territoire si vaste – recouvrant le Sénégal, la Gambie, la Guinée, le Mali et une partie du Niger – qu'il faut une année pour le traverser à pied. D'autre part, l'islam se développe dans le pays, qui devient un centre important pour les lettrés musulmans et un haut lieu de production artistique et intellectuelle. Enfin et surtout, grâce à son expédition et au faste de son déplacement, Kankan Moussa fait connaître son empire au monde. En Afrique du Nord, au Moyen-Orient et dans toute l'Europe, il est considéré comme l'un des plus grands rois de la Terre. Les échanges se multiplient avec l'extérieur et l'empereur tisse des liens solides avec le sultan Aboul Hassan du Maroc et le roi Jean II de Portugal. Il faut dire que le Mali du XIVe siècle est si prospère que le *mansa* est sans doute l'un des souverains les plus riches de son époque. C'est que le pays recèle de nombreuses mines de sel, de cuivre, de fer, et surtout des mines d'or en abondance. De plus, les provinces paient un tribut. Profitant de la sécurité qui règne dans tout l'empire, les relations commerciales ne cessent de se développer, et de grandes villes deviennent les terminus ou les haltes obligées sur les routes transsahariennes : Oualata, Tombouctou, Gao, Djenné sont les plus florissantes.

UNE ADMINISTRATION RIGOUREUSE

La société s'organise en plusieurs clans. Certains d'entre eux, enrichis par leurs activités marchandes, constituent une sorte d'aristocratie au sein de laquelle l'empereur puise pour constituer son administration. À l'autre bout de l'échelle sociale se trouvent les esclaves, qui, loin d'être mal traités, sont intégrés à la famille dans laquelle ils vivent et peuvent exercer une influence non négligeable. Les marabouts, chefs religieux, constituent un groupe à part, bénéficiant d'un grand prestige auprès de la population comme de la noblesse : parmi eux se recrutent de nombreux juges et dignitaires.

Le *mansa* dote son pays d'une solide organisation administrative. L'empire

---

La découverte, en 1871, des ruines du Grand Zimbabwe sidère les Européens : une telle œuvre peut-elle être africaine ?

LE GRAND ZIMBABWE

Cette immense forteresse, longue de 25 kilomètres, est une œuvre aussi colossale que les pyramides égyptiennes. Les Européens ont élaboré les explications les plus fantaisistes pour expliquer sa présence dans le sud de l'Afrique. En fait, le Grand Zimbabwe a été la résidence des souverains Monomopata. Attesté dès le IVe siècle et ayant atteint son apogée au XVe siècle, leur empire a été l'un des plus puissants de l'époque. Riche grâce à ses mines d'or et de cuivre, il commerçait avec toute l'Asie. Chose fort étonnante pour les royaumes européens de l'époque, les femmes détenaient des postes clefs dans l'administration.

◁ **Tête** en terre cuite. Contrairement à l'art africain de cour qui cherche à reproduire la réalité, le sculpteur s'écarte ici délibérément de l'image naturaliste, par l'exagération de la forme.
Musée des Arts africains et océaniens, Paris.

△ **La mosquée** de Djenné. Depuis sa construction, elle est restée fidèle à son architecture originelle grâce aux échafaudages permanents qui hérissent les façades et qui ont permis, durant les siècles, l'entretien continuel de l'édifice.

est divisé en provinces et en villes et villages, confiés à la charge de membres de la noblesse, les *farins*. Comme ceux-ci ne sont pas propriétaires des terres (le pays entier appartient au *mansa*) et respectent profondément leurs concitoyens, le Mali ne connaît pas de système féodal, comme l'Europe du Xe siècle. Les *farins* sont, entre autres, chargés de superviser le vaste système judiciaire dont le *mansa* est la plus haute instance. Chacun est jugé selon sa religion : les musulmans, suivant les préceptes du Coran, et les animistes, selon la coutume.

ISLAM ET ANIMISME

Au Mali, deux religions se côtoient sans heurts. La religion populaire des animistes, qui voient en Kankan Moussa un grand « faiseur de fétiches », et l'islam, répandu principalement dans la noblesse et les classes sociales marchandes, qui considèrent l'empereur comme leur chef spirituel. Le *mansa*, bien que fervent musulman, peut ainsi assurer la paix religieuse dans son empire.

Après le règne de Kankan Moussa, le démembrement de l'empire s'opère rapidement car ses successeurs, par manque d'envergure, laissent l'anarchie s'installer. Cependant, le souvenir de cette brillante période se maintient à travers les siècles. Ce n'est pas par hasard que le Soudan indépendant a choisi de porter le nom du glorieux Mali et que son hymne national évoque le légendaire Soundiata Keita. □

▽ **La mosquée** Sankoré de Tombouctou, aux proportions massives, symbolise l'instauration de l'islam en tant que religion impériale sous le règne de Kankan Moussa.

◁ **Déesse-mère.** Figure énigmatique de la mère originelle. Le foisonnement des seins, du ventre et des serpents associe à la fécondité de la femme le jaillissement fertile de l'eau et le renouveau après la mort.

Coll. part.

À Niani, la capitale de l'Empire malien, la cour du *mansa* se doit d'être fastueuse. Son luxe étonne les voyageurs étrangers.

LE FASTE DE KANKAN MOUSSA

À son retour de La Mecque, Kankan Moussa se fait construire une salle d'audience sur les modèles du nord de l'Afrique. La salle est carrée, surmontée d'une coupole et ornée d'arabesques colorées, ses fenêtres sont recouvertes d'argent, d'or et de vermeil. Ce luxe est à la mesure du *mansa*, qui tient ses audiences au milieu de 300 esclaves et dont la cour est régie par la plus stricte des étiquettes. Nul ne lui adresse directement la parole. On doit passer par un intermédiaire qui se fait l'interprète du demandeur. Ce dernier, vêtu avec humilité, reste prosterné pendant tout l'entretien et jette de la poussière sur sa tête en signe de respect.

. 417

L'ART D'IFE

Depuis le début du XXᵉ siècle, la richesse artistique et culturelle de l'Afrique a été largement explorée. L'un des événements majeurs de cette démarche est certainement la redécouverte, il y a quelques décennies, des sculptures d'Ife (Nigeria). Dès le XIIᵉ siècle, la capitale de l'aire yoruba (peuple de la côte occidentale) devient un grand centre de production artistique : sculptures en bois et en pierre, malheureusement abîmées par le temps, mais surtout travail du bronze ; on a ainsi retrouvé de nombreux masques et têtes, grandeur nature. À Ife et chez ses voisins, qui en acquièrent progressivement la maîtrise (le Bénin notamment), le travail du bronze est un « art de cour » : encouragé mais aussi contrôlé par le roi, il est le fait d'artistes renommés qui travaillent le plus souvent à la commande. Maîtres dans leur art, ces hommes s'entourent de disciples qui les assistent ou effectuent des copies des œuvres majeures : ce fonctionnement rappelle étrangement les pratiques artistiques en usage en Italie pendant la Renaissance. Alors que, dans la majeure partie du continent africain, l'art sculptural est marqué par la stylisation des formes et la recherche du symbolisme, l'art d'Ife se caractérise par son grand réalisme. Ses qualités artistiques et sa beauté somptueuse, dignes des plus hautes réalisations humaines, l'ont placé parmi les chefs-d'œuvre du patrimoine mondial.

418 .

◁ **Sceptre.** La datation obtenue par thermoluminescence indique que les fontes d'Ife sont postérieures à beaucoup de terres cuites. Il semble que cet art ait débuté par la terre cuite, puis qu'il ait été transposé dans le métal. Celui-ci était acheminé d'Afrique du Nord, voire d'Europe, à travers le Sahara.
XIᵉ-XIIᵉ siècle. Musée d'Ife, Nigeria.

◁ **Tête** d'un Oni (roi), en bronze. L'ensemble des fins motifs, qui représentent sans doute une scarification, sert également à souligner le modelé délicat des traits.
XIIIᵉ siècle. Ife. British Museum, Londres.

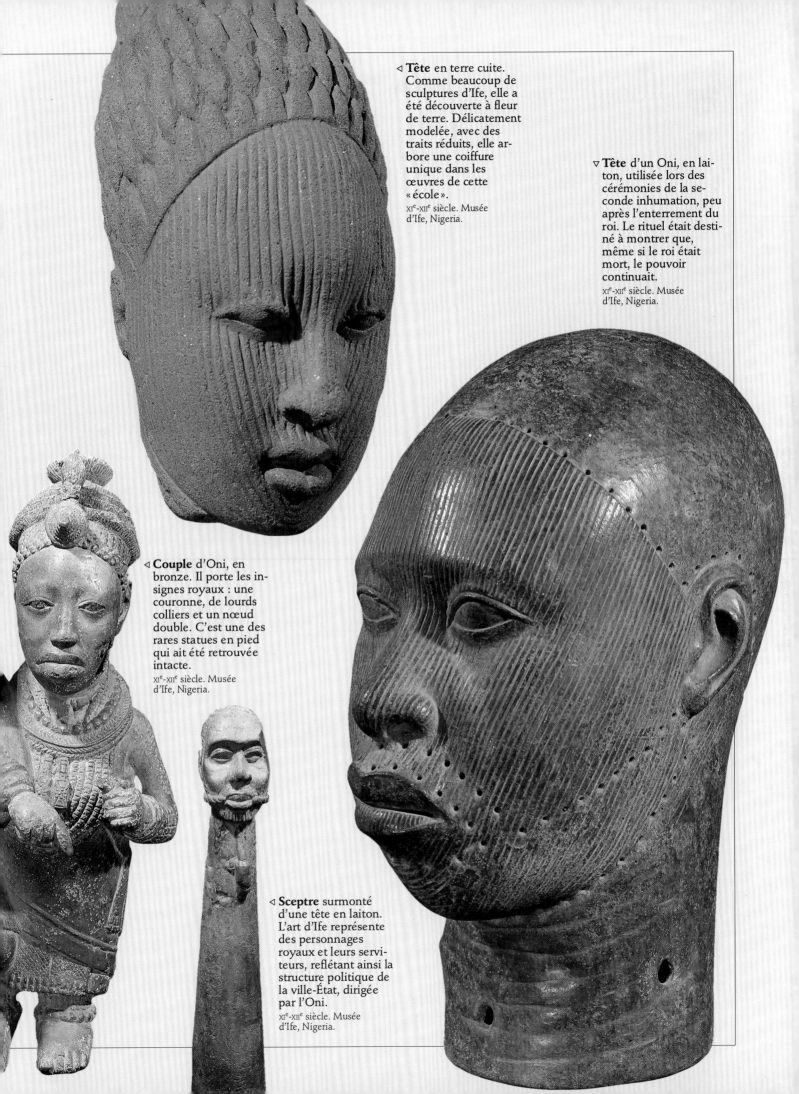

◁ **Tête** en terre cuite. Comme beaucoup de sculptures d'Ife, elle a été découverte à fleur de terre. Délicatement modelée, avec des traits réduits, elle arbore une coiffure unique dans les œuvres de cette « école ».
XIᵉ-XIIᵉ siècle. Musée d'Ife, Nigeria.

▽ **Tête** d'un Oni, en laiton, utilisée lors des cérémonies de la seconde inhumation, peu après l'enterrement du roi. Le rituel était destiné à montrer que, même si le roi était mort, le pouvoir continuait.
XIᵉ-XIIᵉ siècle. Musée d'Ife, Nigeria.

◁ **Couple** d'Oni, en bronze. Il porte les insignes royaux : une couronne, de lourds colliers et un nœud double. C'est une des rares statues en pied qui ait été retrouvée intacte.
XIᵉ-XIIᵉ siècle. Musée d'Ife, Nigeria.

◁ **Sceptre** surmonté d'une tête en laiton. L'art d'Ife représente des personnages royaux et leurs serviteurs, reflétant ainsi la structure politique de la ville-État, dirigée par l'Oni.
XIᵉ-XIIᵉ siècle. Musée d'Ife, Nigeria.

ANGLETERRE

Les démêlés familiaux

■ De 1307 à 1327, le règne d'Édouard II est loin d'être aussi brillant que celui de son père, Édouard Ier. Le roi, incapable et dépensier, vit d'emprunts, car il refuse de demander des subsides au Parlement qui en profiterait pour imposer sa volonté. Il lui faut d'autant plus d'argent que, homosexuel, il doit satisfaire les demandes de ses favoris, dont le fameux Hugh le Despenser. Édouard a été marié très jeune à Isabelle, fille de Philippe le Bel. La reine, sœur des « rois maudits », impose à la cour son entourage et prend un amant, Roger de Mortimer, issu d'une vieille famille galloise, qui est exilé en France. Mais, en 1326, la reine Isabelle est chargée, avec son fils, d'une ambassade en France. Elle en profite pour retrouver son amant, et tous deux prennent la tête d'une révolte contre le roi, à laquelle se joint le prince héritier. Leur petite armée débarque sur les côtes anglaises, bat Édouard II et le fait prisonnier. Isabelle est régente, Mortimer triomphe, fait assassiner le roi dans sa prison, prononce la condamnation de ses favoris, dont Hugh, et tente d'exercer une dictature sur tout le royaume. Mais Édouard III, le nouveau roi, le fera arrêter et exécuter en 1330 ; la mère d'Édouard, Isabelle, passera plus d'un quart de siècle en prison. □

420 .

Supplice d'Hugh le Despenser. XVe siècle. Chroniques de Froissart. Bibliothèque nationale, Paris.

EUROPE

La naissance de la Suisse

■ Les armes à la main, les montagnards suisses obligent les Habsbourg, en 1315, à renoncer à leurs droits sur les trois cantons. Depuis le XIIIe siècle, ceux-ci rêvaient de secouer le joug germanique. Le 1er août 1291, à Rütli, les représentants des cantons forestiers d'Uri, des Schwyz et de Unterwald ont conclu une alliance perpétuelle et juré de n'accepter désormais qu'un juge local. Les Habsbourg refusent cet empiètement sur leurs droits de justice. C'est à ce moment que se situe l'épisode légendaire de Guillaume Tell et du bailli Gessler. Quelques années plus tard, le duc Léopold Ier lève une armée de 20 000 hommes pour soumettre ces montagnards. À Morgarten, le 15 novembre 1315, les combattants suisses, liés entre eux par des cordes, dévalent la montagne et prennent comme dans une nasse la cavalerie des Habsbourg. À coups de hallebarde, ils taillent et massacrent, causant tant d'effroi à leurs adversaires que les survivants, pour leur échapper, se jettent dans le lac d'Aegeri, où ils meurent noyés. Les confédérés vainqueurs renouvellent leur alliance perpétuelle, Berne et Lucerne rejoindront bientôt les trois cantons : la Confédération helvétique est née. □

ITALIE

Naples et la Sicile

■ De 1309 à 1343, Robert le Sage règne sur Naples, succédant à son père, Charles II le Boiteux. Depuis 1302, la paix est conclue avec la Sicile. Dans le traité de Caltabellota, Frédéric II, descendant des Aragonais, s'est engagé à ne garder la Sicile qu'à titre viager et a marié son fils à la sœur de Robert le Sage. Celui-ci est le chef du parti guelfe en Italie et combat les ingérences des empereurs germaniques. Autoritaire – il continue de porter les titres orientaux de roi de Jérusalem et prince d'Achaïe –, il parvient à éviter à sa principauté les révoltes urbaines qui ensanglantent le reste de l'Italie et, à sa cour, il reçoit tout ce que l'Italie compte d'artistes et d'écrivains. □

Le serment de Rütli. 1559. Chroniques de Sébastien Münster. Suisse.

EUROPE CENTRALE

Hongrie

■ En 1308, quand meurt le roi de Hongrie, Otton de Wittelsbach, l'aristocratie locale, qui n'a jamais accepté que le jeu des successions fasse passer le pays aux mains de souverains allemands, fait appel à un neveu de Saint Louis, Charles Robert d'Anjou, fils aîné du roi de Naples Charles II. Ce dernier accomplit de nombreuses réformes. Sous son règne et sous celui de ses descendants, la Hongrie connaîtra jusqu'au milieu du XVe siècle une grande prospérité, fondée, il est vrai, sur ses richesses naturelles (mines d'argent) plus que sur l'autorité de ses souverains. □

GRANDE-BRETAGNE

Le triomphe de l'Écosse

■ La bataille de Bannockburn est remportée, en 1314, par Robert Ier Bruce sur Édouard II. Robert avait pourtant dû reconnaître la suzeraineté des Plantagenêts en 1297, et avait connu l'exil en 1307. De retour en Écosse, il reçoit un accueil triomphal, et repousse toutes les incursions anglaises. Il entreprend alors de relever le pays de ses ruines et profite de la régence de Mortimer pour se faire reconnaître, en 1328, roi d'Écosse, hors de toute dépendance anglaise. Descendant de la grande famille des Brus, petit-fils d'un prétendant éliminé par Édouard Ier, Robert Bruce est le type même du héros écossais, d'une jalousie ombrageuse quant à l'indépendance de son pays. □

ASIE

Nouvelle dynastie au Tibet

■ Depuis le milieu du XIIIe siècle, les Sa-skya dominent le Tibet, avec l'appui de leurs maîtres mongols. Les exactions des lamas ne font rien pour atténuer l'antagonisme séculaire entre Chinois et Tibétains. La situation change au XIVe siècle, quand l'aristocratie tibétaine décide de secouer le joug des Sa-skya. En 1303, les Rlang du couvent de Phagmogrupa étendent leur pouvoir sur le Tibet central et tentent une réforme administrative. Mais c'est une nouvelle aristocratie qui se substitue à l'ancienne. □

NOUVELLE-ZÉLANDE

La fin des moas

■ Au début du XIVe siècle meurt le dernier moa. Quand les Maoris, venus probablement des îles de la Société, débarquent en Nouvelle-Zélande au début du second millénaire, ils trouvent dans l'archipel au moins treize espèces de ces grands oiseaux coureurs. Dans cette zone de l'hémisphère Sud, l'île la plus méridionale est difficilement cultivable, et la chasse est la principale ressource. Mais la surexploitation des richesses naturelles aboutit à une diminution catastrophique. Au XIVe siècle, outre les moas, vingt espèces d'oiseaux disparaissent. Bien des siècles plus tard, naturalistes et écologistes rêveront des moas. Mais nul n'a jamais pu apercevoir un de ces mystérieux oiseaux. □

1328 - 1356

La Peste noire, qui, venue des cales d'un navire génois, débarque à Marseille pendant l'hiver 1347-1348 et, en quelques mois, tue 40 p. 100 des paysans provençaux, met brutalement fin à trois siècles d'expansion et d'épanouissement de la civilisation médiévale. Coup de tonnerre annonciateur de moments difficiles, la peste importée d'Asie n'éclate toutefois pas dans un ciel serein. Au début du siècle, en effet, les symptômes d'un mal sournois s'accumulent. Manifestement, les familles sont trop fécondes par rapport à une production céréalière qui ne peut suivre la croissance démographique. Qu'une mauvaise année survienne, qu'une série d'étés pluvieux noie les récoltes, et voilà le retour de la disette. Que la soldatesque ravage les champs en herbe, et voilà la famine. Ce sont surtout les campagnes, soumises à une fiscalité écrasante, qui portent le poids des calamités du temps. Plusieurs révoltes paysannes – le mouvement des Travailleurs en Angleterre, la Jacquerie en France, la rébellion des Karls en Flandre – manifestent ainsi la dureté du siècle nouveau.

Mendiants, détail d'une fresque d'Orcagna. Fin du XIVᵉ siècle. Réfectoire du couvent de Santa Croce, Florence.

LA MUTATION DU MOYEN ÂGE

«De la famine, de la peste et de la guerre, délivre-nous, Seigneur», telle est la prière des hommes du XIVe siècle, accablés par le malheur des temps.

L'ESSOR ÉCONOMIQUE que connaît l'Occident du Xe au XIIIe siècle est exceptionnel par son ampleur et sa durée. Les défrichements et le réaménagement général des terroirs permettent un formidable accroissement de la production, qui favorise l'augmentation de la population. Les villes, presque disparues de l'Europe du Xe siècle, ressurgissent.

DE NOUVELLES INQUIÉTUDES

Pourtant, à la fin du XIIIe siècle, une inquiétude diffuse saisit les esprits. Un peu partout, la démographie plafonne et la population commence à décroître, même si le mouvement est moins net là où, comme en Espagne et en

Les paysans, poussés à bout, s'organisent en bandes pour se venger des exactions dont ils sont victimes. Ici, ils attaquent à coups d'épée et de poignard une dame de la noblesse.
1410. Bibliothèque ◁ de l'Arsenal, Paris.

Italie, il y a encore des terres à mettre en valeur. Le nombre des enfants par famille diminue ; on se marie généralement plus tard, ce qui réduit encore la période de fertilité des couples et augmente le nombre des célibataires. Il est vrai que des difficultés de subsistance apparaissent : tout a été mis en culture, même les terres les plus pauvres ou les plus froides. Tout est occupé par les céréales (seigle, orge, méteil) nécessaires pour procurer à tous le brouet et la galette que quelques oignons ou un morceau de lard enrichissent à peine. Les autres cultures et l'élevage sont réduits à la portion congrue. Le seul résultat de la mise en culture des mauvaises terres est, en fait, l'abaissement général du rendement de l'agriculture. Une série de mauvaises récoltes, provoquées par une succession d'étés plu-

vieux, entraîne le retour de la famine en 1315. Même les grandes villes drapières flamandes, Gand, Ypres et Bruges, pourtant exceptionnellement riches, voient disparaître une partie de leur population (10 p. 100 de la population d'Ypres en six mois, en 1316). La rareté fait aussi augmenter les prix alors même que la dépression continuelle dans les villes entraîne le chômage et la baisse des salaires.

Wat Tylen et John ▽ Ball, à la tête du mouvement anglais des Travailleurs. Contrairement à la Jacquerie française, le mouvement dure longtemps à cause d'une situation paysanne plus trouble.
Chroniques de France et d'Angleterre. British Library, Londres.

LES RAVAGES DE LA GUERRE DE CENT ANS

Mais un autre mal frappe aussi l'Europe. Les heurts fréquents qui opposent la France à l'Angleterre depuis 1291 prennent, au fil des ans, la tournure d'une véritable guerre, le début officiel de la guerre dite « de Cent Ans », en 1337, n'étant en réalité qu'un

---

L'insurrection des paysans – les Jacques – se déchaîne dans la région de Beauvais au printemps 1358.

LA JACQUERIE

Ravagée par la guerre, livrée au pillage d'une soldatesque assez mal contrôlée, la paysannerie laisse exploser sa colère à la nouvelle du désastre de Poitiers. En effet, le bilan de la bataille qui a opposé une fois de plus les Français aux Anglais, commandés par le Prince Noir, est terrible : près de 6 000 soldats français sont tués – alors que, du côté anglais, la perte s'élève seulement à 2 400 hommes –, et le roi Jean II le Bon est emmené en captivité en Angleterre. Ce qui signifie pour la paysannerie des impôts encore plus lourds à payer pour financer la guerre et verser la rançon exorbitante de trois millions d'écus d'or exigée par les Anglais en échange de la libération du roi. Menés par un ancien soldat, Guillaume Karle, les insurgés déferlent dans la plaine de France, tuant les nobles, qu'ils accusent de gaspiller leur argent dans une guerre sans fin, et incendiant leurs châteaux. Le mouvement, commencé le 21 mai, est écrasé à Clermont-en-Beauvaisis dès le 10 juin : par dizaines de milliers, les paysans sont massacrés à leur tour par les nobles.

. 423

Un régisseur ▽ surveille des vilains qui font la moisson. Même quand les paysans se sont libérés du servage, la plus grande partie de la récolte revient au seigneur, propriétaire éminent de la terre, et au clergé.
British Museum, Londres.

épisode parmi d'autres dans une longue suite d'incidents. Pour lever les armées qu'exige cette lutte interminable, les rois ont mis en place un nouveau circuit de prélèvement, celui de l'impôt national, qui vient se superposer à celui de la seigneurie pour écraser encore plus les campagnes. Celles-ci subissent en outre les effets des destructions, car la guerre franco-anglaise s'étend, par alliances successives, à l'Écosse, aux Pays-Bas, à l'Espagne... Les circuits économiques sont totalement désorganisés : les foires de Champagne périclitent et les grandes banques florentines, qui ont imprudemment prêté d'importantes sommes aux belligérants des deux camps, font faillite dans les années 1345-1346. À cela s'ajoute un nouveau fléau : la Peste noire, qui frappe aveuglément et décime des villages entiers.

LES JACQUERIES

Cette brutale disparition du « trop-plein » démographique transforme profondément l'agriculture et la société rurale. Elle pose le problème de la valeur du travail : la main-d'œuvre étant devenue rare, les salaires augmentent. Les paysans refusent les conditions de leurs seigneurs, n'acceptent les terrains que si les rentes seigneuriales sont abaissées, abandonnent les mauvaises terres. Les paysans plus riches se détournent des céréales et produisent pour le marché vin, légumineuses, plantes tinctoriales. L'élevage et la production de viande de boucherie progressent. Paradoxe de la période : la vie des survivants des épidémies et de la guerre est meilleure

progression de la peste noire
1346 1347 1348 1349 1350 1351 1353

révoltes paysannes   révoltes urbaines

△ **Banquiers italiens.**
Les variations du cours de l'or et de l'argent finissent par désorganiser le fonctionnement de la machine administrative, et par perturber les prix et les salaires.

Vers 1395. Niccolo di Pietro Gerini. Cloître San Francesco, Hato.

424 .

◁ **Les marginaux,**
les lépreux comme les mendiants, porteront la responsabilité de la peste.

XIVᵉ siècle. L'Orcagna. Musée de Santa Croce, Florence.

Les émeutes qui secouent les villes européennes au XIVᵉ siècle font trembler les puissants.

LES RÉVOLTES URBAINES

Ces révoltes sont diverses. La révolte de Gand menée par Jacques Van Artevelde (1338-1345) conjugue politique et lutte des métiers : Artevelde s'appuie sur les tisserands et périt quand il veut échapper à leur emprise. La révolte d'une partie de la bourgeoisie de Paris sous la conduite d'Étienne Marcel en 1356-1358 est, quant à elle, le reflet d'un processus politique complexe. Née de la critique de la politique royale, elle prend l'allure d'un mouvement insurrectionnel après le meurtre des représentants de la noblesse auprès du dauphin Charles (février 1358). Son échec brise pour longtemps tout espoir d'autonomie de Paris. En revanche, la révolte des « Ciompi » (les ouvriers foulons) de Florence en 1378 est avant tout sociale. Quant à la vague qui secoue les villes françaises dans les années 1380 (« Harelle » de Rouen, Maillotins à Paris), elle est surtout fiscale. Toutes, cependant, reflètent les mutations profondes et difficiles de la société urbaine.

que celle de leurs prédécesseurs, leur alimentation, plus riche et plus variée. Les rations des moissonneurs ou des ouvriers comprennent viande et vin à tous les repas, quand leurs ancêtres n'avaient qu'une galette arrosée de cervoise. La société paysanne se diversifie et se transforme, remettant en cause le servage et, par là, l'emprise seigneuriale. De sanglantes révoltes explosent un peu partout en Europe : qu'il s'agisse des Karls de la Flandre en 1323-1328, des Jacques de la plaine de France en 1358, des Travailleurs anglais du Kent et de l'Essex en 1381, elles mettent en branle les couches les plus aisées et les plus dynamiques de la société paysanne, parfois même des petits gentilshommes qui prétendent ensuite avoir été contraints de suivre les révoltés. Ceux-ci visent les groupes dirigeants de la société : la noblesse militaire pour les Karls et surtout pour les Jacques, exaspérés par la guerre et les impôts énormes que celle-ci entraîne ; les juges et les administrateurs royaux en Angleterre où, à l'exaspération provoquée par l'impôt, s'ajoute la rancœur contre les seigneurs qui intensifient le servage. Ces mouvements violents, qui s'accompagnent de massacres de nobles – femmes et enfants compris – et de destruction de châteaux, sont insuffisamment organisés. Karls, Jacques et Travailleurs sont vaincus. Dans les trois cas, la répression est sévère. Bien d'autres soulèvements, en Espagne ou en Italie, témoignent de l'instabilité d'un monde paysan en pleine mutation.

La crise urbaine

L'évolution est tout aussi contrastée et violente en milieu urbain. La montée des salaires désorganise les métiers, qui réagissent en renforçant leur protectionnisme. L'accès à la maîtrise est restreint et la condition des valets et des apprentis, autrefois futurs maîtres, se rapproche de celle des ouvriers. Des luttes violentes s'engagent entre les différents métiers, qui n'ont ni les mêmes intérêts ni les mêmes attitudes (les tisserands et les foulons des villes flamandes, par exemple). Pour contourner le protectionnisme des métiers

Marché de Bologne, ▽ à la vitalité intacte malgré les fléaux qui frappent l'époque.
XIVe siècle. *Statuts des marchands.* Musée civique, Bologne.

△ **Ensevelissement** des victimes de la peste. L'épidémie est terrible. Selon les lieux, les cadavres sont inhumés dans des cercueils, ou jetés dans d'énormes fosses communes.
XIVe siècle. *Annales.* Bibliothèque royale, Bruxelles.

. 425

Contagieuse et souvent mortelle, la peste, rapportée d'Asie centrale par les navires italiens, a fait des millions de victimes.

LE RAT, LA PUCE, LA PESTE

La première « vraie » peste, venue d'Orient, n'a frappé l'Europe qu'en 1348. C'est une maladie du rat, transmise par piqûre de puce. Venue sans doute du lac Balkach, elle touche la ville d'Astrakhan, puis les Tatars qui assiègent Caffa (en Crimée) tenue par les Génois. Ces derniers sont contaminés par les cadavres que les Tatars jettent par-dessus les remparts. Les puces, abandonnant les corps dont la température descend au-dessous de 28 °C, se mettent alors à piquer les défenseurs. Les bateaux génois répandent l'épidémie dans le Levant, puis à Marseille, et de là dans toute l'Europe, y compris la Scandinavie et la Moscovie. Elle touche aussi la Syrie, la Palestine et la vallée du Nil. Quelques années plus tard, c'est la population chinoise qui sera décimée. Des historiens ont supposé que certaines régions (Auvergne, Béarn, Flandre, Bohême) ont été épargnées parce que les rats y étaient moins nombreux qu'ailleurs.

urbains, l'artisanat se développe dans les campagnes et les villages : les milices des grandes villes flamandes brûlent alors plusieurs rivales potentielles qui n'observent pas leurs réglementations. Mais, dans les pays où l'industrie était jusque-là faible, cette mutation est une réussite. Les draps normands et surtout les draps anglais, fabriqués dans les villages d'East Anglia et des Costwolds avec les techniques modernes, interdites dans les villes, viennent concurrencer le prestigieux drap flamand. En fait, c'est une diversification de l'économie qui s'ébauche : contre les positions acquises et les protectionnismes, il faut innover. Certains domaines connaissent alors des progrès technologiques spectaculaires : la verrerie et les diverses métallurgies, avec la mise au point du haut-fourneau, le textile, avec le rouet à ailette et le moulin à foulon. La rareté des métaux précieux encourage l'exploitation des mines, faisant la fortune de l'Allemagne du Sud, de l'Autriche et de la Bohême. Pour les galères qui assurent depuis 1300 la liaison entre l'Italie et l'Europe du Nord-Ouest en toute saison, pour les gros porteurs basques et catalans qui sillonnent l'Atlantique comme la Méditerranée, fréquentant les Açores et bientôt les Canaries, les techniques de construction maritime progressent, elles aussi, de façon remarquable.

LA TRANSFORMATION DES MENTALITÉS

L'irruption de la mort, apportée par les épidémies de la peste et la guerre, les mutations brusques d'une société et

▽
Pénitents entourant un moribond. La « bonne mort » préoccupe les hommes de la fin du Moyen Âge, qui s'organisent en confréries pour s'assister mutuellement, ensevelir les morts et faire dire des messes pour le repos de leurs âmes.
Pinacothèque communale, Sansepolcro.

▽
Une sorcière. Montée sur un balai, elle se rend au sabbat tenu par le diable.
Vers 1440.
Martin Lefranc.
Bibliothèque
nationale, Paris.

L'hérésie que connaît l'Angleterre au XIVe siècle sera un modèle pour les réformateurs des siècles suivants.

WYCLIFFE

Brillant maître d'Oxford, John Wycliffe dénonce dans ses écrits la décadence de l'Église. Il affirme que tous ceux qui, comme le pape, prétendent tenir leur autorité de Dieu sont des imposteurs. La tâche du clergé, qui doit rester pauvre, est d'enseigner par la prédication la parole divine, à savoir la Bible. Pour qu'elle soit accessible au plus grand nombre, il est donc nécessaire de la traduire. À la mort de Wycliffe, le «wycliffisme» devient une hérésie populaire sans envergure, le «lollardisme», que la répression efface peu à peu. Mais la doctrine de Wycliffe est reprise et transformée par Jan Hus, théologien de l'université de Prague, qui, à son tour, sera l'un des inspirateurs de la pensée de Luther : la réforme du christianisme a commencé.

d'un système économique qui paraissaient immuables ont aussi profondément et durablement transformé les mentalités. Chez les hommes cultivés et les grands, la roue de la Fortune, qui abaisse soudain ceux qu'elle a élevés au sommet, devient, avec l'allégorie de la Mort, dont la faux est omniprésente, l'emblème de l'époque. Chez tous, les terreurs irrationnelles dégénèrent en débordements tumultueux : après la peste, des cortèges de flagellants se répandent dans toute la vallée du Rhin et celles de ses affluents, vivant de la charité publique, se fouettant avec des cordes terminées par des clous. Boucs émissaires des terreurs populaires, les juifs sont à nouveau victimes de terribles pogroms en Espagne, en 1391 : partie de Séville au début de juin, la vague dévastatrice frappe Tolède et Va-lence en juillet, pour finir à Burgos et à Barcelone en août. Enfin, la guerre, omniprésente avec ses « brigands » et ses « écorcheurs » et leur cortège de crimes et d'horreurs, achève de déséquilibrer les cadres mentaux.

Pourtant, la société réagit avec vigueur et engendre des comportements nouveaux. À l'horreur de la guerre, la noblesse oppose l'exaltation de l'idéal chevaleresque dans le cadre des ordres de chevalerie fondés à l'instigation des divers souverains : de la Jarretière anglaise à la Toison d'or bourguignonne, en passant par l'ordre de Saint-Michel français et l'ordre du Dragon des Luxembourg, les élites militaires donnent un cadre à la fois moral, religieux et politique à leur existence. La bourgeoisie et les métiers affirment leur identité en fondant des hôpitaux et des associations d'entraide religieuses, en organisant les grandes fêtes religieuses et les mystères. L'expérience chrétienne, sous l'impulsion des ordres mendiants d'abord, puis des mystiques, s'individualise. La pratique de la prière individuelle et, dans les couches cultivées de la population, celle de la lecture solitaire des livres d'heures ou d'ouvrages de dévotion se répand. À la crise qui secoue la société en tous sens, ses différentes composantes répondent par l'affirmation et l'approfondissement de leur identité. Cette société mouvante, fractionnée, est sensible aux idées nouvelles : la « dévotion moderne » des clercs des Pays-Bas, l'humanisme des Italiens, tous ces mouvements accélèrent une mutation dans laquelle l'hérésie a sa part, laissant déjà présager la Réforme. □

△ **La roue** de la Fortune. Elle symbolise la vie humaine où riches et pauvres sont égaux et où se suivent succès et revers, naissances et morts.
XIVe siècle. Bibliothèque municipale, Rouen.

Bûcher de juifs. Lors ▷ de la Peste noire, de nouveaux massacres ont lieu partout en Europe. On attribue les malheurs des temps à tous ceux qui sont différents : juifs, mendiants, lépreux, femmes accusées de sorcellerie.
1493. Bibliothèque Mazarine, Paris.

LA MORT OMNI-PRÉSENTE

Terrifié par la peste, qui fait disparaître des familles entières ou même des villages, l'homme du XIVᵉ siècle apprend à vivre avec la mort dans une trouble familiarité. Le triomphe de la Mort orne les murs des églises de Toscane, tandis que les danses macabres déploient leurs farandoles de squelettes sur les murs des cimetières, où l'on s'assemble pour écouter pendant des heures les prédicateurs en vogue. Sur les tombeaux, les gisants, calmes et hiératiques, qui évoquent la paix du repos en Dieu, se doublent de corps en décomposition sur lesquels grouillent les vers. La pompe funèbre devient écrasante : les dépouilles des défunts de haut rang sont accompagnées à leur dernière demeure par le long cortège des pauvres. Les testaments, même ceux de gens modestes, contiennent une énumération impressionnante de dispositions, prévoyant notamment des centaines, voire des milliers de messes et de prières à dire pour le repos de l'âme : ces dernières assurent l'existence d'une armée de clercs et de chapelains plus ou moins bien contrôlés par la hiérarchie ecclésiastique, et qui sont à la pointe de la contestation de l'Église. En vue du passage fatal, les chrétiens multiplient les bonnes œuvres, accomplissent des pèlerinages, achètent des indulgences.

428 .

Légende des trois ▽ morts et des trois vifs. Trois jeunes seigneurs rencontrent trois cadavres, qui sont leurs doubles. Ce qui les conduit à méditer sur la fragilité de la vie.
XIVᵉ siècle. Fresque. Monastère de Saint-Benoît, Subiaco.

◁
La mort s'empare d'un noble abbé. Au défi du *Memento mori* (Souviens-toi de la mort) répond la dérision grinçante de la danse macabre.
XVᵉ siècle. Détail de *la Danse des Morts*. Église de La Ferté-Loupière, Yonne.

◁ **Ivrognes** et débauchés en Enfer. La luxure est le péché capital le plus dénoncé. L'homme et la femme sont punis par où ils ont péché. Des suppôts du diable leur dévorent le sexe et leur jettent dans la gorge du plomb bouillant et du soufre ardent.

XVᵉ siècle. *Le Trésor de sapience.* Musée Condé, Chantilly.

△ **Le triomphe** de la mort. L'Église s'efforce de substituer au goût pour le macabre un appel à la conversion et à la pénitence, assortie d'aumônes, seules capables d'effacer le péché.

XIVᵉ siècle. L'Orcagna. Musée de Santa Croce, Florence.

▷ **La mort** triomphante. L'horreur du spectacle offert par la mort, montée sur un cheval, contraste avec les plaisirs de la vie.

XIVᵉ siècle. Monastère de Saint-Benoît, Subiaco.

. 429

L'ANGLETERRE D'ÉDOUARD III

Après avoir connu un affaiblissement certain,
la monarchie anglaise retrouve gloire
et puissance le temps d'un règne,
celui d'Édouard III.

L A PERTE des domaines continentaux des Plantagenêts – excepté le duché de Guyenne –, au début du XIIIe siècle, hâte l'évolution du système politique anglais : les élites aristocratiques se replient sur un espace national uniquement insulaire. Le souverain doit faire face à cette noblesse, téméraire et belliqueuse. Sous l'impulsion d'Édouard Ier, malgré des heurts fréquents, le dialogue est organisé à travers le Parlement, qui se met en place de 1265 à 1322.

▽ **Débarquement** dans le Suffolk. Délaissée par son époux, qui lui préfère ses favoris, Isabelle s'enfuit en France avec son fils et, avec l'appui de Mortimer, envahit l'Angleterre.

XVe siècle. *Chroniques de saint Denis.* Jean Fouquet. Bibliothèque nationale, Paris.

430 .

UNE ACCESSION MOUVEMENTÉE

Le fils d'Édouard Ier, Édouard II, ne réussit pas à maintenir un équilibre entre les groupes séditieux de l'aristocratie : depuis 1322, il favorise outrageusement l'un d'eux, à la tête duquel se trouve son favori, Hugues le Despenser. Aussitôt, une faction rivale menée par des ennemis de Despenser, les Mortimer, se constitue, soutenue par la propre femme d'Édouard, Isabelle, dont Roger Mortimer est l'amant. Or Isabelle, fille du roi de France Philippe IV le Bel, se réfugie avec son fils à Paris, où elle trouve facilement de l'aide. Lorsqu'elle revient avec de l'argent et des troupes, Édouard II doit abdiquer, avant d'être assassiné, croit-on, en 1327. Édouard III devient roi sous la tutelle de sa mère et de Mortimer, qui sont les vrais dirigeants du pays. Ambitieux et jaloux de son pouvoir, Édouard III fait arrêter et pendre Mortimer en 1330 et renvoie sa mère de la cour : son règne personnel commence.

▷
Couronnement
d'Édouard III.
Par sa mère, il est
le descendant direct
des Capétiens.

XIVe siècle. *Chroniques*
de Froissart. Bibliothèque
nationale, Paris.

▽
Édouard III prête
hommage à
Philippe VI pour la
Gascogne en 1329.

Grandes Chroniques de France.
Jean Fouquet. Bibliothèque
nationale, Paris.

L'APPRENTISSAGE D'UN ROI

Le jeune roi est à la tête d'un pays qui connaît une situation difficile : les troubles politiques ont sapé l'autorité monarchique, et la crise économique rend difficile la levée des impôts. Édouard s'attache à redonner à la monarchie une dignité nouvelle, notamment en adoptant des positions plus fermes à l'extérieur. En Écosse, il soutient les descendants dépossédés des adversaires de la nouvelle dynastie nationale des Bruce : la victoire du chef des « Déshérités », Édouard Baliol, à Halidon Hill en 1333 est un succès retentissant pour l'Angleterre.

En ce qui concerne la France, le roi exige que ses prérogatives de duc d'Aquitaine soient respectées. En vain, car Paris n'a pas encore compris que le jeune prince anglais, réfugié à la cour de France quelques années plus tôt, est devenu un souverain avec lequel il faut désormais compter. Incapable de faire

. 431

**Pour les chroniqueurs du temps,
Édouard II a été assassiné
dans son cachot à Berkeley.**

ÉNIGME À LA COUR

Trente ans après la mort du souverain, d'horribles supplices ont même été rajoutés aux récits. Mais, il y a quelques années, on a trouvé dans un cartulaire une note écrite par un prêtre génois (notaire pontifical, de surcroît) qui aurait confessé, beaucoup plus tard, Édouard. Ce dernier se serait enfui de sa prison, tuant un gardien dont le cadavre aurait été enterré à la place du sien. Il aurait gagné l'Irlande, la France, puis Cologne, et enfin les Alpes italiennes, où il aurait fini ses jours comme ermite. Le récit est frappant par la véracité des détails. On ne voit pas ce que ce prêtre aurait gagné à inventer une telle histoire ; de plus, les meurtriers présumés du père d'Édouard III n'ont été ni condamnés ni même poursuivis. Alors ?

évoluer la position française sur le fond, Édouard, en 1337, décide de jouer son va-tout : étant par sa mère l'héritier le plus proche du trône de France, il fait prévaloir son droit à la Couronne. Cette question de succession, ajoutée aux éternels problèmes des possessions anglaises sur le sol français, alimente la guerre de Cent Ans, qui, bien qu'entrecoupée de longues périodes de calme, ne s'achève définitivement qu'en 1453.

L'ALLIANCE AVEC LE PARLEMENT

Mais une telle politique coûte cher, et Édouard doit faire face à d'insolubles problèmes de financement. Ses sujets sont peu disposés à consentir un nouvel effort fiscal pour des guerres offensives qui leur paraissent, une fois de plus, concerner le roi plus que le pays. Édouard compte surtout sur deux sources de revenus pour financer ses guerres : les douanes (donc la taxation des laines exportées vers la Flandre) et l'emprunt massif auprès des puissantes banques florentines, qui sont trop intéressées au financement du grand commerce de la laine pour oser résister à ses demandes. Les deux politiques peuvent réussir à court terme. Mais, malgré quelques succès, Édouard ne remporte pas de victoire décisive, et, en 1340, c'est la crise : les banques florentines sont au bord de la faillite, et la laine, trop chère, ne trouve plus preneur sur les marchés de Flandre, provoquant la ruine des marchands anglais, qui ont déjà avancé l'argent au roi, et le marasme de l'industrie flamande, privée de matière première. Édouard doit quitter la Flandre, d'où il menait les opérations, pour rentrer à Londres, où l'archevêque de Canterbury, John Stratford, auquel il avait confié le gouvernement, refuse, appuyé par le Parlement, de lui envoyer de l'argent (1340). Le génie politique d'Édouard III est de comprendre son erreur. Au lieu, comme l'avait fait son père, de rechercher une vengeance, il cède et s'engage dans une au-

tre politique : mener la guerre de façon moins dispendieuse, et surtout coopérer étroitement avec le Parlement.

LES SUCCÈS D'UN GRAND RÈGNE

La coopération est encore plus étroite après la Peste noire de 1348 : le manque de main-d'œuvre entraînant une hausse vertigineuse des salaires et poussant les paysans à la grève des redevances, Édouard III instaure les juges de paix, appartenant à la petite aristocratie, qui exercent au nom de l'État le contrôle des salaires et de l'emploi, et le maintien de l'ordre local. Dès

◁ **La Chambre des lords** sous Édouard Ier (1272-1307). À la droite du roi, les chefs écossais, à sa gauche, les Gallois. Alors que le pays de Galles est solidement intégré au royaume, l'Écosse prolongera son indépendance jusqu'en 1707.
British Museum, Londres.

Institution régulière depuis Édouard Ier, le Parlement anglais voit ses fonctions politiques se préciser au XIVe siècle. Il devient alors l'interlocuteur privilégié du souverain.

LE PARLEMENT ANGLAIS

Issu de la « Curia regis », c'est-à-dire du Grand Conseil royal à la fin du XIIIe siècle, il comprend, d'une part, tous les lords, c'est-à-dire les nobles qui tiennent directement leur fief du roi : pairs laïques (comtes et barons-lords) et ecclésiastiques (évêques et quelques abbés) ; d'autre part, les Communes, où siègent les représentants des comtés, élus par les membres de la petite aristocratie (la gen- try), et ceux des villes, élus par les riches bourgeois. Édouard III joue à fond le jeu de la concertation et du « partenariat » à partir de 1340 : son gouvernement écoute les griefs des Communes exprimés dans des pétitions et, après discussion, octroie les réformes demandées ; en contrepartie, les Communes votent l'impôt. Une véritable négociation politique se met ainsi en place.

lors, il y a une véritable alliance entre le roi et le Parlement. Les triomphes anglais en France ne sont pas des coups de chance : ils traduisent simplement la supériorité du système politique anglais, qui assure au souverain de ce tout petit pays, quatre fois moins peuplé que la France, des revenus solides et une cohésion sociale que les victoires éclatantes de Crécy, Calais et Poitiers ne font que renforcer. Un traité de paix est signé à Brétigny : il accorde à l'Angleterre Calais, le Poitou, la Saintonge, l'Angoumois, le Limousin, l'Agenais, le Quercy, le Périgord ; en échange, Édouard III renonce à ses prétentions à la Couronne de France.

UNE NOUVELLE DYNASTIE SUR LE TRÔNE D'ANGLETERRE

Mais, après 1360, l'atmosphère change. Si la France panse ses plaies, Édouard dépense beaucoup d'argent pour la cour. La guerre, qui a repris en 1369, tourne mal : le roi Charles V et du Guesclin reconquièrent petit à petit les territoires concédés. À la mort d'Édouard, en 1377, l'Angleterre ne possède plus en France que Calais et l'Aquitaine. Le nouveau roi, Richard II, doit affronter le mécontentement du peuple, qui se soulève en 1381, puis celui des nobles, qui se rebellent en 1387. Moins heureux qu'Édouard III, Richard ne sait pas redresser la situation : en 1399, il est déposé par son cousin Henri de Lancastre, dont les descendants régneront jusqu'en 1471. □

▽
La bataille de Crécy (1346) est remportée par les Anglais grâce à leur organisation.
XIVe siècle. *Chroniques* de Froissart. Bibliothèque nationale, Paris.

En fondant un nouvel ordre de chevalerie, Édouard III a resserré les liens entre le souverain et l'aristocratie.

L'ORDRE DE LA JARRETIÈRE

Selon la tradition, le roi était en train de danser avec la comtesse de Salisbury quand celle-ci perdit sa jarretière. Édouard III la ramassa, et dit aux courtisans qui souriaient : «Honni soit qui mal y pense, tel qui s'en rit aujourd'hui, demain s'honorera de la porter.» Telles seraient les origines de cet ordre fondé par Édouard III entre 1346 et 1348 et placé sous l'invocation de saint Georges. Ses membres, comme les chevaliers de la Table Ronde, sont d'abord douze ; ils seront vingt-cinq à partir de 1805, et continueront à se réunir à Windsor, dans le chœur de la chapelle Saint-Georges.

Édouard III, portant la tenue de l'ordre de la Jarretière.
XVe siècle. British Library, Londres.

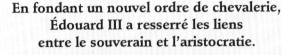

. 433

LES VOYAGES D'IBN BATTUTA

Parti de Tanger, sa ville natale, en 1325,
Ibn Battuta regagne le Maroc après
trente ans de pérégrinations.

OINS CONNU en Europe que Marco Polo, son illustre prédécesseur vénitien, Ibn Battuta n'en est pas moins un des plus grands voyageurs de tous les temps. Ce Marocain est le seul au XIVᵉ siècle à avoir parcouru le long itinéraire qui l'a mené de l'Atlantique au Pacifique en passant par les steppes du Caucase et l'océan Indien.

VERS LA MECQUE

Dans son récit de voyage, Ibn Abd Allah Ibn Battuta commence par raconter son départ de Tanger, à l'âge de vingt et un ans, dans l'intention de faire le pèlerinage de La Mecque. La caravane traverse tout le Maghreb et

▽ **L'arrivée** de la caravane. Pour parvenir à bout de l'éprouvante traversée du désert, il faut s'intégrer à une caravane. Si Marco Polo faisait du négoce, Ibn Battuta vit grâce à sa réputation de savant et à la solidarité des musulmans.
XVᵉ siècle. Miniature persane. Nizami, Istanbul.

434 .

chacune de ses haltes est l'occasion pour le jeune homme de découvrir les plus belles cités de l'Islam : Tlemcen, Miliana, El-Djazaïr (Alger), Bougie, où il est pris de fièvre, Constantine, Tunis, Sfax, où il se marie, et Gabès. À Tripoli, en Libye, à la suite d'un différend avec son beau-père, il se sépare de sa femme et épouse la fille d'un juriste de Fès. Il arrive enfin à Alexandrie, dont il décrit la colonne des Piliers (la colonne dite « de Pompée ») et le phare, l'une des sept merveilles du monde : mal-

heureusement, il ne reste déjà plus qu'un étage sur les trois conçus à l'origine (à son retour, en 1349, l'édifice ne sera plus que ruines). Il parle aussi des saints hommes de l'islam qui jalonnent ses étapes, des miracles qu'ils ont accomplis, des mausolées et des fondations pieuses qui leur sont dédiés, des mosquées où il a prié. C'est en 1326 qu'il arrive à La Mecque. Tout en sillonnant la région, riche en hauts lieux de l'islam, il fait trois autres pèlerinages dans la ville sainte sur le chemin du retour.

L'ENCHANTEMENT ASIATIQUE

Entre-temps, il visite l'Iran, l'Iraq et le Yémen, puis la côte orientale de l'Afrique et la côte sud de l'Arabie. Il revient en Égypte, principale puissance de l'époque, et en Syrie ; il gagne ensuite l'Asie Mineure, où il demeure plus d'un an. Après avoir traversé l'Anatolie, il s'enfonce dans les steppes russes, parcourt le Caucase, visite le Khorasan et des villes au nom de lé-

À côté de l'islam officiel s'est développé un « autre islam », plus populaire, celui des confréries.

LES CONFRÉRIES

Celles-ci apparaissent avec les premiers soufis (mystiques) vers le VIIIe siècle. Toutefois, ces croyants qui veulent parvenir à une connaissance directe de Dieu ne commencent à se réunir dans des couvents *(ribat, zawiya)* qu'au XIIe siècle. Il faut attendre le XIVe siècle pour que ces ordres se constituent en corps organisés avec à leur tête un maître (cheikh). Une des confréries les plus célèbres

est celle des derviches tourneurs, la *mawlawiyya,* inspirée par Mawlana Djalal al-Din Rumi, mort à Konya, en Turquie, en 1273.

Soufi en méditation. XVe siècle. Musée de Lahore, Pakistan.

. 435

Un astrologue △ observe une météorite. Toutes les grandes villes du monde musulman sont fières de leurs savants, astronomes, astrologues ou mathématiciens.

XVIe siècle. Musée de Topkapi, Istanbul.

▷

Jérusalem. Sur l'esplanade du temple de Salomon se trouve le Dôme du Rocher, là où Mahomet aurait laissé une empreinte de pas.

XVe siècle. Bibliothèque de l'Université, Coimbra.

gendes : Samarkand, Boukhara... Enfin, il descend vers l'Inde, où il arrive en 1335. Le sultan de Delhi l'accueille fort courtoisement. Ibn Battuta passe sept ans à sa cour avant de devenir juge (cadi) aux îles Maldives. Il visite ensuite Ceylan, la côte est de l'Inde et le Bengale. Sans doute pousse-t-il jusqu'à Pékin, où il serait arrivé vers 1345.

LA FIN DU VOYAGE

En 1347, Ibn Battuta rebrousse chemin en traversant l'Iran, l'Iraq, la Syrie, l'Arabie, l'Égypte et le Maghreb. Pour attester la véracité de son récit, il reprend des descriptions de lieux faites par l'inventeur du « journal de voyage », l'Andalou Ibn Jubayr (XIIe-XIIIe s.), mais en les réactualisant cha-

que fois que des changements sont survenus. À peine rentré au Maroc, il repart pour l'Espagne musulmane, consacre au Soudan son dernier déplacement, en 1353, et rentre définitivement à Fès, où il vit encore vingt-cinq ans.

LA RÉALITÉ ET LE MERVEILLEUX

Ibn Battuta se veut « le voyageur de l'islam ». C'est ce qui fait sa fortune de son vivant et assurera celle de son récit après sa mort. Au cours des dix premières années de son expédition, le voyageur s'emploie à établir et à consolider sa réputation de savant, de sage et de saint homme : c'est pourquoi il effectue de nombreuses visites dans les lieux saints et rencontre des personnages importants. Cette préoc-

cupation se reflète dans le ton de la première partie de son récit. Ibn Battuta s'attarde sur les œuvres édifiantes mais accorde peu de place aux anecdotes profanes et autobiographiques. La notoriété qu'il acquiert par son attitude lui confère une autorité qu'il « monnaie » pendant la suite de son voyage : il se verra attribuer des postes honorifiques et des cadeaux qui lui permettront d'écrire et de vivre dans

Céramique iranienne. ▽ Comparable par ses thèmes iconographiques à l'enluminure, l'imagerie est inspirée par la littérature romanesque.
XIIe-XIIIe siècle. Metropolitan Museum of Art, New York.

◁ **Schéma** d'une noria. Des récipients, fixés sur une roue actionnée par un animal, servent à élever l'eau grâce à des engrenages.
Bibliothèque Suleyma Nive, Istanbul.

436 .

Personnage original, Abdel Rahman Ibn Khaldun al-Hadrami est tenu pour le précurseur de la critique historique et le fondateur de la sociologie.

IBN KHALDUN, FONDATEUR DE LA SOCIOLOGIE

D'origine andalouse, né à Tunis en 1332, il a beaucoup voyagé de Bougie à Fès avant de s'installer au Caire, où il est mort en 1406. Il est le contemporain du chroniqueur Froissart, des poètes Pétrarque et Hafiz, du conquérant turc Tamerlan. Juge musulman (cadi) de profession, il est l'auteur d'une œuvre mo-

numentale : la *Muqaddima* (*les Prolégomènes*, une introduction à l'histoire). Il a également écrit une *Histoire des Berbères* et une *Autobiographie*. Dans ses ouvrages, Ibn Khaldun a démonté les ressorts de la dynamique du pouvoir et a pu constater que les dynasties, comme les civilisations, sont mortelles.

l'aisance jusqu'à sa mort, alors que ses parents n'avaient pas de fortune.

En revanche, dans la dernière partie de son récit, consacrée à l'Inde et à la fin de son voyage, l'auteur fait part de ses observations dans un style plus alerte : il narre nombre d'aventures survenues notamment en Inde, raconte des « historiettes » et se livre même à des confidences sur ses prouesses amoureuses. Parfois, le merveilleux prend une telle place dans son œuvre qu'on peut douter de la bonne foi du narrateur, particulièrement en ce qui concerne son voyage en Chine. Mais les mondes lointains ont toujours quelque chose d'irréel qui fascine l'imaginaire, surtout à une époque où tant de choses restent à découvrir.

LE TÉMOIN DE L'ISLAM

Ibn Battuta ne se contente pas d'être un voyageur professionnel et un géographe. Sunnite de rite malékite, comme tous les Maghrébins, il veut être le témoin des pays musulmans de son temps, qu'il a visités dans leur totalité ! C'est alors un monde éclaté, secoué par l'invasion des Mongols, déchiré par les luttes entre sunnites et chiites. Or, tout en fournissant de précieux renseignements, l'auteur cherche aussi à montrer que ces divisions sont superficielles, et que la *oumma*, la communauté des musulmans, est une réalité « une et indivisible », grâce à ses pratiques religieuses et sociales et à son sens de la solidarité. □

▷
Mosquée omeyyade de Damas, considérée comme le quatrième sanctuaire de l'islam.
XVIᵉ siècle. Bibliothèque nationale, Paris.

Départ ▽ pour la chasse. Les peintres persans, dont l'art est condamné par les théologiens, réussissent à l'ériger en témoin privilégié de leur temps, grâce à ce monde de formes et de couleurs qu'ils découvrent.
XVᵉ siècle. Topkapi, Istanbul.

Peinture raffinée de petites dimensions, la miniature apparaît en Égypte dès la période pharaonique.

LA MINIATURE

L'étymologie du mot « miniature » est discutée : vient-il de *minium* couleur rouge-orangé employée par les peintres d'enluminure, ou de *minor* qui signifie « plus petit » ? La miniature est en tout cas très ancienne, puisqu'elle décorait déjà de scènes animées les livres des morts, œuvre égyptienne remontant au IIIᵉ millénaire av. J.-C. La miniature musulmane se développe, elle, sous les Abbassides, à la fin du XIIᵉ siècle, et atteint son apogée aux XVᵉ et XVIᵉ siècles, notamment en Iran sous les Séfévides. Quelques-uns des grands maîtres sont Yahya al-Wasiti, qui a illustré *les Séances* de al-Hariri (1237), Behzad (1450-1530), auteur de *l'Histoire de Timur*, et Aga Mirak, qui a décoré *l'Ascension de Mahomet*. Les miniaturistes musulmans ont eu une grande influence en Occident, des frères Limbourg à Rembrandt.

LE CIEL ET LA MER

Plus que les Grecs, les Romains ou les Germains, les Arabes accordent une importance particulière aux étoiles, parce qu'elles leur évitent de se perdre dans le désert. Moussa Ben Chakir est l'ancêtre d'une lignée d'astronomes, les Bani Moussa. Après eux, il y en a bien d'autres, comme Nasser Eddin Toussi (1201-1274), qui fait construire un observatoire sans équivalent à l'époque. Nombre de noms d'étoiles et de constellations (Aldébaran, Altaïr, Bételgeuse, Rigel) viennent de l'arabe, de même que certains termes d'astronomie tels que alidade, azimut, nadir, zénith... Avec l'extension de l'empire, les Arabes apprennent à maîtriser la mer. Héros des *Mille et Une Nuits,* Sindbad le marin, qui part de Bassora vers la Chine, est le symbole de cette conquête des océans. Celle-ci se traduit par l'invention, le perfectionnement et la diffusion des nouveaux instruments de navigation. Ainsi, ayant appris des Chinois à se servir de la boussole, les Arabes la révèlent aux Européens. Le gouvernail leur doit beaucoup, comme l'atteste le nom de sa partie principale, le safran, de l'arabe *za'fran* (ne pas confondre avec *za'faran,* la poudre de safran). L'astrolabe, ce « capteur des étoiles », comme l'appelaient les Grecs, permet de déterminer la hauteur des astres au-dessus de l'horizon. Les Arabes lui ont trouvé mille usages – dont celui de déterminer la direction de La Mecque pour la prière.

438 .

Compas syrien. ▷
Le principe du fer magnétique qui se place toujours dans l'axe nord-sud aurait été découvert par les Chinois au début de notre ère.
XVIIe siècle. Musée des Arts turc et islamique, Istanbul.

◁
Cours d'astronomie. L'astronomie est certainement la science la plus ancienne et celle qui a le plus puissamment contribué à l'évolution de la pensée humaine.
XVe siècle. Bibliothèque de l'Université, Istanbul.

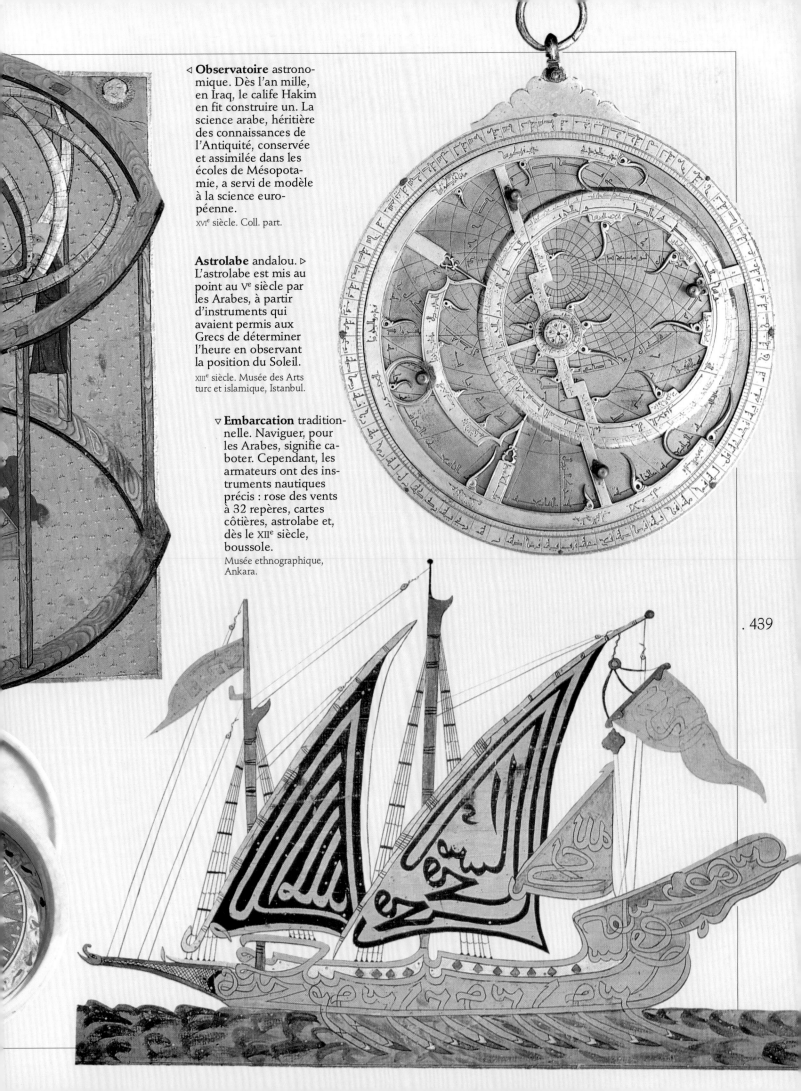

◁ **Observatoire** astronomique. Dès l'an mille, en Iraq, le calife Hakim en fit construire un. La science arabe, héritière des connaissances de l'Antiquité, conservée et assimilée dans les écoles de Mésopotamie, a servi de modèle à la science européenne.

xvie siècle. Coll. part.

Astrolabe andalou. ▷ L'astrolabe est mis au point au ve siècle par les Arabes, à partir d'instruments qui avaient permis aux Grecs de déterminer l'heure en observant la position du Soleil.

xiiie siècle. Musée des Arts turc et islamique, Istanbul.

▽ **Embarcation** traditionnelle. Naviguer, pour les Arabes, signifie caboter. Cependant, les armateurs ont des instruments nautiques précis : rose des vents à 32 repères, cartes côtières, astrolabe et, dès le xiie siècle, boussole.

Musée ethnographique, Ankara.

. 439

BOHÊME

La puissance tchèque

■ Charles IV de Luxembourg devient roi de Bohême en 1346, après la mort héroïque de son père Jean l'Aveugle à la bataille de Crécy. Celui-ci, fils de l'empereur germanique Henri VII, avait hérité de la Bohême par sa femme, Élisabeth, dernière représentante de la dynastie des Premysl, et avait ajouté à ses possessions la Silésie et la Moravie. En 1346, Charles IV est également élu roi des Romains, grâce à l'appui du pape Clément VI, et règne sans partage après la mort de son adversaire, Louis IV de Bavière, en 1347. Contrairement à ses prédécesseurs, il méprise les soubresauts de la politique italienne et se consacre à la prospérité des possessions tchèques, en accroissant la puissance territoriale du royaume. Dès 1344, il avait fait de Prague le siège d'un évêché, et il ne cesse d'embellir la ville, où il fait construire sur la Moldau – que les Tchèques appellent la Vltava – le pont qui porte toujours son nom. Il a recours à l'architecte Peter Parler, à qui il confie aussi, en lui adjoignant Mathieu d'Arras, la construction de la cathédrale Saint-Gui. En 1348, le rayonnement de la capitale est assuré par la fondation d'une université, à laquelle le pape accorde les mêmes privilèges qu'aux autres institutions de la chrétienté. □

SCANDINAVIE

Valdemar IV de Danemark

■ Quand le fils de Christophe II monte sur le trône en 1340, le royaume danois est en pleine décadence : ses provinces orientales ont été conquises par le roi de Suède, le Sud-Est, livré aux ambitions rivales des nobles du Holstein, et les élites urbaines sont de plus en plus influencées par les marchands allemands. Rapace, sans scrupules, mais très habile, Valdemar sait utiliser l'énergie d'une noblesse turbulente, autant que la faiblesse des monarchies voisines. Il se procure les fonds nécessaires à son règne en prélevant des impôts qui provoquent le mécontentement, apaisé à la suite de la réunion d'une diète (1360). Puis il rétablit l'unité du pays, avant d'entreprendre des guerres de conquête aux dépens de la Suède, en Scanie et dans l'île de Gotland, dont il massacre l'armée de paysans et pille le port, Visby, en 1361. Cela amène une conjuration de ses ennemis (villes de la Hanse, Mecklembourg, Holstein, Suède), qui ravagent le Danemark. Le pays conservera cependant cette ville, clé de la Baltique, jusqu'au XVIIᵉ siècle. Valdemar parachèvera son œuvre en mariant sa fille Marguerite la Grande à Haakon VI Magnusson de Norvège, préparant ainsi l'unification de la Scandinavie sous la tutelle danoise. □

Reliure en cuir d'un coran maghrébin. *Fès.*

AFRIQUE DU NORD

Luttes pour le Maghreb

■ La dynastie berbère des Marinides règne depuis le XIIIᵉ siècle sur le Maroc et, en 1309, elle a enlevé la ville de Ceuta aux Abdalwadides, avant de participer très activement à la lutte contre la Reconquista. Le plus grand des princes marinides, al-Abu al-Hasan, succède à Tasfit. Avec les Hafsides de Tunis, héritiers de l'empire almohade, il s'empare de Tlemcen en 1337. Il prend ensuite Tunis en 1347, avant d'être battu, un an plus tard, à Kairouan, et de se réfugier au Maroc. Mais son fils, Abu Inan, qui règne de 1349 à 1358, reconquiert la quasi-totalité du Maghreb. À Tlemcen ou encore à Fès, de splendides mosquées témoignent de la grandeur des Marinides, mais leur dynastie disparaîtra au XVᵉ siècle au profit des Hafsides et des Abdalwadides. □

POLOGNE

Le dernier des Piast

■ En 1333, Casimir III succède à son père Ladislas Loketiek, dit « le Nain », qui s'était emparé de Cracovie et avait partiellement unifié la Pologne. Il commence alors une politique d'expansion territoriale, et conquiert la Mazovie, la Podolie et la Galicie, en 1349, mais il doit se résigner à abandonner la Poméranie aux chevaliers Teutoniques. Favorisant les bourgeois contre la noblesse, Casimir III encourage l'essor économique et financier de la Pologne, y fait venir des colons allemands et réforme la législation par le statut de Wislica, promulgué en 1347. C'est lui qui, en 1364, fonde l'université de Cracovie. □

EUROPE DE L'EST

Moscou, capitale russe

■ Fils de Daniel Nevski, petit-fils du vainqueur des Teutoniques, le fondateur de la dynastie des Danilovitch, Ivan a mérité le surnom de « Kalita », « l'Escarcelle », car il est le plus riche des princes russes. Dès son avènement, il fait de Moscou sa capitale, mais doit accepter le joug des Mongols de la Horde d'Or : c'est le iarlyk (la charte) de celle-ci qui reconnaît Ivan Iᵉʳ en 1328. Pourtant, en obtenant de percevoir lui-même le tribut dû à la Horde d'Or, Ivan a fait le premier pas vers l'indépendance. □

BALKANS

L'apogée de la Serbie

■ De 1331 à 1355, Stefan IX Dusan, dit Dusan le Fort, règne sur le royaume serbe. C'est lui qui fait rédiger en 1349, le *Duzanou Zakonik,* code des lois en usage dans le pays et qui est un mélange de droit byzantin et de coutumes serbes. Ce texte est un témoignage précieux sur la langue parlée dans cette partie des Balkans, à l'époque de la plus grande prospérité de la Serbie. Mais il ne s'agit que d'un intermède : avec l'irruption des Turcs, le pays entrera dans une ère de décadence. □

INDE

Turcs et hindous

■ La dynastie turque des Turhluq, dont la capitale est établie à Delhi, a été fondée par Turhluq Iᵉʳ. En 1325, Muhammad Ibn Turhluq lui succède. Mais la suprématie de la dynastie est contestée par le sultanat bahmanide, fondé en 1347 par Hasan Zafar Khan, un général afghan. Pour lutter contre l'emprise musulmane, le royaume hindou de Vijayanagar est fondé en 1336, dans le plateau du Deccan. Sa fidélité à l'hindouisme est attestée par l'édification de superbes temples-cités. Deux siècles durant, Vijayanagar résistera aux musulmans, dont les ambitions se tournent vers le nord de l'Inde. □

Charles IV agenouillé (à gauche). *XIVᵉ siècle. Galerie nationale, Prague.*

1356 - 1380

Né vers 1346, Eustache Deschamps exprime les angoisses des hommes de sa génération quand il écrit ces vers : « Temps de douleur et de tentation / Âge de pleurs, d'envie et de tourment. / Temps de langueur et de domination, / Âge mineur, près du définement. » Il est vrai que le conflit entre la France et l'Angleterre, que la postérité appellera « guerre de Cent Ans », révèle bien des fragilités et des misères dans le royaume des lis. Mais la complainte de Deschamps peut être élargie au reste du monde. Entre 1370 et 1405, en effet, en Asie centrale, les hordes de Tamerlan mettent les villes caravanières à feu et à sang, puis s'attaquent aux grandes villes de l'Inde, de la Mésopotamie et de la Syrie ; partout où passe le conquérant se dressent comme trophées de ses victoires d'étranges minarets, faits de milliers de têtes coupées. Et le Japon sort aussi meurtri de cette sombre période, les conflits de succession entraînant des guerres civiles, au cours desquelles Kyoto, la capitale, est incendiée.

Le siège de Brest en 1373.
Miniature des *Chroniques*
de Froissard. Fin du XIVe siècle.
Bibliothèque nationale, Paris.

TAMERLAN

Au cours de la seconde moitié du XIVe siècle,
l'Asie connaît, après Gengis Khan,
un autre conquérant éphémère :
le Turco-Mongol Tamerlan.

LA SUCCESSION de Gengis Khan avait entraîné, parmi ses fils, des luttes fratricides. Cependant, ceux-ci parvinrent, malgré leurs rivalités, à étendre encore le territoire mongol vers la Corée, le Tibet, l'Iran, la Russie et surtout la Chine. Mais, en 1259, après la mort de Mongke, petit-fils de Gengis Khan, l'empire éclata. Kubilay, son frère, lui

△ **Dirham** en argent d'Ouzbek, khan de la Horde d'Or et descendant de Gengis Khan, daté de l'an 722 de l'hégire (1344 de notre ère).
Bibliothèque nationale, Paris.

442 .

Carte :
HORDE D'OR
KIPTACHAK
Astrakhan
Caffa
CAUCASE
Constantinople
Ankara
ANATOLIE
KHAREZM
Samarkand
Kech
Otrar
Tachkent
Kachgar
Koutcha
Aksou
TRANSOXIANE
Yarkand
Balkh
Damas
MAMELOUKS
Bagdad
Harat
Kaboul
Ispahan
TIBET
Kandahar
ARABIE
Multan
Uch
SULTANAT DE DELHI
Ormuz
Delhi

— khanat de Djaghataï de 1230 à 1360
▓ empire de Tamerlan
▓ empire ottoman au XIVe s.
→ campagnes de Tamerlan

**En 1402, Tamerlan ordonne au sultan
ottoman Bayezid Ier de lui livrer
ses forteresses et l'un de ses fils en otage.**

TAMERLAN ÉCRASE LA TURQUIE

Bayezid (« Bajazet », en français) ne daigne pas répondre, et la confrontation a lieu devant Ankara. Tamerlan occupe la ville et fait empoisonner toutes les sources qu'il ne contrôle pas. La bataille s'engage le 28 juillet, à 9 heures du matin. L'armée du sultan ottoman est inférieure en nombre, mais comporte de très bons éléments : les janissaires, des cavaliers turkmènes et serbes reconnaissables à leurs ar-

mures noires. Tamerlan parvient cependant à provoquer la défection d'une partie de ces redoutables combattants en envoyant contre eux leurs anciens seigneurs, dépossédés par Bajazet. Celui-ci est bientôt pris et emprisonné dans une cage de fer. Les Européens, inquiets devant cette victoire de Tamerlan, lui envoient des ambassadeurs afin de le dissuader de continuer ses conquêtes sur le continent.

succéda et se fit proclamer grand khan des Mongols par ses troupes en Chine ; il y fonda la nouvelle dynastie des Yuan et, dès 1277, devint le souverain de tout le pays. Hulagu, un autre frère de Mongke, établit l'Empire mongol des Ilkhans (ou khanat de Perse), en Iran. Ces deux dynasties abandonnèrent le mode de vie des nomades de la steppe pour des cultures sédentaires. Elles se convertirent au bouddhisme et au nestorianisme (doctrine répandue dans le christianisme oriental dès le Vᵉ siècle). Les Mongols de la Horde d'Or (nom donné par les Russes au khanat de Kiptchak), fondée par Batou Khan, un autre petit-fils de Gengis Khan, se rallièrent, eux, à l'islam tout en conservant les traditions des peuples de la steppe. Cet éclatement favorisa les dissensions entre les différents héritiers de l'Empire mongol. À partir du milieu du XIVᵉ siècle, le khanat de Djaghataï, qui s'étend sur une partie du Turkestan et de l'Afghanistan et où les Mongols sont fortement assimilés au milieu turc musulman, perd l'un de

ses territoires, qui devient indépendant. C'est à partir de ce royaume, qui porte le nom de Transoxiane, que s'affirme, dès 1370, l'autorité de Tamerlan.

TIMUR LE BOITEUX

Tamerlan (son nom d'origine est *Timur,* qui signifie «l'homme de fer») naît le 8 avril 1336 dans la ville de Kech, à environ 20 kilomètres au sud de Samarkand, en Transoxiane. Sa famille appartient au clan turc des Barlas. Selon les biographes officiels de Timur, elle est apparentée à Gengis Khan. En fait, c'est par un mariage tardif, en 1397, que Timur se rattachera aux Gengiskhanides, en épousant la fille du dernier khan de Djaghataï, Khizir Khodja. Blessé dans une bataille à la jambe droite, Timur en reste boiteux. Ses

◁

Tamerlan sur son trône. Le conquérant et les massacres qu'il a perpétrés ont impressionné l'Asie, mais son œuvre ne lui a pas survécu.

Miniature du XVIIIᵉ siècle. Bibliothèque nationale, Paris.

◁ **La citadelle** de Khiva, dans l'actuel Ouzbékistan (ex-U.R.S.S.), au centre du Kharezm, conquis par les Turcs dès le XIᵉ siècle, et soumis par Tamerlan en 1379.

△ **Tamerlan** assiège une citadelle. Sur le toit du palais, les femmes regardent les combats.

1523. Miniature de Chiraz (Perse). British Museum, Londres.

ennemis turcs le surnomment alors *Aksak Timur* et les Perses *Timur-i-lang,* c'est-à-dire Timur le Boiteux. Ce sobriquet, déformé par les Européens, donne Tamerlan. Le père de ce dernier, Amir Taraghaï, gouverne la petite principauté de Kech. À sa mort, en 1361, le jeune Tamerlan lui succède, mais doit prêter hommage au khan de Djaghataï, maître de la Transoxiane dont la ville principale est Samarkand. Insatisfait de cette situation de vassal, il part chercher fortune en Perse et, après quelques combats, rentre à Kech. Il s'allie à son beau-frère Mir Husayn, dans le but d'éliminer le gouverneur djaghataïde. Les deux complices y parviennent en 1364-1365 et, dès 1370, après avoir tué Mir Husayn, Tamerlan devient le roi de la Transoxiane. Il se proclame alors khan de Djaghataï et successeur de Gengis Khan.

À LA CONQUÊTE DE L'EMPIRE MONGOL

Pour perpétuer une continuité fictive avec le fondateur de l'Empire mongol, Tamerlan installe au-dessus de lui un khan fantoche, de la lignée des Gengiskhanides. Ce dernier n'a aucune autorité. Il entretient l'illusion d'une souveraineté mongole, alors que le Turc est le véritable maître de l'Asie centrale. Dès 1363, l'Empire mongol périclite. Miné par les luttes pour le pouvoir, il se désagrège en de multiples principautés, annexées une à une. Fin diplomate et grand chef militaire, Tamerlan profite du vide politique, en s'attaquant d'abord aux États situés aux frontières de la Transoxiane et du Djaghataï. Entre 1370 et 1405, il lance ses soldats dans toutes les directions :

en 1387, la population d'Ispahan est massacrée ; Bagdad est saccagée à deux reprises, en 1394 et en 1401. Des dizaines de milliers d'habitants de Damas sont assassinés en 1400. Tamerlan parvient ainsi à contrôler la Perse, la Syrie, l'Iraq, l'Azerbaïdjan, la Géorgie, l'Arménie et la plus grande partie de l'Asie Mineure : il triomphe du sultan ottoman Bayezid Ier en 1402 à Ancyre (future Ankara). Il envahit la Russie du

▽ **Tamerlan** à la chasse. Les steppes d'Asie regorgent de grands fauves et de troupeaux de cervidés, qui sont un gibier de choix pour le conquérant.

444 .

Sous le règne de Tamerlan, de nombreux manuscrits enluminés représentent les exploits et la famille du conquérant.

UN ART PICTURAL TRÈS SYMBOLIQUE

Les peintures murales étant assez rares, c'est surtout sur les miniatures que sont représentés les personnages. Ces peintures fines, qui servent à l'ornementation des manuscrits, exigent de longs mois de travail assidu. Les figures sont peintes à l'eau et rehaussées d'or par de grands artistes, comme, au XVe siècle, le célèbre Abd al-Hadli, originaire de Bagdad. Les peintres s'inspirent des événements de la vie des princes (batailles, réceptions royales, constructions de palais...) ou de mythes et de légendes. Les scènes n'ont parfois aucun rapport avec le contenu de l'œuvre illustrée. L'art de la miniature, comme celui de la poésie orientale, est caractérisé par l'emploi de nombreux stéréotypes : le cyprès élancé dans un paysage évoque une belle jeune fille, l'arc et les flèches rappellent l'attrait de son regard...

Sud entre 1391 et 1395 et se tourne vers l'Inde dès 1398. Sa mort, en 1405, l'empêchera d'attaquer la Chine.

L'INVASION DU PENDJAB

Le petit-fils de Tamerlan, Pir Muhammad, gouverneur de Kaboul en Afghanistan, envoie une expédition en Inde. Ses troupes prennent Uch et assiègent Multan. Tamerlan quitte Samarkand au printemps 1398. Il traverse la rivière Sindhu en septembre et entre dans la province du Pendjab. Pir Muhammad le rejoint ; ensemble, ils attaquent Bhatnir et la détruisent. Tamerlan veut châtier les sultans musulmans turhluq de Delhi, qui n'ont pas adopté la même version de l'islam que lui : en décembre, son armée est à Delhi. Le sultan Nasir al-Din, aidé de son vizir Mallu Iqbal, tente en vain, à deux reprises, de le repousser : le 18 décembre 1398, Tamerlan entre dans la ville et la pille. Sultan et vizir s'enfuient.

Les habitants de Delhi, menés par leurs chefs religieux, les oulémas, demandent à être épargnés. Mais, devant leur refus de satisfaire ses trop grandes exigences, Tamerlan ordonne des massacres qui durent plusieurs jours et font des milliers de morts et d'esclaves. Puis il installe à Delhi un gouverneur pour toute la province du Pendjab et retourne en Asie centrale. Delhi reste ruinée pendant des mois et soumise aux épidémies à cause des nombreux cadavres qui jonchent les rues. Les provinces voisines du Gujerat, du Malwa et de Jaunpur profitent de ces désordres pour proclamer leur indépendance vis-à-vis du sultanat. La

◁ **L'intérieur** du palais de Tamerlan, où dort le conquérant. Comme les Arabes, les Turcs aiment les manuscrits somptueux, qui témoignent de la magnificence des princes.
Timur-nameh du XVe siècle. Musée de Topkapi, Istanbul.

Cavalier turco- ▷ mongol. Le principal atout de Tamerlan est l'habileté et la fidélité de ses cavaliers-archers. Comme celui-ci, ils sont capables de se retourner sur leurs selles et de décocher des traits, même en battant en retraite.
XVe siècle. Musée de Topkapi, Istanbul.

◁ **Archer** mongol. Il est coiffé du turban qui est, pour les Occidentaux, caractéristique des Turcs, et porte la longue robe croisée, serrée à la taille par une ceinture. Le tissu somptueux, brodé d'or, a dû être importé d'Inde ou de Chine.
XVIe siècle. Miniature persane. Musée de Topkapi, Istanbul.

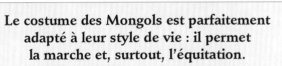

Le costume des Mongols est parfaitement adapté à leur style de vie : il permet la marche et, surtout, l'équitation.

MODES VESTIMENTAIRES DES MONGOLS

Hommes et femmes portent une robe croisée à droite, à l'inverse des Turcs. La robe d'été, en tissu, est ouatée ou doublée pour les plus fortunés. Les Mongols ne pratiquent pas le tissage, aussi les étoffes sont-elles importées de Chine ou des territoires turcs. Le vêtement d'hiver est une pelisse en peau de loup ou de renard... pour les riches, et de chien ou de chèvre pour les pauvres. S'y ajoute un manteau de mouton ou de zibeline. Une ceinture de tissu ou de cuir et des bottes complètent le costume. Par respect pour l'esprit de l'Eau, les Mongols répugnent à se baigner ou à laver leurs vêtements ; ils les laissent plutôt se dégrader jusqu'à ce qu'ils tombent en loques.

faiblesse de celui-ci, après l'invasion de Tamerlan, favorise également l'éclosion des États princiers des Rajputs (peuple guerrier dominant dans l'Inde du Nord-Ouest dès le VIIᵉ siècle). Enfin, peu après ces événements, les Turhluq cessent de régner : dès le début du siècle suivant, un lieutenant de Tamerlan, Khizr Khan, se fera proclamer nouveau sultan de Delhi, fondant la dynastie Sayyid.

▽
Siège de Smyrne, ville des Hospitaliers, en 1402. En haut à droite, des sapeurs enterrent une mine. En bas à gauche, un pont de bois a été jeté sur les fossés.
XVᵉ siècle. The J.W. Garrett Library, John Hopkins University, Baltimore.

Un musulman fanatique

Les premiers successeurs de Gengis Khan se sont d'abord attaqués au monde musulman : Hulagu, lors de la fondation du khanat de Perse, a détruit Bagdad en 1258... Puis la Horde d'Or s'est laissé gagner à l'islam sous le règne de Berke (1257-1266), le frère de Batou Khan, qui est le premier souverain mongol converti à la religion islamique. Se rendant à peu près indépendant du reste de l'Empire mongol, il s'allie avec la dynastie des Mamelouks d'Égypte (ancienne milice d'élite, formée de jeunes esclaves blancs, qui prit le pouvoir en 1250 en Égypte et y établit un sultanat qui dura plus de deux siècles), elle aussi musulmane. À partir de cette conversion, l'islam l'emporte dans tout l'Empire mongol et pénètre même dans la Chine bouddhiste. Tamerlan est ainsi un musulman fanatique. Il combat sous la bannière du Prophète, sans cesser cependant de piller et de massacrer. Il consacre d'ailleurs sa vie aux expéditions guerrières, mais, contrairement à Gengis Khan et à son petit-fils Kubilay Khan, fondateur de la dynastie mongole de Chine, il ne bâtit pas un empire stable : il doit intervenir à plusieurs reprises dans les mêmes territoires, car il ne s'occupe pas d'y consolider sa domination. Il cherche rarement en effet à instaurer un nouveau gouvernement et ne s'occupe pas des affaires internes des pays occupés : il agit sans se soucier de l'administration de ses territoires ou du bien-être de ses sujets. Ses expéditions ne semblent pas programmées selon

446 .

un projet d'ensemble. Cependant, il supprime presque toutes les communautés religieuses non musulmanes dans son empire. Il envoie, par exemple, une expédition en Kachgarie, en 1399-1400, qui pille Yarkand, Aksou et Koutcha et repart par Khotan et le Ferghana. Disparaît alors ce qui restait du bouddhisme dans ces régions d'Asie centrale. Mais Tamerlan massacre également les musulmans des autres sectes, au nom de sa conception de l'orthodoxie, en réalité pour combler ses ambitions territoriales : la foi des Turco-Mongols paraît en effet peu profonde à l'époque. Il s'agit davantage d'opportunisme : chef de guerre avide et cruel, Tamerlan se contente, en fait, de semer la terreur au cours de razzias sanglantes. Son objectif est d'amasser le plus de richesses possible. Il meurt le 19 janvier 1405, à Otrar, et est enterré dans un somptueux mausolée, le Gur-e Mir, à Samarkand. L'un de ses petits-fils assure un moment l'interrègne. Mais le véritable héritier de Tamerlan, son fils Shah-Rokh, qui reste sur le trône de 1406 à 1447, laisse peu à peu l'œuvre de son père tomber en ruine. Les descendants de Timur, les « Timurides », fonderont des dynasties séparées qui régneront sur la Perse, la Transoxiane et l'Afghanistan. □

◁ **Tamerlan** fait démolir, après la bataille, la citadelle de Mikrit et édifier une tour avec les têtes des sultans vaincus. Illustration d'un manuscrit du XVIe siècle, commandé par les descendants de Tamerlan. Les conquêtes de celui-ci ont fait des centaines de milliers de victimes.
Public Library, Patna.

▷ **Un prisonnier** garrotté. Son bras et son cou sont pris dans une cangue de bois, une position proche de la torture.
XVIe siècle. Musée de Topkapi, Istanbul.

Les témoignages sur la cruauté de Tamerlan abondent : le traitement des crânes des captifs en est un exemple.

D'ÉTRANGES MINARETS

Les crânes, selon des traditions qui remontent aux Scythes et aux Huns, peuvent être traités pour servir de coupes. Mais, dès 1383, les Mongols inaugurent une nouvelle pratique : en les empilant, ils construisent un « minaret ». Tamerlan en fait ériger à l'entrée des villes, des villages et des châteaux forts. Leur hauteur peut varier : Ispahan compte ainsi 45 tours, de 1 000 à 2 000 têtes chacune. Pour ces macabres constructions, les soldats utilisent les têtes des guerriers tués au combat mais aussi celles des civils, mâles pour la plupart : chacun d'eux doit en rapporter un certain nombre aux maçons chargés de la construction. Ces édifices sont des objets sacrés, symboles de puissance, et servent d'avertissement à l'ennemi.

SAMARKAND

Tamerlan choisit de construire sa capitale sur le site de l'ancienne cité d'Afrasiyab en Ouzbékistan. Située sur la Route de la soie, cette ville, fondée au VIᵉ ou au Vᵉ siècle av. J.-C., était un centre de commerce très important au début de notre ère. Elle subit successivement les influences des Huns et des Turcs, du Vᵉ au VIIᵉ siècle, puis devint une préfecture chinoise sous les Tang (dynastie qui a régné sur la Chine de 618 à 907). Au VIIIᵉ siècle, Samarkand est intégrée au califat arabe omeyyade, et passe ensuite sous le contrôle de dynasties locales. Elle est saccagée en 1220 par Gengis Khan, mais conserve cependant des témoignages de son passé glorieux, comme ces maisons aux murs ornés de peintures de style gréco-chinois. Après une éclipse de plus d'un siècle, Samarkand retrouve sa grandeur grâce à Tamerlan. Celui-ci veut en faire la plus belle ville du monde. Aussi, lors de ses conquêtes, épargne-t-il les meilleurs artisans afin qu'ils viennent embellir sa capitale. La décoration de la ville s'inspire des arts chinois et iranien ; la céramique y tient une grande place. Samarkand abrite les mausolées des membres de la famille impériale dans la nécropole de Chah-e Zendeh ; capitale d'un souverain musulman, elle renferme également de nombreuses mosquées, dont la plus vaste d'Asie centrale, Bibi Khanum : édifiée en 1404 sur l'ordre de Tamerlan, celle-ci mesure 167 mètres de long sur 109 mètres de large...

 448 .

△ **Intérieur** du Gur-e Mir : le mihrab, niche qui indique la direction de La Mecque. Tamerlan fit construire ce mausolée en 1404 pour son petit-fils Muhammad Sultan.

 **La mosquée** △ de Bibi Khanum, au centre de Samarkand. L'arc massif donne accès à la cour centrale carrée. Comme de nombreux monuments turcs, elle est décorée de briques vernissées turquoise.

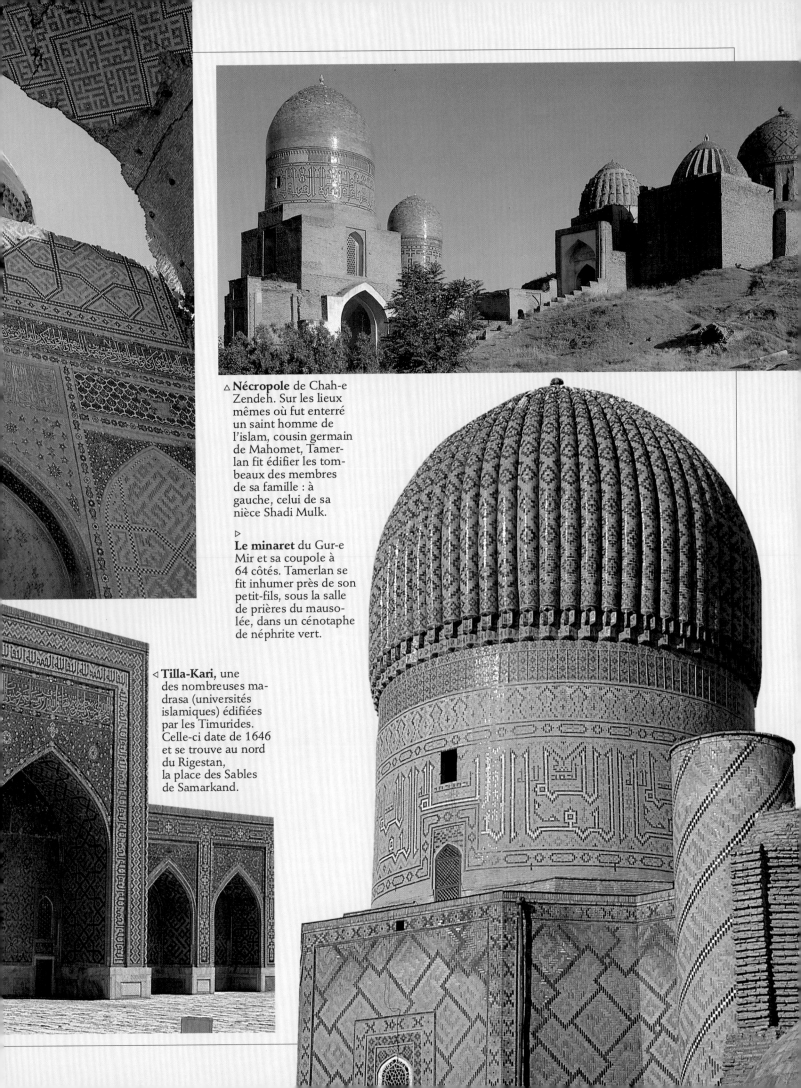

△ **Nécropole** de Chah-e Zendeh. Sur les lieux mêmes où fut enterré un saint homme de l'islam, cousin germain de Mahomet, Tamerlan fit édifier les tombeaux des membres de sa famille : à gauche, celui de sa nièce Shadi Mulk.

▷

Le minaret du Gur-e Mir et sa coupole à 64 côtés. Tamerlan se fit inhumer près de son petit-fils, sous la salle de prières du mausolée, dans un cénotaphe de néphrite vert.

◁ **Tilla-Kari,** une des nombreuses madrasa (universités islamiques) édifiées par les Timurides. Celle-ci date de 1646 et se trouve au nord du Rigestan, la place des Sables de Samarkand.

LA GUERRE DE CENT ANS

Depuis 1337, la France et l'Angleterre sont engagées dans un conflit qui, interrompu par des trêves, va durer plus d'un siècle : la guerre de Cent Ans. Les deux pays seront opposés jusqu'en 1453.

domaines de Charles le Mauvais

jacquerie de 1358

chevauchée d'Édouard III

possessions du roi d'Angleterre après le traité de Brétigny-Calais

possessions anglaises à la mort de Charles V

★ batailles

ANGLETERRE

Calais
Cherbourg ★ L'Écluse
PONTHIEU ★ Crécy
HAINAUT
Brest
NORMANDIE Mello Beauvais
DUCHÉ DE Cocherel
BRETAGNE ★ Paris
CHAMPAGNE
COMTÉ D'ANJOU Brétigny
LORRAINE
SAINT EMPIRE
BOURGOGNE

Poitiers BERRY

MARCHE
Bordeaux DUCHÉ
D'AQUITAINE
AUVERGNE SAVOIE
GUYENNE Châteauneuf-
Bayonne GASCOGNE de-Randon
DAUPHINÉ
BÉARN
NAVARRE LANGUEDOC PROVENCE

COMTÉ DE BARCELONE
CATALOGNE

◁ **Philippe VI** de Valois succède en 1328 sans opposition à son cousin Charles IV, dernier Capétien direct, dont la veuve, Jeanne d'Évreux, accoucha d'une fille. Les descendantes directes des derniers Capétiens sont écartées de la succession.
XIVe siècle. Bibliothèque nationale, Paris.

LA FRANCE, qui a subi une grave défaite à la bataille de Crécy en 1346, a connu un nouvel échec à Poitiers en 1356. Après quelques décennies très sombres, le roi Charles V, dit « le Sage », parvient pourtant à rétablir le pouvoir royal.

LES ORIGINES DU CONFLIT

En 1328, à la mort de Charles IV, les Capétiens n'ont plus de successeur direct. Le prince Édouard (futur Édouard III d'Angleterre), petit-fils de Philippe le Bel par sa mère Isabelle et, à ce titre, héritier le plus proche du trône de France, est un Anglais. Aussi la noblesse française l'écarte-t-elle au profit d'une branche collatérale : Phi-

lippe VI de Valois est proclamé roi de France. Édouard lui prête d'ailleurs hommage en 1329 ; mais, la rivalité entre les deux pays s'aggravant en Guyenne (le duché d'Aquitaine), l'Anglais décide, en 1337, d'user d'une arme nouvelle et réclame son héritage, le royaume de France.

CRÉCY ET POITIERS

Les souverains français et anglais préparent l'affrontement à coups d'alliances fort coûteuses. Le combat s'engage en juin 1340 dans le port de L'Écluse, en Flandre, et se solde par la destruction de la flotte française. Après ce triomphe, Édouard III adopte la stratégie de la « chevauchée » (raid de cavalerie). Utilisant des complicités locales en Bretagne et en Normandie – comme celle de Charles de Navarre, dit « le Mauvais », un ennemi des Valois qui possède de grands domaines normands –, les Anglais débarquent sur le sol français ; puis, après leurs pillages, ils regagnent sans encombre l'Angleterre, grâce à leur supériorité maritime. Les Français, forts de leur nombreuse armée, choisissent de les intercepter et de livrer bataille.

Cette tactique entraîne deux désastres, Crécy et Poitiers. Les troupes anglo-gasconnes – la Gascogne est depuis 1152 sous domination anglaise et le restera jusqu'en 1453 – sont constituées de *retenues,* des professionnels, bien entraînés et bien armés. L'ost français, au contraire, compte surtout des levées féodales, sans cohésion ni discipline. À Crécy, en 1346, la che-vauchée d'Édouard III cherche un port quand, rejoints par Philippe VI, les Anglais mettent pied à terre et, couverts par les archers gallois, attendent la charge ; les Français sont écrasés sous une pluie de flèches. À Poitiers, en 1356, les Gascons du prince de Galles, le fils d'Édouard III, surnommé « le Prince Noir », affrontent de nouveau les charges des chevaliers français sous la protection de leurs archers : les Français sont décimés et le roi de France, Jean II le Bon, est fait prisonnier.

LA FRANCE EN DIFFICULTÉ

Grâce à cette victoire de Crécy, Édouard III prend Calais (août 1347) et s'assure ainsi une porte d'entrée en France. Mais l'épidémie de la peste

◁ **Le roi** Jean le Bon est fait prisonnier après la bataille de Poitiers (1356). La bataille est remportée par le Prince Noir, fils d'Édouard III. Les miniatures illustrant les *Chroniques* de Froissart sont la principale source de l'histoire de la première phase de la guerre de Cent Ans.
XIVe siècle. Musée Condé, Chantilly.

Le chroniqueur Froissart a fait du siège de Calais un des épisodes les plus célèbres de la guerre de Cent Ans.

LES BOURGEOIS DE CALAIS

Après sa victoire de Crécy, en 1346, Édouard III met le siège devant Calais, mais la ville lui résiste près d'un an. Fou de rage, le roi jure que, dès que la ville sera prise, il passera ses habitants au fil de l'épée. Calais se rend le 4 août 1347. Édouard III exige alors que six des plus riches bourgeois lui apportent les clés de la ville, en chemise, pieds nus et la corde au cou pour être pendus. Eustache de Saint-Pierre et cinq autres no-tables se sacrifient. Mais la reine Philippa de Hainaut intercède en leur faveur et fléchit son époux, qui épargne les bourgeois. La ville, vidée de ses habitants, sera peuplée d'Anglais jusqu'au XVIe siècle. La clémence d'Édouard III est passée à la postérité grâce à Froissart, secrétaire et protégé de la reine Philippa.

Les bourgeois de Calais, en chemise et corde au cou. XIVe siècle. *Bibliothèque nationale, Paris.*

. 451

noire impose une trêve jusqu'en 1355. En 1356, la défaite de Poitiers entraîne une grave crise politique et sociale française. Il faut payer la rançon du roi, et Charles, fils aîné de Jean II le Bon, convoque les états généraux. Ceux-ci n'acceptent de payer que s'ils ont l'assurance d'une réforme qui évitera à l'avenir une défaite. Sous l'influence d'Étienne Marcel, prévôt des marchands et représentant de la bourgeoisie parisienne, un véritable projet de monarchie « contrôlée » est élaboré en 1357. Mais, dès février 1358, Étienne Marcel, allié aux partisans du roi de Navarre, Charles le Mauvais – alors en prison sur l'ordre de Jean II le Bon –, provoque une émeute à Paris contre le Dauphin, qui prend la fuite.

Perdant l'appui d'une partie de la bourgeoisie, le prévôt des marchands cherche alors celui de la province : en mai éclate en Beauvaisis et dans la plaine de France la Jacquerie, violente révolte paysanne dirigée contre les nobles. Cependant, le roi de Navarre, libéré, consolide sa puissance en Nor-

mandie en engageant des mercenaires anglais. Et, en juin, il écrase les Jacques à Mello. Isolé, compromis par son alliance avec Charles le Mauvais, Étienne Marcel est assassiné le 31 juillet, et le Dauphin, rappelé à Paris, négocie avec les Anglais : en 1360, le traité de Brétigny puis la paix de Calais prévoient une énorme rançon et la renonciation du roi de France et d'Édouard III à leurs prétentions.

CHARLES V ET DU GUESCLIN

La paix de Calais n'est pas observée : ni Édouard III ni Jean le Bon ne renoncent à quoi que ce soit. Ce dernier meurt en 1364, alors que la moitié seulement de la rançon est payée. Mais la trêve permet à la France de se réorga-

niser. Pour se débarrasser de Charles le Mauvais, puis des Grandes Compagnies, le roi Charles peut compter sur son connétable Bertrand du Guesclin. De petite noblesse bretonne, celui-ci s'était fait remarquer par son courage, en combattant aux côtés de Charles de Blois. Capitaine de Pontorson, il prend part aux combats de la guerre de la Succession de Bretagne, défendant la plupart du temps les partisans du roi de France. Sa fidélité à ce dernier en fait une des figures les plus populaires de la guerre de Cent Ans, avec Jeanne d'Arc. Rusé, bon stratège mais mauvais politique, il a conscience de sa popularité. En 1357, prisonnier pour la quatrième fois, il déclare au Prince Noir, qui lui demande rançon, que toutes les femmes de France sont prêtes à payer celle-ci : « si le gagne-

Hommes d'armes ▽ et village en feu. Le pire des maux dus à la guerre vient des soldats qui n'ont pas perçu leur solde. Ils forment les Grandes Compagnies, qui ravagent le Midi de la France durant près d'un siècle.

XVᵉ siècle, Bibliothèque nationale, Paris.

Au temps de Charles V, penseurs et philosophes réfléchissent à la nature de l'État.

DU BON GOUVERNEMENT

Pour l'auteur anonyme du *Songe du vergier*, traité dialogué rédigé en 1374, la Couronne est au-dessus du roi, qui, lui-même, ne doit rendre de comptes qu'à Dieu et à la « communauté du royaume ». Les règles de succession doivent être fixes et stables, les finances saines, et les lois justes. À la même époque, le mathé- maticien et philosophe Nicole Oresme rédige un traité, *De la monnaie,* où il affirme que les ressources propres du souverain doivent être distinctes des finances publiques, et que la monnaie doit être stable. Il permet cependant des « mutations » (dévaluations) monétaires, si c'est pour le bien du royaume.

raient à filer toutes les fileresses de France »... Dès 1364, il est vainqueur des Anglo-Navarrais du captal (capitaine) de Buch à Cocherel, en Normandie. Cependant, les Grandes Compagnies – constituées de mercenaires –, mises au chômage par la paix de Calais, n'ont pas désarmé et rançonnent tout le Midi. Aussi, en 1366, du Guesclin s'efforce-t-il, à la demande de Charles V, le nouveau roi de France, de les entraîner en Espagne, afin d'y soutenir Henri de Trastamare : celui-ci revendique le trône de Castille qu'occupe son demi-frère, Pierre le Cruel. Ce dernier, aidé du prince de Galles, remporte à Najera une victoire sur du Guesclin en 1367. Mais, très vite, son allié anglais l'abandonne, et il est finalement vaincu à Montiel en 1369. La même année, la guerre reprend entre la France et l'Angleterre. Charles V s'y est préparé en dotant la monarchie de bonnes finances : chaque année, les foyers, les « feux », paient un impôt direct, le forage, auquel s'ajoute un impôt indirect sur le sel, la gabelle. Des représentants du roi, les « élus », sont chargés de le percevoir. Ces dispositions permettent de solder régulièrement des armées permanentes, équipées de canons et de grands arcs, de remettre en état les forteresses et de constituer une flotte royale, dans l'arsenal du Clos des Galées, près de Rouen.

Une patiente victoire

Charles se contente de troupes peu nombreuses mais excellentes, conduites par des chefs aguerris comme du Guesclin. De 1369 à 1389, aucune bataille marquante n'a lieu, mais, peu à peu, les places fortes sont reprises et les chevauchées anglaises deviennent de plus en plus difficiles : l'armée française, évitant cette fois l'affrontement, multiplie en effet les obstacles sur le passage des Anglais et s'efforce d'empêcher leur ravitaillement. En 1380, quand meurt Charles V, les conflits cessent sur tous les fronts, la guerre semble presque terminée. Des acteurs de la première phase de la guerre de Cent Ans, il n'y a aucun survivant. Du Guesclin a été tué au siège de Châteauneuf-de-Randon ; honneur insigne, il a été enterré dans l'abbaye de Saint-Denis. Charles le Mauvais, battu à Pampelune, est mort, à son tour, en 1387. En 1389, les deux jeunes souverains, Richard II, petit-fils d'Édouard III, et Charles VI, successeur de Charles V, concluent une trêve qui durera jusqu'en 1415 environ : Calais, la Guyenne et la Gascogne exceptées, les Français ont repris toutes les conquêtes anglaises. □

◁
La fin des Jacques, paysans révoltés vaincus par les chevaliers de Gaston de Foix à Meaux.
XIVe siècle. Bibliothèque nationale, Paris.

Surnommé « le Mauvais » au XVIe siècle, Charles de Navarre est aussi un descendant direct de Philippe le Bel.

CHARLES LE MAUVAIS

Fils de Philippe d'Évreux, c'est à sa mère Jeanne, fille de Louis X, que Charles, roi de Navarre et prince français, doit son ascendance royale ; celle-ci lui donne des droits sur la Couronne de France, en cas d'extinction de la branche des Valois. Aussi Charles, qui épouse en 1353 la fille du roi de France Jean II le Bon, n'hésite-t-il pas à s'allier aux Anglais dans le but de nuire à la famille régnante. En fait, il défend surtout son lignage et conserve une position féodale traditionnelle dans un conflit qui, devenu celui de deux nations, finira par le broyer.

Discours de Charles le Mauvais à l'Hôtel de Ville de Paris. *1358. Bibliothèque nationale, Paris.*

LE JAPON DES ASHIKAGA

En 1338, les Ashikaga, puissante famille de guerriers, prennent le shogunat. Mais ils doivent faire face, dès le milieu du XIVe siècle, à d'incessantes guerres civiles.

A U DÉBUT du XIVe siècle, les conflits de succession pour le trône impérial s'accentuent. Les vaines tentatives d'invasion de l'archipel par les Mongols ont par ailleurs ébranlé le bakufu (gouvernement militaire) de Kamakura (capitale du Japon à l'époque) : les vassaux du régent, en difficulté financière dans un pays resté mobilisé jusqu'à la fin du siècle précédent, lui retirent leur loyauté. Les complots se multiplient contre les Hojo, dynastie de régents possesseurs du shogunat. Les empereurs se succèdent rapidement et sont chaque fois controversés jusqu'à la prise de pouvoir de Daigo II Tenno, ou Go-Daigo, en 1318. Contrairement à l'habitude, ce dernier n'a pas l'intention d'abdiquer au profit du régent

454 .

△ **Kinkaku-ji,** le Pavillon d'Or. Situé dans la villa de plaisance d'un Minamoto, il fut construit par le shogun Ashikaga Yoshimitsu, qui s'y retira en 1394. Il devint un temple, qui brûla en 1950, quand un jeune moine s'y suicida.

◁

Portrait équestre de Takauji, le premier des Ashikaga, descendant des Minamoto, qui établit sa loi sur tout le pays, gouvernant celui-ci depuis le quartier de Muromachi à Kyoto.
Vers 1367. Coll. part., Tokyo.

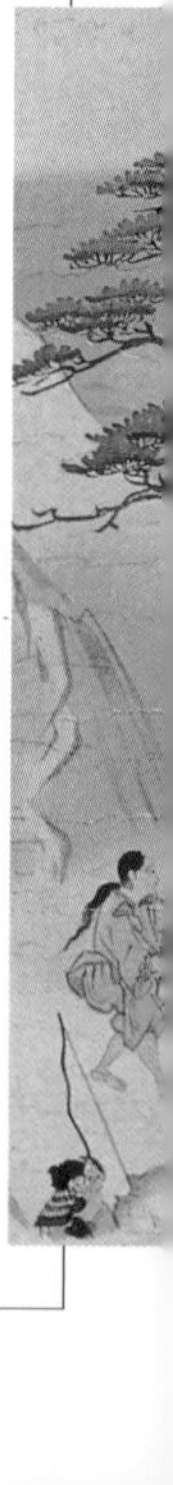

Hojo, un débauché peu apte au gouvernement et qui veut le forcer à se retirer du monde.

LE RÈGNE DE GO-DAIGO

Go-Daigo commence par abolir la pratique qui voulait que les empereurs soient cloîtrés. Il assume désormais réellement le pouvoir, et les services impériaux se remettent à fonctionner. Il soutient également à Kyoto une société secrète de conspirateurs, la « Libre et Naturelle » *(bureiko),* dont le but est de renverser le bakufu de Kamakura et les Hojo. Ceux-ci, au courant du complot, envoient une expédition de 3 000 hommes pour châtier les traîtres. Go-Daigo s'enfuit et se réfugie dans un monastère, mais il est pris en

1331 : les Hojo lui demandent d'abdiquer et intronisent un prince de la lignée impériale rivale. L'année suivante, Go-Daigo est exilé dans l'île d'Oki. Ses partisans continuent cependant la lutte et, bientôt, Go-Daigo revient à Kyoto, où il installe une cour provisoire. Le bakufu détache alors deux armées pour le soumettre. L'une est commandée par un membre du clan Hojo, l'autre par l'un de ses généraux, Ashikaga Takauji. Celui-ci est le chef d'une famille très riche et très puissante de l'Est, qui descend, comme Yoritomo, le fondateur du shogunat de Kamakura, du clan des Minamoto. Rapidement, Takauji se retourne contre les Hojo et se déclare en faveur de l'empereur déchu. Grâce à lui, celui-ci rentre dans la capitale en vainqueur, en 1333. Les Hojo et leurs alliés sont anéantis et Kamakura est

Cette armure ▷
d'époque Muromachi est caractéristique d'une période marquée par un climat de guerres civiles et féodales permanentes au cours desquelles s'affrontent les grands seigneurs et où des chevaliers-aventuriers se font vassaux de maîtres impitoyables.

La cérémonie du thé est une véritable institution des monastères zen. Elle s'ouvre cependant peu à peu aux laïques.

LA CÉRÉMONIE DU THÉ

C'est la traduction imparfaite du mot japonais *chanoyu,* signifiant littéralement « eau chaude pour le thé ». Élément important de la culture traditionnelle japonaise, elle se déroule selon les principes zen de simplicité et de rusticité, avec des gestes harmonieux et soigneusement contrôlés. Autour d'elle se développent d'autres arts : celui de la céramique, avec la création de poteries japonaises sobres, de la laque, du métal, celui de l'arrangement des fleurs, du bambou... L'architecture des maisons de thé, qui comportent toujours un jardin, est également inspirée par le zen.

▽ **Un dignitaire** prend la fuite, avec son escorte et sa litière. Manuscrit du XIIIe siècle, le *Heiji Monogatari Ekotoba* illustre un célèbre ouvrage épique qui raconte les troubles du siècle précédent.
Peinture sur papier.
Musée national, Tokyo.

détruite. Go-Daigo règne désormais sans partage. Il entérine le fait en changeant le nom de l'époque et en lui donnant celui de *Kemmu* : l'objectif de cette nouvelle période doit être la restauration du pouvoir impérial. Mais l'empereur ne parviendra pas à conserver celui-ci plus de trois ans.

LE TRIOMPHE D'ASHIKAGA TAKAUJI

Go-Daigo, pour restaurer la gloire impériale, ordonne la construction d'un nouveau palais. Pour financer l'ouvrage, il fait verser un vingtième des revenus des vassaux et des intendants, ce qui suscite le mécontentement des guerriers et, notamment, du plus puissant d'entre eux, Takauji. Celui-ci désobéit de plus en plus à l'empereur, qui lui refuse le titre de *sei-i tai-shogun,* commandant en chef. Il regroupe alors les guerriers mécontents et fait éclater la rébellion : au début de 1336, Takauji est maître de Kyoto ; c'est l'échec de la « restauration de *Kemmu* ». Go-Daigo doit se réfugier dans la région de Yoshino, où il établit une cour, dite « du Sud » : pendant près de 60 ans, jusqu'en 1392, le Japon sera doté de deux empereurs, car Takauji, dès 1338, en installe un second à Kyoto dans la cour impériale dite « du Nord » ; il met également en place un nouveau bakufu, et est proclamé shogun : il rétablit ainsi au profit de son clan le shogunat et fixe sa résidence dans le quartier de Muromachi. Ainsi, l'époque du shogunat des Ashikaga (1338-1573) est connue sous le nom de « période de Muromachi ». Surveillant les deux empereurs,

Ashikaga Takauji instaure sa loi sur tout le pays. Mais la rivalité entre les deux cours impériales entraîne une suite de guerres civiles ininterrompues.

LA PÉRIODE TROUBLÉE DE MUROMACHI

Takauji doit en effet lutter contre Go-Daigo, qui n'abandonne pas ses prétentions au trône. L'empereur meurt

Le prêtre Jishin, ▷ du temple de Gakuan-ji. À la fin de la période Kamakura, dès avant le temps des Ashikaga, les artistes subissent les influences des moines bouddhistes zen et de la Chine des Song.
XIVe siècle. Musée Guimet, Paris.

◁ **La cuisine** d'une maison seigneuriale. Sous le regard d'un intendant, les serviteurs travaillent accroupis devant des tables basses. Les viandes cuisent sur des braseros, un cuisinier découpe une volaille, un autre se prépare à émincer un poisson, aliment de base des Japonais.
XIVe siècle. Musée Okura, Tokyo.

C'est au cours des XIIIe et XIVe siècles que le bouddhisme zen, venu de Chine, prend de l'importance au Japon.

LE BOUDDHISME ZEN

Pratiqué à l'origine pour faire revivre le bouddhisme traditionnel, en crise au XIIe siècle, il s'en distingue par la place qu'il accorde à la méditation en posture assise, ou *zazen*. Pour ses adeptes, cet exercice, pratiqué intensément, permet d'obtenir l'Éveil, c'est-à-dire de trouver au fond de soi le Bouddha et de se libérer ainsi du cycle des renaissances. Devenu rapidement un courant indépendant, le zen se répand principalement grâce à deux écoles qui en diffusent la culture : le zen du Rinzai, implanté à Kyoto et à Kamakura, et celui du Soto, situé dans le nord du Japon.

en 1339, mais son fils Go-Murakami continue le combat. Takauji doit également résister aux guerriers qui se rebellent contre le maintien du système impérial : ils n'acceptent plus ses lourds impôts ni la puissance de ses maisons nobles et des grands monastères. Mais le face-à-face avec les rebelles de la cour du Sud est terrible : de 1352 à 1355, la lutte pour la maîtrise de Kyoto ne connaît pas de répit. Elle se termine en faveur des Ashikaga. La capitale sort meurtrie de cette guerre civile : maisons, palais, administrations ont brûlé, ses habitants ont connu la faim, les épidémies... Takauji meurt trois ans après sa victoire décisive ; son fils Yoshiakira lui succède à la place de shogun. Il doit faire face aux derniers sursauts de résistance du Sud. Il meurt en 1368, la même année que Go-Murakami, le fils de Go-Daigo. Son fils, Yoshimitsu, prend à son tour le pouvoir. Il renforce l'autorité du bakufu et réussit à réconcilier les deux lignées impériales : la cour du Sud cesse donc de se rebeller. Le pouvoir impérial est en fait réduit à l'impuissance. Les nobles perdent leur autorité à Kyoto et les guerriers y prennent de plus en plus d'importance. Yoshimitsu, grâce à ses conseillers, organise un gouvernement efficace. Il dépense cependant des sommes considérables en ouvrages somptuaires. Il se fait ainsi bâtir une nouvelle demeure dans le quartier de Muromachi : un Palais des Fleurs, *Hana no Gosho,* aux jardins merveilleux. Puis il décide la construction du Rokuon-ji de Kitayama, une résidence monacale, et y fait ajouter, en 1398, le Pavillon d'Or, *Kinkaku-ji.* Il multiplie les fondations pieuses. Son pouvoir et sa gloire surpassent ceux des empereurs qui se succèdent durant son règne. En 1394, Yoshimitsu se retire dans son Pavillon d'Or et laisse le shogunat à son fils Yoshimochi. Il continue cependant à assurer la direction du pays à partir de sa retraite dorée, jusqu'à sa mort en 1408. Le Japon, enfin en paix, est aux mains des Ashikaga, de leurs parents et de leurs alliés. □

La « période de Muromachi » est riche en réalisations culturelles ; parmi celles-ci, la plus originale demeure la création d'une nouvelle forme de théâtre lyrique : le nô.

LE THÉÂTRE NÔ

Masque de femme. *XVIIᵉ siècle. Coll. part.*

Issu de la tradition du spectacle de pantomimes japonais, le *sarugaku,* il se présente comme un drame musical dansé et masqué. Ses règles sont fixées dès le XIVᵉ siècle, et il devient vite le divertissement favori des nobles et de la classe guerrière. Le nô met souvent en scène la rencontre d'un esprit troublé et d'un personnage religieux. Les masques représentent des caractères, des émotions ou encore des états d'esprit : le vieillard sage, le jeune guerrier, la diablesse...

△ **Troupeau** de bovins sur rouleau de papier, peinture d'Hirokane, membre de l'école de Tosa, actif entre 1439 et 1487. Au XVᵉ siècle, l'art de cour de Muromachi a évolué vers un style de plus en plus dépouillé.

Staatliche Museen, Berlin.

L'HARMONIE ZEN

Au Japon, les adeptes du zen, conquis par la puissance du nouveau courant mais également séduits par son esthétique, s'efforcent de le diffuser dans tout le pays. Rinzai, le premier centre zen japonais, devient rapidement un centre d'art, où l'on enseigne la calligraphie, la peinture à l'encre de Chine, ainsi que l'art de conduire la cérémonie du thé et de composer des jardins. Les nobles et les guerriers de Kyoto et de Kamakura, bientôt convertis, y font construire de nombreux monastères. La pratique de la méditation inspire toute l'esthétique des religieux zen ; leurs jardins se composent d'éléments hautement symboliques. L'eau y est présente ou représentée par du sable gris simulant les vagues et ponctué de roches figurant des îles. Des chutes rythment le cours de l'eau et des ponts enjambent des rivières, réelles ou non. Les pierres forment des montagnes, des animaux... Des mousses et des arbres sculptés complètent leur agencement. Nature sauvage et nature aménagée par l'homme y coexistent en harmonie. Les jardins secs monochromes – construits uniquement avec des pierres et du sable – sont les plus impressionnantes représentations de la méditation zen : celui dessiné au XVe siècle dans le monastère du Ryoan-ji est un simple espace de graviers blancs ratissés d'où surgissent quinze rochers. La contemplation y créera des tigres, des nuages...

458 .

◁ **Moine** zen dans un paysage, près d'une cascade, par Manotobu. Un des thèmes les plus populaires de la peinture zen est celui du moine ermite, trouvant sa subsistance dans la nature.
Musée national, Tokyo.

△ **Le Saiho-ji** à Kyoto.
Le jardin, tapissé de
vingt espèces de
mousse, a été créé
en 1339 par le prêtre
Muso Kokushi (1276-
1351), réformateur
du bouddhisme zen.
Offrant une apparente
fantaisie, il obéit en
fait à une géométrie
calculée, où rien n'est
laissé au hasard.

▷
Ikebana, bouquet zen.
Il est peint en haut
d'un rouleau de papier,
le *kakemono,* qui orne
le fond du *tokonoma,*
niche qui renferme
l'autel domestique.
L'art des bouquets
repose sur un certain
nombre de principes
philosophiques.

◁ **Moine** en méditation
devant un jardin de
pierre *(kare sansui),* à
Tokyo. Le bouddhisme
zen ne nécessite aucun
objet cultuel, mais
l'œuvre d'art peut ai-
der le fidèle à parvenir
à l'Éveil. Le but est
de créer une imitation
de la nature, propice
à la réflexion.

◁ **Le sable** est soigneusement ratissé chaque
jour. La disposition des
stries est aussi rigou-
reusement codifiée que
celle des plans d'un
paysage monochrome.

△ **Le Saiho-ji,** appelé
aussi «Koke-dera»,
Temple des Mousses.
L'étang a la forme de
l'idéogramme qui signi-
fie «cœur» ou «esprit».
Il abrite un pavillon
de thé.

L'intérieur de la synagogue du Transito à Tolède.

ESPAGNE

Synagogues à Tolède

■ Sous le règne de Pierre le Cruel, les trois communautés, catholique, musulmane et juive, contribuent à l'essor de Tolède. Alors que les églises catholiques sont construites dans un style populaire, l'art aristocratique s'exprime dans deux synagogues. La première, construite à la fin du XIIIe siècle, deviendra l'église Santa María la Blanca. La seconde, la synagogue du Transito, est la plus belle réalisation du règne de Pierre. Elle fut édifiée à partir de 1357 par l'architecte Meïr Abdeli sur la commande de Samuel Levi, trésorier du roi. □

AMÉRIQUE DU NORD

Le déclin des Pueblos

■ Les villages indiens sédentaires, qui s'étaient développés au sud-ouest des États-Unis actuels, connaissent une crise grave à partir de 1350. On ne sait si elle est due à une guerre tribale ou à d'importantes mutations climatiques, mais il est certain que de nombreux sites des cultures Hohokam et Anasazi sont abandonnés. Dans un premier temps, les Indiens ont tenté de se défendre des pillards en édifiant de hauts murs d'adobe (briques rudimentaires), mais, à la fin du XIVe siècle, ils semblent avoir abandonné la lutte. Cependant, les hauts lieux du culte pueblo demeureront fréquentés jusqu'à nos jours par leurs descendants, Pecos, Hopis et Zunis. □

SCANDINAVIE

Brigitte de Suède

■ Bonne épouse, bonne mère – elle donna huit enfants à Ulf Gudmarsson, qu'elle épousa à l'âge de quatorze ans –, Grande-Maîtresse de la cour de Suède, cette femme indomptable fut considérée comme une sainte de son vivant et canonisée moins de vingt ans après sa mort, qui survint à Rome le 23 juillet 1373. Après avoir mené une vie aristocratique, Brigitte se rend avec son époux à Saint-Jacques-de-Compostelle ; son pèlerinage dure deux ans, de 1341 à 1343, et elle traverse la France ravagée par la guerre de Cent Ans. Au retour, une grave maladie atteint Ulf et sert d'avertissement au couple, qui se retire au couvent pour faire son salut, mais Ulf meurt en 1344, avant d'avoir prononcé ses vœux. C'est à ce moment que se révèle la nature mystique de Brigitte, à qui le Christ apparaît pour elle d'elle son « épouse » et sa « médiatrice auprès des hommes ». Dès lors, Brigitte de Suède partage sa vie entre les exercices spirituels, les œuvres pieuses, les sacrifices. Les huit livres de ses *Révélations,* dictés en suédois et traduits en latin par ses confesseurs, nous ont conservé sa pensée, claire et vigoureuse. Sa fille, Catherine de Suède, est associée au culte qu'on rend à sa mère. □

EUROPE CENTRALE

Louis Ier de Hongrie

■ En 1370, le prestige du roi de Hongrie est immense en Europe : Louis Ier est intervenu avec éclat dans les affaires de Naples, a contraint Venise à rendre à la Hongrie les villes de Dalmatie, et n'hésite pas à affronter les Turcs dans les Balkans. Quand meurt Casimir le Grand, dernier représentant de la dynastie des Piast de Pologne, c'est vers Louis Ier, neveu de Casimir, que se tournent les nobles polonais, qui l'élisent roi de Pologne. Jusqu'à sa mort, en 1386, Louis se montrera un bon souverain, mais il n'a que deux filles, Marie et Hedwige, et les Polonais redoutent que, par leurs alliances avec la famille de Luxembourg, celles-ci n'entraînent la Pologne dans l'orbite germanique. □

RUSSIE

Un héros national

Dans la Russie ravagée par les redoutables Mongols de la Horde d'Or, Dimitri IV Donskoï, prince de Vladimir-Souzdal, témoigne de la volonté de résistance de tout un peuple. Quand meurt Ivan II le Doux, en 1359, son fils Dimitri Donskoï doit disputer le trône de Vladimir jusqu'en 1362 à un autre Dimitri, prince de Souzdal. Vainqueur grâce à l'appui que lui apporte le métropolite Alexis, Donskoï unit les deux principautés et continue l'œuvre commencée par son père à Moscou. Il est le premier à secouer le joug des Mongols, qu'il écrase, avec l'aide des princes russes, à Koulikovo en 1380. Sa vie inspire la célèbre épopée populaire de la *Zadontchaïa,* mais son fils devra à nouveau supporter la domination des Mongols et des Teutoniques. □

Dimitri Donskoï bat les Mongols à Koulivo (1380).
Dessin du XVIIIe siècle, Musée historique de l'État, Moscou.

ASIE DU SUD-EST

Troubles au Viêt-nam

■ La dynastie annamite des Tran, qui avait prouvé sa valeur dans les luttes contre les Mongols, subit une éclipse à la fin du XIVe siècle. À cause de la guerre, les rizières cessent d'être aussi bien mises en valeur, et les paysans, affamés, accablés d'impôts, se soulèvent. Le ministre Ho Qui Ly, homme fort du régime, profite des troubles pour jouer un jeu personnel : en 1400, il fera étrangler le dernier roi Tran et obligera le prince héritier à abdiquer en sa faveur. □

EMPIRE GERMANIQUE

La Bulle d'or

■ Dans une Allemagne ravagée par la peste noire, l'empereur Charles IV définit une monarchie aristocratique. Le jour de Noël 1356, lors des diètes de Nuremberg et de Metz, la Bulle d'or, véritable Constitution du Saint Empire romain germanique, est promulguée. Elle fixe le mode de désignation de l'empereur et règle définitivement l'accès à la dignité suprême : le pouvoir impérial est indépendant du pape, dont il n'a plus besoin de solliciter la confirmation ; l'empereur, suzerain de tous les fiefs impériaux, est seul juge. Il est désigné par sept Électeurs, qui ont le pas sur toute la noblesse de l'Empire et se succèdent sur des fiefs non démembrables. Ce sont quatre laïques, le margrave de Brandebourg, le prince palatin du Rhin, le roi de Bohême, l'Électeur de Saxe et Brandebourg, et trois ecclésiastiques, les archevêques de Trèves, Mayence et Cologne, qui composent la liste. Leur autonomie est presque totale. L'Allemagne devient ainsi une confédération de principautés quasi indépendantes et se dote en même temps d'institutions qui empêchent toute centralisation. Mais le prestige de la famille de Luxembourg n'en est que plus grand. Venceslas, fils de Charles IV, succède sans problème à son père en 1378. □

CONSTANTINOPLE

Les Turcs progressent

■ Jean V Paléologue, empereur de Constantinople, est le fils d'Andronic III. Il a neuf ans quand, à la mort de celui-ci, la régente, Anne de Savoie, doit faire face à une révolte du général en chef Jean Cantacuzène qui, avec l'aide des Turcs et des chefs slaves, s'empare de Constantinople et se fait proclamer empereur en 1347. Mais Jean V prend l'offensive, et, après une défaite en 1354, l'emporte. Jean Cantacuzène se retire alors au mont Athos. L'autorité impériale n'est pas restaurée pour autant. Les luttes religieuses épuisent l'Empire, et les Turcs continuent de progresser dangereusement : en 1365, le sultan Murad Ier installe sa capitale à Andrinople. □

460

1380 - 1415

A partir du XVe siècle, l'or des Incas brille en Amérique andine. Le précieux métal évoque la lumière et l'inaltérabilité de l'astre solaire, Inti, dieu suprême de leur panthéon. Nourris de coca, de maïs et de pommes de terre, huit millions d'Indiens de diverses ethnies subissent le pouvoir absolu de l'Inca. Les peuples du Soleil cultivent en commun les terres et filent la laine de lama. De Cuzco, la capitale, une administration centralisée applique les volontés de l'Inca dans un empire immense, qui ignore la roue et l'écriture. Mais la cruauté du régime et la turbulence des peuples mal soumis minent déjà le nouvel empire.

En Europe, les chevaliers Teutoniques, battus à Tannenberg, doivent s'incliner devant la puissance montante de la Pologne, centre de l'empire des Jagellons, qui s'étend aussi sur la Hongrie, la Bohême et la Lituanie. À l'ouest, la puissance anglaise s'affirme au détriment du royaume des lis : après la désastreuse défaite d'Azincourt, Isabeau de Bavière signe au nom du roi dément le traité de Troyes, qui livre la France au roi d'Angleterre.

Parure de plumes. Culture inca. Musée Armano, Lima.

L'EMPIRE INCA

C'est au début du XVᵉ siècle que le royaume inca commence à devenir un grand empire. Jusque-là, il avait simplement dominé la vallée de sa capitale : Cuzco. Désormais, il impose son administration rigoureuse et sa religion d'État à toute la cordillère des Andes.

Lorsqu'ils se sont installés au cœur des Andes centrales, au XIIIᵉ siècle, les Incas n'étaient qu'une petite tribu en quête de territoires, dans un environnement particulièrement difficile. Ce qui allait devenir leur empire était constitué de la plus longue chaîne de montagnes du globe : la cordillère des Andes, qui s'étire sur près de 8 000 kilomètres, depuis le nord de la Colombie jusqu'à l'Antarctique. À l'ouest, les côtes du Pacifique sont désertiques, à l'est, les contreforts amazoniens sont noyés sous la végétation tropicale. Les Incas se sont vite adaptés à ce cadre naturel très rude. Leur essor à partir de leur capitale, Cuzco, a été fulgurant, et, quand les premiers bateaux européens accostent au nord du Pérou, en 1527,

▽
Pisac. Le quartier sacré de l'Intihuatana avec la résidence du Huilac Uma, ou grand prêtre du Soleil, aux parfaits appareils de granite rose.

462 .

△
Masque à figure humaine stylisée entourée de serpents. Il est possible qu'il représente Viracocha, le dieu créateur andin, vénéré par les Incas de Cuzco.
Musée de l'Or du Pérou, Lima.

La mystérieuse citadelle de Machu Picchu est si bien dissimulée que les archéologues ne l'ont découverte qu'en 1911.

MACHU PICCHU L'INVIOLABLE

Vu du río Urubamba, qu'il surplombe de plusieurs centaines de mètres, le Machu Picchu est à peine décelable. S'il a sans doute été édifié sous le règne de Pachacútec (1438-1471), on ignore sa vraie destination : lieu de retraite pour des vierges consacrées au Soleil ou poste de défense, il a également pu servir de refuge au dernier roi inca. Les édifices taillés dans le granite des montagnes environnantes s'étagent autour d'un espace central dégagé que dominent les pitons du Machu et du Huayna Picchu (la vieille et la jeune cime). Ils sont dispersés en quartiers qui ont chacun leur fonction : quartiers royal, religieux, industriel, et quartier des agriculteurs près des terrasses. Les bâtiments très massifs donnent à l'ensemble un aspect austère.

l'Empire inca règne sur plus de huit millions d'Indiens répartis entre l'actuel Équateur et les frontières du Chili.

La légende des premiers Incas

Au début du XVᵉ siècle, les souverains incas dominent la région de Cuzco. Il leur a fallu moins de deux siècles pour imposer leur pouvoir. Cependant, on ne connaît pas bien le destin de cette lignée de douze ou treize monarques. Comme les autres peuples sud-américains, les Incas ignorent l'écriture. Les Espagnols qui ont recherché les origines de la dynastie ont recueilli des récits mythiques divergents. Selon certaines versions, quatre frères, les Ayar, seraient sortis d'une caverne de Pacari-tampu, à trente kilomètres au sud de Cuzco ; alors que trois d'entre eux auraient été pétrifiés, le quatrième, Manco Ayar (appelé également Mango Cápac), aurait bâti sa hutte à l'endroit désigné par sa baguette d'or, profondément enfoncée dans le sol. Premier roi inca, il se serait installé avec sa sœur-épouse Mama Ocllo dans la vallée de Cuzco, à l'emplacement de la future capitale. Selon une autre version, le héros fondateur, émergeant du lac Titicaca, aurait apporté la civilisation aux hommes sous l'influence de son père, le Soleil.

Les Incas, maîtres des Andes

Les Incas seraient venus d'Amazonie et auraient lutté contre d'autres tribus de la région de Cuzco avant de s'y implanter. L'histoire mythique des Ayar traduirait cette rivalité tribale. D'ailleurs, dans le nom du successeur de Mango Cápac, Sinchi Rocca, le terme *sinchi* désigne un chef de guerre et traduit les attributions militaires des premiers souverains incas, engagés dans des guerres de voisinage.

Au XVᵉ siècle, leur pouvoir s'étend au-delà de la vallée de Cuzco. Cette extension, qui va être fulgurante,

▷ **Idole** féminine en or. Les formes du corps sont à peine esquissées, seule la tête est traitée en détail, car, à l'origine, ces statuettes portaient des vêtements de tissu.

Musée de l'Or du Pérou, Lima.

expansion de l'Empire inca :
1463 1471 1493 1525

.... frontières et capitales actuelles

▽ **Le Machu Picchu.** Autour de la grande place s'élèvent les palais de l'Inca et de ses prédécesseurs. La tradition voulait que chaque Inca se construise un nouveau palais. Ces palais constituaient de véritables villes en miniature.

. 463

commence, paradoxalement, par une défaite. De puissantes tribus se disputent alors la région, et l'une d'entre elles, celle des Chancas, vainc Viracocha, le huitième empereur inca. Son fils Yupanqui organise la résistance lors du siège de Cuzco par les Chancas. Ceux-ci sont finalement battus. Cette victoire sur une ethnie concurrente inaugure le développement de l'Empire inca. Yupanqui succède à son père sous le nom significatif de Pachacútec, le « Réformateur du monde ». Sous son règne (1438-1471) et sous celui de son fils Túpac Yupanqui (1471-1493), l'empire s'agrandit considérablement et s'organise. À la fin du XVe siècle, il est constitué d'une centaine d'ethnies, réparties sur 950 000 kilomètres carrés et unifiées par l'usage d'une même langue inca : le quechua.

LE FILS DU SOLEIL

L'empire des Incas trouve sa cohésion dans la personne de son souverain : le *Sapa Inca,* ou « Inca principal ». Celui-ci consolide son autorité en se proclamant descendant d'Inti, le Soleil, et en faisant du culte solaire une religion d'État. Le faste ainsi qu'un rituel très cérémonieux, qui souligne le moindre de ses gestes, parachèvent l'image de sa puissance. Le Sapa Inca est honoré à l'égal d'un dieu. Pour limiter les problèmes de lignée et conserver la pureté de sa caste, il doit épouser une de ses sœurs, la *Coya*. Tout ce qu'il touche, devenu tabou, est enfermé dans des coffres avant d'être brûlé. Le front ceint de la *mascapaicha,* bandeau à franges écarlates emblème du pouvoir,

paré de bijoux et vêtu de tissus précieux, il se déplace dans une litière ornée d'or et d'argent et tapissée de plumes d'oiseaux exotiques. On ne l'aborde qu'en se prosternant, pieds nus et le regard baissé.

Comme il n'y a pas de règle de succession, la mort du Sapa Inca suscite de sanglants conflits, et son successeur doit prouver sa légitimité par la force. À sa mort, le Sapa Inca est embaumé, et ses descendants masculins, s'ils ne lui succèdent pas, veillent sur sa momie tout en continuant à entretenir une cour. Ils conservent également les terres et les possessions de leur ancêtre. Comme il faut toujours plus de territoires aux nouveaux souverains ainsi frustrés, cette disposition a contribué à alimenter l'expansionnisme inca tout en multipliant le nombre des lignages (ou *panacas*). Il y en avait onze à l'arrivée des Espagnols. Les grands dignitaires sont choisis dans cette caste de privilégiés, mais certains guerriers ou alliés peuvent être anoblis afin de favoriser la cohésion de l'empire.

Cadran solaire, ▽ ou Intihuatana, en granite. Au point culminant du Machu Picchu s'élève un prisme de granite émergeant d'une dalle lisse. Son nom, qui signifie « où l'on amarre le soleil », indique la fonction astronomique de cette pierre, qui est peut-être aussi un autel de sacrifice.

Statuette masculine ▷ en or. Selon un chef indien de Panamá, il existait dans le sud un royaume qui regorgeait d'or, au point qu'on l'utilisait pour fabriquer les ustensiles les plus courants.
Musée de l'Or du Pérou, Lima.

La civilisation inca ne connaît pas l'écriture. Mais elle dispose d'un outil comptable perfectionné : le *quipu*.

LA MÉMOIRE DES CHIFFRES

Les Incas ne disposent que d'un système mnémotechnique permettant à des fonctionnaires de recenser exactement les biens et les hommes, notamment ceux qui sont aptes à accomplir les corvées. Ils utilisent pour cela un outil appelé *quipu* (« nœud ») qui se compose d'un cordon horizontal où s'attachent des cordelettes. Celles-ci ont des couleurs et des nœuds différents pour « noter » les quantités : un nœud simple marque le 1, des nœuds plus gros, les chiffres de 2 à 9, et la hauteur du nœud sur la corde indique aux spécialistes s'il s'agit d'unités, de dizaines, ou plus.

Un comptable avec son quipu.
1609. Musée national d'Archéologie, Lima.

CENTRALISATION ET ABSOLUTISME

Le roi est assisté par un conseil de quatre membres, les *apus,* représentant les quartiers de l'empire et chargés de leur administration. Au-dessous des apus, on trouve les *tukriquq,* ou gouverneurs de province, qui appartiennent aussi à l'ethnie inca. Ils peuvent être couverts de faveurs par les souverains, mais ils ne reçoivent pas de terres à titre privé : chez les Incas, la propriété du sol est collective, ce qui évite la formation d'une aristocratie foncière.

Favorisée par cette forte centralisation, la cohésion de l'Empire inca est également renforcée par les déplacements de colons déracinés, les *mitmaqunas.* Ainsi, certaines ethnies peu « sûres » sont installées dans des régions fortement imprégnées de civilisation inca ; c'est le cas des Canaris de l'Équateur, dispersés jusque dans le Sud péruvien. À l'inverse, des groupes loyaux sont dirigés vers des terres lointaines où ils cultivent notamment du maïs et de la coca, plantes associées au prestige dans l'univers inca. Par ailleurs, certains sujets, les *yanaconas* (ou dépendants perpétuels), sont « offerts » en récompense à des chefs locaux ou à des nobles de la cour, qui les emploient pour leur service ; mais ce ne sont pas des esclaves au sens traditionnel du terme puisqu'ils peuvent eux-mêmes posséder terres et biens.

CUZCO, LA CAPITALE DU SOLEIL

Bâtie autour d'une place centrale où se déroulent les fêtes les plus importantes, Cuzco, la capitale, est le centre de l'univers inca, en miniature. Elle est divisée en *Hanan* et *Hurin* Cuzco, haute et basse ville, distinction correspondant à l'organisation spatiale des unités familiales et territoriales qui

L'approvisionnement ▽ en eau des cités des Incas était assuré au moyen d'aqueducs. En outre, les canaux d'irrigation, de la même façon que le réseau routier, traversaient les Andes sur des kilomètres pour arroser les champs de canne à sucre, de coton et de maïs.

. 465

structurent tout l'espace andin. Cette division est liée aussi à la succession des rois incas, appartenant tantôt à l'une tantôt à l'autre partie. De même, la ville, d'où partent les quatre grandes routes qui desservent le pays, reprend dans ses quartiers la partition de l'empire en quatre sections.

Le souverain Pachacútec affirme l'importance religieuse de Cuzco en jetant les premières bases du temple du Soleil : le *Coricancha,* ou « enclos d'or ». Après la conquête, les Espagnols font du bâtiment le plus sacré de la ville un couvent de dominicains, mais ses formidables soubassements de pierre sont encore visibles. L'enceinte abrite des sanctuaires, des dépendances et un jardin extraordinaire où du maïs, de l'herbe, des fleurs, des lamas et des bergers ont été façonnés dans un or enrichi de pierreries qui symbolise le Soleil. Ce sanctuaire renferme diverses représentations des forces célestes ainsi que les momies des différents empereurs qui, somptueusement ornées, sont installées sur des trônes d'or. Seuls les membres des lignages impériaux peuvent demeurer dans la zone urbaine autour du Coricancha. Ceux qui ne sont pas incas, comme les provinciaux ou les étrangers, habitent à la périphérie de la ville.

LA PLANIFICATION DU TRAVAIL

Les villages bâtis dans les Andes jusqu'à près de 4 000 mètres sont habités par des familles élargies appelées *ayllus* et placées chacune sous l'autorité d'un chef, le *curaca,* qui est souvent un descendant des ancêtres divinisés. Il gère la distribution des terres, chaque famille devant cultiver des parcelles sur les différents étages écologiques de la montagne. Il s'occupe également de la répartition des travaux collectifs, par exemple de l'entretien des indispensables canaux d'irrigation. Appartenir à un ayllu signifie être engagé dans un réseau complexe d'obligations et de solidarités. Chaque ayllu doit pouvoir fournir à tout moment des travailleurs pour la garde des troupeaux d'alpagas ou de lamas, la production de tissus ou l'entretien des bâtiments. Périodiquement, tous les hommes adultes, c'est-à-dire chefs de famille (les jeunes gens sont mariés à vingt-cinq ans), sont de corvée (ou *mita*) pour une période allant de trois mois à un an. Ils doivent non seulement fournir du travail pour le curaca, mais aussi pour l'empereur et le dieu-soleil, qui possèdent des terres et

Les conquistadors veulent d'abord s'enrichir, et ils détruisent beaucoup d'œuvres incas pour l'or et l'argent qu'elles contiennent.

L'OR DES INCAS

466 .

Francisco Pizarro et ses hommes, qui ont vaincu l'Empire inca au XVIᵉ siècle, ont pillé les trésors avec tant de cupidité qu'il reste finalement peu d'objets témoignant de l'habileté des Incas à travailler les métaux. L'or, l'argent, le cuivre, le platine mais aussi les alliages, de cuivre et d'étain notamment n'avaient pas de secrets pour eux. L'industrie de l'or est sans doute née en Colombie. Elle s'est répandue le long de la côte pacifique et a gagné les hauts plateaux andins dès le Iᵉʳ millénaire avant notre ère. Les Incas, qui ont instauré le culte solaire, ont pris le contrôle des mines d'or, parce que ce métal était associé au soleil. Les premiers métallurgistes travaillaient l'or en en martelant de fines lamelles. Les procédés se sont diversifiés avec la fusion du métal dans des fours à bois ou par la technique de la cire perdue.

Vase chimú en or, incrusté de 32 turquoises.
Musée de l'Or du Pérou, Lima.

◁
Pachacútec. Les textes recueillis par les Espagnols confondent le mythe et l'histoire. On estime à présent que le 9ᵉ souverain de la dynastie inca fut le premier Inca historique.

1587. *Histoire de l'Empire inca.*
Musée national d'Archéologie, Lima.

des troupeaux sur tout le territoire inca. En contrepartie de leurs efforts, ceux qui accomplissent la corvée reçoivent nourriture, logement, habillement, outils et protection. Il y a donc redistribution sous forme de biens d'un travail fourni collectivement. À plus grande échelle, d'autres réseaux d'obligations et d'alliances fonctionnent entre les divers ayllus, ce qui tisse dans la société andine un vaste ensemble de liens.

LA RELIGION DES INCAS

Les Incas imposent le culte d'Inti, le Soleil, étroitement associé à celui d'Illapa, le maître des phénomènes météorologiques, tous deux assurant conjointement la fécondité des sols. L'Inca principal qui, de son vivant, s'incarne dans Inti, devient à sa mort Illapa, l'Éclair, chargé d'accomplir les rituels du calendrier sacré qui honorent à la fois le soleil et le maïs. Parallèlement à ce culte officiel, les Incas conservent les traditions religieuses locales des civilisations précédentes et assimilent les cultes des ancêtres de toutes les ethnies de l'empire. Ces ancêtres, sous le nom de *Huacas,* ont tous leur place dans les sanctuaires et le panthéon inca de Cuzco. Une Huaca désigne aussi un endroit consacré où reposent les momies des ancêtres des groupes familiaux et des ayllus. L'importance de ces Huacas est telle qu'elles figurent aussi sur l'immense réseau de lignes imaginaires qui quadrillent l'empire pour servir de repères astronomiques sous le nom de *ceques.*

Le culte local des Huacas ainsi que celui d'idoles protectrices des récoltes ont longtemps survécu à la disparition de l'Empire inca : moins facilement identifiables que les grandes divinités, ils ont mieux résisté aux attaques de l'Église catholique. Ils forment finalement le véritable héritage qu'ont légué les Incas à l'espace andin. □

Plumes sur armature △ de toile de coton, avec des plaques d'or. Les plumes d'oiseaux rares étaient considérées comme des biens aussi précieux que l'or.
Culture Chancay. (XIIIᵉ-XIVᵉ siècle). Musée de l'Or du Pérou, Lima.

▷
Sac à coca. La mastication de ces feuilles est une coutume si répandue que certains portent en permanence un sac qui en est rempli.
1440-1534. Musée national d'Archéologie, Lima.

Abside de l'église de ▷ Saint-Dominique avec un mur de « l'enclos d'or », ou Coricancha. Les conquérants espagnols ont utilisé le soubassement d'une construction précolombienne pour y édifier un monument chrétien.

Des hauts plateaux aux contreforts amazoniens, les Incas adaptent les espèces végétales au climat andin.

LE MAÏS ET LA POMME DE TERRE

La répartition des terres et la circulation des biens permet à chaque groupe familial de cultiver des parcelles aux différents niveaux d'altitude et de consommer sa propre production. Les tubercules constituent l'alimentation de base et il y a des centaines de variétés de pommes de terre. Celles de haute altitude, les plus amères, sont exposées au soleil et au gel pour être desséchées. Les hauts plateaux sont également plantés de *quinoa,* céréale supportant un climat rude. Le maïs pousse à basse altitude et est notamment consommé sous forme de bière. Il est aussi associé à certaines pratiques rituelles. Par exemple, les momies des rois défunts sont « nourries » de maïs.

LES ROUTES DES INCAS

Les Incas n'utilisaient pas la roue mais ont pourtant laissé un réseau routier d'au moins 23 000 kilomètres. Ces routes, taillées dans le roc des montagnes ou dessinées sur le sable, partent de la capitale, Cuzco, et rejoignent, aux quatre points cardinaux, les quatre quartiers de l'Empire inca. Elles escaladent des pentes vertigineuses, traversent des déserts et enjambent les gorges avec des ponts de lianes. La route la plus fréquentée et, aujourd'hui encore, la mieux conservée relie Cuzco à Quito, au nord. La route du sud se divise en deux branches autour du lac Titicaca ; celles de l'est et de l'ouest ont un tracé mal connu. Elles permettent de rejoindre la côte pacifique et le versant oriental de la cordillère des Andes. À ces grands axes s'ajoutent de nombreuses voies transversales. L'apogée de l'Empire inca se situant un siècle avant la conquête espagnole, toutes les routes n'ont sans doute pas eu le temps d'être bâties, et des chemins tracés par des civilisations antérieures ont dû être utilisés. Ce réseau routier permet une diffusion rapide de l'information : les messages sont pris en charge par des hommes, les *chasquis,* qui se relaient après avoir couru des distances allant jusqu'à 45 kilomètres. Enfin, les routes sont jalonnées de postes de repos ou de réserve de grains et de vêtements, qui jouent un rôle essentiel dans une économie fondée sur la redistribution permanente des richesses.

468 .

Paire de sandales de ▽ culture chimú. Le cuir a été ouvragé et orné d'un disque d'or incrusté de turquoise.
Musée de l'Or du Pérou, Lima.

Pont suspendu. △ Les ponts étaient faits de lianes de fibres d'agave, ou encore de troncs d'arbre. Les voyageurs pouvaient circuler assis dans des paniers.

Chasquis, coursiers qui ▷ assurent les liaisons intérieures. D'après les Indiens, ce service est si efficace que l'Inca peut manger à Cuzco du poisson de mer frais.
1609. Musée national d'Archéologie, Lima.

▽ **Gouverneur** des ponts royaux. Il gérait l'ensemble des travaux de construction. La destruction des ponts était passible de mort. 1609. Musée national d'Archéologie, Lima.

Vue générale ▽ de Machu Picchu. Étayée par des terrasses de soutènement, la route inca était jalonnée de bornes.

Le chemin de l'Inca △ est toujours visible aujourd'hui. Des «ingénieurs» suivaient l'armée et construisaient la chaussée au fur et à mesure que les conquêtes avançaient.

LES JAGELLONS

En 1410, les chevaliers Teutoniques sont
vaincus par les Lituaniens et les Polonais.
Cet événement marque la naissance
d'une nouvelle puissance, celle
de la Pologne des Jagellons.

A PARTIR DES Xᵉ et XIᵉ siècles,
les Allemands ont joué un
rôle prépondérant, à la fois
en Europe centrale et en
Europe orientale. Convertis
au christianisme sous le
contrôle de l'Empire germanique, les
États embryonnaires qui se sont développés dans la région sont restés sous
son influence économique et politique.
Cette germanisation de l'Est s'est essentiellement faite grâce à la colonisation de
terres neuves par de nombreux paysans
allemands qui ont défriché d'immenses
territoires. Des villes allemandes ont été
fondées, et beaucoup de nobles étaient
d'origine germanique.

Les chevaliers Teuto-
niques. L'essor de l'or-
dre date du XIIIᵉ siècle,
avec la conquête et
l'évangélisation
de la Prusse.

1305-1350. *Codex Manesse.*
Bibliothèque de l'université,
◁ Heidelberg.

Le château de Marien-
burg (aujourd'hui
Malbork en Pologne).
Édifié sur la Basse-
Vistule en 1276, il fut
le siège de l'ordre Teu-
tonique avant d'être
vendu à la Pologne
en 1457.

470 .

Outre cette forte présence allemande, la région devait compter avec l'ordre Teutonique, qui possédait le long de la mer Baltique, un immense territoire dans lequel il jouissait des mêmes droits de souveraineté que les princes allemands. Ce royaume s'étendait de la Prusse à la Livonie. Non seulement il constituait un pôle avancé du catholicisme face aux orthodoxes russes et aux païens de Lituanie, mais il était également une forme de domination germanique qui empêchait l'affirmation autonome des puissances régionales naissantes.

Le royaume de Pologne, qui s'était considérablement agrandi sous le règne de Casimir III le Grand (1333-1370), ne pouvait alors qu'affronter la puissance régionale que représentait l'ordre des chevaliers Teutoniques.

Une nouvelle puissance : la Pologne

À la mort de Casimir le Grand, la couronne polonaise passe à son neveu Louis d'Anjou, roi de Hongrie. Celui-ci s'intéresse peu à son nouveau royaume, mais il s'assure cependant de la transmission du trône à ses enfants et s'attire les bonnes grâces des nobles polonais par le privilège de Kaszyce (1374), qui, en diminuant les impôts payés par ceux-ci, affaiblit le pouvoir central. La noblesse peut ainsi refuser le projet de succession imaginé par Louis. Le roi n'a en effet que deux filles. L'une, Marie, est mariée à Sigismond de Luxembourg, le futur empereur germanique, et l'autre, Hedwige, est fiancée à un Habsbourg. Mais les nobles, qui ne veulent pas d'un prince allemand pour roi, imposent la rupture de ces fiançailles. En 1384, à l'âge de dix ans, Hedwige monte sur le trône de Cracovie. Enfin, pour mieux marquer la rupture avec les Allemands, elle est obligée d'épouser le grand-duc Jagellon de Lituanie. Celui-ci devient ainsi le roi de Pologne Ladislas II Jagellon après avoir reçu le baptême, en 1386. Une union politique entre la Lituanie

▽

Une noble dame dans ses appartements, avec son aumônier et un chevalier. Sur ses genoux, un chien, symbole de fidélité. À la porte du château, un domestique amène la haquenée, cheval de promenade.

XVᵉ siècle. Musée national bavarois, Munich.

Fondé en 1191 en Terre sainte, l'ordre Teutonique, comme celui des templiers et des hospitaliers, a pour vocation première la libération de Jérusalem.

LES CHEVALIERS TEUTONIQUES

L'ordre se consacre vite à la conquête des territoires païens de l'Europe du Nord : doté de privilèges étendus par l'empereur Frédéric II, il acquiert alors d'immenses territoires en Livonie et en Prusse, où il installe sa capitale, en 1309, à Marienburg. Là, le grand maître règne en véritable souverain. Il gouverne assisté par un conseil où siègent les évêques prussiens et les dignitaires, tous allemands, de l'ordre. Chaque année, il invite des membres de la noblesse européenne à accompagner ses chevaliers en « croisade » contre les « infidèles », les Lituaniens surtout. Mais l'ordre, affaibli par les crises du XIVᵉ siècle, doit faire appel à des mercenaires.

et la Pologne est, d'autre part, conclue à Krewo en 1385. Ce choix est capital : la Lituanie, jusque-là païenne, se convertit en même temps que son chef, et l'ordre Teutonique ne peut plus prétendre mener des croisades contre des Lituaniens devenus catholiques.

Mariée à douze ans avec Jagellon, Hedwige est une grande reine et joue un rôle politique capital jusqu'à sa mort, en 1399. La souveraine prend part à toutes les grandes décisions royales jusqu'à jeter, sur son lit de mort, les bases mêmes du second mariage de son propre mari, qui accepte ce partage du pouvoir, pour renforcer le lien des Jagellons et de la Pologne.

Il doit également accepter de le partager, malgré lui, en Lituanie avec son cousin Witold. Celui-ci a d'abord commencé par s'opposer à l'union de la Lituanie et de la Pologne puis a fait alliance avec les chevaliers Teutoniques. Jagellon, pour faire taire cette opposition, l'a associé au gouvernement en 1392. Un peu plus tard, en 1401, il doit même lui céder le titre de grand-duc de Lituanie. Entre-temps, Witold s'est engagé dans une grandiose politique de conquête des principautés russes. En effet, la conversion de la Lituanie au catholicisme, si elle a éteint l'hostilité des chevaliers Teutoniques, lui a créé, en revanche, de nouveaux adversaires : les principautés russes orthodoxes. Cette hostilité permet à Witold de mener sa propre politique, tout à fait indépendante de celle de Jagellon, en envisageant l'expansion de la Lituanie vers l'est. Mais les Mongols brisent cet élan en 1399 en écrasant Witold lors de la sanglante bataille de Worskla.

LA DÉFAITE DES TEUTONIQUES

Cette défaite conduit tout droit à une autre guerre. Une fois la politique d'expansion à l'est devenue impossible, l'avenir de la Lituanie passe par la consolidation de l'union avec la Pologne. Les Teutoniques bloquent l'accès des deux pays à la Baltique et gardent leurs visées expansionnistes.

◁ **Sigismond I**er de Hongrie, rival de Jagellon, reçoit les légats du pape.
XVe siècle. Richental. Bibliothèque de l'université, Prague.

Cracovie. Casimir ▽ le Rénovateur, qui restaura l'État polonais, fit de Cracovie la capitale de la Pologne.
1493. Hartmann. Bibliothèque nationale, Paris.

Devenue «roi de Pologne» à dix ans, Hedwige, la fille cadette de Louis d'Anjou fut une grande souveraine.

LA REINE HEDWIGE

Louis d'Anjou a prévu de laisser la Hongrie et la Pologne à sa fille aînée, Marie. La seconde, née en 1374, est fiancée à un Habsbourg. Mais la noblesse polonaise impose une solution «nationale» : Marie doit limiter ses ambitions à la Hongrie et renoncer à ses droits sur la Pologne en faveur d'Hedwige, qui épouse Jagellon, duc de Lituanie. Ce dernier se fait baptiser sous le nom de Stanislas. En 1384, les nobles polonais acceptent que Hedwige monte sur le trône, auquel Stanislas II Jagellon est associé à partir de 1386, mais Hedwige continue à exercer un rôle essentiel jusqu'à sa mort, en 1399. Elle fonde un collège polonais à l'université de Prague, puis à l'université de Cracovie, et fait rédiger, en langue populaire, le *Psautier de Florian,* un des plus célèbres textes littéraires polonais.

La guerre est inévitable. Celle-ci éclate en 1409, après une révolte de la Samogitie, occupée par les Teutoniques, qui ont l'appui de la maison de Luxembourg, c'est-à-dire de l'Empire, de la Bohême et de la Hongrie. Ils ont aussi le soutien de la Poméranie, et l'aide des chevaliers occidentaux. Les Polono-Lituaniens doivent se contenter de quelques mercenaires tchèques et des partisans tatars de Witold. L'engagement a lieu le 15 juillet 1410 près de Tannenberg et de Grünwald. Les charges des nobles polonais regroupés sous les bannières des grands clans nobiliaires écrasent les Teutoniques. Le grand maître et la plupart des dignitaires de l'ordre sont tués pendant la bataille.

L'ordre des chevaliers Teutoniques risque de disparaître. L'un des dignitaires rescapés, Heinrich von Plauen, résiste et oblige Jagellon à traiter. Mais la domination de l'ordre dans la région est terminée, et l'accès à la Baltique assuré. Finalement, en 1466, le grand maître devient le vassal de la Pologne. Cette bataille représente un événement capital dans l'histoire de l'Europe centrale : elle brise la puissance des croisés germaniques et marque le début de l'expansion polonaise.

L'EMPIRE POLONAIS

Après la mort de Witold, Jagellon récupère le pouvoir en Lituanie et il instaure une dynastie qui prolonge son œuvre. Continuant à lutter contre les Teutoniques, ses successeurs se font aussi les remparts de la chrétienté contre les Turcs et finissent par obtenir les couronnes de Hongrie et de Bohême. À la fin du XVe siècle, la dynastie règne sur toute l'Europe de l'Est. Mais il s'agit d'un système politique différent de celui des royaumes occidentaux. Ces États sont avant tout des « républiques nobiliaires », à commencer par la Pologne. Le roi y est privé de l'initiative et doit coexister avec un parlement appelé « diète ». Grâce à celle-ci, le clergé et surtout la noblesse pèsent de tout leur poids sur la politique du roi. Cette particularité ainsi que la nature exclusivement familiale des unions entre les différentes couronnes expliquent la fragilité relative de l'« empire » polonais naissant. □

◁ **Arbre** généalogique de la dynastie Jagellon, qui règne sur la Lituanie, la Pologne, la Hongrie et la Bohême entre les XIVe et XVIe siècles.

▽ **Grande dame** « d'Esclavonie », c'est-à-dire du pays des Slaves. On y enleva de nombreux captifs au haut Moyen Âge, et c'est de là que vient le mot « esclave ».

XVIIIe siècle. Coll. part.

. 473

Le culte rendu à la Vierge Marie est, dès le XIIIe siècle, un des aspects essentiels de l'identité polonaise.

LA POLOGNE ET LA VIERGE

Malgré sa situation entre la Russie orthodoxe et la Prusse, qui deviendra protestante au XVIe siècle, la Pologne est restée farouchement catholique. La vie intellectuelle y est dominée par des clercs, souvent venus de l'Ouest. C'est à eux que l'on doit les principales œuvres de la littérature médiévale, dont de nombreux cantiques traduits du latin dans la langue populaire pour supprimer toute trace de paganisme et rallier la masse du peuple au catholicisme. Au XIIIe siècle est rédigé l'*Hymne à la Vierge mère,* entonné par les chevaliers et les soldats polonais à la bataille de Tannenberg. C'est en 1382 que les Paulins ont fondé un monastère à Czestochowa, où les pèlerins affluent pour vénérer l'icône de la Vierge noire, qui suscitera longtemps encore l'enthousiasme des foules.

AZINCOURT

Sous Charles VI, au plus fort de la guerre de Cent Ans, la France, divisée, connaît une défaite qui semble définitive.

ENTRE 1380 ET 1415, après un heureux début de règne, la folie de Charles VI le Bien-Aimé terrifie ses sujets et bouleverse tout l'édifice politique construit par l'entourage de son père. Les guerres civiles ruinent le royaume tandis que les Anglais remportent victoire sur victoire.

LA FOLIE DU ROI

Quand Charles V meurt, après avoir délivré le royaume des Anglais et des Grandes Compagnies, Charles VI n'a que douze ans. Son père avait bien prévu que le pouvoir serait exercé par ses fidèles conseillers qui avaient l'expérience des affaires administratives et de la gestion financière. Mais, juste après sa mort, ce sont les oncles du roi, les ducs de Bourbon, de Bourgogne, de Berry et d'Anjou qui se répartissent les honneurs et les profits du pouvoir. En 1388, Charles VI, qui «voyait faire à ses oncles choses qui étaient plus au

▽ **La bataille** d'Azincourt. Comme à Crécy, les chevaliers français combattent sans discipline et sans plan stratégique. Ils perdent 10 000 hommes. Les Anglais font prisonnier Charles d'Orléans, qui reste captif pendant vingt-cinq ans.
1484. Martial de Paris. Bibliothèque nationale, Paris.

profit d'eux et d'autres particuliers que du bien public » (Juvénal des Ursins, chroniqueur du roi), remercie ses tuteurs et entreprend de gouverner seul. Mais, en 1392, le roi est pris d'un accès de folie. Les ducs, qui avaient été évincés du pouvoir pour un temps, réapparaissent. Écartant les conseillers du roi, qu'ils nomment par dérision les « Marmousets » (figures grotesques), les oncles reprennent leur place au Conseil. L'affrontement entre le plus puissant d'entre eux, Philippe le Hardi, duc de Bourgogne, et le frère du roi, Louis d'Orléans, détermine alors la politique du pays. C'est à qui place ses pions et tire profit des finances royales.

ARMAGNACS ET BOURGUIGNONS

Lorsque Philippe le Hardi meurt, en 1404, Louis d'Orléans réduit de moitié les finances de son successeur, Jean sans Peur. Celui-ci, engagé dans une politique ambitieuse et coûteuse aux Pays-Bas, ne peut l'admettre. Faute d'être entendu, il fait assassiner en 1407 Louis d'Orléans et s'enfuit de Paris. La guerre civile est alors inéluctable entre les « Bourguignons » et ceux qu'on appelle « Armagnacs », Charles d'Orléans, fils de Louis, pouvant compter sur les mercenaires gascons de son beau-père, le comte d'Armagnac. Au fil des ans, les partis se sont constitués : héritiers des « Marmousets », les Armagnacs veulent renforcer les prérogatives royales, les pouvoirs des officiers et l'efficacité de l'adminis-

◁ **Couronnement** de Charles VI (1380-1422). Ses retours intermittents à la raison empêchent la constitution d'une régence et favorisent la lutte des partis.

XVᵉ siècle. Jean Fouquet. Bibliothèque nationale, Paris.

△ **Massacre** des Armagnacs. En 1407, le duc d'Orléans est assassiné en pleine rue, sur l'ordre de Jean sans Peur. Tout Paris se livre alors à la chasse aux Armagnacs.

XVᵉ siècle. Bibliothèque nationale, Paris.

. 475

Selon l'expression du chroniqueur Froissart, le royaume du roi de France Charles VI est « frappée au chef ».

LA FOLIE DU ROI

Le 5 août 1392, alors que Charles VI chevauche dans la forêt du Mans, un homme surgit en criant devant lui. Le roi, pris d'un accès de démence, se jette alors sur son escorte, tuant ou blessant plusieurs personnes. La surprise, la chaleur ont aggravé un déséquilibre congénital, accentué par une vie épuisante de combats et de fêtes. Désormais, les crises violentes alterneront avec des périodes d'abattement et des rémissions de plus en plus courtes. La cour accomplit de longs pèlerinages, les médecins proposent saignées et décoctions magiques, la reine et les ducs organisent des fêtes, on tente de distraire le roi avec les premières cartes à jouer, mais rien n'y fait, et chaque accès de folie jette dans les rues des processions de Parisiens éperdus. Aucune régence n'est possible, le royaume n'est plus gouverné que par intermittence.

tration. Les Bourguignons réclament des réformes, l'allègement des impôts et s'élèvent contre les malversations des officiers, dont ils demandent la condamnation. Dans Paris acquis aux Bourguignons, hommes de main et opportunistes profitent de ces rivalités pour multiplier pillages et atrocités. C'est ainsi qu'en 1413 un écorcheur de bêtes, Caboche fait régner la terreur avec la complicité de Jean sans Peur, détachant la bourgeoisie marchande et l'université du parti bourguignon.

Azincourt

Sollicité par les deux partis, le roi d'Angleterre, Henri V, décide de mettre à profit la querelle des Armagnacs et des Bourguignons pour revendiquer l'héritage de Guillaume le Conquérant et des Plantagenêts, confisqué au fil des années par les rois de France. Le 13 août 1415, la flotte anglaise aborde en Normandie. Le 25 octobre 1415, l'armée française se porte à sa rencontre à Azincourt ; elle n'est composée que d'Armagnacs malgré la trêve conclue avec les Bourguignons. Quoiqu'ils aient choisi une position très différente de celles de Crécy et de Poitiers, les chevaliers français subissent une défaite plus grave encore. Massés sur un étroit plateau, ils dominent les Anglais, bien moins nombreux, retranchés derrière une palissade. Henri V, habile stratège, dispose son armée en formation souple et mobile, utilisant au mieux ses brillants archers. Les Français, empêtrés par leurs lourdes armures, et trop serrés pour manœuvrer, doivent mettre pied à terre et sont alors criblés de flèches. Les coutiliers anglais achèvent le massacre, égorgeant les prisonniers, n'épargnant que les princes, dont ils peuvent tirer une forte rançon. La noblesse est décapitée sur le champ de bataille d'Azincourt : de ce fait, les trois quarts, au moins, des lignées nobles du royaume de France n'auront plus de descendance du côté des hommes.

La conquête

Dès 1417, Henri V, convaincu que sa victoire est un jugement du Ciel, entreprend une conquête systématique de « son » royaume. Effrayé par l'avance anglaise, Jean sans Peur cherche à se rapprocher du Dauphin, Charles, et de

476 .

◁
Charles VI reçoit de son conseiller Pierre Salmon le manuscrit constituant un supplément aux *Chroniques* de Froissart, dont il s'est fait le continuateur. Dans un coin de la salle, les oncles du roi.
XVᵉ siècle. Pierre Salmon. Bibliothèque nationale, Paris.

son entourage. Le 10 septembre 1419, une entrevue est organisée à Montereau. Sur le pont qui traverse l'Yonne, les chefs des deux partis marchent à la rencontre l'un de l'autre, quand, sans que l'on sache au juste pourquoi, un membre de la suite du Dauphin, Tanguy du Châtel, tue le duc de Bourgogne d'un coup de hache. La haine de son fils, Philippe le Bon, envers Charles est désormais inexpiable et cimente son alliance avec le roi d'Angleterre.

LE TRAITÉ DE TROYES

En 1420, le traité de Troyes conclut cette période désastreuse en livrant la France aux Anglais. Le signataire du traité, Charles VI, admet « être empêché la plupart du temps » et ne pouvoir « vaquer en personne » aux « besognes du royaume ». Henri V épouse Catherine de France, fille de Charles VI, et devient ainsi « fils » du roi et « droit » héritier du royaume. À la disparition de Charles VI, Henri VI, son héritier, lui succédera. Quant au soi-disant Dauphin, accusé de naissance illégitime à la suite des bruits que sa mère, la frivole Isabeau de Bavière, fait courir, il n'aura aucun droit sur cet héritage.

Il y a désormais trois France : la France anglaise, qui comprend la Normandie, la Guyenne et Paris ; la France du duc de Bourgogne, qui ajoute à ses possessions la Champagne, la Brie et la Picardie et s'étend jusqu'aux Pays-Bas ; la troisième, la plus faible, est celle du Dauphin Charles, qui a pris Bourges pour capitale, et semble incapable de toute initiative mais suscite de solides fidélités. □

◁ **La répression.**
En 1418, les Armagnacs, à nouveau maîtres de Paris qu'ils tiennent sous la terreur, instaurent un véritable régime policier.
XVe siècle. *Chroniques* de Froissart. Bibliothèque de l'Arsenal, Paris.

La cour de l'Échiquier ▷ des ducs de Normandie conserve ses attributions de cour de justice après la réunion de la Normandie à l'Angleterre.
Vers 1460. Londres.

. 477

Seule la mort d'Henri V révélera la faiblesse de l'œuvre politique de cet homme exceptionnel.

HENRI V DE LANCASTRE

Il est le fils d'Henri IV de Lancastre, cousin germain de Richard II, qui prit contre celui-ci la tête de la rébellion féodale, le laissa mourir de faim dans sa prison et s'empara du trône. Pendant le règne de son père, le futur Henri V fait l'apprentissage de son métier de roi, en matant la révolte du pays de Galles, menée par Owen Glyn Dwr. Animé d'une volonté de fer et sûr de son bon droit, Henri veut reconquérir l'ensemble des terres ja-dis tenues par les Plantagenêts. Il semble y être parvenu quand il meurt, en 1422, deux mois seulement avant Charles VI : il a épousé la fille de celui-ci, Catherine, et leur fils, le jeune Henri VI, pense pouvoir régner sur les deux royaumes. Il a su se donner des administrateurs efficaces : le fameux évêque Cauchon, le boucher parisien Jean de Saint-Yon, financier avisé. Pourtant, moins de quinze ans plus tard, il ne restera rien de ses conquêtes.

LES *TRÈS RICHES HEURES* DU DUC DE BERRY

A la fin du Moyen Âge, la lecture progresse ; le livre devient un objet personnel tandis que la piété est de plus en plus individualisée : ainsi, le livre d'heures, dont les oraisons accompagnent le chrétien au long de la journée, aide à la fois à prier et à rythmer le temps (d'où la fréquence des calendriers dans ce genre de livre). Mais dans la bibliothèque d'un prince, le livre, et surtout le livre d'heures, objet personnel, est aussi bijou et œuvre d'art, car il doit témoigner de la magnificence de son propriétaire. La reliure, ornée souvent de pierres précieuses, de plaques d'ivoire ou d'orfèvrerie, et surtout l'extrême richesse des miniatures le montrent : d'ailleurs, les princes s'échangent, au moment des étrennes, ces livres qui portent (et glorifient par leur splendeur) leurs armes ; leur mécénat n'est pas désintéressé, il a une fonction politique. Jean de Berry, troisième fils du roi Jean II, est l'un des plus somptueux de ces princes ; il a rassemblé dans ses châteaux (tous détruits, mais représentés, comme celui de Mehun-sur-Yèvre, dans le fond des miniatures des *Très Riches Heures*) des trésors prodigieux. Le duc fait travailler les plus grands artistes du temps (comme les frères Paul, ses peintres officiels de 1409 à 1416, et Jean de Limbourg), qu'il a enlevés à prix d'or à la maison de Bourgogne et envoyés en Italie pour qu'ils s'y perfectionnent et lui rapportent des œuvres d'art exceptionnelles.

478 .

Le mois de septembre. Les vignerons font les vendanges devant le château de Saumur. Chacune des douze miniatures du calendrier illustre les activités des paysans et représente un des châteaux du duc de Berry. 1411-1416. Musée Condé, Chantilly.

▽ **Le duc de Berry** part en voyage. Les *Petites Heures* étaient le livre de prières que le duc aimait emporter avec lui lors de ses nombreux déplacements. Vers 1413, des prières pour les voyageurs ont été ajoutées.
Vers 1388 ou 1402. Bibliothèque nationale, Paris.

▷ **Novembre,** le porcher mène le troupeau de pourceaux « à la glandue » dans le bois communal. À la fin du mois, quelques cochons seront sacrifiés, découpés, salés. Ils fourniront la seule alimentation carnée des paysans.
Musée Condé, Chantilly.

. 479

▽ **Le mois de mai :** le seigneur et sa dame portent les longues robes des nobles. La dame monte en amazone un cheval qui va l'amble, levant les deux jambes du même côté pour ne pas secouer sa cavalière.
Musée Condé, Chantilly.

◁ **Janvier,** le duc de Berry festoie. La vaisselle est en or, mais on mange avec ses doigts.
Musée Condé, Chantilly.

ITALIE

L'assassinat de la reine Jeanne

■ La vie agitée de Jeanne Ire d'Anjou, reine de Naples, se termine tragiquement en 1382. Comtesse de Provence, elle avait dû, en 1347, se réfugier dans le sud de la France pour échapper à son beau-frère Louis de Hongrie, qui l'accusait d'avoir fait assassiner son mari André de Hongrie. Innocentée par le pape, Jeanne se remarie successivement avec Louis de Tarente, Jacques III, roi de Majorque, puis Otton de Brunswick, ce qui inquiète fort Charles de Duras, son neveu, héritier désigné depuis 1370. Appuyé par le pape de Rome, Charles conquiert le royaume de Naples et fait étrangler sa tante. □

PÉNINSULE IBÉRIQUE

La puissance du Portugal

■ Quand le roi Ferdinand Ier de Portugal meurt, en 1383, sa succession est difficile. Il s'était obstiné, en vain, à faire valoir ses droits sur la Castille et avait marié sa fille à Jean Ier de Castille, ce qui justifie l'invasion du Portugal par celui-ci. Après deux ans de troubles, c'est le frère naturel d'Alphonse Ier, Jean Ier, dit João le Grand, qui rétablira l'ordre et régnera après avoir battu les Castillans à Aljubarrota en 1385. Le nouveau roi est le fondateur de la deuxième dynastie portugaise, celle des Aviz, car, à son avènement, il avait été grand maître de l'ordre militaire d'Aviz, fondé en 1145 pour lutter contre les Maures. □

FRANCE

Gaston Phébus

■ Après avoir pris parti pour le roi de France, Gaston III, comte de Foix, observe dans la guerre de Cent Ans une neutralité absolue, refusant son hommage à Jean le Bon, qui est du côté de son adversaire, le comte d'Armagnac. Gaston III s'engage alors aux côtés des chevaliers Teutoniques, avant de rentrer en France et d'utiliser les routiers des Grandes Compagnies pour battre le comte d'Armagnac, qu'il ne libère que contre une énorme rançon. Avec celle-ci il peut mener grand train à Orthez, être un généreux mécène et mériter le surnom de Phébus, « le Soleil ». Il meurt en 1391, en léguant ses possessions à la Couronne. □

SCANDINAVIE

La reine Marguerite

■ En 1397, le traité signé à Kalmar, scellant l'union de la Suède, du Danemark et de la Norvège, est l'aboutissement de la politique menée par Marguerite la Grande qui a continué l'œuvre de son père, roi du Danemark, et de son époux Haakon VI de Norvège. Celui-ci avait dû céder la Suède à Albert de Mecklembourg, mais la lutte reprend en 1380. Marguerite, régente du Danemark depuis 1375, gouverne alors également la Norvège. Elle bat Albert de Mecklembourg, se fait proclamer reine de Suède, et réunit les trois royaumes. Son neveu, Éric de Poméranie, lui succède en 1412. □

EUROPE OCCIDENTALE

Le grand schisme d'Occident

■ À la mort du pape de Rome, Urbain VI, en 1389, l'Église catholique est profondément divisée. De 1309 à 1376, la papauté s'était établie à Avignon : le gouvernement de l'Église échappait ainsi aux intrigues italiennes mais tombait sous la coupe des rois de France. Sous l'influence de Catherine de Sienne, mystique italienne, le pape Grégoire XI s'est laissé persuader de rentrer à Rome en 1377. Le nouveau pape connaît bien l'Italie et veut rendre son prestige au siège de Saint-Pierre, mais il meurt à son arrivée. Le conclave qui doit élire son successeur se tient à Rome dans une atmosphère d'émeute ; il choisit l'évêque de Bari, Bartolomeo Prignano, qui prend le nom d'Urbain VI. Mais, autoritaire et violent, celui-ci effraie par ses exigences morales les cardinaux, qui, finalement, déclarent nulle son élection, puisqu'elle a eu lieu sous la pression populaire. Ils désignent un nouveau pape, Robert de Genève, Clément VII, qui s'installe à Avignon et est reconnu par le roi de France, tandis qu'Urbain VI tient toujours Rome. Les catholiques ont désormais deux papes, qui auront par la suite des successeurs différents, et pour qui les princes vont se battre durant près d'un demi-siècle. □

La bataille de Kosovo.

CÔTE DALMATE

La défaite de Kosovo

■ La grandeur de la Serbie de Douchan ne survivra pas au XIVe siècle. À partir de 1371, les princes serbes doivent accepter la tutelle turque ; le dernier à la refuser est le prince Lazare, qui affronte les Ottomans au sud-ouest de la Serbie, dans ce qui est aujourd'hui le territoire autonome du Kosovo. Il meurt au combat et les troupes serbes doivent s'incliner devant les Turcs de Murad Ier, en 1389. Cette défaite, le 15 juin, met fin pour cinq cents ans, malgré un répit d'un siècle, à l'indépendance de la Serbie. □

CORÉE

Nouvelle dynastie

■ Les Li, qui régneront sur la Corée jusqu'en 1910, descendent du général Lisungkei. En 1392, celui-ci se révolte contre la tutelle mongole et détrône le roi Kong Yang, affaibli par ses échecs sur mer. Lisungkei, qui règne sous le nom de Li Taeyo, procède à une distribution des terres aux paysans et introduit en Corée la morale de Confucius. En 1396, la capitale est transférée à l'actuelle Séoul. En dépit de sa volonté d'indépendance, la Corée des Li devra cependant reconnaître la suzeraineté de la Chine des Ming. □

TURQUIE

Rapts d'enfants dans les Balkans

■ Pour assurer le recrutement de son infanterie, le sultan Murad (1362-1389) organise l'enlèvement des garçons de foyers chrétiens (devchirmé). Convertis de force à l'islam, ceux-ci reçoivent d'abord un entraînement militaire intensif puis sont incorporés dans le corps des janissaires (du turc Yeni Ceri signifiant « corps des étrangers »), qui ne devaient se consacrer qu'à la guerre. Ces musulmans fanatiques seront 8 000 dès la fin du XIVe siècle. □

AFRIQUE

L'empire du Bornou

■ Héritier du Kanem, « l'État » du Bornou naît au Soudan central. En 1366 et 1377, sous le roi Daoud du Kanem, les nomades boulalas, menés par Jil ibn Sikouma, avaient intensifié leur harcèlement. En 1394, son successeur, Omar, abandonne le Kanem pour le Bornou, sans pour autant trouver la paix : les Boulalas, un temps apaisés, reprennent la guerre, sous la pression de nomades arabes. Les chroniqueurs musulmans mentionnent une lettre de protestation du « roi » Amin Osman du Bornou au sultan du Caire. □

Dès le milieu du XIVᵉ siècle, l'idée se répand, en France, que le roi ne doit pas être d'origine étrangère. Cet indice évident d'un sentiment national se manifeste quand Jeanne, une jeune paysanne lorraine, apostrophe ainsi les Anglais : « Rendez à la pucelle envoyée ici par Dieu le roi du Ciel les clés de toutes les bonnes villes que vous avez prises et violées en France. » Au sortir de la guerre de Cent Ans, deux nations, nées dans l'épreuve, se font face. Leur identité propre semble fondée sur la haine réciproque, au point que Robert Gaguin rapporte de son ambassade à Londres, en 1489, la conviction « qu'on réconcilierait plus facilement un loup avec une brebis qu'un Anglais avec les Français ». Et, en Chine, n'est-ce pas aussi une réaction « nationale » contre un siècle d'occupation mongole qui, en 1368, porte au pouvoir une nouvelle dynastie, les Ming, ouvrant également une ère de xénophobie fondée sur la haine du Mongol et des étrangers qui l'ont servi ? Après avoir rejeté tout ce qui n'est pas chinois, la Chine des Ming revient à ses origines.

Bodhisattva (être qui aspire à l'illumination) en bronze doré. Époque Ming. Musée Cernuschi, Paris.

LA FIN DE LA GUERRE DE CENT ANS

L'épopée de Jeanne d'Arc ne dure que deux ans et s'achève tragiquement, mais elle rend prestige et vigueur à la monarchie française.

E N 1422 meurent successivement le vainqueur d'Azincourt, Henri V, et le vaincu, Charles VI, le roi fou. Entre les possessions des Anglais et celles du duc de Bourgogne, le domaine du « soi-disant Dauphin », Charles VII, est limité à « Orléans, Beaugency, Notre-Dame de Cléry », sur la Loire, et à quelques îlots de résistance : le Mont-Saint-Michel, entre Normandie et Bretagne, de petits fiefs en Lorraine, le comté de Foix. Charles VII dispose d'un gouvernement à Bourges et d'un parlement à Poitiers ; par ailleurs, ses finances sont en bon état, son armée est forte, mais il semble incapable de toute initiative. En 1428, Orléans est investie : la prise de la ville ouvre aux Anglais l'accès des domaines de Charles VII.

◁ **Jeanne d'Arc**, son épée et son étendard, tel qu'elle l'a décrit, brodé des noms « Jhesus Maria », et représentant les saints dont elle entend les « voix ». À la fin du XVe siècle, la Pucelle est déjà une légende ; l'artiste n'a pas osé la représenter avec des cheveux courts.

Archives nationales, Paris.

JEANNE D'ARC

Rien ne paraît devoir sauver Orléans. L'armée de secours française a été mise en déroute par celle de sir John Fastolf, le Falstaff de Shakespeare, lors de la « journée des Harengs », en février 1428.

Or, depuis un an déjà, une jeune paysanne lorraine de seize ans, Jeanne d'Arc, dit entendre des voix, celles de

saint Michel, patron de la France, de sainte Marguerite et de sainte Catherine, qui lui ordonnent de chasser les Anglais de France. Son village se trouve dans une enclave encore fidèle à Charles : le capitaine Robert de Baudricourt, sire de Vaucouleurs, fournit à la jeune fille une monture et une petite escorte. Et Jeanne arrive à la cour de Chinon. Là, bien que n'ayant jamais vu le roi, qui s'est dissimulé parmi les courtisans, elle le reconnaît et gagne sa confiance en lui révélant un « secret » très important. Elle le persuade sans doute ainsi qu'il est bien l'héritier légitime du trône, ce dont il doutait, étant convaincu de n'être qu'un bâtard.

Les conseillers de Charles laissent partir une armée vers Orléans ; les capitaines sont hésitants, mais l'enthousiasme de Jeanne transfigure les

troupes. Elle somme les Anglais d'abandonner le combat : « Rendez à la pucelle envoyée ici par Dieu le roi du ciel les clés de toutes les bonnes villes que vous avez prises et violées en France. » Le 8 mai, Orléans tombe, à la stupéfaction générale. Jargeau et Meung suivent. En juin, l'armée anglaise est à nouveau écrasée à Patay, et son chef, Talbot, fait prisonnier par La Hire, compagnon de Jeanne d'Arc.

Le roi Charles VII et ▽ Jeanne d'Arc. Le roi porte encore les vêtements modestes avec lesquels il a tenté de cacher son identité. Le fait que Jeanne l'ait « reconnu » a certainement levé tous ses doutes quant à sa « bâtardise ».

XVᵉ siècle. Bibliothèque de l'Escorial, Madrid.

▽ **Venue** de Domrémy, Jeanne d'Arc arrive à Chinon, escortée par la petite troupe que lui a donnée le sire de Vaucouleurs, capitaine d'une enclave lorraine restée fidèle au Dauphin.

XVᵉ siècle. Musée archéologique, Orléans.

royaume de Bourges
domination anglaise
domination bourguignonne
acquisitions du duc de Bourgogne confirmées au traité d'Arras

itinéraire de Jeanne d'Arc :
jusqu'au sacre
du sacre à la captivité

LE SACRE DE REIMS

Contre l'avis des conseillers du roi, Jeanne impose alors son idée : pour affirmer à la face du monde la légitimité du Dauphin et bien que le père de ce dernier soit mort depuis sept ans, elle convainc Charles de se faire sacrer à Reims. Alors que la ville est contrôlée par les Bourguignons, alliés des Anglais, Jeanne y mène le roi ; toutes les villes s'ouvrent à leur passage, acclament le Dauphin et ravitaillent son armée. Le 17 juillet 1429, l'archevêque Renault de Chartres sacre Charles VII. Jeanne est debout au pied de l'autel, son étendard à la main.

Le roi sacré, il faut marcher sur Paris. Mais la majorité des conseillers de Charles VII pense qu'il faut traiter avec le duc de Bourgogne, Philippe le Bon. Seuls les Armagnacs, extrémistes, soutiennent Jeanne. L'échec est cuisant. L'année suivante, Jeanne est faite prisonnière en tentant de défendre Compiègne contre les Bourguignons. Ceux-ci la livrent aux Anglais, qui entreprennent contre elle un procès. Ses juges sont sincères, même s'ils servent leurs propres intérêts : pour eux la jeune fille, qui a ranimé la guerre, ne peut être qu'une sorcière. Jeanne résiste bien aux interrogatoires, jusqu'au jour où, malade, elle accepte de se rétracter. Elle se dédit aussitôt, mais est dès lors considérée comme relapse. Condamnée, elle est brûlée sur la place du Vieux-Marché de Rouen, le 30 mai 1431. Ses cendres sont dispersées dans la Seine. Jeanne d'Arc est devenue une martyre, mais grâce à elle, l'élan est maintenant du côté français.

Jeanne au bûcher, ▷ Rouen, 30 mai 1431. La jeune fille est condamnée pour avoir usé de pouvoirs diaboliques, mais les Anglais s'écrient : «Nous avons brûlé une sainte !»
1484. Bibliothèque nationale, Paris.

Le procès mené par l'Inquisition puis le procès de réhabilitation donnent une image insolite de Jeanne d'Arc.

LES PROCÈS DE JEANNE D'ARC

De février à mai 1431, une jeune fille de dix-neuf ans tient tête aux meilleurs théologiens : en refusant l'autorité des docteurs, en prétendant ne se fier qu'à ses voix, Jeanne met en danger l'Église elle-même. Devant Pierre Cauchon, évêque de Beauvais, devant les docteurs de l'université de Paris, elle se défend avec bon sens. Sa présence d'esprit, son courage éclatant dans le long procès-verbal qui a été conservé. La personnalité de Jeanne, ses rapports avec ses compagnons de combat sont aussi bien connus grâce aux témoignages apportés lors du procès intenté en 1455 par sa mère, Isabelle Romée, pour la laver de l'accusation d'hérésie.

Le seul portrait contemporain de Jeanne, gribouillis dû au greffier de son procès.
Archives nationales, Paris.

484 .

LE TRAITÉ D'ARRAS

Charles VII n'a rien tenté pour sauver Jeanne, à qui il doit pourtant tous ses succès. Les finances anglo-normandes sont épuisées ; Henri VI, sacré à Paris sans l'onction de l'huile contenue dans la sainte ampoule, n'a plus aucune légitimité ; les adversaires sont exsangues. Les capitaines français grignotent peu à peu du terrain, mais les manœuvres diplomatiques prennent le pas sur les armes. L'arbitre est le duc de Bourgogne, qui hésite à choisir son camp, car il a des attaches du côté anglais. À la cour de France, La Trémoille, le favori de Charles VII, hostile aux Bourguignons, est renvoyé en 1433.

Les négociations s'ouvrent à Arras. La mort du duc de Bedford, homme fort de la monarchie anglaise, laisse le pouvoir au cardinal Beaufort, qui apprécie mal la gravité de la situation militaire et se montre intransigeant ; Français et Bourguignons négocient alors entre eux. Le traité est signé le

21 septembre 1435. Charles VII fait amende honorable pour le meurtre de Jean sans Peur, et promet de châtier les coupables. Il cède au duc de Bourgogne le Mâconnais et l'Auxerrois, lui donne en gage les villes de la Somme, qu'il ne pourra reprendre que moyennant 400 000 écus, mais ne cède rien sur la souveraineté royale. Il a désormais les mains libres pour attaquer les Anglais, irrémédiablement isolés.

LE REDRESSEMENT FRANÇAIS

En avril 1436, Paris se rend au capitaine bourguignon Villiers de L'Isle-Adam. Pourtant, pour battre les Anglais, il faut réorganiser le royaume. Charles VII commence par renforcer ses finances : dès 1436, les États de langue d'oïl acceptent de payer durant quatre ans des aides (impôt de 5 p. 100

Pavage d'une route et défrichement d'une forêt. Après le traité d'Arras de 1435, la France relève ses ruines, le XVᵉ siècle est le temps de ◁ la reconstruction.

Chronique de Hainaut. Bibliothèque royale Albert Iᵉʳ, Bruxelles.

△ **Maîtres** et ouvriers de diverses corporations avec leurs outils. Dans les villes médiévales, les métiers sont strictement réglementés, et organisés en « jurandes ».

Illustration pour la *Politique* d'Aristote. XVᵉ siècle. Bibliothèque nationale, Paris.

. 485

Le premier grand financier français fut l'un des artisans du redressement du royaume.

JACQUES CŒUR

Argentier de Charles VII, il doit sans doute son pouvoir à sa capacité de prêter de l'argent au roi comme aux princes. Il se rembourse ensuite (largement) sur l'argent public. Mais ce fils d'un pelletier de Bourges, dont la fortune va devenir immense, est aussi le premier parmi les marchands français à avoir pris pied dans le grand commerce international. Il a aussi l'idée de créer une manufacture de soieries. Cette prodigieuse ascension – Charles VII l'a même anobli – est brusquement interrompue en 1451 : sous différents prétextes (ventes d'armes aux musulmans, complot avec le Dauphin...), ses ennemis jaloux et ses créanciers obtiennent son arrestation, puis, en 1453, son bannissement perpétuel. Il trouve la mort en 1456 en combattant à Chio contre les Turcs.

sur les transactions nationales) ; les États de langue d'oc sont mis devant le fait accompli. En 1440, prenant prétexte de troubles civils, le roi se passe aussi du consentement des États pour lever l'impôt direct, la taille. Il est vrai que les nobles, exemptés puisqu'ils sont censés servir leur roi en combattant pour lui, ne s'y opposent pas, et que, surtout, le renouveau économique, sensible à partir de 1440, rend la pression fiscale moins intolérable. Les trêves ont ramené le calme, on remet en culture les terres abandonnées ; l'ordonnance de 1447 garantit le défricheur contre le retour éventuel de l'ancien tenancier. L'argentier Jacques Cœur relance l'activité des mines et du grand commerce méditerranéen, les ports reçoivent des privilèges, les foires, et d'abord celle de Lyon, sont relancées. L'administration est réorganisée par la fusion des institutions parisiennes, dominées par les Bourguignons et les Anglais, avec celles créées à Bourges et à Poitiers par Charles VII. L'Église de France, divisée, se tourne vers le roi. Enfin, l'armée est réformée par l'ordonnance de 1445 qui jette les bases d'une armée permanente : quinze, puis dix-huit compagnies sont retenues en permanence et soldées par le roi. Elles comportent chacune 1 500 (puis 1 800) lances. Une lance est composée d'un homme d'armes à cheval, avec son « coutilier » (soldat armé d'une coutille, ou dague courte) et deux archers, eux aussi à cheval. Le capitaine de chaque compagnie est choisi parmi les hommes qui ont la confiance du roi, ce qui ôte tout pouvoir aux princes. Les aventuriers, qui ont prospéré parmi les routiers et les écorcheurs, sont éliminés. Les paroisses ont à charge d'entretenir les « francs-archers », une infanterie de réserve. Les frères Bureau, conseillers du roi, organisent une magnifique artillerie. L'armée de la reconquête est prête.

◁

Des écorcheurs s'en prennent à un homme d'armes isolé. Le plus grand des maux dus à la guerre vient des hommes d'armes sans emploi ni solde, réduits à piller et à rançonner pour vivre.
XVe siècle. Bibliothèque nationale, Paris.

486 .

LES ÉCORCHEURS

Comme leurs prédécesseurs des Grandes Compagnies, les écorcheurs sont des hommes d'armes mercenaires que l'on a cessé de rémunérer. À leur tête, on trouve les plus grands capitaines, héros de la guerre de Cent Ans : La Hire, Xaintrailles, Grailly, Antoine de Chabannes. Leurs bandes ravagent les campagnes, vivent sur l'habitant, « rôtissant » les paysans pour dénicher leurs maigres trésors. Pour les faire sortir du royaume, le dauphin Louis se porte avec eux, en 1444, au secours du roi des Romains, Frédéric III de Habsbourg, aux prises avec les Suisses. Vainqueurs à Saint-Jacques, les écorcheurs, qui ont perdu des milliers d'hommes, se jettent alors sur l'Alsace, où ils hivernent. Les villes de cette région finissent par se débarrasser d'eux, avant que le futur Louis XI n'emmène les survivants dans une expédition punitive contre Rennes.

La soumission des princes

Bien conseillé par le connétable de Richemont puis par l'Angevin Pierre de Brézé, soutenu par sa maîtresse, Agnès Sorel, Charles VII ne veut plus être le jouet des favoris et des factions. En 1440, il étouffe la Praguerie, révolte des ducs d'Alençon, de Bourbon, de Bretagne, des comtes d'Armagnac et de Dunois, et, en 1442, il déjoue un nouveau complot, dont l'auteur, le comte d'Armagnac, voit ses domaines confisqués au profit du roi.

La défaite anglaise

En Gascogne, les Anglais ont l'appui de la population enrichie par le commerce du vin exporté en Angleterre, et Charles ne peut approcher de Bordeaux. La Normandie, qui finançait l'effort de guerre anglais, est épuisée par les combats. Les paysans du pays de Caux se sont révoltés contre les Anglais et leurs impôts.

La guerre en France devient l'enjeu de la vie politique anglaise. Seul William de La Pole, duc de Suffolk, est assez lucide pour vouloir la paix. Il propose de marier Marguerite d'Anjou à Henri VI. Des trêves, conclues à Tours, restent sans lendemain. Quand en 1449 le duc de Somerset fait prendre Fougères, tous les princes, y compris le duc de Bourgogne, soutiennent Charles VII. Profitant des troubles sociaux en Angleterre, celui-ci reprend Fougères, et s'empare de Rouen, puis de Honfleur, écrasant à Formigny (1450) l'armée de secours anglaise, menée par Thomas Kyriel. La Normandie est de nouveau française.

En 1451, la Gascogne tombe aux mains du roi de France. Bordeaux ouvre ses portes à la flotte conduite par Talbot, mais l'armée de Charles VII massacre les Anglais à Castillon, et Bordeaux se rend en octobre 1453. La guerre de Cent Ans, commencée en 1337, est enfin terminée. □

◁

Armure « de plates ». Pour résister au tir des arbalètes, les chevaliers sont bardés d'une lourde carapace articulée qui couvre complètement le corps et le visage. L'équilibre des cavaliers devient très précaire.

XVe siècle. Musée des Invalides, Paris.

Le royaume ▽ de France, dès la seconde moitié du XVe siècle, se dote d'une armée bien équipée, et la supériorité anglaise n'est plus qu'un souvenir. Les progrès des armes à feu suscitent d'importantes mutations stratégiques.

Manuscrit français. XVe siècle. Bibliothèque nationale, Paris.

La paix civile revenue, d'étranges instincts se révèlent chez les plus valeureux soldats.

GILLES DE RAIS

Né en Anjou en 1404, Gilles de Rais est l'un des plus proches compagnons de Jeanne d'Arc, et l'un des rares à lui demeurer fidèle. Maréchal de France, il quitte la cour en 1435 et se retire sur ses terres de Vendée, à Tiffauges. Fasciné par l'alchimie, la magie noire, la sorcellerie, il vit entouré de mages, grâce à sa grande fortune. Peu après son arrivée dans la région, on constate que de nombreux garçonnets ont disparu. Tout l'accuse, mais il n'est pas inquiété avant 1440, quand il profane une église dans laquelle il entre à cheval. Devant le scandale, Charles VII exige du duc de Bretagne qu'il livre son vassal à la justice. Jugé par l'Inquisition, le maréchal est convaincu d'avoir commis des centaines d'enlèvements, pour assouvir ses perversions et par « satanisme ». Il est brûlé à Nantes, après avoir demandé pardon de ses crimes.

. 487

UNE NOUVELLE ARCHI- TECTURE

La France reconquise est à reconstruire. Dans l'atmosphère de la paix retrouvée, une nouvelle architecture voit le jour, tant à la ville que dans les châteaux des campagnes. Les signes de la noblesse militaire sont toujours là, mais ils s'estompent au profit d'une nouvelle structure. Le donjon devient tour, et la tour devient escalier monumental, autour duquel s'ordonne noblement la demeure, avec ses pièces d'apparat – et notamment la galerie de promenade et d'exposition, qui ne prendra tout son développement qu'après la découverte de l'architecture italienne – et surtout les appartements privés, que le nouveau mode de vie aristocratique, plus individualiste, privilégie. Même les grands hôtels urbains adoptent cette structure : c'est elle que l'on retrouve dans le somptueux palais que Jacques Cœur a fait édifier à Bourges, et qui était encore inachevé au temps de sa disgrâce. Dans ce somptueux décor architectural, unique en France à cette époque, pilastres et moulures s'étalent à profusion. Demeure « digne d'un grand prince », dit l'Italien Astesan, qui visite le chantier en 1451, au point que l'on attribua la chute de Jacques Cœur au luxe insolent de son palais, et aux soupçons qu'il ne manque pas de faire naître. Le décor intérieur – connu grâce à l'inventaire de confiscation – était, il est vrai, tout aussi magnifique.

488 .

▷
« **Damoiselle** Macée de Leo-Depard, femme de Jacques Cœur, argentier du roi », coiffée d'un hennin démesuré, caractéristique des outrances de la fin du Moyen Âge.

XVᵉ siècle. Musée du Berry, Bourges.

Scène de fiançailles. ▷ Le décor est un château de brique et de pierre, solide, mais beaucoup plus ouvert sur l'extérieur que les anciennes forteresses. Il sert de cadre à des personnages d'une extravagante élégance : femmes aux fronts épilés, hommes aux longues chaussures « à la poulaine ».

Bibliothèque de l'Arsenal, Paris.

LA CRISE DE L'ÉGLISE

À peine revenue de son exil en Avignon,
la papauté connaît de très graves difficultés :
le grand schisme d'Occident ébranle une Église
où crise de la foi et hérésies se sont intensifiées.

EXILÉE EN AVIGNON depuis 1309, la papauté a englouti des sommes énormes dans la reconquête des États pontificaux italiens. En 1376, enfin, le retour à Rome a paru possible. Mais le pape Grégoire XI est mort deux ans plus tard. Pour lui succéder, l'opinion romaine a réclamé un pape italien. Le conclave a donc élu, dans une atmosphère tumultueuse, l'archevêque de Bari, qui a pris le nom d'Urbain VI. En dépit du désordre et des pressions, l'élection a été régulière. Mais le nouveau pape s'est révélé très hostile aux cardinaux et la plupart de ces derniers ont élu un autre pape, Robert de Genève (Clément VII), qui a aussitôt décidé de retourner en Avignon, et a reçu l'appui de la France. Son élection ouvre alors la période du grand schisme.

GALLES
BRETAGNE
GUYENNE
CLÈVES
MARK
Prague
BOHÊME **STYRIE**
Constance **CARINTHIE**
Bâle
Avignon **TYROL**
Pise **Florence**
Sienne
Rome
Naples

région d'obédience avignonnaise
région d'obédience romaine
région d'obédience changeante
islam
orthodoxie

490 .

Exilés en Avignon, les papes se retranchent dans de véritables forteresses. À Rome, ils se construiront de somptueux palais.

DU PALAIS DES PAPES AU VATICAN

Symbole d'une papauté réfugiée en territoire hostile, le palais des Papes, en Avignon, est d'abord une forteresse – même si le Palais Neuf, construit pour Clément VI entre 1342 et 1352, est moins austère que le Palais Vieux, édifié par Benoît XII à partir de 1335. De retour à Rome, les papes doivent renoncer à leur traditionnelle résidence du Latran, qui a été incendiée. Ils s'installent alors près du Vatican. Dès 1450, Nicolas V entreprend la construction d'un nouvel édifice, en même temps que la reconstruction de la gigantesque basilique Saint-Pierre. Rome se trouvera ainsi dotée de palais somptueux qui, à la fin du XVe siècle, abriteront la cour la plus luxueuse d'Europe.

▽ **Le Palais Neuf** des papes d'Avignon. Édifié entre 1342 et 1352 par l'architecte Jean de Louvres pour Clément VI, il répond au faste d'un pape qui entendait régner.

L'ÈRE DU GRAND SCHISME

Dans une Europe déchirée par la guerre, il n'en fallait pas plus pour que l'Angleterre assure Urbain VI de son soutien. « Urbaniste » ou « clémentin », chacun choisit son camp, pour des motifs fort peu religieux.

Le scandale est immense. Tous les chrétiens sincères sont préoccupés de voir l'Église ainsi écartelée. Quinze ans de lutte acharnée montrent que la solution militaire est impossible : les deux camps sont de force égale. Urbain puis Clément ont des successeurs. Aucun ne veut céder. Les « universitaires » (parisiens, notamment) et les « théologiens » proposent alors la « voie de cession » : c'est-à-dire que l'on retire son obédience à chacun des deux papes, et qu'un concile désigne un nouveau souverain à l'Église.

Après bien des péripéties, un concile se réunit à Pise, en 1409, et élit Alexandre V. Trois papes se disputent donc la légitimité : le « Pisan » Alexandre (puis,

▽
Combat près du château Saint-Ange, pièce maîtresse de la défense pontificale.

XIVe siècle. Bibliothèque vaticane, Rome.

dès 1410, son successeur Jean XXIII) à Rome, le « clémentin » Benoît XIII en Avignon, et l'« urbaniste » Grégoire XII, réfugié à Naples, seul pape légitime aux yeux de l'Église.

Un nouveau concile se réunit. Mais, cette fois, l'empereur germanique, Sigismond de Luxembourg, fait jouer son autorité. Il le convoque sur ses terres, à Constance, en 1414. Il obtient aussi que l'on vote par nation, non par

tête, ce qui diminue le poids des Italiens mais aussi de la France, divisée entre Armagnacs et Bourguignons.

UN NOUVEAU MODE DE GOUVERNEMENT DE L'ÉGLISE

Le concile qui se tient à Constance a donc les mains libres pour déposer les trois papes. Jean XXIII et Grégoire XII

▽ **Jean XXIII,** qui se rend au concile de Constance, est victime d'un accident dans l'Arlberg. Le chroniqueur prête cette phrase au faux pape : « Je gis ici au nom du diable. »

Seconde moitié du XVe siècle. Rosgartenmuseum, Constance.

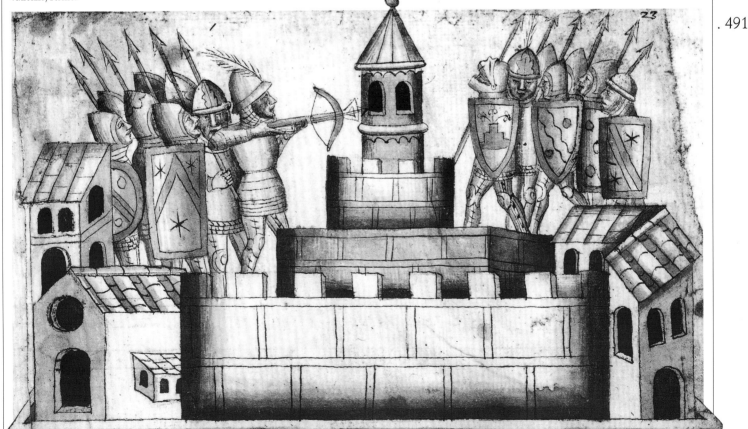

. 491

sont contraints de se soumettre, et se retirent. Benoît XIII, lui, résistera jusqu'à sa mort, en 1423 ; mais il est abandonné de tous.

Surtout, les pères du concile ont compris que le schisme est la conséquence du développement excessif de la «monarchie pontificale» : pour reconquérir leurs États italiens, les papes exilés en Avignon ont mis en place une fiscalité et une bureaucratie énormes, sacrifiant ainsi la direction de la chrétienté à leurs intérêts temporels.

Prise dans le jeu diplomatique et militaire des puissances européennes, la papauté a laissé s'intensifier crise de la foi et hérésies («lollards», disciples de l'Anglais Wycliffe, ou hussites, adeptes du Tchèque Jan Hus).

Les pères entendent à la fois remédier aux dangers les plus graves (d'où leur sévérité à l'égard de Jan Hus) et proposer un nouveau mode de gouvernement de l'Église, où le monarque (le pape) et son conseil (les cardinaux) seraient épaulés et contrôlés par un «parlement» (le concile). Le concile fait donc, en priorité, adopter les décrets *Haec Sancta* (supériorité du concile sur le pape) et *Frequens* (réunion du concile à date fixe). Ensuite, seulement, il accepte d'élire un nouveau pape : la désignation de Martin V, en 1417, met un terme au grand schisme.

La victoire de la papauté

Conformément au décret *Frequens,* deux conciles se réunissent : à Sienne, en 1423, et à Bâle, en 1431. La papauté a eu le temps de reconstituer ses forces. Le nouveau pape, Eugène IV, craint les discussions sans fin. Il juge dangereuses les volontés de réforme des «universitaires», de plus en plus nombreux au concile – au détriment des «pasteurs», qui répugnent à quitter trop longtemps leur diocèse.

Le conflit ne tarde pas à éclater. D'abord contraint de reconnaître la légitimité du concile, Eugène IV finit par obtenir son transfert à Florence : il veut

Jan Hus sur son ▷ bûcher. Excommunié en 1411, il se rend au concile de Constance pour justifier ses positions, est condamné par Jean XXIII et supplicié en 1415.

xvᵉ siècle. Bibliothèque nationale de l'université de Prague.

▽ **Vue** de Prague, longtemps capitale de l'hérésie. Les «Pragois» acceptent en 1436 de rester dans l'Église à condition de continuer à communier sous les deux espèces. Quant aux Taborites du Sud, ils deviendront luthériens.

xvᵉ siècle. Ost. nationalbibliothek, Vienne.

La chrétienté de la fin du Moyen Âge subit de nombreuses épreuves et de nouvelles hérésies se développent.

UNE MUTATION DE LA FOI

Le schisme atteint fortement la chrétienté, déjà traumatisée par les épidémies de peste et les années de guerre. Dans l'épreuve, la foi s'intériorise. Les courants mystiques progressent. Une nouvelle dévotion, qui accorde une grande place à la lecture, la prière individuelle et la méditation, se développe, surtout en Europe du Nord-Ouest. En France et dans le monde méditerranéen triomphent des ordres comme ceux des Observants ou des Chartreux, qui prônent une foi austère, dépouillée, et l'engagement personnel des fidèles. Ces mouvements affaiblissent le contrôle du clergé sur les laïques, et favorisent l'apparition d'hérésies nouvelles, comme celle des lollards, disciples de Wycliffe, qui réclament notamment le retour de l'Église à la pauvreté.

organiser une rencontre avec les orthodoxes, que l'avance turque contraint à nouer, à tout prix, alliance avec les chrétiens d'Occident. Le succès du concile de Florence, en 1439, achève de déconsidérer les dissidents, restés à Bâle. Ces derniers provoquent un schisme en élisant pape le duc de Savoie, qui prend le nom de Félix V. Mais les pays d'Europe soutiennent Eugène IV, e le schisme tourne court (Félix V se soumettra en 1449). Car la nouvelle papauté romaine a modifié ses relations avec les États, et conclu avec la plupart d'entre eux des concordats qui fixent clairement les prérogatives des uns et des autres. Délivré de cette tutelle, libéré du contrôle conciliaire, le pape peut réaffirmer sa puissance.

LA REPRISE EN MAIN

Les États italiens de la papauté sont d'abord réorganisés et repris fermement en main. Rome développe une nouvelle bureaucratie et une nouvelle fiscalité – sous prétexte, notamment, d'organiser des croisades, d'abord contre les hussites, puis contre les Turcs.

À Rome aussi, l'Église inaugure une ère de grands travaux et de constructions magnifiques, notamment au Vatican : il s'agit de symboliser aux yeux de tous le pouvoir et la splendeur retrouvée de la papauté, guide et rempart des chrétiens.

L'ère des conciles est close. Les papes humanistes du milieu du siècle, Nicolas V (1447-1455), fondateur de la Bibliothèque vaticane, et Pie II (1458-1464), préserveront la dignité de la papauté. Mais leurs successeurs vont se laisser accaparer par les luttes des États italiens. Détournant les richesses de l'Église, ils doteront leurs familles (Borgia, Riaro, Della Rovere) de principautés territoriales, tandis que se développera autour d'eux une cour d'un luxe inouï. Aux yeux de la plupart des fidèles, la papauté de la Renaissance apparaîtra ainsi, à son tour, comme un intolérable scandale. □

Le pape Martin V ▷ Colonna est couronné par deux cardinaux et l'empereur Sigismond, à la fin du concile de Constance. Le schisme est théoriquement terminé, mais il reste à restaurer l'autorité pontificale, battue en brèche par celle des cardinaux réunis en concile.

XVᵉ siècle. Rosgartenmuseum, Constance.

Prêtre de Bohême, Jan Hus rassemble autour de lui une foule d'adeptes, que scandalisent les excès de l'Église.

LE HUSSISME

En 1386, Jan Hus est étudiant à l'université de Prague. À partir de l'œuvre du théologien anglais Wycliffe, il découvre la remise en cause radicale de l'Église établie. Prédicateur renommé, il dénonce les abus et la richesse excessive de l'Église. Son influence grandit au point d'inquiéter le concile de Constance. Hus s'y rend, grâce à l'empereur Sigismond, pour expliquer sa position. Malgré cela, il est condamné, et brûlé vif en 1415. Il devient alors un héros national. En 1419, les hussites (de tendances diverses) se révoltent à Prague. Sous la conduite de leurs chefs, Jan Zizka, puis Procope le Chauve, ils résistent victorieusement aux offensives de Sigismond et de la papauté. En 1436, un compromis est trouvé, qui leur laisse une certaine autonomie. Réforme de l'Église et volonté d'indépendance nationale se mêlent ainsi en Bohême.

. 493

LA DYNASTIE DES MING

C'EST UN CHEF rebelle paysan qui, en s'emparant du pouvoir en 1356, a mis fin à près de cent ans d'occupation mongole en Chine, et fondé la dynastie Ming, au pouvoir jusqu'en 1644. Profitant de l'état d'insurrection générale du pays, Zhu Yuanzhang a pris Nankin et rallié l'ensemble des forces en lutte contre le pouvoir mongol. Pékin est tombée en

En 1415, il y a près de cinquante ans que la dynastie des Ming règne sur la Chine. Le pays connaît alors un formidable essor et, sur toutes les mers de l'Asie du Sud, les grandes jonques chinoises témoignent de la puissance de l'empire.

△ **L'empire** des Ming, sur une des plus anciennes cartes chinoises : les principaux fleuves, les quinze provinces de l'empire, la Corée, le Japon et le nord du Viêt-nam. Les deux capitales, Pékin et Nankin, sont marquées par un octogone crénelé.
1573. Bibliothèque nationale, Paris.

1368. La même année, Zhu Yuan-zhang, devenu Ming Taizu, s'est proclamé premier empereur d'une nouvelle dynastie, et a installé sa capitale à Nankin.

HONGWU, EMPEREUR «GRANDIOSE ET MARTIAL»

Parce que l'ère du règne de Ming Taizu est appelée *Hongwu* («grandiose et martiale»), c'est sous ce nom que celui-ci est le plus connu – même si on l'appelle aussi «l'empereur mendiant», en raison de ses origines paysannes très pauvres.

◁ **Deux mandarins.**
Sous les Ming, le pouvoir de ces dignitaires recrutés par concours littéraire atteint son apogée, en dépit de la volonté réformatrice du fondateur de la dynastie.
Peinture sur soie. XVᵉ siècle. Topkapi, Istanbul.

Monarque autoritaire, revendiquant le pouvoir absolu, Hongwu organise un État ultra-centralisé. Il sépare pouvoir militaire et pouvoir politique, et institue une répartition de la population en trois catégories héréditaires : paysans, soldats et artisans.

Parce que ses victoires sur les Mongols l'ont rendu populaire, Hongwu crée un ordre purement chinois. Défenseur des arts et des lettres «chinois», il remet en vigueur le système de recrutement par examen, abolit les châtiments corporels les plus cruels, proclame le bouddhisme et le taoïsme religions d'État. Il entreprend également une vigoureuse reconstruction économique du pays.

LE TEMPS DES GRANDS TRAVAUX ET DES MANUFACTURES

De gigantesques travaux d'irrigation et de remise en valeur des terres, dévastées par les combats, sont lancés sur l'ensemble du territoire.

Les opérations de reboisement sont importantes : environ un milliard d'arbres sont plantés, dont 50 millions de sterculiers, palmiers et arbres à laque, destinés à la construction d'une flotte de haute mer dans la région de Nankin. Enfin, la culture du coton devient progressivement obligatoire. La capitale, Nankin, qui compte alors environ 500 000 habitants, se transforme en métropole moderne. Hongwu ordonne la construction d'un immense palais impérial et fait entourer la cité d'une muraille en briques. Bâtiments officiels destinés à la nouvelle administration, ateliers et entrepôts se multiplient à travers la ville.

Une université d'État est fondée en 1381. Spécialisée dans les enseignements du bouddhisme, des sciences et des lettres, elle accueillera, en 1422, près de 10 000 étudiants, dont plusieurs centaines d'étrangers venus du Japon, de Corée et du Siam.

Enfin, le commerce et l'artisanat du Centre et du Sud, relativement épargnés par les guerres, se développent.

. 495

Illustration ▷
d'*Au bord de l'eau.* Plusieurs épisodes de l'intrigue mouvementée ont été reproduits simultanément pour une plus grande diffusion de l'ouvrage, très populaire en Chine.
Reproduction du XVIIᵉ siècle des gravures réalisées en 1590. Bibliothèque nationale, Paris.

L'un des chefs-d'œuvre de la littérature chinoise a été écrit d'après des récits oraux au temps des Ming.

AU BORD DE L'EAU

Rédigé à la fin du XIVᵉ siècle par deux écrivains, Shi Naian et Luo Guanghong, *Au bord de l'eau* est un roman historique, qui raconte les aventures de cent huit brigands, cent cinq hommes et trois femmes du temps des Song. Les idéaux de ces personnages hauts en couleur sont nobles, mais leur comportement, affreusement violent. Ils vivent au bord du Liangshanbo, lac du Shandong. L'œuvre est une vaste fresque, une sorte de roman de cape et d'épée, fertile en rebondissements, où sont ménagés des temps de suspense. Les auteurs démontent les ressorts de la psychologie des hors-la-loi, mais aussi les règles d'une société qu'ils critiquent, créant ainsi une œuvre majeure toujours actuelle.

Le gouvernement encourage l'organisation de manufactures nouvelles, susceptibles d'accueillir les techniques et les équipements spécialisés requis par des productions très diverses : caractères d'imprimerie du Zhejiang ; verre du Shandong ; constructions navales du Fujian et de la province de Canton ; porcelaines de Jingdezehn, surtout, dans la province méridionale du Jiangxi (dont le volume de production atteindra 159 000 pièces en 1591).

YONGLE, EMPEREUR DU «BONHEUR ÉTERNEL»

Avec une épouse et quatre concubines, Hongwu était père de vingt-quatre fils. L'aîné, héritier présomptif, meurt en 1392. Hongwu, peu avant sa mort, en 1398, désigne comme successeur le fils de son héritier défunt. Ming Huidi, deuxième empereur Ming, ne règne pas longtemps : un de ses oncles paternels, le prince de Yan, commandant militaire de la région septentrionale de Pékin, hostile à la succession, s'empare, en 1402, de Nankin et du trône.

Devenu l'empereur Ming Chengzu, il proclame l'avènement de l'ère *Yongle* («Bonheur éternel»), nom sous lequel, selon l'usage, il est le plus connu. Son règne (1403-1424) est l'un des plus brillants de toute l'histoire de la Chine.

Yongle consolide le territoire impérial. Dès 1404, la Mandchourie est conquise jusqu'à l'embouchure de l'Amour. L'empereur parvient à soumettre les Mongols en 1410. La Chine retrouve les frontières qu'elle avait sous les Yuan. Elle les déborde, même, en annexant les régions vietnamiennes du bassin du fleuve Rouge.

LE TEMPS DES GRANDES EXPÉDITIONS MARITIMES

L'ère Yongle se caractérise aussi par l'avance chinoise dans le domaine maritime. La flotte chinoise est présente sur toutes les mers de l'Asie du Sud et du Sud-Est dès la fin du XIVe siècle. Les expéditions les plus connues sont celles que dirige le Grand Eunuque musulman Zheng He (1371-1435). À l'ouest, elles atteignent, via Ceylan et l'Inde, des ports aussi éloignés qu'Ormuz, Aden, Djedda, Mogadiscio et peut-être la côte du Mozambique. Au sud, les bateaux chinois accostent dans les ports du Champa (sud du Viêtnam), du golfe du Siam, de Sumatra et de Java. Les expéditions de Zheng He sont des entreprises officielles. À chaque voyage, plusieurs dizaines de bateaux emportent plus de 20 000 hommes. Les grandes jonques

La Cité interdite, ▽ ou palais impérial, commencée en 1406 sur les fondations Yuan. À l'entrée se trouve la Rivière aux Eaux d'Or, enjambée par cinq ponts symboliques, menant au cœur du palais. Une fois la rivière franchie, les dignitaires étaient censés se trouver en présence de l'empereur luimême. L'ensemble des contructions, de style uniforme, constitue le plus vaste et le plus ancien complexe architectural chinois.

La Cité interdite constitue à la fois la résidence privée de l'empereur et le centre politique de la Chine.

LE PALAIS IMPÉRIAL DE PÉKIN

En plein cœur de la capitale chinoise, le *Gugong* («ancien palais», en chinois) occupe un rectangle de près d'un kilomètre de long sur 750 mètres de large. Il se compose de plusieurs dizaines de bâtiments et palais rectangulaires, implantés dans des cours et des enclos symétriques, entourés de murailles qui les isolent les uns des autres. Au sud sont regroupés les bâtiments officiels et administratifs. Au nord, on trouve les résidences privées de l'empereur et de son entourage (famille impériale, concubines, eunuques, gardes, serviteurs...). Achevé en 1420, le palais a abrité 24 empereurs des dynasties Ming et Qing, sur une période de 491 années : depuis Yongle, qui ordonna sa construction en 1403, jusqu'à Puyi, le dernier empereur de la dynastie mandchoue, qui abdiquera en 1911 et devra quitter les lieux en 1924.

de haute mer, dont certaines atteignent 140 mètres de long, sont construites dans les chantiers navals impériaux de Nankin. Ces campagnes permettent d'étendre l'influence et le prestige chinois sur de vastes contrées. Elles favorisent l'activité diplomatique de l'empire dans toute l'Asie (Corée, Japon, Viêtnam, Cambodge, Siam, Bornéo, Inde, La Mecque), avec l'installation d'ambassadeurs à Nankin, ainsi que l'émigration de Chinois des provinces maritimes (Fujian, Canton) vers l'outre-mer, où ils se regroupent en communautés.

Les premières difficultés

La violence et l'ampleur des attaques de pirates, essentiellement japonais, affaiblissent la marine et le commerce chinois. Les attaques au Nord (en 1449, les Mongols s'emparent de l'empereur Zhengtong et ne le libéreront qu'en 1457) entraînent de graves difficultés. Mais les remparts construits dans le Nord, sur près de 5 000 km, et la Grande Muraille restaurée, parviendront à contenir les nomades.

Les Chinois considèrent aussi l'arrivée des Européens comme une menace supplémentaire. Les Portugais aborderont les premiers les côtes chinoises, suivis des Espagnols, des Hollandais puis des Anglais. Les premiers missionnaires catholiques parviennent à leur tour en Chine : après avoir prêché au Japon, le jésuite espagnol François Xavier meurt au large de Canton, en 1552. L'Italien Matteo Ricci réside à la cour de Pékin à partir de 1601, jusqu'à sa mort en 1610.

Mainmise des eunuques sur l'état

Hongwu, souhaitant écarter les eunuques du pouvoir politique, leur avait interdit d'apprendre à lire et à écrire. Cinquante ans plus tard, ceux-ci contrôlent l'ensemble du pouvoir central. Chargés des affaires privées de l'empereur, les eunuques sont parvenus à monopoliser le centre de décision en contrôlant les nominations, promotions et radiations des fonctionnaires. Lorsqu'en 1450 la capitale est transférée à Pékin, ils consolident leur emprise. La guerre contre les Japonais, en Corée, aggrave la corruption des eunuques et le pillage du Trésor. Les dépenses colossales affectées au palais et la négligence des eunuques provoqueront la chute de la dynastie, en 1644. □

◁ **L'empereur Wuzong,** sur son char. Le souverain est dissimulé par une tente de soie. Sous les Ming, l'empereur devient un symbole sacré.

Musée national du Palais, T'ai-pei.

▽ **Mort** de saint François Xavier ; arrivé dans l'île de Sancian, il ne peut atteindre le continent. Les missionnaires du XIXe siècle ont édifié une église sur le lieu de sa mort.

XIXe siècle. Bibl. du séminaire des Jésuites, Chantilly.

Malgré ses origines, le fondateur de la dynastie Ming est présenté par l'histoire officielle comme un héros.

ZHU YUANZHANG, BRIGAND ET EMPEREUR

Né dans une famille de paysans misérables de Chine centrale, il entre comme novice dans un monastère bouddhique, non par conviction, mais pour survivre. Après la fermeture du monastère, le jeune homme devient un de ces moines mendiants qui sillonnent les routes de Chine. De haute taille, robuste, il ne rêve que luttes et combats. En 1352, il s'engage dans la secte des Turbans rouges, mais il saura très vite prendre ses distances avec les rebelles, pour mener ses propres combats. Zhu Yuanzhang devient alors un chef de bande influent, qui s'assure la fidélité de ses troupes en les recrutant dans son village natal. Brutal et autoritaire, il organise son domaine avant d'étendre son influence, et de battre les Turbans rouges. Son inculture explique sa méfiance envers les lettrés, avec qui il lui a pourtant fallu composer, pour le bien de l'empire.

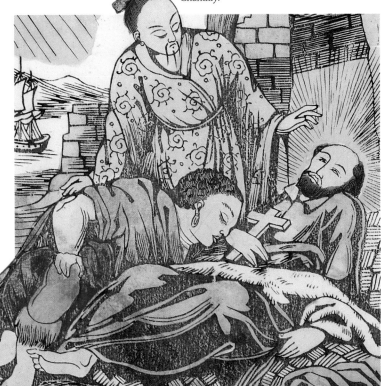

La porcelaine dite « bleu et blanc » représente par excellence la porcelaine Ming. Sa production est concentrée dans la région de Jingdezhen, qui s'affirme à cette époque comme la capitale incontestée de la céramique chinoise. Les pièces de la période Xuande (1426-1435) atteignent un niveau de qualité sans précédent. Les formes sont très variées, s'inspirant de la tradition chinoise mais aussi de l'orfèvrerie proche-orientale ; leurs décors utilisent des motifs naturalistes ou géométriques, ainsi que les caractères arabes ou tibétains. La finesse de la pâte, la délicatesse du décor, d'un bleu aux nuances riches et subtiles, font de ces bleu et blanc les productions les plus achevées du type. Le second groupe de la porcelaine Ming est celui des porcelaines émaillées. Dans ces pièces, le dessin en bleu est souvent associé aux émaux colorés. La gamme des émaux se compose de rouge, jaune, vert, aubergine, turquoise et d'un noir brunâtre. Sous les Ming, enfin, les porcelaines monochromes, les blancs de Chine, atteignent leur perfection technique, statuettes délicates aux sujets bouddhiques ou taoïstes mais aussi pièces d'usage ou de décoration.

498 .

LA PORCELAINE MING

△ **Bol** de porcelaine « bleu et blanc » de la période Xuande (1426-1435), au décor de dragon, mais très inspiré par l'art musulman. Coll. part.

Trois figurines ▷ funéraires de porcelaine Yingqing à glaçure bleutée. Elles symbolisent les signes du zodiaque. Sous les Ming comme dans les périodes précédentes, des statuettes placées dans les tombes accompagnent le défunt dans l'au-delà : animaux symboliques, mais aussi dignitaires et guerriers.
Galerie Myrna Myers.

Assiette « bleu et ▷ blanc » aux dragons. La pièce a été créée en 1506, par les artistes « Cheng-tê ». À la fin du XVIe siècle, leur production deviendra banale.
Coll. part.

Grue de porcelaine ▷ multicolore. De facture plus naïve et moins raffinée que les objets bleu et blanc, cette statuette témoigne cependant des qualités d'observation des artistes animaliers. Elle fut peut-être réalisée pour l'exportation.
Coll. part. Suisse.

Écritoire bleu et blanc
d'époque Ming. Les let-
trés rangeaient dans
ces coffrets les pin-
ceaux et pierres à
encre. La qualité excep-
tionnelle de l'objet est
due à la subtilité des
nuances de bleu,
à l'extrême finesse de
la pâte et à la qualité
du revêtement,
très brillant.
Musée Guimet, Paris.

. 499

Vase de la fin de l'époque Ming (XVIIe siècle).
Les objets de porce-
laine sont alors nette-
ment influencés par les
objets usuels occiden-
taux (cruches, pots à
eau ou à vin). Mais dé-
jà les artistes chinois
stylisent les formes, le
vase est très allongé.
Cette évolution s'achè-
vera avec les vases-
rouleaux cylindriques
de l'époque suivante.
Musée Guimet, Paris.

Coiffure de prière
d'un moine tibétain,
héritée du Moyen Âge.

AMÉRIQUE

Luttes pour Mexico

■ Dans la zone d'influence des Toltèques, supplantés au XIVᵉ siècle par les Aztèques, les Tépanèques, tribu guerrière soutenue par les Tenochcas, tiennent la cité d'Azcapotzalco. Un de leurs chefs les plus fameux, Tezozomoc, impose son hégémonie aux populations voisines et domine la cité nahua de Texcoco. En 1428, les Aztèques fondent la triple alliance des cités de Tenochtitlán (Mexico), Texcoco et Tlacopan, qui se liguent pour se libérer des Tépanèques. Grâce à cette union, la défaite des Tépanèques est complète, leur chef Maxtla, fils de Tezozomoc, est tué, et leur ville, incendiée. □

Prisonniers de guerre mis en cage.
Codex Florentino, Archives nationales, Mexico.

ITALIE

Le duché de Savoie

■ Les comtes de Savoie prennent le titre de ducs du Saint Empire romain germanique en 1430, au temps d'Amédée VIII, qui promulgue les *Statuts* ou *Réformes universelles de Savoie*, organisant ainsi définitivement sa principauté. Un « Conseil itinérant », composé de nobles et présidé par le chancelier de Savoie, premier personnage de l'État après le duc, est chargé des affaires financières, diplomatiques et judiciaires. La famille de Savoie est une des plus anciennes dynasties d'Europe. Ses origines sont probablement gallo-romaines, et elle a résisté à toutes les vagues d'invasion. Le premier comte connu est Humbert Iᵉʳ aux Blanches Mains, qui régna de 985 à 1034 et sut se faire concéder des terres à l'est du Rhône par les empereurs Rodolphe III et Conrad. Ses successeurs augmentèrent leur fief de conquêtes aux dépens de Genève ou de l'Italie du Nord. Amédée VIII, quant à lui, fut le dernier antipape du grand schisme : élu par le concile de Bâle en 1439, sous le nom de Félix V, il dut se soumettre en 1449. Le duché connaîtra ensuite une période de décadence, accompagnée d'un accroissement de la pression française. □

AFRIQUE

La reine des Haoussas

■ Les cités haoussas sont nées au XIIᵉ siècle entre le Niger et le Tchad. Selon une légende qui témoigne des influences musulmanes dans la région, et justifie l'hégémonie arabe, la région aurait été gouvernée par neuf reines auxquelles aurait succédé le roi Daouarama. Sous le règne de ce dernier, les Haoussas auraient été menacés de disparition à cause des ravages d'un serpent, mais celui-ci fut tué par un voyageur blanc, qui délivra le pays. Les sept fils de cet étranger sont considérés comme les fondateurs des sept cités haoussas. En réalité, les élites de la société haoussa sont composées de Noirs venus de l'est, qui, par la suite, ont été soumis par les Arabes. Les Haoussas sont organisés en États dirigés par les représentants des lignages nobles. Amina, princesse de Zaria, a, quant à elle, une réelle existence historique. À partir de 1425, et durant trente-quatre ans, elle étend sa domination sur les rives du Niger et de la Bénoué, donnant son nom à de nombreuses villes fortes, qui lui livrent chaque année un tribut d'eunuques. Elle alla même jusqu'à conquérir la prestigieuse cité de Kano (aujourd'hui au nord du Nigeria). □

ASIE

Les moines du Tibet

■ Alors que le royaume du Tibet n'était plus qu'un chaos de sectes ennemies et les rivales, le grand maître Tsong-kha-pa, venu d'Extrême-Orient, parvint, à la fin du XIVᵉ siècle, à rétablir l'ordre. En 1409, il a fondé le monastère réformé de Dga-Idan à l'origine de la secte bouddhique des « Bonnets jaunes », sous l'influence de laquelle tous les monastères tibétains se corrigent. Le nom de « Bonnets jaunes » de ses membres leur vient des Chinois qui les appellent ainsi à cause de la couleur de la coiffure de cérémonie portée par les moines Dge-lugs-pa, (« conduite vertueuse »). □

AFRIQUE

L'hégémonie portugaise

■ L'infant Henri de Portugal se passionne pour les explorations. En 1419-1420, il fonde, encouragé par son père Jean le Grand, un centre d'exploration, doté d'un conseil de spécialistes et d'une bibliothèque géographique. Installé à Sagres, ce centre finance chaque année une expédition sur les mers lointaines. Réalistes, les Portugais ont implanté à Sagres un arsenal, pour équiper les navires et faire face à toute éventualité. Leurs futures conquêtes en Afrique bénéficient de l'appui du pape, qui, en 1418, a émis en leur faveur la bulle *Rex regnum*, qui définit leurs droits. Après la mort de Jean le Grand, l'expansion continue sous le règne de son fils Édouard (1433-1438). □

ÉGYPTE

Le renouveau des Mamelouks

■ Al-Malik al-Achraf Sayf al-Din Barsbay règne sur l'Égypte et la Syrie à partir de 1422. Durant la première partie de son règne, qui s'étend jusqu'en 1430, ce neuvième sultan de la dynastie des Mamelouks tcherkesses réussit à restaurer la puissance égyptienne, un temps abattue par les Timurides et les luttes entre bandes rivales. Dans un second temps, jusqu'en 1437, Barsbay mènera une politique agressive, dans un but lucratif, et commandera une expédition contre l'île de Chypre, capturant même le roi Janus (Jean II), qu'il promènera chargé de chaînes dans les rues du Caire et qu'il ne libérera qu'après avoir obtenu une forte rançon et la promesse d'un tribut annuel. □

INDE

Les sultanats du Nord

■ L'influence musulmane se renforce au nord de l'Inde, en dépit des divisions entre les sultans. En 1414, les Turhluq sont remplacés par la dynastie afghane des Sayyid. Un de ses plus célèbres représentants est Mubarak Chah, qui meurt en 1421. À Ahmadabad, ville fondée aussi par les musulmans, la Grande Mosquée est édifiée en 1423. À Jaunpur, Chams al-Din Ibrahim Sharqi fonde en 1394 un sultanat indépendant. Dans la même région, le sultanat indépendant du Mahwa est créé en 1401, tandis que le Cachemire, toujours indépendant, connaît un grand essor sous le règne de Zeyn al-Abdedin (1420-1470), qui fait traduire en persan le *Mahabharata*. □

ASIE DU SUD-EST

Des succès nationaux

■ En 1413, les Chinois, dans le cadre des expéditions menées par l'eunuque Zheng He, se sont emparés de l'État du Dai Viêt. De 1418 à 1428, celui-ci se révolte et chasse les Chinois. Le chef de la rébellion, Lê Loi, fonde la dynastie nouvelle des Lê, et règne de 1428 à 1433. Son pouvoir est renforcé par la réforme agraire qu'il entreprend en faveur de la petite et moyenne propriété libre. À la même époque, Ponhéa Yat règne sur le Cambodge. Il délivre son pays de la tutelle du Siam et s'empare d'Angkor, la capitale prestigieuse. En 1432, il prend le titre officiel de « Soryopor », roi. La culture nationale recule en revanche à Java-Sumatra, où la religion musulmane commence à s'imposer. □

500 .

1430 - 1453

Le 29 mai 1453, date de la chute de Constantinople, marque un tournant définitif de l'histoire du monde et, traditionnellement, la fin du Moyen Âge : la ville tombe aux mains des Ottomans, la Grèce devient turque, Sainte-Sophie mosquée, et l'Empire romain d'Orient disparaît. Byzance, héritière de l'Orient ancien, de la Grèce et de Rome, avait fait éclore la civilisation russe, c'est à Byzance que les Italiens avaient appris l'art de faire des coupoles et d'enluminer les manuscrits, c'est là qu'ils s'étaient initiés aux règles de la finance, du commerce et du droit. Tandis que l'hellénisme recule devant l'islam, la civilisation médiévale atteint son apogée en Flandre et en Bourgogne, à la cour des grands ducs d'Occident. Ils tentent de fonder un empire au cœur de l'Europe, un empire centré sur le Rhône et le Rhin, ensemble disparate unifié par leur seule volonté. Bien plus puissants que les rois de France et d'Angleterre, leurs cousins, les ducs de Bourgogne entretiennent les plus grands artistes du temps, inventent l'étiquette de cour et fondent l'ordre de la Toison d'or.

Cavalerie turque. Miniature du *Surname* de Vehdi. XVIᵉ siècle. Bibliothèque de Topkapi, Istanbul.

LA CHUTE DE CONSTANTINOPLE

REPRISE aux Latins par les Byzantins en 1261, Constantinople va rester, pendant près de deux siècles, le siège de la dynastie byzantine des Paléologues, fondée par l'empereur Michel VIII. Celui-ci est parvenu à rétablir l'Empire romain d'Orient (ou byzantin), amputé cependant de la plus grande partie du Péloponnèse et des îles grecques.

Le 29 mai 1453, l'ancienne Byzance, devenue Constantinople, tombe aux mains du sultan ottoman Mehmed II. Avec elle disparaissent l'empire et la dernière dynastie byzantine.

◁
Le sultan Mehmed II (1432-1481), surnommé le Conquérant. La prise de Constantinople est un de ses titres de gloire, car elle constitue un symbole.
Vers 1475. Sinan Bey. Bibliothèque de Topkapi, Istanbul.

502 .

De plus, Constantinople, ville la plus riche du Moyen Âge, est ruinée. Aussi, à la mort de Michel VIII, en 1282, ses successeurs héritent-ils d'un pays exsangue. C'est à cette époque qu'apparaissent, à l'est de la Bithynie (région de l'actuelle Turquie), les Ottomans, une dynastie turque qui se lance à la conquête de l'Asie Mineure.

Dès la seconde moitié du XIVᵉ siècle, ils parviennent à prendre Gallipoli, ville située sur la rive européenne du détroit des Dardanelles ; cette tête de pont va leur permettre d'occuper en un demi-siècle plus de la moitié des Balkans, aux dépens des Bulgares, des Serbes et de Constantinople.

Un empire en crise

Une réaction efficace aurait demandé pour le moins que toutes les énergies de l'empire s'unissent face au péril turc. Or, au moment même où les Ottomans franchissent les Dardanelles, l'empire connaît une très grave crise politique et spirituelle, qui prend le pas sur le souci de défense exérieure. La guerre civile fait rage une première fois de 1320 à 1328, entre Andronic II Paléologue, successeur de Michel VIII, et son petit-fils Andronic III, qui tente vainement de réformer l'État. En 1341, le successeur de ce dernier, Jean V Paléologue, doit lutter à son tour contre Jean VI Cantacuzène. Pour l'emporter, celui-ci s'appuie d'abord sur l'empereur des Serbes, Étienne IX Dusan, puis sur les Turcs, qui pillent la Thrace (partie orientale des Balkans). En 1347, Jean VI Cantacuzène entre enfin dans Constantinople. Le nouvel empereur byzantin donne rapidement satisfaction aux forces religieuses conservatrices : celles-ci assurent la proclamation de l'hésychasme – mystique de la contemplation de Dieu, par le silence et l'immobilité – comme doctrine officielle de l'Église byzantine en 1351.

Cependant, dès 1354, Jean VI Cantacuzène doit rendre son trône à Jean V Paléologue. Malgré cette abdication, ces événements renforcent la place de l'Église dans la société byzantine : elle conserve en effet une certaine autorité sur les peuples chrétiens orthodoxes, serbe ou bulgare, qui menacent la vie de l'empire. Surtout, les désordres de la politique byzantine depuis le XIIIᵉ siècle ont conféré au patriarcat (charge du chef d'une Église qui n'observe pas le rite latin) une indépendance jusqu'ici inconcevable vis-à-vis de l'empereur ; dans la me-

. 503

Les murailles de △ Constantinople, dont la construction remontait au Vᵉ siècle, ne peuvent supporter la puissance de feu de l'artillerie turque. Mehmed II en empêche cependant la destruction.

◁
Le siège de Constantinople par les Turcs. Les Byzantins ne disposent que de deux atouts : la chaîne qui ferme la Corne d'Or, interdisant l'attaque de la muraille maritime, et un grand mur terrestre, long de 4 milles.
1455. Bibliothèque nationale, Paris.

Les armes modernes des Turcs ont suscité l'étonnement des Vénitiens, des Génois et des Byzantins.

L'ARTILLERIE TURQUE

Face aux armes archaïques qui défendent les vieilles murailles de Constantinople, les Turcs pointent un canon redoutable, tiré par cent buffles et servi par cinq cents canonniers, qui mettent deux heures à le charger. Il lance des boulets de douze cents livres et répand la panique dans les rangs byzantins. En son honneur le sultan baptise « Topkapou », « porte du Canon », l'entrée de la ville où le canon fit une brèche. Tout aussi impressionnante est la détermination que mettent les Turcs à franchir le Bosphore. Ne pouvant venir à bout des navires italiens qui barrent l'entrée du Bosphore, c'est par voie de terre qu'ils font entrer leurs galères dans le détroit. Les bateaux sont hissés par des treuils et traînés sur des chaussées de bois couvertes de peaux de bœufs et bien graissées.

sure où, désormais, la foi orthodoxe cristallise un sentiment national anti-latin, le patriarcat peut en effet obéir à une logique propre, différente, voire même contraire à celle du pouvoir impérial. Ainsi, au moment où Jean VI Cantacuzène abdique et se fait moine, toutes les conditions de l'effondrement final sont en place. Seul un concours de circonstances va permettre à l'Empire byzantin de durer encore un siècle : si, dès 1361, les Ottomans installent leur gouvernement général à Andrinople, à 150 kilomètres de Constantinople, la prise de la capitale reste encore hors de leur portée.

La tentative de Manuel II

En revanche, après la mort de l'empereur Étienne IX Dusan, en 1355, les États slaves des Balkans sont une proie facile pour les sultans Murad Ier (1359-1389) et Bayezid Ier (Bajazet, 1389-1403), son fils. Le 15 juin 1389, les Turcs écrasent l'armée serbe à la ba-

taille de Kosovo. Puis, en 1395, la Bulgarie est soumise. L'année suivante, l'armée de Sigismond, roi de Hongrie, est défaite à son tour à Nicopolis ; les Turcs sont maîtres des Balkans, du Danube au golfe de Corinthe. En 1397, Bayezid Ier assiège Constantinople mais préfère encore se retirer pour achever la conquête de l'Asie Mineure et organiser les Balkans turcs. Cependant, le 20 juillet 1402, son armée est battue par celle de Tamerlan devant Ankara. Le déferlement des troupes de ce conquérant turco-mongol sur l'Asie Mineure ouvre une période d'instabilité et de guerres civiles chez les Turcs. Or, en ce début du XVe siècle, Manuel II Paléologue a succédé à son père Jean V (mort en 1391) à la tête de l'Empire byzantin. Le nouvel empereur est un prince de valeur, mais il n'a plus les

moyens de profiter de la crise ottomane ; sa survie dépend à présent de l'Occident. Il ne peut compter sur les républiques italiennes : celles-ci redoutent la chute de Constantinople, qu'elles jugent pourtant inévitable ; car, si les comptoirs maritimes sont encore souvent sous autorité impériale, tout l'arrière-pays, tant en Asie Mineure que dans les Balkans, est désormais turc. Aussi Génois et Vénitiens se montrent-ils soucieux de ménager les Ottomans. Quant à la papauté, engluée dans ses difficultés internes, elle ne peut s'occuper de l'Orient. Aussi, de 1399 à 1402, Manuel II entreprend-il une tournée des cours d'Occident pour demander de l'aide. Mais, là encore, les circonstances sont peu favorables, car la guerre de Cent Ans fait rage. Enfin, comme les populations

Corpus de saints ▽ de l'Église orthodoxe. Le Christ avec la Vierge, les patriarches, les archanges et les évangélistes.

XVe siècle. Monastère Sainte-Catherine, Sinaï.

L'hésychasme, ou recherche de la quiétude, prend ses racines dans le courant ascétique de l'institution monastique byzantine.

L'HÉSYCHASME

Prêché dans les années 1330 par Grégoire Palamas le Sinaïte, il trouve un écho très favorable au mont Athos, en Grèce, qui est le plus important foyer monastique de l'Église orthodoxe. C'est, à l'origine, une pratique mystique individuelle : le but de l'hésychaste est de parvenir à voir la lumière divine dont Jésus a été enveloppé sous les yeux de ses disciples lors de la Transfiguration, sur le mont Thabor. Pour cela, il adopte, dans sa retraite solitaire, une position particulière : replié sur lui-même, le menton calé sur la poitrine et le regard fixé sur le nombril, il répète inlassablement une prière, pendant le temps de l'expiration. Le triomphe de cette doctrine creuse encore le fossé qui sépare le christianisme occidental et l'Église byzantine.

Jean VI Cantacuzène préside le concile de Constantinople, en 1351. *XIVe siècle. Bibliothèque nationale, Paris.*

des régions récemment conquises par les Turcs ne se révoltent pas, Manuel II ne peut utiliser le répit offert.

En 1421, le nouveau chef ottoman, Murad II, hérite d'un sultanat réunifié ; le 8 juin 1422, il met le siège devant la capitale byzantine. Cependant, Constantinople impressionne encore le sultan. Murad II préfère frapper d'abord l'empire en Grèce : il balaie l'Hexamilion (murs construits par

Manuel II à travers l'isthme de Corinthe pour protéger le Péloponnèse) et s'avance jusqu'à Mistra. Par le traité de 1424, l'empereur s'engage à payer tribut et à ne pas reconstruire l'Hexamilion. Il cède presque tous les ports de la mer Noire. Le 29 mars 1430, Murad II s'empare de Thessalonique, qui restera turque jusqu'en 1913.

Constantinople, ville abandonnée

La bonne santé dont fait encore preuve, dans le Péloponnèse, la Morée byzantine contraste avec l'état dans lequel se trouve la capitale et son mince territoire : Constantinople est en partie déserte, ses palais et ses églises tombent en ruine. La cité, qui comptait 150 000 habitants en 1261, n'en abrite plus que 40 000 ou 50 000 en 1453 ; de plus, ces habitants, pour la plupart des réfugiés des régions avoisinantes, souffrent de la misère et de la faim. Au contraire, les quartiers latins, situés de l'autre côté de la rive euro-

◁ **Scènes** de la vie paysanne. Il est rare de trouver des peintures à sujet profane, car l'immense majorité des œuvres byzantines a une fonction religieuse.
Manuscrit. Jérusalem.

péenne, respirent l'opulence. Dans un ultime effort, Jean VIII Paléologue, successeur de Manuel II à partir de 1425, s'embarque pour l'Italie le 24 novembre 1437. Il charge son frère Constantin de défendre la ville. La délégation byzantine rencontre les envoyés du pape à Ferrare, où le concile débute le 9 avril 1438, avant de se transporter à Florence. Les discussions sont difficiles car certains membres de la partie byzantine refusent de se soumettre au pape. Cette opposition reflète l'opinion la plus courante parmi le clergé et le peuple byzantins. L'acte d'union entre l'Église de Rome et l'Église orientale est malgré tout proclamé le 6 juillet 1439. Il aboutit à un désastre politique : l'aide escomptée est insuffisante. Les princes occidentaux délèguent en effet une petite armée, conduite par Ladislas III Jagellon, roi de Pologne et de Hongrie : à la tête de 30 000 hommes, celui-ci franchit le Danube en octobre 1443, prend Sofia et avance jusqu'à Andrinople. Murad II accourt d'Asie Mineure avec

Michel VIII △ Paléologue béni par le Christ, en présence de l'archange saint Michel. Revers d'une monnaie en or de Constantinople.
XIIIe siècle. Bibliothèque nationale, Paris.

Les chrétiens d'Orient ont toujours été partagés par des dissensions théologiques, qui ont hâté la chute de Constantinople.

DES QUERELLES BYZANTINES

Le 12 décembre 1452, une célébration religieuse fait gronder la foule de Constantinople. Les Grecs sont furieux de voir un prêtre vêtu d'habits latins célébrer l'office sur l'autel de Sainte-Sophie, et notent avec horreur qu'il utilise du pain sans levain et de l'eau froide, contrairement aux usages orthodoxes. Ils sont encouragés par un certain Gennarus, moine qui leur assure que ce que la ville a le plus à redouter, c'est l'hérésie romaine. Dès lors, les fidèles, craignant que les sacrements ne soient souillés par des prêtres « esclaves du pape », désertent Sainte-Sophie, « repaire du diable ». Ces doutes démoralisent les habitants de la ville : un très haut dignitaire aurait même déclaré préférer «le turban de Mahomet à la tiare du pape ».

près de 100 000 hommes ; le 10 novembre 1444, l'armée chrétienne est anéantie à Varna. Constantinople est définitivement abandonnée à elle-même, car l'Occident considère désormais sa chute comme inéluctable.

LE SIÈGE

Cependant, Constantin XI Dragasès, qui succède à Jean VIII en 1448, ne peut renouveler l'alliance avec les Occidentaux, car la population de Constantinople en refuse les conditions. Lorsque, en décembre 1452, l'empereur veut proclamer l'union des Églises dans la basilique de Sainte-Sophie, ni le clergé ni le peuple n'assistent à la cérémonie. Aux premiers jours de 1453, le nouveau sultan, Mehmed II (1451-1481), met le siège devant la ville. Ses moyens sont énormes : il possède d'abord une écrasante supériorité numérique en hommes. La flotte byzantine, qui ferme la Corne

d'Or, ne compte que 26 navires, contre quelque 400 navires turcs, mais permet à la défense de se concentrer sur la double muraille terrestre. La principale différence par rapport aux sièges précédents vient de l'artillerie : Constantinople n'en est pas dépourvue mais va rapidement manquer de munitions. Le 7 avril, l'arrivée des principales troupes ottomanes venues d'Andrinople marque le début de la phase intensive du siège. Cependant, la résistance de la ville surprend Mehmed II, qui, ne pouvant anéantir la flotte qui ferme la Corne d'Or, décide alors, au prix d'un effort gigantesque favorisé par des ingénieurs italiens, de faire glisser les navires par voie de terre, derrière Galata, du Bosphore à la Corne d'Or. Les premiers navires turcs pénètrent ainsi dans la baie le 21 avril, et Constantinople subit dès lors un double bombardement. À l'intérieur, Latins et Grecs, partisans du pape et orthodoxes zélés, s'unissent devant le danger. Au matin du 29 mai commence l'assaut final : les troupes ottomanes pénètrent par les brèches que l'artillerie a ouvertes. Constantin XI meurt au combat, tandis que les Turcs occupent Constantinople, livrée pendant trois jours au pillage. Puis Mehmed II entre « dans la ville » (en grec, *eis tên polin*, Istanbul, en turc) et en fait sa capitale.

◁ **Mort** de la Vierge (détail). Sous la fresque ont été découverts des tracés de lignes géométriques pour organiser les surfaces.

XIIIe-XIVe siècle. Zica, Macédoine.

Sous la domination des Ottomans

Dès 1456, le duché d'Athènes doit se soumettre ; en 1460, le despotat de Morée tombe à son tour. L'année suivante, les troupes turques s'emparent de Trébizonde. Toutefois, les contours de l'empire de Mehmed II rappellent étrangement ceux de l'Empire byzantin à son apogée, avec la même opposition entre l'Orient (l'Asie Mineure) et l'Occident (la Roumélie). Il s'agit d'un État fort et structuré, où une administration organisée répercute les ordres du souverain par-delà les intérêts particuliers. Mehmed II rétablit une paix inconnue dans les Balkans depuis les Comnènes (dynastie byzantine qui a régné aux XIe et XIIe siècles) qui favorise la mise en culture des sols et le développement du commerce. La domination turque est, en réalité, largement favorable aux villes de l'ancien Empire byzantin et à ses habitants, notamment les Grecs et les Arméniens. Ceux-ci profitent, en effet, d'un certain affaiblissement des cités italiennes, et surtout de la restauration pour tous des droits de douane. Ces conditions expliquent la relative faiblesse de l'émigration balkanique : peu de chrétiens fuient l'Empire musulman ; ceux qui partent appartiennent à l'élite intellectuelle, sensible à l'appel de la Renaissance, et ont une certaine affinité avec la chrétienté romaine. Les autres se contentent du statut de soumis. L'Empire ottoman recueille donc une part de l'héritage politique de Byzance ; il redonne aux Balkans une unité perdue depuis longtemps et reconstitue assez largement l'empire de Justinien Ier (527-565). Mais il ne peut recueillir l'autre partie de l'héritage byzantin : la culture grecque et la religion orthodoxe. La première trouve refuge en Occident, tandis que Moscou sera la dépositaire de la seconde. □

◁ **Saint Luc,** patron des peintres et des médecins. L'influence de l'art byzantin s'étend à toute l'Europe, même la plus septentrionale.

1045. *Codex Caesareus Upsaliensis*. Bibliothèque de l'Université, Uppsala, Suède.

▽ **Le monastère** de Saint-Georges, construit sous Milutin. Les monuments byzantins de l'ex-Yougoslavie se situent le long d'un axe nord-sud entre Belgrade et la frontière grecque.

XIVe siècle. Staro Nagoricino. Macédoine.

.507

Après 1453, les tsars de Moscou revendiquent l'héritage culturel et religieux de Byzance.

MOSCOU, NOUVELLE ROME

À la fin du XIVe siècle, l'Église orthodoxe russe jouit d'un très grand prestige, grâce à la personnalité de saint Serge de Radonège, qui fit du monastère de la Trinité le centre d'une importante réforme. Les moines russes sont au cœur d'une renaissance religieuse et intellectuelle infiniment plus vivante que celle de Byzance. Les artistes russes inventent des formes nouvelles et construisent des monuments réellement nationaux, dans le matériau le plus courant pour eux : le bois. Après la conquête turque, la principauté centrée sur Moscou et Vladimir est le seul État indépendant où soit encore pratiqué le christianisme orthodoxe : elle en deviendra la principale métropole.

LES ICÔNES

L'icône apparaît dès les débuts du christianisme pour l'enseignement religieux. Ayant acquis peu à peu un caractère sacré, l'icône fait l'objet d'un véritable culte. Les images saintes supplantent alors celles de l'empereur, jadis seul médiateur entre Dieu et les hommes. C'est pour retrouver cette place essentielle et regrouper autour de leur personne toutes les énergies que les empereurs du VIIIᵉ siècle déclenchent l'iconoclasme. Les 113 ans de lutte au sujet des images se terminent par la victoire des iconodoules (« serviteurs des images »). Mais le culte des icônes est également ramené à de plus justes proportions : il s'agit désormais d'une simple vénération. Dès lors, les icônes se développent librement. Dans les églises, le sanctuaire est caché aux fidèles par une cloison rapportée, que l'on orne d'icônes : c'est l'iconostase. En dehors des peintures sur bois, les icônes peuvent être sculptées dans l'ivoire ou les pierres tendres, comme la stéatite, et représentent de grandes scènes, comme la crucifixion. Mais, surtout, nombre d'entre elles sont consacrées à la Vierge. C'est par l'icône que l'influence byzantine sur l'art des Slaves a été la plus profonde, notamment auprès des Russes (Vierge de Vladimir). Le plus grand artiste de l'icône, capable de mettre en scène de nombreux personnages, est, aux XIVᵉ et XVᵉ siècles, le Russe Andréï Roublev.

▽
Vierge de Iaroslavl. Cette icône appartient au type des « Vierges de la Miséricorde », dont une des caractéristiques est la tendresse avec laquelle l'Enfant se blottit contre sa mère.
XIIIᵉ-XIVᵉ siècle.
Coll. Ostrookhov, Moscou.

▷
Saint Georges tuant le dragon (détail). Ces icônes de saints sont le témoignage de la déification de l'homme, appelé à ressusciter en Christ.
Rostov, Russie.

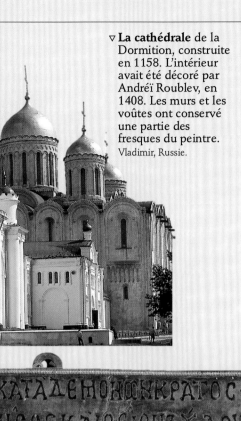

▽ **La cathédrale** de la Dormition, construite en 1158. L'intérieur avait été décoré par Andréï Roublev, en 1408. Les murs et les voûtes ont conservé une partie des fresques du peintre. Vladimir, Russie.

La Trinité de Roublev. △ Les trois anges, autour de la coupe eucharistique, évoquent les trois hommes reçus par Abraham.

XVe siècle. Galerie Tretiakov, Moscou.

◁ **La Crucifixion.** Icône en argent doré, ornée d'émaux et de pierres précieuses, du Trésor de la basilique Saint-Marc. Ces objets ont été rapportés après la prise de Constantinople.

XIe-XIIe siècle. Venise.

Saint Grégoire ▷ de Nazianze, saint Jean Chrysostome et saint Basile le Grand : les Pères évangélisateurs de la Cappadoce, centre de diffusion du christianisme en Asie Mineure.

XVIIe siècle. Musée de l'Art byzantin, Antalya, Turquie.

L'EMPIRE DES THAÏS

AU DÉBUT du Moyen Âge, la Birmanie et l'actuelle Thaïlande étaient peuplées de Môns, le nord de la région étant aux mains des ancêtres des Thaïs, établis depuis le VIIIe siècle au Yunnan, en Chine. À cette époque, les influences chinoises étaient très fortes au Viêt-nam et dans le Nord, tandis que tout le Sud était marqué par la culture indienne.

Au XVe siècle, les Thaïs succèdent aux Khmers et aux Birmans, et deviennent la puissance dominante de l'Asie du Sud-Est.

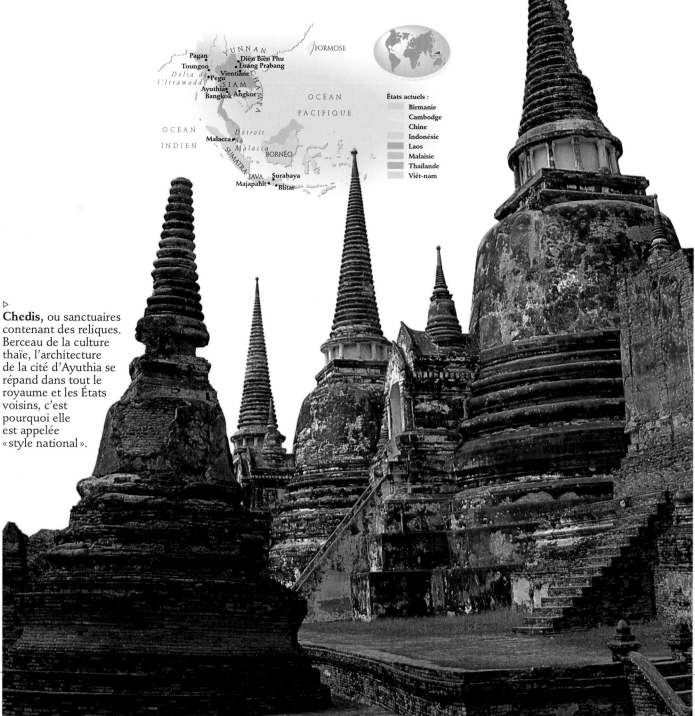

510.

▷ **Chedis,** ou sanctuaires contenant des reliques. Berceau de la culture thaïe, l'architecture de la cité d'Ayuthia se répand dans tout le royaume et les États voisins, c'est pourquoi elle est appelée « style national ».

LE ROYAUME DE SIAM

L'infiltration des populations thaïes vers le sud, par les vallées des grands fleuves, Ménam et Mékong, a commencé dès le début du XIIIe siècle. Elle s'est accélérée quand, entre 1253 et 1257, les Mongols se sont implantés au Yunnan. Les Thaïs ont fondé des villes en haute Birmanie et une partie d'entre eux a commencé à s'installer au Laos. Dans le bassin du Ménam, les nouveaux venus, qu'on appelle aussi « Siamois », ont chassé les Môns. Entre 1260 et 1290, les Thaïs ont fondé dans cette région de petits royaumes, dont le plus important a pour capitale Sukhothai, où règne la première dynastie proprement siamoise issue d'un chef thaï, Bang Khang Tao. Le fils de Bang Khang Tao devint le roi Rama Kamheng, « le Puissant », conquérant et législateur. Selon la tradition, c'est lui qui, en 1282, inventa « dans son cœur » les caractères de l'écriture siamoise.

LE ROYAUME D'AYUTHIA

En 1349, une révolte éclate au sud du pays, et le chef des rebelles, Ramadhipati, fonde une nouvelle dynastie, qui régnera sur le Siam jusqu'en 1782. Il se donne une nouvelle capitale, Ayuthia, conquiert les autres royaumes thaïs et commence à imposer sa domination au Cambodge et à la Birmanie.

Au contact des Khmers, les Thaïs accèdent à la culture indienne, dont ils connaissaient déjà le bouddhisme, qui avait pénétré au Yunnan. Le bouddhisme hinayana (Petit Véhicule) devient religion officielle : les bonzes, strictement hiérarchisés, organisent la collecte des aumônes et des dons, mais les Siamois continuent de vénérer de nombreux génies, liés aux arbres, aux pierres, aux forces de la nature, venus de l'animisme pratiqué dans la région depuis la nuit des temps. Les anciens récits mythiques se transforment en contes moraux, intégrés aux textes sacrés du bouddhisme. Cette diversité marque l'art du Siam, qui restera original jusqu'à nos jours.

L'HÉGÉMONIE DES THAÏS EN BIRMANIE

Depuis le milieu du XIIIe siècle, la Birmanie du royaume de Pagan, ébranlée par l'invasion mongole, connaît une

▽ **Statue** chinoise en pierre ornant la cour du cloître du Wat Arun à Bangkok. Ce sanctuaire existait avant la chute d'Ayuthia, cependant ses origines restent inconnues.

▷ **Sukhothai**, la capitale du premier royaume thaï (XIIIe-XIVe siècle). Cette époque est considérée comme l'âge d'or de l'art siamois. Le Wat Chang Lom doit son nom aux demi-corps d'éléphants sur lesquels se repose le chedi de type cinghalais.

La conquête mythique du Laos par les Thaïs expliquerait le caractère pacifique du peuple laotien.

LE HÉROS DE DIÊN BIÊN PHU

La première « capitale » des Thaïs du Mékong fut située dans la cuvette de Diên Biên Phu. Là, les dieux firent venir du ciel Khun Borom, qui fit pousser deux courges géantes au centre d'un étang et en tira des plantes, des buffles et des serviteurs. Il put ainsi doter ses sept fils et les envoyer dans le vaste monde. Mais, avant leur départ, il leur recommanda de se souvenir qu'ils descendaient du même ancêtre. Les sept fils de Khun Borom engendrèrent sept tribus, éparpillées au Laos, en Thaïlande, en Birmanie et au nord du Viêt-nam actuel. C'est pourquoi, disent les Thaïs, les Laotiens sont toujours restés un peuple pacifique, répugnant à faire la guerre aux autres Thaïs.

période de troubles et d'anarchie politique : le commerce stagne, la criminalité se répand dangereusement, les sectes bouddhistes ont rompu leur vœu de pauvreté. Cette situation fait le jeu des envahisseurs thaïs, qui mettent fin à l'unité du pays. Les descendants d'Anoratha règnent sur le nord du pays sous la tutelle des Thaïs ; le delta de l'Irrawaddy est le centre d'une principauté thaïe, le royaume de Pegu, fondé en 1282 par Wareru, qui s'est emparé de la basse Birmanie. Ne reste vraiment birmane que la principauté de Toungoo, sur les rives du Sittang. C'est de là que partira, en 1535, la reconquête du pays, menée par le roi Tabinshweti (1512-1550). À partir de cette époque, les données du problème seront cependant bouleversées par la présence des Portugais.

L'ANCÊTRE DU LAOS

Au XIVe siècle, le royaume du Lan Xang (« million d'éléphants »), ancêtre du Laos, et sa capitale, Luang Prabang, entrent dans l'histoire. Les différents groupes thaïs refoulent les premiers occupants, qu'ils appellent « Khas », esclaves. Dans ce pays montagneux, ils imposent leur civilisation, cultivent le riz et les courges, se nourrissent de poisson en saumure, de crevettes d'eau douce, mâchent le bétel et domestiquent les éléphants. Ils ne sont pas tous bouddhistes et édifient aux portes de certains villages de grandes cases sur pilotis, demeures des âmes des défunts ou des génies domestiques.

Le royaume est fondé par Fa Ngum, descendant de Souvanna Kam Phong, qui unit les principautés de Vientiane et Luang Prabang. Entre 1373 et 1538, les premiers rois laotiens, issus de la même lignée, unifient le pays, fortifiant leur État et maintenant jalousement leur indépendance. Au XVe siècle, ils parviennent à maintenir une paix relative avec leurs voisins, Chine et Viêt-nam. Pourtant, en 1479, le roi Xay-Cak'a-p'at – « Victorieux Empereur » – subit une invasion vietnamienne, heureusement repoussée. Ses fils chassent les derniers occupants vietnamiens, puis ils s'attachent à reconstruire leur pays. La capitale, Luang Prabang, a été fortement touchée, et elle doit être repeuplée. Le XVIe siècle voit le retour de la paix et des relations amicales avec le Viêt-nam, ainsi que la multiplication des grandes constructions en l'honneur du bouddhisme.

512.

△
Temple cham à Phan Rang au Viêt-nam. Le royaume indo-bouddhique de Champa a été annexé par le Viêt-nam, lui-même déjà acquis à la culture bouddhique du Grand Véhicule *(Mahayana)*.

▽
Le temple du Ciel de Pékin (1530). Mur d'enceinte recouvert de tuiles bleues. C'est sous la dynastie Ming que l'architecture urbaine atteint son apogée en Chine.

Raden Vijaya utilise les envahisseurs mongols pour fonder à Java sa propre dynastie, qui domine l'Indonésie actuelle.

LE ROYAUME DE MAJAPAHIT

L'apogée du nouveau royaume, dont la capitale est Majapahit, se situe sous Hayam Wuruk, qui règne de 1350 à 1389 sous le nom de Rajasanagara, avec pour ministre Gajah Mada (1331-1364). On ne sait s'il contrôle effectivement tous les États donnés comme vassaux dans le long poème épique du *Nagarakertagama* (écrit par Prapanca en 1365), mais il a laissé des traces à Bali, Java, Sumatra, Bornéo, en Nouvelle-Guinée, aux îles Mariannes, à Formose. Selon le même poème, le roi a des fonctions religieuses : incarnation divine, il commande aux clergés bouddhiste et sivaïte. Il appuie ainsi son pouvoir sur la richesse du royaume, qui lui permet des réalisations somptueuses, comme le temple de Panataran, près de Blitar. Il est suzerain de nombreux vassaux, qui lui paient tribut et laissent la flotte javanaise surveiller leurs territoires.

L'INDONÉSIE : L'ISLAMISATION

L'irruption des Mongols, qui explique l'expansion thaïe en Asie du Sud-Est, a des effets différents en Indonésie, où elle stimule l'éclosion du sentiment national. Toutefois, en devenant un empire insulaire, le pays s'ouvre aux influences étrangères et en particulier à la pénétration de l'islam.

Musulmans et Chinois arrivent à peu près au même moment en Indonésie, où ils se rencontrent à la cour de Majapahit. Ils apportent de nouvelles formes de spiritualité, mais ce sont les musulmans qui vont imposer leur foi et leur contrôle sur les îles. En 1419, le souverain de la puissante ville de Malacca, dans l'ouest de l'archipel de Java, se convertit à l'islam. Un peu partout sur la côte de Java se multiplient les communautés musulmanes. Elles vont grandir jusqu'à devenir des États et mettre en danger l'hégémonie du royaume de Majapahit.

Selon l'hagiographie javanaise, ce sont des envoyés d'Allah qui, grâce à leurs discours et en réalisant des miracles, auraient converti ces communautés. Au nombre de neuf, ces chefs religieux seraient venus prêcher l'islam à Java. On leur devrait aussi la construction des premières mosquées, sur la côte nord de Java. Seule l'identité du premier de ces neuf envoyés, Malik Ibrahim, est connu, car les traditions divergent à propos de ses compagnons. Sa tombe à Gresik, près de Surabaya, est un lieu de pèlerinage.

Cette nouvelle religion s'accompagne d'un essor des communautés marchandes musulmanes et de leur constitution en États de plus en plus puissants. Bientôt, Majapahit perd sa prééminence économique, politique et religieuse. Après 1450, le royaume décline. L'hindouisme ne subsiste que dans l'est de Java et à Bali. □

▽ **Statue** funéraire. On a trouvé sur plusieurs îles indonésiennes des œuvres d'art influencées par le bouddhisme et l'hindouisme. Dans ce domaine, Java est la plus riche.
XVe siècle. Musée Guimet, Paris.

△ **Statue** du monastère de Vat Xieng Thong. Au XIIIe siècle, le Laos, bien que soumis au royaume siamois de Sukhothai, connaît surtout l'influence du bouddhisme mahayana.

LA BOURGOGNE DES DUCS D'OCCIDENT

Au cours du XVᵉ siècle, la Bourgogne devient, sous le règne de la nouvelle dynastie ducale des Valois, le plus puissant et le plus prospère des États d'Europe occidentale.

◁ **Nicolas Rolin** en prière. Chancelier de Bourgogne, il préside le grand conseil ambulatoire, sorte de conseil suprême dont s'est pourvu Philippe le Bon pour unifier son État.
XVᵉ siècle. Jan Van Eyck. Musée du Louvre, Paris.

▽ **Chapitre de l'ordre** de la Toison d'or. Ses insignes sont un bélier et une chaîne d'or ornée de lettres B.
1473. Bibliothèque municipale, Dijon.

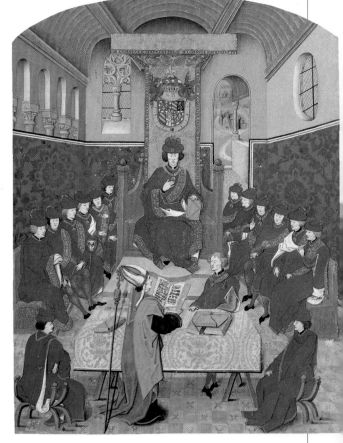

L E 7 JANVIER 1430, Philippe le Bon, duc de Bourgogne, épouse en troisièmes noces Isabelle de Portugal, fille du roi de Portugal. Négociants et armateurs de Bruges fêtent l'assurance de participer au florissant commerce portugais des épices.

Ce même jour, à Gand, au château des comtes, le duc institue l'ordre de la Toison d'or – qui regroupe autour de lui la haute noblesse de tous ses territoires et devient le symbole de l'unité bourguignonne –, que Philippe le Bon ne cessera désormais de célébrer par toutes sortes de cérémonies et de fêtes (joutes, pas d'armes, banquets) plus magnifiques les unes que les autres.

Étrange « État » cependant que ce duché, sans unité géographique, qui réunit des villes à l'esprit indépendant et des régions relevant, pour les unes, du roi de France, pour les autres, de l'empereur germanique, auxquels le duc doit l'hommage vassalique. De Bruges (Flandre occidentale) à Dole (Franche-Comté), du Hainaut (situé à la frontière franco-belge) au Charolais (Bourgogne), les habitants ne parlent pas la même langue. Il faut doubler, à Lille et à Gand, les institutions – la Chambre du conseil et la Chambre des comptes –, qui ont leur siège à Dijon. Pourtant la puissance du duché est telle qu'il menace la France.

PHILIPPE II LE HARDI, LE FONDATEUR

C'est Philippe II le Hardi, un Valois, fils du roi de France Jean II le Bon, qui, en 1364, pose les bases d'un véritable État : il reçoit à cette date le duché de Bourgogne et épouse en 1383 Marguerite de Mâle, héritière de la Flandre, de l'Artois, d'Anvers et de Malines. Le duc transforme Dijon en résidence princière, rénove le palais ducal et y donne des fêtes qui servent son prestige. Il fait venir de nombreux artistes de Flandre : le sculpteur Claus Sluter se voit ainsi confier la décoration du palais d'été de Germolles (disparu) et de la chartreuse de Champmol, future nécropole ducale, où le grand cloître reçoit en 1395 sa célèbre sculpture, le *puits de Moïse*. Accompagné de son chancelier, Philippe le Hardi se déplace d'une province à l'autre afin d'asseoir davantage son pouvoir et d'obtenir la fidélité des villes et des échevins.

Son fils aîné, Jean sans Peur, qui lui succède à sa mort, en 1405, poursuit sa

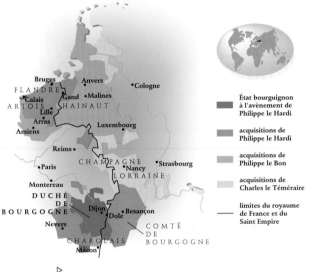

État bourguignon à l'avènement de Philippe le Hardi

acquisitions de Philippe le Hardi

acquisitions de Philippe le Bon

acquisitions de Charles le Téméraire

limites du royaume de France et du Saint Empire

▷ **Mariage** de Philippe le Bon avec Isabelle de Portugal. Cette alliance fait du duc de Bourgogne le plus puissant prince de la chrétienté.
XVe siècle. École française. Versailles.

Au cours des XIVe et XVe siècles, le béguinage devient une véritable institution de la Flandre.

LES BÉGUINAGES

Les béguines échappent, à l'origine, aux règles habituelles de la vie monastique. Instruites, marquées par les courants mystiques, ces religieuses de Belgique et des Pays-Bas réclament une indépendance spirituelle qui les fait parfois taxer d'hérésie et donne lieu à des procès ecclésiastiques. Pour résister aux pressions, elles s'organisent en petites communautés et s'acquittent de missions diverses (enseignement, infirmerie, œuvres de bienfaisance) sous la vigilance de l'une d'elles, la « grande mademoiselle ». Le béguinage finira par s'intégrer parfaitement à la société.

politique. Mais il décide de soutenir les Anglais contre le roi de France Charles VI, espérant ainsi profiter des crises du règne de celui-ci, alors atteint par la démence. Cette alliance lui vaut d'être assassiné en 1419 à Montereau par les Armagnacs, partisans du duc Louis d'Orléans. Philippe le Bon, le nouveau duc, recueille alors l'héritage de son père ; il va lui donner, avec ses chanceliers, Jean de Thoisy et Nicolas Rolin, un exceptionnel éclat.

Les années de prospérité

Annexions, achats et politique matrimoniale font de Philippe le Bon le plus riche seigneur de l'Occident et l'entraînent dans des luttes de rivalité acharnées avec le roi de France Charles VII,

successeur de Charles VI à partir de 1422. L'État bourguignon ne cesse de prospérer en dépit d'années cruelles où la peste sévit (1438-1439 et 1456-1459). En 1435, la paix d'Arras réconcilie temporairement Charles VII et Philippe le Bon, qui obtient une quasi-indépendance. À la faveur de cette trêve, le commerce s'intensifie et les industries se développent, en particulier les industries de luxe comme l'orfèvrerie, la tapisserie et les objets d'art. En Bourgogne, la vigne donne des vins fins ; les salines du Jura en Franche-Comté enrichissent l'État, car un « droit de monseigneur » est perçu sur la vente du sel.

Mais la richesse vive du duché réside surtout dans les provinces du Nord, beaucoup plus urbanisées que la Bourgogne : le centre de gravité écono-

mique et politique se déplace en conséquence. Textiles, cuivre, minerais de fer et hauts fourneaux contribuent à l'essor de l'État, tandis que l'activité portuaire de Bruges, puis d'Anvers à partir de 1460, assure les relations commerciales avec la Hanse, l'Angleterre, l'Espagne et l'Italie.

Située au carrefour des deux principaux réseaux de commerce, Bruges devient le grand centre des échanges internationaux.

BRUGES LA SUPERBE

Au croisement des réseaux de la Baltique et de la Méditerranée, Bruges constitue, en 1420, le plus grand marché de l'Occident chrétien : dix-sept nations y ont établi leur comptoir. Les courtiers Van der Burse donnent leur nom à la « bourse » permanente qu'ils aménagent dans leur hôtel. L'opulence de la maison des Gruuthuse, qui ont le monopole de l'orge mondé indispensable aux brasseries, en dit long sur la richesse des notables. Cependant, dès 1485, Bruges va décliner au profit d'Anvers...

▽ **Victoire** de Filips Van Artevelde (1340-1382), à Leesbaar. Capitaine des Gantois, il écrase le comte de Flandre, mais est tué à la bataille de Rozebeke.
XVᵉ siècle. *Chroniques* de Froissart. Bibliothèque municipale, Valenciennes.

Bruges devient une place bancaire internationale, où les Médicis, célèbre famille italienne de marchands et de banquiers, installent une succursale (1420). La monnaie reste d'ailleurs stable de 1434 à 1474, et l'opulence se lit dans la magnificence des hôtels de ville et des échevinages.

Le déclin de la Bourgogne

Philippe le Bon se heurte cependant à des résistances de la part des villes, qui défendent leurs droits : Bruges se mutine en 1437, Gand refuse de payer la taxe sur le sel en 1453 ; de sévères amendes sont infligées à l'une et à l'autre. Les guerres, la naissance d'un prolétariat mécontent né de l'industrie drapière, la pression fiscale et la corruption de la cour affaiblissent l'État.

Charles le Téméraire succède à son père, Philippe le Bon, en 1467. Sous son règne, la puissance bourguignonne atteint son apogée, mais aussi ses limites. Autoritaire, violent, impétueux, le nouveau duc rêve de créer un royaume continu entre la France et l'Empire germanique, en annexant la Champagne et la Lorraine. Mais Louis XI (fils et successeur de Charles VII à partir de 1461) vient contrecarrer ce projet en organisant contre lui une coalition. Puis l'échec du siège de Neuss (archevêché de Cologne), en 1474, révèle les faiblesses de l'armée ducale, pourtant dotée d'une excellente artillerie.

C'est sous les murs de Nancy, alors qu'il tente de prendre la Lorraine, que Charles trouve la mort en 1477. Après sa disparition, l'État bourguignon sera démantelé : le duché reviendra à la France, tandis que les provinces belges et néerlandaises et la Franche-Comté seront transmises aux Habsbourg par le mariage de Marie de Bourgogne, fille et unique héritière de Charles le Téméraire, avec l'empereur allemand Maximilien Ier.

▷ **Le Changeur** et sa femme. Portinari, représentant des Médicis à Bruges, fait faillite pour avoir prêté à Charles le Téméraire.
XVᵉ siècle. Quinten Metsys. Musée du Louvre, Paris.

▽ **Corruption** d'un magistrat. L'argent ouvre également l'accès aux offices, voie de la puissance.
XVᵉ siècle. *Codex des privilèges*. Bibliothèque Queriniana, Brescia.

Dès 1460, l'imprimerie contribue à diffuser les ouvrages de piété : telle l'*Imitation de Jésus-Christ,* de Thomas a Kempis.

L'IMITATION DE JÉSUS-CHRIST

Rédigée en latin entre 1410 et 1420, cette œuvre se rattache au mouvement spirituel de la Devotio moderna. Celui-ci est lié, à l'origine, aux ouvrages du prédicateur néerlandais Geert Groote (1340-1384). Il s'efforce d'unir la mise en pratique des valeurs de l'Évangile et l'ascétisme, les vertus chrétiennes et le recueillement : il attire ainsi les croyants du peuple et de la bourgeoisie, négligés par le haut clergé, qui est trop attaché à la cour pour répondre aux angoisses spirituelles de son temps.

La somptueuse cour de Dijon accueille de nombreux artistes du Nord : des poètes (l'école des grands rhétoriqueurs), des compositeurs (Johannes Ockeghem), des sculpteurs (Claus Sluter) et des peintres (Van der Weyden).
Le mécénat des ducs renforce la gloire de la dynastie et son pouvoir politique. Les artistes reçoivent des commandes ; les notables, soucieux de leur prestige, font exécuter leur portrait.
Le peintre italien Giorgio Vasari (1511-1574) attribue à Jan Van Eyck (1390-1441), « prince des peintres de ce siècle », l'invention de la peinture à l'huile : l'artiste utilise un mélange de blanc d'œuf et de poudre de couleur. Posée en glacis léger, la peinture prend de la transparence ; étalée en pâte épaisse, elle acquiert l'éclat de l'émail. La peinture à l'huile est en fait plus ancienne, mais Van Eyck améliore sa technique et devient le peintre officiel du duc de Bourgogne Philippe le Bon. De dix ans son cadet, Van der Weyden donne à la peinture religieuse un dépouillement et un accent tragiques ; tous deux portent à son apogée un art qui unit intimement le rendu naturaliste et un contenu symbolique. La génération suivante (P. Christus, Th. Bouts, le Rhénan Memling, Hugo Van der Goes) abordera les problèmes liés à l'espace ; les artistes de Flandre jouiront, pour la plupart, d'une renommée européenne.

518 .

LES ARTISTES FLAMANDS

La Fontaine de vie. △
Elle représente l'allégorie de l'Église triomphante, la victoire de l'Église sur la Synagogue aux yeux bandés. Étagé sur plusieurs plans, le tableau rappelle les représentations sacrées des Pays-Bas.

XVe siècle. École de Van Eyck. Musée du Prado, Madrid.

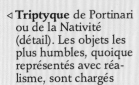

◁ **Triptyque** de Portinari ou de la Nativité (détail). Les objets les plus humbles, quoique représentés avec réalisme, sont chargés de lumière, de poésie et de sens symbolique.

1475-1476. Hugo Van der Goes. Galerie des Offices, Florence.

▽ **Le *puits de Moïse*.** Les portraits de Moïse et des prophètes sont d'un réalisme saisissant.

1395-1405. Claus Sluter. Chartreuse de Champmol, Dijon.

△ **Nativité,** Adoration des Mages et Présentation au Temple. Une vision du monde calme et ordonnée, qui rappelle le Pérugin.

Hans Memling. Musée du Prado, Madrid.

Descente de Croix. △ L'arrière-plan doré fait ressortir l'aspect dramatique des gestes des personnages.

xve siècle. Rogier Van der Weyden. Musée du Prado, Madrid.

▷

Le chemin du Paradis. Conduits par un ange, les élus vont recevoir leur récompense. L'artiste s'inspire de Van der Weyden et de Van Eyck.

1415-1475. Thierry Bouts. Musée des Beaux-Arts, Lille.

. 519

Ladislas II Jagellon (1348-1434),
roi de Pologne. *Marcello Bacciarelli.
Château royal de Varsovie.*

AUTRICHE

Les Habsbourg

■ Tandis que Ladislas II Jagellon inaugure la domination de sa famille sur la Pologne, une nouvelle dynastie, les Habsbourg, commence également à s'affirmer. En 1440, Frédéric de Styrie est élu empereur sous le nom de Frédéric III. Il doit défendre la maison de Habsbourg, dont il est le chef, les princes allemands et, symboliquement, toute la chrétienté. Il a d'ailleurs l'ambition d'assumer réellement ce rôle, et se donne comme devise : « L'Autriche doit régner sur tout l'univers. » Il réussit à regrouper sous son autorité, dès 1490, les possessions des Habsbourg, et la dynastie commence avec lui à dominer l'Europe.　□

520

HOLLANDE

Les polders

■ Les habitants des Pays-Bas ont eu très tôt l'idée d'élever des digues pour protéger leur territoire, dont la moitié ou presque se trouve au-dessous du niveau de la mer. Les Romains, à qui ils fournissent des soldats, leur enseignent des techniques de construction d'ouvrages hydrauliques. Peu à peu, les Hollandais étendent la pratique des polders, conquis par endiguement sur la mer ou par assèchement sur les innombrables lacs intérieurs. Les communautés locales du Moyen Âge cherchent toutes à grignoter des terres. À partir de 1435 et de la construction des polders du Zuiderzee, cette pratique se modifie par la réalisation de grandes parcelles géométriques drainées par un réseau de canaux devant unifier tous les Pays-Bas.　□

RUSSIE

Le redressement moscovite

■ Au XVe siècle, les principautés russes se libèrent de la domination étrangère et s'unissent sous l'autorité du grand-prince de Moscou. Ivan III (1462-1505) refuse de payer le tribut aux Mongols dès 1476. L'action des Russes est favorisée par les dissensions au sein de la Horde d'Or et par la fondation de plusieurs khanats entre 1430 et 1466 : en Crimée, à Kazan, en Astrakhan. Pour compléter cette œuvre de reconstruction d'un pouvoir russe, des idéologues tels que Pacôme le Logothète appellent les princes russes à accepter l'autorité de Moscou, troisième Rome.　□

Bataille entre princes russes rivaux. *XVe siècle.
Musée d'Histoire et d'Architecture, Novgorod, Russie.*

ITALIE

Milan en crise

■ La famille des Visconti règne non sans mal sur Milan depuis le début du XIIIe siècle. Cette famille gibeline l'emporte sur les guelfes, et l'empereur germanique lui octroie un titre ducal en 1395. Les Visconti entreprennent de contrôler toute la Lombardie, avec plus ou moins de succès. Après un affaiblissement de leur pouvoir, Philippe-Marie Visconti (1412-1447) réussit à restaurer l'autorité de la famille, et il reconquiert la majorité de la Lombardie à son profit. Mais il meurt et sa fin précipite, semble-t-il, celle de la dynastie ducale : une république, bien éphémère, s'installe à Milan. Cependant, c'est un aventurier, Ludovic Sforza, dit le More, qui profite de l'affaiblissement des Visconti et s'empare finalement de Milan.　□

FRANCE

Le roi René en Anjou

■ René Ier naît à Angers en 1409. Le « Bon Roi René » est un souverain puissant, grand administrateur et patron des lettres et des arts. Il devient duc de Lorraine en 1491 par son mariage avec Isabelle de Lorraine ; il est aussi duc d'Anjou et comte de Provence dès 1434. Par son père, Louis II d'Anjou, il hérite du royaume de Naples en 1435. Cependant, en 1442, Alphonse V lui reprend la ville. Mécène, René était sans doute aussi artiste : il aurait écrit le *Livre du cœur d'amour épris* après son mariage avec Jeanne de Laval en 1457, aurait peint tableaux et portraits, et illustré des manuscrits.　□

ESPAGNE

Jean II de Castille

■ Le règne de Jean II en Castille inaugure une époque de renforcement du pouvoir royal par rapport à une aristocratie dont les prérogatives n'ont cessé d'augmenter tout au long du XIVe siècle. Jean II Trastamare (1406-1454) se fait assister en effet d'un connétable énergique, Álvaro de Luna, afin de réduire la puissance des grands. À Olmedo, en 1445, l'armée des nobles est vaincue. Si elle met en danger l'autorité monarchique, la puissance de la noblesse castillane menace aussi les paysans : les grands seigneurs ont besoin d'importants moyens financiers pour assurer leur autonomie, et ils les prélèvent sur les revenus de la terre. En Castille, l'agriculture commence à reculer au profit de l'élevage.　□

EUROPE

Le renouveau de la musique

■ John Dunstable (1385-1453), un Anglais, développe le contrepoint. Musicien du duc de Bedford, il travaille la polyphonie à 3 ou 4 voix, en s'inspirant de chansons françaises. Il écrit dans le registre religieux une œuvre dont il reste des fragments. Guillaume Dufay (1400-1474) et Johannes Ockeghem (1410-1475), deux Flamands, perfectionnent un style polyphonique qui se répand dans toute l'Europe occidentale. Le dernier est chantre et maître de chapelle à la cour de France. Dufay exerce, lui, ses talents à la chapelle pontificale de Rome, à Florence, Bologne, en Savoie, puis s'établit à Cambrai. Empruntant aux Anglais, aux Italiens et aux Français, il réalise une riche synthèse, considérée comme l'apogée de la polyphonie et une grande étape de la musique occidentale. Il a laissé des messes, des motets, des magnificats et des rondeaux français à trois voix prouvant la puissance de son inspiration.　□

ÉTHIOPIE

Le règne de Zera Yakob

■ Le règne de Zera Yakob est l'un des moments fondateurs de l'identité de l'Éthiopie. Ce souverain décide en effet d'éliminer le paganisme de son royaume et d'y imposer, non l'islam, mais sa conception de l'orthodoxie chrétienne. Ce processus s'effectue dans la violence, le souverain obligeant même ses sujets à se faire tatouer sur la peau des éléments du credo chrétien. Il instaure une sorte d'Inquisition dans le pays, un groupe de juges présidé par un « gardien de l'heure » et chargé de vérifier l'orthodoxie des pratiques. Zera Yakob fait construire de nombreuses églises et oblige les prêtres à assurer un enseignement religieux le dimanche. Il fait compiler les ouvrages de référence et rédige lui-même le *Livre de la Lumière* pour exposer sa conception religieuse. Il envoie une délégation éthiopienne au concile de Florence, en 1441, et décide la subordination de son Église à l'autorité du Saint-Siège. Il pose ainsi les bases du christianisme éthiopien.　□

1453 - 1483

Dans l'Occident chrétien, la seconde moitié du XVe siècle est le temps du renouveau, de l'expansion économique, des inventions. En France, le roi Louis XI élimine les derniers « écorcheurs », restaure les affaires de l'État, reconstitue la fortune des Français, abat la turbulence des princes et refait l'unité du royaume aux dépens de son cousin de Bourgogne. Les Ottomans menacent toujours la frontière orientale de la chrétienté, l'expansion turque se poursuit, sur la côte dalmate et en Méditerranée, mais les peuples d'Europe centrale apprennent à résister, obtenant un bref répit et forgeant ainsi leur identité, autour de dynasties nationales et de héros glorieux. À la même époque, Ivan III, prince de Moscovie, secoue le joug mongol, se posant en héritier de l'Empire byzantin. Plus encore que politique ou militaire, le renouveau est technique : les inventeurs de la fin du XVe siècle perfectionnent le rouet à ailette et le haut-fourneau, l'horloge et l'arquebuse, et, surtout, l'imprimerie, qui changera le monde, mettant à la portée du plus grand nombre toutes les œuvres de l'esprit.

Fonctionnement d'une machine de guerre. Relief de Francesco di Giorgio Martini. Vers 1470. Palais ducal, Urbino.

LA FRANCE DE LOUIS XI

Le futur Louis XI soutient les princes
du royaume qui s'opposent à son père,
Charles VII. Pourtant, une fois sacré, il affermit
l'État en venant à bout de l'indomptable
Bourgogne de Charles le Téméraire.

EN 1461, Louis XI succède à Charles VII et devient roi de France. Loin d'être un « débutant » en politique, le nouveau souverain a déjà une longue expérience, qui a été paradoxalement acquise aux dépens de son propre père.

C'est en 1439 que Charles VII a pu constater que l'ambition de son fils risquait de lui porter préjudice. Le dauphin Louis a fait preuve de trop d'indépendance lors de sa première mission en Languedoc, et le roi l'a rappelé brusquement. Un an plus tard, Louis n'a pas hésité à s'opposer directement à son père : il a pris la tête d'une rébellion des princes. L'échec de ce mouvement, connu sous le nom de « Praguerie », l'a contraint à s'entendre avec Charles VII, mais n'a pas atténué

ses désirs d'indépendance. Choisi en 1444 pour entraîner hors de France les « écorcheurs », ces bandes de soldats qui terrorisent le royaume, il est censé combattre les cantons suisses pour appuyer la politique des Habsbourg. En fait, il mène sa propre diplomatie, très gênante pour celle de la France, et signe un traité avec les Suisses.

En 1446, Charles VII décide d'éloigner son fils des affaires de l'État en lui confiant le gouvernement de la province du Dauphiné. Il donne ainsi une réalité politique au titre honorifique de « Dauphin ». Et Louis en profite largement : après avoir chassé l'homme de confiance de son père, Raoul de Gaucourt, il crée un parlement à Grenoble, développe les foires, fait du Dauphiné une sorte de principauté modèle, un terrain d'expérience où il rode la politique qu'il appliquera en France. Enfin, il épouse Charlotte de Savoie, contre la volonté de Charles VII.

L'autonomie du Dauphin finit par devenir telle que son père se décide à intervenir et lève des troupes contre Louis en 1456. Mais, alors que l'armée royale approche, le Dauphin s'enfuit auprès du duc de Bourgogne, Philippe le Bon, qui l'accueille et l'installe dans son château de Genappe. Charles VII prononce alors ces mots prémonitoires : « Mon cousin de Bourgogne nourrit le renard qui lui mangera ses poules. »

UN RÈGNE MAL ENGAGÉ

De cette rivalité avec son père vient l'erreur que commet Louis XI quand commence son règne, en 1461. Le souverain opère une purge générale de tous les officiers qui l'avaient combattu autrefois, alors que ceux-ci, bons serviteurs de l'État, n'avaient agi de la sorte que parce que le Dauphin était un danger pour la Couronne. Des réformes financières ambitieuses, mais précipitées, finissent d'affaiblir l'État. Or, en même temps, Louis rachète les villes de la Somme au duc de Bourgogne, créant ainsi un sentiment d'amertume chez les Bourguignons. Enfin, les princes, ses anciens compagnons, se regroupent dans la ligue du Bien public et prennent la tête d'une révolte à laquelle participent le duc de Bretagne François II et le propre frère de Louis XI, Charles de Berry. Le conflit s'achève lors de la bataille de Montlhéry, en 1465. Malgré une issue indécise, celle-ci permet à Louis XI de tenir Paris et de négocier. Le roi doit cependant donner la Normandie à son frère et, sans compensation, rendre aux Bourguignons les villes de la Somme qu'il vient de racheter. Le règne commence mal.

◁ **Louis XI** préside une séance de l'ordre de Saint-Michel, dont il est le fondateur.

XVe siècle. Bibliothèque nationale, Paris.

- domaine royal en 1461
- acquisitions sur la maison de Bourgogne
- acquisitions sur la maison d'Anjou
- acquisitions temporaires
- limites du Saint Empire
- ○ foires nouvelles

Le traité de Conflans, ▽ défavorable à Louis XI, suit la bataille de Montlhéry.

1465. Enguerrand de Monstrelet. Bibliothèque nationale, Paris.

. 523

La piété de Louis XI contraste avec la « modernité » de son action. Mais il est également très superstitieux.

LA PIÉTÉ DE LOUIS XI

Louis XI est féru d'astrologie et a une confiance presque aveugle dans les talismans et les reliques. Lorsqu'il veut obtenir un serment sûr (de son frère Charles, duc de Berry, par exemple), il fait venir la croix de Saint-Laud d'Angers. Il accomplit de nombreux pèlerinages, n'hésitant pas, alors qu'il souffre d'hémorroïdes, à galoper jusqu'à Bayonne. Il revient sans cesse à Notre-Dame de Cléry, où son tombeau a été préparé, et voue un culte particulier à la Vierge Marie. Il multiplie les donations aux églises, au point d'inquiéter ses proches, et, à la fin de sa vie, espérant conjurer la mort, il s'entoure de reliques et fait venir d'Italie François de Paule, illustre fondateur des Ermites de Saint-François-d'Assise, les minimes.

Louis XI, toutefois, sait admirablement, en jouant sur les divisions de ses ennemis, transformer un échec ponctuel en succès politique à moyen terme. Il récupère peu à peu tout ce qu'il a donné. Son frère Charles doit rendre la Normandie, et, en 1468, le roi impose au duc de Bretagne le traité d'Ancenis, qui prépare déjà le rattachement de la Bretagne à la France. En affaiblissant les princes, Louis restaure son autorité et, surtout, prive d'alliés potentiels son véritable rival, Charles le Téméraire.

LE DANGER BOURGUIGNON

Philippe le Bon avait su construire un vaste rassemblement d'États autour du duché de Bourgogne, mais son fils, Charles le Téméraire, qui lui succède

en 1467, veut aussi un titre royal. Le nouveau duc décide d'unifier ses territoires en reliant la Bourgogne aux Pays-Bas pour recréer une grande Lotharingie, sur le modèle de celle qui séparait les domaines français et allemand lors du partage de l'Empire carolingien au traité de Verdun, en 843. D'où son action en Rhénanie, en Alsace et en Lorraine. Grâce à la richesse de la Flandre et du Brabant, Charles a de grands moyens. Enfin, par sa troisième femme, Marguerite d'York, sœur du roi d'Angleterre Édouard IV, le Bourguignon peut à tout moment faire revenir les Anglais en France.

Louis XI s'aperçoit à ses dépens que, contre un tel homme, il faut être très prudent. En effet, en 1468, alors qu'il rencontre Charles le Téméraire à Péronne, la ville de Liège, possession

bourguignonne, se révolte, encouragée par le roi de France. Emprisonné par son hôte, Louis XI doit lui promettre la Champagne et accepter de l'accompagner à Liège. Là, humilié, le souverain assiste à la sanglante répression qui s'abat sur ses propres alliés.

LA REPRISE EN MAIN DU ROYAUME

La leçon n'est pas perdue, et Louis frappe ses ennemis. La première victime est l'un de ses capitaines, Charles de Melun. Des ecclésiastiques, Balue et Haraucourt, sont enfermés dans les célèbres « fillettes », ces cages de fer où ils resteront dix ans. Le duc de Nemours et le connétable de Saint-Pol seront décapités. Se méfiant des grands, Louis XI s'entoure d'hommes qui lui doivent tout, comme le barbier Olivier le Dain ou Tristan Lhermite. Dans son château favori de Plessis-lez-Tours, l'« universelle araignée » tisse sa toile.

En Angleterre, en 1461, Henri VI de Lancastre avait été déposé au profit

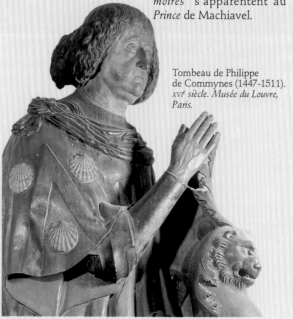

En 1472, Philippe de Commynes, conseiller de Charles le Téméraire, passe au service de Louis XI. Il laissera de célèbres *Mémoires*.

PHILIPPE DE COMMYNES

Il reçoit le titre de conseiller et chambellan du roi et devient le plus proche fidèle de Louis XI. Son hostilité à la politique que mène le roi envers Marie de Bourgogne lui vaut d'être écarté en 1477, puis envoyé en Italie en tant que diplomate. Disgracié en 1495, il s'occupe jusqu'à sa mort, en 1511, à rédiger les *Mémoires*. Il crée ainsi un genre entièrement nouveau, souvent imité par la suite, les « Mémoires politiques » : pour justifier ses changements de camp, il coupe son témoignage, volontairement dépouillé, d'analyses perspicaces sur les causes et les résultats des décisions des princes. Par leur portrait de Louis XI et de son action, ces *Mémoires* s'apparentent au *Prince* de Machiavel.

Tombeau de Philippe de Commynes (1447-1511). *XVIe siècle. Musée du Louvre, Paris.*

États généraux de ▽ 1468, qui rendent la Normandie inaliénable au royaume.

1523. *Mémoires* de Philippe de Commynes. Musée Dobrée, Nantes.

d'Édouard IV d'York. Comme, ce dernier est le beau-frère de Charles le Téméraire, Louis XI a tout à craindre de leur alliance. En 1470, il finance donc un complot qui rend le trône à Henri VI. Louis XI pense ainsi isoler Charles le Téméraire. Persuadé d'avoir éliminé le danger anglais, le roi lance ses armées sur les villes de la Somme, attaque Saint-Quentin, puis Amiens ; il est convaincu que Charles le Téméraire ne pourra rien faire. Mais, en Angleterre, la restauration d'Henri VI est de courte durée, et, dès 1471, Édouard IV, l'allié de la Bourgogne, retrouve sa couronne. La contre-offensive bourguignonne en Picardie est foudroyante. Heureusement pour Louis XI, Beauvais résiste : tous les bourgeois, et même les femmes (dont Jeanne Laisné, la célèbre «Jeanne Ha-

chette») sont aux remparts, et leur farouche résistance permet aux compagnies françaises d'intervenir en juillet 1472. Obstiné jusqu'à l'aveuglement, Charles immobilise son armée. Affamée par les Français, celle-ci doit se rendre. Une trêve est conclue.

ULTIMES AFFRONTEMENTS

En fait, Charles le Téméraire s'engage désormais à l'est. L'Alsace, rachetée au duc d'Autriche, se défend en engageant des mercenaires suisses, les meilleurs soldats de l'époque, alliés de Louis XI. Soucieux de trouver un appui, le Téméraire offre la main de sa fille Marie à Maximilien, fils de Frédéric III, l'empereur germanique qui, inquiet de l'ambition du duc, préfère

refuser. Charles attaque encore Cologne, mais partout ses ennemis sont soutenus par Louis XI. En 1474, le roi de France finance une ligue antibourguignonne principalement composée des Suisses et de l'empereur Frédéric III.

Charles est de plus en plus isolé. Il remporte cependant un succès diplo-

◁ **La bataille** de Nancy, en 1477, au cours de laquelle Charles le Téméraire trouve la mort. Avec lui s'effondre l'État bourguignon.
1523. Mémoires de Philippe de Commynes. Musée Dobrée, Nantes.

Portrait ▷ de Charles le Téméraire en roi mage (détail). Courageux et loyal, il est également violent et orgueilleux. Louis XI, intelligent et rusé, le juge «fol ou peu s'en fault».
XVᵉ siècle. Rogier Van der Weyden. Ancienne Pinacothèque, Munich.

À la fin de la guerre de Cent Ans, l'essor de l'artillerie rend l'infanterie inefficace. Les Suisses sont les premiers à s'adapter.

LES SUISSES, MAÎTRES DES COMBATS

Une infanterie de piquiers, solide pour résister aux charges de cavalerie, disciplinée et nombreuse pour pouvoir être rangée en formations profondes, est désormais nécessaire. Les Suisses, robustes montagnards, doivent à leurs stuctures communales et à leurs longues luttes contre les Habsbourg discipline et habitude du combat collectif. Dès le premier contact, en 1444, ils émerveillent les capitaines français. Terrorisant l'ennemi en soufflant dans leurs longues cornes juste avant le combat, ils sont les nouveaux maîtres des champs de bataille. L'infanterie des Suisses modifie totalement l'art militaire : Charles le Téméraire se perdra pour ne pas l'avoir compris, mais les généraux des guerres d'Italie s'en souviendront.

. 525

matique de poids : Édouard IV, qui lui doit sa restauration, s'engage à intervenir en France. En juin 1475, à Calais, il rassemble une armée de 30 000 hommes. Charles le Téméraire est retenu par un siège interminable à Neuss, place forte de Cologne, qui est défendue par les Suisses. Une fois de plus, son obstination lui nuit : il poursuit le siège alors que l'armée anglaise l'attend. Lorsque, enfin, il se libère, il a perdu beaucoup de temps et sa propre armée n'est pas prête, alors que Louis XI a pu mobiliser les ressources du royaume pour faire face aux Anglais. À Picquigny, dès le mois d'août, Édouard IV préfère négocier plutôt que de se battre pour le seul profit du Téméraire. Louis lui donne 75 000 écus et lui promet une pension annuelle de 50 000 écus d'or. Après de grandes fêtes à Amiens, Édouard se retire et abandonne le Téméraire. Celui-ci, afin d'avoir les mains libres à l'est, doit traiter avec Louis XI, qui cherche à grouper toux ceux qui sont lésés par la politique bourguignonne.

LA FIN DE CHARLES LE TÉMÉRAIRE

Louis continue à répandre ses subsides et il asphyxie le Téméraire en poussant la banque Médicis à lui refuser tout crédit. À Grandson, le 2 mars 1476, les troupes bourguignonnes sont surprises par les Suisses. Le Téméraire n'est sauvé que par la richesse de ses bagages sur lesquels se jettent les montagnards éblouis. Le Bourguignon reforme aussitôt une nouvelle armée et la risque au siège de Morat, où les Suisses l'acculent aux rives du lac : 10 000 hommes sont massacrés, le Téméraire s'échappe de justesse. Charles n'a plus d'armée solide, mais, au début de janvier 1477, il assiège Nancy, que le duc de Lorraine vient secourir : le 5, les Bourguignons sont écrasés. Charles le Téméraire est tué pendant la bataille.

▽ **La prospérité** revient dans les campagnes, où l'on ne pratique plus autant l'agriculture extensive. De nouvelles cultures apparaissent.

Vers 1460. P. de Crescens. Musée Condé, Chantilly.

La vie agitée de François Villon est représentative de la crise que connaît Paris au milieu du XVe siècle.

FRANÇOIS VILLON, POÈTE ET VOLEUR

La capitale, qui s'est rangée du côté des Bourguignons et qui s'est trop bien accommodée de l'occupation anglaise, est abandonnée par Charles VII et ses successeurs au profit de la région de Tours. Brillant étudiant, François Villon est bachelier en 1449, puis licencié et maître ès arts en 1452. Mais, sans protections, sans perspectives de carrière, il participe dans ce Paris désenchanté à l'agitation étudiante. En 1455, il est pris dans une bagarre au cours de laquelle un prêtre est tué. Sur le point d'obtenir le pardon, il est à nouveau mêlé à une affaire de vol de 500 écus d'or dans les coffres du collège de Navarre. Il fuit, par peur du gibet. En 1461, il revient à Paris, mais disparaît, à nouveau exilé, en 1463. Son œuvre, très personnelle et profondément désespérée (le Petit et le Grand Testament, les Ballades), est marquée par la mélancolie et l'autodérision.

LA PROSPÉRITÉ DU ROYAUME DE FRANCE

Pour Louis XI, le succès est total, et il le doit en partie à l'impatiente ambition de son ennemi. Mais le roi s'est donné les moyens de réussir. Grand homme d'État, il a admirablement consolidé son royaume. La chute des princes et la fin des guerres intérieures ont ramené la paix et la prospérité. Un chiffre le montre : en 1460, la taille, le principal impôt du royaume, rapportait 1 200 000 livres ; à la mort de Louis, en 1483, elle en rapporte 3 900 000. Le souverain a certes accru la pression fiscale, mais, avant tout, ses sujets se sont enrichis. Louis XI s'intéresse en effet aux problèmes économiques. Il fait venir des Italiens pour créer une industrie

◁

Anne de France, dite la Dame de Beaujeu, régente de 1483 à 1491.

XVe siècle. Détail du retable des Bourbons. Cathédrale de Moulins.

de la soie, des Allemands pour relancer les mines, il fonde à Lyon de grandes foires qui concurrencent avec succès celles de Genève. Il cherche à faire de Marseille le centre d'un grand commerce méditerranéen. L'administration royale, confiée à des hommes sûrs, atteint une efficacité nouvelle, surtout dans le domaine des postes, le roi jugeant la rapidité des communications essentielle à sa diplomatie.

LOUIS XI AGRANDIT LA FRANCE

Louis XI a également su agrandir son royaume. À la mort du roi de Naples, en 1480, il récupère l'Anjou, le Barrois, puis la Provence. En revanche, il se trompe en voulant reprendre les territoires bourguignons juste après la mort de Charles. Son conseiller Commynes, jadis au service de la Bourgogne, lui suggère de marier le Dauphin à Marie, seule héritière du Téméraire, et de laisser son fils rattacher les terres bourguignonnes à la

France. Mais, Louis XI, impatient, se jette sur la Bourgogne, la Picardie, la Flandre et la Franche-Comté. La résistance y est parfois obstinée.

Finalement, Marie de Bourgogne épouse Maximilien, fils de l'empereur germanique. Lorsqu'elle meurt, en 1482, Louis XI et Maximilien se partagent ses terres : les Pays-Bas pour l'Autriche et le duché de Bourgogne pour la France. Le reste est apporté en dot par la fille de Marie et de Maximilien, Marguerite de Bourgogne, promise au dauphin Charles, futur Charles VIII. L'ultime erreur du roi est ainsi réparée. Il meurt en 1483, confiant la régence à sa fille Anne de France.

Louis XI a fasciné contemporains et historiens. Malgré ses erreurs, son intelligence et ses qualités en font le premier des hommes d'État modernes. □

Paiement des ▽ redevances au prévôt. Les sommes versées sont comptabilisées sur un registre.

XVe siècle. Bibliothèque nationale, Paris.

JEAN FOUQUET

Le portrait, genre dans lequel Jean Fouquet s'illustre, n'est pas inconnu en France ; le portrait de Jean le Bon (ou de Charles V) est l'un des premiers connus. Mais l'art français semble en retard sur les évolutions alors constatées en Italie et en Flandre. Jean Fouquet est un intermédiaire exceptionnel. Formé à l'école française de la miniature, elle-même très marquée par l'influence flamande, il est allé en Italie vers 1446. Il y a tout de suite travaillé le portrait et a fait celui du pape Eugène IV. Sa technique, originale, emprunte aux artistes flamands un procédé d'éclairage latéral qui donne un fort contraste dynamique aux deux côtés du tableau et écrase le fond, interdisant tout recours à la perspective. Le tableau est ainsi plat et contrasté, et Fouquet peut agrandir sa surface en optant pour une représentation à mi-corps. Il dispose ainsi d'un espace supplémentaire pour ces décorations minutieuses qu'un miniaturiste tel que lui ne peut que goûter. Cet espace lui permet aussi de développer une « monumentalité » absente du portrait flamand, mais il est surtout propice à l'affirmation du rang social de son modèle. Ainsi, Fouquet peut-il représenter sur les bustes de Philippe le Bon et de Charles le Téméraire l'insigne de la Toison d'or. Bien qu'il ne soit devenu peintre royal que trois ou quatre ans avant sa mort, Jean Fouquet a créé la tradition du portrait de cour officiel.

528 .

Pietà de Nouans. ▷
La représentation sur le tableau du donateur, le chanoine situé à droite, en compagnie de son saint patron, est un trait caractéristique de la piété du milieu du XVᵉ siècle.

XVᵉ siècle. Église de Nouans-les-Fontaines.

◁ **Autoportrait** en médaillon de Jean Fouquet. Il passe pour être le premier exemple de « portrait rond », qui se développera au XVIᵉ siècle.

XVᵉ siècle. Musée du Louvre, Paris.

Diptyque de Melun ▽
(volet gauche). Étienne Chevalier, conseiller du roi, est présenté par saint Étienne à la Vierge et à l'Enfant. Le saint, conformément à la tradition, porte un Évangile et une pierre, rappel de sa lapidation.

XVᵉ siècle. Gemäldegalerie, Berlin.

△ *Les Heures* d'Étienne Chevalier. C'est le seul manuscrit qui soit entièrement peint de la main de Jean Fouquet.

D'après le style, il l'aurait exécuté à son retour d'Italie.

XVᵉ siècle. Musée du Louvre, Paris.

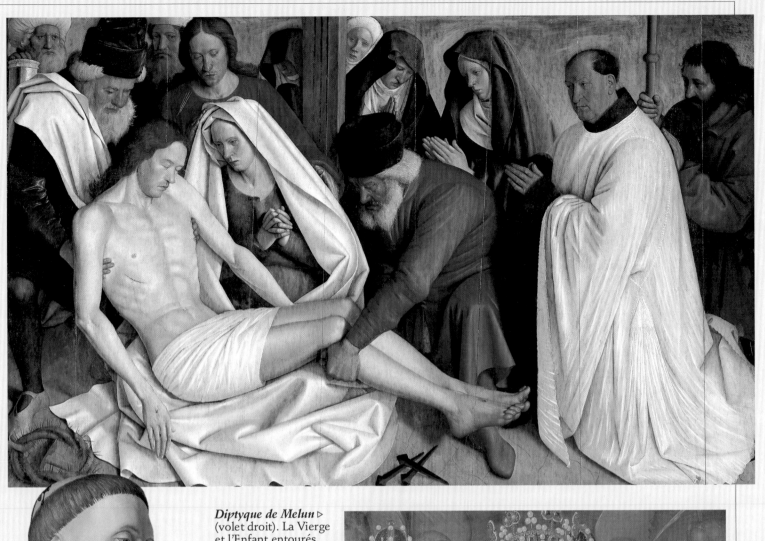

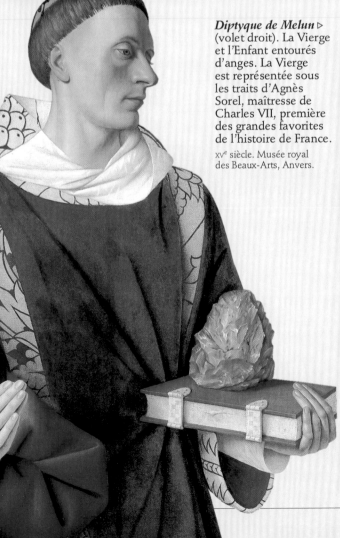

Diptyque de Melun ▷
(volet droit). La Vierge
et l'Enfant entourés
d'anges. La Vierge
est représentée sous
les traits d'Agnès
Sorel, maîtresse de
Charles VII, première
des grandes favorites
de l'histoire de France.

xvᵉ siècle. Musée royal
des Beaux-Arts, Anvers.

529

LES NATIONS EN EUROPE CENTRALE

Face aux empereurs germaniques, la Hongrie, la Pologne, la Bohême et la Moscovie prennent chacune conscience de leur identité nationale, au moment où s'accroît la pression turque.

L'ÉTAT POLONAIS, qui, avec les Jagellons, était devenu la plus grande puissance d'Europe centrale, demeure le principal recours contre la menace turque. Ainsi, des princes Jagellons sont appelés au trône par les nobles de Bohême, de Hongrie et de Lituanie.

LA POLOGNE ET LA HONGRIE

C'est d'abord le jeune et brillant Ladislas III Jagellon que les nobles hongrois font couronner roi en 1439. Il succède donc à Albert de Habsbourg, empereur germanique, roi de Hongrie et de Bohême, à la place du fils de ce dernier, Ladislas V le Posthume. En 1444, avec l'aide du général hongrois Jean Hunya-

▽ **Frédéric III** rencontre Éléonore d'Aragon. Il inaugure la politique matrimoniale qui fera la fortune de ses descendants.
Vers 1505. Il Pinturicchio. Bibliothèque Piccolomini, cathédrale de Sienne.

di et du légat pontifical Cesarini, Ladislas III Jagellon prend la tête d'une croisade qui remporte d'abord de grands succès ; mais, imprudemment avancés en territoire ennemi, les croisés sont surpris et massacrés par les Turcs à Varna. Le roi trouve la mort durant la bataille. Le jeune Ladislas le Posthume, âgé de quatre ans, doit lui succéder, et c'est Jean Hunyadi, le héros de la résistance contre les Turcs, qui assure la régence jusqu'en 1452. À la mort de Ladislas le Posthume, en 1456, la plus grande partie des nobles hongrois désigne comme roi le fils de Hunyadi Mathias, dit « Corvin » (le Corbeau) à cause de la couleur de ses cheveux. Mais d'autres nobles préfèrent à ce roi « national » le cousin de Ladislas, Frédéric III, empereur germanique. Le grand atout de Corvin est son armée,

« l'armée noire », qu'il réunit à la *Banderia* royale hongroise. Il triomphe ainsi de son adversaire en 1462.

En Bohême, c'est un noble « national », Georges de Podebrady, qui est élu roi. Il doit se défendre contre Mathias Corvin, qui lui arrache la Moravie et la Silésie. En 1470, par peur de Corvin, la diète de Bohême fait encore appel aux Jagellons : Ladislas, fils du roi de Pologne, devient roi de Bohême.

Corvin reprend la guerre contre Frédéric III, lui enlève Vienne en 1485 et une partie de l'Autriche et le force à restituer la couronne Mais, lorsque Corvin meurt, brusquement, en 1490, les Hongrois refusent de désigner son fils Janos Corvin comme roi, lui préférant eux aussi Ladislas, qui réunit les deux couronnes de Bohême et de Hongrie. L'autorité de Corvin ne tenait finalement qu'à ses victoires.

limites du Saint Empire

Empire ottoman :

au milieu du XIVe s.

dans la seconde moitié du XIVe s.

au XVe s.

◁ **Buda** s'affirme comme centre intellectuel sous le règne de Mathias Corvin. Ce dernier fonde la célèbre bibliothèque Corvina, détruite en partie par les Turcs en 1526.

1555. *Chroniques* de Münster.

Sigismond, dernier ▷ empereur germanique de la maison de Luxembourg. Son gendre, Albert de Habsbourg, lui succède.

1433. Pisanello. Kunsthistorisches Museum, Vienne.

Vlad III Dracul, dont la légende fera Dracula, lutte contre les Turcs jusqu'à sa mort, en 1477.

VLAD TEPES, « L'EMPALEUR »

Son père, Vlad II Dracul, ainsi nommé car il appartient à l'ordre du Dragon, fondé par Sigismond, doit lutter à la fois contre les Turcs et contre les Hongrois. Otage du sultan Murad II, Vlad Dracul, fils de Dracul, est élevé à sa cour. En 1456, il s'évade et reprend son trône. Pour affermir son pouvoir, il convie cinq cents boyards à une grande fête dans son palais de Tirgoviste mais les fait tous empaler, comme il l'a vu faire à la cour du sultan. Les Turcs lui envoient des ambassadeurs : il leur fait clouer leur turban sur la tête. Durant des années, Dracula dévaste le territoire ottoman, menant une guerre de harcèlement et « collectionnant » les têtes des vaincus. Trahi, il restera douze ans prisonnier des Hongrois, auxquels il a été livré. Mais la fille de Mathias Corvin l'aime et obtient sa libération à condition qu'il se convertisse au catholicisme. Il rentre alors en triomphateur à Tirgoviste, peu de temps avant son dernier combat contre les Turcs.

LA MOSCOVIE D'IVAN III

La puissance de la Pologne ne cesse donc de croître. Casimir IV, dont le frère, Ladislas III, et l'un des fils, Ladislas, ont été roi de Bohême et de Hongrie, repousse les frontières polonaises vers l'ouest : il prend aux Teutoniques la Prusse-Occidentale et impose sa suzeraineté en Prusse-Orientale.

Cependant, face à la Pologne des Jagellons, se lève un futur rival : à l'est de leur empire, les grands-ducs de la Lituanie catholique disputent les principautés russes à la Moscovie orthodoxe. Au concile de Florence est conclue une éphémère union entre les catholiques romains et les orthodoxes grecs. Mais le grand-prince de Moscovie, Basile II (Vassili II), dépose le métropolite Isidore, favorable à l'union, et désigne lui-même son remplaçant. Le nouveau chef de l'Église moscovite est Jonas, adversaire résolu de l'union des deux chrétientés. Ainsi la Moscovie préserve-t-elle son identité orthodoxe.

Ivan III (1462-1505), fils et successeur de Basile II, regroupe les principautés russes de Iaroslav, de Rostov et de Tver, annexe la ville libre de Novgorod, et pénètre en Lituanie avant d'abattre les Tatars. Il parviendra ainsi,

Saint Jean le Jeune, △ martyrisé par les Tatars, est devenu une sorte de héros national roumain de la lutte contre les païens.

xvie siècle. Monastère Voronet, Roumanie.

Skanderbeg. ▷ L'Albanais résiste aux armées turques pendant plus de vingt ans, signe une trêve de dix ans, puis reprend la lutte.

Place d'Albanie, Rome.

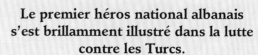

Le premier héros national albanais s'est brillamment illustré dans la lutte contre les Turcs.

SKANDERBEG

Georges Castriota, dit Skanderbeg, naît en 1402, dans la famille qui domine la région entre Tirana et Scutari. Comme Dracula, il est élevé en otage à la cour de Murad II. Mais il se convertit à l'islam puis participe à tous les combats des armées turques. Retournement soudain ou vengeance longuement préméditée ? Il profite des guerres entre Turcs et Polonais pour regagner l'Albanie et y organiser la résistance. Il remporte sur les Turcs, le 7 septembre 1457, la grande victoire d'Abulene, qui lui donne une stature européenne. Il apporte ensuite une aide efficace aux Vénitiens. Mais, en 1468, il meurt épuisé par les fièvres. L'indépendance de l'Albanie ne lui survivra pas longtemps.

532

en 1480, à mettre fin à la suzeraineté des Mongols sur la Russie. Ayant épousé en 1472 Sophie Paléologue, nièce du dernier empereur de Constantinople, il apparaît comme le seul successeur de l'empereur byzantin.

L'EXPANSION TURQUE

Après la victoire de Varna et la prise de Constantinople, la poussée turque ne ralentit pas. Disposant d'une flotte importante, le sultan Mehmed II concentre d'abord ses efforts sur les possessions de Venise et de Gênes, en mer Égée et en mer Noire. Aussi sa progression sur terre est-elle lente. Il échoue devant Belgrade en 1456, et, en Albanie, le chef Skanderbeg, victorieux au mont Tomer en 1457, harcèle les Ottomans. Cependant, la mort de Lazare Brankovic, despote de Serbie, et celle de Thomas, despote de Morée, permettent à Mehmed II d'annexer leurs territoires. La Bosnie subit le même sort en 1463. En Valachie, le sultan suscite contre l'opiniâtre Vlad Dracul la rébellion de son propre frère, Radu, qui se déclare vassal des Turcs.

La seule résistance efficace vient alors de Skanderbeg (jusqu'à sa mort en 1468) et surtout des Hongrois de Mathias Corvin. Celui-ci remporte en 1479 la grande victoire de Kenyermező, qui stabilise la frontière entre la Turquie et la Hongrie. Cependant, Corvin s'intéresse peu à cette partie de son royaume. C'est alors le voïvode de Moldavie, Étienne le Grand, qui mène, avant l'arrivée des Jagellons, la lutte contre les Turcs, mais, en 1485, il doit traiter avec le sultan Bajazet II. L'Empire ottoman connaît pourtant une grave crise, qui se terminera par l'abdication de Bajazet II, en 1512.

Les Jagellons, maîtres de l'Europe centrale après la mort de Corvin, ne sauront pas profiter de l'occasion, mis à part une brève offensive en 1497-1498. Leur incurie aura de graves conséquences pour l'Europe centrale ; elle sera fatale à la Hongrie. □

Mathias Corvin, ▷ roi de Hongrie, tente d'unir sous son autorité l'Europe centrale contre les Turcs.
Vers 1485. École lombarde. Galerie d'art, Budapest.

Au XIIIᵉ siècle, Rodolphe de Habsbourg inaugure l'ascension d'une famille qui règne sur l'Europe centrale jusqu'en 1916.

LES HABSBOURG

Rodolphe est élu empereur en 1273. Albert, son fils, est empereur à son tour, mais il est assassiné en 1308, et sa famille connaît une éclipse, menacée par les Suisses et par la maison de Luxembourg, qui règne alors sur la Hongrie et la Bohême. Les deux maisons s'allient par le mariage d'Albert de Habsbourg avec la fille de Sigismond de Luxembourg. Albert est empereur de 1438 à 1439. En 1456, quand son fils, Ladislas le Posthume, meurt à son tour sans enfant, l'héritage Luxembourg est perdu pour les Habsbourg. Le mariage heureux de Maximilien avec Marie de Bourgogne, fille de Charles le Téméraire, redresse pourtant la puissance de la famille, en détournant pour un temps les Habsbourg de l'Europe centrale.

◁ **Ladislas** le Posthume, roi de Hongrie et de Bohême. Il fait assassiner le fils aîné du régent Jean Hunyadi mais le second fils de celui-ci, Mathias Corvin, lui succède.
1457. Château d'Ambras, Innsbruck.

LE TEMPS DES INGÉNIEURS

L'imprimerie n'est pas la seule invention
du XVe siècle. La paix que connaît l'Europe
permet à de nombreux savants et ingénieurs
de bouleverser l'art militaire,
le commerce et l'industrie.

L A SECONDE moitié du XVe siècle est une période de paix
relative et de redressement
économique qui favorise
l'essor de la technique et le
développement industriel.
Des savants mettent au point toutes
sortes de procédés et de machines
pour alléger le travail humain. Leurs
inventions ou les perfectionnements
techniques qu'ils introduisent sont
spectaculaires et modifient profondément la vie des hommes. Qu'on songe
que l'imprimerie, le rouet à ailette, l'arquebuse, les lunettes, l'avant-train
mobile des voitures, l'horloge et le
haut-fourneau datent de cette époque.

▽ **L'arithmétique.**
La première *Arithmé-
tique* commerciale
italienne est imprimée
à Trévise en 1478.
Musée de Cluny, Paris.

LA RENAISSANCE SCIENTIFIQUE

Les hommes du XVe siècle n'ont pas brusquement découvert la machine : ils héritent leurs techniques du Moyen Âge et ils étudient les traités des Anciens, que diffuse l'imprimerie. Mais, quel que soit le remarquable essor que connaît la période 1455-1480, il ne faut pas le surestimer : le métal ne remplace que lentement le bois dans la fabrication des machines, l'esprit d'invention n'implique pas encore l'effort d'abstraction et de rationalisation capable de formuler les lois. Sauf en astronomie, il n'y aura pas de percée scientifique avant le XVIIe siècle. La finalité des ouvrages scientifiques reste essentiellement pratique. Ainsi, le traité de L. Pacioli, *Summa de arithmetica* (achevé en 1494), permet surtout à l'arithmétique commerciale de s'améliorer. En généralisant la notion du nombre négatif, il rend possible la comptabilité en partie double, technique comptable encore en usage de nos jours, qui permet d'éviter les erreurs de calcul et de tenir compte des paiements différés. En fait, l'algèbre ne joue aucun rôle dans le développement de la science. Reste que ces recherches préparent un nouveau regard. L'humanisme naissant remet en question beaucoup de données, et en particulier les théories d'Aristote qui concevait un monde fini : un penseur tel que Nicolas de Cues (1401-1464) propose la notion d'un univers illimité et affirme le rôle central des mathématiques ; en abandonnant le géocentrisme traditionnel qui veut que le Soleil, les planètes et les étoiles tournent autour de la Terre, il ouvre la voie à Copernic et à Galilée. De la même façon, le traité de Regiomontanus sur la trigonométrie, écrit vers 1470 mais imprimé seulement en 1533, servira aux calculs astronomiques ultérieurs.

Inauguration d'une ▷ horloge monumentale, à quatre cadrans, dont les poids descendent dans un puits, ce qui assure une grande durée de fonctionnement.
XVe siècle. Bibliothèque nationale, Paris.

▽ **Grue.** Il faut attendre 1430 pour améliorer le système, inventé au Ier siècle av. J.-C.
XIVe siècle. Galerie Franchetti, Venise.

. 535

Le Siennois Francesco di Giorgio Martini (1439-1501), sculpteur, architecte et peintre, annonce déjà Léonard de Vinci.

LE PRÉCURSEUR DE LÉONARD

Il maîtrise à peu près toutes les techniques de son temps. Par son savoir, il est le type même de « l'ingénieur » de la Renaissance. À Urbino, il impose sa renommée : il construit les plus belles parties du palais et une série de forteresses. Son *Traité d'architecture civile et militaire* comporte une partie sur l'urbanisme, une sur les fortifications et une sur les machines, qui fut soigneusement annotée par Léonard de Vinci.

Ce traité des machines est un des plus originaux du temps, avec des dessins de moulins à vent, une turbine hydraulique que reprendra Léonard de Vinci, des études d'armement naval, des grues et différents mécanismes d'engrenage. Il imagine même un véhicule original à quatre roues directrices et motrices.

DE LA TECHNIQUE À L'INDUSTRIE

C'est en Allemagne et en Italie que s'est éveillée la pensée technique, au début du XVe siècle ; elle se tourne d'abord vers l'art de la guerre et des sièges. Bien des machines qui figurent dans les traités de l'Allemand Kyeser ou de l'Italien Taccola ne sont pas destinées à être exécutées ; mais les progrès s'appliquent aux mécanismes de base – système bielle-manivelle, engrenages, pompes hydrauliques – qui permettront les développements ultérieurs.

Outre l'imprimerie et la navigation, quatre domaines surtout sont touchés par la révolution de la technique : le textile, la métallurgie, l'artillerie, l'architecture civile et militaire. Le textile, avec la fabrication des cotons, avec l'essor du tricot et la vogue de la soie, doit répondre à une demande croissante : le rouet se dote d'une pédale qu'actionne le système bielle-manivelle, une ailette imprime au fil une torsion supplémentaire ; tissage et cardage gagnent en qualité et en rapidité.

L'extraction du minerai et la métallurgie connaissent des bouleversements très importants : on apprend à s'enfoncer plus profondément dans les galeries grâce à des machines à pomper l'eau ; on construit, d'abord en Allemagne puis dans toute l'Europe, des hauts-fourneaux de grande taille, actionnés par soufflerie hydraulique, capables de fournir 50 ou 100 tonnes de métal par an. À côté des métaux précieux tels que l'argent et le cuivre (exploités en Bohême) – le « ressuage » permet de séparer le cuivre de l'argent –, on produit de la fonte et de l'acier, qui transforment les instruments de la vie quotidienne : clous, ra-

▽ **Pompe** à soufflets pour irriguer à partir d'un puits.

XVe siècle. Logimenta Taccolae. Bibliothèque Marciana, Venise.

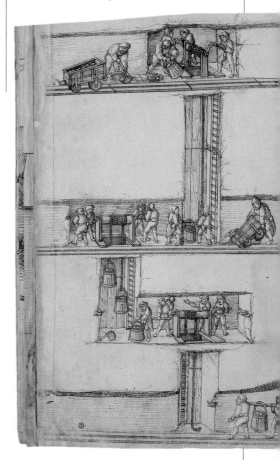

L'invention de Gutenberg est un succès : entre 1450 et 1500, 20 millions de volumes sortent des presses des imprimeurs.

L'EUROPE CONQUISE PAR LES LIVRES

Ces livres sont écrits, pour les deux tiers, en latin, et la moitié d'entre eux traitent de sujets religieux. L'autre moitié est composée d'ouvrages de littérature générale, qu'il s'agisse d'auteurs anciens ou contemporains. On trouve des ouvrages de morale, des romans de chevalerie et des traités scientifiques. Les grands succès sont l'*Imitation de Jésus-Christ* et le *Roman de la Rose*.

Le livre évolue. Le petit format facilite la manipulation des ouvrages de piété, et le caractère romain détrône le gothique. La page de titre apparaît en 1480. Enfin, des vignettes illustrées et des planches gravées ornent les ouvrages grâce à cette autre invention de l'époque, l'estampe : le *De re militari* de Valturio, paru en 1472, figure parmi les premiers ouvrages à gravures.

soirs, couteaux. Ces besoins nouveaux et le dynamisme des échanges donnent naissance à l'Europe industrielle.

DES INVENTIONS MEURTRIÈRES

L'armement demande toujours davantage de métal, qu'il s'agisse des armures traditionnelles, des canons, des arquebuses ou des boulets. Les ca-nons, coulés en bronze, sont montés sur roues, munis d'une crémaillère ou de tourillons de manière à cibler exactement l'objectif. Valturio décrit pour la première fois dans un traité de 1472 une sorte de bombe, boulet creux rempli de poudre ; progressivement, les calibres des bouches à feu se standardisent ; quant aux armes portatives – arquebuse, canon à main –, elles peuvent être désormais maniées par un seul homme, bien qu'il faille attendre 1525 pour mettre le feu à la poudre par un système de rouet frottant un silex à l'aide d'un ressort : les effets sont si meurtriers que l'Arioste, le poète italien auteur du *Roland furieux,* se lamentera sur cette « invention scélérate et affreuse ». L'architecture militaire s'adapte à ces nouveaux engins : tours et murailles s'abaissent et se renforcent à la base pour résister aux projectiles, les bastions reçoivent des batteries de canon ; les châteaux de Nantes, de Saint-Malo, de Salses, élevés entre 1465 et 1525, sont des exemples de ces nouvelles fortifications.

Premier traité △
d'exploitation des mines. Écrit en 1556 par Agricola, il expose les technologies de l'abattage, l'organisation du travail, les règles de sécurité, etc.

XVIᵉ siècle. Mine Saint-Nicolas. École des beaux-arts, Paris.

◁

Le traité d'Agricola, *De re metallica,* concerne également l'élaboration et la transformation des métaux. Réimprimé plusieurs fois durant deux siècles, il est le seul à faire autorité.

XVIᵉ siècle. Mine Saint-Nicolas. École des beaux-arts, Paris.

Étude ▷
pour la construction d'un petit canon à sept embouchures. L'invention du canon à poudre remonte au XIVᵉ siècle, mais elle n'aura guère de conséquences sur l'issue des guerres avant le XVIIIᵉ siècle.

XVᵉ siècle. Valturio, *De re militari.* Bibliothèque capitulaire, Padoue.

LES ARTS ET LA SCIENCE

L'ingénieur, bronzier et fondeur, versé dans l'art de la guerre, est généralement aussi un architecte. Au service des princes, il aménage des palais et des villes. C'est avec Alberti (1404-1472) que débutent réellement l'urbanisme et l'industrie du bâtiment. Les Taccola, San Gallo, Francesco di Giorgio Martini s'illustrent dans les grandes cours de la Renaissance, Florence, Milan, Urbino, Sienne ou Rimini, où ils présentent des plans de villes idéales, des machines de levage pour déplacer des monuments, des écluses, digues et barrages ; des chantiers s'ouvrent dans les villes ; sous le mont Viso, on parvient à percer un tunnel de 72 mètres de long à 2 400 mètres d'altitude (1478-1480). C'est en qualité d'ingénieur militaire que Léonard de Vinci proposera ses services à la cour de Milan en 1482 : l'imagination technique et l'imagination artistique puisent aux mêmes sources. □

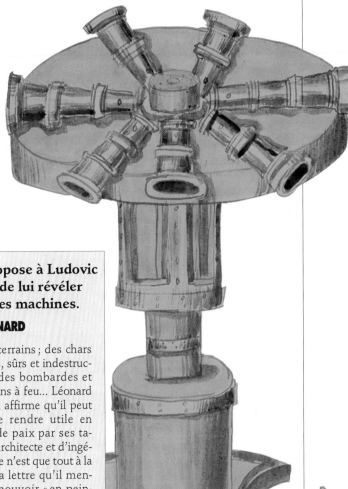

En 1482, Léonard de Vinci propose à Ludovic Sforza, futur duc de Milan, de lui révéler comment construire diverses machines.

LES MACHINES DE LÉONARD

La lettre de Léonard, dont nous n'avons qu'un brouillon, fait une douzaine de propositions : des ponts démontables, avec béliers, échelles et machines de guerre ; un procédé pour vider les fossés ; le moyen de détruire une citadelle élevée ; des modèles de mortier ; des machines pour l'attaque sur mer ; le moyen de creuser en secret des souterrains ; des chars couverts, sûrs et indestructibles ; des bombardes et des engins à feu... Léonard de Vinci affirme qu'il peut aussi se rendre utile en temps de paix par ses talents d'architecte et d'ingénieur. Ce n'est que tout à la fin de sa lettre qu'il mentionne pouvoir « en peinture faire n'importe quoi aussi bien qu'un autre ».

L'INVENTION DE L'IMPRIMERIE

Nombre d'imprécisions demeurent autour de cette «révolution culturelle» qu'est l'invention de l'imprimerie. Cette «découverte» est préparée par le développement d'autres techniques, telles que la xylographie (gravure sur bois) et la métallographie (sur métal), et conditionnée par la production de pâte à papier à base de chiffons broyés, remplaçant le parchemin. L'imprimerie voit le jour dans des centres métallurgiques. L'essentiel de l'invention consiste à fabriquer des caractères mobiles dans un alliage de plomb, d'étain et d'antimoine, fondus à partir de matrices gravées avec un poinçon d'acier. Ces caractères, précis et résistants, servent à composer des mots, phrases, rassemblées en pages sur un tableau de bois, la galée ; on encre la composition avec un tampon ; la presse à imprimer est mue par un chariot. Gutenberg (vers 1400-1468), diamantaire et fabricant de miroirs, s'installe à Strasbourg, puis à Mayence ; il met son procédé au point en secret grâce aux capitaux d'un commanditaire, Johann Fust, mais celui-ci, l'accusant de ne pas tenir ses engagements, l'attaque en justice. Gutenberg perd son procès et doit abandonner son matériel. Il est remplacé par son associé, Peter Schöffer, à qui l'on doit, en 1455, le Psautier de Mayence. La fameuse Bible latine de Gutenberg à 42 lignes est considérée comme le premier livre imprimé.

538.

▷ **Presse** contemporaine de Gutenberg. Elle permet d'obtenir une impression profonde et régulière.
Vers 1434. Musée de la Banque et de l'Imprimerie, Lyon.

△ **Matrice** d'acier avec lettrines rouges du Psautier de Mayence, créé par l'associé de Gutenberg, Schöffer.
1455. Musée Gutenberg, Mayence.

▷ **Johannes Gutenberg** (vers 1400-1468). Sa célébrité est immense, mais sa vie et son œuvre demeurent mal connues en raison de la rareté des documents.
Mise en couleur d'après une gravure de Theret, XVIᵉ siècle.

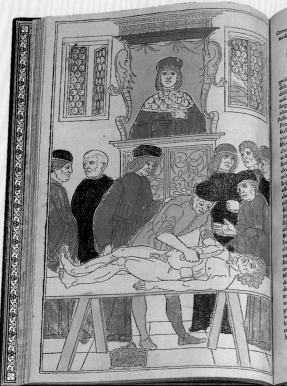

Livre de médecine △
de Ketham. Grâce à
l'imprimerie, le savoir,
jusque-là apanage des
couvents et des univer-
sités, se répand.

1493. Coll. part.

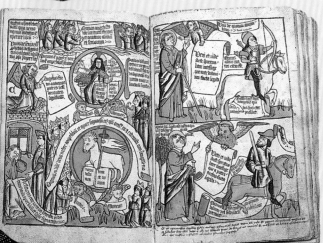

The Blockbook, △
l'Apocalypse selon
saint Jean, chef-d'œu-
vre de la xylographie
du XVᵉ siècle.

XVᵉ siècle. Bibliothèque
du Congrès, Washington.

▷
Imprimerie : presse,
divers instruments
et correcteur.

1519-1528. *Chants royaux
sur la conception couronnée
du Puy de Rouen.* Bibliothèque nationale, Paris.

. 539

PÉROU

La Coya

■ L'Inca, fils du Soleil, ne partage son pouvoir qu'avec sa reine, qui est aussi sa sœur, la Coya. Bien sûr, les rois incas s'entourent de concubines. Mais seule la Coya est l'égale de l'Inca et elle peut gouverner à sa place quand il est en campagne. Tupac Yupanqui, qui règne à partir de 1471, s'unit à sa sœur. Il en a un fils. La Coya conseille l'Inca pendant sa vie, l'empêche de massacrer les comploteurs qui cherchent à le renverser. À sa mort, elle défend les intérêts de leur héritier commun, Huayna Capac – qui épousera l'une de ses sœurs, «à la voix mélodieuse», dit la légende... □

Culture chimú : représentation d'un navire. Musée d'Anthropologie et d'Archéologie, Lima.

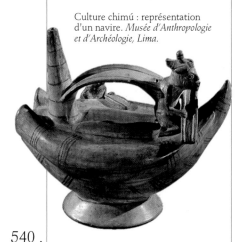

540 .

ESPAGNE

L'Espagne surmonte ses crises

■ Après s'être affirmé sous le règne de Jean II, le pouvoir royal traverse une nouvelle crise en Castille, avec l'avènement d'Henri IV Trastamare (1454-1474). Surnommé «l'Impuissant», méprisé pour sa réputation de débauché, le nouveau roi n'arrive pas à imposer son autorité. Sa succession est contestée et provoque une série de guerres entre clans nobiliaires pour la conquête du pouvoir. Pendant ce temps, Jean II d'Aragon soumet avec peine les villes catalanes. C'est finalement la sœur d'Henri IV, Isabelle, qui monte sur le trône de Castille. Son mari est Ferdinand, l'héritier du royaume d'Aragon. On peut penser dès lors que les deux monarchies sont en route vers l'unification. □

OCCIDENT

Le pape Sixte IV

■ Francesco Della Rovere devient pape en 1471 sous le nom de Sixte IV. Ancien général de l'ordre des Franciscains et issu d'une vieille famille de l'aristocratie italienne, il s'attache à restaurer l'autorité pontificale et s'illustre de nombreuses façons dans la lutte contre la suprématie des Médicis : il leur retire la gestion des biens pontificaux, trame des complots contre leur famille, va même jusqu'à les excommunier – Laurent le Magnifique, par exemple. Ce pape appuie ses propres ambitions sur un parti – les hommes de sa famille et leurs alliés par mariage – et fait travailler de grands artistes à sa gloire. Ainsi, on trouve Botticelli et le Pérugin parmi les artistes qui décorent la chapelle qu'il fait construire au Vatican en 1480, qui prend le nom de son fondateur : la chapelle Sixtine. Il n'hésite pas à se lancer dans une guerre contre Florence. Vivants dans le luxe et prêts à tout pour satisfaire leurs ambitions politiques ou familiales, les papes sont désormais des souverains parmi d'autres dans la péninsule italienne. □

JAPON

L'ère Onin

■ Le règne de Yoshimasa (1436-1490), au Japon, est animé de tendances contradictoires. Il représente une renaissance artistique, sous l'influence de l'école zen et des artistes chinois des Ming. À Kyoto, le shogun, dans son Pavillon d'argent – le Ginkaku-ji –, patronne de nombreux artistes et lettrés. Mais c'est sous son règne également qu'éclatent «les troubles d'Onin», ou Onino-ran, une véritable guerre de clans qui dure de 1467 à 1477 et aboutit à la destruction de Kyoto. Cette guerre civile démontre l'échec des tentatives de centralisation du pouvoir : les grandes familles de féodaux se déchirent et se constituent des domaines indépendants, ce qui provoque de sanglantes rivalités. La lutte entre les seigneurs de la guerre a des conséquences inattendues : leur volonté d'indépendance engendre le développement économique et culturel de petites entités régionales. □

SOUDAN

L'apogée des États haoussas

■ À partir du XIIᵉ siècle se constituent entre le Niger et le Tchad des cités-États dirigées par les clans des Haoussas. Ces Noirs venus du nord et de l'est, poussés par l'avance des Touareg et par celle des populations arabes le long du Nil, se sont installés sur les territoires d'autres ethnies. Les cités qu'ils construisent sur les routes commerciales du Soudan central sont de véritables forteresses. Kano est la plus grande de ces villes. Dès le XIVᵉ siècle, sa population est musulmane. Ses différents souverains en font une métropole guerrière, qui impose son contrôle à de nombreuses villes et en tire un lourd tribut, versé en eunuques et en kola. Ce mouvement atteint son apogée avec Mohammed Rimfa (1463-1499). Celui-ci fait élever le mur d'enceinte de la ville à douze mètres, y fait construire un palais. Ses troupes vont chercher des esclaves vers le sud, et il divise les pays conquis en districts pour mieux les administrer. Cependant, il se heurte vite aux grandes cités rivales. □

TIBET

Les Bonnets jaunes

■ On assiste à partir du début du XVᵉ siècle à une réforme des monastères bouddhistes tibétains, sous l'égide, tout d'abord, du grand maître Tsong-kha-pa (1357-1419). Selon lui, la discipline monacale doit être appliquée tout à fait strictement. Les moines sont de plus en plus nombreux à suivre cette voie et à réformer leur conduite. Ils construisent de nombreux couvents fidèles à ce nouvel élan. Ce mouvement trouve son apogée sous la direction du lama Dge-'dun-grub (1391-1475). Celui-ci donne à ces moines, appelés «moines de la conduite vertueuse», un symbole, un bonnet cérémoniel pointu et jaune, qui bientôt servira à les désigner. Il leur donne aussi un principe qui leur permettra de reconnaître le chef de la communauté, celui-ci étant censé se réincarner dans un enfant. Il est, après sa mort, considéré comme le premier dalaï-lama du Tibet. □

CHINE

Mort du peintre Dai Jin

■ La peinture chinoise du XVᵉ siècle se caractérise par une rupture entre deux conceptions : art de professionnels ou moyen d'expression d'une élite cultivée. Dai Jin (Tai Tsin), mort en 1469, est le plus illustre des peintres professionnels de l'époque. Il profite de la restauration d'une dynastie chinoise et bénéficie du mécénat de l'empereur. Les commandes de la cour ne laissent que peu de marge à l'imagination : elles encouragent un art décoratif, les peintures de fleurs, d'oiseaux, de portraits... Dai Jin se spécialise dans les paysages, retrouvant la sensibilité du style Ma-Xia (sous les Song du Sud, au XIIIᵉ siècle) avec de longs rouleaux horizontaux illustrés de scènes au bord de l'eau. Son attention aux qualités plastiques de la peinture – trait appuyé, couleurs franches – lui est vite reprochée par les tenants d'une approche spirituelle. Son œuvre et son école, dite «de Zhe», seront considérées comme vulgaires et condamnées par les lettrés de la cour. □

CHINE

Le repli

■ Alors que la Chine du début du XVᵉ siècle est dans une phase d'expansion militaire et de grands voyages maritimes, elle entre ensuite dans une période de conservatisme et de repli sur elle-même. L'expansionnisme n'est plus de saison : la pression des Mongols, au nord du Shanxi, a incité les empereurs à faire bâtir de grandes murailles pour protéger leur territoire, et leurs successeurs, à leur tour, vont désormais s'occuper d'entretenir ces systèmes de défense plutôt que d'aller conquérir de nouvelles terres. De même, après la mort de Yongle (1424), la flotte chinoise, qui avait l'habitude de fréquenter audacieusement les eaux du golfe Persique, de l'océan Indien, de l'archipel malais... reste désormais cantonnée sur les côtes. Les mouvements intellectuels, la pensée et les arts sont épurés de leurs influences étrangères et la tendance est à la mise en valeur des traditions nationales. □

1483 - 1492

Peu avant 1492, alors que l'Angleterre encore médiévale est déchirée par la guerre des Deux-Roses, deux princes de l'Europe méridionale traduisent les aspirations des Temps Modernes. À Florence, la splendeur du *quattrocento* s'incarne en Laurent le Magnifique, modèle du *Prince* de Machiavel. Héritier d'une lignée de banquiers, dans l'Italie des condottieri et des prélats, il est autoritaire, despotique, fastueux. Ses protégés se nomment Botticelli, Piero della Francesca, Uccello, Donatello. Avant que Savoranole n'instaure à Florence une République théocratique, les humanistes se lancent dans la plus grande aventure intellectuelle, essayant de concilier le message de l'Antiquité et celui de la Bible. Au Portugal, le prince Henri le Navigateur jette un défi à la mer et aux terres inconnues. Fils de roi, érudit, courageux, il finance et encourage les découvreurs. Les côtes d'Afrique sont reconnues jusqu'au-delà de l'Équateur, les vaisseaux portugais abordent les Açores, puis les îles du Cap-Vert, les routes du Nouveau Monde sont ouvertes.

Détail de *la Naissance de Vénus* de Sandro Botticelli. 1484. Musée des Offices, Florence.

L'ASCENSION DES MÉDICIS

Au XVᵉ siècle, sous l'impulsion de Laurent de Médicis « le Magnifique », protecteur des arts et des sciences, Florence attire les plus grands peintres et sculpteurs du temps.

A FLORENCE, c'est jour de liesse : des tapisseries, des guirlandes de fleurs pendent aux fenêtres, des fanfares retentissent. Sur l'étendard que Laurent le Magnifique a commandé à l'atelier de Verrocchio est représentée une jeune femme tressant une couronne de lauriers (emblème de Laurent) et, en devise, *Le temps revient.* Cette fête, une joute, comme Laurent aime à les organiser, lui coûte, de son propre aveu, 10 000 florins d'or.

Car, en ce XVᵉ siècle, Florence offre à l'Italie un miroir de l'excellence du monde. « Cet âge est assurément un âge d'or, écrira le philosophe Marsile Ficin en 1492. Il a rendu à la lumière les arts libéraux presque abolis, la grammaire, la poésie, l'éloquence, la peinture, la sculpture, l'architecture et la musique... Et tout ceci à Florence. »

Cette fierté, cette foi dans la mission humaniste et le retour de l'âge d'or ne sont pas nouvelles : un siècle avant, Dante et Pétrarque en témoignaient dans leurs écrits, et Giotto sur ses toiles.

Mais foi et fierté triomphent avec la magnificence de Laurent de Médicis, qui incarne l'idéal des humanistes du *quattrocento*, le XVe siècle italien.

UN PETIT ÉTAT, BANQUIER DU MONDE

Pourtant, territorialement, l'État florentin n'a pas grand poids dans la péninsule : 15 000 km², 750 000 habitants – moins de 80 000 pour Florence, dont la moitié de la population a succombé à la Peste noire. Non loin de là, il faut compter avec les Sforza, maîtres du duché de Milan, forts d'une armée solide et d'une économie prospère.

Au nord, la République vénitienne agrandit son domaine d'un État de la Terre Ferme et assure son empire maritime face à la menace turque. Quant aux États du pape, ils sont de structure trop lâche, trop ravagés par les factions pour tirer profit de leur étendue. Au sud, le royaume de Naples, qu'Alphonse d'Aragon a repris aux Angevins en 1433, se consolide lentement.

◁

Laurent le Magnifique. Digne héritier de son grand-père, Cosme l'Ancien, il représente l'idéal du prince de la Renaissance, protecteur des arts et des sciences, esthète et munificent.

1459-1460. Benozzo Gozzoli. Chapelle du Palais Médicis-Riccardi, Florence.

▽

Tournoi à Florence : c'est un divertissement et un spectacle des plus prisés.

XVe siècle. Maître de la Nativité de Karlsruhe. Musée des Beaux-Arts, Tours.

Florence doit sa fortune au négoce et à la finance. Au milieu du siècle, elle compte près de cinquante maisons de commerce et contrôle le grand trafic international. Vingt ans plus tard, les prodigalités de Laurent, les énormes pertes de la compagnie Médicis affaiblissent son économie. Mais c'est alors qu'elle devient la ville phare de l'humanisme. Autre paradoxe : cette cité, si fière de ses traditions républicaines, se reconnaît dans un homme qui accapare seul le pouvoir...

DES INSTITUTIONS ET DES HOMMES NOUVEAUX

Le succès de Florence est lié à des changements qui agitent toute l'Italie. Dans l'ensemble de la péninsule, en effet, on observe la même évolution : les institutions médiévales, liées aux libertés communales, tendent à céder la place à un régime de principat ou de seigneurie personnelle, tandis que les cités-États se regroupent en unités territoriales plus importantes.

Milan contrôle Pavie, Côme, Parme et Plaisance (qui passeront bientôt au pape), Venise s'accroît de Padoue, Vérone, Vicence, Udine et Bergame, puis, en 1489, de Chypre. Florence acquiert Pise et Livourne. En même temps qu'émerge un nouveau patriotisme, la carte se simplifie et, en 1454, la paix de Lodi consacre l'équilibre entre les « cinq grands » : Milan, Venise, Florence, Naples et les États pontificaux.

Enfin, des hommes nouveaux, de fortes personnalités s'imposent, qui n'appartiennent pas forcément à la no-

De la cathédrale aux portes du baptistère, le *quattrocento* a légué à Florence un grandiose héritage.

ARCHITECTURE ET SCULPTURE À FLORENCE

Entre 1420 et 1436, Brunelleschi réalise une véritable prouesse architecturale : sans échafaudage ni contrefort, il élève vers le ciel une extraordinaire coupole à base octogonale, le dôme de la cathédrale florentine. Avec Alberti, l'architecture est promue au rang des arts libéraux. Il propose un idéal mathématique et un vaste programme d'urbanisme (palais, villas, aqueducs) adaptés à l'art de vivre « renaissant ». On lui doit le palais Rucellai, à Florence, et le temple de Malatesta, à Rimini. Comme son ami Brunelleschi, Donatello, sculpteur, puise à la source des Anciens. Il donne à son admirable *David* (1408) une expression d'émotion et de sensibilité toute personnelle. Il a travaillé avec Ghiberti (1381-1455), à qui l'on doit les portes du baptistère de Florence. Quant à Verrocchio, à la fois sculpteur, peintre et orfèvre, il s'intéresse aussi à l'architecture. Il reprend certains thèmes de Donatello et, par la variété de ses aptitudes, annonce Léonard de Vinci.

. 543

blesse héréditaire. Leur légitimité ne relève que de leur valeur – leur *virtù* – et de leur renommée : les Sforza, les Médicis sont de ceux-là. Ces réussites personnelles, dans la politique ou la culture, alimentent la confiance en l'homme artisan de son destin. Peu à peu, cependant, des alliances princières, la transmission aux enfants de situations acquises, la création de cours figeront cette mobilité.

Cosme de Médicis, maître discret de Florence

L'ascension des Médicis s'est faite progressivement, dans le respect des lois. C'est Jean de Médicis (1360-1429), dit « Giovanni di Bicci », qui a fondé la dynastie. Ce banquier de Rome a spéculé habilement sur la victoire de la papauté romaine, puis s'est installé à Florence en 1397. Libéral, ami du peuple, sans ambition politique, il n'a en rien inquiété l'oligarchie lorsqu'il est devenu « gonfalonier de justice » – magistrat suprême de la cité – en 1421.

Son fils Cosme, en revanche, renforce de façon décisive la puissance de la compagnie Médicis et son crédit politique. Il s'assure une immense popularité auprès du *popolo minuto* (« petit peuple »), au point d'effrayer les familles dirigeantes : en 1433, il est banni pour dix ans. Cosme s'installe alors à Venise, où il développe le rôle international de la compagnie Médicis, tout en regroupant autour de lui un parti d'opposition. En 1434, il est rappelé à Florence par la seigneurie (l'instance dirigeante de la ville, qui comprend le gonfalonier de justice et huit prieurs). Et, sans jamais paraître au premier plan, il devient le maître de Florence.

Pour permettre à plus de citoyens d'accéder au pouvoir, la seigneurie était renouvelée six fois par an, par tirage au sort sur des listes. Cosme de Médicis n'est que trois fois gonfalonier, mais il fait établir des listes à l'avance. Aux Conseils existants il ajoute des commissions spéciales qu'il contrôle. Ainsi, sans heurter de front l'esprit démocratique, il vide les institutions de leur substance.

Le temps des mécènes

En même temps, la compagnie Médicis continue son ascension. Elle possède, à Florence, des fabriques de

---

Dès le Moyen Âge, les Italiens sont les banquiers des grandes foires européennes. Au XVᵉ siècle, ils inventent l'assurance.

PRIMES D'ASSURANCES ET TECHNIQUES BANCAIRES

Les Italiens avaient déjà inventé la lettre de change, puis la comptabilité en partie double (qui fait apparaître en même temps la situation de l'acheteur et celle du vendeur). Au début du quattrocento, ils développent un système d'assurances destiné à répartir les risques entre les marchands et les navigateurs. Le prêteur (l'assureur) déclare acheter au capitaine (l'assuré) un lot de marchandises qu'il s'engage à payer dans un délai déterminé. Mais le prix ne sera versé que si les marchandises sont perdues : l'assureur ne paie donc qu'en cas de sinistre, mais il reçoit une prime à chaque voyage. Plus de 200 contrats de ce type sont souscrits à Gênes entre 1400 et 1440. Puis les assureurs couvrent plusieurs expéditions, répartissant les risques et touchant une prime à chaque opération. La prime ne figure pas toujours dans les contrats, car l'Église interdit le prêt à usure (c'est-à-dire, à l'époque, le prêt avec intérêt, et non à taux excessif).

Le port de Venise. ▷
À l'époque de la Renaissance, la Sérénissime est à l'apogée de sa puissance et bénéficie de l'essor économique que connaît toute l'Italie. Elle domine l'Adriatique jusqu'à Corfou, et le sequin d'or circule abondamment.
Vers 1495. Galerie de l'Académie, Venise.

▽ **Les finances** de Sienne en temps de paix (à gauche) et de guerre (à droite). Les magistrats utilisent des plaques de bois peintes pour vérifier la comptabilité.
1468. Benvenuto di Giovanni. Archives de l'État, Sienne.

draps de soie ; elle vend des produits variés (huile, épices, fourrures) et détient un quasi-monopole de l'alun, indispensable aux teintures. Enfin, et surtout, elle contrôle des banques en Italie et dans le reste de l'Europe (Avignon, Genève, Lyon, Bruges, Londres). Chacune de ces filiales est gérée par des « associés mineurs », qui présentent leurs comptes une fois par an. « Associés majeurs », les Médicis se réservent toutes les décisions importantes.

Cosme a l'habileté de maintenir les traditions démocratiques en évitant d'exhiber ses propres privilèges, et il s'assure les faveurs de la population par un généreux mécénat : à sa mort, selon la tradition antique, on lui donnera le titre de « Père de la patrie ».

Il fait reconstruire l'église Saint-Laurent, édifier un palais que décore Gozzoli, consacre 40 000 florins à la réfection du couvent de San Marco, qu'il dote d'une bibliothèque, et où Fra Angelico peint ses fresques. Verrocchio travaille pour lui.

Cosme n'est pas le seul mécène de la ville. Les familles riches, les Strozzi, les Pazzi, les Brancacci, en font autant. Les humanistes participent à la vie politique et de nombreuses fêtes associent le peuple à l'essor de la ville.

▷
Federico de Montefeltro, duc d'Urbino. Piero Della Francesca dédie son traité de perspective à ce condottiere mécène et cultivé.
XVᵉ siècle. Piero Della Francesca. Galerie des Offices, Florence.

Littéralement, le *condottiere* est un « chef de soldats mercenaires ». Mais certains sont aussi de généreux mécènes.

LES CONDOTTIERI

S'inspirant des Anciens, les humanistes du quattrocento glorifient l'activité militaire, qui permet aux hommes de gagner prestige et renommée. Le métier des armes permet aussi à des seigneurs pauvres et ambitieux de s'enrichir : ils recrutent des troupes et louent leurs services à un prince ou à un État, selon un contrat, la *condotta*. La mission remplie, le *condottiere* retrouve son indépendance vis-à-vis de son commanditaire, qui renouvelle ou non le contrat et récompense son associé en lui accordant honneurs, palais, nobles mariages... Les luttes prolongées, notamment entre Milan et Venise, font connaître des condottieri tels que Sigismondo Malatesta ou Federico de Montefeltro. Le premier (1417-1468), seigneur de Rimini, combat en Morée contre les Turcs. Rusé, arrogant et brutal, il fait aussi travailler savants et artistes à embellir sa ville. Le second (1422-1482) est un humaniste prudent, versé dans les arts et les lettres, qu'il cultive à Urbino, en exerçant un mécénat généreux.

Un homme de la Renaissance

À la mort de Cosme, en 1464, l'autorité morale des Médicis est si grande que son fils Pierre peut diriger Florence sans quitter sa demeure. Laurent, le fils aîné de Pierre, succède à celui-ci en 1469. Mais l'opposition n'a qu'un but : reprendre le pouvoir aux Médicis. En 1478, une conjuration est montée par des membres de la famille Pazzi, avec le soutien du neveu du pape. Laurent échappe de peu aux meurtriers, mais son frère Julien est tué. La répression est impitoyable.

Laurent reprend et durcit la stratégie de son grand-père. Son gouvernement tend vers l'absolutisme : les Conseils recrutent leurs membres parmi les fidèles des Médicis, et ceux-ci sont reconduits dans leur charge.

Par son mariage, Laurent s'apparente à la plus ancienne noblesse romaine, celle des Orsini, et par celui de sa fille, au pape. Son fils Jean est nommé cardinal – il sera pape en 1513, sous le nom de Léon X. Une diplomatie prudente permet à Laurent de maintenir la paix en Italie.

Qui est Laurent de Médicis ? Cet adolescent blond peint par Gozzoli, poète et collectionneur, studieux et soucieux de sa cité ? Ou ce despote au regard dur et méprisant représenté par Verrocchio ? En tout cas, un homme complexe, lucide, versatile. Le prototype, peut-être, de l'homme de la Renaissance, ouvert à toutes les expériences : ainsi l'a vu Machiavel, le philosophe italien.

Les affaires n'intéressent guère Laurent de Médicis. La banque familiale, qui prête trop, fait de grosses pertes.

De 1477 à 1479, des filiales ferment, tandis que le conflit avec le pape, provoqué par la conjuration des Pazzi, fait perdre aux Médicis un important marché d'alun. Malgré ces déboires, Laurent, justement surnommé « le Magnifique », dépense toujours davantage, pour célébrer sa gloire et accroître le prestige de Florence.

Des humanistes

Dans ce nouveau climat, les humanistes délaissent la politique pour s'adonner à la poésie, à la philosophie, aux arts qui célèbrent la beauté.

Un des centres de la vie culturelle est l'Académie de Careggi, dont l'animateur est Marsile Ficin, helléniste, latiniste, esprit curieux et enthousiaste.

◁ **Supplice** de Savonarole. Il est pendu et brûlé avec d'autres dominicains, et leurs cendres sont jetées dans l'Arno.

XVIᵉ siècle. Musée du Vieux Florence.

Le dominicain Savonarole, prêcheur exalté, met Florence en émoi. Jusqu'à sa chute.

SAVONAROLE

Savonarole devient, en 1491, prieur du couvent de San Marco. En quelques semaines, ses sermons enflammés subjuguent Florence. Prophète inspiré, il presse la foule de se convertir et de réformer ses mœurs. Sa parole suscite l'émotion – d'où le surnom de « pleureurs » donné à ses partisans. Ses prêches entraînent des réformes politiques, des lois contre l'usure et des « bûchers de vanités », où sont jetés bijoux, miroirs, jeux de cartes, images de nudité et instruments de musique. De 1493 à 1496, Florence vit sous une sorte de théocratie. Mais la chute du dominicain est brutale. Excommunié par le pape Alexandre VI, Savonarole se heurte encore à la lassitude des Florentins et à l'hostilité des Franciscains. Arrêté en 1498 pour avoir refusé de se soumettre au « jugement de Dieu », il est alors condamné au bûcher.

Laurent devient son protecteur et son ami. La villa de Careggi, offerte par Cosme, accueille des poètes, des juristes, des philosophes, bref, tout homme cultivé qui cherche à concilier le message biblique et la pensée antique, Platon et l'Évangile.

Pic de La Mirandole rejoint, en 1484, cette élite mystique. Il a étudié l'hébreu et, en particulier, la théosophie juive. La « somme » de 900 thèses qu'il présente à partir de ses lectures lui vaut une condamnation du pape, et seule la protection de Laurent le sauve de la prison. Pic cherche l'unité de l'esprit et l'harmonie du monde dans la variété des doctrines, et son ouvrage principal, *la Dignité de l'homme,* est un hymne optimiste à l'esprit humain.

L'influence néoplatonicienne imprime aussi sa marque sur les arts, sur la musique et la peinture. Les grands maîtres des générations précédentes sont morts : Fra Angelico (v. 1400-1455), Filippo Lippi (1406-1469), Andrea del Castagno (v. 1421-1457), ainsi que Paolo Uccello (1397-1475), peu

représentatif de son temps, avec ses grandes compositions de batailles qui réduisent l'Univers à une maquette géométrique. Parmi les contemporains de Laurent, Piero Della Francesca (1416-1492) a quitté Florence très jeune. Quant à Léonard de Vinci (1452-1519), après avoir étudié chez Verrocchio, il se rend à Milan.

L'idéal de Laurent le Magnifique, la beauté des cortèges, le faste des fêtes s'épanouissent surtout dans les œuvres de Benozzo Gozzoli (1420-1497) et de Ghirlandaio (1449-1494).

LES DERNIERS
BEAUX JOURS DES MÉDICIS

En fait, c'est Botticelli qui incarne les visions et les rêves poétiques de Careggi. *Le Printemps* (1478), *la Naissance de Vénus* sont inspirés par Ficin. L'art de Botticelli est un art nerveux, délicat, irréel, qui rompt avec les préoccupations plastiques du temps (alors concentrées sur la perspective et le

paysage). Un art « maniériste » aussi, qui exprime les tourments d'une âme inquiète, émue des prédications d'un nouveau venu, Savonarole.

La figure ascétique du moine prêcheur est liée aux derniers beaux jours des Médicis. Appelé par Laurent lui-même, Savonarole, prieur au couvent de San Marco, lance de terribles imprécations, exhortant la ville au repentir, si elle ne veut pas périr.

La mort de Laurent, le 9 avril 1492, semble lui donner raison. L'influence de Savonarole grandit encore lorsqu'en 1494 Pierre, fils et arrogant successeur de Laurent, est soupçonné de réclamer l'aide du roi de France, Charles VIII, qui vient de franchir les Alpes pour se faire proclamer prince.

Un rassemblement de citoyens armés, dépêchés par la seigneurie, contraint Pierre à s'enfuir. La république est proclamée. Le nouveau Conseil reste en place jusqu'en 1512, date à laquelle les Médicis reviennent au pouvoir avec l'appui du pape Léon X, fils de Laurent le Magnifique. □

◁ **Les humanistes** qui entourent Laurent le Magnifique sont représentés dans une des œuvres religieuses de Domenico Ghirlandaio.

XVᵉ siècle. *Annonciation de Zacharie.* Sainte-Marie-Nouvelle, Florence.

△ **Luca Pacioli**, mathématicien franciscain. Son principal ouvrage, *Summa de arithmetica,* résume les connaissances mathématiques de son temps.

XVIᵉ siècle. Jacopo de Barbari. Musée de Capodimonte, Naples.

LE GOÛT DE L'ANTIQUE

Imitation et émulation, révérence et irrespect, tels sont les rapports ambivalents que les humanistes de la Renaissance nouent avec les Anciens. Exaltation de la beauté et de la sensualité, amour de la nature et de la raison et, surtout, place éminente accordée à l'homme : il s'agit de reprendre les idéaux de l'Antiquité en les conciliant avec les valeurs chrétiennes. La Renaissance se définit comme un « retour aux sources » par-delà les temps obscurs du Moyen Âge – oubliant d'ailleurs que les savants médiévaux n'ont jamais cessé de lire les Anciens. Cette admiration ne doit pas tromper : les humanistes entendent bien surpasser leur modèle !

C'est de Florence que part l'impulsion : les lettrés se mettent en quête de manuscrits grecs et latins, et Cosme de Médicis encourage les études platoniciennes. Grâce à l'imprimerie, les traités sont largement diffusés, soumis à la critique philologique et aux commentaires. Le goût de l'antique touche l'archéologie, et l'amour des statues grecques et romaines alimente les premiers musées des papes Paul II ou Sixte IV. Les artistes s'intéressent à la mythologie et recopient les proportions des nus antiques. Les plans de Vitruve, ingénieur de César au Ier siècle av. J.-C., dictent aux architectes des palais à péristyles et des temples à rotondes et le Panthéon d'Agrippa inspire à Brunelleschi la coupole de la cathédrale de Florence.

548 .

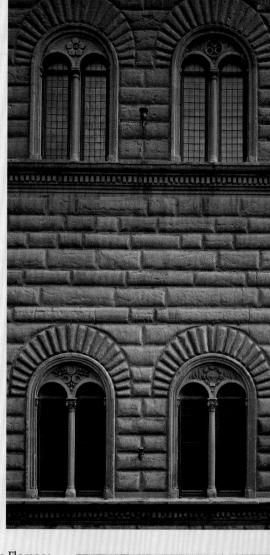

Le palais Strozzi. ▷
Commencé en 1489 par Benedetto de Maiano, pour le banquier et humaniste Strozzi, rival des Médicis, il est terminé par ces derniers vers 1500, pour des raisons d'urbanisme local. Ce type d'architecture débute avec le palais Médicis-Riccardi.

◁ **Le dôme** de Florence. Sur le plus grand édifice de la chrétienté du XIVe siècle est mise en place, en 1461, la coupole de Brunelleschi. Grâce à ses études des monuments antiques, l'architecte a su résoudre les problèmes posés à ses prédécesseurs.

◁ **Palais** Médicis-Riccardi à Florence. Construit en 1444 par Michelozzo, il marque les débuts de l'architecture civile de la Renaissance florentine. On y décèle aussi bien l'influence de Brunelleschi que celle de la tradition médiévale.

Villa Médicis ▽ de Poggio a Caiano en Toscane. San Gallo édifie pour Laurent de Médicis, en 1485, une villa modèle, à l'image de la villa patricienne de l'Antiquité.

▽ **Jeune homme** conduit vers les sept arts libéraux. L'antique séparation entre les «arts mécaniques», manuels, et les «arts libéraux», ou de l'esprit, prend fin à la Renaissance, les artistes considérant que cette distinction est périmée.
XVᵉ siècle. Musée du Louvre, Paris.

Fresque de la salle ▷ des Pèlerins de l'hôpital de Santa Maria della Scala, peinte par Domenico di Bartolo. Bien qu'il soit siennois, ce dernier sait mettre en valeur les innovations florentines, mais il revient parfois à un style plus gothique.
1443. Sienne.

. 549

LA GUERRE DES DEUX-ROSES

À la fin de la guerre de Cent Ans, la lutte entre deux grandes familles rivales plonge l'Angleterre dans la guerre civile et met fin à trois siècles de règne des Plantagenêts.

E N 1485, l'Angleterre émerge de trente-cinq ans de guerre civile. Car, dès les derniers mois de la guerre de Cent Ans, deux branches de la famille Plantagenêt, les York et les Lancastre, ont lutté pour le trône d'Angleterre. De batailles en assassinats, de trahisons en revirements, la guerre « des Deux-Roses » – les maisons rivales ont chacune une rose pour emblème – aura sonné le glas de la féodalité anglaise et des Plantagenêts.

LA DÉBÂCLE DE 1450

Trente-cinq ans plus tôt, l'Angleterre vit une situation difficile. Le roi Henri VI Lancastre est incapable de maintenir l'équilibre entre les grandes

◁ *Choisir entre deux roses,* par Henry Payne. La guerre des Deux-Roses fascine les peintres anglais du XIXe siècle, qui puisent leur inspiration dans un Moyen Âge réinventé.
Musée de Birmingham.

Marguerite d'Anjou ▷ et Henri VI, lors de leur mariage. Les désordres du couple royal sont une des causes des guerres privées anglaises.
XVe siècle. British Museum, Londres.

familles aristocratiques, typiques d'une féodalité «bâtarde». Bigot, de santé mentale fragile, le roi est sous la coupe d'un entourage honni : ses ministres, les ducs de Suffolk et de Somerset, et surtout sa femme, Marguerite d'Anjou, qui symbolise la défaite et la reculade devant la France.

Au printemps de 1450, la perte de la Normandie est le signal de la débâcle. Les guerres privées se multiplient. L'État s'effondre. La condamnation, puis l'assassinat de Suffolk ne ramènent pas le calme. Jack Cade, un aventurier qui marche sur Londres, fomente la «révolte des communes du Kent». Les troupes royales écrasent Cade, mais l'anarchie progresse.

Peu à peu, les regards se tournent vers un cousin du roi, Richard, duc d'York, alors en semi-exil en Irlande.

Rentré dès septembre 1450, il tente, avec l'aide du Parlement, de réformer le gouvernement. Ne pouvant écarter Somerset, il recourt à la force en 1452, avant de s'incliner devant l'armée du roi. Échec cuisant, mais bref : en 1453, Somerset perd la Gascogne ; surtout, une crise de folie du roi oblige à faire appel à York, son plus proche parent. Richard d'York est proclamé protecteur du royaume, et Somerset, emprisonné. Mais, dès 1454, Henri VI recouvre la raison, York démissionne et Somerset reprend le pouvoir.

«Lancastriens» contre «Yorkistes»

York s'allie alors aux comtes de Salisbury et de Warwick, du puissant clan des Neville. Défenseurs de la frontière avec l'Écosse, ils ont des troupes bien entraînées, qui battent l'armée royale à Saint Albans, en mai 1455.

Mais le prestige du titre royal permet encore à Henri VI de reprendre l'initiative. Il confisque les biens de York et de ses partisans. Une nouvelle confrontation est inévitable.

Acculé au combat à Ludford, York abandonne son armée et s'enfuit en Irlande. En octobre 1459, son fils

▽
La bataille de Barnet.
Warwick, partisan d'Henri VI Lancastre, est battu et tué par Édouard IV, fils de Richard d'York, à Barnet en 1471.
Miniature flamande. XVe siècle. Bibliothèque de l'université, Gand.

. 551

La rose blanche, emblème d'York, s'oppose à la rouge (Lancastre), jusqu'à la synthèse Tudor (rose).

LES DEUX ROSES

Le problème dynastique est une des causes de la guerre des Deux-Roses. Édouard III Plantagenêt a eu quatre fils : Édouard de Galles (le «Prince Noir»), Lionel de Clarence, Jean de Gand et Edmond de Langley. Les Lancastre descendent de Jean de Gand. Ils accèdent au pouvoir en renversant le fils du Prince Noir, Richard II. Quant à Richard d'York, c'est un petit-neveu d'Edmond de Langley. Il a épousé Anne de Mortimer, descendante de Lionel de Clarence. Or, les Anglais admettent que les femmes transmettent la Couronne : Édouard, fils de Richard, peut donc également y prétendre.

Édouard et les Neville gagnent Calais, d'où les lancastriens tentent en vain de les déloger. Ils y rassemblent une nouvelle armée, à laquelle Londres ouvre ses portes. En juillet 1460, les lancastriens sont écrasés à Northampton. Henri VI étant prisonnier, il faut trouver un compromis : le Parlement fait d'York l'héritier d'Henri VI Lancastre.

Pendant ce temps Marguerite d'Anjou, décidée à défendre les droits de son fils, rassemble ses fidèles dans le nord de l'Angleterre. York et Salisbury la poursuivent. Surpris par une armée royaliste, ils meurent à Wakefield, en décembre 1460.

L'armée lancastrienne descend vers le sud, dévastant tout sur son passage. Elle est si indisciplinée que ses chefs n'osent la faire entrer dans Londres ! Affamés, les piteux vainqueurs repartent vers le nord. Édouard, fils du duc d'York, en profite : en mars 1461, il se fait proclamer roi à Londres, sous le titre d'Édouard IV. Son armée écrase les lancastriens à Towton. Voilà les yorkistes installés sur le trône.

La nouvelle guerre des clans

Réfugié en Écosse et soutenu par la France, Henri VI a encore des partisans dans le nord de l'Angleterre. Ceux-ci sont écrasés à Hexham, en 1464, et le roi est de nouveau prisonnier en 1465. Tout paraît réglé. Pourtant, Édouard IV, malgré ses qualités, se heurte aux mêmes désordres qu'Henri VI.

Autour du comte de Warwick, qui a porté Édouard sur le trône, le clan des Neville s'oppose à celui de la reine, Élisabeth Wydeville. Le propre frère du roi, le duc de Clarence, lui envie sa puissance. Warwick et Clarence suscitent des rébellions dans le Nord. Puis Warwick débarque à la tête de la garnison de Calais, dont il est capitaine, et s'empare du pouvoir.

Cette fois encore, mais au profit d'Édouard IV, la seule vertu du titre royal opère, et le roi renverse la situation. En mars 1470, Warwick et Clarence se réfugient auprès du roi de France, Louis XI, qui, fin diplomate, les réconcilie avec Marguerite d'Anjou et la maison Lancastre...

Si bien qu'en septembre 1470, lorsque Warwick, appuyé par Louis XI, revient en Angleterre, il est lancastrien ! Trahi, Édouard IV s'enfuit en Hollande, auprès de son beau-frère, Charles le Téméraire. Pendant ce temps, Warwick, surnommé «le Faiseur de rois», et Clarence remettent Henri VI sur le trône.

◁ **La chapelle** du King's College à Cambridge, édifiée sous les règnes d'Henri VI et Henri VII. C'est un des plus beaux exemples du style gothique perpendiculaire. Elle est particulièrement célèbre pour sa voûte aux nombreuses nervures en éventail et pour la beauté de ses vitraux.

Pour arriver au pouvoir, Richard, frère d'Édouard IV, fait assassiner ses neveux. Shakespeare le raconte dans *Richard III*.

LES ENFANTS D'ÉDOUARD

En 1483, à la mort du roi Édouard IV, son frère Richard de Glancester devient, par testament, protecteur du royaume. Mais lord Rivers, frère de la reine, entend faire couronner rapidement le fils du roi, Édouard V. Richard réussit à intercepter Rivers, ainsi que le jeune roi et son frère, sur la route de Londres (avril 1483). Rivers est décapité, les princes probablement assassinés à la Tour de Londres. Richard est seul maître. Mais son pouvoir est fragile. Les mécontents complotent avec la reine. En juin, Richard «révèle» que le mariage d'Édouard IV n'était pas valide : les princes sont des bâtards. Il se fait proclamer roi. L'Angleterre est épouvantée, et Richard III, au moment décisif, ne trouvera pas le soutien nécessaire.

En mars 1471, cependant, Édouard revient à son tour, avec une armée payée par le Téméraire. Et il remporte, à Barnet, une victoire décisive – grâce à Clarence, qui trahit Warwick. Ce dernier est tué. Marguerite d'Anjou et l'armée lancastrienne du Sud sont écrasées à Tewkesbury. En 1471, Henri VI est exécuté, Édouard IV rentre à Londres, et la fin de son règne est – enfin! – paisible et prospère.

L'ALLIANCE DES DEUX ROSES

Les problèmes resurgissent en 1483, à la mort du roi. Un autre frère d'Édouard, Richard de Gloucester, qui déteste la reine et ses amis, fait assassiner les enfants du roi dans la Tour de Londres et s'empare de la Couronne, sous le nom de Richard III. Cet acte le rend si impopulaire que les lancastriens reprennent espoir. Leur prétendant est Henri Tudor, comte de Richmond, fils de la dernière représentante des Lancastre et d'un certain Edmond Tudor dont le père est un capitaine gallois, garde du corps de Catherine de Valois (veuve d'Henri V), qu'il a épousée. Ce mariage clandestin explique l'arrivée de cette famille galloise dans la discorde...

Richmond tisse des liens avec les partisans de Marguerite d'Anjou et débarque au pays de Galles en août 1485. La rencontre décisive a lieu le 22 août, à Bosworth. Abandonné par les siens, Richard III est tué – réduit à combattre à pied, il a prononcé la fameuse phrase « Mon royaume pour un cheval ! » Richmond monte alors sur le trône, sous le nom d'Henri VII puis il épouse Élisabeth d'York, fille d'Édouard IV et d'Élisabeth Wydeville : les Lancastre s'allient aux York, la guerre des Deux-Roses s'achève, et le roi construit son pouvoir sur l'union des deux lignées. En réalité, il met en place un système de contrôle étroit de l'aristocratie. Une fois la nouvelle dynastie installée, la page de la guerre de Cent Ans et des luttes de clans aristocratiques est tournée. □

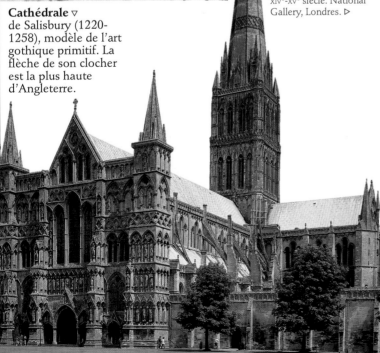

◁ **La boutique** du parfumeur, allégorie des tentations du monde. Illustration pour le *Pèlerinage de la vie de l'homme,* du poète John Lydgate. Le XVᵉ siècle marque les débuts de la littérature anglaise.
British Library, Londres.

Emblème de Richard II, assassiné par son cousin Henri IV, fondateur de la dynastie de Lancastre. Ce cerf blanc figure au verso du diptyque de Wilton, qui montre le roi présenté à la Vierge.
XIVᵉ-XVᵉ siècle. National Gallery, Londres. ▷

Cathédrale ▽
de Salisbury (1220-1258), modèle de l'art gothique primitif. La flèche de son clocher est la plus haute d'Angleterre.

> **La guerre des clans ravage l'Angleterre, car des contrats remplacent les liens qui unissaient le vassal à son seigneur.**
>
> ### LA FÉODALITÉ « BÂTARDE »
>
> Au XVᵉ siècle, les relations féodales ne se fondent plus sur le fief et l'hommage, mais sur des *indentures* (contrats) qui unissent le *retainer* (serviteur) à son *lord* (seigneur). Le lord verse de l'argent et protège le retainer, qui le sert en paix comme en guerre. Ce système permet de lever rapidement de bonnes armées, mais il fausse le fonctionnement des institutions. Pour défendre leurs retainers, les lords entravent le cours de la justice et mobilisent leurs « affinités » (leurs parents et alliés). La royauté est trop faible pour empêcher les clans de se déchaîner les uns contre les autres.

Henri le Navigateur.
Passionné par l'art de
la navigation et la géo-
graphie, il est l'inspirateur des grandes
découvertes du XVe siè-
cle. Il réunit les plus
célèbres voyageurs et
fonde à Sagres un arse-
nal, un observatoire
et une école
de cartographie.

XVe siècle. Nuno Gonçalves.
Musée d'Art ancien,
Lisbonne.

VOYAGES ET DÉCOUVERTES

Depuis le début du XVe siècle,
les souverains de Portugal
encouragent leurs navigateurs
à multiplier les expéditions.
Il s'agit de trouver la « route
des Indes », la route
des précieuses épices.

Le port de Lisbonne. △
Le Portugal mène au
cours du XVe siècle une
politique d'exploration
systématique, qui s'ins-
crit dans une perspec-
tive à la fois commer-
ciale et évangélisatrice.

XVIe siècle. Bibliothèque
nationale, Madrid.

Étendre l'empire chrétien et s'enrichir : tels sont les objectifs des navigateurs portugais depuis que le fils du roi Jean Ier, l'infant Henri le Navigateur, a lancé des expéditions pour reconnaître les côtes africaines. L'infant espérait ainsi enlever aux musulmans le trafic des épices asiatiques, et affaiblir l'Islam, pris à revers. Il faudra 75 ans pour que les progrès de la navigation océane, la connaissance des vents et les perfectionnements de la caravelle permettent à Bartolomeu Dias de doubler le cap de Bonne-Espérance, ouvrant la mythique route des Indes...

Les Îles : des relais pour la navigation océane

L'aventure a commencé en 1415, lorsque le roi Jean Ier s'est emparé de Ceuta, petite cité marocaine sur la rive sud du détroit de Gibraltar et point de départ vers l'Afrique. Quelques années plus tard, les Portugais occupent les îles les plus proches de l'Atlantique : Madère, en 1425 (déjà visitée 100 ans plus tôt), et les Açores (découvertes, elles aussi, au XIVe siècle). La colonisation agricole est entreprise vers 1425-1430 : on plante vignes et céréales, on cueille le pastel, un colorant, et on cultive la canne à sucre.

Aux Canaries, toutefois, où le Français Jean de Béthencourt s'est établi le premier, en 1402, les Portugais n'arrivent pas à s'installer. Ils attaquent les indigènes et chargent leurs navires de captifs. Ces îles seront plus tard des relais pour la navigation océane.

Les progrès de la découverte sont lents. Les vents et les courants rabattent les flottes sur la côte. Ce n'est qu'en 1434 que Gil Eanes réussit à doubler le sinistre cap Bojador, au nord du Sahara. Noyé dans la brume et battu par les vents, ce cap faisait jusqu'alors figure de barrière infranchissable. L'année suivante, Eanes atteint le golfe du Río de Oro. Derrière lui, les expéditions vont se succéder.

Le cap Blanc, au large de la Mauritanie, est franchi en 1441. En 1444, Nuno Tristão parvient à l'embouchure du Sénégal et explore la côte jusqu'à la Gambie. Dias atteint la presqu'île du cap Vert, et Alvaro Fernandes pousse jusqu'à l'actuelle Guinée-Bissau.

Explorations et droit de commerce

Toutes ces expéditions réussissent grâce à la foi et à la persévérance d'un homme, l'infant Henri. Le troisième fils du roi Jean est devenu une figure quasi mythique. Sa piété, son érudition, son intelligence politique rayonnent sur son entourage, tandis que ses moyens financiers lui permettent de concrétiser ses rêves ambitieux.

À partir de 1455-1460, l'exploration maritime se double d'un programme d'exploitation économique, et les bâtisseurs se mettent au travail. L'infant Henri meurt en 1460, à soixante-six ans. Le nouveau roi, Alphonse V,

◁ **La tour** de Belém, à Lisbonne. Cet édifice défensif du premier port européen de la Renaissance symbolise la puissance du Portugal. De style manuélin, elle est construite en 1515 par Francisco de Arruda et sert de résidence aux capitaines.

Au XVe siècle, l'Occident chrétien croit à l'existence du fabuleux royaume du Prêtre Jean, identifié à l'Éthiopie vers 1340.

LE ROYAUME DU PRÊTRE JEAN

Ce lointain royaume chrétien intrigue les Portugais. En 1487, Jean II charge Pêro da Covilhã de visiter l'Inde et Alfonso de Paiva de recueillir des informations sur le fabuleux royaume. Déguisés en marchands, les deux émissaires arrivent à Aden. Alfonso de Paiva tombe malade et meurt. Pêro da Covilhã visite Calicut, Goa, Ormuz, descend jusqu'au Mozambique. À la fin de 1490, il revient au Caire, où des émissaires portugais lui demandent de repartir à nouveau. Covilhã gagne l'Éthiopie, où il est reçu à la cour du négus, qui, intéressé par ses récits, le retient. Covilhã finit là ses jours, riche et honoré.

. 555

confie à des particuliers la mission de faire progresser l'exploration, moyennant le droit de commerce.

Un riche marchand de Lisbonne, Fernão Gomes, qui reconnaît le littoral plus au sud, reçoit, contre paiement d'une redevance, le monopole du trafic de la Guinée. João de Santarém et Pedro Escovar découvrent la Côte-de-l'Or, le delta du Niger, et franchissent même la ligne de l'équateur.

Jean II, qui succède en 1481 à son père Alphonse V, dote les explorateurs d'un point d'appui : il ordonne la construction du château et du port de Saint-Georges de la Mine (Elmina du Ghana), sur la côte du golfe de Guinée. Dès 1482, une partie du trafic de l'or s'effectue à partir de là. Enfin, en 1483, Diogo Cão s'avance jusqu'à l'embouchure du fleuve Zaïre.

LES AVENTURIERS DU «ROI DE L'OR»

La précieuse poussière d'or – le *tibar* – recueillie dans les quatre fleuves de Guinée mais aussi le trafic d'esclaves du littoral guinéen et le poivre de Guinée font la fortune du Portugal et lui permettent de concurrencer avec succès Venise, jusque-là maîtresse incontestée du négoce des produits précieux. À la Casa da Mina, à Lisbonne, sont entreposées les diverses marchandises destinées au commerce africain, et les expéditions se révèlent très profitables, en dépit des risques.

Les recettes moyennes, recueillies par le trésorier général, quadruplent entre 1475 et 1488. On appelle le roi de Portugal «le roi de l'or», mais le poivre et les autres épices vont bientôt multiplier considérablement les profits.

La prise d'Arzila ▽ (aujourd'hui Asilah) sous la conduite d'Alphonse V. Afin de garantir leur navigation vers la Guinée, les Portugais doivent contrôler la côte atlantique marocaine.

XVe siècle. Église de Pastrana, Espagne.

Présente dans de nombreux documents portugais du XIIIe au XVIIIe siècle, la « caravelle » est le bateau des découvertes.

LA CARAVELLE

La caravelle des découvertes portugaises (deux mâts, un seul plancher, pont surélevé en poupe) jauge 50 tonneaux. Ses voiles «latines» (triangulaires), deux fois plus grandes que celles des nefs, permettent de «naviguer à la bouline» (louvoyer et remonter au plus près du vent) et donc d'explorer des zones dont on ne connaît pas le régime des vents. Gil Eanes utilise une *barca* à voile carrée, mais c'est avec une caravelle que Bartolomeu Dias double le cap de Bonne-Espérance. Dotée d'une artillerie, la caravelle se transforme, à la fin du siècle, en navire marchand pour recevoir hommes et marchandises.

Caravelle de 1460. *Céramique de l'école de Sagres. Musée naval, Madrid.*

Beaucoup d'étrangers demandent à tenter leur chance aux côtés des Portugais, et notamment les Italiens. Des maisons de commerce génoises et florentines établissent leur siège à Lisbonne. Le Vénitien Ca da Mosto, qui laissera un *Journal* pittoresque, s'embarque sur le bateau de Vincente Dias en 1454. Remontant un fleuve de Gambie en 1456, il donne de précieux renseignements sur la région.

◁ **Marchand** de noix de muscade. Le commerce des épices donne l'impulsion pour partir à la découverte d'une route plus courte vers l'Orient.
XVe siècle. *Tractabus de Herbis.* Bibliothèque Estense, Modène.

Représentation imaginaire de l'Éthiopie peuplée de créatures fantastiques. Ce n'est qu'en 1482 que le Portugais Pêro da Covilhã visite ce pays, considéré comme le légendaire royaume du Prêtre Jean.
1480. Bibliothèque nationale, Paris. ▷

En même temps, les explorations se poursuivent pour trouver la route des Indes, qui semble s'éloigner toujours un peu plus. L'esprit d'aventure et de recherche anime ces hommes qui, faute de cartes et d'instruments, naviguent « à l'estime ». Le pilote dispose d'une boussole dont l'aiguille est associée à une rose des vents. La navigation « astronomique », calculant la latitude grâce à l'étoile Polaire, commence à peine. C'est le vent, et non une route, qui définit le cap du voilier.

À LA DÉCOUVERTE DU CAP DE BONNE-ESPÉRANCE

En août 1487, un certain Bartolomeu Dias, de petite noblesse portugaise et écuyer du roi, quitte Lisbonne à la tête d'une flotte de trois caravelles. Deux autres pilotes l'accompagnent, Alvaro Martins et João de Santiago. Ils bénéficient de l'expérience de leurs prédécesseurs, et en particulier de celle de Diogo Cão. Ce dernier a érigé un *pa-drao* – ce pilier de pierre surmonté d'une croix ou d'un blason qui marque le passage d'un navigateur portugais – non loin du tropique du Capricorne.

Évitant les courants côtiers et cherchant une route avec des vents porteurs vers le sud-ouest, Bartolomeu Dias navigue autour du 40e parallèle. Le vent, qui l'écarte de la côte, le pousse vers le sud treize jours durant, sans qu'il aperçoive la terre.

Aussi Dias décide-t-il d'obliquer vers l'est, puis vers le nord. Enfin, il aborde un rivage qu'il appelle la « baie des Bouviers », à mi-chemin de Cape Town et de Port Elizabeth : sans le savoir, Bartolomeu Dias a contourné l'Afrique et doublé le cap des Tempêtes – rebaptisé cap de Bonne-Espérance par le roi –, avant de s'engager dans l'océan Indien! Il érige son dernier *padrao* à False Island, puis il rebrousse chemin. L'expédition est de retour à Lisbonne en décembre 1488. Désormais, la jonction Europe-Asie, par mer, est devenue possible. La route des précieuses épices est ouverte. □

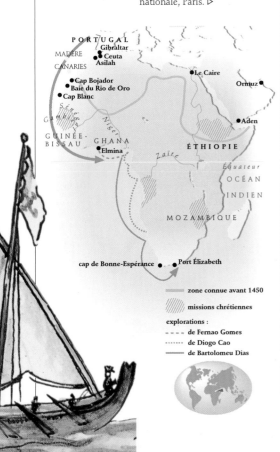

PORTUGAL
MADÈRE
CANARIES
Gibraltar
Ceuta
Asilah
Cap Bojador
Baie du Rio de Oro
Cap Blanc
Le Caire
Ormuz
Aden
GUINÉE-BISSAU
GHANA
Elmina
ÉTHIOPIE
Zaïre
Équateur
OCÉAN INDIEN
MOZAMBIQUE
cap de Bonne-Espérance
Port Élizabeth

zone connue avant 1450
missions chrétiennes
explorations :
de Fernao Gomes
de Diogo Cao
de Bartolomeu Dias

LES PORTULANS

En 1474, la *Géographie* de Ptolémée est traduite en latin, et imprimée. Ainsi, au XVᵉ siècle, c'est le traité du dernier astronome et géographe de l'Antiquité qui fixe les limites du monde habité. La Méditerranée, au dessin relativement précis, est l'axe de connaissance. Les cartes médiévales, qui privilégient les concepts théologiques, sont orientées est-ouest : le paradis terrestre se situe à l'orient, tandis qu'animaux merveilleux ou personnages légendaires viennent combler les régions inconnues...

En même temps, l'expérience nautique des marins donne naissance aux premiers « portulans » : y sont décrites les côtes, avec les ports et les routes à suivre en fonction de la direction des vents, représentés en « lignes de rhumbs » – entre les 32 aires des vents de l'horizon. On tente d'y estimer les distances et de donner d'autres informations, comme le nombre de brasses de fond, par exemple.

Les portulans décrivent d'abord, évidemment, les côtes de la Méditerranée, puis les côtes africaines, les pays du Levant, la mer Noire, la mer Caspienne et aussi la mer Rouge. À Gênes, à Majorque, à Lisbonne s'établissent les premières officines de cartes, qui sont tenues secrètes et contrôlées par le pouvoir.

558 .

La Méditerranée : portulan italien du XVᵉ siècle. Les Italiens sont les maîtres de la cartographie de la Renaissance. La situation du pays favorise la collecte des informations géographiques.
Musée Correr, Venise.

Carte de Juan de la Cosa, pilote de Colomb (détail). Elle représente une rose des vents, d'où partent des lignes (les rhumbs) permettant aux navigateurs de se repérer.
1500. Musée naval, Madrid.

▷ **Planisphère** représentant les continents eurasien et africain, jusqu'au golfe de Guinée.
1457. Anonyme. Bibliothèque nationale. Florencia, Colombie.

La Chine : mappe-monde de Fra Mauro de 1449. Elle fait partie d'une carte du monde créée à l'initiative d'Alphonse V, roi de Portugal.

Bibliothèque Marciana, Venise.

Le Moyen-Orient △ avec le golfe Persique et la mer Rouge : mappe-monde catalane du XVe siècle. La représentation des royaumes par des châteaux et des rois remplit le vide désertique.

Anonyme. Bibliothèque Estense, Modène.

▷ **L'Afrique** occidentale. Grâce à l'imprimerie, la cartographie se développe. La xylographie est la technique principale jusqu'au XVIe siècle.

British Library, Londres.

FRANCE

La Dame à la licorne

■ Dès le XIVe siècle, l'art de la tapisserie connaît un succès éclatant dans les cours d'Occident. Les meilleurs ateliers, ceux d'Arras, de Tournai et de Bruxelles, fournissent des œuvres nombreuses d'après des cartons de peintres. Les thèmes sont chrétiens mais parfois aussi profanes, empruntant leurs symboles à l'héraldique et au bestiaire médiéval, réaliste ou fabuleux. Perfectionnant leurs techniques, à la fin du XVe siècle, les ateliers en viennent à réaliser des tapisseries à fond fleuri, dites « mille-fleurs », dont *la Dame à la licorne* représente sans doute le meilleur exemple. Dans les six tapisseries de cette série, sur un fond vermeil semé de tiges fleuries se détache une « île » plantée de fleurs qui abrite une scène. Le thème de l'œuvre, probablement les cinq sens et le renoncement à leurs plaisirs, est original. De même, sa composition, que ce soit le foisonnement des éléments floraux et animaux stéréotypés ou, au contraire, la personnalisation à l'extrême de la Dame dans chacune des scènes, en fait un chef-d'œuvre unique. □

CHYPRE

La présence des Vénitiens

■ Chypre est depuis 1192 un royaume franc, gouverné par des membres de la famille de Lusignan et souvent agité de guerres entre factions rivales. Depuis le milieu du XIVe siècle, en fait, l'autorité royale est bafouée par les ambitions des chevaliers. À la fin du XVe siècle, elle s'effondre littéralement. Le roi Jacques II meurt en 1473 en laissant sa veuve, Catherine, enceinte. Son fils posthume meurt dès 1474 et la dynastie de Lusignan s'éteint avec lui. Les chevaliers font assassiner tous les proches de la reine, et celle-ci fait alors appel à Venise pour la conseiller. Les Vénitiens prennent en main le gouvernement de l'île. En 1489, la reine Catherine est reçue à Venise avec une pompe royale, mais elle doit abdiquer en faveur de la République. On lui offre, en échange de l'île, une retraite dorée au château d'Assolo. □

OCCIDENT

La peinture de Jérôme Bosch

■ Hiëronymus Van Aken est né vers 1450 en Flandre, dans une famille de peintres. Sa renommée atteint bientôt une dimension européenne, au point qu'on trouve dès le XVIe siècle des faux Bosch à vendre. Son art est très original : ses tableaux illustrent des thèmes religieux courants à son époque – *les Sept Péchés capitaux, la Nef des fous, le Jugement dernier...* –, mais avec un foisonnement de symboles ou d'allusions à la société du temps qui sont aujourd'hui tout à fait obscurs. L'univers qu'il peint, avec une grande maîtrise technique, semble un monde de fous, peuplé de monstres... peut-être pour rappeler à son public chrétien les leçons de simplicité des Évangiles ? □

La Dame à la licorne, « La Vue ». *XVe siècle. Musée de Cluny, Paris.*

AFRIQUE DE L'OUEST

Le royaume de Ouagadougou

■ Le roi Oubri serait né des amours entre une jeune fille Nyonyosé et un prince Mossi. Il assume son origine mixte en rassemblant des terres autour de lui, et en offrant même sa fille en mariage à un chef du pays Laï. On lui attribue la fondation du royaume de Ouagadougou dans les années 1480. Il repousse les Dogons vers le nord avec l'aide de ses cavaliers. Ceux-ci se partagent les pays conquis en fiefs. Le roi de Ouagadougou se pose en protecteur de tous les guerriers qui portent les scarifications des Mossi, et nombreux sont les vaincus qui adoptent ces marques rituelles. □

BALKANS

Des rivalités

■ À la mort de Mehmed II, ses deux fils, Bayezid et Djem, entrent en concurrence pour le pouvoir. Les janissaires se prononcent pour Bayezid, et celui-ci devient sultan à Istanbul le 21 mai 1481. Il distribue immédiatement la récompense escomptée aux troupes qui l'ont appuyé, le bakhich. Cependant, Djem veut le titre, et il se proclame lui aussi sultan, à Bursa. Il propose à son frère le partage de l'empire, pour éviter d'avoir recours, comme leur père l'avait autorisé, au meurtre de l'héritier écarté du trône. Bayezid II, pour toute réponse, envoie son armée, qui bat celle de Djem à Yénichehir. Ce dernier commence alors une existence nomade et finit par mourir, empoisonné par son frère, en 1495. □

JAPON

Les moines et le peuple

■ Depuis les années 1470, les provinces septentrionales du Japon font l'objet d'une agitation d'un nouveau genre. Les guerriers locaux sont à la tête d'une résistance paysanne menée au nom de la foi. Ces révoltes, souvent couronnées de succès, trouvent leurs origines dans les enseignements de la secte Ikko et de son maître Rennyo. Cette secte bouddhique prône la réforme des mœurs des moines et la purification de la doctrine. Elle est tournée vers les couches les plus humbles, et Rennyo, son huitième pontife, se rend célèbre en prêchant dans les campagnes. □

FRANCE

Charles VIII épouse Anne de Bretagne

■ Charles VIII (né à Amboise en 1470) ne commence à régner qu'en 1483 ; c'est d'abord sa sœur Anne, épouse de Pierre de Beaujeu, qui exerce la régence après la mort de Louis XI. Celle-ci soumet des nobles révoltés contre l'autorité royale, dont le duc de Bretagne, François II. Pour empêcher toute velléité sécessionniste du duché, elle marie le roi en 1491 à Anne, héritière de Bretagne depuis 1488. Anne de Bretagne ne semble être qu'un instrument dans les mains des puissants : elle a déjà été mariée par procuration à l'empereur allemand Maximilien Ier en 1490. Mais François, le père d'Anne, s'était engagé à ne pas disposer de ses filles sans le consentement du roi de France. Charles VIII prend donc les armes contre la Bretagne et s'empare de Nantes et de Rennes. Anne s'incline et devient reine de France. Après la mort de Charles VIII, elle est remariée à son successeur, Louis XII, comme l'indiquait une clause du contrat de mariage. Elle garantit ainsi le rattachement de la Bretagne à l'État français en train de se former. □

INDE

Sikandar Lodi, sultan de Delhi

■ La dynastie Lodi est la dernière à régner sur le sultanat de Delhi. C'est Sikandar Lodi, le deuxième prince de cette dynastie, qui lui donne le plus d'éclat. Nommé par son père pour lui succéder, Sikandar se montre à la hauteur de la tâche. Il élimine rapidement ses concurrents et oblige la noblesse de Delhi à lui obéir. Il annexe le Bihar, à l'est de son État, et plusieurs petits royaumes proches du sultanat. Il établit la ville d'Agra en 1504, pour mieux contrôler les princes rajputs. Pour administrer son territoire avec efficacité, il contraint ses gouverneurs et ses officiers à lui rendre des comptes financiers précis et punit tous ceux qui s'enrichissent illégalement. Il envoie des espions surveiller les agissements des grands nobles. Afin d'enrichir le sultanat, il encourage le commerce et l'agriculture et abolit les douanes intérieures. □

ANNEXES

RÉGIMES ET DYNASTIES

FRANCE

Les Mérovingiens descendent de Childéric Ier, premier chef dont l'existence soit attestée. Dépourvus du sens de l'État, ils considèrent leur territoire comme un simple patrimoine, et suppriment frères, neveux ou cousins pour diminuer le nombre des héritiers. D'abord maires du palais, les Carolingiens, appelés Pippinides jusqu'à Charles Martel, accèdent à la royauté en 751. La construction de Charlemagne, empereur d'Occident, ne dure que jusqu'au partage de 843 ; la dynastie cesse de régner sur la Francia occidentalis en 987, après un siècle de rivalités avec les Robertiens, ancêtres des Capétiens. Ces derniers règnent sans interruption de 987 à 1792. Le dernier Capétien « direct » meurt en 1328. Les barons préfèrent alors au roi d'Angleterre, héritier par les femmes, Philippe VI de Valois, son cousin.

562 .

Baptême de Charles VI dans les *Grandes Chroniques de France. XVe siècle. Bibliothèque nationale, Paris.*

MÉROVINGIENS

Premier partage (511)

Austrasie
Thierry Ier (511-v. 534)
Thibert ou Théodebert Ier (534-547/548)
Théodebald (547/548-555)

Childebert Ier, fils de Clovis. *Musée du Louvre.*

Orléans
Clodomir (511-524)

Paris
Childebert Ier (511-558)

Neustrie
Clotaire Ier (511-561, et seul roi de 558 à 561)

Deuxième partage (561)

Paris
Caribert (561-567)

Orléans et Bourgogne
Gontran (561-592)

Neustrie
Chilpéric Ier (561-584)
Clotaire II (584-629, et seul roi de 613 à 629)
Dagobert Ier (629-639)

Austrasie
Sigebert (561-575)
Childebert II (575-595, roi de Bourgogne depuis 593)

Thibert ou Théodebert II (595-612)

Bourgogne
Thierry II (595/596-613)

Austrasie
Sigebert II (613)
Sigebert III (634-656)
Childéric II (662-675)
Dagobert II (676-679)

Neustrie et Bourgogne
Clovis II (635-657)
Clotaire III (657-673)
Thierry III (673, 675-690 ou 691)
Clovis III (675)
Clovis IV (691-695)
Childebert III (695-711)
Dagobert III (711-715)
Chilpéric II (715-721, désigné par les Neustriens puis reconnu par Charles Martel)
Clotaire IV (718-719, désigné par Charles Martel)
Thierry IV (721-737)

Interrègne
Childéric III (743-751)

Jean II le Bon se constitue prisonnier. *Froissart. XIVe siècle.* Grandes Chroniques de France. *Bibliothèque nationale, Paris.*

CAROLINGIENS

Pépin le Bref (751-768)
Charlemagne (768-814, avec Carloman jusqu'en 771)
Louis Ier le Pieux (814-840)
Charles II le Chauve (843-877)
Louis II le Bègue (877-879)
Carloman (879-884, avec Louis III jusqu'en 882)
Charles le Gros (884-887)

Eudes (888-898) [Capétien]
Charles III le Simple (893-923, avec Eudes jusqu'en 898)
Robert Ier (922-923) [Capétien, opposé à Charles III]
Raoul (923-936)
Louis IV d'Outremer (936-954)
Lothaire (954-986)
Louis V (986-987)

CAPÉTIENS

Capétiens directs

Hugues Capet (987-996)
Robert II le Pieux (996-1031)
Henri Ier (1031-1060)
Philippe Ier (1060-1108)
Louis VI le Gros (1108-1137)
Louis VII le Jeune (1137-1180)
Philippe II Auguste (1180-1223)
Louis VIII (1223-1226)
Louis IX [Saint Louis] (1226-1270)
Philippe III le Hardi (1270-1285)
Philippe IV le Bel (1285-1314)
Louis X le Hutin (1314-1316)
Jean Ier [posthume] (1316)
Philippe V le Long (1316-1322)

Charles IV le Bel (1322-1328)
Charles IV meurt sans laisser d'héritier mâle : le trône revient à son cousin, Philippe de Valois, petit-fils de Philippe III le Hardi.

Capétiens indirects

Les Valois
Philippe VI (1328-1350)
Jean II le Bon (1350-1364)
Charles V le Sage (1364-1380)
Charles VI (1380-1422)
Charles VII (1422-1461)
Louis XI (1461-1483)
Charles VIII (1483-1498)

LE SAINT EMPIRE ROMAIN GERMANIQUE

À partir de 843, la Germanie est distincte de l'Empire. Elle est gouvernée par les Carolingiens, puis par la famille de Saxe. Celle-ci restaure en 962 la dignité impériale, en fondant le Saint Empire romain germanique, qui comprend l'Italie et la Suisse. Le « roi des Romains », élu par une diète, devient empereur lorsqu'il est couronné par le pape. Ce mode de désignation entraîne des luttes entre les maisons rivales. Sont mentionnés ici ceux qui ont effectivement régné, qu'ils aient ou non été sacrés empereurs.

Carolingiens

Louis le Germanique (843-876)
Louis II (876-882)
Charles III le Gros (882-887)
Arnulf (887-899)
Louis III l'Enfant (900-911)
Conrad Iᵉʳ de Franconie
  (911-918)

Saxons

Henri Iᵉʳ l'Oiseleur (919-936)
Otton Iᵉʳ le Grand (936-973,
  premier empereur du Saint
  Empire en 962)
Otton II (973-983)
Otton III (996-1002)
Henri II le Boiteux, ou le Saint
  (1002-1024)

Franconiens

Conrad II le Salique
  (1024-1039)
Henri III le Noir (1039-1056)
Henri IV (1056-1106)
Henri V (1106-1125)
Lothaire III de Supplinburg
  (1125-1137)
Conrad III Hohenstaufen
  (1138-1152)
Frédéric Iᵉʳ Barberousse
  Hohenstaufen (1152-1190)
Henri VI le Cruel
  Hohenstaufen (1169-1197)
Rivalité entre Philippe de
  Souabe (1198-1208) et
  Otton IV de Brunswick
  (1209-1218)
Frédéric II Hohenstaufen
  (1220-1250)
Conrad IV Hohenstaufen
  (1250-1254)

1250-1273 Le Grand Interrègne

Rivalité entre Guillaume de
  Hollande, Richard de
  Cornouailles et Alphonse X
  de Castille

Frédéric II de Hohenstaufen.
*Détail de la chasse de
Charlemagne. Vers 1215.
Cathédrale d'Aix-la-Chapelle.*

Rodolphe Iᵉʳ de Habsbourg
  (1273-1291)
Adolphe de Nassau (1292-1298)
Albert Iᵉʳ de Habsbourg
  (1298-1308)
Henri VII de Luxembourg
  (1308-1313)
Louis IV de Bavière (1314-1346)
Charles IV de Luxembourg
  (1346-1378, par la Bulle d'or,
  fixe le mode d'élection des
  empereurs)
Venceslas de Luxembourg
  (1378-1419, déposé en 1400)
Rupert de Wittelsbach
  (1400-1410, n'est pas élu
  empereur)
Sigismond de Luxembourg
  (1411-1437, empereur à
  partir de 1433)

Habsbourg

Albert II (1438-1439)
Frédéric III de Styrie
  (1440-1493)

BYZANCE

L'Empire byzantin, où l'on parle grec, n'est en 395 que la partie orientale de l'Empire romain. Après l'effondrement de l'Empire d'Occident en 476, les empereurs byzantins se disent seuls successeurs des empereurs romains ; ils cessent de reconnaître l'autorité du pape à partir de 1054. En 1204, les croisés prennent Constantinople et fondent l'Empire latin d'Orient, qui dure jusqu'en 1261. Affaiblie, Byzance est incapable de résister aux Turcs Ottomans, qui s'emparent de Constantinople en 1453.

Dynastie théodosienne (379-457)

Théodose Iᵉʳ le Grand (379-395)
Arcadius (395-408)
Théodose II le Jeune (408-450)
Marcien (450-457)

Dynastie de Thrace (457-518)

Léon Iᵉʳ (457-474)
Léon II, son petit-fils, associé
  (473-474)
Ariadne, fille de Léon Iᵉʳ,
  épouse :
  1° Zénon (474-475 et
  476-491)
  [Basiliscos, usurpateur
  (475-491)]
  2° Anastase Iᵉʳ (491-518)

Dynastie justinienne (518-602)

Justin Iᵉʳ (518-527)
Justinien Iᵉʳ le Grand (527-565)
Justin II (565-578)
Tibère II (578-582)
Maurice (582-602)

Dynastie de Phokas (602-610)

Phokas (602-610)

Dynastie héraclide (610-711)

Héraclius Iᵉʳ (610-641)
Constantin III Héraclius (641)
Héraclius II Héraclonas (641)
Constant II (641-668)
Constantin IV Pogonat
  (668-685)
Justinien II Rhinotmète
  (685-695 et 705-711)

Période de troubles (695-716)

Léontios (695-698)
Tibère III Apsimar (698-705)
Philippikos Bardanes (711-713)
Anastase II (713-715)
Théodose III (715-716)

Dynastie isaurienne (717-802)

Léon III l'Isaurien (716-740)
Constantin V (741-775)

Léon IV le Khazar (775-780)
Constantin VI (780-797)
Irène (790 et 797-802)

Période de troubles (802-820)

Nicéphore Iᵉʳ le Logothète
  (802-811)
Staurakios (811)
Procopia, fille de Nicéphore Iᵉʳ,
  épouse Michel Iᵉʳ Rangabé
  (811-813)
Léon V l'Arménien (813-820)

Dynastie amorienne ou phrygienne (820-867)

Michel II (820-829)
Théophile (829-842)
Michel III (842-867)

Dynastie macédonienne (867-1057)

Basile Iᵉʳ le Macédonien
  (867-886)
Léon VI le Sage (886-912)
Alexandre, associé (apr.
  871-912), seul (912-913)
Constantin VII Porphyrogénète
  (913-959)
  avec Romain Iᵉʳ Lécapène
  (919-944)
  et les fils de Romain
  (944-945)
Romain II (959-963)
Basile II le Bulgaroctone
  (963-1025)
  avec Nicéphore II Phokas
  (963-969)
  avec Jean Iᵉʳ Tzimiskès
  (969-976)
Constantin VIII, associé, puis
  seul (961-1028)
Zoé (1028-1050) épouse :
  1° Romain III Argyre
  (1028-1034)
  2° Michel IV le
  Paphlagonien (1034-1041)
  [Michel V le Calfat
  (1041-1042), neveu de
  Michel IV et adopté par Zoé]
  3° Constantin IX
  Monomaque (1042-1055)
Théodora, associée (1042), puis
  seule (1055-1056)
Michel VI Stratiôtikos
  (1056-1057)

Dynastie des Comnènes (1ʳᵉ fois : 1057-1059)

Isaac Iᵉʳ (1057-1059)

Dynastie des Doukas (1059-1078)

Constantin X (1059-1067)
Michel VII, associé (env. 1060),
  puis seul (1071-1078)
  avec Romain IV Diogène
  (1068-1071)

*Justinien Iᵉʳ offrant
la patène. Vᵉ siècle.
Détail d'une mosaïque de
l'église Saint-Vital. Ravenne.*

Dynastie de Nicéphore Botaneiatès (1078-1081)

Nicéphore III Botaneiatès
  (1078-1081)

Dynastie des Comnènes (2ᵉ fois : 1081-1185)

Alexis Iᵉʳ (1081-1118)
Jean II (1118-1143)
Manuel Iᵉʳ (1143-1180)
Alexis II (1180-1183)
Andronic Iᵉʳ (1183-1185)

Dynastie des Anges (1185-1204)

Isaac II (1185-1195 et
  1203-1204)
Alexis III (1195-1203)
Alexis IV (1203-1204)
Eudocie, fille d'Alexis III,
  épouse Alexis V Murzuphle
  (1204)

Dynastie des Lascaris (1204-1258)

Constantin XI (1204)
Théodore Iᵉʳ Lascaris
  (1204-1222)

.563

Jean III Vatatzès (1222-1254)
Théodore II Lascaris
(1254-1258)
Jean IV Doukas (1258-1261)

**Dynastie
des Paléologues
(1258-1453)**

Michel VIII (1258-1282)
Andronic II (1282-1328) avec
Michel IX (1295-1320)

Andronic III (1328-1341)
Jean V (1341-1354) avec
Jean VI Cantacuzène
(1341-1354)
avec Mathieu Cantacuzène
(1354-1357)
Jean V (1355-1376 et
1379-1391)
Andronic IV (1376-1379)
Manuel II (1391-1425)
Jean VIII (1425-1448)
Constantin XII (1449-1453)

Abu Dja'far al-Mansur
(754-775)
Muhammad al-Mahdi (775-785)
Musa al-Hadi (785-786)
Haroun al-Rachid (786-809)
Muhammad al-Amin (809-813)
'Abd Allah al-Ma'mun
(813-833)
Muhammad al-Mu'tasim
(833-842)
Haroun al-Wathiq (842-847)
Dja'far al-Mutawakkil
(847-861)
Muhammad al-Muntasir
(861-862)
Ahmad al-Musta'in (862-866)
Muhammad al-Mu'tazz
(866-869)
Muhammad al-Muhtadi
(869-870)
Ahmad al-Mu'tamid (870-892)
Ahmad al-Mu'tadid (892-902)
'Ali al-Muktafi (902-908)
Dja'far al-Muqtadir (908-932)
Muhammad al-Qahir (932-934)
Ahmad al-Radi (934-940)
Ibrahim al-Muttaqi (940-944)
'Abd Allah al-Mustakfi
(944-946)
al-Fadl al-Muti (946-974)
'Abd al-Karim al-Ta'i' (974-991)
Ahmad al-Qadir (991-1031)
'Abd Allah al-Qa'im
(1031-1075)
'Abd Allah al-Muqtadi
(1075-1094)
Ahmad al-Mustazhir
(1094-1118)
al-Fadl al-Mustarchid
(1118-1135)
al-Mansur al-Rachid
(1135-1136)
Muhammad al-Muktafi
(1136-1160)
Yusuf al-Mustandjid
(1160-1170)
al-Hasan al-Mustadi'
(1170-1180)
Ahmad al-Nasir (1180-1225)
Muhammad al-Zahir
(1225-1226)
Mansur al-Mustansir
(1226-1242)
'Abd Allah al-Musta'sim
(1242-1258)

**Les califats rivaux
et les principales
dynasties
semi-indépendantes**

Omeyyades (Espagne)
'Abd al-Rahman Ier (756-788)
Hicham Ier (788-796)
al-Hakam Ier (796-822)
'Abd al-Rahman II (822-852)

Muhammad Ier (852-886)
al-Mundhir (886-888)
'Abd Allah (888-912)
'Abd al-Rahman III (912-961)
[Il fonde le califat de Cordoue
en 929]
al-Hakam II (961-976)
Hicham II
(976-1009/1010-1013)
Muhammad II
Sulayman
'Abd al-Rahman IV   1009-1031
'Abd al-Rahman V
Muhammad III
Hicham III

Fatimides

(Afrique du Nord puis
Égypte)
'Ubayd Allah [al-Mahdi]
(909-934)
al-Qa'im (934-946)
al-Mansur (946-953)
al-Mu'izz (953-975)
al-'Aziz (975-996)
al-Hakim (996-1021)
al-Zahir (1021-1036)
al-Mustansir (1036-1094)
al-Musta'li (1094-1101)
al-Amir (1101-1130)
al-Hafiz (1130-1149)
al-Zafir (1149-1154)
al-Fa'iz (1154-1160)
al-Adid (1160-1171)

Zirides (Tunisie)

Buluggin ibn Ziri (972-984)
al-Mansur (984-996)
Badis (996-1016)
al-Mu'izz (1016-1062)
Tamin (1062-1108)
Yahya (1108-1116)

'Ali (1116-1121)
al-Hasan (1121-1148)

Almoravides

(Afrique du Nord, Espagne)
Yusuf ibn Tachfin (1061-1106)
'Ali ibn Yusuf (1106-1143)
Tachfin ibn 'Ali (1143-1145)
Ibrahim ibn Tachfin
(1145-1146)
Ishaq ibn 'Ali (1146-1147)

Almohades

(Afrique du Nord, Espagne)
Muhammad ibn Tumart,
al-Mahdi (1121-1128 ?)
'Abd al-Mu'min (1128-1163)
Abu Ya'qub Yusuf (1163-1184)
Abu Yusuf Ya'qub al-Mansur
(1184-1199)
Muhammad al-Nasir
(1199-1213)
Yusuf al-Mustansir (1213-1224)
'Abd al-Wahid, al-Makhlu
[le Déposé] (1224)
al-Adil (1224-1227)
al-Ma'mun (1227-1232)
al-Rachid (1232-1242)
al-Sa'id (1242-1248)
al-Murtada (1248-1266)
Abu al-'Ula, appelé Abu
Dabbus (1266-1269)

Grands Seldjoukides

(Iran, Iraq, Syrie)
Toghrul Beg (1038-1063)
Alp Arslan (1063-1073)
Malik Chah (1073-1092)
Mahmud (1092-1094)
Barkyaruq (1094-1104)
Malik Chah II (1105-1118)
Sandjar (1118-1157)

Saladin. Miniature du *Roman de Godefroy de Bouillon
et de Saladin*. XIVe siècle. Bibliothèque nationale, Paris

LES CALIFES

*Les califes sont choisis, en principe, dans la tribu
de Mahomet. Les quatre premiers sont des
compagnons du Prophète, puis viennent les
Omeyyades de Damas, qui se succèdent héréditairement. Supplantés en 750 par les Abbassides de Bagdad, ils continuent néanmoins à
régner en Espagne jusqu'en 1492. Le titre de
calife a été aussi porté par des dynasties rivales.
Les Turcs Seldjoukides ont reçu, quant à eux, le
titre de sultan en 1055.*

ÉPOQUE OMEYYADE (661-750)

**Les califes
omeyyades (661-750)**

Mu'awiya Ier (661-680)
Yazid Ier (680-683)
Mu'awiya II (683-684)
Marwan Ier (684-685)
'Abd al-Malik ibn Marwan
(685-705)
Walid Ier (705-715)

Sulayman Ier (715-717)
'Umar ibn 'Abd al-'Aziz
(717-720)
Yazid II (720-724)
Hicham ibn 'Abd al-Malik
(724-743)
Walid II (743-744)
Yazid III (744)
Ibrahim (744)
Marwan II (744-750)

ÉPOQUE ABBASSIDE (750-1258)

Le calife de Cordoue reçoit
des dignitaires. *Manuscrit
du XIVe siècle. Bibliothèque
Marciana, Venise.*

**Les califes abbassides
(750-1258)**

Abu al-'Abbas al-Saffah
(750-754)

564 .

ÉPOQUE OTTOMANE
(1299-1924)

Les Ottomans

Osman le Victorieux [Gazi]
(1299-1326)
Orhan (1326-1359)
Murad Ier le Souverain
[Hüdâvendigâr] (1359-1389)
Bayezid Ier la Foudre [Yildirim]
(1389-1403)

Mehmed le Seigneur [Çelebi]
(1403/1413-1421)
Murad II
(1421-1451)
Mehmed II le Conquérant
[Fatih] (1451-1481)
Bayezid II le Saint [Veli]
(1481-1512)

CHINE

Après le «Moyen Âge» chinois (220-581), période de morcellement, et après la dynastie des Sui (581-618) et celle des Tang (618-907), commence la période des Cinq Dynasties, qui se partagent le Nord jusqu'en 960, tandis que le Sud est divisé entre dix Royaumes. La dynastie Song règne jusqu'en 1279, mais, à partir de 1127, les Song du Sud se replient dans la vallée du fleuve Bleu et le Nord est livré aux Empires barbares. Les Yuan, dynastie mongole fondée par Kubilay Khan, règnent de 1279 à 1368. Les Ming leur succèdent et règnent jusqu'en 1644.

Période de morcellement ou «Moyen Âge» chinois 220-581

Les Sui [Souei] : 581-618

Dynastie dont les principaux empereurs sont :
Sui Wendi [Souei Wen-ti] (581-604)
Sui Yangdi [Souei Yang-ti] (605-617)

Les Tang [T'ang] : 618-907

Dynastie dont les principaux empereurs sont :
Tang Gaozu [T'ang Kao-tsou] (618-626)
Tang Taizong [T'ang T'sai-tsong] (627-649)
Tang Gaozong [T'ang Kao-tsong] (649-683)
Wu Zetian [Wou Tsö-t'ien] (694-705)
Tang Xuanzong [T'ang Hiuan-tsong] (712-756)

Période des Cinq Dynasties : 907-960

La Chine du Nord est gouvernée par : les Liang [Leang] postérieurs (907-923), les Tang [T'ang] postérieurs (923-936), les Jin [Tsin] postérieurs (936-946), les Han postérieurs (947-950), les Zhou [Tcheou] postérieurs (951-960). La Chine du Sud est morcelée en dix royaumes.

Les Song et les Empires barbares : 960-1279

Les Song se subdivisent en Song du Nord (960-1126) et, après leur repli dans la vallée du fleuve Bleu, en Song du Sud (1127-1279).
Song Taizu [Song T'ai-tsou] (960-976)
Song Huizong [Song Houei-tsong] (1101-1125)

Le Nord est alors intégré à des Empires barbares :
les Liao [Leao] d'origine kitan : 947-1124 ;
les Jin [Kin ou Tsin], d'origine jürchen (toungouse) : 1115-1234 ;
les Xia [Hia] occidentaux, d'origine tangut (tibétaine) : 1038-1227.

Les Yuan : 1279-1368

Dynastie mongole fondée par Kubilay Khan, empereur mongol (1260-1294), qui a pour nom posthume Yuan Shizu [Yuan Che-tsou].

Les Ming : 1368-1644 Dynastie chinoise.

Hongwu [Hong-wou] (1368-1398)
Jianwen [Kien-wen] (1399-1402)
Yongle [Yong-lö] (1403-1424)
Hongxi [Hong-si] (1425)
Xuande [Hiuan-tö] (1426-1435)
Zhengtong [Tcheng-t'ong] (1436-1449)
Jingtai [King-t'ai] (1450-1457)
Tianshun [T'ien-chouen] (1457-1464)
Chenghua [Tch'eng-houa] (1465-1487)
Hongzhi [Hong-tche] (1488-1505)

JAPON

La même dynastie règne sur le Japon depuis les origines légendaires du pays, en 660 av. J.-C. L'histoire de l'archipel (composé de quatre îles principales), est divisée en périodes, nommées d'après la capitale du moment. Le nom «historique» des empereurs du Japon est leur nom posthume, suivi du titre Tenno. De 1086 à 1186, le pouvoir réel est aux mains des régents, puis des chanceliers de la famille Fujiwara, mais, entre 1086 et 1321, certains empereurs abdiquent pour recouvrer un peu d'autorité, c'est le système des «empereurs retirés». Cependant, à partir de 1192, et jusqu'en 1868, le pouvoir appartient aux shoguns, Premiers ministres. Il faut alors compter avec les dynasties de shoguns.

Période d'Asuka : milieu du VIᵉ siècle, début du VIIIᵉ siècle

Suiko-tenno (592-628) [Shotoku Taishi, régent]
Kotoku-tenno (645-654)
Tenchi-tenno (661-671)

Période de Nara : 710-794

Shomu-tenno (724-749)
Koken-tenno (749-758)
Elle régna une seconde fois sous le nom de :
Shotoku-tenno (764-770)

Période de Heian : 794-1185/1192

Kammu-tenno (781-806)
Saga-tenno (809-823)
Seiwa-tenno (858-876)
Daigo-tenno (897-930)
Murakami-tenno (946-967)
Go-Sanjo-tenno (1068-1072)

Shirakawa-tenno (1072-1086), empereur abdicataire, influent de 1086 à 1129
Toba-tenno (1107-1123), empereur abdicataire, influent jusqu'en 1156
Go-Shirakawa-tenno (1155-1158), empereur abdicataire, influent jusqu'en 1192

Période de Kamakura : 1185/1192-1333

Empereurs
Go-Toba-tenno (1183-1198)
Tsuchimikado-tenno (1198-1210)

Shoguns
Minamoto no Yoritomo (1192-1199)
Minamoto no Yoriie (1202-1203)
Minamoto no Sanetomo (1203-1219)

Bouddha de l'Avenir. *VIIᵉ siècle. Musée national, Tokyo.*

. 565

Régents
Yoshitoki (1205-1224)
Yasutoki (1224-1242)
Tokimune (1268-1284)

Période de Muromachi ou des Ashikaga : 1336-1573

Elle débute par la période «des deux cours» (1336-1392), après qu'Ashikaga Takauji a déposé l'empereur Go-Daigo (1318-1339), qui se réfugie dans le Sud, et imposé Komyo.

Empereurs
Komyo-tenno (1336-1348)
Suko-tenno (1349-1351)
Go-Kogon-tenno (1352-1371)
Go-En-yu-tenno (1371-1382)
Go-Komatsu-tenno (1382-1412)
Go-Hanazono-tenno (1428-1464)
Go-Tsuchimikado-tenno (1464-1500)

Shoguns
Ashikaga Takauji (1338-1358)
Ashikaga Yoshiakira (1358-1367)
Ashikaga Yoshimitsu (1367-1394)
Ashikaga Yoshimasa (1443-1473)

La cité interdite, Pékin.

566.

BIBLIOGRAPHIE

OUVRAGES GÉNÉRAUX

Atlas, dictionnaires et chronologies

P. Vidal-Naquet, *Atlas historique,* Hachette, 1986.

G. Duby, *Atlas historique,* Larousse, 1987.

M. Mourre, *Dictionnaire encyclopédique d'histoire,* Bordas, 1986.

B. Villerval, *Chronologie illustrée de l'histoire universelle,* Éclectis-Albin Michel, 1992.

G. Chaliand, J.-P. Rageau, *Atlas des empires, de Babylone à la Russie soviétique,* Payot, 1993.

J. Delorme, *Chronologie des civilisations,* P.U.F., 1969.

O. de La Brosse, *Chronologie universelle, Église et culture occidentale,* Hachette, 1987.

Histoire du monde

M. Meuleau, *le Monde et son histoire,* Laffont, 1990.

R. Taton, *Histoire des sciences,* P.U.F., 1966.

M. Daumas, *Histoire générale des techniques,* P.U.F., 1967.

G. Duby, *Histoire de la vie privée,* Le Seuil, 1985.

G. Duby, M. Perrot, *Histoire des femmes,* Plon, 1991.

M. Eliade, *Histoire des religions,* Payot, 1976.

E.H.J. Gombrich, *Histoire de l'art,* Flammarion, 1990.

X. Lebrun, *les Grandes Dates du christianisme,* Larousse, 1989.

Histoire universelle, coll. « La Pléiade », Gallimard, 1958.

Revues et collections

« Citadelles », Mazenod.

« L'Univers des formes », Gallimard.

« Découvertes », Gallimard.

« Nouvelle Clio », P.U.F.

« Que sais-je ? », P.U.F.

« La Vie quotidienne », Hachette.

« Peuples et civilisations », P.U.F.

« Histoire générale des civilisations », P.U.F.

Revues mensuelles : *l'Histoire* et *Notre Histoire.*

OUVRAGES THÉMATIQUES

Afrique

C. Coquery Vidrovitch, *Histoire des villes d'Afrique noire, des origines à la colonisation,* Albin Michel, 1993.

J. Ki-Zerbo, *Histoire de l'Afrique noire,* Hatier, 1978.

Amérique

P. Chaunu, *l'Amérique et les Amériques de la préhistoire à nos jours,* A. Colin, 1964.

Byzance

A. Guillou, *la Civilisation byzantine,* Artaud, 1975.

G. Ostrogorsky, *Histoire de l'État byzantin,* Payot, 1983.

H. Stierlin, *l'Orient byzantin,* Le Seuil, 1988.

Extrême-Orient, Inde

J. Auboyer, J.-L. Nou, *Inde,* Nathan, 1988.

A. L. Basham, *la Civilisation de l'Inde ancienne,* Artaud, 1988.

A. Daniélou, *Histoire de l'Inde,* Fayard, 1983.

D. et V. Elisseef, *la Civilisation de la Chine classique,* Artaud, 1988.

J. Gemet, *la Chine ancienne,* P.U.F., 1992.

Monde musulman

A. Hourani, *Histoire des peuples arabes,* Le Seuil, 1993.

B. Lewis, *les Arabes dans l'histoire,* Aubier, 1993.

R. Mantran, *les Grandes Dates de l'islam,* Larousse, 1990.

A. Miquel, *l'Islam et sa civilisation,* A. Colin, 1978.

D. et J. Sourdel, *la Civilisation de l'islam classique,* Artaud, 1978.

Occident, Europe

E. Barnavi, *Histoire universelle des juifs,* Hachette, 1988.

C. Brice, *Histoire de l'Italie,* Hatier, 1992.

J. Chélini, *Histoire religieuse de l'Occident médiéval,* A. Colin, 1968.

G. Demians d'Archimbaud, *Histoire artistique de l'Occident médiéval,* A. Colin, 1992.

E. Demougot, *la Formation de l'Europe et les invasions barbares,* Aubier-Montaigne, 1969-1979.

G. Duby, *Histoire de France,* Larousse, 1970.

G. Duby, *le Moyen Âge,* Skira, 1984.

G. Duby, *le Moyen Âge de Hugues Capet à Jeanne d'Arc,* in *Histoire de France Hachette,* t. 1, Hachette, 1984.

J. Favier, *le Temps des principautés,* in *Histoire de France,* t. 2, Fayard, 1984.

R. Grousset, *l'Empire des steppes,* Payot, 1984.

J. Huizinga, *l'Automne du Moyen Âge,* Payot, 1975.

P. Johnson, *Une histoire des juifs,* J.-C. Lattès, 1989.

M. Laran, J. Saussay, *la Russie ancienne,* Masson, 1975.

E. Le Roy Ladurie, *l'État royal de Louis XI à Henri IV,* in *Histoire de France Hachette,* t. 2, Hachette, 1984.

R. Marx, *Histoire de la Grande-Bretagne du Ve siècle à 1979,* A. Colin, 1973.

J. Paul, *Histoire intellectuelle de l'Occident médiéval,* A. Colin, 1973.

C. Platt, *Atlas de l'homme médiéval,* Le Seuil, 1982.

P. Riché, *les Carolingiens, une famille qui fit l'Europe,* Hachette, 1983.

570 .

TABLE DES MATIÈRES

TABLE DES MATIÈRES

TABLE DES MATIÈRES

TABLE DES
MATIÈRES

CRÉDITS PHOTOGRAPHIQUES

p. Xg, Zéfa. p. Xhd, Giraudon. p.XIIbg, Dagli Orti G. p. XIIh, Giraudon. p. XIII, Josse H. p. XIV, Dagli Orti G. p. XV, Ben Simmons. p. XVI, Dagli Orti G. p. 1, Musée de Cleveland. p. 2g, Badisches Landesmuseum, Karlsruhe. p. 2d, Dagli Orti G. p. 3g, Bibliothèque nationale, Paris. p. 3d, Josse H. p. 4g, Oronoz - Artephot. p. 4d, Bildarchiv Preussischer Kulturbesitz. p. 5g, Edimedia. p. 5d, Holford M. p. 6g, Landesmuseum für Vorgeschichte, Halle. p. 6d, Holford M. p. 7g, Holford M. p. 7d, Holford M. p. 8, Josse H. p. 8-9, Roger - Viollet. p. 9h, Giraudon. p. 9m, de Lorenzo M. p. 9b, Bildarchiv Preussischer Kulturbesitz. p. 10, Bibliothèque nationale, Paris. p. 10-11, Dagli Orti G. p. 11m, Josse H. p. 11b, Dagli Orti G. p. 12b, Roy Ph. - Explorer. p. 12m, National Museum of Ireland, Dublin. p. 12-13, Dagli Orti G. p. 13g, Chuzeville - Réunion des musées nationaux, Paris. p. 13d, Uppsala Universitetsbibliotek. p. 14d, Bibliothèque nationale. p. 14g, Dagli Orti G. p. 14-15, Bibliothèque nationale, Paris. p. 15, Bibliothèque nationale, Paris. p. 16, Charmet J.L. p. 16-17, Josse H. p. 17d, Josse H. p. 17g, Layma Y. p. 18, Held S. p. 18-19, Dagli Orti G. p. 19h, Goebel K. - Zefa. p. 19m, C.D.A./Guillemot R. - Edimedia. p. 19b, Colombel P. p. 20g, Coll. Larousse. p. 20d, Bibliothèque nationale, Paris. p. 21, Dagli Orti G. p. 22, Scala. p. 23bd, Dagli Orti G. p. 24g, Dagli Orti G. p. 24d, Dagli Orti G. p. 25b, Lessing E. - Magnum. p. 26g, Scala. p. 26-27b, Bibliothèque nationale, Paris. p. 27d, Réunion des musées nationaux, Paris. p. 28h, Michaud R. et S. - Rapho. p. 28b, Dagli Orti G. p. 28-29, Dagli Orti G. p. 29h, Dagli Orti G. p. 29b, Dagli Orti G. p. 30b, Scala. p. 30h, Manaud J.L. p. 31b, Réunion des musées nationaux, Paris. p. 32bd, Bibliothèque nationale, Paris. p. 32bg, Scala. p. 32h, Hansmann C. p. 33g, Dagli Orti G. p. 33d, Lessing E. - Magnum. p. 34b, Babey - Artephot. p. 34h, Lewandowski H. - Réunion des musées nationaux, Paris. p. 35g, Giraudon. p. 35d, Bibliothèque nationale, Paris. p. 36g, Oronoz - Artephot. p. 36hd, Ravaux P. p. 36b, Chirol S. p. 37, Faillet - Artephot. p. 38g, Oronoz - Artephot. p. 38m, Faillet - Artephot. p. 38m, Babey - Artephot. p. 39hd, Faillet - Artephot. p. 39b, Dagli Orti G. p. 40h, Dagli Orti G. p. 40, Dagli Orti G. p. 41, Bibliothèque nationale, Paris.p. 42, Stierlin H. p. 42-43, Bibliothèque nationale, Paris. p. 43, Michaud R. et S. - Rapho. p. 44, Bibliothèque nationale, Paris. p. 44-45, Bibliothèque nationale, Paris. p. 46h, Michaud R. et S. - Rapho. p. 46b, Josse H. p. 47g, Michaud R. et S. - Rapho. p. 47d, Michaud R. et S. - Rapho. p. 48g, Michaud R. et S. - Rapho. p. 48-49h, Edimedia. p. 48-49b, Bibliothèque nationale, Paris. p. 49h, Edimedia. p. 49b, Charmet J.L. p. 50, Blondel J. p. 50-51, Bibliothèque nationale, Paris. p. 51, Bibliothèque nationale, Paris. p. 52g, Bulloz. p. 52d, Bibliothèque nationale, Paris. p. 52-53, Delon - Pix. p. 53h, Edimedia. p. 53b, Dagli Orti G. p. 54, Bibliothèque nationale, Paris. p. 55g, Bibliothèque nationale, Paris. p. 55d, Dagli Orti G. p. 56g, Michaud R. et S. - Rapho. p. 56d, Michaud R. et S. - Rapho. p. 57g, Bibliothèque nationale, Paris. p. 57d, Bibliothèque nationale, Paris. p. 58g, Schliack A. - Ana. p. 58-59h, Michaud R. et S. - Rapho. p. 58-59b, Gerster - Rapho. p. 59h, Sioen G. - Cedri. p. 59b, Beer N. - Fotogram-Stone. p. 60h, Ducange J. - Top. p. 60b, Scala. p. 61, Dagli Orti G. p. 62, Réunion des musées nationaux, Paris. p. 63g, Dagli Orti G. p. 63d, Colombel P. p. 64g, Réunion des musées nationaux, Paris. p. 64h, Dagli Orti G. p. 64b, Held S. p. 65h, Colombel P. p. 65b, Seattle Art Museum, Eugene Fuller Memorial Coll. p. 66h, Colombel P. p. 66b, Held S. p. 67g, Colombel P. p. 67d, Colombel P. p. 68h, Colombel P. p. 68b, Held S. p. 69h, Held S. p. 69b, Colombel P. p. 69hd, Colombel P. p. 70h, Dagli Orti G. p. 70b, Vautier M. p. 71g, Dagli Orti G. p. 71h, Dagli Orti G. p. 71b, Vautier M. p. 72h, Dagli Orti G. p. 72b, Dagli Orti G. p. 73g, Dagli Orti G. p. 73d, Dagli Orti G. p. 74g, Degeorge G. p. 74d, Dagli Orti G. p. 75h, Degeorge G. p. 75b, Sioen G. - Cedri. p. 76b, Degorge G. p. 76h, Degeorge G. p. 76-77b, Degeorge G. p. 77d, Degeorge G. p. 78, Marmonier S. - Cedri. p. 78-79b, Edimedia. p. 78-79h, Degeorge G. p. 79b, Sioen G. - Cedri. p. 79h, Michaud R. p. 80h, Dagli Orti G. p. 80b, Michaud R. p. 81, Eisuke Ueda, Nara. p. 82g, Fotogram-Stone. p. 82d, Eisuke Ueda, Nara. p. 83g, Eisuke Ueda, Nara. p. 83d, Ogawa - Artephot. p. 84g, Dagli Orti G. p. 84d, Réunion des musées nationaux, Paris. p. 84h, Coll. E.S. - Explorer Archives. p. 85, Ogawa - Artephot. p. 86g, Bibliothèque nationale, Paris. p. 86d, Shogakukan - Artephot. p. 87d, Ogawa - Artephot. p. 87g, Ogawa - Artephot. p. 88-89, Benrido, Co. Avec l'aimable autorisation de l'office du Trésor du Shoso-in. p. 90h, Lénars Ch. p. 90b, Durazzo M. - Ana. p. 91h, Tixador R. - Top. p. 91b, Gatellier M. p. 92h, Ionesco L. - Top. p. 92b, Koch P. - Rapho. p. 92-93, Josse H. p. 93d, Ionesco L. - Top. p. 93g, Ionesco L. - Top. p. 94, Scala. p. 94-95, Edimedia. p. 95, Oronoz - Artephot. p. 96h, Mahuzier A. - Ed. Citadelles et Mazenod, Paris. p. 96b, Bibliothèque nationale, Paris. p. 96-97, Oronoz - Artephot. p. 96-97b, Oronoz - Artephot. p. 98, Scala. p. 98-99h, Bibliothèque nationale, Paris. p. 98-99m, Studiaphot - Coll. Larousse. p. 98-99b, Bibliothèque nationale, Paris. p. 99, Bibliothèque nationale, Paris. p. 100h, Thouvenin G. Explorer. p. 100b, British Library, Londres. p. 101, Dagli Orti G. p. 102, Babey - Artephot. p. 103g, Bibliothèque nationale, Paris. p. 103d, Stierlin H. p. 104, Bibliothèque nationale, Paris. p. 104-105, Bibliothèque nationale, Paris. p. 105, Bibliothèque nationale, Paris. p. 106g, Bibliothèque nationale, Paris. p. 106h, Degeorge G. p. 106d, Michaud R. et S. - Rapho. p. 107, Michaud R. et S. - Rapho. p. 108, Michaud R. et S. - Rapho. p. 108-109h, Michaud R. et S. - Rapho. p. 108-109b, Michaud R. et S. - Rapho. p. 109h, Bibliothèque nationale, Paris. p. 109b, Michaud R. et S. - Rapho. p. 110, Nou J.L. p. 111g, Nou J.L. p. 111d, Nou J.L. p. 112, Kohler F. p. 113g, Nou J.L. p. 113d, Kohler F. p. 114, Bibliothèque nationale, Paris. p. 114-115, Schneiders T. - Artephot. p. 115, Dagli Orti G. p. 116g, Faillet - Artephot. p. 116d, Scala. p. 117b, Faillet - Artephot. p. 117g, Genet D. p. 118hg, Bibliothèque nationale, Paris. p. 118-119b, Josse H. p. 118-119h, Tallandier. p. 119h, Tallandier. p. 119b, Schneiders - Artephot. p. 120h, Dagli Orti G. p. 120g, Colombel P. p. 121, Réunion des musées nationaux, Paris. p. 122g, Hinz H. p. 122-123, Schneiders T. - Artephot. p. 123g, Genet D. p. 123d, Lessing E. - Magnum. p. 124, Dagli Orti G. p. 124-125h, Dagli Orti G. p. 124-125b, Dagli Orti G. p. 124-125m, Dieuzaide J. p. 125, British Library, Londres. p. 126bd, Bulloz. p. 126h, Edimedia. p. 126bg, Öst. Nationalbibliotek, Vienne. p. 127g, Lessing E. - Magnum. p. 127d, Dagli Orti G. p. 128h, Genet D. p. 128b, Giraudon. p. 128-129, Garanger M. p. 129h, Bibliothèque nationale, Paris. p. 129b, Genet D. p. 130, Bibliothèque vaticane, Rome. p. 131g, Dagli Orti G. p. 132bg, Bibliothèque nationale, Paris. p. 132h, Scala. p. 132-133, Bibliothèque nationale, Paris. p. 133, Bibliothèque nationale, Paris. p. 134d, Bibliothèque nationale, Paris. p. 134g, Josse H. p. 134-135, Dagli Orti G. p. 135, Bibliothèque nationale, Paris. p. 136g, Holford M. p. 136d, Josse H. p. 137h, Held S. p. 137b, Bibliothèque nationale, Paris. p. 138g, Michaud R. et S. - Rapho. p. 138-139h, Babey M. - Artephot. p. 138-139b, Bibliothèque nationale, Paris. p. 139b, Bibliothèque nationale, Paris. p. 139h, Dagli Orti G. p. 140h, Oronoz - Artephot. p. 140b, Arici G. p. 141, Gaillarde R. - Gamma. p. 142g, Dagli Orti G. p. 142m, Takase - Artephot. p. 143h, Werner Forman Archive. p. 143m, Statens Historiska Museer, Stockholm. p. 143b, Dagli Orti G. p. 144g, The Pierpont Morgan Library. p. 144dh, Novosti. p. 144-145b, Bibliothèque nationale, Madrid. p. 145h, Universitetets Oldsaksamling, Oslo. p. 146g, Dagli Orti G. p. 146d, Dagli Orti G. p. 147h, Dagli Orti G. p. 147b, Dagli Orti G. p. 148-149b, Takase - Artephot. p. 148h, The Pierpont Morgan Library. p. 149h, Charmet J.L. p. 149bd, Universitetets Oldsaksamling, Oslo. p. 149b, Hallgren S. - ATA. p. 150g, Babey - Artephot. p. 150-151, Dagli Orti G. p. 151, Dagli Orti G. p. 152h, Dagli Orti G. p. 152b, Dagli Orti G. p. 153h, Dagli Orti G. p. 153b, Degeorge G. p. 154g, Dagli Orti G. p. 154-155, Babey - Artephot. p. 155, Bibliothèque de l'université de Leyde. p. 156g, Bibliothèque nationale, Paris. p. 156d, Bibliothèque nationale, Paris. p. 157, Bibliothèque nationale, Paris. p. 158g, Scala. p. 158-159b, Scala. p. 158-159h, Giraudon. p. 159md, Dagli Orti G. p. 159b, Lessing E. - Magnum. p. 160g, Schneiders - Artephot. p. 160b, Dagli Orti G. p. 161, Dagli Orti G. p. 162, Scala. p. 162-163, Bibliothèque nationale, Paris. p. 163, Giraudon. p. 164, Bibliothèque nationale, Paris. p. 165g, Oronoz - Artephot. p. 165d, Lessing E. - Magnum. p. 166, Dagli Orti G. p. 166-167, C.D.A. / Guillemot R. - Edimedia. p. 167h, Sudres J.D. - Scope. p. 167b, Bibliothèque nationale, Paris. p. 168g, Sudres J.D. - Scope. p. 168d, Genet D. p. 168-169, Sudres J.D. - Scope. p 169h, Beuzen Ph. - Scope. p. 169b, Gabanou J. - Diaf. p. 170, Damm - Zefa. p. 171m, Dagli Orti G. p. 171g, Dagli Orti G. p. 171bd, Dagli Orti G. p. 172h, Bibliothèque nationale, Paris. p. 172b, Dagli Orti G. p. 173, Dagli Orti G. p. 174, C.D.A. / Guillemot R. - Edimedia. p. 174-175h, Dagli Orti G. p. 174-175b, Giraudon. p. 175, Kubler J. - Fovea. p. 176, Dagli Orti G. p. 176-177, Réunion des musées nationaux, Paris. p. 177mg, Degeorge G. p. 177md, Degeorge G. p. 177b, C.D.A. / Guillemot R. - Edimedia. p. 178, Chirol S. p. 178-179h, Chirol S. p. 178-179b, Damm - Zefa. p. 179h, Damm - Zefa. p. 179b, Babey M. - Artephot. p. 180h, Ionesco - Top. p. 180b, Percheron R. - Artephot. p. 181, Scala. p. 182g, Geopress - Explorer. p. 182-183, Held A. - Artephot. p. 183b, Eichhorn-Zingel - Zefa. p. 183h, Held A. - Artephot. p. 184h, Froissardey A. - Explorer. p. 184b, Manaud J.L. p. 185h, Biblio- thèque nationale, Paris. p. 185b, Volot R. - Explorer. p. 185m, Gerster - Rapho. p. 186g, Hinous P. - Edimedia. p. 186d, Held A. - Artephot. p. 187, Hinous P. - Edimedia. p. 188b, Lenars Ch. p. 189h, Dupont J. -Explorer. p. 189m, Gerster - Rapho. p. 189b, Huet M. - Hoa Qui. p. 190, Bayerische Staatsbibliothek, Munich. p. 191g, Bayerische Staatsbibliothek, Munich, p. 191d, Lessing E. - Magnum. p. 192, Réunion des musées nationaux, Paris. p. 193h, U.D.F. Archives Gallimard. p. 193b, Jeiter M. p. 194, Mazenod J. -Citadelles et Mazenod. p. 195hg, Mazenod J. - Citadelles et Mazenod. p. 195md, Bibliothèque nationale, Paris. p. 195b, Bibliothèque nationale, Paris. p. 196g, Dagli Orti G. p. 196d, Dagli Orti G. p. 196-197, Bibliothèque nationale, Paris. p. 197, Mazenod J. - Citadelles et Mazenod. p. 198g, Réunion des musées nationaux, Paris. p. 198-199h, Baumgartner R. - Explorer, p. 198-199b, National Palace Museum, Taïwan. p. 199b, Museum of Fine Arts, Boston. p. 199h, Freer Gallery of Art, Washington, D.C. p. 200g, Dagli Orti G. p. 200h, Bibliothèque nationale, Paris. p. 201, Bibliothèque nationale, Paris. p. 202h, Lessing E. - Magnum. p. 202b, Bibliothèque nationale, Paris. p. 203g, Bibliothèque nationale, Paris. p. 203d, Barde J.L. - Scope. p. 204g, Edimedia. p. 204d, Faillet - Artephot. p. 204-205, Bibliothèque nationale, Paris. p. 205, Dagli Orti G. p. 206g, Lauros - Giraudon. p. 206-207, Josse H. p. 207h, Edimedia. p. 207b, Giraudon. p. 208m, Oronoz - Artephot. p. 208bd, Dagli Orti G. p. 208-209, Bibliothèque nationale, Paris. p. 209g, Bibliothèque nationale, Paris. p. 209d, Dagli Orti G. p. 210, Lessing E. - Magnum. p. 210-211, Oronoz - Artephot. p. 211, Lessing E. - Magnum. p. 212h, Lessing E. - Magnum. p. 212b, Buss W. - Cedri. p. 212-213, Cercle d'Art - Artephot. p. 213, Charmet J.L. p. 214, Bibliothèque nationale, Paris. p. 215d, Bibliothèque nationale, Paris. p. 215g, Lessing E. - Magnum. p. 216g, Bibliothèque nationale, Paris. p. 216d, Germain J.P. - Sélection du Reader's Digest, Paris. p. 216-217, Dagli Orti G. p. 217bg, Bulloz. p. 217hd, Bibliothèque nationale, Paris. p. 218b, Sieon G. - Cedri. p. 218-219h, Sudres J.D. - Scope. p. 218-219m, Josse H. p. 219h, Bibliothèque nationale, Paris. p. 219b, Dagli Orti G. p. 220bd, de Wilde P. - Hoa Qui. p. 220hg, Oronoz - Artephot. p. 221, Dagli Orti G. p. 222h, Dagli Orti G. p. 222b, Dagli Orti G. p. 223d, Dagli Orti G. p. 223bd, Brumaire - Artephot. p. 224d, Babey M. - Artephot. p. 225-226, Dagli Orti G. p. 225h, Dagli Orti G. p. 225b, Guillard J. - Scope. p. 226, Bibliothèque nationale, Paris. p. 227h, DR. p. 227b, Sierpinski J. - Scope. p. 228d, Chirol S. p. 228-229, Dagli Orti G. p. 229h, Chirol S. p. 229m, Chirol S. p. 229b, Chirol S. p. 229h, Dagli Orti G. p. 230b, Thierry. p. 231h, Held S. p. 231bd, Dagli Orti G. p. 231bg, Dagli Orti G. p. 232bg, Charmet J.L. p. 232-233h, Bibliothèque nationale, Paris. p. 232-233b, Held S. p. 233, Michaud R. et S. p. 234d, Ogawa - Artephot. p. 234-235, Dagli Orti G. p. 235h, Ogawa - Artephot. p. 235b, Dagli Orti G. p. 236g, Dagli Orti G. p. 236mh, Held S. p. 236-237b, Held S. p. 237, Eisuke Ueda. p. 238, Dagli Orti G. p. 238-239h, Dagli Orti G. p. 238-239m, Shobunsha - Artephot. p. 238-239b, Zauho-Press - Artephot. p. 239m, Zauho-Press - Artephot. p. 239b, Dagli Orti G. p. 240h, Michaud R. et S. p. 240g, Josse H. p. 241, Dagli Orti G. p. 242, Public Record Office, Londres. p. 242-243, Josse H. p. 243, Chirol S. p. 244h, Dagli Orti G. p. 244b, Dagli Orti G. p. 245b, Dagli Orti G. p. 245h, Dagli Orti G. p. 246g, Edimedia. p. 246d, British Library, Londres. p. 247b, Robert Harding Picture Library. p. 247hg, E.T. Archive. p. 247hd, Kersting A.F. - Artephot. p. 248, Lessing E. - Magnum. p. 248-249h, Lessing E. - Magnum. p. 248-249m, Dagli Orti G. p. 248-249b, Josse H. p. 249h, Josse H. p. 249b, Lessing E. - Magnum. p. 250, Coll. Larousse. p. 250-251, Lessing E. - Magnum. p. 251h, Dagli Orti G. p. 251b, Dagli Orti G. p. 252, Bibliothèque nationale, Paris. p. 252-253, Scala. p. 253h, Coll. Larousse. p. 253b, Bibliothèque nationale, Paris. p. 254g, Dagli Orti G. p. 254d, Bibliothèque nationale, Paris. p. 255g, Bibliothèque nationale, Paris. p. 255d, Colorphoto Hinz. p. 256, Dagli Orti G. p. 256-257, Dagli Orti G. p. 257h, Dagli Orti G. p. 257b, Bibliothèque apostolique vaticane, Rome. p. 258h, Cauchetier R. - Pix. p. 258b, Bertinetti M. - Rapho. p. 258-259h, Cauchetier R. - Pix p. 258-259b, Bibliothèque nationale, Paris. p. 259d, Nègre H. - Explorer. p. 259g, Paiteault J.-P. - ANA. p. 260h, Lauros - Giraudon. p. 260b, Belzeaux - Rapho. p. 261, Josse H. p. 262, Josse H. p. 263m, Vigne J. p. 263b, Namur G. - Lalance. p. 264h, Nathan. p. 264b, Edimedia. p. 265, Josse H. p. 266bg, British Museum, Londres. p. 266md, Vigne J. p. 266-267, Vigne J. p. 267md, Dagli Orti G. p. 267b, Dorka. p. 268h, Held S. p. 268b, Held S. p. 268-269h, Thibaut N. - Explorer. p. 268-269m, Jourdes - Edimages. p. 268-269b, Delpal C. - Explorer. p. 269md, Held S. p. 270, Dagli Orti G. p. 270-271, Dagli Orti G. p. 271, Dagli Orti G. p. 272, Dagli Orti G. p. 273bg, Scianna - Magnum. p. 273bd, Gaël A. p. 274, Réunion des musées nationaux, Paris. p. 274-275, Petit A. - Top. p. 275mg, - Deneux M. - Top. p. 275md, Held S. p. 276bg, Held S.

p. 276bd, Held S. p. 276-277, Boutin G. - Explorer. p. 277, Nimatallah - Artephot. p. 278, Held S. p. 278-279m, Guioneaud - Rapho. p. 278-279b, Held S. p. 279h, Held S. p. 279b, Boiteau D. - Explorer. p. 280h, Namur G. - Lalance. p. 280m, Tétrel P. - Explorer. p. 281, Held S. . p. 282, Bibliothèque nationale, Paris. p. 282-283, The Metropolitan Museum of Art, New York. p. 283, Josse H. p. 284g, Dagli Orti G. p. 284d, Science Museum, Londres. p. 285h, Bibliothèque nationale, Paris. p. 285b, The Metropolitan Museum of Art, New York. p. 286g, Held S. p. 286d, C.D.A. / Guillemot R. - Edimedia. p. 286-287, Colombel P. p. 287, Stüning - Bildarchiv Preussischer Kulturbesitz, Berlin. p. 288, Hansmann Cl. p. 288-289h, Hansmann Cl. p. 288-289b, Hansmann Cl. p. 289h, Hansmann Cl. p. 289b, Hansmann Cl. p. 290, Bibliothèque nationale, Paris. p. 291h, Bibliothèque nationale, Paris. p. 291bd, Bibliothèque nationale, Paris. p. 291bg, Picou A. - Fovea. p. 292, Bibliothèque nationale, Paris. p. 292-293, Bibliothèque nationale, Paris. p. 293, Bibliothèque nationale, Paris. p. 294g, Revault E. - Pix. p. 294d, E.T. Archive. p. 295g, Dagli Orti G. p. 295d, Dagli Orti G. p. 296, Edimedia. p. 297h, Chirol S. p. 297b, Edimedia. p. 298, Dagli Orti G. p. 298-299h, Josse H. p. 298-299b, Edimedia. p. 299h, Edimedia. p. 299b, Holford M. p. 300h, Dieuzaide J. p. 300b, E.T. Archive. p. 301, Bibliothèque nationale, Paris. p. 302, Bibliothèque nationale, Paris. p. 302-303, Bibliothèque nationale, Paris. p. 303, Bibliothèque nationale, Paris. p. 304, Dagli Orti G. p. 304-305, Bulloz. p. 305m, Vigne J. p. 305b, Vigne J. p. 306m, Dagli Orti G. p. 306b, Bibliothèque nationale, Paris. p. 307bd, Martin A. - Scoop. p. 307m, Bibliothèque nationale, Paris. p. 308, Bibliothèque nationale, Paris. p. 308-309h, Bibollet C. - Top. p. 308-309b, Oronoz - Artephot. p. 309h, Oronoz - Artephot. p. 309b, Dagli Orti G. p. 310, Michaud R. et S. - Rapho. p. 310-311, Michaud R. et S. - Rapho. p. 311bg, Michaud R. et S. - Rapho. p. 311md, Held S. p. 312, Michaud R. et S. - Rapho. p. 312-313, Held S. p. 313m, Held S. p. 313bg, Held S. p. 313bd, Held S. p. 314g, Mazin R. - Top. p. 314d, Cogan M. - Top. p. 314-315, Bohin J.-L. - Explorer. p. 315, Chirol S. p. 316g, Chirol S. p. 316d, Roy P. - Explorer. p. 317g, Roy P. - Explorer. p. 317bd, Kord R. - Explorer. p. 318h, Reichel J.-N. - Top. p. 318b, Willi P. - Explorer. p. 318-319h, Chirol S. p. 318-319b, Chirol S. p. 319h, Kuchlbauer/Schuster - Explorer. p. 319b, Mazin R. - Top. p. 320h, Charmet J.-L. p. 320m, Dagli Orti G. p. 321, Josse H. p. 322-323, Bibliothèque nationale, Paris. p. 322h, Michaud R. et S. - Rapho. p. 322b, Garanger M. p. 323, Mandel G. - Artephot. p. 324, Bibliothèque nationale, Paris. p. 324-325h, Bibliothèque nationale, Paris. p. 324-325b, Bibliothèque nationale, Paris. p. 325, Bibliothèque nationale, Paris. p. 326h, Michaud R. et S. - Rapho. p. 326b, Josse H. p. 327h, Bibliothèque nationale, Paris. p. 327b, Bibliothèque nationale, Paris. p. 328-329b, Lemzaouda Ch. - Musée de l'Homme, Paris. p. 328, Michaud R. et S. - Rapho. p. 328b, Michaud R. et S. - Rapho. p. 328-329h, Garanger M. p. 329b, Garanger M. p. 329h, Garanger M. p. 330, Dagli Orti G. p. 330-331, Oronoz - Artephot. p. 331hd, Oronoz - Artephot. p. 331b, Babey M. - Artephot. p. 332, Oronoz - Artephot. p. 332-333h, Oronoz - Artephot. p. 332-333b, Everts R.G. - Rapho. p. 333, Held A. - Artephot. p. 334d, Scala. p. 334g, Edimedia. p. 334-335, Bibliothèque nationale, Paris. p. 336-337, Langeland J.-P. - Diaf. p. 336, Josse H. p. 337m, Coll. Larousse. p. 337d, Bibliothèque nationale, Paris. p. 338m, Thouvenin G. - Explorer. p. 338b, Serraillier M. - Rapho. p. 338-339, Bouillot F. - Marco Polo. p. 339hd, Genet D. p. 339g, Thouvenin G. - Explorer. p. 339bd, Held A. - Artephot. p. 340h, Edimedia. p. 340b, Oronoz - Artephot. p. 341, Dagli Orti G. p. 342m, Giraudon. p. 342b, Hallé Ph. - Marco Polo. p. 343bg, Edimedia. p. 343md, Namur G. p. 343bd, Vigne J. p. 344, Josse H. p. 344-345, Namur G. / Lalance. p. 345, Josse H. p. 346bg, Chazot F. - Explorer. p. 346-347m, Thomas P. - Explorer. p. 346-347b, Edimedia. p. 347md, Hallé Ph. - Marco Polo. p. 347bd, Edimedia. p. 348h, Sudres J.-D. - Scope. p. 348b, Sudres J.-D. - Scope. p. 348-349h, Barde J.-L. - Scope. p. 348-349m, Bouillot F. - Marco Polo. p. 349h, Sudres J.-D. - Scope. p. 349b, Bouillot F. - Marco Polo. p. 350, Giraudon. p. 350-351m, Dagli Orti G. p. 350-351b, Dagli Orti G. p. 352g, Dagli Orti G. p. 352d, Vigne J. p. 353m, Bibliothèque nationale, Paris. p. 353b, Dagli Orti G. p. 354, Musée national de Tokyo et Kyobonsha. p. 354-355, Bibliothèque nationale, Paris. p. 355bd, Held S. p. 356g, Faillet - Artephot. p. 356d, Lavaud - Artephot. p. 357g, Dagli Orti G. p. 357d, Bibliothèque nationale, Paris. p. 358, Agence de la Maison impériale du Japon - ISEI. p. 358-359h, Agence de la Maison impériale du Japon - ISEI. p. 358-359m, Agence de la Maison impériale du Japon - ISEI. p. 358-359b, Agence de la Maison impériale du Japon - ISEI. p. 359bd, Agence de la Maison impériale du Japon - ISEI. p. 360bg, Charmet J.-L. p. 360md, Held S. p. 361, Bulloz. p. 362g, Josse H. p. 362d, Josse H. p. 363, Josse H. p. 364, Josse H. p. 364-365, Josse H. p. 365h, Dagli Orti G. p. 365b, Reperant D. - Explorer. p. 366h, Bulloz. p. 366b, Dagli Orti G. p. 366-367, Bibliothèque nationale, Paris. p. 367, Bibliothèque nationale, Paris. p. 368h, Mazin R. - Top. p. 368b, Charmet J.L. p. 368-369h, Josse H. p. 368-369b, Dagli Orti G. p. 369h, Bénazet J. - Pix. p. 369b, Josse H. p. 370g, Dagli Orti G. p. 370d, Oronoz - Artephot. p. 371g, Roger-Viollet. p. 371d, Josse H. p. 372g, Charmet J.L. p. 372-373h, Josse H. p. 372-373b, Scala. p. 373, Gaël A. - Chirol S. p. 374, Bayer. Staatsbibliothek, Munich. p. 374-375, Bibliothèque nationale, Paris. p. 375, Lauros - Giraudon. p. 376h, Josse H. p. 376b, Dagli Orti G. p. 376-377, Dagli Orti G. p. 377, Dagli Orti G. p. 378, Dagli Orti G. p. 378-379h, Wolf A. - Explorer. p. 378-379b, Vigne J. p. 379hg, Vigne J. p. 379hd, Vigne J. p. 379b, Thouvenin G. - Explorer. p. 380g, Roger-Viollet. p. 380d, Josse H. p. 381, Josse H. p. 382, E.T. Archives - Artephot. p. 383, Dagli Orti G. p. 384h, Michaud R. et S. - Rapho. p. 384b, Michaud R. et S. - Rapho. p. 384-385, Lauros - Giraudon. p. 385h, Trela - Artephot. p. 386h, Bibliothèque nationale, Paris. p. 386b, Bibliothèque nationale, Paris. p. 386-387, Bibliothèque nationale, Paris. p. 387, Bibliothèque nationale, Paris. p. 388, Bibliothèque nationale, Paris. p. 388-389h, Bibliothèque nationale, Paris. p. 388-389b, Bibliothèque nationale, Paris. p. 389b, Tallandier. p. 389h, Bibliothèque nationale, Paris. p. 390g, Dagli Orti G. p. 390-391, Tallandier. p. 391h, Scala. p. 392, Vigne J. p. 392-393, Vigne J. p. 393h, Vigne J. p. 393b, Dagli Orti G. p. 394, Tallandier. p. 395h, Tallandier. p. 395b, Bibliothèque nationale, Paris. p. 396h, Artephot. p. 396b, Scala. p. 397h, Bibliothèque nationale, Paris. p. 397b, Bibliothèque nationale, Paris. p. 398-399h, Tripelon-Jarry - Top. p. 398m Tallandier. p. 398-399b Tallandier. p. 399h, A.D.P.C. - Artephot. p. 399b, Bibliothèque nationale, Paris. p. 400h, Bibliothèque nationale, Paris. p. 400b, Dagli Orti G. p. 401, Lénars Ch. - Explorer. p. 402, Bibliothèque nationale, Paris. p. 402-403, Lénars Ch. p. 403h, Bibliothèque nationale, Paris. p. 403b, Lénars Ch. p. 404b, Dagli Orti G. p. 404hd, Dagli Orti G. p. 404hg, E.T. Archives. p. 404-405, Destable D. - Musée de l'Homme, Paris. p. 405, Dagli Orti G. p. 406, Dagli Orti G. p. 406-407h, Dagli Orti G. p. 406-407b, Dagli Orti G. p. 407, Dagli Orti G. p. 408, Lénars Ch. p. 408-409h, Lénars Ch. p. 408-409b, Dagli Orti G. p. 409h, Dagli Orti G. p. 409b, Lénars Ch. p. 410-411b, Scala. p. 410-411h, Dagli Orti G. p. 411, Chirol S. p. 412g, Lauros - Giraudon. p. 412d, Scala, p. 413h, Scala. p. 413b, Alinari - Giraudon. p. 414, Bibliothèque nationale, Paris. p. 415g, Werner Forman Archive. p. 415d, Lénars Ch. p. 416, Labat J.M. - Explorer Archives. p. 416-417h, Lerat J.M. - Hoa-Qui. p. 416-417b, C.D.A. / Guillemot R. - Edimedia. p. 417, Honkanen - Zefa. p. 418g, Werner Forman Archive. p. 418d, Held A. - Artephot. p. 418-419, Held A. - Artephot. p. 419h, Held A. - Artephot. p. 419mb, Held A. - Artephot. p. 419d, Held A. - Artephot. p. 420h, Charmet J.L. p. 420b, Bibliothèque nationale, Paris. p. 421, Dagli Orti G. p. 422, Vigne J. p. 422-423, Artephot. p. 423, Bridgeman Art Library. p. 424h, Scala. p. 424b, Dagli Orti G. p. 425h, Scala. p. 425b, Dagli Orti G. p. 426h, Vigne J. p. 426b, Scala. p. 426-427, Lauros - Giraudon. p. 427, Charmet J.L. p. 428g, Dagli Orti G. p. 428-429, Dagli Orti G. p. 429b, Dagli Orti G. p. 429m, Lauros - Giraudon. p. 429h, Scala. p. 430, Edimedia. p. 431h, A.D.P.C. - Artephot. p. 431b, Bibliothèque nationale, Paris. p. 432g, Royal Collection, Londres. p. 432-433, Bibliothèque nationale, Paris. p. 433, Bridgeman Art Library. p. 434, Michaud R. et S. - Rapho. p. 435hg, Michaud R. et S. - Rapho. p. 435hd, Michaud R. et S. - Rapho. p. 435b, Dagli Orti G. p. 436g, Michaud R. - Rapho. p. 436-437, Metropolitan Museum of Art. p. 437h, Michaud R. et S. - Rapho. p. 437b, Michaud R. et S. - Rapho. p. 438g, Michaud R. et S. - Rapho. p. 438-439h, Michaud R. et S. - Rapho. p. 438-439b, Michaud R. et S. - Rapho. p. 439h, Michaud R. et S. - Rapho. p. 439b, Michaud R. et S. - Rapho. p. 440g, Giraudon. p. 440h, Michaud R. et S. - Rapho. p. 441, Josse H. p. 442, Bibliothèque nationale, Paris. p. 442-443, Bibliothèque nationale, Paris. p. 443g, Roy P. - Explorer. p. 443d, Robert Harding Picture Library. p. 444, Mandel G. - Artephot. p. 444-445, Michaud R. - Rapho. p. 445d, Michaud R. - Rapho. p. 445g, Michaud R. - Rapho. p. 446, Garrett Library, Johns Hopkins University, Baltimore. p. 447g, Robert Harding Picture Library. p. 447d, Michaud R. - Rapho. p. 448, Roy P. - Explorer. p. 448-449h, Silverstone M. - Magnum. p. 448-449b, Degeorge G. p. 449h, Degeorge G. p. 449b, Schurr J.E. - Cedri. p. 450, Vigne J. p. 450-451, Josse H. p. 451, Bibliothèque nationale, Paris. p. 452, Bibliothèque nationale, Paris. p. 453g, Josse H. p. 453d, Josse H. p. 454g, Josse H. - Yamakawa Shuppan. p. 454d, Yamashita M. - Rapho. p. 454-455, Coll. E.S. - Explorer Archives. p. 455, Buisson D. - Vandystadt. p. 456, Laurie Platt Winfrey, Inc. p. 456-457, Réunion des Musées nationaux, Paris. p. 457h, Liepe J. - Bildarchiv Preussischer Kulturbesitz, Berlin. p. 457b, C.D.A. / Guillot J. - Edimedia. p. 458g, Dagli Orti G. p. 458-459h, Yamashita M. - Rapho. p. 458-459m, Silvester H. - Rapho. p. 458-459b, Burri R. - Magnum. p. 459b, Yamashita M. - Rapho. p. 459h, Buisson D. - Vandystadt. p. 460h, Michaud R. - Rapho. p. 460b, Josse H. p. 461, Vautier M. p. 462-463d, Dagli Orti G. p. 462-463b, Marco.

p. 463g, Held S. p. 463, Dagli Orti G. p. 464g, Dagli Orti G. p. 464d, Dagli Orti G. p. 465d, Dagli Orti G. p. 465g, Marco. p. 466g, Held S. p. 466bd, Dagli Orti G. p. 466-467h, Dagli Orti G. p. 467g, Dagli Orti G. p. 467d, Dagli Orti G. p. 468hg, Ziesler - Explorer. p. 468-469h, Dagli Orti G. p. 468b, Dagli Orti G. p. 469hg, Marco. p. 469hd, Dagli Orti G. p. 469b, Held S. p. 470g, Dagli Orti G. p. 470-471b, Th. Foto Werbung - Top. p. 471h, Coll. E.S. - Explorer Archives. p. 472g, Roger-Viollet. p. 472-473h, Roger-Viollet. p. 472b, Bibliothèque nationale, Paris. p. 473, Coll. E.S. - Explorer Archives. p. 474, Josse H. p. 475h, Bibliothèque nationale, Paris. p. 475b, Josse H. p. 476g, Josse H. p. 476-477, Vigne J. p. 477, ET Archive. p. 478g, Giraudon. p. 478-479h, Bibliothèque nationale, Paris. p. 478-479b, Giraudon. p. 479h, Giraudon. p. 479b, Giraudon. p. 480, Roger-Viollet. p. 481, Josse H. p. 482, Charmet J.L. p. 482-483, Bulloz. p. 483 Giraudon. p. 484h, Bibliothèque nationale, Paris. p. 484g, Bulloz. p. 484-485, Edimedia. p. 485, Edimedia. p. 486, Edimedia. p. 487g, Coll. E.S. - Explorer Archives. p. 487d, Bibliothèque nationale, Paris / Coll. Larousse. p. 488, Josse H. p. 488-489h, Bénazet J. - Pix. p. 488-489b, Josse H. p. 489h, Josse H. p. 489b, Edimedia. p. 490, Repérant D. - Rapho. p. 491h, Hansmann Cl. p. 491b, Bibliothèque Apostolique Vaticane, Rome. p. 492, Lessing E. - Magnum. p. 492-493, Dagli Orti G. p. 493, Hansmann Cl. p. 494, Bibliothèque nationale, Paris. p. 494-495, Dagli Orti G. p. 495, Bibliothèque nationale, Paris. p. 496, Bowater P. et G. - The Image Bank. p. 497b, Charmet J.L. p. 497m, National Palace Museum, T'ai-pei. p. 498h, C.D.A. / Guillemot R. - Edimedia. p. 498-499h, C.D.A. / Guillot J. - Edimedia. p. 498b, Hansmann Cl. p. 498-499b, Hansmann Cl. p. 499h, Réunion des musées nationaux, Paris. p. 499b, Dagli Orti G. p. 500h, Lénars Ch. p. 500b, Vautier M. p. 501, Michaud R. et S. p. 502, Dagli Orti G. p. 502-503, Bibliothèque nationale, Paris. p. 503, Percheron René - Artephot. p. 504g, Ekdotike - Artephot. p. 504d, Bibliothèque nationale, Paris. p. 505g, Artephot. p. 505d, Bibliothèque nationale, Paris. p. 506, Thierry N. p. 507h, Dagli Orti G. p. 507b, Dagli Orti G. p. 508h, Coll. E.S. - Explorer Archives. p. 508b, Held S. p. 508-509h, Amarger Patrice - Ernoult Features. p. 508-509b, Dagli Orti G. p. 509h, Bonnefoy - Top. p. 509b, Dagli Orti G. p. 510, Held S. p. 510g, Josse H. p. 511g, Lénars Ch. p. 511d, Toutain-Dorbec Pierre - Ernoult Features. p. 512b, Pell M. p. 512h, Held S. p. 513g, Josse H. p. 513d, Held S. p. 514d, Dagli Orti G. p. 515, Josse H. p. 516b, Bibliothèque nationale, Paris. p. 516-517h, Dagli Orti G. p. 517, Dagli Orti G. p. 518g, Dagli Orti G. p. 518h, Nimatallah - Artephot. p. 518-519b, Josse H. p. 519h, Dagli Orti G. p. 519m, Josse H. p. 519b, Josse H. p. 520h, Wysocki P. - Explorer Archives. p. 520b, Terebenin - Artephot. p. 521, Dagli Orti G. p. 522, Bibliothèque nationale, Paris. p. 523, Josse H. p. 524g, Josse H. p. 524d, Dagli Orti G. p. 525g, Dagli Orti G. p. 525d, Scala. p. 526, Lauros - Giraudon p. 526-527, Lauros - Giraudon. p. 527, Bibliothèque nationale, Paris. p. 528, Réunion des musées nationaux, Paris. p. 528-529, Anders J.P. - Bildarchiv Preussischer Kulturbesitz, Berlin. p. 528b, Réunion des musées nationaux, Paris. p. 529h, Réunion des musées nationaux, Paris. p. 529b, Musée royal des Beaux-Arts, Anvers. p. 530, Scala. p. 531-532, Charmet J.L. p. 531, Lessing E. - Magnum. p. 532h, Weisbecker P. - Explorer. p. 532b, AFE/Servo P. - Ikona. p. 533g, A.K.G., Berlin. p. 533d, Dagli Orti G. p. 534, Josse H. p. 535h, Bibliothèque nationale, Paris. p. 535b, Roger - Viollet. p. 536, Roger - Viollet. p. 536-537h, Bulloz. p. 536-537b, Bulloz. p. 537, Dagli Orti G. p. 538, Schneiders T. - Artephot. p. 538-539h, Josse H. p. 538-539b, Bildarchiv Preussischer Kulturbesitz, Berlin. p. 539h, C.D.A. / Guillot J. - Edimedia. p. 539bd, Bibliothèque nationale, Paris. p. 539bg, Le Toquin A. - Explorer Archives. p. 540, Vautier M. p. 541, Dagli Orti G. p. 542, Dagli Orti G. p. 543, Lauros - Giraudon. p. 544g, Dagli Orti G. p. 544-545, Dagli Orti G. p. 545, Dagli Orti G. p. 546g, Dagli Orti G. p. 546-547, Lessing E. - Magnum. p. 547, Dagli Orti G. p. 548bg, Chirol S. p. 548h, Lessing E. - Magnum. p. 548-549b, Dagli Orti G. p. 549h, Lessing E. - Magnum. p. 549hd, Chirol S. p. 549b, Dagli Orti G. p. 550g, Bridgeman - Artephot. p. 550-551, Coll. Larousse. p. 551, Coll. Larousse. p. 552g, Holford M. p. 552-553, British Library, Londres. p. 553bg, Kerstin A.F. - Artephot. p. 553bd, Lessing E. - Magnum. p. 554g, Dagli Orti G. p. 554-555d, Oronoz - Artephot. p. 555, Oronoz - Artephot. p. 556-557b, Dagli Orti G. p. 556g, Dagli Orti G. p. 556h, Dagli Orti G. p. 557, Coll. ES - Explorer Archives. p. 558-559h, Dagli Orti G. p. 558-559m, Dagli Orti G. p. 558-559b, Oronoz - Artephot. p. 558, Stierlin H. - Artephot. p. 559h, Dagli Orti G. p. 559b, Bridgeman - Giraudon. p. 560, Varga - Artephot. p. 562bg, Josse H. p. 562hd, Bibliothèque nationale, Paris. p. 562bd, Bibliothèque nationale, Paris. p. 563, Dagli Orti G. p. 564hd, Dagli Orti G. p. 564bg, Bibliothèque nationale, Paris. p. 565bg, Zéfa, p. 565hd, Explorer.

IMPRIMERIE GRAFICA EDITORIALE - Bologne.
Dépôt légal octobre 1994 - N° de série éditeur 19369
IMPRIMÉ EN ITALIE - *Printed in Italy* - 209002 - 03 - octobre 1997